유혹의 전략,
광고의 세계사

유혹의 전략,

: 하드 셀과 소프트 셀은 어떻게 세상을 중독시켰는가

광고의 세계사

THE
BEST HAIR DRESSING
COCOAINE
It kills Dandruff, promotes the
Growth of the Hair, cures Scald Head
and all irritation of the Scalp.

지금과 같은 과잉생산과 과도소비의 종착지는 어디일까. 한정된 자원의 무한한 낭비와, 버려지는 상품으로 인한 환경오염이 될 수밖에 없다. 많은 사람들이 그러한 현실에 우려와 경계심을 지니지만 소비에 대한 욕망을 버리지 못한다. 첨단 심리이론과 행동과학으로 무장된 유혹의 전략에 포로가 되어버렸기 때문이다. 그 방아쇠를 당기는 존재가 광고다.

김동규 지음

GET PLUMP
WITH PROFESSOR WILLIAMS' FAMOUS
FAT-TEN-U FOODS

푸른역사

§

나의 어머니
변남순 님과

나의 아버지
김용태 님께

*이 지시는 2017년 정부(교육부)의 재원으로 한국연구재단의 지원을 받아 수행한 연구임.
 (NRF-2017S1A6A4A01019005)

감사의 말

[1]

우리 고유의 시점에서 바라본 세계 광고사가 필요하다는 생각을 오래 전부터 해왔습니다. 2011년 《광고연구》에 게재한 〈현대 광고에서의 소프트 셀 소구 분화 및 전개에 관한 연구〉라는 논문이 모색의 출발점이었지요. 그러나 이때까지만 해도 방향이 뚜렷했던 건 아닙니다. 하드셀과 소프트 셀의 두 가지 개념을 축으로 광고 역사 흐름을 두루 살펴보자는 아이디어의 싹이 움텄다고나 할까요.

원고 작업을 시작한 것은 학생들에게 '세계 광고사'를 가르치면서부터였습니다. 교재로 사용할 만한 일정한 전문성과 일반 독자도 편히 읽을 만한 대중성을 동시에 갖춘 책을 찾기 어려웠던 거지요. 목마른 사람이 우물 파는 심정으로, 직접 책 쓰기에 뛰어든 까닭이 그 때문이었습니다.

본격적으로 속도가 붙은 것은 2017년 한국연구재단의 인문저술지원 펀드를 받고 나서였습니다. 그러고도 긴 시간이 소요되었습니다. 출판사에 초고를 보내고 난 후 세 차례나 전면적으로 원고를 개작했지요. 그 같은 구절양장을 거쳐 마침내 책이 나왔습니다.

[2]

책 쓰는 기간이 길었던 만큼 감사드려야 할 분들이 많습니다. 가장 먼저 학부와 대학원에서 제 수업을 들은 학생들입니다. 일일이 이름을 다 적을 수는 없지만, 제자들과 주고받은 열띤 토론과 대화를 통해 책의 관점과 주제가 더욱 정교해졌습니다.

형님이자 은사인 한양대 이현우 교수님을 떠올리지 않을 수 없습니다. 그의 끝없는 선의와 격려가 있었기에 제가 가르치고 공부하는 사람의 길을 걷고 있습니다. 원고 작업을 핑계로 방학 때마다 연구실을 비웠습니다. 일부러 먼 도시의 고립된 공간을 찾기도 했습니다. 그러한 빈자리를 채워준 동명대 이용재, 이정기 두 동료 교수님께 고마움을 표합니다. 저술의 세부 진행에 관심 주신 서원대의 김병희 교수님께도 감사드립니다.

분석 대상 범위가 넓다 보니 저서, 논문, 보고서, 전기, 자서전, 화보집, 기타 사료를 대상으로 자료를 수집하는 일이 덤불 속에서 바늘 찾기 같았습니다. 국내외 도서관과 기타 경로를 통해 문헌과 텍스트를 모으는 과정에서 크고 작은 도움을 받았습니다. 애써주신 문윤희 사서 선생님께 고개 숙여 인사드립니다.

무엇보다 든든한 힘은 가족이었습니다. 오재영, 김한결, 김한솔 세 사람의 무한한 지지가 없었다면 이 책은 결코 완성되지 못했을 겁니다.

역사서 출판으로 이름 높은 도서출판 푸른역사에서 책을 내게 되어 기쁩니다. 박혜숙 대표님의 이해와 호의에 깊이 감사드립니다. 원고 편제와 교정에 꼼꼼한 도움을 준 편집자와 디자이너께도 인사를 빼놓으면 안 될 것 같습니다.

반평생 광고를 만들고 그것을 연구해온 사람으로서 마음속에 지닌 오랜 매듭을 푼 기분입니다. 하지만 막상 책을 완성하고 보니 문장이 부박하고 성찰의 깊이가 얕기만 합니다. 희망은 컸으나 결과는 크게 허술한 것 같아 부끄럽습니다. 그저 바라는 것은 독자 여러분의 날카로운 질책과 조언입니다.

2024년 겨울
바다가 보이는 연구실에서

차례

유혹의 전략, 광고의 세계사

3부
20세기,
광고
전성시대

03

04

4부
소프트 셀의
1차 황금기

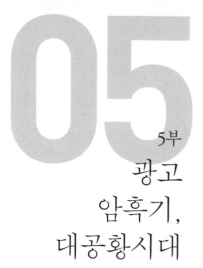

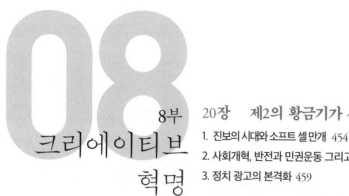

9부
포지셔닝과
마케팅
전쟁

09

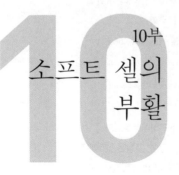

10부
소프트 셀의
부활

10

11부
패러다임
시프트가
시작되다

12부
21세기의 광고는 어디로 가는가?

독자에게 보내는 편지

언젠가 역사가와 고고학자들은 발견하게 될 것이다.
오늘날의 광고가 당대의 모든 일상 활동을,
그 어떤 시대 어떤 사회보다도
훨씬 더 풍부하고 충실하게 기록하고 반영했다는 사실을 말이다.

−마셜 맥루한

[I]

광고廣告Advertising는 별명이 많습니다. 예를 들어 '문화의 통조림'이란 별칭이 있지요. 특정 시대 사람들이 먹고, 쓰고, 살아간 생활의 속살이 압축적으로 담겨있으니까요. '세상의 거울'이란 이름은 어떻습니까. 웃고 울며 살아가는 인간 군상의 모습을 고스란히 되비춰주기 때문입니다. 역사학자 스테판 폭스Stephan Fox가 19세기 말부터 20세기 말까지의 미국 광고를 살펴본 자신의 책에《거울 만드는 사람들*The Mirror Makers*》[1]이란 제목을 붙인 까닭이 거기 있습니다. 광고야말로 한 시대의 정치·경제·사회·문화적 단면을 칼로 자르듯 선명히 보여주는 일종의 표본인 거지요.

이 책은 로마시대의 벽간판 광고에서부터 21세기 최첨단 스마트미디어 광고에 이르기까지 광고 크리에이티브[2]의 역사를 다루고 있습니다. 책의 뼈대는 간단합니다. 2,000년이 넘는 긴 세월 동안 진행된 광고 역사의 진면목을 하드 셀 소구訴求hard sell appeal와 소프트 셀 소구 soft sell appeal라는 두 축을 통해 살펴보려는 겁니다. 부가적으로 광고가 미친 경제·사회·문화적 영향력을 '유혹'과 '중독'이라는 코드를 통해 엿보려는 목적을 지니고 있습니다.

광고 소구advertising appeal란 쉽게 말해 소비자를 설득하는 독특한 표현 방법을 말합니다. 여기서 하드 셀 소구란 제품과 서비스의 비교우위적 편익을 통해 소비자를 이성적으로 설득하는 방식이지요. 비유하자면 논리를 무기로 망치로 때리듯 소비자 두뇌를 직격하는 광고입니다. 이 소구 방식은 카피 위주의 직접적 표현을 좋아합니다. 주로 언어적 설득을 통해 소비자들이 왜why 이 제품을 구입해야 하는지에 대한 합

리적 이유reason를 제시하는 거지요. 리즌 와이reason-why라고 불리는
이유가 그 때문입니다.

반면에 소프트 셀 소구는 우회적 카피와 상징적 비주얼로 소비자 감
성을 자극하는 방식입니다. 비유하자면 사람 마음을 녹이는 솜사탕 같은
광고라고 하겠습니다. 광고학자 챈디, 텔리스와 맥킨스Chandy, Tellis &
MacInns는 소프트 셀 소구를 "제품 편익을 논리적으로 제시하기보다는
사용 경험에 대한 감성적 혜택을 간접적으로 제시하는 표현"이라 설명
합니다.[3]

설득 방법으로서 하드 셀과 소프트 셀의 뿌리는 2,500여 년 전으로
거슬러 올라갑니다. 고대 그리스의 아리스토텔레스가 자신의 책《수사
학》에서 변론을 통한 세 가지 설득 방법을 제시한 것이 시작입니다.[4] 첫
째는 논리적 추론을 이용하는 방법, 둘째는 말하는 이의 좋은 품성 혹은
선의를 활용하는 방법, 셋째는 청자聽者의 마음을 움직이고 흥분시키는
감정적 요소의 활용이 그것이지요. 아리스토텔레스는 이 세 가지에 대
해 각각 로고스logos, 에토스ethos, 파토스pathos란 이름을 붙였습니다.[5]
그리고 이 가운데서 이성적으로 추론하고 사유하는 능력인 로고스를 가
장 중요시했습니다. "논리적 체계에 의한 설득만이 레토릭의 유일한 본
질적 요소이고 나머지는 장식적이다"라고까지 말할 정도였으니까요.

그 같은 논리적 설득을 하기 위해서는 우선 "어떤 것이 옳다고 입증
하는 데 도움이 되는 내용", 즉 논거가 필요합니다. 아리스토텔레스는
논거를 찾아내기 위해 귀납과 연역에 기초한 두 가지 방법을 제시했지
요. 첫째는 예증법인데, 경험에 의한 귀납적 유추를 통해 실례를 찾아내
고 논거를 세우는 방법입니다. 둘째는 삼단논법으로, 대전제와 소전제

로부터 결론을 추론해내는 연역적 방법입니다. 저는 아리스토텔레스가 제시한 로고스를 하드 셀 소구의 가장 오래된 원형으로 생각합니다.

학술적 차원에서 최초로 광고 소구가 분류된 것은 1936년입니다. 이 때 하트만Hartman은 제품의 객관적 특장점을 차분하고 논리적으로 전개하는 표현 방식을 이성적 소구rational appeal라고 규정했습니다.[6] 이후 하드 셀 소구는 학자와 관점에 따라 다양한 이름으로 불렸습니다. 직접적 광고direct ad,[7] 합리적 광고rational ad,[8] 제품 품질 소구 광고product quality appeal ad[9] 등으로 말이지요. 현대 정보처리 이론에서 보자면 하드 셀 소구는 소비자가 새로운 정보를 반복하고 해석해서 장기 기억에 저장하는 데 도움을 줍니다. 제품 이름이나 광고 내용의 회상과 재인再認 recognition 같은 인지적 반응을 중시하는 것이 그 때문입니다.

소프트 셀 소구는 어떤 걸까요. 한마디로 파토스를 사용하는 기법입니다. 아리스토텔레스는 파토스를 "사람들을 변화시킴으로써 판단에 차이를 만들어내고 고통과 즐거움을 수반하는 정념情念"이라고 설명하면서 14가지 사례를 듭니다. 분노, 평온, 우정, 증오, 불안, 신뢰, 수치심, 파렴치, 친절, 동정, 분개, 선망, 경쟁심, 경멸이 그것이지요. 소프트 셀은 이 같은 정서적 요소를 활용하여 소비자 마음에 제품에 대한 감정과 욕망을 이끌어내는 것이 목적입니다. 이 표현 방식 역시 학자에 따라 다양한 이름으로 불립니다. 정서적 광고emotional ad,[10] 가치 표현 광고value expressive ad,[11] 감정 광고feeling ad[12] 등이 그것입니다.

소프트 셀은 광고제품에 대한 직접적 설명 대신 소비자의 정서적 경험과 내적 충족감을 강조하는 면모가 두드러집니다. 이에 따라 상징적 비주얼을 상대적으로 즐겨 사용합니다. 카피라이팅에 있어서는 우회적·예술적 테크닉을 즐겨 쓰는 것이 특징이지요. 푸토와 웰즈Puto & Wells는 이 특성을 꼭 집어서 전이적 광고transformational ad라는 명칭을 사용합니다.[13] 광고를 통해 제품에 대한 감각적 만족, 제품 사용을 통한 성취감, 사회관계적 승인을 소비자 마음에 옮겨 놓기transformation 때문이지요. 소프트 셀 소구가 광고 표현의 중심을 제품 자체에 두지 않고 제품이 추구하는 내적 가치에 두는 까닭이 그 때문입니다.

초기 광고 연구에서는 모델의 공신력, 매력, 메시지 내용 등의 다양한 설득 변인 가운데 언어적 요소(카피)가 유발하는 인지적 반응을 중시했습니다. 하지만 소비자가 지닌 선유적先有的·후발적 감정 같은 중개 변인의 영향력이 주목받게 되면서, 음악이나 비주얼과 같은 비언어적 메시지 연구가 활발히 전개됩니다. 이것이 사람의 정서를 자극하는 소프트 셀 소구에 대한 학문적 관심이 크게 늘어난 배경입니다.

역사적으로 보자면, 하드 셀 소구와 소프트 셀 소구는 19세기 후반부터 본격적으로 분화되기 시작했습니다. 그전에는 몇몇 예외를 제외하고는 거의 모든 광고가 하드 셀이라 해도 과언이 아니었지요. 그런데 20세기에 접어들면서 특이한 현상이 나타납니다. 두 소구 방법이 특정 시기별로 번갈아가며 당대를 장악하는 압도적 주류로 등장한 겁니다. 시계추가 좌우로 왕복하는 것에 비유할 수 있겠습니다. 왜 이런 현상이 나타난 걸까요? 미디어 환경의 변화도 무시 못할 작용을 했습니다. 하지만 제일 큰 영향을 미친 것은 역시 당대의 경제 상황입니다. 호황이냐 불황이냐 여부가 하드 셀이냐 소프트 셀이냐 하는 당대의 주류 크리에이티브에 핵심적 작용을 한다는 뜻입니다.[14]

요약하자면 경제호황기에는 소프트 셀 소구가 유행하고 불황기에는 하드 셀 소구가 우세를 점합니다. 이러한 추세는 특히 1920년대와 1930년대 이후 하나의 패턴pattern이 됩니다. 크리에이티브 황금기라 불린 1960년대와 포지셔닝 전략이 유행한 1970년대, 이미지 광고가 부활한 1980년대 이후도 마찬가지입니다. 양대 소구의 순환이 마치 자연법칙처럼 뚜렷한 모습을 보이는 거지요.

경제학자 슘페터Schumpeter는 경기순환을 4개 국면으로 구분했습니다. 경기순환의 중심이 되는 평균선을 균형선으로 놓았을 때 윗부분이 호황이고 아랫부분은 불황입니다. 호황과 불황은 다시 각각 둘로 나뉘는데 호황 국면은 번영과 후퇴, 불황 국면은 침체와 회복이 그것입니다.[15]

일반적으로 불황기에는 GDP 성장률 저하와 인플레이션이 심화되며 국제수지 적자가 나타납니다. 총생산량, 고용, 실질 소비액, 일인당 생산량도 떨어지지요. 당연히 소비심리가 위축되고 제품 구매 총량과 빈도가 줄어듭니다.[16] 이러한 변화가 기업의 광고비 지출과 마케팅전략에 영향을 미치는 거지요. 기업은 광고비를 대폭 줄이는 동시에 지출한 광고비 이상의 제품 판매 효과를 광고회사에 요구합니다. 이것이 불황기에 하드 셀이 나타나는 핵심 원인입니다.

반대로 호황이 오면 기업 투자와 이익 그리고 가계 소비가 증가합니다. 고용과 노동소득도 높아지지요. 은행 대출 증가로 금리가 상승하며 주식시장이 활황인 것도 특징이고요. "곳간에서 인심 난다"는 우리 속담이 있습니다. '먹고살 만해야 비로소 주위를 돌아보는 마음의 여유가 생긴다'는 뜻입니다. 이것이 호황기에 소프트 셀 소구가 늘어나는 까닭입니다. 기업들도 제품 직접 판매에 종속되기보다는, 장기적 차원에서 부드럽고 감성적인 톤 앤 매너tone & manner로 브랜드 호의도를 유발하는 광고전략을 선호하게 되는 거지요.

　시작부터 조금 딱딱했지요? 어쨌든 이 책이 하드 셀과 소프트 셀을 서술의 핵심 준거로 삼은 데는 분명한 까닭이 있습니다. 이 두 가지 소구 방법이 지난 수천 년간 모든 광고 표현의 뼈대로 작용했기 때문입니다. 이에 따라 광고 역사의 전개 과정에서 태어난 수많은 작품을 타당도 높게 분류하는 기준점이 되기 때문입니다.

[**Ⅱ**]

광고는 자본주의 경제의 필요에 따라 태어났습니다. 상품의 장점을 알려서 좋아하게 만들고 마지막에는 구입하도록 설득하는 수단이지요. 하지만 그 역할이 단순히 마케팅 영역에만 머무르지는 않습니다. 빙산의 물 위에 드러난 부분이 10퍼센트밖에 안 되듯, 광고의 진면목도 숨겨져 있습니다.

　저는 광고를 '자본주의를 유지시키는 핵심적 사회제도'라고 정의 내리고 싶습니다. "그까짓 광고가?"라고 되묻는 분이 계시겠지요. 그렇지만 사실입니다. 현대 산업자본주의는 쉼 없이 페달을 밟아야만 쓰러지지 않는 자전거에 비유됩니다. 상품의 대량생산과 대량소비가 체제를 가능케 하는 필요충분조건이기 때문이지요. 광고가 없으면 이 시스템이 순탄하게 돌아가지 않습니다. 사람들 마음속에 신상품에 대한 끊임없는 욕구를 불러일으키고, 이를 통해 새로운 수요를 만들어내는 핵심 역할을 광고가 맡고 있습니다. 시장경제의 수요공급 메커니즘을 유지시키는 원동력, 그것이 광고입니다.

광고의 모국이라 불리는 미국의 예를 들어볼까요. 제1차 세계대전이 끝난 1918년 말부터 경제대공황이 시작된 1929년까지 10여 년간은 이 나라의 산업생산력이 비약적으로 늘어났습니다. 문제는 과잉에 가까운 상품 공급에도 불구하고 임금노동자들의 가처분소득이 이를 따라가지 못했다는 겁니다. 수요를 초과한 생산 문제는 필연적으로 소비 부진과 제품가격 하락을 불러옵니다. 뒤이어 심각한 디플레이션의 그림자가 경제를 위협했습니다. 이 같은 악순환을 해결하기 위한 도구가, 천재 카피라이터 어네스트 엘모 컬킨스Ernest Elmo Calkins가 제기한 '소비자 공학consumer engineering'입니다.

현대 산업자본주의와 광고의 본질을 날카롭게 꿰뚫는 이 주장의 핵심은 '의도적 혹은 계획적 진부화artificial or planned obsolescence'라 불리는 개념입니다.[17] 쉽게 말해 소비자 마음속에 구입해서 사용 중인 제품에 대한 진부화, 즉 싫증을 불러일으키는 작업이지요.

계절이 바뀌면 왜 새 옷을 사시나요? 무릎이 찢어지거나 엉덩이에 구멍이 나서는 아닐 겁니다. 자기도 모르게 싫증이 나서 그런 경우가 태반이지요. 대도시의 쓰레기하치장에 아직도 쓸 만한 물건들이 대량으로 버려지는 이유 또한 마찬가지입니다. 멀쩡히 잘 쓰던 제품을 왠지 진부하게 느끼도록 유도함으로써, 사람들 마음속에 지금까지 존재하지 않던 새로운 소비 욕망을 창조하는 것. 그렇게 만들어진 인위적 욕구를 수요 확대로 연결하는 기능. 이것이 '신상품 생산과 구매의 무한 쳇바퀴를 돌리는' 계획적 진부화의 작동 원리입니다.

계획적 진부화 개념은 이 책의 핵심 주제와 연결되는 중요한 의미를 지닙니다. 그래서 좀 더 자세히 살펴볼 필요가 있습니다. 2차 산업혁명

이후 경영학과 제조산업 분야에서 암묵적으로 통용되던 해당 개념이 현실 마케팅에서 처음 모습을 드러낸 것은, 1925년 1월 14일 피버스 카르텔Phoebus cartel이 결성되면서부터였습니다. 이날 스위스 제네바에서 백열전구의 사용수명 축소를 합의하기 위해 대표적 제조 기업들이 모인 것입니다. 스코틀랜드 발명가 제임스 린지가 발명했고 1879년 토마스 에디슨이 상용화한 이래 백열전구는 해마다 수명이 늘어났습니다. 그 결과 신규 전구 구입 횟수가 줄어들었고 이는 제조 회사들의 이윤 축소로 이어지게 됩니다. 예를 들어 오스람은 1923년 6,300만 개의 전구 판매량이 이듬해 2,800만 개로 급전직하 할 정도였지요.

이에 따라 국제적 과점 기업들인 독일의 오스람, 미국의 제너럴 일렉트릭GE, 영국의 AE(Associated Electrical Industries) 등이 모여 시장 통제를 목표로 생산 수량과 가격을 담합하는 카르텔cartel을 만들게 되는데, 그것이 피버스 카르텔이었습니다. 이 회합을 통해 전구의 사용수명을 의도적으로 줄여서 판매량을 늘리자는 합의가 이뤄집니다. 그리고 평균 2,500시간이던 필라멘트 전구의 수명이 1,000시간으로 2.5배나 줄어들게 됩니다. 이것이 제조업 분야에서 계획적 진부화의 본격적 서막을 엽니다. 이후 1세기에 걸쳐 계획적 진부화는 자본주의 기업들의 이익 극대화를 위한 핵심 도구로 작동합니다.

최신 유행 디자인을 즉각적으로 반영해서 저렴하게 판매하는 패스트 패션fast fashion의 경우가 대표적입니다. 자라Zara나 H&M 같은 의류 구입 후 몇 번 세탁을 하지 않았는데도 옷감이 후줄근해져버린 경험이 있으실 겁니다. 전동 칫솔의 교체용 칫솔모를 빨리 닳도록 설계한다든지, 안전면도기 교체 날이 쉽게 무뎌져서 바꿀 수밖에 없게 만드는 것도 마찬가지지요. 애플이나 삼성전자 같은 스마트폰 제조사가 두드러진 기능 진화가 없음에도 해마다 신제품을 출시하는 것도 동일한 사례입니다. 이러한 상황에서 설득의 결정적 뇌관을 누가 당길까요. 바로 광고입니다. 신제품에 대한 강력한 욕구를 자극하는 작업. '낡은 것'을 버리고 새로운 물건을 반복적으로 구입하게 하는 유혹. 현대 광고는 탄생 이래 그 같은 소비 중독의 싹을 심는 주범이었습니다.

이 점에서 '계획적 진부화'는 광고의 긍정적 기능과 부정적 한계를 동시에 포괄하는 역사적 키워드임에 틀림이 없습니다. 상품자본주의를 움직이는 원동력이자, 과도욕망 창조를 통해 물신주의 첨병 역할을 해온 광고산업의 어두운 본질을 동시에 설명하기 때문입니다.

또 하나 빠트릴 수 없는 것은 소비자를 교육하여 새로운 라이프 스타일을 제시하는 광고의 역할입니다. 이런 면모가 개시된 것은 거품 경기라 불릴 정도로 미국 경제 환경이 폭발적으로 성장한 1920년대부터였습니다. 예를 들어 콜게이트를 필두로 여러 치약 브랜드들이 만들어낸 양치 습관이 그렇습니다. 제1차 세계대전 이전에 미국인들이 식사 후 칫솔질하는 비율은 고작 26퍼센트에 불과했습니다. 이 수치가 1920년대를 지나면서 폭발적으로 늘어납니다. 광고가 사람들에게 '칫솔질'이라는 새로운 습관을 인위적으로 가르친 거지요. 이렇게 광고를 통해 사람들이 새로운 유행과 습관을 받아들이는 현상을 롤런드 마천드Roland Marchand 는 광고의 '사회적 재현Social Tableaux'이라 이름 붙입니다.[18]

세상을 바라보는 기본적 인식에도 광고는 중요한 영향을 미칩니다. 커뮤니케이션 학자 셧 잘리Sut Jhally의 주장이 그렇습니다. 그는 아이들이 자라나면서 성적 정체성gender identity을 구축하는 세 가지 요소를 지적합니다. 첫째는 부모의 행동이지요. 태어나자마자 보고 배우는 게 부모의 태도이니 이를 통해 기본적 세계관을 쌓는 겁니다. 둘째가 TV, 신문, 잡지, 라디오, 인터넷 같은 매스미디어이고, 셋째가 광고입니다.

프랑스 수필가 로베르 게랭Robert Guérin은 다음과 같은 유명한 잠언을 내놓았지요. "우리가 숨 쉬고 있는 공기는 질소와 산소와 광고로 구성되어 있다. 우리는 광고 속을 헤엄쳐 다닌다."

들이쉬고 내쉬는 자기 숨결을 의식하는 사람은 없습니다. 그만큼 광고가 무의식적으로 자연스럽게 삶 속에 들어와 있다는 의미지요. 이것이 광고에 반영된 '전형적 성역할'을 아이들이 무의식적으로 받아들이는 비밀입니다. 여자아이들은 부드럽고 수용적인 태도를 미덕으로 생각하게 되고, 남자아이들은 활발하고 전투적인 기상을 이상적 가치관으로 받아들이는 거지요.[19]

[**III**]

광고가 지닌 이처럼 심대한 함의에도 불구하고, 한국에는 광고의 정치·경제·사회·문화적 의미를 차분히 풀어내는 교양서가 많지 않습니다. 특히 관점과 인식의 출발점이 되는 세계 광고사에 대한 책이 드뭅니다. 한국 광고사의 경우 신인섭의 《한국 광고발달사》[20]를 시작으로 《한국 광고사》[21]와 《눈으로 보는 한국 광고사》,[22] 다시 신인섭과 김병희가 《한국 근대 광고 걸작선 100: 1876~1945》[23]를 출간했습니다. 세부 주제로는 《광고로 보는 한국 화장의 문화사》[24] 등이 있고요. 그러나 세계 광고사는 양정혜가 산업혁명기부터 정보화 사회에 이르는 역사를 서구 광고산업을 매개로 펼쳐 보인 것을 제외하고[25] 대부분이 번역서입니다. 폭스, 하루야마 유키오春山行夫,[26] 트위첼Twitchell,[27] 턴게이트 Turngate[28]의 저술이 그런 사례입니다.

저는 이 같은 현실이 광고사 연구의 사회적 공유 차원에서 중요한 문제점이라고 생각해왔습니다. 현대 자본주의 사회의 구조적 본질을 제대로 이해하려면 광고의 속성과 그 출발점으로서 역사적 진화를 이해할 필요가 있기 때문입니다. 이 책을 광고와 세상의 다양한 관계에 대한 관심을 지닌 학생과 일반 독자들을 대상으로 쓴 이유가 여기에 있습니다.

외국 광고학계에서는 광고사와 관련된 다양한 책들이 출간되었고 지금도 활발히 출간되고 있습니다. 그 첫 번째 기념비적 저술로 인정받는 것이 1874년 영국의 헨리 샘슨Henry Sampson이 쓴 《초창기 광고의 역사A History of Advertising from the Earliest Times: Illustrated by Anecdotes, Curious Specimens and Biographical Note》이지요.[29] 이후 150년 동안 다채로운 광고 거시사와 미시사들이 끊임없이 독자의 품에 안겼습니다.

몇 가지 예를 들자면 광고와 모더니티의 역사적 관계를 고찰한 저술,[30] 광고사진의 진화를 다룬 것,[31] 특정 시기 영국 광고의 수사학,[32] 1890~1960년대까지 미국에서 전개된 예술과 광고의 관계,[33] 광고 관련 그래픽 디자인의 역사[34]가 있습니다. 과장 광고 연구,[35] 에로틱 광고의 전개,[36] 문화사적 관점의 광고 해석,[37] 광고 담론의 역사 분석[38]에 이르기까지 주제별 저술이 매우 풍부합니다. 유명 광고회사 역사를 다룬 책,[39] 코카콜라,[40] 할리 데이비드슨,[41] 해서웨이 셔츠[42] 등 개별 브랜드 역사를 조명한 책도 적지 않습니다.

이런 풍성한 성과는 현대 광고가 영국, 프랑스 등의 유럽 국가와 특히

2차 산업혁명 이후 미국을 중심으로 태동, 발전되었기 때문입니다. 당연히 광고사 연구도 서구 학계를 중심으로 집중적으로 전개되었지요. 하지만 이제는 광고 현상의 시대별 전개 과정을 서구인의 관점이 아니라 한국 독자의 관점에서 살펴보는 결과물이 나올 때가 되었다고 생각합니다. 한국의 고유한 시각과 인식을 통해 광고사의 궤적을 추적하고 의미를 되새기는 것. 다양한 정치·경제·사회·문화적 관점을 교차시켜 광고와 인간 그리고 세상의 관계에 대한 더욱 웅숭깊은 이해를 이끌어내는 과제. 이 책은 그 같은 오랜 고민의 소산입니다.

　이 책은 모두 12개 부로 구성되어 있습니다.[43] 1부 〈현대 이전의 광고〉는 고대, 중세, 근대에 걸쳐 현대 광고가 태어나기 전까지의 광고사를 다룹니다. 2부는 〈산업화와 광고〉란 제목입니다. 산업혁명의 본격화와 발맞추어 태동한 현대 광고산업의 모습과 초창기 광고인의 삶을 살펴봅니다. 3부 〈20세기, 광고 전성시대〉에서는 20세기 초반부터 제1차 세계대전 직전까지, 광고가 산업으로서의 틀과 사회과학적 설득력을 갖춰가는 모습을 하드 셀 크리에이터들의 면모와 교차하여 주목합니다. 4부 〈소프트 셀의 1차 황금기〉에서는 제1차 세계대전 시기 등장한 전쟁 프로파간다의 면모, 그리고 광고가 자본주의 시스템을 유지·강화하는 사회적 제도로 자리 잡아가는 과정을 살펴봅니다.

　제5부 〈광고 암흑기, 대공황시대〉는 역사상 가장 강력하고 노골적인 하드 셀 크리에이티브가 나타난 1930년대를 정면으로 조명합니다. 이어지는 6부 〈전쟁과 광고〉는 제2차 세계대선 시기의 프로파간다 전개 양상과 여성 노동 광고의 특징을 분석했습니다. 7부는 2차 세계대선 종전 이후 서구 경제의 장기호황이 시작된 1950년대 광고 흐름을 고찰

한 〈대량 소비시대의 개막〉입니다. 8부 〈크리에이티브 혁명〉에서는 희
대의 광고 천재들이 속속 등장하여 전설적 캠페인을 꽃피운 1960년대
를 돌이켜봅니다.

9부의 제목은 〈포지셔닝과 마케팅 전쟁〉입니다. 오일쇼크가 몰고 온
초고도 불황에 맞대응하는 하드 셀 전략인 포지셔닝의 전개를 분석했
습니다. 10부 〈소프트 셀의 부활〉은 신자유주의 정치경제 환경 아래 소
프트 셀이 다시 활황세를 보이는 장면을 포착합니다. 그리고 11부 〈패
러다임 시프트가 시작되다〉에서는 인터넷이라는 거대한 시대 변화가
광고에 미친 영향을 주목했습니다. 마지막으로 12부는 〈21세기의 광고
는 어디로 가는가?〉라는 제목 아래 빅데이터 기술과 AI가 주도하는 완
전히 새로운 광고 세상의 면모를 살펴봅니다.

[**IV**]

이탈리아 철학자 베네데토 크로체Benedetto Croce는 엄격한 사료 비판
을 핵으로 하는 레오폴드 폰 랑케Leopold von Ranke의 실증사학을 비판
하면서 이렇게 말했습니다. "모든 역사는 현대사다All history is
contemporary history."[44] 역사란 것은 그것이 쓰인 당대적 해석의 산물일
수밖에 없다는 뜻이지요. 에드워드 카E. H. Carr는 그의 고전적 저술에
서 이를 역사가의 책무로 풀어냅니다.

역사의 사실들은 순수한 형태로 존재하지 않으며 또한 존재할 수도
없기 때문에 우리에게 결코 '순수한' 것으로 다가서지 않는다는 점이

다. 그것들은 기록자의 마음을 통과하면서 항상 굴절된다.……역사가는 자신이 다루고 있는 사람들의 마음과 그들의 행위의 배후에 있는 생각을 상상적으로 이해해야 할 필요가 있다.[45]

호웰과 프레베니어Howell & Prevenier가 역사적 연구의 목적을 일러, 과거 특정 시기 주목할 만한 사건의 발생과 전개를 통찰함으로써 오늘날의 체제, 조류, 쟁점을 이해하는 것이라 정의 내린 이유가 바로 그것이지요.[46] 이 책도 마찬가지입니다. 광고 역사의 뿌리를 우리의 현재적 관점으로 바라보는 것. 앞서간 광고인들의 삶과 창조적 결과물을 고찰하고 그들의 작품에 담긴 생각을 만짐으로써 다가올 광고의 미래를 조망하는 일. 그것이 이 책을 쓴 목적이지요. 이에 따라 저는 다음의 네 가지를 글쓰기 전범으로 삼았습니다.

첫 번째는 미술사가 에른스트 곰브리치Ernst Gombrich의 시각입니다. 그는 세계 30개 언어로 번역되어 800만 부 이상 팔린 베스트셀러《서양미술사The story of Art》의 저자이지요. 이 책은 28개 챕터를 통해 선사시대 동굴벽화에서 20세기 중반—책이 출간된 1950년대—까지 미술사 흐름을 일목요연하게 보여줍니다. 그중 주목되는 것은 거창한 담론보다는 등장하는 작품의 사회문화적 배경과 표현적 특징을 최대한 섬세하게 설명한다는 점입니다. 콘텐츠에 대한 평면적 소개를 넘어, 그것이 창조된 시대적 배경을 입체적으로 결합한 서술 방식에 감명을 받았습니다.

두 번째는 에릭 홉스봄Eric Hobsbawm입니다. 홉스봄은《혁명의 시대The Age of Revolution: Europe 1789~1848》,《자본의 시대The Age of Capital: 1848~1875》,《제국의 시대The Age of Empire: 1875~1914》 3부작으로 유명

합니다. 이 연작은 1789년 프랑스대혁명부터 1914년의 제1차 세계대전까지 유럽 역사를 관통합니다. 독특한 것은 125년에 걸친 분석 대상 시기를 통상적인 세기 단위로 구분하지 않고, 부르주아 자본주의 체제가 형성, 확산, 종결되어가는 중심축에서 조망하고 있다는 겁니다. 그래서 만들어진 것이 '장기 19세기The long 19th century'라는 독특한 개념이지요.

그의 책은 편년체적 접근을 넘어 중층적·복합적 차원에서 역사를 조망합니다. 예를 들어 '장기 19세기' 기간에는 산업혁명과 정치혁명의 이중혁명이 동시에 발발합니다. 하지만 결국 전자가 후자를 압도함으로써 자유주의 자본주의의 최종적 승리가 쟁취된다고 해석하는 식입니다. 독보적인 것은 당대의 경제·정치 현상을 따로 분석하지 않고 사회, 노동, 문화의 변화 흐름과 유연하게 결합하는 면모입니다. 이러한 서술의 총체성이야말로 홉스봄을 차별화하는 가장 두드러진 특징입니다.

세 번째는 리오 휴버먼Leo Huberman이 《경제사관의 발전구조Man's Worldly Goods—The Story of the Wealth of Nations》[47]에서 택한 관점입니다. 경제사를 다룬 고전들이 많지요. 모리스 돕Maurice H. Dobb, 폴 스위지Paul M. Sweezy가 그렇고 홉스봄의 역작들이 그렇습니다. 하지만 리오 휴버먼의 책은 그런 책들과 구별되는 미덕을 지니고 있습니다.

중세 봉건시대에서 제2차 세계대전 직전 파시즘 발흥기까지를 다룬 그의 저술은 이른바 '경제발전 단계설'[48]에 기초한 정통적 접근을 택합니다. 그러면서도 쉽고 편하게 읽힙니다. 개념 설명이나 예시 또한 흥미롭습니다. 이런 면모야말로 마땅히 따라야 할 모범사례라고 생각했습니다. 휴버먼에게서 참고할 지점이 하나 더 있습니다. 그는 이렇게 말합니다.

> 리카르도의 지대 법칙 자체는 어렵고 따분하다. 그러나 그것을 역사
> 적 배경 속에 놓고, 19세기 초기의 영국 지주와 신흥 부르주아 사이
> 에 벌어진 투쟁 가운데 하나로 보라. 그러면 그것은 사람의 마음을 흥
> 분시키는 의미심장한 것이 될 것이다.[49]

　사료의 갈피에 숨어있는, 앞서간 이들의 역동적 삶을 심장으로 느껴
야 한다는 뜻이지요. 그런 발견이 있어야 비로소 해석과 문장에 구체적
힘이 생긴다는 사실을 배웠습니다.
　네 번째 관점은 사마천司馬遷의 《사기史記》에서 빌렸습니다. 사기는
고대의 황제黃帝로부터 전한前漢시대 무제武帝에 이르기까지 2천 수백
년에 걸친 장구한 중국 역사를 아우른 통사지요. 이 위대한 책에는 한
무제에게 궁형의 치욕을 당한 한 역사가의 피와 땀이 배어있습니다.
《사기》는 근세 이전 동양인의 세계관에 중요한 영향을 미쳤습니다. 역
사에 대한 교조적 해석에서 벗어나려는 비판적 자유정신 때문이지요.
조선시대 선비 김득신은 《사기》의 〈백이열전伯夷列傳〉을 무려 11만
3,000번이나 읽었다고 합니다.[50] 사마천의 책이 단순한 역사서를 넘어
개인의 삶에 총체적 지표를 제공하는 역할까지 했다는 뜻입니다.
　《사기》는 〈본기本記〉, 〈표表〉, 〈서書〉, 〈세가世家〉, 〈열전列傳〉의 전체
130권으로 이뤄진 방대한 규모를 자랑합니다. 득히 이 잭에서 핵심 비
중을 차지하는 광고인의 삶과 철학을 기술하면서 《열전》의 서술 방식
을 많이 참고했습니다. 역사의 격랑 속에 몸을 던진 문장가, 학자, 정치

가, 협객, 해학가 등 별처럼 명멸했던 선인들의 삶을 이만큼 생생하게 묘사한 문헌이 또 없기 때문이지요.

마지막으로 이 책의 한계에 대해서도 말씀드려야겠습니다. 현대 광고가 서구를 배경으로 발전되었고 자료의 분량과 깊이도 해당 국가들이 압도적인 것이 사실입니다. 하지만 아무리 상황이 그렇다 해도 책의 서술 중심이 미국, 유럽 등 서구 국가에 과하게 치우쳐 있다는 지적을 피할 수 없을 듯합니다. 한국 광고사에 대해서는 신인섭을 필두로 탁월한 연구 성과가 다양하게 제출되어 있으니 이 책이 재론할 필요는 없다고 봅니다. 하지만 그 밖의 이른바 제3세계 광고에 대한 분석이 부족한 점이 아쉽습니다. 자료 접근의 어려움도 있었지만 저의 집중과 통찰력 부족 탓이 큽니다. 이 부분은 앞으로 후속 연구의 분투에 크게 기대어야 할 것 같습니다.

광고는 세상과 사람과 물건이 어우러져 만드는 한 편의 드라마입니다. 경제학, 정치학, 사회학, 설득커뮤니케이션, 예술, 문학, 심리학, 기호학 등 다양한 렌즈를 통해 당대인의 삶을 조망하게 해주는 만화경萬華鏡이기도 합니다. 이 책이 광고작품에 대한 단순 인상비평을 넘어, 텍스트 뒤에 숨은 시대 배경과 그것을 창조한 광고인의 삶을 최대한 풍성하게 묘사하려 한 이유가 거기에 있습니다. 부디 그러한 인간사의 심층을 편안하고 재미있게 구경해주면 좋겠습니다.

현대 광고는 19세기 초중반의 제2차 산업혁명과 더불어
태동했다는 것이 정설이다. 이 시기에 자유 자본주의 체제는
유럽이라는 지역 단위, 선진공업국이라는 국가 단위를 벗어난다.
상품 대량생산과 자유무역 수출의 순환구조가 세계 전역으로 확산되기 때문이다.
사용가치보다 교환가치가 우선시되는 시장경제 체제가 자리를 잡은 것이다.

현대 자본주의 상부구조를 특징짓는 정치, 경제, 사회, 문화, 법률,
교육제도 기틀도 이 기간에 형성되기 시작한다. 광고가 사람들의 삶에 본격적으로
영향을 미치기 시작한 시점이기도 하다. 그렇다면 그 이전 시대에는
제품의 이름을 알리고 판매를 도와주는 설득 커뮤니케이션 수단이 없었을까?
그렇지는 않다. 오늘날 광고와는 속성이 다르긴 했지만
여러 유사 광고 수단들이 존재했다.

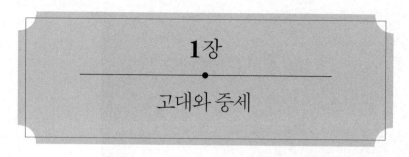

1장
고대와 중세

1. 파피루스 문서와 로마의 벽간판

기록으로 전해지는 최초의 유사 광고 형태는 기원전 5000년경 이집트 고대왕국 시대의 것이다. 태양신을 숭배하는 파라오의 전쟁 승리화다. 넓은 의미에서 보면 오늘날 정치 광고 포스터의 원시적 형태라고 할 수 있다. 기원전 4000년경에 만든 앗시리아 왕국의 전승도戰勝圖는 부조 relief 방식을 통해 왕이 적을 무찌르는 모습을 보여준다. 이 역시 지배 계급의 권위와 위엄을 과시하는 일종의 프로파간다다.

문서로 전해지는 가장 오래된 광고는 기원전 2000년경 작품이다. 고대 이집트 11왕조 수도였던 테베[1]의 폐허에서 발견된 이 파피루스 papyrus 문서(《그림 1》)에는 다음과 같은 내용이 쓰여 있다.

<그림 1>
현존하는 세계 최고最古의 광고.
나일강 변에서 자생하는
파피루스로 만들었다.

남자 노예 셈이 좋은 주인인 하푸 마스터로부터 도망쳤습니다. 테베의
모든 선량한 시민은 그가 돌아올 수 있도록 도와주시기 바랍니다. 그는
힛타이트족인데 키가 5피트 2인치이고 혈색 좋은 얼굴에 갈색 눈입니
다. 셈의 거처를 알려주는 사람에게 금화 반닢을 드리겠습니다. 그를
고객의 요구에 맞춰 제일 좋은 옷감을 짜주는 직물장인 하푸의 상점으
로 직접 돌아오게 해주는 분께는 금화 한 닢을 드리겠습니다.

현재 대영박물관에 보관 중인 이 콘텐츠는 오늘날 광고용 전단eaflet
과 비슷하다. 인용문에서 밑줄 그은 구절을 주목하기 바란다. 현대의
기업PR 광고라 해도 손색이 없는 내용을 담고 있기 때문이다.
기원전 1000년경 페니키아 식민지였던 북아프리카 카르타고에도 원
시적 형태의 광고가 존재했다. 무역선이 항구에 들어오면 거리를 돌아
다니며 큰 소리로 선적된 상품 종류를 알리는 사람이 있었다. 고대 그

리스도 마찬가지, 거리에서 소리를 질러 손님을 끌고 상품판매를 북돋
우는 포고꾼criers들이 활약했다.[2] 모리스 만델Mandell은 이런 방식으로
물건 팔던 행상hawkers들을 현대 광고의 원조라고 부른다. 라디오나 텔
레비전을 통해 물건을 사달라고 간청하는 오늘날의 방식과 본질에서
다를 바가 없기 때문이다.[3]

해안선이 많은 그리스 도시들의 특성상 교통과 무역이 해상으로 이
루어지는 경우가 많았다. 이들 항구에서는 배가 들고날 때를 알리는 다
양한 안내 문서가 유물로 발견되고 있다. 특히 아테네에서는 전쟁이 시
작되면 30세까지의 소집 대상자를 집합시키기 위해 음성, 벽보, 나팔
등의 다양한 수단을 사용했다고 전해진다.[4]

이상에서 살펴본 고대의 유사 광고들은 방식과 매체가 무엇이든지
간에 공통점이 존재한다. 하나같이 메시지 수용자를 대상으로 이성적·
객관적 정보를 전달하는 하드 셀의 특징을 지니고 있다.

서기 79년 8월 24일 이탈리아 남부 나폴리만 근처의 휴양 및 환락도
시 폼페이Pompeii가 일시에 멸망한다. 가까운 곳의 베스비우스 화산이
폭발했던 것이다. 화산재에 완전히 덮여버린 이 도시는 오랫동안 떠도
는 전설의 대상이었다. 1592년 사건이 일어난다. 한 농부가 밭을 갈다
가 흙 속에 묻힌 유적지를 발견한 것이다. 1748년부터 본격 발굴이 시
작되는데 2,000여 년 전 고대 로마의 찬란한 문명이 기적처럼 모습을
드러낸다. 광장, 목욕탕, 술집, 상점, 유흥업소 등의 건물과 수많은 생
활용품, 표지, 석판石板, 그림 등이 원형 그대로 출토되었다.

에른스트 곰브리치는 예술사에서 폼페이가 차지하는 의미를 다음과
같이 설명한다.

우리가 고대 회화의 성격에 관하여 약간의 어떤 개념을 얻을 수 있는 유일한 방법은 폼페이를 비롯한 기타 장소에서 발굴된 장식적인 벽화와 모자이크를 보는 길밖에 없다.……이 도시의 거의 모든 집과 별장에는 벽이나 원주, 전망대에 그림이 그려져 있으며 틀에 끼워진 복제 그림이나 무대를 모방한 장치가 있었다.[5]

폼페이 발굴은 광고 역사에서도 중요한 의미를 지닌다. 고대 로마의 상업적 커뮤니케이션 활동을 보여주는 유물이 대량으로 모습을 드러냈기 때문이다. 이 가운데 가장 주목되는 것은 벽간판이다. 오늘날의 옥외 광고와 유사한 형태다. 길 가는 사람이나 방문객을 위해 가게나 집의 회백색 석회벽에 다양한 그림이나 문자를 그려놓았다. 빵과 와인, 도자기 등의 상품판매는 물론 검투사 시합 공지, 위락 서비스 안내, 가옥 임대, 분실물 공고 등이 그것이다[6](《그림 2》).

〈그림 2〉
폼페이 유적지에
남아있는 와인 가게 알부스.

이들 벽간판은 라틴어로 알부스albus, 영어로는 앨범album이라 불리는데 폼페이 한 도시에서만 6,000개 이상이 발견되었다. 66헥타르[7]에 이르는 전체 도시 면적 가운데 현재 44헥타르만 발굴되었는데도 이 정도이니 앞으로 더 많은 알부스가 나타날 것으로 예상된다.

그중 가장 많은 것은 선거 관련 공고문과 출마 후보를 알리는 알부스다. 고대 로마에서는 중추적 정치 지도자를 모두 선거로 뽑았다. 첫 번째는 행정과 군사 권한을 지닌 1년 임기의 집정관 2명이다. 두 번째는 평민을 보호하고 그들의 권익을 지키는 호민관 10명으로 역시 1년 임기였다. 이런 선거를 해마다 치렀으니 선거가 일상사에서 차지하는 비중이 매우 컸고 그것을 공지하는 작업 또한 활발했음을 짐작할 수 있다.

그다음으로 많이 발굴된 것이 물건을 파는 상업적 메시지와 검투사 경기 공지문이었다. 관심을 끄는 것은 검투사 경기 개최를 알리는 알부스다. 이 경기는 당대의 권력자들이 투표권을 지닌 대중의 환심을 사기 위해 빈번히 개최한 최고의 인기 이벤트였다. 검투사들은 칼, 그물, 삼지창 등을 들고 다른 검투사 또는 맹수들과 죽을 때까지 싸웠다. 피가 피를 부르는 이 잔인한 경기에 대한 로마인들의 환호는 대단했다. 검투사의 인기는 현대의 프로야구, 프로축구, 프로권투, UFC 격투기 선수를 합친 것만큼 높았다. 각지에 검투 전용 경기장이 세워진 게 이런 이유에서였다.

서기 80년 완공된 로마의 콜로세움이 역사상 가장 큰 검투사 경기장이다. '즐거움의 도시' 폼페이도 예외가 될 수 없었다. 이 고대 두시를 방문하면 '폼페이 경기장Anfiteatro di Pompei'이라 이름 붙인 대형 경기장 유적이 지금도 관람객들을 맞이하고 있다.

<그림 3>
검투사 경기 장면을
상세하게 묘사한 알부스.

<그림 4>
또 다른 검투사 경기 알부스.
등장인물의 동작이
드라마틱하게 표현되어 있다.

검투사 경기는 막대한 비용이 들어가는 대형 이벤트였다. 그러니 널리 홍보를 해서 많은 관중을 동원해야 했는데, 이런 용도로 가장 적합한 매체가 알부스였다. 폼페이에서 발굴된 검투사 경기 알부스를 두어 가지 살펴보자. 첫 번째는 헨리 샘슨의 책에 인용된 것이다[8](《그림 3》). 샘슨은 이 장면의 맥락과 등장인물을 자세하고 흥미롭게 설명하고 있다.

그림 맨 왼쪽의 검투사 이름은 안티고누스인데 무려 2,112번의 승리를 기록한 영웅이다. 안티고누스의 창을 방패로 막고 있는 검투사는 상대적으로 잘 알려지지 않은 수퍼부스. 그 옆에서 회초리 같은 걸 휘두르는 남자는 카순티우스로 경기에 돈을 댄 전주다. 그는 지금 수퍼부스에게 패배를 인정하라고 다그치는 중이다. 그리고 맨 오른쪽에 얼굴을 모두 가린 투구를 쓴 인물은, 천하무적 타이틀을 보유한 삼니움Samnium[9] 출신의 위대한 검투사 아니케토스 아킬레스Aniketos Achilles다.

당시의 검투사 경기 광경을 선연하게 떠올려주는 알부스를 하나 더 보자[10](《그림 4》). 화면의 오른쪽에 경기의 흥을 돋우는 3명의 악사가 나팔을 불고 있다. 중앙에는 투구와 방패로 몸을 감싼 채 무기를 휘두르는 검투사 두 사람이, 그리고 왼쪽에는 격투를 지켜보는 관객들이 환호성을 지른다. 검투사의 동작과 악사들 표정이 생생하다. 검투사와 관객들 사이에는 후원자 이름, 검투사 전적, 경기장 시설[11] 등에 대한 정보가 적혀있는데, 라틴어로 적힌 문장을 번역해보면 이렇다.

(폼페이 인근) 놀라Nola에서 마르쿠스 코미니우스가 개최하는 검투사 경기가 나흘 동안 개최됩니다. 출전 선수 가운데 네로리안 경기ludus 의 리더는 그동안 13전 10승을, 힐라리오는 14전 12승, 크레우누스는

7전 5승을 거두고 있습니다.……

한편 하루야마 유키오는 자신의 책에서 네로가 황태자였던 시절, 아메리우스라는 사람이 직접 서명해서 제작한 알부스에 적힌 내용을 다음처럼 소개하고 있다.[12]

황태자 네로의 사제인 사트리우스가 주최하는 20개 조의 검투사와 그의 아들 루그레티우스가 제공하는 10개 조의 검투사가 4월 8일에서 12일까지 폼페이에서 싸웁니다. 큰 규모의 동물 사냥도 있으며, 햇빛 가리개 시설도 되어있음. 아메리우스가 달빛 아래에서 혼자 이 글을 씀.

로마시대 벽간판들은 그림이나 카피 표현에 있어 서툴고 조잡한 면이 없지 않다. 하지만 목표 고객의 태도 변화와 행동을 이끌어내는 본연의 기능은 오늘날의 광고와 크게 다를 바가 없다. 다중이 주목하는 건물 벽을 매개체로, 특정한 설득 메시지를 집약적으로 전달하고 있기 때문이다.

2. 시퀴스와 상표의 시작

교회, 왕, 귀족계급이 토지라는 생산수단을 독점했던 중세시대에는 부의 축적을 위한 개인 차원의 경제 활동이 금기시되었다. 운명 결정론적 기독교 도그마에 따라 태어나는 순간부터 출신 성분이 나뉘었고, 그렇게 결정된 신분이 평생 직업을 결정한 것이다. 주목되는 것은 경제에 대한 이 시대의 관점이었다.

현대 금융의 기본 원리는 돈을 빌려주고 그것에 대한 이자를 받는 행위이다. 중세시대에는 이것이 금지되었다. 상황이 이렇다 보니 이윤 추구의 상업 활동을 부추기는 광고 또한 부도덕한 행위로 간주되었다.[13] 특히 중세 초기가 그랬다. 리오 휴버먼은 최고 권력이자 법 그 자체였던 당시 가톨릭교회가 금융 활동에 어떤 입장을 취했는지를 다음과 같이 설명한다.

> 우리는 돈을 빌리는 대가로 이자를 지급하는 데 익숙하기 때문에, 이자는 언제나 존재하는 '자연스런 것'이라고 생각하기 쉽다. 그러나 그렇지 않다. 돈을 빌려 쓰는 대가로 이자를 요구하는 것을 중대한 범죄로 여기는 때가 있었다.……교회는 이자를 받고 돈을 빌려주는 것은 고리대금이고, 고리대금은 죄라고 말했다.……고리대금에 눈살을 찌푸린 것은 교회만이 아니었다. 도시 정부와 나중의 국가 정부도 고리대금을 금지하는 법률을 제정했다.[14]

하지만 이 같은 경제 암흑기에도 오늘날의 광고와 유사한 커뮤니케이션 행위는 완전히 사라지지 않고 명맥을 유지했다. 이 시대의 광고 콘텐츠는 유물로 남아있는 것이 거의 없다. 다만 문헌 자료를 통해 간접적으로 당시 모습을 추론할 수 있을 뿐이다. 중세시대의 유사 광고 활동 가운데 가장 활발했던 것은 그리스 로마시대부터 이어진 포고꾼 혹은 호객인crier의 전통이었다. 상인에게 채용된 호객인들은 광장에서 열린 행사의 막간에 사람들에게 상품을 홍보하곤 했다. 그러나 주된 역할은 역시 가게 앞에 서서 길 가는 사람들에게 목청껏 물건 구입을 호소하는 것이었다.[15]

중세의 호객인들은 독점적 영업 활동을 할 수 있도록 정부에서 정식 면허를 받았고 자기들만의 이익단체를 구성하였다. 심지어 일부 도시에서는 상점 주인에게 의무적으로 호객인을 고용하도록 하는 법률이 공포되기도 했다. 영국의 경우는 선술집이나 여관에서 손님을 끌기 위해 멋진 간판을 만들었는데, 제작 기술이 날로 좋아져서 때로는 작품에 가까운 간판이 나오기도 했다.[16]

15세기 말엽이 되면 시퀴스si quis[17]라 불리는 구인·구직 광고가 공공장소에 내걸리기 시작한다. 이는 원래 성당이나 수도원에서 신부나 수도사를 찾기 위해, 필요한 지원 자격을 기록한 벽보를 붙인 것에서 비롯되었다. 반대로 가톨릭 교직에 응모하려는 사람은 자신의 능력과 자격을 상세히 적은 벽보를 붙였다. 이 두 가지 방식이 오늘날 구인·구직 광고의 효시로서 하드 셀의 기원을 이루는 중요한 출발점이 된다. 시퀴스는 종교적 용도에서 점차 범위가 확대되어 사람이나 분실물을 찾는 광고판으로도 활용되었다. 영국의 경우 런던의 세인트 폴 성당의 벽이 시퀴스 게시 장소로 가장 유명했다.

특기할 사항은 중세시대에 이미 상표 및 등록 표시trade mark가 시작되었다는 것이다. 길드[18]에서 소속 조합원의 상표를 제품에 붙이기 시작한 것이 원시적 브랜드의 출발이었다. 처음에는 위조품이나 유사 상품으로부터 고객을 보호하기 위해 특정 제품이 해당 길드에서 설정한 표준적 품질을 갖췄다는 증명서 역할을 했다.

15세기 후반 유럽의 길드는 미술과 공예품 제작은 물론 교회 제단화, 초상화, 채색 가구, 깃발과 문장 제작의 허가권을 지닌 막강한 존재였다.[19] 길드는 시의회와 함께 행정에 대한 발언권을 지닌 가장 부유한 집단이었다. 동시에 금세공사, 모직물업자, 무기 제조업자 등의 생산과정을 통제하고 조정하는 권익보호단체였다. 자신들의 권위를 보증하기 위한 길드의 상표 제공 관행은 점점 발전된다. 고객에게 제공하기 위해 점포의 특성을 아름다운 그림으로 묘사한 비즈니스 카드의 일종이 숍빌shop-bills인데, 이 홍보물이 각종 길드에 의해 널리 제작되었다.

또 한 가지는 중세 후기로 접어들면서 사람 이름에 제품 생산 및 판매와 관계된 성姓이 붙기 시작했다는 것이다. 이는 왕족이나 귀족의 경우처럼 가문을 알리는 명칭은 아니었다. 특정 분야에서 독보적 기술력을 지닌 평민, 즉 장인들이 스스로를 차별화하고 제품의 우수성을 강조하기 위해 사용한 것이다. 그전까지 가내수공업 형태로 생산된 대부분의 제품은 가족이나 친지를 위한 자급자족 목적용이었다. 하지만 이렇게 성姓으로 상징되는 제품 특화는 의미가 달랐다. 좀 더 범위가 넓은 소비자층을 향한 전문적 제조 및 판매가 개시된 증거이기 때문이다.[20] 12세기부터 시작된 초기의 성으로는 miller(제분업자), weaver(방직공), tailor(재단사), carpenter(목수), wood(벌목업자), smith(대장장이) 등이 있다. 하지만 직업 세분화와 추가적 식별이 필요해짐에 따라 점점 더 많은 이름이 사용되기 시작했다. smith의 경우 못을 만드는 장인은 nailsmith, 화살을 만드는 장인은 arrowsmith로 분화된 것이 사례다.

2장

●

근대 광고의 출발과 하드 셀 태동

1. 최초의 인쇄 광고물을 만든 윌리엄 캑스턴

서구 근대의 시작은 언제부터일까? 봉건제 생산양식이 종말을 고하고
이탈리아를 중심으로 르네상스운동이 일어나는 15, 16세기를 출발점
으로 잡는 것이 일반적이다. 기독교 이데올로기가 세상의 모든 것을 장
악하던 '암흑시대'가 끝나고 일군의 인본주의자들에 의해 그리스 로마
시대의 '인간 중심 세상'으로 돌아가자는 주장이 대두된 것이다.

그렇다면 광고적 측면에서 근대의 출발점은 언제부터일까? 1438년
을 기점으로 잡아야 한다고 생각한다. 그해에 독일의 요하네스 구텐베
르크Johannes Gutenberg가 금속활자를 발명했기 때문이다. 이로부터 12
년이 지난 1450년, 구텐베르크는 활판 인쇄술을 완성하고 본격적으로
판매를 위한 인쇄물을 출판한다. 그가 금은 세공사 푸스트와 함께 만든

금속활자는 주석과 납의 합금이었는데, 처음에는 천문력이나 교황청을 위한 면죄부 인쇄에 사용되었다. 그러다가 2~3년 후 《36행 성서》, 《42행 성서》를 출판했고 마침내 1460년이 되면 독일어 성서 완역본인 《구텐베르크 성서》가 출간된다. 이 새로운 인쇄 기술은 가톨릭에 대항하는 종교개혁운동에 불을 붙였다. 또한 수도원 등을 중심으로 상층계급의 손에서 손으로만 전해지던 필사본시대에 종지부를 찍고, 지식의 대중적 보급시대를 열기 시작한다.

이 시기는 자본주의 맹아가 싹트기 시작한 분기점이다. 봉건경제 구조가 무너지고 산업생산력이 눈부신 발전을 보이기 시작했기 때문이다. 이때 새롭게 등장한 개신교, 그중에서도 캘빈주의는 과거 가톨릭교회가 부에 대한 욕구를 금기시한 것에 정반대 입장을 취했다. 막스 베버가 《프로테스탄티즘의 윤리와 자본주의 정신》에서 강조한 '개신교 윤리protestantism ethic'가 등장한 것이다. 그때부터 금욕과 노동을 바탕으로 하는 청빈한 부의 축적은 이제 더 이상 죄악이 아니라 오히려 신의 축복으로 칭송되었다.[21]

유럽 주요 지역에 도시가 생겨나고 화폐가 사용되기 시작했다. 동시에 주로 농촌에 거주하던 수공업 기술자들이 삶의 터전을 도시로 옮겨 손재주를 발휘할 기회가 열렸다. 예를 들어 도축업자, 제빵 기술자, 촛대 제작기술자 등이 자신의 가게를 차렸다. 그리고 스스로 필요한 수준을 넘어 다른 사람의 수요를 충족시키기 위한 상품commodity을 생산하기 시작한다.[22]

금속활자를 이용한 활판 인쇄술은 종교, 정치, 경제, 문화, 산업의 모든 분야에 걸쳐 혁명적 영향을 미쳤다. 성직자, 귀족, 대부르주아grand bourgeoisie 등에 국한되었던 지식의 소유와 보급이 전 방위로 확산되었기 때문이다. 이 시기에 시작된 인쇄혁명은 각국에서 가톨릭교회가 독점하던 신앙과 전례典禮에 관련된 언어의 지위를 약화시키고,[23] 그를 대신하여 포고령, 상업, 일상 대화 등에 사용되는 국가 행정언어를 보편적으로 확장시킨다. 무엇보다 중요한 것은 급속히 보급된 성경을 매개체로 인류사 최초로 보통 사람들이 글을 읽기 시작했다는 거다. 민중적 계몽시대가 비로소 활짝 열린 것이다.

변화의 물결이 사방으로 퍼져나갔지만 파고가 가장 높은 곳은 역시 언론, 출판, 광고 분야였다. 이 시기의 광고는 매스미디어를 매개체로 하여 상품을 알리고, 좋아하게 만들고, 구매를 결심하게 만드는 현대적 의미의 그것과는 일정한 차이가 있다. 하지만 전단지, 포스터 등의 간단하고 소박한 인쇄물을 통해 상품의 특성과 장점을 알리는 하드 셀 설득이 이전 시대와는 비교할 수 없는 수준으로 진화하기 시작했다.

근대 광고의 출발을 이해하기 위해서는 영국의 윌리엄 캑스턴William Caxton(1422?~1491)을 만나봐야 한다〈그림 5〉. 인류 최초의 인쇄 광고물을 만든 사람이기 때문이다. 캑스턴은 30년 가까이 유럽 대륙을 떠돌아다니며 당대의 선진 문물을 경험했다. 그가 구텐베르크 활판 인쇄술을 처음 배운 곳은 프랑스 콜로뉴라고 전해진다. 그리고 영국으로 돌아온 다음 본격적인 인쇄물 제작 사업을 시작한다. 캑스턴은 1474년 영어로 된 최초의 활판 인쇄물인 《트로이 이야기 모음》을 출간했다. 그로부터 4년 후 런던 웨스트민스터 성당 근처 인쇄소에서 역사상 첫 번째 인쇄 광고물을 찍어낸다〈그림 6〉. 《교회규정집》을 판매하기 위한 목적이었다. 가로 14.7센티미터 세로 7.62센티미터 크기 핸드빌hand

〈그림 5〉
최초의 인쇄 광고를 만든
영국의 윌리엄 캐스턴.

〈그림 6〉
캐스턴이 만든 광고 전단지.
사진 아래쪽의
센티미터 자를 통해
크기를 짐작할 수 있다.

If it plese ony man spirituel or temprel to bye ony
pyes of two and thre° comemoracios of salisburi vse
enpryntid after the forme of this preset lettre whiche
ben wel and truly correct, late hym come to westmo;
nester in to the almonestrye at the reed pale and he shal
haue them good chepe. ∴

Supplico stet cedula

mm 10 20 30 40 50 60 70 80 90 100 110 120 130 140 bill[24]에 라틴어로 인쇄된 내용을 일부 소개하면 이렇다.

> ……아름다운 활자와 오자 없이 인쇄된 솔즈베리 2와 3의 예배규칙을 찾는 수도자 혹은 다른 분들께서는 웨스터민스터의 점포를 방문해 주십시오. 붉은색 선으로 간판을 표시했습니다.……싸게 판매합니다. 부디 (이 광고지를) 떼어내지 말아주시기 바랍니다.

월리엄 캑스턴이 시작한 활판인쇄 광고물은 전단지 방식으로 책에 끼워 배포되거나, 숙박업소나 공공장소에 게시되는 방식으로 급속히 발전한다. 비슷한 시기 독일에서는 위조 금화를 경고하는 전단지가 만들어졌다. 뒤이어 영국에서는 템스강을 항해하는 배에 대한 통행세 징수용 전단지가 배포되기도 했다.

2. 말을 살 때는 구매자 스스로 조심하라

하드 셀 소구에 대한 최초의 정의는 1730년에 나온다. 영국의 작가 새무얼 존슨Samuel Johnson이 "약속, 더 큰 약속, 그것이 광고의 영혼이다 Promise, large promise, is the soul of an advertisement"라는 정의를 내놓은 것이다. 이것이 문헌 자료를 통해 하드 셀 소구의 특성을 정의한 첫 번째 사례다.[25] 광고를 통해 제품의 편익을 확실히 제시하고 이를 통한 소비자 문제 해결을 약속하고 있기 때문이다.

주목되는 대상은 이보다 앞선 16세기 초반의 자료들이다. 과장 광고

puffery 형태를 빌린 하드 셀이 나타나기 시작한 것이다. 과장 광고는 "객관적 근거 없이 최상급 표현을 사용하여 제품 품질에 대해 주관적 의견을 표명하거나, 명백히 진실이 아닌 것임에도 불구하고 공공연히 속일 목적으로 과장하는" 광고를 말한다.[26] 광고에서의 과장 표현은 판매자 입장에서는 하나의 상술이 되겠지만, 소비자 입장에서는 기만적 의도로 이익 편취를 노리는 전형적인 유혹의 전략이다.

과장 광고 연구의 대가 이반 프레스톤Ivan Preston은 과장 광고 개념이 처음으로 문헌에 등장한 것은 1534년이라고 지적한다.[27] 영국의 헨리 8세가 캐서린 왕비와의 이혼을 반대하는 교황청에 대항하여 스스로 영국성공회를 설립하고 수장이 된 바로 그해다. 이때 개인 간의 말馬 거래와 관련된 '피츠허버트 법Fitzherbert law'이 발효되었기 때문이다. 여기에는 "구매자 스스로 조심하라Let the buyer beware"는 법조문을 통해, 물건을 사고파는 책임이 판매자가 아니라 구매자에게 있음이 확고하게 명시된다. 속아서 물건을 사더라도 판매자에게 책임을 물을 수 없다는 뜻이다. 이것이 판매제품의 사실적 특성을 부풀리는 과장 광고 하드 셀이 허용된 최초의 법적 근거라고 프레스톤은 주장한다.

과장 광고 형태의 초창기 하드 셀을 몇 가지 살펴보자. 하루야마 유키오는 1660년 11월 영국 신문 《메르쿠리우스 폴리티쿠스Mercurius Politicus》에 실린 '폐결핵 치료 정제' 광고를 꼭 집어 신문에 게재된 첫 번째 과장 광고라고 주장한다.[28] 카피를 통해 "이 약은 폐결핵, 기침, 천식, 구취, 감기 등에 좋고 폐에 관계된 어떤 병도 낮게 합니다. 또한 각종 유행병, 전염병, 위장 장애, 간 해독에도 좋습니다"라고 말한다. 언뜻 보면 논리적 근거를 제시하는 것 같다. 하지만 커다란 함정이 있다. 당시 의약 수준으로는 도저히 불가능한 과장된 약효를 전달하기 때문이다.

흑사병이라고도 불리는 페스트는 인류 역사에 기록된 최초의 팬데믹이었다. 특히 심각했던 것은 14세기부터 시작된 재유행 때였다. 당시 유럽 인구의 3분의 1에 해당하는 2,500여만 명이 목숨을 잃었다. 이 끔찍한 전염병은 중세 경제의 물적 토대를 이루던 장원 경제와 농노제도를 붕괴시켰다. 봉건제 생산양식의 종말을 가져온 핵심 원인이 된 것이다.[29]

페스트는 경제·사회적 영향은 물론 당대인의 규범과 삶에 대한 사고방식까지 변화시켰다. 많은 책이 페스트를 소재로 다룬 것은 당연한 일이다. 예를 들어 지오바니 보카치오의 소설 《데카메론》은 에로문학의 효시로 알려져 있다. 그러나 사실 이 작품은 1348년의 어느 열흘 동안, 창궐하는 페스트를 피해 피렌체 교외 별장에 모인 남녀 10명의 사연을 다루고 있다. 여기에 묘사된 팬데믹의 참상은 이렇다.

어느 성당이고 날마다 끊임없이 시체가 산더미처럼 날라져 들어오므로 묻을 묘지가 없어져버렸습니다. 옛 관례대로 저마다 제 무덤에 묻히고 싶어 하지만 어디나 꽉 차서 성당마다 묘지에 커다란 웅덩이가 파지고 그 속에 몇 번씩 시체가 잇따라 던져졌습니다. 그런 구덩이 속에는 배에 짐을 싣듯이 몇 층으로 시체를 포개놓았으며, 구덩이는 금방 가득 차서 밖으로 넘쳤습니다.[30]

17세기에도 페스트가 유럽을 덮친다. 특히 1665년에서 1666년에 걸쳐 런던에서 일어난 대확산이 유명하다. 기록을 보면 이 기간에 전체 런던 시민의 4분의 1에 해당되는 10만 명이 목숨을 잃었다. 이때 수많은 민간요법사, 즉 엉터리 약장사들이 등장한다. 이들은 신속한 페스트 완치를 장담하며 전단지를 뿌리거나 신문 광고를 내보냈다.

예를 들어 〈그림 7〉의 헤드라인은 "페스트를 치료하는 유명하고 효과적인 약"이다. 본문 카피를 보면 자기들 약으로 완치된 50명 이상의 명단과 복용법을 그럴듯하게 제시한다. 페스트는 감염 시 이르면 하루, 늦어도 닷새 안에 목숨을 잃는 불치의 역병이었다. 항생제 발명으로 치료가 비로소 가능해진 것은 20세기에 들어와서였다. 페스트 병원균의 존재조차 몰랐던 당시로는 새빨간 거짓말임을 알 수 있다. 역병에 대한 공포심을 악용하여 이익을 편취했다는 점에서 명백한 기만 광고다.[31]

이처럼 거짓투성이인 광고가 갈수록 늘어나자 소비자 폐해가 눈덩이처럼 커졌다. 언어학자 사빈 기징거Sabine Gieszinger는 당시 신문들이 일반 기사와 광고를 구분하지 않고 동일 지면에 번갈아서 교차 편집하는 레이아웃이 일반적이었다고 말한다. 따라서 기사와 광고 내용이 빈번히 혼동되었고, 이것이 광고의 신뢰성을 떨어뜨리는 연쇄효과를 불러왔다. 그 같은 논란이 거듭되자 자연스레 광고는 품위가 떨어지는 행위이며 건강한 언론 활동에 어울리지 않는다는 의구심이 커졌다. 이에 따라 17세기 말로 접어들면서 유럽 각국의 신문 발행인들은 책자나 약품 같은 주요 상품 광고를 자기 신문에 게재하는 걸 언론의 정도를 벗어난 부도덕한 행위로 인식할 지경이 된다.[32]

한편 헨리 샘슨은 하루야마가 제시한 광고보다 47년이나 뒤늦게 집행된 작품을 매스미디어를 통해 노출된 최초의 과장 광고라고 주장한

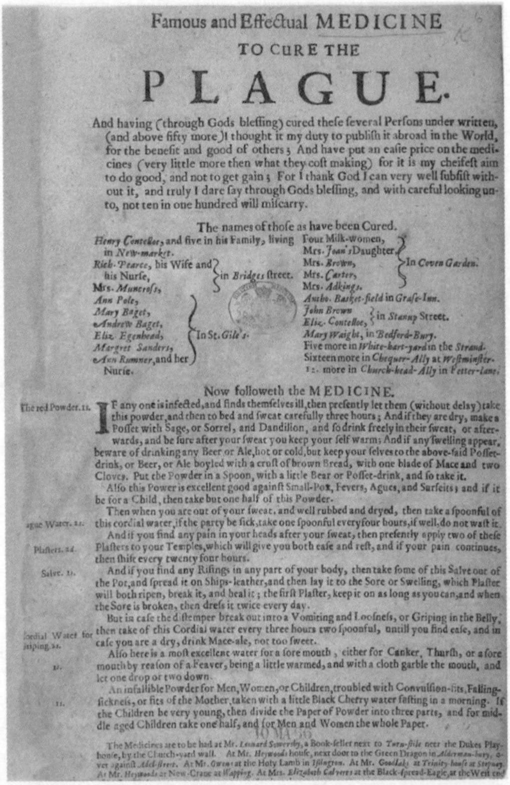

Famous and Effectual MEDICINE

TO CURE THE

PLAGUE.

And having (through Gods bleſſing) cured theſe ſeveral Perſons under written, (and above fifty more) I thought it my duty to publiſh it abroad in the World, for the benefit and good of others; And have put an eaſie price on the medicines (very little more then what they coſt making) for it is my cheifeſt aim to do good, and not to get gain; For I thank God I can very well ſubſiſt without it, and truly I dare ſay through Gods bleſſing, and with careful looking unto, not ten in one hundred will miſcarry.

The names of thoſe as have been Cured.

Henry Contellor, and five in his Family, living in *New-market*.
Rich. Pearce, his Wife and his Nurſe, in *Bridges* ſtreet.
Mrs. *Muncroſs*, *Ann Pole*, *Mary Baget*, *Andrew Baget*, *Eliz. Egenhead*, *Margret Sanders*, *Ann Rumner*, and her Nurſe. In St. *Gile's*.
Four Milk-women, Mrs. *Joan's* Daughter, Mrs. *Brown*, Mrs. *Carter*, Mrs. *Adkings*. In *Coven Garden*.
Antho. Basket-field in *Graſe-Inn*.
John Brown, *Eliz. Contelloe*, in *Stanup* Street.
Mary Waight, in *Bedford-Bury*.
Five more in *White-hart-yard* in the *Strand*.
Sixteen more in *Chequer-Ally* at *Weſtminſter*.
12. more in *Church-head-Ally* in *Fetter-lane*.

Now followeth the MEDICINE.

The red Powder. 1s. IF any one is infected, and finds themſelves ill, then preſently let them (without delay) take this powder, and then to bed and ſweat carefully three hours; And if they are dry, make a Poſſet with Sage, or Sorrel, and Dandilion, and ſo drink freely in their ſweat, or afterwards, and be ſure after your ſweat you keep your ſelf warm; And if any ſwelling appear, beware of drinking any Beer or Ale, hot or cold, but keep your ſelves to the above-ſaid Poſſet-drink, or Beer, or Ale boyled with a cruſt of brown Bread, with one blade of Mace and two Cloves. Put the Powder in a Spoon, with a little Bear or Poſſet-drink, and ſo take it.

Alſo this Power is excellent good againſt Small-Pox, Fevers, Agues, and Surfeits; and if it be for a Child, then take but one half of this Powder.

...gue Water. 1s. Then when you are out of your ſweat, and well rubbed and dryed, then take a ſpoonful of this cordial water, if the party be ſick, take one ſpoonful every four hours, if well, do not waſt it.

Plaſters. 2d. And if you find any pain in your heads after your ſweat, then preſently apply two of theſe Plaſters to your Temples, which will give you both eaſe and reſt, and if your pain continues, then ſhift every twenty four hours.

Salve. 1s. And if you find any Riſings in any part of your body, then take ſome of this Salve out of the Pot, and ſpread it on Ships-leather, and then lay it to the Sore or Swelling, which Plaſter will both ripen, break it, and heal it; the firſt Plaſter, keep it on as long as you can, and when the Sore is broken, then dreſs it twice every day.

...ordial Water for ...riping. 1s. But in caſe the diſtemper break out into a Vomiting and Looſneſs, or Griping in the Belly, then take of this Cordial water every three hours two ſpoonful, untill you find eaſe, and in caſe you are a dry, drink Mace-ale, not too ſweet.

1s. Alſo here is a moſt excellent water for a ſore mouth, either for Canker, Thurſh, or a ſore mouth by reaſon of a Feaver, being a little warmed, and with a cloth garble the mouth, and let one drop or two down.

1s. An infallible Powder for Men, Women, or Children, troubled with Convulſion-fits, Falling-ſickneſs, or fits of the Mother, taken with a little Black Cherry water faſting in a morning. If the Children be very young, then divide the Paper of Powder into three parts, and for middle aged Children take one half, and for Men and Women the whole Paper.

The Medicines are to be had at Mr. *Leonard Sowersby*, a Book-ſeller next to *Turn-ſtile* neer the Dukes Play-houſe, by the Church-yard wall. At Mr. *Heywoods* houſe, next door to the Green Dragon in *Alderman-bury*, over againſt *Adel-ſtreet*. At Mr. *Owens* at the Holy Lamb in *Iſlington*. At Mr. *Goodlake* at *Trinity-houſe* at *Stepney*. At Mr. *Heywoods* at New-Crane at *Wapping*. At Mrs. *Elizabeth Calverts* at the Black-ſpread-Eagle, at the West end

〈그림 7〉
불치의 병 페스트를
치료해준다고 떠벌린
엉터리 신문 광고.

〈그림 8〉
터무니없을 정도로
현미경의 성능을 과장한
1707년의 영국 광고.

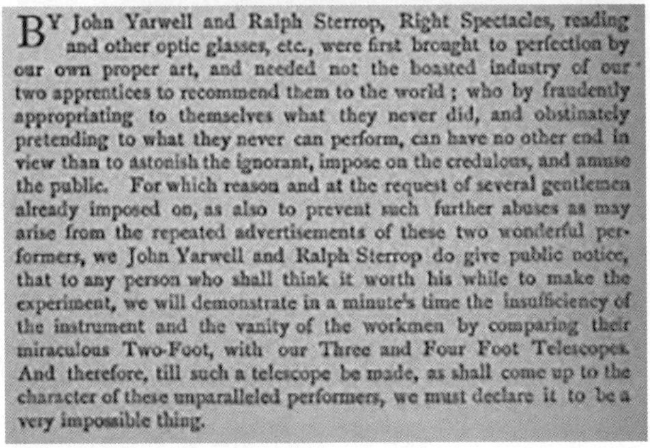

BY John Yarwell and Ralph Sterrop, Right Spectacles, reading and other optic glasses, etc., were first brought to perfection by our own proper art, and needed not the boasted industry of our two apprentices to recommend them to the world; who by fraudently appropriating to themselves what they never did, and obstinately pretending to what they never can perform, can have no other end in view than to astonish the ignorant, impose on the credulous, and amuse the public. For which reason and at the request of several gentlemen already imposed on, as also to prevent such further abuses as may arise from the repeated advertisements of these two wonderful performers, we John Yarwell and Ralph Sterrop do give public notice, that to any person who shall think it worth his while to make the experiment, we will demonstrate in a minute's time the insufficiency of the instrument and the vanity of the workmen by comparing their miraculous Two-Foot, with our Three and Four Foot Telescopes. And therefore, till such a telescope be made, as shall come up to the character of these unparalleled performers, we must declare it to be a very impossible thing.

다. 1707년 영국《데일리 커런트*Daily Courant*》신문에 게재된 작품이 그 것이다(《그림 8》).

이 광고는 두 사람의 과학자가 사물을 200만 배까지 확대해서 볼 수 있는 현미경을 개발했다고 강조한다. 그리고 "많은 신사분이 그런 물건이 있을 수 없다"고 비판하는 것에 반박하면서 "우리 제품은 정말 우수해서 광고에 쓴 그대로임을 확신합니다"라는 주장을 펼치고 있다. 21세기의 첨단 생물학·의학·공학 분야에서 활용되는 투과전자현미경 Transmission Electron Microscope의 최고 배율이 30만 배다. 이를 감안하면 300여 년 전에 나온 이 광고가 현미경의 성능을 얼마나 과장되게 부풀렸는지 알 수 있다.

시간이 흐를수록 허위과장 광고의 폐해는 더욱 심각해진다. 1830년대 말에 터진 영국의 '철도 광풍' 사태와 19세기 중엽 미국의 '특허 약품' 광고에 이르면 단순한 광고 현상을 넘어 중대한 사회 문제로까지 비화한다. 이에 대해서는 뒤에서 자세히 살펴보기로 하자.

3. 초창기 인쇄 광고의 전개

16세기 초가 되면 유럽 전역에서 팸플릿[33]이 나타난다. 1521년 마르틴 루터의 종교개혁 설교를 반박한 로데스터 가톨릭 주교의 인쇄물이 최초의 팸플릿이었다. 그러다가 종교개혁의 불이 활활 타오르자 팸플릿 발행이 폭발적으로 늘어난다. 프랑스에서는 가톨릭에 대항하는 개신교 팸플릿이 너무 많이 발간되자 1523, 1533, 1566년 세 번에 걸쳐 인쇄를 금하는 칙령이 공포되기까지 했다. 팸플릿은 처음에는 종교적 주제를 담았다가 곧 연극, 군사훈련, 주술, 문학적 논쟁에 이르기까지 폭넓은 영역을 아우르게 된다.[34]

온전한 상품판매 목적의 팸플릿이 최초로 나온 것은 1592년이었다. 런던의 잡화조합이 양념류 품질 보증을 위한 소책자를 발행한 것이다. 시중에 나도는 양념류는 불법이므로 안전한 제품을 사려면 조합에서 만든 책임 있는 제품을 사라는 내용을 담았다.

광고와 밀접한 관련이 있는 것은 뉴스 팸플릿이었다. 이는 가두판매를 목적으로 당대의 주요 뉴스를 편집한 소책자 형태의 부정기 간행물을 말한다. 신문의 전신이라 할 수 있는 뉴스 팸플릿은 정기간행물이 등장하는 16세기 후반에 이르기까지 대중에게 뉴스를 공급하는 대표적인 매스미디어 역할을 했다.

1592년 독일 쾰른에서 간행된《메르쿠리우스 갈로 벨기쿠스*Mercurius Gallo Belgicus*》가 가장 오래된 뉴스 팸플릿으로 알려져 있다. 이 매체는 살인사건을 비롯한 각종 사건 사고, 전쟁 승리 등의 대중적 뉴스를 일러스트레이션과 함께 실었다. 유럽 전역에 걸쳐 이런 유형의 매체가 인기를 끌자, 상업적 효과에 주목한 상인들이 팸플릿에 광고를 싣기 시작한다. 그러나 이들 뉴스 팸플릿의 전성기는 그리 길지 않았다. 신문매체가 등장하면서 선두주자 자리를 내주게 된 것이다.

신문은 17세기 초에 태어났다. 세계신문협회는 역사상 최초의 신문이 1605년 신성로마제국 슈트라스부르크에서 발행된《특별하고 기념할 만한 모든 소식의 기록*Relation Aller Fürnemmen Und Gedenckwürdigen Historien*》이라고 평가한다. 독일어로 인쇄된 4절판 크기 뉴스레터 형태

의 이 신문은 우편물 형태로 독자에게 배달되었다.[35]

반론도 만만치 않다. 예를 들어 헨리 샘슨은 세계 최초의 신문이 엘리자베스 1세 통치시대인 1583년 크리스토퍼 베이커에 의해 발간된《잉글리시 머큐리어스*English Mercuries*》라고 주장한다.[36] 그러나 문헌에 기록된 최초의 상업적 신문 광고는 명확하다. 만델은 1625년 2월 1일 자 영국의 주간신문,《머큐리어스 브리태니커*Mercurius Britanica*》에 실린《프랑스와 영국의 결혼 축가》라는 책자 광고가 바로 최초의 상업적 신문 광고라고 밝힌다.[37]

유럽 대륙의 광고 활동은 17세기 초반까지는 그리 활발하지 않았다. 이 시기는 왕들이 상품제조업에 대한 독점적 권한을 지닌 상태였다. 왕은 제품의 생산과 판매 권한을 상공업 주체인 길드에 부여한 다음 그들로부터 세금을 걷어 국가 재정에 충당하는 방식을 택했다. 특정 길드에 의해 식량이나 필수 소비품이 독점적으로 생산, 공급되는 이런 시스템 아래에서는 광고가 그다지 필요하지 않았다. 광고는 본질적으로 동종 제품 생산자 사이 치열한 판매 경쟁의 산물이기 때문이다.

17세기 중반을 지나 다양한 판매상품이 등장하고 이들 간의 시장경쟁이 개시되면서, 비로소 수요 진작과 제품 판매수단으로서 광고의 역할이 커진다. 영국의 경우 특히 1660년 찰스 2세의 왕정복고가 이뤄지고 오락과 연극, 언론 자유가 고양된 것이 결정적 계기였다. 이런 개방적 분위기에 힘입어 매스미디어를 활용한 상업적 커뮤니케이션 활동이 과거와는 달리 매우 활발해진다. 이 시기의 신문 광고는 대부분, 작은 활자로 빽빽이 구성된 박스 광고를 층층이 배열시킨 분류 광고classified advertisement 형태였다. 정보를 고지하거나 상품 특성을 직접적으로 소개하는 전형적 하드 셀 소구였다.

예를 들어 1679년 9월 10일 자 영국 신문《도시와 나라 모두의 국내 정보 및 뉴스Domestick Intelligence or News both from City and Country》에 집 행된 약품 광고를 보자(《그림 9》). 장문의 활자로 구성된 단순한 편집디 자인임을 한눈에 알 수 있다. 내용을 읽어보면 제품 효능과 적용 병증 에 대한 상세 정보만을 그냥 죽 나열하고 있다.

17세기 중반 이후 영국 광고사에서 가장 주목되는 인물은 마차몬트 네드햄Marchamont Nedham(1620~1678)이다. 청교도 혁명기를 무대로 활 약했던 그는 왕당파와 대립하던 의회파를 대표하는 언론인, 출판가, 팸 플릿 제작자였다. 호국경이 된 올리버 크롬웰의 언론 대행인으로 불릴 정도로 영향력이 큰 인물이기도 했다. 네드햄은 1657년 기사 없이 광고 만을 전문적으로 게재하는 주간신문《퍼블릭 어드바이저Public Adviser》를 발간했다. 그는《퍼블릭 어드바이저》외에 본인 소유 신문인《퍼블릭 인 텔리전서The Publick Intelligencer》와《메르쿠리우스 폴리티쿠스Mercurius Politicus》에 광고를 적극 유치했다. 이를 통해 광고 수익을 신문사 경영의 원천으로 삼은 최초의 인물로 기록된다. 광고산업의 뿌리가 되는 미디어 와 언론의 공존공생이 네드햄을 통해 비로소 구체화된 것이다.

두 신문 가운데 특히 관심을 끄는 것은《메르쿠리우스 폴리티쿠스》 다. 오늘날 쓰이는 광고Advertisement라는 용어가 이 매체에서 처음으로 사용되었기 때문이다. 그 이전까지는 팸플릿이나 신문에 실리는 제품판 매 콘텐츠는 주로 권고Advice나 정보Intelligence라는 단어로 표시했다.

헨리 샘슨은 1874년 출간한 자신의 책에서《메르쿠리우스 폴리티쿠 스》가 크롬웰의 청교도혁명 이후 스코틀랜드에서 발행된 첫 번째 신문

〈그림 9〉 영국의 초기 약품 광고. 전형적인 정보제공형 하드 셀이다.

〈그림 10〉《메르쿠리우스 퍼블리쿠스》 신문이 내보낸 자사 홍보 광고.

☞ **Having formerly Publiſhed an Advertiſement** of an Excellent Remedy, Called *Aqua Antitorminalis*, which has been Experienced to be an Infallible Cure for that Reigning Diſtemper, called *The Griping of the Guts*, which ſeveral Perſons have made uſe of, with great Succeſs at this Seaſon, wherein it Appears by the *London* Bills of Mortality, that this Diſeaſe does extreamly Rage, we thought good again to Recommend it to the Publick, as the moſt Uſeful and Neceſſary Phyſick they can keep by them at all times, eſpecially for prevention, if taken in time. It is prepared by a Perſon who has Adminiſtred the ſame theſe Twenty Years with great Succeſs. The Uſe thereof is Safe, the Cure Certain, and the Directions Eaſie. It may be Adminiſtred to Infants within the Moneth by five Drops at a time in a little Ale or Beer: And to thoſe of three or four Years, by three Spoonfuls in Beer or Ale: And grown Perſons may ſecurely take four Spoonfuls alone without mixture. And one Bottle thereof will moſt Effectually Cure the ſaid Diſtemper in both Sexes, and all Ages, if timely taken; as alſo all *Shiverings and Feveriſh Symptoms*, which generally attend the *Griping of the Guts*: It likewiſe certainly Cureth the *Wind Cholick*. And is to be Sold at 1 *s.* 6 *d.* a Bottle, By Mr. *Ben. Harris*, at the *Statiiners Arms* under the *Piazza* in *Cornbill*, with Printed Bills of Directions.

Mercurius Politicus,

COMPRISING

The ſum of Forein Intelligence, with the Affairs now on foot in the Three Nations

O F

ENGLAND, SCOTLAND, & IRELAND.

For Information of the People.

——*Ità vertere Seris* {*Horat. de Ar. Poet.*

From Thurſday *Septemb.* 23. *to* Thurſday *Septemb.* 30. 1658.

Advertiſements.

A Bright bay Gelding ſtoln from *Hatfield*, in the County of *Hertford*, Sept. 23. of about 14 hand high or ſomething more, with half his Mane ſhorne and a ſtar in the Forehead, and a feather all along his Neck on the far ſide. A yong man with grey cloaths of about twenty years of age, middle ſtature, went away with him. If any can give notice to the Porter at *Saliſbury* houſe in the Strand, or to the White Lion in *Hatfield* aforeſaid, they ſhall be well rewarded for their pains.

☞ THat Excellent, and by all Phyſitians approved, *China* Drink, called by the *Chineans*, *Teha*, by other Nations *Tay alias Tee*, is ſold at the *Sultaneſs-head*, a *Cophee-houſe* in *Sweetings* Rents by the Royal Exchange, *London*. ☜

이라고 밝혔다.[38] 1653년 10월 리스Leith에서 창간된 이 매체는 이듬해 11월 스코틀랜드 수도 에든버러로 발행처를 옮겨서 1660년 5월 11일 자까지 발행된다. 그리고 《메르쿠리우스 퍼블리쿠스》로 이름을 바꿔 다시 발행을 이어간다. 1658년 9월 30일에 발간된 해당 신문의 자사 홍보 광고가 〈그림 10〉에 나와 있다. 내용을 보면 이 신문이 영국, 스코틀랜드, 아일랜드 3개 지역의 사건과 정보를 모두 다룬다고 공지한다. 그리고 하단에 〈Advertisements〉라는 소제목 아래 광고 2개를 배치한 것이 보인다.

관심을 끄는 것은 지면 맨 아래에 레이아웃된 광고 내용이다. 런던의 한 커피하우스에서 왕실 거래소가 승인한 중국산 차를 팔고 있는데, 의사들이 인정할 만큼 건강에 좋다는 것이다. 영국 최초의 커피하우스가 문을 연 지 6년 만에 취급품목이 대폭 늘어난 것이다.[39] 커피만 파는 것이 아니라 중국 수입차를 비롯한 다양한 음료가 급속히 소비 대중 속에 퍼져가고 있음을 보여주고 있다.

헨리 샘슨에 따르면 당시 광고는 도망간 하인과 도제를 수배하는 내용, 도둑맞은 말과 집 나간 개를 찾는 것, 칼이나 향수 판매 그리고 지역 간 역마차 운행을 알리는 내용이 주류였다. 예를 들어 1658년 4월 1일 자 《메르쿠리우스 폴리티쿠스》에 게재된 〈역마차 운행 고지 광고〉는 활자로만 구성된 이성적 정보 중심의 전형적 하드 셀인데, 카피 내용은 이렇다.

1658년 4월 26일부터 조지 여관에서 런던으로 향하는 역마차 운행이 재개됩니다. 알더게이트는 경유하지 않으며, 중간의 여러 도시와 마을을 거쳐 갑니다. 아래를 보시면 요금과 운행시간이 나와 있습니다.……

17세기 후반의 광고 발전을 엿볼 수 있는 또 다른 사례가 〈그림 11〉 이다. 세계 최초의 구애 광고lonely hearts advertisement다.[40] 카피를 읽어 보면 훌륭한 결혼조건을 갖춘 서른 살 신사가 젊은 숙녀를 찾고 있다는 내용이다. 이 시대에 서른 살이면 매우 노총각이다. 겉으로는 담담한 척하지만 속마음은 한시라도 빨리 인연을 찾고 싶은 절절함이 행간에 배어있다. 이 작품은 문화사적으로 중요한 의미를 지닌다. 광고가 상품 판매를 보조하는 단순한 설득수단 역할을 넘어서고 있음을 보여주기 때문이다. 이제 일반 대중이 자신들의 다양한 사회문화적 욕구를 충족 시키기 위해 광고를 매개수단으로 사용하기 시작한 것이다.

영국과 더불어 유럽을 이끌던 프랑스의 광고는 어떠했을까? 그 실상 을 파악하려면 루이 13세의 궁정의사이자 저널리스트였던 테오프라스 트 르노도Théophraste Renaudot(1586~1653)를 살펴봐야 한다(〈그림 11〉). 그는 1631년 5월 프랑스 최초의 신문 《라 가제트La Gazette》를 발행한 사람이다.

르노도는 루이 13세와 궁중 실력자 리슐리외의 총애를 받아 이 신문 을 독점적으로 발행, 배포하는 권한을 얻었다. 파리를 중심으로 각 지 역의 정치, 경제, 문화 뉴스가 실렸는데, 창간 두 달이 지난 7월 4일 《라 가제트》에 포르세 광천수를 알리는 광고가 게재된다. 이것이 프랑 스 최초의 상품 광고였다.[41]

르노도는 1629년 파리의 빈민들에게 일자리를 알선하기 위해 '주소 와 만남의 사무실'이란 회사를 만들었다. 이 회사는 구인·구직이라는

〈그림 11〉 서른 살 노총각이 게재한 세계 최초의 구애 광고.

〈그림 12〉 프랑스 광고의 개척자 르노도 초상화. 1644년에 그려졌다.

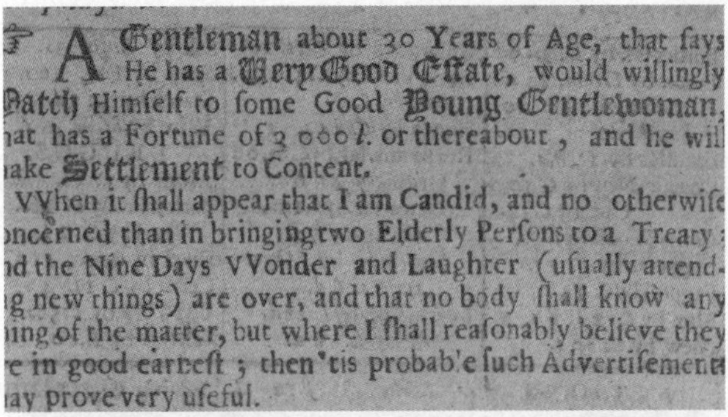

A Gentleman about 30 Years of Age, that says He has a Very Good Estate, would willingly Match Himself to some Good Young Gentlewoman, that has a Fortune of 3 000 l. or thereabout, and he will make Settlement to Content.

VVhen it shall appear that I am Candid, and no otherwise concerned than in bringing two Elderly Persons to a Treaty; and the Nine Days VVonder and Laughter (usually attending new things) are over, and that no body shall know any thing of the matter, but where I shall reasonably believe they are in good earnest; then 'tis probable such Advertisements may prove very useful.

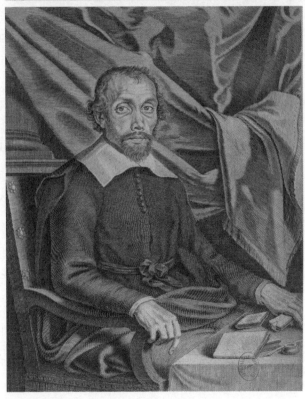

원래 업무 외에 여행 안내, 부동산 중개, 운송업, 미술품 거래 등을 취급했다. 이곳에서 다양한 업무를 수행하기 위해서는 품질 보증서, 각서는 물론 인쇄 광고를 찍어내고 배포하는 일이 필요했다. 문제는 당시에 이런 인쇄 업무를 대행할 회사가 없었다는 점이다. 이에 르노도는 회사에 인쇄소를 만들고 내친김에 자신들의 업무를 알리기 위해 정기간행물까지 발행하게 된다. 그는 여기서 한발 더 나아가 간행물(잡지)의 일부를 할애하여 광고를 원하는 생산업자들에게 유료로 지면을 판매한다. 이것이 발전하여 프랑스 광고산업의 터를 닦는 출발점이 되었다.

다시 영국을 살펴보자. 18세기에 접어들면서 영국 광고산업은 정치·경제·문화적 난관에 부딪혀 주춤한다. 그 같은 현상의 배후에는 몇 가지 이유가 있었다.

첫째로, 신문매체의 부진이다. 광고산업은 매스미디어 발전과 필요불가결한 상관관계를 지닌다. 그런데 영국 정부가 1712년부터 신문 광고에 대하여 고율의 세금을 부과한 것이다.[42] 이후 무려 141년 동안 해당 과세정책이 줄기차게 실행되었다. 광고 카피 1줄당 1실링의 세금을 매겼고 게재 후에는 반드시 자진신고를 하게 만들었다. 심지어 신고 후 30일 내에 세금을 납부하지 않으면 3배의 벌금을 물어야 했다. 한발 더 나아가 광고 게재 후 이를 숨기고 세금을 내지 않는 신문을 고발한 사람에게 당국이 해당 벌금의 3분의 1을 지급할 정도로 매우 엄격한 제도였다. 광고산업은 위축될 수밖에 없었다.

이 같은 정책은 단지 정부가 세수 확대를 위한 것만은 아니었다. 1695년 정부의 신문 독점발행권이 소멸되면서 일간지 발간이 대대적 붐을 이룬 것이 그 원인이었다. 문제는 이들 신문이 당시 집권당이었던

토리당[43]에 비판적 논조를 지속했다는 점이다. 신문과 광고에 대한 중과세는 그 같은 움직임에 재갈을 물리기 위한 정치적 목적이 컸다. 이에 따라 1세기 반에 걸쳐 수많은 신문이 경영난을 못 이기고 파산하는 악순환이 되풀이되었다. 살아남은 신문들도 불가피하게 발행부수를 줄였다. 이점에서 18세기 영국 광고의 전성기는 1695년에서 1712년까지 고작해야 17년의 단명에 그쳤다고 할 수 있다.

둘째로, 광고행위에 대한 제도적 규제 장치가 없었다는 점이다. 그 결과 터무니없는 과장을 일삼거나 경쟁자를 근거 없이 비방하는 광고가 늘어났다는 사실이다. 이에 반해 광고주나 광고산업의 자정 노력은 전무한 상태였다. 허위과장 및 무분별한 비방 광고가 증가함에 따라 소비자 피해가 커졌다. 또한 광고에 대한 대중적 불신과 혐오가 깊어졌다. 당대의 신문 발행인들은 이 같은 광고의 폐해가 자기 신문의 이미지를 오염시킬 것을 염려했다. 서체, 비주얼 표현 등에서 엄격한 기준을 세운 다음 게재되는 광고에 대한 규제를 가하기 시작한 것이 그 때문이었다. 탐욕과 무절제로 치달은 18세기 초반 영국 광고가 스스로 판 무덤에 빠져버린 것이다.

3장

하드 셀 광고의 발전

1. 미국 광고의 선구자, 벤자민 프랭클린

미국 최초의 신문은 1690년 발간된《퍼블릭 오커런시즈*Public Occurences both Forreign and Domestick*》로 알려져 있다. 하지만 단 한 번 인쇄 후 문을 닫았다. 이에 따라 역사학계에서는 1704년 4월 17일 자로 창간된《보스턴 뉴스레터*Boston Newsletter*》를 사실상 미국 최초의 신문으로 인정하고 있다.

이 신문에 미국 최초의 광고가 게재되었다. 〈그림 13〉은 해당 신문 1면 오른쪽 하단에 실린 해당 광고다. 'Adverisement'라는 제목 아래 "이 신문은 한 주에 한 번 발행될 것"이며, 가옥, 토지, 선박, 그릇, 도망노예, 분실이나 도난물품 등에 대한 광고를 게재할 사람을 찾는다는 내용이 적혀있다. 전형적 하드 셀 소구다.

미국은 유럽에 비해 산업혁명이 뒤늦게 시작된 경제적·문화적 후진국이었다. 광고산업의 발달도 뒤처질 수밖에 없었다. 18세기 중반이 되어서야 동부 13개 주에서 신문매체를 중심으로 광고 활동이 개시된다. 이 시기의 주력 광고상품은 영국에서 수입된 소비재였다. 도자기, 가구, 악기 등의 사치품과 다양한 기호품이 팔려나갔다.[44]

시간이 흘러 1770년대의 독립전쟁 시기에 이르면 약 30종의 신문이 발행된다. 그리고 1783년이 되면 최초의 일간지인《펜실베이니아 이브닝 포스트 앤 데일리 애드버타이저Pensilvania Evening Post and Daily Advertiser》가 나온다. 이들 가운데 여론을 선도한 최고 유력지는 1729년 벤자민 프랭클린Benjamin Franklin이 창간한 《펜실베이니아 가제트 Pennsylvania Gazette》였다. 미국 광고의 발전과 밀접한 관련이 있는 것이 바로 이 신문이다.

1706년 보스턴에서 양초 제조업자의 아들로 태어나 합중국 정부가 수립된 이듬해인 1790년 세상을 떠난 프랭클린은 초기 미국의 정치, 사상, 문화에 큰 영향을 미쳤다. 투철한 공리주의자로서 독립전쟁 기간에 외교관으로 활약했고 독립선언서 기초위원으로 활동했다. 또한 펜실베이니아대학의 모태가 된 학교를 설립한 교육자였고 미국 철학학회의 창립자였다. 정치가, 외교관, 문필가, 유력 신문사 경영자였을 뿐 아니라 당대 미국을 대표하는 장거리 수영선수이기도 했다. 강인한 신체와 탁월한 지적 능력, 정치적 신념과 경영 능력을 모두 갖춘 만능의 인물이었다. 100달러 지폐에 얼굴이 올라와 있는 것이 이 나라에서 그의 역사적 비중을 증명하는 사례다(〈그림 14〉).

프랭클린은 동시대의 대다수 정기간행물 발행자들이 광고를 부정적으로 본 것과 입장을 달리했다. 자신이 경영하는 신문에 적극적으로 광고를 게재했을 뿐 아니라, 스스로 독창적 아이디어를 제품화한 다음 그것을 광고를 통해 널리 알렸다. 광고 수익과 신문사 경영 간의 상관 관계를 뚜렷이 인식한 것이다. 이에 따라 《펜실베이니아 가제트》와 그가 1741년 창간한 미국 최초의 잡지 《제너럴 매거진General Magazine》은 18세기 중반 미국에서 가장 활발하게 광고를 유치하고 집행한 매체가 된다.[45]

그는 카피라이터라는 전문 직업의 이름이 생겨나기 훨씬 전인 이 시기에 이미 수준급의 카피라이터였다. 자기 신문에 실린 대부분의 광고 카피를 직접 썼기 때문이다. 예를 들어 1737년 7월 14일 자 《펜실베이니아 가제트》에 실린 다음의 유머러스한 광고는 큰 화제를 모았다.

[광고Advertisement]: 몇 개월 전 교회 신도석에서 일반 기도서 한 권이 사라졌습니다. 빨간색 표지에 금박 글씨가 있고 겉과 안 표지에 DF라는 글자가 적혀있는 책입니다. 가져간 사람은 그 책을 펼쳐 십계명 제8조를 읽고 난 후, 원래 있던 자리에 가져다 놓기 바랍니다. 더 이상 공지는 하지 않을 것입니다.[46]

그가 만든 광고 가운데는 미국의 초기 하드 셀 크리에이티브와 관련해 특별히 살펴볼 것들이 많다.[47] 대표적 사례로 직접 발명해서 자기 이름을 그대로 썼고 현재까지도 동일 상표로 팔리는 '프랭클린 벽난로'에 관해 살펴보자.[48] 1744년 그가 간행한 벽난로 판매용 팸플릿 원본(《그림 15》)이 현재 예일대학 도서관에 보관되어 있는데, 제목은 'An

〈그림 15〉
프랭클린 벽난로 팸플릿 표지.
아래 쪽에 프랭클린이 1744년
인쇄해서 판다고 적혀있다.

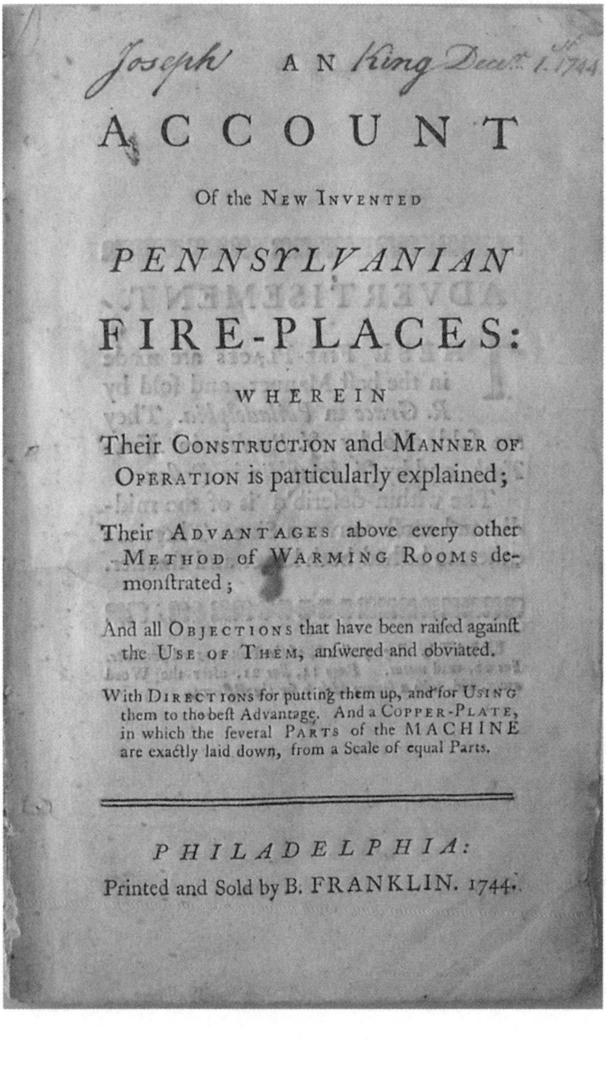

Joseph AN King Decr 1 1744

ACCOUNT

Of the NEW INVENTED

PENNSYLVANIAN

FIRE-PLACES:

WHEREIN

Their CONSTRUCTION and MANNER OF
OPERATION is particularly explained;

Their ADVANTAGES above every other
METHOD of WARMING ROOMS de-
monftrated;

And all OBJECTIONS that have been raifed againft
the USE OF THEM, anfwered and obviated.

With DIRECTIONS for putting them up, and for USING
them to the beft Advantage. And a COPPER-PLATE,
in which the feveral PARTS of the MACHINE
are exactly laid down, from a Scale of equal Parts.

_____

PHILADELPHIA:

Printed and Sold by B. FRANKLIN. 1744.

Account of the New Invented Pennsylvanian Fire-Places'이다.

프랭클린이 직접 작성하여 《펜실베이니아 가제트》에 게재한 벽난로 신문 광고 카피는 아래와 같다. 먼저 혁신적 열효율의 벽난로 구조를 소개한 후 이 난로가 건강과 마음의 안정까지 선물한다고 강조한다.

(이 신형 난로는) 방이 고루고루 따뜻해지기 때문에 사람들이 불 주위로 모여들 필요가 없습니다. 창문가에 앉아서 책을 읽거나 글을 쓰고 뜨개질을 해도 됩니다.……더 이상 손이나 발목이 시리지 않으며, 감기가 들거나 기침, 두통, 신열, 늑막염과 같은 병에 걸릴 걱정을 하실 필요가 없어졌지요.

관심을 끄는 것은 난방 성능의 강조를 넘어 질병 예방효과까지 부풀리고 있다는 점이다. 천하의 프랭클린도 판매에 대한 욕심을 버릴 수 없었던 모양이다. 제품 속성을 객관적 수준 이상으로 부풀려서 유혹하는 명백한 과장 광고에 해당되니 말이다.

2. 노예 광고 이야기

광고는 당대 경제, 문화, 풍속, 사회심리의 압축판이다. 그런 의미에서 미국에서 집행된 노예 광고들은 이 나라의 역사적 정체성과 관련하여 중요한 의미를 지닌다. 인간을 가축처럼 사고파는 습속이 이렇게까지 성행했던 곳은 미국뿐이기 때문이다. 어떤 의미에서는 미국의 공화제

자체가 노예제도로부터 탄생했다 해도 과언이 아니다. 1776년의 독립 후 초기 대통령 15명 가운데 무려 11명이 노예 소유주였다. 특히 민주당의 경우 초기부터 노예제를 지지했고, 노예제를 유지하고 확대할 주 state의 권리를 옹호하는 정당이었다.[49]

대서양을 사이에 둔 노예무역이 본격화된 것은 이른바 대항해시대[50]가 열리고 나서였다. 아프리카인들과 교역을 개척하던 포르투갈 상인들이 노예무역의 막대한 이익에 주목했기 때문이다. 북아메리카 땅에 최초의 흑인 노예가 도착한 것은 1619년 8월. 아프리카에서 납치한 흑인 스무 명을 실은 화물선이 버지니아주 포인트 컴포트에 도착한 것이다. 이것이 미국 노예제도의 출발점이었다.[51] 초기에는 식민지 모국인 영국과 프랑스에 노예제도가 존재하지 않았기 때문에 흑인들에 대한 처우가 백인 계약노동자와 비슷했다. 흑인 노예에 대한 법률적 차별이 본격화된 것은 1660년대부터였다.[52]

근대 이후 노예제도의 번성에는 서구 철학자, 과학자들이 만든 일종의 신화가 영향을 미쳤다. '역사를 갖지 못한 원시적 아프리카'라는 편견 말이다. 그러한 사고의 바탕에는 흑인이 인종적으로 열등하고 미개하다는 믿음이 깔려있었다. 노예제를 합리화하는 이데올로기가 여기에서 비롯된 것이다.[53] 노예제도 초기에는 유럽산 공산품과 서아프리카 지역 현지 노예들을 맞교환하는 방식으로 거래가 진행되었다. 하지만 아메리카 식민지 개발이 본격화되면서 곧 인력이 고갈된다. 이후에는 무장 용병을 고용해서 아프리카 내륙 중심부까지 침입하여 납치해오는 방식으로 수요를 충당하기 시작했다. 알렉스 헤일리Alex Haley의 장편소설《뿌리Roots》에 생생히 묘사된 장면이 그것이다.

17세기 초부터 1860년대까지 약 1,250만 명의 흑인 노예가 남·북아메리카 대륙으로 이송되었는데, 노예 운반선의 참혹한 환경 때문에 항해 도중에 그중 15퍼센트 정도가 목숨을 잃었다. 미국의 노예 숫자는 건국 시점인 1770년대의 약 40만 명에서 1800년이 되면 100만 명으로 증가한다. 당시 전체 인구 500만 명 가운데 약 100만 명이 노예였던 셈이다. 산업혁명 본격화 이전까지 이들 노예는 경제 전체를 책임지는 '숨 쉬는 생산수단'이었다. 그에 걸맞게 노예 가격도 매우 높았다. 남북전쟁 직전인 1860년의 경우 일반적인 자유민 노동자의 평균임금이 연 200달러였다. 그런데 최적 노동 연령의 남자 노예 평균가격은 그 열 배인 2,000달러에 달했다. 남부 지역의 경우 시장가치로 환산한 노예자본의 총액이 전체 토지의 시장가치와 비슷하거나 이를 능가하는 수준이었다.[54]

18세기 중반을 넘어서면서부터 미국 남부의 주요 신문에서 빈번히 발견되는 것이 '인간을 상품으로 취급하는' 노예 광고다. 대서양을 건너온 흑인 노예들이 도착하는 주요 항구인 사우스캐롤라이나주 찰스턴 같은 경우 주요 신문의 핵심 수입원이 노예 관련 광고였을 정도다. 당시의 일반적 신문 광고는 활자typography로만 구성된 형태였다. 하지만 노예 광고만은 달랐다. 주목과 설득 효과를 위해 인쇄기술 차원에서 최고의 노력을 기울였다. 이에 따라 생생하고 주목을 끄는 비주얼을 사용한 광고가 많다. 인간 상품의 가치가 그만큼 높고 고객들의 집중적 관심을 받았다는 증거다.

노예 관련 광고는 크게 두 종류로 나눠진다. 첫 번째는 순수 판매 목적이다. 〈그림 16〉이 전형적 사례다. 미국이 아직 식민지 상태였던

<그림 16>
18세기 중엽 찰스턴의 신문에 실린
노예 판매 광고.

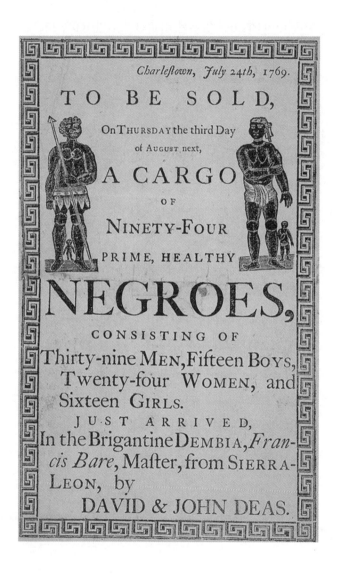

1769년 7월 24일에 집행된 광고다.

찰스턴의 한 신문에 게재된 이 광고는 지면 좌우측에 남녀 흑인들의 벌거벗은 모습을 대칭적으로 배치했다. 그 아래 자그마하게 아이들 그림까지 그려놓았다. 카피를 읽어보면 이렇다. 성인 남자, 소년, 성인 여자, 여자아이로 구성된 총 94명의 노예가 막 아프리카에서 도착했다는 거다. 이들은 모두 (쇠고기 등급을 매길 때나 쓰는 단어인) 최상급prime 의 건강한 상태라고 묘사되어 있다. 그저 살아서 숨을 쉬는 가축 같은 재산으로 노예를 취급했음을 알 수 있다. 광고는 왜곡된 세상의 모습을 거울처럼 반영하기도 하지만, 이처럼 일그러진 이데올로기를 당연시하고 그것을 증폭시키는 역할도 한다.

두 번째 유형은 도망 노예 추적 광고다. 1830년대가 되면 북부 지역에서 노예제도가 실질적으로 유명무실해진다. 하지만 남부는 상황이 달랐다. 남서부 개척에 따른 영토 확장으로 주력 작물인 면화 재배 지역이 오히려 확장되었기 때문이다. 이에 따라 노예 노동 의존도가 더욱 커졌다. 남부를 통틀어 자그마치 200만 명의 흑인 노예들이 끝을 모를 비인간적 착취에 시달리는 상황이었다.

그 같은 흐름에 저항하여 인본주의에 기초한 노예제 폐지운동이 본격화된다. 북부 각 주에서 법률이 제정되고 직접 행동이 잇따랐다. 대표적인 것이 남부에서 북부로 도망친 흑인 노예들을 돕는 지하철도 underground railroad운동이었다. 이에 힘입어 1830년부터 30여 년간 최소 4만 명의 노예들이 자유를 얻었다. 도망 노예를 찾는 광고는 이전부터 존재했지만, 특히 이때부터 주요 자산인 도망 노예를 추적해서 체포하려는 광고가 급속히 늘어나게 된다.

〈그림 17〉
농장주 마이클 월레스가
신문에 게재한 도망 노예
'벨파스트'에 대한 현상 광고.

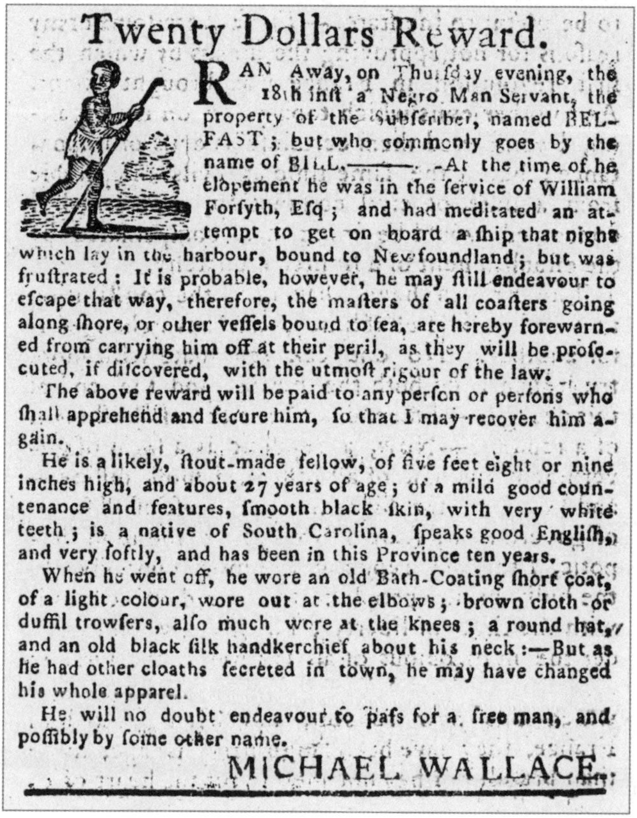

Twenty Dollars Reward.

RAN Away, on Thuiſdiy evening, the 18th inſt a Negro Man Servant, the property of the ſubſcriber, named BEL-FAST ; but who commonly goes by the name of BILL.——.   .-At the time of he elopement he was in the ſervice of William Forſyth, Eſq ; and had meditated an attempt to get on board a ſhip that night which lay in the harbour, bound to Newfoundland ; but was fruſtrated : It is probable, however, he may ſtill endeavour to eſcape that way, therefore, the maſters of all coaſters going along ſhore, or other veſſels bound to ſea, are hereby forewarned from carrying him off at their peril, as they will be proſecuted, if diſcovered, with the utmoſt rigour of the law.

The above reward will be paid to any perſon or perſons who ſhall apprehend and ſecure him, ſo that I may recover him again.

He is a likely, ſtout-made fellow, of five feet eight or nine inches high, and about 27 years of age ; of a mild good countenance and features, ſmooth black ſkin, with very white teeth ; is a native of South Carolina, ſpeaks good Engliſh, and very ſoftly, and has been in this Province ten years.

When he went off, he wore an old Bath-Coating ſhort coat, of a light colour, wore out at the elbows ; brown cloth or duffil trowſers, alſo much wore at the knees ; a round hat, and an old black ſilk handkerchief about his neck :—But as he had other cloaths ſecreted in town, he may have changed his whole apparel.

He will no doubt endeavour to paſs for a free man, and poſſibly by ſome other name.

MICHAEL WALLACE.

미국 노예제도의 전성기에 해당하는 1793년 게재된 노예 현상 광고 《그림 17》를 살펴보자. 벨파스트란 이름의 흑인 남자 노예를 쫓는 내용이다. 스물일곱 나이에 5피트 8~9인치의 신장, 이빨이 매우 하얗다고 표현한 대목이 눈에 띈다. 마치 우牛시장의 소를 설명하는 것 같다. 광고에는 이처럼 노예의 용모와 도주 정황 그리고 그를 잡아오는 이에게 소유주가 20달러 현상금을 지불한다는 내용이 적혀있다.[55] 같은 해에 프랑스에서는 대혁명이 일어났다. 루이 16세와 왕비 마리 앙투아네트가 길로틴에서 목이 잘려 죽었다. 민중혁명을 통해 자유, 평등, 박애 정신이 전 세계에 선포된 것이다. 그런데 대서양 건너 미국에서는 아직도 이런 반문명적 작태가 일상적으로 일어나고 있었던 것이다.

벤자민 프랭클린 이래 미국 신문 광고에는 비주얼이 드물게 사용되었다. 당시 인쇄 기술로는 일러스트레이션을 미려하게 표현해내기 어려웠기 때문이다. 이 광고의 비주얼 역시 거칠다. 하지만 그러한 표현의 한계를 뚫고 전달되는 메시지가 강렬하다. 두 손으로 지팡이를 짚은 채 뒤를 돌아보며 황급히 달아나는 남자의 표정을 보라. 잔혹한 추적자에 대한 두려움이 선명하게 드러나 있다. 광고 제작자가 의도적으로 도망 노예의 공포심까지 표현하려 하지는 않았을 것이다. 하지만 그의 개인적 의도와는 상관없이 당대를 관통했던 집단 무의식이 비주얼 표현에 반영된 것이 분명해 보인다.

광고는 동시대의 풍경을 압축한 '시간의 통조림'이다. 그 점에서 미국의 노예 광고들만큼, 강제노동으로 잉여가치를 산출하고 그것을 토대로 유지되는 인간 착취 구조를 칼로 자르듯 보여주는 생생한 사례는 드물다.

3. 괴혈병까지 치료한다고? 초기 커피 광고의 역사

헨리 샘슨의 책에는 현대 광고 출범기 이전 하드 셀 광고의 원형들이 다수 수록되어 있다. 재미있는 것은 이 가운데 커피와 관계된 작품이 적지 않다는 것이다. 그중 몇 가지를 살펴보자.

먼저 1652년 런던에서 문을 연 커피하우스 전단 광고다. 17세기에 등장한 광고 가운데 가장 널리 알려진 작품 중 하나다. 영국의 민속학자 존 오브리는 런던 콘힐의 성 미카엘 골목 교회 맞은편에서 바우만 Bowman이 창업한 '파스카 로제Pasqua Rosée'를 세계 최초의 커피하우스로 지목한다.[56] 그 증거로 런던 시민들에게 대량으로 배포된 가게 오픈 고지용 전단지가 현재 대영박물관에 보존되어 있다(〈그림 18〉).

전단지의 헤드라인은 "커피 음료의 가치The Vertue of Coffee Drink." 서브헤드는 "파스카 로제에 의해 영국에서 최초로 선보입니다." 본문 카피는 이렇게 전개된다. "커피란 이름의 이 곡물 알갱이는 키 작은 관목에서 열립니다. 주로 아라비아 사막에서 재배되다가 중동 지방의 터키로 전해져서 많은 터키인이 즐겨 마시고 있지요.……커피는 정신작용을 활발하게 하고 기분을 상쾌하게 만들고, 독소 제거와 두통에 효과를 발휘합니다.……소화를 도와주며 기침 예방, 몸에 붓는 증상, 통풍, 괴혈병을 예방하고 치료해주지요.……또한 피부를 맑고 하얗게 하며 열을 내리는 데도 효험이 있습니다."

기호유료로서뿐 아니라 다양한 증상을 치료하는 약제로 커피를 소개하고 있음을 알 수 있다. 이 광고는 오늘날 기준으로 보면 명백한 과장광고다. 하지만 이 새롭고 신기한 음료가 영국에 상륙한 것이 고작 7년

The Vertue of the *COFFEE* Drink.

First publiquely made and sold in England, by *Pasqua Rosee*.

THE Grain or Berry called *Coffee*, groweth upon little Trees, only in the *Deserts of Arabia*.

It is brought from thence, and drunk generally throughout all the Grand Seigniors Dominions.

It is a simple innocent thing, composed into a Drink, by being dryed in an Oven, and ground to Powder, and boiled up with Spring water, and about half a pint of it to be drunk, fasting an hour before, and not Eating an hour after, and to be taken as hot as possibly can be endured; the which will never fetch the skin off the mouth, or raise any Blisters, by reason of that Heat.

The Turks drink at meals and other times, is usually *Water*, and their Dyet consists much of *Fruit*: the *Crudities* whereof are very much corrected by this Drink.

The quality of this Drink is cold and Dry; and though it be a Dryer, yet it neither heats, nor inflames more then hot *Posset*.

It so closeth the Orifice of the Stomack, and fortifies the heat with it's very good to help digestion, and therefore of great use to be bout 3 or 4 a Clock afternoon, as well as in the morning.

uon quickens the *Spirits*, and makes the Heart *Lightsome*.

is good against sore Eys, and the better if you hold your Head over it, and take in the Steem that way.

It suppresseth Fumes exceedingly, and therefore good against the *Head-ach*, and will very much stop any *Defluxion of Rheums*, that distil from the *Head* upon the Stomack, and so prevent and help *Consumptions*; and the *Cough of the Lungs*.

It is excellent to prevent and cure the *Dropsy*, *Gout*, and *Scurvy*.

It is known by experience to be better then any other Drying Drink for *People in years*, or *Children* that have any *running humors* upon them, as *the Kings Evil*. &c.

It is very good to prevent *Mis-carryings in Child-bearing Women*.

It is a most excellent Remedy against the *Spleen*, *Hypocondriack Winds*, or the like.

It will prevent *Drowsiness*, and make one fit for busines, if one have occasion to *Watch*; and therefore you are not to Drink ot it *after Supper*, unless you intend to be *watchful*, for it will hinder sleep for 3 or 4 hours.

It is observed that in *Turkey*, *where this is generally drunk, that they are not trobled with the Stone, Gout, Dropsie, or Scurvey, and that their Skins are exceeding cleer and white.*

It is neither Laxative nor *Restringent*.

Made and Sold in St. *Michaels Alley* in *Cornhill*, by *Pasqua Rosee*, at the Signe of his own Head.

전인 1645년임을 감안한다면 이 같은 과장이 조금은 이해되기도 한다.

하루야마는 이 전단지가 인쇄된 지 5년 후인 1657년 4월 19일, 네드햄이 발간한 광고 전문 주간지《퍼블릭 어드바이저》창간호에 (커피 가게가 아니라) 세계 최초의 커피 상품 광고가 게재되었다고 밝힌다.[57] 〈그림 19〉가 그것이다. 지면 중간 쯤에 실려있는 광고의 내용은 이렇다. "커피라 이름 붙여진 향기로운 음료가 바돌로뮤 가의 가게에서 오전과 오후 3시 하루 두 번 판매 중입니다. 몸에 좋고 의학적으로 인정받았습니다." 게재료를 지불하고 싣는 신문 광고의 특성상 앞서 살펴본 파스카 로제 전단지에 비해 카피 분량이 짧고 주장도 훨씬 간결함을 알 수 있다.

최초의 커피하우스가 개장한 지 50여 년이 지난 18세기 초반이 되면 영국 주요 도시에서 우후죽순 격으로 커피하우스들이 문을 연다. 이들 가게는 처음에는 음료를 마시고 파이프 담배를 피우는 공간으로 기능하다가 점차 사교와 문화, 상거래의 중심 무대로 자리를 잡게 된다. 당시 런던의 커피하우스는 1,000곳이 넘었는데, 이곳에서는 당대의 부르주아 예술가들에 의해 마치 '칸타타와 샹송'처럼 칭송을 받으면서 커피가 팔려나갔다.[58] 그 같은 인기에 힘입어 그림, 서적, 의상, 약품 판매 등 다양한 이벤트가 개최되었고 업주들은 그때마다 행사용 광고 전단지를 다량으로 배포했다.

커피의 인기는 영국에서 유럽 대륙으로 금방 퍼져나갔다. 1691년이 되면 파리에서 발행된 신문에, "주머니에 들어갈 정도로 작은 휴대용 커피 원두 분쇄기" 광고가 등장했을 정도다. 커피 열풍이 유럽 전역에 확산됨에 따라 커피만 전문적으로 다루는 정기간행물까지 나온다.

〈그림 19〉
《퍼블릭 어드바이저》 창간호에
게재된 최초의 커피 상품 광고.

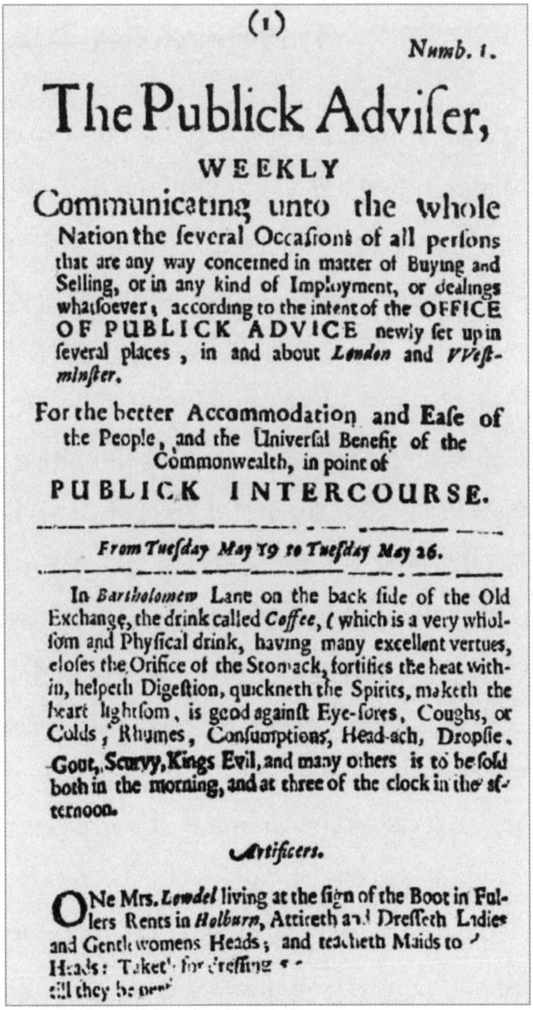

(1)

Numb. 1.

The Publick Adviſer,

WEEKLY

Communicating unto the whole Nation the ſeveral Occaſions of all perſons that are any way concerned in matter of Buying and Selling, or in any kind of Imployment, or dealings whatſoever, according to the intent of the OFFICE OF PUBLICK ADVICE newly ſet up in ſeveral places, in and about *London* and *VVeſtminſter*.

For the better Accommodation and Eaſe of the People, and the Univerſal Benefit of the Commonwealth, in point of

PUBLICK INTERCOURSE.

From Tueſday May 19 to Tueſday May 26.

In *Bartholomew* Lane on the back ſide of the Old Exchange, the drink called *Coffee*, (which is a very wholſom and Phyſical drink, having many excellent vertues, cloſes the Orifice of the Stomack, fortifies the heat within, helpeth Digeſtion, quickneth the Spirits, maketh the heart lightſom, is good againſt Eye-ſores, Coughs, or Colds, Rhumes, Conſumptions, Head-ach, Dropſie, Gout, Scurvy, Kings Evil, and many others is to be ſold both in the morning, and at three of the clock in the afternoon.

Artificers.

ONe Mrs. *Lowdel* living at the ſign of the Boot in Fullers Rents in *Holburn*, Attireth and Dreſſeth Ladies and Gentlewomens Heads; and teacheth Maids to
Heads: Taketh for dreſſing
till they be

1701년 라이프치히에서 테오폴리오 게오르기가 발행한 《뉴 앤드 큐리어스 커피하우스The New and Curious Coffee House》가 그것이다.[59]

4. 19세기 초반의 하드 셀

영국에서는 19세기 초반까지 신문에 대한 광고세 부과가 계속된다. 이에 따라 신문 광고가 위축된 반면 전단지, 간판, 샌드위치맨, 승합마차 광고 등의 다양한 형식이 속속 등장한다. 사례들을 살펴보자.

먼저 샌드위치맨sandwich man 광고다. 이 표현 방식은 원래 제품 설명이나 판매 유도를 위해 전단지를 붙인 간판을 들고 시내를 도는 이른바 '산책 광고'가 진화한 것이다. 당시 런던에서는 몸의 앞뒤에 '플래카드를 붙인 사람들placard carriers'이 줄지어 시내를 돌아다니는 진풍경이 연출되었다. 〈그림 20〉을 보면 간판을 들고 다니는 사람들 사이에(오른쪽에서 세 번째) 등을 돌린 사람이 서 있다. 샌드위치맨이다.

말이 끄는 수레 위에 광고판을 싣고 다니는 독특한 방법도 등장했다. 〈그림 21〉에 헨리 샘슨이 1874년의 자기 책에서 소개한 '움직이는 광고판travelling display'이 나와 있다. 당시에는 복권이 크게 유행했는데 행인들에게 다양한 종류의 복권 구입을 유도하는 내용이다. 마차를 이용하여 기동성을 확보한 이 기발한 광고판은 당대의 어떤 매체보다 주목률이 뛰어난 것으로 평가받았다.

하지만 가장 널리 활용된 광고수단은 역시 전단지였다. 손으로 나눠주기도 했지만 건물 벽이나 문에 대량으로 붙이는 것이 보통이었다. 런

〈그림 20〉
19세기 초 런던의
거리를 누비고 다니던
샌드위치맨.
오른쪽에서
세 번째 사람이다.

〈그림 21〉
마차에 커다란 광고탑을
싣고 돌아다니며
복권을 광고하는 모습.[60]

던의 아델피 극장에서 〈죽은 영혼〉이라는 연극을 상연했을 때 자그마치 500만 장의 전단지를 제작했다는 기록이 남아있을 정도다. 이 같은 경쟁은 날이 갈수록 심해져서 건물주의 허락을 받지 않은 것은 물론 남의 전단지 위에 자기 전단지를 무단으로 붙이는 행위도 예사로 일어났다. 시간이 흐르면서 주목을 끌기 위한 대형화 경쟁도 불붙었다. 1800년 무렵 99센티미터×76센티미터 정도였던 전단지 크기가 1840년에 이르면 무려 세 배로 커진다.[61] 런던 시내에는 전단지를 전문적으로 붙이는 회사가 설립되었고 전단지 부착을 전문으로 하는 직업까지 생겨났다.

〈그림 22〉
팔론사의 가발 광고. 머리가 벗겨진 정도를
측정하는 방법을 알기 쉽게 설명하고 있다.

EDWARD PHALON,
WIG AND TOUPEE MANUFACTURER,
197 BROADWAY, cor. of Dey St.,
And No. 517 BROADWAY, Saint Nicholas Hotel, New York.

Gentlemen residing in any part of the States can have WIGS or TOUPEES made to order by sending their measure and sample of hair.

Phalon's infallible Method of Measuring the Head.

No. 1. round the head........................   Inches.
"   2, from temple to temple below the crown.
"   3. from the hair on the forehead, to the
      pole of the neck....................
"   4, from ear to ear........................

Gentlemen requiring Toupees, by measuring the bald part and round of the head may insure a correct fit.

AN EXTENSIVE ASSORTMENT OF LADIES' WIGS, FRONTS, BRAIDS, &c.

Wholesale and Retail, at the Manufactory, No. 197 Broadway.

그 밖에도 기발한 방법들이 등장했다. 예를 들어 보트 경주가 열리는 템스강 가에 제품 그림과 상표명을 부착한 광고선廣告船을 띄웠다. 길바닥 돌판 위에 스텐실Stencil[62]로 광고 문구를 그려 넣는 방법도 유행했다. 마치 21세기에 등장하는 앰비언트ambient 기법을 연상케 한다.[63] 스텐실 광고 숫자가 얼마나 급속히 늘어났는지 길바닥이 너무 더러워져 경찰에서 공식적으로 이런 행위를 금지했다는 기록이 전해진다.

영국과 달리 광고 세금으로부터 자유로웠던 미국에서는 신문이 주력 광고매체였다. 당대의 하드 셀 광고 몇 가지를 연대기 순으로 살펴보자. 첫 번째는 1800년 뉴욕의 신문에 집행된 팔론사의 가발 광고다. 당시 큰 화제를 불러일으켰고 이후 많은 광고 책에 소개된 작품이다. 브로드웨이 197번가의 공장과 517번가 세인트 니콜라스 호텔에 오면, 머리가 벗겨진 이들에게 한 줄기 희망의 빛을 비추는 가발과 부분가발을 판매한다는 내용이다〈그림 22〉. 흥미로운 것은 머리 크기의 오차 없는 측정 방법을 그림으로 상세히 설명하고 있다는 점이다. 완전 대머리와 부분 대머리 등 세분화된 고객 특성에 기초하여 제품 편익을 제시하는 설득기법이 돋보인다.

〈그림 23〉은 1806년 게재된 토지 분양 신문 광고다. 빽빽한 글씨로 적은 돈으로도 구입할 수 있는 각 구역 토지에 대한 합리적 조건을 설명하고 있다. 특이한 것은 광고의 절반을 영어로, 나머지 절반은 독일어로 작성했다는 점이다. 두 가지 언어를 사용했지만 내용은 동일하다. 왜 이런 구성을 취했을까. 광고의 핵심 설득 대상이 미국으로 이민 온 독일계 주민들이었기 때문이다.

1800년대 초반은 유럽인들이 미국으로 본격적으로 이주하기 시작한

〈그림 23〉
1806년 집행된 토지 분양 광고.
동일한 내용의 영어와 독일어 카피를
나란히 실었다.

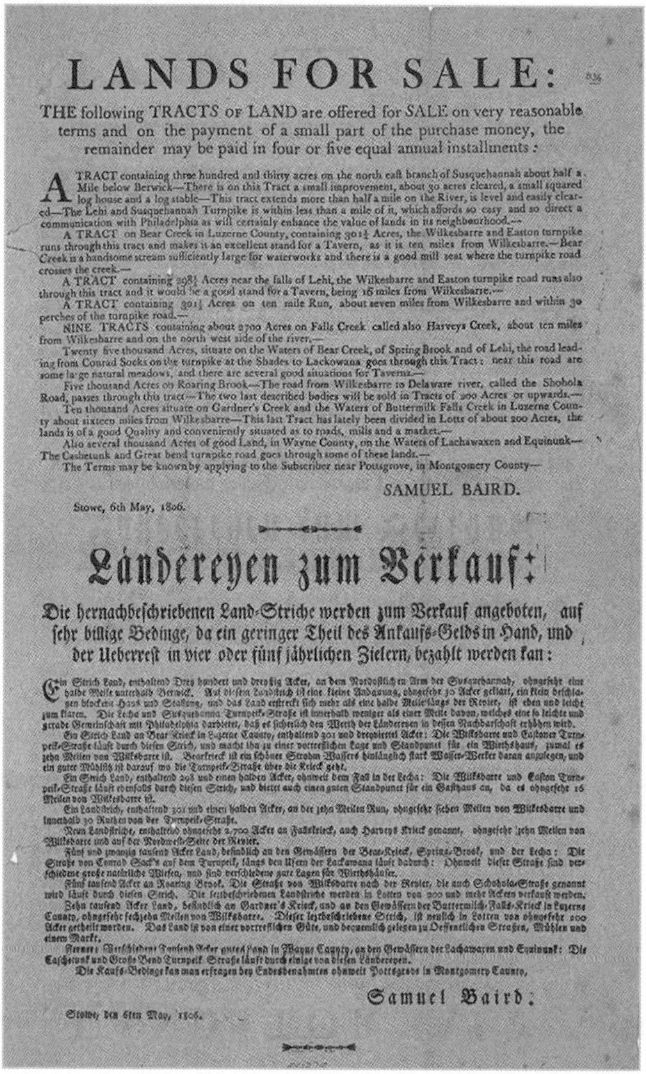

초창기였다. 이후 대규모 이민이 세 차례에 걸쳐 진행되었다. 첫 번째는 1840년대 중반부터 남북전쟁 시점까지 이어졌다. 대규모 흉작과 기아에 따른 100만 명 이상의 아일랜드인들이 주역이었다(당시 아일랜드 인구의 15퍼센트). 두 번째는 남북전쟁이 끝난 후 개시된다. 서유럽과 북유럽에서 25년 동안 약 1,000만 명이 이주하였다. 세 번째는 1890년대부터였는데, 주로 남유럽과 동유럽에서 1,700만 명이 유입된다.[64]

이처럼 19세기의 100년 동안 진행된 세 차례 이민 열풍은 흑인 노예와 아메리칸 인디언을 제외하고는 대부분 잉글랜드와 스코틀랜드 출신

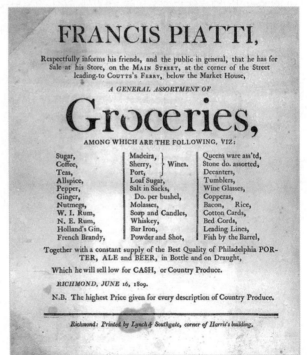

〈그림 24〉
1809년 신문에 실린
잡화점 할인 광고.
카피 테크닉의 점진적
발전 양상을 보여준다.

백인이던 미국의 인종 구성을 크게 바꿔놓는다. 이 이중언어 광고는 거대한 파도처럼 밀려드는 그 같은 이민행렬을 예고하는 상징적 작품이다.

〈그림 24〉는 1809년 6월 16일 자 리치몬드의 신문에 집행된 식료품 잡화점 세일 광고다. 설탕, 커피, 차에서부터 비누, 양초, 위스키, 베이컨, 쌀, 주류에 이르는 다양한 제품을 할인가격으로 판매하고 있다.

활자로만 구성된 타이포그래피 레이아웃은 별다를 게 없다. 하지만 눈에 띄는 게 있다. 과거에는 '광고Advertisements'라는 제목을 전면에 내세우거나 제품 종류와 광고주를 명기하는 것이 보편적이었다. 하지만 이 하드 셀 광고는 프란시스 피아티라는 가게 주인 이름과 '잡화점 Groceries' 사이에 "친구들과 다른 시민께 삼가 알립니다.……"라는 좀 더 세련된 카피 테크닉을 사용한다. 잡화점의 목표 고객을 의식적으로 지정하고 있는 것이다.

4장

소프트 셀의 등장

1. 잃어버린 보석 장신구를 찾습니다

17세기 중반을 넘어서면서 신문 광고에 일러스트레이션이 나타난다.[65] 소프트 셀 소구는 제품이 주는 감성적 편익을 강조하기 위해 은유적이고 예술적인 접근을 선호한다. 상대적으로 비주얼을 중시하는 이유가 그 때문이다. 이 점에서 신문 광고에 일러스트레이션이 등장한 것은 소프트 셀 소구 발전에서 중요한 의미를 지닌다.

16세기 말부터 목판이나 동판 인쇄로 제작된 전단지와 팸플릿에 그림이 드물게 쓰이기는 했다.[66] 하지만 주력 매체로서 신문에 일러스트레이션이 들어간 것은 1652년 4월 2일이 최초였다. 영국에서 발행된 《더 페이스풀 스카우트*The Faithful Scout*》에 게재된 광고가 그것이다(〈그림 25〉). 왼쪽에 손으로 그린 일러스트레이션이 보인다. 어느 귀부인이 잃어버린 보석 장신구 두 개를 묘사한 것이다.

정교한 솜씨는 아니지만 분실한 귀금속의 모습을 최대한 상세히 묘사하기 위해 애쓴 흔적이 뚜렷하다. 호화로운 다이아몬드 장신구를 잃어버리고 얼마나 애가 탔던지 그녀는 10파운드의 보상금을 내걸었다. 그리고 동일 신문에 연속으로 세 번이나 광고를 게재했다.[67]

하지만 그림이 광고의 중심으로 진입하기에는 아직 시기상조였다. 최초의 일러스트레이션 광고가 나온 이후 17세기 후반에 이르기까지도 대부분 매체 광고는 여전히 글로만 구성되었다. 기록에 나타난 두

〈그림 25〉
일러스트레이션이 들어간
역사상 최초의 신문 광고.

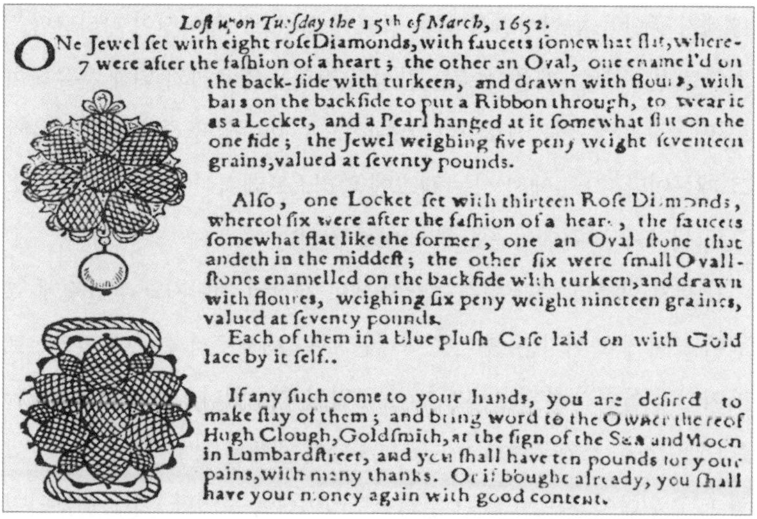

Loſt upon Tuesday the 15th of March, 1652.

ONe Jewel ſet with eight roſe Diamonds, with faucets ſomewhat flat, where-7 were after the faſhion of a heart; the other an Oval, one enamel'd on the back-ſide with turkeen, and drawn with flours, with bars on the backſide to put a Ribbon through, to wear it as a Locket, and a Pearl hanged at it ſomewhat flat on the one ſide; the Jewel weighing five peny weight ſeventeen grains, valued at ſeventy pounds.

Alſo, one Locket ſet with thirteen Roſe Diamonds, whereof ſix were after the faſhion of a heart, the faucets ſomewhat flat like the former, one an Oval ſtone that andeth in the middeſt; the other ſix were ſmall Ovall-ſtones enamelled on the backſide with turkeen, and drawn with floures, weighing ſix peny weight nineteen graines, valued at ſeventy pounds.

Each of them in a blue pluſh Caſe laid on with Gold lace by it ſelf..

If any ſuch come to your hands, you are deſired to make ſtay of them; and bring word to the Owner thereof Hugh Clough, Goldſmith, at the ſign of the Sea and Moon in Lumbardſtreet, and you ſhall have ten pounds for your pains, with many thanks. Or if bought already, you ſhall have your money again with good content.

번째 일러스트레이션 사용 광고는 위의 광고가 나온 지 30여 년이 지난 1680년에야 발견된다.

2. 일러스트레이션과 유머의 만남

19세기 초반이 되면 소프트 셀을 시도한 광고가 더욱 자주 발견된다. 영국이 선두주자였다. 이에 비해 미국은 여전히 제품 특성을 직접적으로 소구하는 기사편집형 디자인editorial design이 주력이었다. 광고학자 오귄과 그의 동료들은 역사학자 제임스 우드James P. Wood를 인용하여 이 당시 미국 광고가 "주제별로 분류된 안내문에 가까운 것이었다"고 평가한다.[68] 카피라이터 제임스 웹 영James W. Young도 비슷한 말을 한다. 미국 광고가 바다 건너 영국의 크리에이티브 수준을 겨우 따라잡은 시점은 19세기 중반부터라는 것이다.[69]

이러한 환경을 염두에 두고 두 나라의 초기 소프트 셀 광고들을 살펴보자. 먼저 영국이다. 1820년 발표된 로버트 워렌 구두약 신문 광고는 당대 소프트 셀 소구의 꽃이라 불러도 손색이 없다《그림 26》.

반짝이는 장화 가죽에 비친 자기 모습에 놀란 고양이가 메인 비주얼이다. 영문학자 존 스트라챈John Strachan은 18세기 후반부터 19세기 초반의 영국에서 시 구절을 코믹하게 흉내 내어 광고 카피에 활용하는 방식이 유행했다고 말한다.[70] 1820년에 집행된 이 광고가 전형적 사례다. 일러스트레이션은 유명화가 조지 크뤽섕크George Cruikshank가 그렸다. 잔뜩 몸을 웅크리고 털을 곤두세운 고양이 모습이 재미있다. '로버트

〈그림 26〉
시 구절을 코믹하게 흉내 내어
큰 인기를 끈 로버트 워렌 구두약 광고.

THE CAT AND THE BOOT;
OR, AN IMPROVEMENT UPON MIRRORS.

As I one morning shaving sat,
    For dinner time preparing,
A dreadful howling from the cat
    Set all the room a staring!
Sudden I turn'd—beheld a scene
    I could not but delight in,
For in my boot, so bright and clean,
    The cat her face was fighting.
Bright was the boot—its surface fair,
    In lustre nothing lacking;
I never saw one half so clear,
    Except by WARREN's BLACKING.
(WARREN! that name shall last as long
    As beaus and belles shall dash on,
Immortalized in every song
    That chants the praise of fashion:
For, oh! without his *Blacking*, all
    Attempts we may abolish,
To raise upon our boots at all
    The least of jet or polish.)
Surpris'd its brilliancy I view'd
    With silent admiration;
The glass that on the table stood
    Waxed dimly on its station.
I took the boot, the glass displac'd,
    For soon I was aware,
The latter only was disgrac'd
    Whene'er the boot was near.
And quickly found that I could shave,
    Much better by its bloom,
Than any mirror that I have
    Within my drawing-room.
And since that time; I've often smil'd
    To think how puss was frighten'd,
When at the boot she tugg'd and toil'd
    By WARREN's *Blacking* brighten'd.

A Shilling of WARREN's PASTE BLACKING is equal to
four Shilling Bottles of *Liquid Blacking*; prepared by

Robert Warren

30, STRAND, London;
and sold by most Venders of *Blacking* in every Town in
the Kingdom, in Pots, 6d. 12d. and 18d. each.
☞ Ask for WARREN'S Blacking.

워렌 구두약'으로 광을 낸 구두 표면에 비친 제 모습을 보고 깜짝 놀란 것이다.[71] 주목할 것은 '고양이와 가죽 장화'라는 헤드라인 아래 풍자시에 가까운 장문의 바디 카피가 이어진다는 점이다.

어느 날 아침 먹기 전, 수염을 깎으려 앉았는데
고양이가 무시무시하게 울부짖어
방 안에 있는 사람들이 깜짝 놀랐다네.……

광을 낸 구두에 고양이가 놀랐다는 표현은 분명히 과장이 섞인 것이다. 하지만 영시英詩 특유의 운율에 어우러진 유머와 결합되어 어쩐지 유쾌한 느낌을 준다. 고작해야 몇 줄 활자로만 구성된 당시 광고들과 비교해보면, 카피와 비주얼 모두에서 수준 높은 소프트 셀의 모습을 과시하고 있다. 참고로 로버트 워렌은 대문호 찰스 디킨스가 열두 살의 어린 나이로 일을 했던 바로 그 구두약 공장이다.

3. 서부 개척시대의 권총 광고

이번에는 미국으로 건너가 보자. 1830년에 집행된 콜트 권총 신문 광고다(《그림 27》). 이 작품은 서부 개척기 미국 총기문화의 모습을 보여주는 중요한 자료다. 1830년을 기점으로 동부 13개 주에 머물던 미국의 국경이 루이지애나를 넘어 급속히 서쪽으로 뻗어나간다. 그리고 1848년이 되면 멕시코와 전쟁을 통해 마침내 광활한 캘리포니아 지역

〈그림 27〉
콜트사의 권총 광고.
서부 개척시대 모습을
생생히 묘사하고 있다.

까지 장악하게 된다. 서부 개척시대가 본격화된 것이다.

　이 시기 개척자들은 약탈자와 야수의 공격으로부터 자신과 가족을 보호하기 위해 총을 사용할 수밖에 없었다. 서부 개척의 역사가 곧 총기 확산의 역사였던 것이 그 때문이다. 선두주자는 콜트였다. 새뮤얼 콜트가 설립한 이 회사는 회전식 연발 권총 특허를 보유했다. 〈그림 27〉에 나오는 권총이다.

　지면의 맨 위쪽부터 3종류의 일러스트가 나온다. 첫 번째는 아메리칸 인디언과의 전투 장면, 두 번째는 해상전투 그리고 마지막은 역마차 습격이다. 그 아래 콜트 권총이 나온다. 부품 분해 장면을 보여준 다음 풀 네임을 헤드라인으로 제시했다. 재미있는 것은 헤드라인 아래에 작은 글씨로 적혀있는 문장이다. 콜트 권총 모조품과 특허 위반 권총을 조심하라는 내용이다. 광고에 경고문이 나올 정도로 모조품이 많이 등장했다는 뜻이다. 이 작품에서 돋보이는 것은 생동감 넘치는 일러스트레이션이다. 카피를 읽어보지 않아도 적을 물리치고 생명을 지켜주는 권총의 필요성이 생생히 전달된다. 그림을 통해 제품 특장점을 우회적으로 표현하는 동시에 예비 구매자의 선호도를 높이려는 전형적 소프트 셀 소구다.

4. 광고와 예술의 만남, 피어스 비누 광고

소프트 셀 역사와 관련해서는 19세기 중반에 일어난 사건 하나를 빠트리고 넘어가면 안 된다. 피어스 비누 이야기다. 피어스는 이발사 출신인 앤드루 피어스가 1789년 처음 만든 반투명의 향료 비누였다. 사업확장에 따라 1835년 그는 대규모 비누 공장을 지어 손자 프랜시스와공동 경영을 시작한다. 세월이 흘러 피어스A & F Pears사는 영국에서가장 광고비를 많이 쓰는 광고주가 되는데, 1887년 빅토리아조 라파엘전파前派를 대표하는 당대 최고의 화가 존 에버렛 밀레 경Sir John Everett Millais과 인연을 맺는다. 그의 회화를 광고에 사용한 것이다. 그리고 이시도가 엄청난 성공을 거두게 된다.[72]

〈그림 28〉은 밀레가 그린 원본 그림이다. 어두운 그늘을 배경으로 나무 그루터기에 앉은 금발 소년이 눈을 들어 점점 커지는 비누거품을 바라보는 모습이다. 이 작품은 1886년 런던의 그로스베너 갤러리에서〈아이의 세계A Child's World〉라는 제목으로 처음 발표되었다. 밀레는자기 손자를 모델로 삼은 이 그림을 윌리엄 잉그램 경에게 팔았다.

《일러스트레이티드 런던 뉴스Illustrated London News》를 경영했던 잉그램은 1887년 크리스마스를 맞이하여 그림을 신문의 전면 화보로 싣는다. 당시 대중들은 크리스마스 시즌 신문에 실린 멋진 그림을 액자에넣어 장식하는 유행이 있었다. '거품Bubble'이라 개칭한 그림이 실린 신문은 공전의 히트를 쳤다.

충분한 효과를 본 잉그램은 그림을 당시 피어스에게서 비누회사 경영권을 사들인 토마스 배럿에게 2,200파운드를 받고 다시 판매한다.

〈그림 28〉
밀레가 자기 손자를
모델로 그린 원래 회화작품.

〈그림 29〉
광고에 사용된 그림.
맨 위에 브랜드 네임과 소년의
발아래 피어스 비누를 추가했다.

여기서부터 문제가 시작되었다. 배럿이 금기를 깨고 이 그림을 살짝 변형시켜 광고로 만들어버렸기 때문이다(《그림 29》). 순수예술을 '천박한' 광고에 사용하는 것은 감히 상상할 수 없던 당시 사회에 큰 파문을 일으킨 '사건'이었다.

두 그림을 한번 비교해보라. 크게 변화를 주지도 않았다. 그저 원본 그림 상단에 '피어스 비누Peaers soap'라는 제품명을 넣고, 아이의 왼쪽 발아래에 검은색 피어스 비누 실물을 살짝 놓았을 뿐이다. 이 간단한 변화를 통해 대중의 정서를 흔드는 수준급의 소프트 셀 광고가 태어난 것이다. 토마스 배럿은 당시 기준으로 천문학적 광고비를 동원하여 영국의 모든 일간지에 전면 광고를 게재한다. 순수예술과 상업 광고가 결합된 첫 케이스로 평가되는 이 광고는 집행되자마자 폭풍 같은 논란을 불러일으켰다.

광고가 받은 주목에 비례하여 피어스 비누는 엄청난 판매량을 기록한다. 문제는 원작자였던 밀레였다. 왕립학술원 회장까지 역임한 이 유명 화가는 일생일대의 곤경에 처하게 된다. 고고한 예술혼을 돈 몇 푼에 팔아먹었다는 격렬한 조소와 비난이 사방에서 터져나왔기 때문이다.[73] 에버렛 밀레 경은 1896년에 세상을 떠났다. 하지만 그 후에도 무려 3년 동안이나 《더 타임즈The Times》지에 고인에 대한 비판적 독자투고가 이어졌다.[74] 소설가 메리 코렐리Marry Corelli는 자기 작품 주인공의 입을 빌려 이 사건을 이렇게 평가했다.

나는 밀레가 피어스 비누의 거품을 불고 있는 작은 녹색 소년을 그리는 정도까지 스스로를 타락시켰을 때, 예술가로서의 그의 명성은 결정적으로 훼손되었다고 확신해. 그건 바로 광고였잖아![75]

　상업 광고에 대한 그 시대 사람들의 폄하가 그대로 드러나는 표현이다. 오늘날은 노벨상 수상자를 비롯한 수많은 학자, 화가, 음악가, 문학가들이 광고에 모델로 등장한다. 그리고 그들의 작품이 활발하게 광고에 사용된다. 격세지감이 느껴지는 에피소드다.

현대적 의미의 광고란 무엇인가? 발표된 지 반세기가 넘었지만,
아직까지 가장 폭넓게 받아들여지는 개념은
1963년 미국 마케팅학회 광고 정의위원회에서 제시한 것이다.

"광고란 명시적으로 확인된 광고주가 유료의 형태로 아이디어와 제품 및 서비스를
비대인적으로 제시하고 촉진하는 일체의 형태이다
Advertising is any paid form of nonpersonal presentation
and promotion of ideas, goods, services by an identified sponsor."

이 정의에서는 과거의 유사 광고와 현대 광고를 구별 짓는 4가지 개념이 나온다.
첫째는 '유료' 형태다. 광고주가 방송, 인쇄, 온라인 등 매스미디어에
비용을 지불하고 시간이나 지면을 구입한다는 뜻이다.
둘째는 '비대인적 제시 및 촉진' 이다. 광고는 사람들끼리
직접 얼굴을 마주 대하는face to face 커뮤니케이션이 아니라
신문이나 TV 같은 매체를 통해서 설득 메시지를 전달한다는 거다.
셋째는 광고의 대상이 '아이디어, 제품 또는 서비스' 라는 점이다.[1]
마지막 넷째는 반드시 명시적으로 '확인된 광고주' 가 존재한다는 것이다.
티저 광고teaser advertisement[2]를 제외하고 모든 광고는
집행 주체를 분명히 밝히기 때문이다.

5장

현대 광고의 탄생

1. 산업자본주의의 핵심 무기, 광고

현대 광고의 성립에 가장 큰 영향을 미친 역사적 사건은 산업혁명이다. 이는 크게 2단계에 걸쳐 진행되었다. 제1차 산업혁명은 1750~1830년에 걸쳐 일어났다. 그 출발점은 일반적으로 1765년 제임스 와트가 토마스 뉴커먼의 최초 발명을 기초로 개량형 증기기관을 만든 때로 본다. 증기기관으로 대표되는 동력원의 개발, 교통과 통신의 발달, 공장제 생산 등이 특징이다. 이 시기부터 면공업, 철강업 등 영국의 산업생산력이 폭발적으로 늘어나기 시작한다. 이 새로운 물결은 곧 유럽 대륙으로 확산된다. 자유경쟁 경제체제가 가동되고 농업인구 감소와 도시인구 증가가 본격화되는 것이다.

제2차 산업혁명은 19세기 중후반부터 20세기 초반에 걸쳐 전개된다. 산업과 과학기술의 밀접한 제휴, 일관 작업에 의한 대량생산, 인공염료와 레이온 등 새로운 화합물의 발명, 전기와 석유라는 새로운 동력원의 개발이 특징이다. 이 시기의 제국주의 식민지 쟁탈전과 발을 맞춰 독점자본주의 시스템은 유럽이라는 지역 단위, 선진공업국이라는 국가 단위에서 벗어난다. 판매용 상품의 대량생산과 자유무역을 통한 수출이 세계 전역으로 확산되기 때문이다. 마르크스와 엥겔스는 1848년 2월 런던에서 발간된《공산당 선언》에서 산업혁명의 세계적 확산과 자본주의 공고화에 대해 다음과 같은 유명한 말을 남기고 있다.

부르주아는 모든 생산도구의 급속한 개선을 통해, 끝없이 용이해지는 통신으로 가장 미개한 국가들까지 문명 속으로 편입시켰다. 그들이 생산한 상품의 저렴한 가격은 모든 만리장성을 무너뜨리고 야만인들이 외국인에게 품고 있는 견고한 증오를 굴복시키는 강력한 대포다.……한마디로 부르주아는 자신들의 형상을 따라 하나의 형상을 창조하고 있다.[3]

한편 에릭 홉스봄은 "19세기에는 세계를 바꾸어놓은 경제혁명을 배경으로 서구 나라들과 나머지 나라 간의 차이가 처음에는 매우 완만하게 그러나 나중에는 매우 급속한 속도로 벌어져갔다"고 지적한다. 이에 따라 1880년에 이르면 '발전된 나라들'로 불리는 서구 선발 자본주의 국가의 1인당 국민소득이 후발 국가의 그것에 비해 약 2배로 늘어난다.[4] 공장제 생산양식이 서구를 중심으로 확산됨에 따라 이 간극은 더욱 벌어진다. 동시에 그동안 개인적 수요 충족을 위해 가내수공업 형태로 만들어지던 여러 물건의 운명이 바뀐다. 식품, 의류, 생활용품 등이 시장용 소비재로 공장에서 대량 제조되기 시작한 것이다.

문제는 저임금 노동계급의 부족한 가처분소득으로 인해 소비 여력이 한정적이었다는 점이다. 수요를 압도하는 과잉생산은 기업들에 새로운 변신을 강요했다. 포장, 유통, 판매에 걸친 시장경쟁이 치열해짐에 따라 제품 특성과 이름을 사람들 마음속에 각인시키기 위한 브랜드화가 필수 과제로 등장하게 된 것이다. 그 같은 목표를 달성하기 위한 가장 효율적인 무기가 바로 광고였다. 현대 광고를 산업자본주의의 적자嫡子요, 한 걸음 더 나아가 '자본주의의 꽃'이라 부르는 이유가 여기에 있다.

미국 광고산업은 유럽 대륙보다 태동이 늦었지만 오히려 유럽을 추월하여 빠른 시간 내에 현대적 형태를 갖추기 시작한다. 광고학자 러셀Russell과 레인Lane은 그 이유를 세 가지로 설명한다. 이민으로 인한 급속한 인구 증가, 신제품 발명과 공장제 대량생산의 정착 그리고 철도로 대표되는 교통수단의 확장이다.[5]

나는 여기에 세 가지를 더 추가하고 싶다. 첫째, 미국이 지닌 지리환경적 특성이다. 유럽 나라들에 비해 땅이 압도적으로 넓었기 때문이다. 이에 따라 생산자와 소비자가 직접 얼굴을 마주 대하는 직접 판매가 어려웠다. 당연히 신문이나 잡지 광고를 매개체로 보다 넓은 지역을 대상으로 제품 출시를 알리고 판매를 북돋우는 작업이 필요하게 되었다. 서부 개척을 통해 영토가 급속히 확장되면서 상황이 더욱 심각해진다. 뻗어나가는 개척지를 따라 철도 부설이 이뤄지고 철도역을 중심으로 도시가 속속 건설되었다. 이곳에서는 지역 신문들이 연이어 발간되는데, 이들 매체는 신문 구독료만으로는 운영 비용과 이익 창출이 어려웠다.

신생 신문사들은 기업으로부터 적극적으로 광고를 수주함으로써 이 문제를 돌파하려 했다. 이 같은 상황이 미국 광고산업 발전의 견인차로 작용하게 된다.

둘째, 광고와 관련된 세금정책을 들 수 있다. 앞서 살펴봤듯이 영국의 경우 18세기 초부터 1세기 반 동안 신문 광고에 세금이 부과되어 신문 및 광고산업이 크게 위축되었다. 미국은 상황이 달랐다. 1850년 기준으로 영국에서 발행되는 신문 숫자가 500종이었다. 이에 반해 미국의 경우는 4배가 넘는 2,302종이었다. 총 발행부수도 9,100만 부 대 4억 2,260만 부라는 현격한 차이를 보였다. 이들 대중 신문의 주 수입원이 광고임을 감안할 때 미국에서 광고산업이 빠르게 성장한 것은 필연적인 결과였다.

셋째, 산업혁명의 전개가 광고산업 발전과 톱니바퀴처럼 맞물리며 진행되었다는 것이다. 이 나라는 영국·프랑스 등에 비해 산업화는 늦었지만 천혜의 자연환경과 자원을 보유했다. 제2차 산업혁명이 이러한 성장 잠재력을 폭발시켰다. 공장제 대량생산을 통해 시장에 쏟아지는 다양한 상품 판매를 가능케 하려면 뭔가 특별한 촉진수단이 필요했다. 이런 환경에서 광고만큼 안성맞춤의 수단이 없었던 것이다.

2. 미국 광고의 전환점, 서부 개척과 도시화

영국에서 산업혁명이 가장 맹렬히 질주한 기간은 1750년부터 1850년까지다. 이 100년 동안 영국은 농업국가에서 세계를 이끄는 근대적 산업국가로 완전히 탈바꿈했다.[6] 하지만 미국에서는 그보다 반세기나 뒤늦은 1800년대 초반에야 산업혁명이 시작된다.

주요 공산품을 거의 전적으로 영국에서 수입할 정도였던 미국 경제가 비로소 독립적 움직임을 보인 것은, 존 퀸시 애덤스(재임 1825~1829) 대통령 집권기부터였다. 북동부를 중심으로 서서히 공장이 건설되고 사회 기반시설이 구축되기 시작했다. 앤드루 잭슨(재임 1829~1837) 집권기에도 발전이 이어졌다. 1837년 모스Morse가 수동 전신기telegraph를 개발한 것도 중요한 역할을 했다. 광대한 영토를 이어주는 통신수단이 나타난 것이다. 이 신 발명품은 산업 분야뿐 아니라 각 도시에 산재한 신문사 간 실시간 뉴스 교환수단으로도 큰 위력을 발휘한다.

무엇보다 핵심적인 변화는 무인지경에 가까웠던 중부와 서부 지역에 도시들이 속속 들어서고 빠른 속도로 철도가 깔리기 시작했다는 점이다. 이를 통해 공업 원료, 건축용 목재 등의 생산과 수송이 원활해진다. 특히 1848년 1월부터 시작된 '골드 러시gold rush'는 변경 중의 변경이던 캘리포니아 발전에 기폭제가 된다. 북부 산악지대인 새크라멘토 근처의 서터스밀에서 우연히 황금광맥이 발견된 것이다. 이 소식이 미국 전역과 유럽, 라틴아메리카, 오스트레일리아까지 전해지면서 일확천금의 꿈을 좇아 이주민이 물밀 듯 밀려드는데 그 정점은 1849년이었다.[7] 1852년이 되면 캘리포니아 인구가 25만 명으로 늘어나고 열풍의

중심지였던 샌프란시스코는 3만 5,000명이 사는 신흥 도시로 성장하게 된다.[8]

골드 러시 시작 시점에 캘리포니아 지역은 멕시코 영토였다. 하지만 그 직후인 1848년 2월 2일 미국-멕시코 전쟁이 끝난 다음 대부분 지역이 미국 영토에 편입된다. 당시에는 로키산맥에 가로막혀 대륙을 가로질러 캘리포니아로 가는 도로가 없었다. 그래서 많은 사람이 동부 해안에서 배를 타고 반년이나 걸려 라틴아메리카 최남단을 돌아 서부로 왔다. 그 모습을 생생히 보여주는 광고가 〈그림 30〉이다. '황금의 꿈'을 향해 샌프란시스코로 떠날 사람들을 대대적으로 모집하는 항해 광고다.

19세기 중반을 지나면서 미국 전역에서 급속히 도시화가 진행된다. 사람들이 도시로 몰려들면서 상품 수요가 급증했다. 이렇게 폭발하는

〈그림 30〉
캘리포니아의 골드 러시
모습을 보여주는 광고.

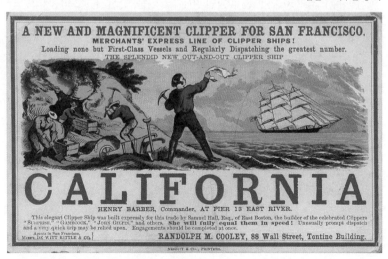

수요를 가내수공업 생산으로는 더 이상 충족시킬 수 없게 되었다. 이것이 미국 2차 산업혁명의 결정적 계기를 제공한다. 수요와 생산이 동반 상승됨으로써 상품 제조업자들이 방대한 전국 시장으로 눈을 돌렸다. 동부 13개 주에 국한된 소비재 시장이 확장된 영토 전체로 퍼져나간 것이다. 이런 상황에서는 상품 생산지와 멀리 떨어진 지역에서도 신제품 출시를 알리고 판매를 촉진하는 도구가 절대적으로 필요했다. 광고야말로 미국의 방대한 영토 내에서 생산과 소비를 유기적으로 연결하는 유일무이한 마법 지팡이였다.

3. 볼니 팔머가 최초의 광고대행사를 설립하다

1830년대를 전후해서 인쇄기술 발달에 따라 신문의 대중화가 이뤄진다. 19세기 초 260종에 불과했던 미국의 신문 숫자가 1,200종으로 늘어났다. 총 발행부수에서도 세계 1위로 올라선다.[9] 신문산업의 확장에는 광고가 지대한 역할을 했다. 정기구독자 확보나 가두판매를 통해서도 수입을 얻었지만 가장 핵심적 재정수입은 역시 광고주에게 지면을 팔아서 생기는 돈이었기 때문이다.

서부 지역의 새로운 영토에서 상주인구가 급속히 늘어난 것이 신문 발행부수 확대에 큰 영향을 미쳤다. 하지만 더 중요한 요인은 의무교육 제도의 도입이었다. 이에 따라 19세기 말이 되면 문맹률이 10퍼센트 정도로 하락한다. 글을 아는 사람들은 뉴스와 읽을거리가 필요했다. 이것이 왜 미국에서 매스미디어가 그렇게 급속히 발전했고, 그와 연동된

광고산업의 성장이 가팔랐는지를 설명해주는 키워드다.[10]

광고비 지출이 늘어난 광고주들은 복수의 신문에 광고를 싣기 위해 매체 선정, 인쇄된 광고의 상태 검토, 광고비 정산 같은 복잡한 업무를 외부 전문가에게 맡기는 경우가 늘어나기 시작했다. 자기 회사 직원들이 직접 해당 업무를 처리하기보다는 이 같은 대행 방식이 시간과 돈을 아끼는 데 훨씬 효과적이었기 때문이다.

신문사의 경우도 사정은 비슷했다. 광고주가 급증함에 따라 이들 다양한 광고주를 대상으로 신문사 직원이 일일이 찾아다니면서 지면 판매 영업을 하는 것이 큰 부담을 준다는 사실이 드러난 것이다. 주요 신문사들이 지면 브로커space broker에게 인쇄될 지면을 미리 할당 판매한 다음, 그들이 수익을 덧붙여 광고주에게 되파는 제도를 도입한 것에는 이러한 배경이 있었다. 이들 지면 브로커들이 바로 현대 광고인의 시조였다.

부설되는 철도를 따라 미국 중서부 지역에 번성하기 시작한 여러 도시의 신문사들이 그 같은 지면 영업 방식에 가장 적극적이었다. 주요 공산품 생산기업이 위치한 동부 지역에서 멀리 떨어진 지리적 환경상 직접 광고주를 만나 자기 신문지면을 판매하는 직거래가 어려웠기 때문이다. 단순 지면 브로커 형태에서 발전하여 보다 전문적으로 신문지면을 광고주에게 대행 판매하는 광고 대리인advertising agent이 신속히 자리를 잡게 된 것이 그 때문이었다. 그때부터 이들이 설립한 회사를 사람들은 광고대행사advertising agency라 부르기 시작했다.

초창기 광고대행사의 주 업무는 자신들이 확보한 지면을 광고주에게 판매하고, 광고주가 만든 제작물을 신문사에 다시 전달하는 것이었다. 그리고 광고 집행 후 광고주에게서 게재 비용을 징수하면 업무가 마무리되었다. 엄격히 말하자면 이런 업무 방식은 광고지면의 단순 중개 판매에 불과한 것이었다. 그 같은 방식으로 돈을 벌어들인 최초의 광고대행사는 어디일까. 1786년 영국의 윌리엄 테일러가 설립한 회사라는 주장이 있다. 1811년 런던에서 문을 연 레이널 앤 선Raynell & Son 이 처음이라는 의견도 존재한다. 하지만 많은 광고 역사가들은 1842년을 지적한다. 이때 볼니 팔머Volney. B. Palmer가 미국 필라델피아에 사무실을 열고 신문지면 중개 판매를 시작함으로써 현대적 의미의 광고대행사가 처음 등장했기 때문이다.[11]

팔머는 1799년 펜실베이니아주 월크스베리 인근에서 태어났다. 그의 아버지는 변호사이자 정치가였는데, 1818년 뉴저지주로 터전을 옮겨 《뉴저지 미러The New Jersy Mirror》라는 신문사를 차린다. 온 가족이 발행과 경영에 참여한 이 신문은 "분실된 말 회수, 철도 견습생 모집, 청각 이상 치료, 역마차 일정표" 등 다양한 광고를 게재해 수익을 올렸다.[12] 이 때문에 팔머는 어린 시절부터 매스미디어를 활용한 광고 수익의 원리에 익숙했다(〈그림 31〉).

그는 회사 설립 후 필라델피아의 지역신문에 "미국과 캐나다의 모든 도시에서 가장 유명한, 신문 광고 대행을 위임받은 성실한 대리인"이라고 스스로를 알렸다.[13] 〈그림 32〉에 팔머가 신문에 게재한 첫 번째 자사自社 광고가 나와 있다. 레이아웃 중앙에 '광고대행사Advertising Agency'라는 단어가 큼지막하게 박혀있는 게 보인다.

광고대행사란 명칭이 처음으로 세상에 나타난 것이다. 팔머를 선두로 속속 등장한 광고대행사들은 점점 업무 영역을 전문화한다. 유력 신

〈그림 31〉
현대적 의미의 광고대행사를
처음으로 설립한 볼니 팔머.

〈그림 32〉
볼니 팔머가 필라델피아 지역신문에
내보낸 세계 최초의 광고대행사 자사 광고.

V. B. PALMER'S
Country Newspaper Subscription and
ADVERTISING AGENCY,
N. W. Corner of Third and Chestnut Street, Philadelphia.
☞ ENTRANCE ON THIRD ST., AT THE COAL OFFICE. ☜

V. B. PALMER is the duly authorized agent of most of the best Newspapers of all the cities and principal towns in the United States and Canada, for which he is daily receiving advertisements and subscriptions, and for which he is empowered by the proprietor to give receipts. Through this Agency, Merchants, Manufacturers, Importers, Professional Men and Artists, as well as Public Institutions, Societies, Incorporated Companies, and the business community generally, may spread information throughout the country, far and near, inviting trade from all Quarters.

COAL.

At the N. W. Corner of THIRD and CHESTNUT STREETS, every variety of COAL, of the hard and durable White Ash, similar to the Lehigh, and the more easily ignited Red and Grey Ash Schuylkill, may be had at the lowest cash prices, adapted in kinds and sizes to the several uses. Also for sale at No. 59 Pine, above Second Street Market.

문사들과 1년 단위로 고정계약을 체결한 다음 광고주에게 인치inch 단위로 구획한 지면을 판매했다. 또한 광고주가 던져준 제작물을 신문사에 단순 전달하는 역할을 벗어나 대행사 내부에서 직접 광고물을 제작하기 시작한다. 19세기 후반이 되면 여기에 마케팅 조사와 컨설팅 업무까지 추가된다. 오늘날과 비슷한 기능의 광고대행사가 모습을 갖춰가는 것이다.

4. 남북전쟁 전후의 하드 셀

1840년대 초에서 1870년에 이르는 30여 년은 미국 현대사에서 격랑이 일어난 시기다. 특히 1861년부터 4년 동안 벌어진 남북전쟁은 정치, 경제, 사회 전 영역에 걸친 급속한 변화를 초래하였다. 전쟁 발발의 원인은 공장제 산업이 발달한 북부와 노예노동을 중심으로 한 남부의 문화, 법률, 경제구조적 격차 때문이었다. 상품 자유무역을 둘러싼 관세 문제도 주요한 동기를 제공했다.[14] 이유가 뭐든 간에 남북전쟁 이전과 이후의 미국은 완전히 다른 나라가 되었다. 전쟁 전에는 전체 인구의 90퍼센트가 농촌 지역에 살았다. 그러나 종전 후 농업이 쇠퇴하고 공장제 제조업이 발전함에 따라 도시 거주 인구가 빠르게 늘어난다.[15]

주목할 것은 노동 절감형 생산설비와 과학적 경영관리 기법이 보급되면서 자본 집중을 통한 기업의 대형화가 진행되었다는 점이다. 문제는 수요 부진이었다. 유럽과 달리 미국에서는 19세기 후반이 되어서야 비로소 공장일로 정기적 수입을 확보하는 노동자계급이 나타났기 때문이다. 이런 시장환경에서는 제품을 공격적이고 선제적으로 판매하는 마케팅 기법이 효과적이었다. 당시 기업들이 동원 가능한 모든 광고 및 판촉 수단을 동원하여 대량생산된 상품을 대중에게 밀어내는 푸쉬 마케팅 push marketing[16]에 몰두한 것이 그 때문이다. 허위과장을 무릅쓴 고압적 판매 소구high pressure selling가 대거 등장한 배경 역시 마찬가지다.

19세기 중후반까지 미국 광고는 하드 셀 중심으로 진행되었다. 주력 매체는 신문이었고 포스터와 전단지가 보조 역할을 했다. 잡지에 최초의 광고가 실린 것은 1844년이었다. 작가 에드거 앨런 포가 편집을 맡았던 《서던 메신저Southern Messenger》였다. 그러나 오랫동안 잡지는 소수의 부유한 고학력 독자만을 위해 발간되었고 광고매체로서는 별다른 위력을 발휘하지 못했다. 잡지매체가 전국을 대상으로 본격적 광고를 내보내기 위해서는 1880년대까지 기다려야 했다.[17]

따라서 이 시기의 크리에이티브 양상을 살펴보기 위해서는 신문 광고에 집중할 필요가 있다. 미국 대중 신문의 효시는 1833년 벤자민 데이 Benjamin Day가 발행한 《뉴욕 선New York Sun》으로 알려져 있다. 이들 신문은 한 부에 1센트란 저렴한 가격 때문에 흔히 페니 신문penny press[18]이라 불렸다. 대중의 흥미를 끄는 사건과 사고 그리고 유럽에서 수입된 물품을 소개하는 기사 위주였다. 1840년대와 1850년대를 거치면서 대부분 미국 신문은 4면 발행 체제였고, 1면을 몽땅 광고로 채우는 것이 보통이었다. 이 같은 환경에서 신문 편집자들은 광고면의 단조로움을 피하기 위해 가능하면 매일매일 광고 원고를 바꾸려고 노력했다. 1면을 제외한 나머지 페이지는 지면의 절반 정도에 광고를 집행했는데, 일부 상업신문은 페이지 당 80~90퍼센트를 광고로 채우기도 했다.

이 같은 외형적 발전에도 불구하고 광고 독창성 수준은 전 시대와 크게 다를 바가 없었다. 활자 위주의 경직된 레이아웃에다 제품 특성과 편익을 직설적으로 제시하는 하드 셀 소구가 일반적이었다. 이런 현상에는 신문 편집자들이 광고에 대한 엄격한 규정을 내세워 광고 크기를 제한하거나 단일한 서체를 강요한 것이 큰 영향을 미쳤다. 주목효과를 높이기 위한 일러스트레이션을 아예 허용하지 않거나 심지어 대형 활자Display Typeface[19]조차 허락하지 않는 것이 당시 신문의 광고 게재 원칙이었기 때문이다. 광고에서 비주얼 표현과 대형 활자를 허용하지 않는 대중 신문의 이 같은 정책은 '어게이트 앤 노 디스플레이Agate and No Display'라고 불렸다.

같은 시기의 광고 전단지와 트레이드 카드, 포스터에서는 화려한 색상의 일러스트레이션이 빈번하게 나타난다. 크기와 서체가 서로 다른 활자를 자유롭게 조합하여 균형미와 가독성을 높이기도 했다. 그런데 왜 신문 광고에서만 이런 시도가 금지되었을까? 가장 큰 이유는 윤전기의 성능 때문이었다. 이 시기에는 일간신문만 해도 전국에 200여 개가 넘었고 전체적으로 보자면 하루 100만 부 이상의 신문이 발행, 배포되었다. 이처럼 많은 부수를 단시간에 인쇄하기 위해서는 고도의 인쇄용 윤전기 기술이 뒷받침되어야 했다. 그러나 당시의 윤전기로는 일러스트레이션은 물론 다양한 크기와 모양의 활자를 조합해서 윤전기에 거는 기술 자체가 어려웠다. 따라서 이 시기의 신문 광고에서는 비주얼 표현이 금지되고 일반 기사 본문에 쓰이는 것과 동일한 활자만을 사용하는 것이 관행이었다. 루비 활자ruby type라는 별칭으로 불리는 5.5포인트 어게이트 활자agate type였는데, 'Agate and No Display'란 이름이 바로 여기서 나온 것이다.

일러스트레이션 및 활자에 대한 규제를 처음으로 도입한 사람은 누구일까? 1840년 첫 발간된 인기 대중 신문《뉴욕 헤럴드New York Herald》 발행인 제임스 고든 베넷이다. 그는 자기 신문에 '개인personals' 섹션을 만들어 비상업적 목적이기만 하면 누구라도 50센트의 저렴한 가격에 광고를 실을 수 있게 했다.[20]

이 섹션에는 구혼 광고, 사랑 고백, 비밀스런 만남 약속 등이 연일 게재되어 큰 인기를 끌었다. 대신 특별한 헤드라인이나 정교하게 꾸민 활자체, 그리고 무엇보다 일러스트레이션을 광고에 사용하는 걸 철저히 금지했다. 앞서 설명한 루비 활자로만 광고를 만들어 게재하게 했다. 이유는 단 하나, 한정된 지면에 최대한 많은 숫자의 광고를 싣기 위해서였다. 광고주들은 '베넷의 어게이트 룰'이라 불리는 이 방식을 못마땅하게 여겼다. 하지만《뉴욕 헤럴드》의 막강한 구독률 앞에 백기를 들고 규제를 받아들일 수밖에 없었다. 이것이 여타의 다른 신문에서도 관행으로 굳어져버린 것이다.

하지만 이 같은 편집 원칙을 극복하기 위한 묘안이 나왔다. 주간 잡지《뉴욕 레저New York Ledger》를 창간한 로버트 보너Robert Bonner가 기발한 방법을 창안해냈다. 하나의 지면에 똑같은 광고 문장을 대량으로 반복해서 게재하는 기법이었다. 그는 1851년 베넷의《뉴욕 헤럴드》지에《뉴욕 레저》를 알리는 광고를 실었다. 이 광고는 작은 활자로 "오늘 밤 뉴욕 레저를 가지고 집으로 가세요Bring home the New York Ledger tonight"라는 똑같은 카피를 600회나 반복시켜 신문 1페이지 전체에 걸쳐 노출시켰다.[21] 베넷의 '어게이트 룰'을 어기지 않으면서도 광고효과

〈그림 33〉
어게이트 활자 조합을 이용하여
광고효과 극대화를 노린 작품.

를 극대화하는 아이디어를 낸 것이다. 동일 메시지 반복을 통해 주목도와 브랜드 기억을 높이는 일종의 편법이었다. 이 방법은 곧 세계적 유행으로 퍼져나간다. 영국에서는 존 스미스 앤 선이란 회사가 한술 더 떠서 회사명을 1,000줄이나 반복해서 게재하기도 했다.

그래도 대형 활자 사용 금지에 대한 광고주 불만이 계속되자, 베넷은 어게이트 활자를 여러 개 조합해서 사물의 형태를 표현할 경우 그것을 허용하는 또 다른 타협안을 냈다. 〈그림 33〉에 해당 기법이 실현된 첫 번째 작품이 나와 있다. 1856년 집행된 브래디 갤러리 사진 스튜디오 광고다. 어게이트 룰을 벗어나려 애쓰는 이 같은 다양한 표현 방식은 《뉴욕 헤럴드》를 다른 신문과 구별 짓는 또 하나의 상징이 되었다.[22]

5. 로웰과 아이어의 대활약

미국 광고산업의 태동기에 활약한 인물로 다음 두 사람을 빠트릴 수 없다. 조지 로웰George P. Rowell(1838~1908)과 프란시스 아이어Francis W. Ayer(1848~1923)다.

조지 로웰은 버몬트주 콩코드에서 태어났다〈그림 34〉. 17세의 어린 나이에 보스턴으로 가서 신문 구독 신청 및 수금원으로 일하기 시작했다. 그리고 1865년 600달러의 자본금으로 자기 광고대행사를 설립한다. 그는 이때 업계 최초로 정기간행물 목록과 해당 요금기준표를 만들어 광고주들에게 제공했다. 나아가 당대 최고 인기 잡지사들의 지면을 일괄 구입한 다음 지면 1인치당 100달러에 광고주에게 재판매하는 특별계약 시스템을 개시한다. 이 방식이 폭발적 인기를 얻어 그는 큰 돈을 벌게 된다. 로웰은 이 자금을 바탕으로 세계 최초의 광고 전문 잡지 《프린터즈 잉크*Printer's Ink*》를 창간함으로써 광고계의 거물로 자리 잡는다.

현대 광고산업에 미친 로웰의 가장 큰 업적은 1869년 미국과 캐나다에서 발행되는 5,000개 이상 신문의 발행부수를 조사하여 《로웰의 미국 신문 안내*Rowell's American Newspaper Directory*》란 제목으로 발행부수 공개 간행물을 내놓은 것이다.[23] 이 연간 간행물이 나오기 전에는 많은 신문이 자사의 발행부수와 구독률을 과장해서 부당한 광고비를 청구하는 악습이 횡행했다. 어떤 신문은 자그마치 다섯 배나 발행부수를 부풀리기도 했다. 매체사, 광고대행사, 광고주들이 힘을 합쳐 객관적 간행물 배부 상황을 조사함으로써 광고비 산정에 객관성과 신뢰성을 부여하는 것이 1914년에 시작된 ABC(Audit Bureau of Circulation, 발행부수 조사기구) 제도다. 그 제도의 주춧돌을 반세기 전에 로웰이 놓은 것이다.

프란시스 아이어는 현대 광고의 기틀을 닦은 또 다른 인물이다 (《그림 35》). 요란한 파티와 장기휴가를 즐겼던 로웰과 다르게 과묵하고 절제력이 강

〈그림 34〉
광고 잡지 《프린터즈 잉크》를
창간한 조지 로웰.

했던 그는 독실한 침례교 신자로 교사 출신이었다. 아이어는 21세가 되던 해 아버지에게 투자를 받아 광고대행사 아이어 앤 선N. W. Ayer & Son사를 설립했다.[24]

이 회사는 당시까지 통용되던 매체 거간꾼 기능을 탈피한 업계 최초의 전문적 광고대행사 조직이었다. 예를 들어 처음으로 디자인 전담팀을 만들었고, 최초로 풀 타임 카피라이터를 채용하여 카피 부서를 만들었다. 그때까지 카피라이터나 아트 디렉터는 프리랜서로 일하거나 광고주 회사에 소속되는 것이 보통이었다.[25] 아이어가 구성한 이 같은 혁신적 크리에이티브 조직은 당대의 실력 있는 크리에이터들을 광고대행사에 대거 유입하는 결정적 계기를 마련한다. 1879년에는 광고대행사로서는 처음으로 광고주를 위한 단독 시장조사market survey를 실시하기도 했다.[26]

또 하나 주목되는 것은 "혐오스런 질병, 평판이 나쁜 사업, 흥분제와 관련된 제품"의 광고 대행을 거부함으로써 광고산업의 이미지를 크게 개선했다는 점이다. 광고주에게 매체 집행에 관한 명확한 거래조건을 고지한 다음, 공개 계약제를 통해 매체사로부터 대행수수료[27]를 받는 관행을 확립한 것도 그의 업적이다.

〈그림 35〉
거간꾼 기능을 벗어난 최초의
전문적 광고대행사 조직을 만든 프란시스 아이어.

아이어사가 도입한 경영 시스템은 그때까지 광고대행사가 매체사와 광고주 사이에서 줄타기를 하면서 발생한 상호 불신과 부패 관행을 일소했다. 광고대행사가 매체 대행수수료를 주된 수익으로 삼는 것, 그리고 자기들이 영입한 광고주를 위해 창조적 제작물을 만들고 집행하는 현대적 시스템이 정착되기 시작한 것이다.

6장
19세기 중후반의 광고

1. '철도 광풍'이 불다

증기기관차가 발명된 것은 1804년, 영국의 리처드 트레비딕에 의해서였다. 하지만 이를 실용화한 것은 조지 스티븐슨이었다. 1825년 6월 27일 스톡턴과 달링턴 간에 최초의 공공철도가 개통되어 레일 위를 달렸는데 스티븐슨이 직접 운전을 했다. 이 새로운 운송수단은 압도적 힘과 다이나믹한 모습으로 인기를 끌었고, 철로가 연결된 도시마다 속속 성대한 개통식 행사가 열렸다.

철도 개통이 광고와 무슨 관련이 있을까. 판매지상주의적 하드 셀 광고의 어두운 본질이 철도망 확산과 관련하여 폭발했기 때문이다. 이 시기 영국에서는 철도법이 개정되어 개인이 운영하는 철도회사 설립이 처음으로 허가되었다. 이에 따라 국가 주도 철도가 아닌 영리 목적 사철私鐵이 우후죽순으로 설립된다. 이들 회사는 자본 조달을 위해 투자자들을 무차별적으로 모집했는데 이것이 곧 엄청난 주식투기로 발전한다. 세계 10대 금융투기 중 하나로 손꼽히는 '철도 버블Railway Bubble' 혹은 '철도 광풍Railway Mania'의 시작이었다.

매카트니와 아놀드에 따르면 1837년 시작되어 1846년에 종료된 투기 붐을 계기로 총 50개의 민영 철도회사가 등록되었다. 그리고 이들 회사의 수익성을 과장하는 주식 공모 광고가 신문을 도배했다.[28] 당시 최대 발행부수의 《더 타임즈The Times》에는 하루 44개의 철도 광고가 동시에 게재될 정도였다. 이들 광고 대부분에는 철도 사업의 미래 수익성과 배당수익을 극단적으로 부풀린 광고 카피가 첨부되어 있었다. 전형적인 과장 광고였다.

문제는 이에 따른 투자 열풍이 정점에 도달하고 당국에서 경고를 내보낸 후 주식가치가 급락하기 시작했다는 점이다. 과장 광고에 속은 다수의 선량한 투자자들이 큰 피해를 본 것은 당연한 귀결이었다. 이것이 영국 경제를 전복시킨 철도 주식투기 사건의 전말이다. 무분별한 투기 광풍에 과장 광고가 대대적으로 동원된 이 사건은 당대인들의 광고에 대한 부정적 이미지를 굳히는 결정적인 계기가 되었다.[29]

2. 광고가 없는 병도 만들어내다

19세기 중엽을 넘어서면서 광고산업의 규모가 커지고 일상생활에 미치는 영향력이 증대되었다. 이에 따라 광고의 사회적 부작용이 본격적으로 모습을 드러내기 시작했다. 허위과장 광고가 핵심이었다. 물건만 팔고 보자는 이 같은 판매지상주의는 곧 심각한 사회적 문제를 불러오게 된다.[30]

가장 심각한 폐해는 당대의 최대 광고주였던 이른바 '특허 약품patent medicines'에서 비롯되었다. 특허 약품이 처음 태어난 곳은 영국이었다. 여기서 '특허'라는 용어는 무슨 특별한 약효에 대한 당국의 보증을 받았다는 뜻이 아니었다. 거의 모든 특허 약품이 실제 특허와는 상관이 없었다. 그저 왕이나 행정당국의 사업허가를 받고 세금을 낸다는 관례적 의미에 불과했다.[31]

미국에서 특허 약품은 18세기 초반부터 등장했다. 전성기는 남북전쟁이 끝난 후부터였다. 수많은 상이군인이 생겼지만 병원과 의사 숫자가 태부족했고 의학기술이 낙후된 영향이 컸다. 상이군인들의 급박한 통증 완화 요구가 이런 약품이 범람하게 된 주요 배경이었다. 대부분의 특허 약품은 알콜, 아편, 미량의 코카인을 함유했고 유리병에 담겨 판매되었다. 하지만 정확히 어떤 성분이 포함되어 있는지는 전혀 공지되지 않았다.[32] 제조업자들은 자기 제품을 만병통치약에 가깝다고 주장했지만 약효에 대한 신뢰성은 바닥 수준이었다. 통증을 일시적으로 완화해주는 유사 약제에 불과했기 때문이다. 이 같은 제품을 과장과 허위를 동원해서 억지로 팔아치우려다 보니 건강에 대한 공포를 자극하는 광고가 성행하게 되었다. 과거에는 알지도 못했던 새로운 병에 걸렸다고 생각하는 건강염려증이 광범위하게 생겨날 정도였다.

이 시기의 수많은 과장 광고 가운데 가장 유명한 사례는 무엇일까? 리디아 핑크햄Lydia Pinkham의 식물성 혼합액을 꼽을 수 있다. 매사추세츠주 출신 퀘이커교도였던 그녀는 주위 사람과 나눠 쓰려고 물약을 하나 만들었다. 허브 약초에다 몇 가지 식물 뿌리 그리고 순도 19퍼센트의 알콜을 혼합한 민간요법이었다. 그녀의 아들인 다니엘과 윌리엄이 이 엉터리 약의 사업적 가능성을 간파했다. 1875년 형제는 어머니를 설득하여 자기 집 부엌에서 제품을 대량으로 만들기 시작한다. 그리고는 60달러를 들여 《보스톤 헤럴드*Boston Herald*》에 전면 광고를 내보낸다. 단순 위약효과placebo effect 외에는 치료효과가 전혀 없는 이 약이 생리불순, 갱년기 증상, 난소 및 자궁 질환, 자궁외 임신, 신장병에 이르기까지 여성과 관련된 모든 질병을 깨끗이 치료해준다고 주장한 것이다. 심지어 두통, 신경쇠약, 우울증, 불면증, 척추 쇠약, 소화불량까지도 없애준다고 떠벌렸다.

〈그림 36〉을 보자. 리디아 핑크햄의 온화한 얼굴 그림을 전면에 내세우면서 달콤한 메시지를 던지고 있다. 주목되는 것은 "여자의 마음은 여자가 압니다Woman can sympathize with woman"라는 슬로건이다. 당시의 대부분 특히 약품 광고들은 제품에 대한 일방적 정보 전달로 일관했다. 반면에 이 광고는 부드럽고 우회적인 문장으로 '몸이 아픈' 여성들에 대한 심리적 공감대를 형성하고 있다. 호소력과 신뢰감을 무기로 특히 고된 노동과 잔병치레에 시달리는 가난한 농촌 여성들의 얼을 빼앗은 것이다. 사회적인 약자에 대한 부도덕한 유혹이자, 광고 크리에이티브의 힘이 가장 나쁘게 쓰인 사례라고 하겠다.

핑크햄의 이 황당한 만병통치약은 불티나게 팔려나갔다. 이들은 교묘한 마케팅 테크닉을 실행했다. 여성들에게 은밀한 건강 문제에 대한 상담편지를 핑크햄에게 보내라고 권유했고 그에 대한 돌팔이 식의 답

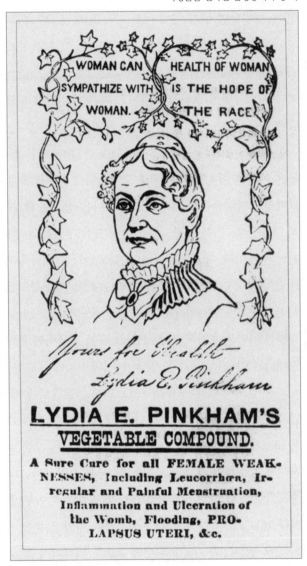

장을 해줬다. 문제는 1883년에 리디아 핑크햄이 세상을 떠난 후에도 수십 년 동안 몸이 아픈 여성들의 편지가 계속 쏟아져 들어왔다는 사실이다. 그렇다면 누가 이에 대한 답장을 써줬을까. 아무런 자격도 식견도 없는 핑크햄의 며느리였다. 핑크햄을 소재로 한 노래 〈Lily the Pink〉가 크게 유행했는데 당시 떠돌던 농담이 이랬다. 세계에서 가장 유명한 여자는 영국의 빅토리아 여왕이고 다음은 리디아 핑크햄이라고. 쉽게 말해 미국에서는 핑크햄이 최고로 유명한 여인이었다는 뜻이다.

동부 연안의 많은 신문사가 광고비 대신 이 약을 현물로 받았다. 이들은 여기에 이윤을 붙여 지역 도매상이나 약사들에게 판매했고, 다시 도매상과 약사들은 리디아 핑크햄이 나온 광고를 환자들에게 보여주면서 약을 팔았다. 과장 광고와 기만적 제품과 탐욕의 절묘한 삼각관계가 완성된 것이다. 이런 악순환이 거듭되면서 판매가 눈덩이처럼 불어나 10년이 지나자 연간 매출액이 25만 달러에 달할 정도였다.[33] 놀라지 마시라. 이 약은 20세기를 거쳐 오늘날에도 여전히 팔리고 있다. 온라인 쇼핑몰 아마존에 가서 'Lydia Pinkham'을 검색하면 물약과 정제 형태로 판매되는 이 '전설의 약'을 만날 수 있다.

과장 광고의 폐해는 시간이 흐르면서 그야말로 통제 불능 상태로 치닫는다. 예를 들어 1886년에 나온 광고를 보자(〈그림 37〉). 두피와 모근을 보호해주는 헤어토닉 광고다. 주목되는 것은 그런 효능이 코카인 때문이라 강조하고 있다는 사실이다. 당시 사람들은 코카인이 위험하고 중독성이 강한 마약 성분이란 사실을 몰랐다.[34] 아무리 제품 판매가 급하다 해도, 그런 인식 미비를 이용하여 마약 성분을 전면에 내세우는 이 같은 행동은 윤리적 파탄이라 불러도 지나치지 않은 것이었다.

〈그림 37〉
헤어토닉 광고. 코카인이 비듬을
없애준다고 강조하고 있다.

〈그림 38〉
터무니없는 가짜 효능을
천연덕스럽게 늘어놓은 액티나 광고.

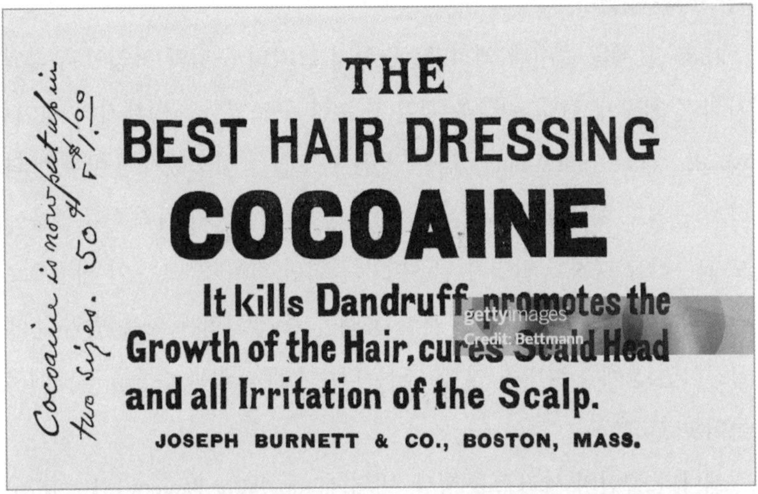

THE
BEST HAIR DRESSING
COCOAINE
It kills Dandruff, promotes the
Growth of the Hair, cures Scald Head
and all Irritation of the Scalp.
JOSEPH BURNETT & CO., BOSTON, MASS.
Cocoaine is now put up in
two sizes. 50¢ $1.00
gettyimages
Credit: Bettmann

DEAFNESS CURED
BY NO MEANS UNTIL "ACTINA"
WAS DISCOVERED.
Deafness is incurable till the cause is removed. Therefore Ear Drums and other artificial aids never cure. 95 pe cent of all cases of Deafness is caused from Catarrah, and as Catarrah cannot exist under the use of "Actina," nobody need be Deaf where the Actina Pocket Battery is obtainable. Are you seeking a cure? Then investigate "Actina." Write to-day for A VALUABLE BOOK—Prof. Wilson's Dictionary of Disease, Free.
NEW YORK & LONDON ELECTRIC ASS'N.
Dept. 8-D, Kansas City, Mo.
"ACTINA"
W.C.WILSON
INVENTOR
PAT. NO 341,712

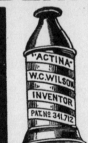

19세기 말에 나온 또 다른 유명 허위과장 광고로는 전기 포켓 배터리 액티나Actina가 있다(《그림 38》). 당시 남성 노동자 평균 주급에 해당되는 10달러의 거액에 판매된 이 제품은 청력 상실, 실명, 백내장, 카타르 등의 안과 및 귀 질환에다 건초열, 두통, 신경통까지 치료해준다고 목소리를 높였다.

1886년 처음 출시된 액티나는 3인치 크기의 구리와 아연이 부착된 자석 강철판에 린넨 원단을 감은 단순한 구조였다. "19세기의 경이A Wonder of the 19th Century"라는 멋진 슬로건을 사용했지만 아무런 과학적 근거도 치료효과도 없는 가짜 기계였다. 학위와 자격증이 없음에도 교수라고 자칭한 발명자 윌슨이 상품화한 것이다. 그는 이 제품으로 겨자기름, 에테르, 질산아밀 혼합 용액을 증기로 만든 다음 귀와 눈에 살포하면 장애와 질병이 깨끗이 낫는다는 터무니없는 주장을 광고에서 늘어놓았다.[35]

캐나다 출신의 서커스 흥행사 바넘Phineas Taylor Barnum(1810~1876)은 이 시대의 허위과장 광고를 대표하는 인물이라 할 수 있다(《그림 39》). 오늘날도 자주 활용되는 유명인 보증 광고, 거창한 약속을 내세우는 과장 표현의 창시자가 이 사람이다. 그는 서커스를 사업화, 대형화시킴으로써 당대의 광고와 엔터테인먼트 산업에 지대한 영향을 미쳤다.[36] 스스로를 '야바위의 왕자'로 부르기 좋아한 이 남자는 도박을 하듯 엄청난 돈을 광고 활동에 쏟아부었다. 그리고 매번 투자한 돈 이상의 효과를 톡톡히 얻어냈다.

가출소년이었던 바넘은 잡화점 종업원, 복권 판매대리점을 거쳐 1841년 뉴욕의 5층짜리 건물을 사들여 기괴한 동물을 전시함으로써

왼쪽이 바넘, 그 옆에 포즈를 잡고 있는 것은 난쟁이 '엄지 톰 장군.'
바넘 쇼의 스타 중 한 명으로, 영국을 비롯한 유럽의 여러 왕실에서
초대공연을 했고 링컨 대통령도 그의 팬이었다.

부를 축적했다. 서커스 흥행사로 자리 잡은 후에는 '지상 최대의 쇼'라는 슬로건을 사용하면서 사이비에 가까운 흥행 이벤트를 잇달아 성공시킨다. 그는 기발한 광고와 언론 홍보, 필요한 경우 속임수까지 써가며 서커스에 대한 관심을 불러일으켰다. 바넘은 후일 가짜로 판명된 피지섬의 인어, 엄지 장군 톰General Tom Thumb(《그림 39》), 실론의 코끼리와 고래 등 논란 많은 전시와 공연을 통해 큰 돈을 벌었다. 그는 늘 "나는 광고의 모든 기법을 통달하고 있다"고 허풍을 떨었다. 심지어 광고를 통해 대중을 바보 취급한 걸 스스로 자랑스러워하기까지 했다.[37]

3. 도금시대와 제품의 브랜드화

1873년 소설가 마크 트웨인과 찰스 더들리 워너Charles Dudley Warner는 공저《도금시대The Gilded Age》를 발간했다. 금박을 입힌 듯 화려하지만 속은 부실한 남북전쟁 이후 미국 사회를 풍자한 작품이었다. 이 소설은 워싱턴 D.C를 무대로 하는 파렴치한 기업가와 썩은 정치가에 대한 비판으로 가득한데, 이후 '도금시대'란 명칭은 해당 시대를 가리키는 일반명사로 굳어졌다.

남북전쟁 전에 이 나라는 종교적으로는 프로테스탄트, 산업구조에서는 농업국가였다. 국민 대부분이 농사를 짓거나 그에 관련된 일로 생계를 유지했다. 정치경제적으로 가장 큰 딜레마는 노예 문제였다. 하지만 전쟁이 끝나고 노예제도가 소멸되자 국가의 성격이 바뀌기 시작했다. 판매용 상품 생산이 본격화되고 내수시장이 빠르게 성장한 것이다.[38]

특히 1870년대와 1880년대에 걸쳐 급속히 발전된 대규모 공장 시스템은 진공청소기가 공기를 빨아들이듯 엄청난 노동력을 필요로 했다.

이에 따라 종전 후 1890년까지 1,000만 명 이상의 유럽인들이 미국으로 대거 이주한다. 집도 절도 없는 이들 가난한 이민자가 산업예비군 대열에 합류한 것은 당연한 일이었다. 가까스로 취업한 미숙련 혹은 반숙련 형태의 수백만 노동자들이 가혹한 저임금에 시달리며 생계를 이어갔고, 한계임금과 비인간적 작업환경이 일반화되었다.

당대를 상징하는 행사가 1876년 필라델피아 만국박람회였다. 서구 산업자본주의의 융성을 과시하는 이벤트인 첫 번째 만국박람회는 1851년 런던에서 시작되었다. 이후 파리와 런던에서 번갈아가며 개최되던 행사가 '아메리카 합중국 100년제'란 이름으로 아메리카 대륙에서 처음 열렸다. 개막식 당일에만 브라질 황제를 비롯하여 13만 명이 참석했을 정도로 성황을 이룬 이 행사는 총 관람객 숫자가 1,000만 명에 달했다.[39]

풍부한 자원, 새로운 생산기술 그리고 가혹한 노동 착취가 결합되어 저렴한 가격의 상품 대량 공급의 문을 열었다. 일부 상류층을 대상으로 남북전쟁 이전에는 상상할 수 없던 과시 소비적 생활 방식이 퍼지기 시작했다. 이 같은 경제성장은 점차 중간계급의 발흥과 소비를 이끌어낸다. 1890년에서 1910년 사이 미국에서는 점원, 회계원, 중간관리자 직업이 늘어나고 평균 봉급도 30퍼센트 이상 증가한다. 의사, 변호사 등 전문직종이 증가하면서 이들의 수입도 급속히 상승한다. 이들에 비해 인상 속도가 더디기는 했지만 19세기 말로 가면서 노동계급의 소득도 서서히 증가하기 시작했다.[40]

이상의 환경 변화는 광고산업의 양적·질적 성장을 이끌어낸다.[41] 첫 번째로 잡지매체가 성장 가도를 달리기 시작했다. 기업 합병을 통해 몸집을 불린 거대 기업들이 시장점유율을 늘리려면 전국을 대상으로 발행되는 광고매체가 필수적이었다. 대형 광고주들의 이러한 요구에 부응한 것이 잡지였다. 철도 운송을 무기로 미국 전역에 제품 판매를 확장하려는 광고주들에게 잡지는 안성맞춤의 도구였다. 예나 지금이나 미국 신문들은 특정 도시 혹은 그보다 작은 구역 단위를 대상으로 발행된다. 광대한 영토 때문이다. 전국 대상 마케팅 수단으로 신문매체가 뚜렷한 한계를 지니는 이유가 여기에 있다. 반면에 잡지는 구독자 특성상 처음부터 국토 전역의 독자를 대상으로 발행되었다. 책자 형태로 장기 보유가 가능하고 구매 후 서로 돌려가며 읽는 회독률이 높은 것도 큰 장점이었다. 19세기 후반에 잡지가 신문매체를 능가하는 주요 광고매체로 부상한 이유가 그 때문이다.

1860년부터 1890년까지 30년 동안 신문매체의 광고량 증가는 미미했다. 그러나 잡지 광고비는 자그마치 11배나 늘어난다. 1883년 사이러스 커티스Cyrus H. K. Curtis가 발간한 《레이디스 홈 저널*Ladie's Home Journal*》이 당대를 대표하는 잡지였다. 현대 잡지의 원형으로 평가되는 이 매체는 흥미진진한 소재를 가볍고 읽기 편한 형태로 제공했고 과감한 일러스트레이션을 사용했다. 이것이 광고산업에도 변화의 바람을 일으켰다.

두 번째로 제품의 브랜드화가 시작되었다는 것이다. 미국에서도 2차 산업혁명을 통해 표준적 제품 생산기술이 보편화된다. 그 결과 제품 간 우위를 확보하기 어려운 상황이 도래했다. 특히 주력 제품이었던 밀가루, 비누, 섬유제품의 경우 메이커가 누구든 간에 성분이나 품질이 비슷할 수밖에 없었다. 기업들로서는 이 문제를 돌파하지 않고는 시장점유율 확대가 어려웠다. 자본력과 시장점유율을 가진 대기업들은 마침내 방법을 찾아낸다. 자사 제품에 경쟁제품과 구별되는 독특한 제품 개성product personlity의 옷을 입히는 방법이었다. 이를 통해 고유 이미지를 구축하고 고객 충성도를 확보하려 한 것이다. 그 핵심 도구가 브랜드Brand였다.

좁은 지역 단위 시장을 벗어나 전국을 무대로 대대적 광고 캠페인을 벌인 최초의 브랜드는 영국에서 시작되었다. 앞에서 살펴본 '고양이와 가죽 장화' 광고의 로버트 워렌 구두약이 19세기 초반부터 이 나라에서 전국 단위 마케팅을 활발히 펼친 대표적 사례다. 뒤를 이어 로랜드 마카사르 오일,[42] 스펜서 모발 염색제 등이 전국적 브랜드로 부상한다.

산업혁명이 늦게 시작된 미국에서는 1850년대를 넘어서면서 비로소 전국적 브랜드가 나타난다. 이 당시 광고캠페인을 활발하게 벌인 브랜드로는 네슬레, 캐드베리, 켈로그 등의 식품회사를 들 수 있다. 1880년대가 되면 전국 대상 캠페인을 전개하는 품목이 의류, 비누, 자전거, 재봉틀, 타이프라이터, 과자, 주류, 음료 등으로 크게 늘어난다. 이 시기에 가장 많은 광고비를 집행했던 브랜드로는 로얄 베이킹파우더, 사폴리오 비누, 아이보리 비누, 더글라스 구두가 있다.

이 같은 변화에는 1871년 발효된 브랜드 보호법이 중요한 역할을 했다. 그 시점부터 허락 없이 남의 브랜드를 가져다 쓰는 행위가 불법화되었기 때문이다. 당해 연도에 121개 브랜드가 등록을 했는데 1905년이 되면 숫자가 1만 개로 늘어난다. 이처럼 전국적 브랜드 파워를 가진 제품들이 속속 등장함에 따라 집에서 생활용품을 직접 만들어 쓰던 주부들의 관행이 변화한다. 공장에서 생산한 브랜드 제품을 과감하게 수용하기 시작한 것이다. 광고를 집행하는 기업 숫자와 광고비 총량이 급증한 것은 당연한 순서였다. 이에 따라 미국의 총광고비는 1880년대부터 이후 20년 동안 2배 이상 가파른 상승곡선을 그리게 된다.

4. 떠오르는 프로페셔널 크리에이터들

주요 대기업들이 브랜드를 개발해서 전국적 마케팅을 펼치는 시장환경에서 종전의 설득기법으로는 한계가 있다는 사실이 명확해졌다. 제품명 고지에만 주력한다거나, 특히 약품에서 극단화되었듯이 야바위에 가까운 허풍으로는 더 이상 소비자 신뢰를 얻기 힘들어진 것이다. 자기 브랜드를 경쟁제품과 차별화시켜 선호도를 높이는 보다 정교한 설득기법이 필요해졌다. 실력과 직업의식을 함께 갖춘 프로페셔널 광고인들이 등장한 것은 이에 따른 필연이었다.

이 시대를 대표하는 전문 크리에이터로는 존 파워즈John. E. Powers, 너새니얼 파울러 주니어Nathaniel C. Fowler, Jr., 찰스 오스틴 베이츠Charles Austin Bates, 울스탄 딕시Wolstan Dixey, E. A. 휘틀리E. A. Wheatley 등을 들 수 있다.

먼저 존 파워즈(1837~1919)다. 파워즈는 광고 역사에 기록된 최초의 전업專業full time 카피라이터다(《그림 40》). 광고 전문지 《애드버타이징 에이지Advertising Age》가 '크리에이티브 광고의 아버지'라 칭송한 이 사람은 보험대리인으로 사회생활을 시작했다. 이후 잡지 편집기자 등 다양한 직업을 거쳐 카피라이터가 되었다.

1880년 백화점 업계의 거물 존 워너메이커가 로드 앤 테일러 백화점에서 파트타임 카피라이터로 일하던 그를 스카우트했는데, 이것이 전업 카피라이터로서 시작이었다. 파워즈는 오랜 시간이 지나지 않아 워너메이커 백화점 광고를 좌지우지하는 핵심 위치에 오른다. 그러나 자신만의 독특한 카피 스타일을 고집함으로써 사장인 워너메이커와 자주 갈등을 빚었다. "당신은 내가 아는 사람 중에 가장 무례한 사람이오"라는 비난을 파워즈에게 퍼부을 정도로 충돌이 잦던 워너메이커는 1883년 그를 해고했다가 이듬해 다시 복직시켰다. 그리고 1886년에 다시 해고함으로써 완전히 인연을 끊었다. 파워즈는 그 시점부터 광고사 최초의 프리랜서 카피라이터로 독립하게 된다. 이후 그의 명성은 하늘을 찌르기 시작한다. 당시 노동자 평균 월수입의 2배 이상인 100달러를 하루 만에 벌어들일 정도였다.[43]

담백하고 설득력이 강한 그의 리즌 와이 스타일 카피는 후일 찰스 오스틴 베이츠와 존 E. 케네디, 클로드 홉킨스 등에게 하나의 이정표를 제시했다. 파워즈는 힘 있는 헤드

〈그림 40〉
역사상 최초의 전업 카피라이터로
평가받는 존 파워즈.

라인과 주목을 끄는 슬로건, 길지 않으면서도 제품의 특성을 쉽게 이해시켜주는 바디 카피를 좋아했다. 짧고 간단한 일상언어 위주의 구어체 문장을 주로 사용했는데, 이는 어린이도 이해할 만큼 쉬운 내용이었다. 그가 가장 싫어한 것은 과장된 표현이었다. 제품이나 기업에 문제가 있으면 그것을 대담하고 솔직히 털어놓음으로써 오히려 신뢰를 얻는 역발상을 즐겨 사용한 이유가 그 때문이었다. 예를 들어 파산 위기에 몰린 피츠버그의 한 의류업체 광고에서 다음과 같이 말했다.

> 우리는 파산했습니다. 채권자들이 이 광고를 본다면 당장 우리 목에 밧줄을 걸려고 덤비겠지요. 그렇지만 당신이 우리 물건을 사준다면 우리는 돈을 들고 채권자들을 만날 수 있을 겁니다. 그렇지 않다면 궁지에 몰리게 될 거고 말이지요.[44]

이 솔직한 카피에 공감한 고객들이 무더기로 몰려들었고 회사는 경영 위기를 돌파했다.

너새니얼 파울러 주니어(1858~1918)도 파워즈 못지않은 인기 카피라이터였다. 하지만 오히려 작가, 강연가, 비즈니스 상담가로 더 큰 활약을 했다. 카피라이터 직업의 전문성과 수입이 아직은 안정되지 않은 시대였기 때문이다.

매사추세츠주 야마우스에서 태어난 파울러 주니어는 24세에 자기 신문사(《Pittsfield Daily Journal》)를 설립하고 편집까지 전담했다. 이후 광고계에 뛰어들어 대행사를 설립했고 광고 관련 카운슬러로 활약했다. 1891년이 되자 프리랜서 카피라이터 일에 전념하기 위해 잘 나가던 광

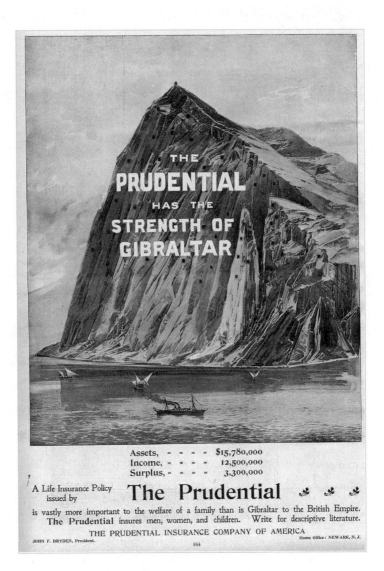

고대행사를 처분해버렸다. 그리고 보스턴에서 미국 최초의 광고학교를 설립하게 된다. 그는 25년 동안 광고계에서 활약하면서 1만 개가 넘는 광고를 직접 만들고 카피를 썼다. 파울러 주니어는 제품 특성을 분명하게 제시하는 표현을 선호했다. 반면에 화려한 수식과 미사여구 카피를 극단적으로 싫어했다. 대표작으로는 당시 가장 유명했던 보험회사인 프루덴셜 생명보험 광고인 〈지브롤터의 힘Strength of Gibraltar〉이 있다 (《그림 41》).

그는 광고인보다는 오히려 작가로 유명했다. 《광고와 인쇄물에 관하여About Advertising and Printing》(1889)란 책을 시작으로 여러 권의 베스트셀러를 썼다. 자전 소설인 《재능Gumption》, 《알아둘 필요가 있는 1,000가지1000 Things Worth Knowing: That All who Read May Know》, 《노커스 클럽The Knockers Club》, 《실용적 판매술: 상품 판매기법에 대한 고찰Practical Salesmanship: A Treatise on the Art of Selling Goods》 등은 아직도 꾸준히 팔리고 있다.

이 시기를 대표하는 또 다른 프로페셔널 광고인으로 찰스 오스틴 베이츠(1866~1936)를 빼놓을 수 없다(《그림 42》). 베이츠는 스스로에게 '광고 크리에이터'란 이름을 붙인 최초의 인물이었다. 자기 정체성에 대한 인식이 뚜렷했다는 뜻이다. 그는 잡지 《프린터즈 잉크》에서 카피라이터 직업을 꿈으로 삼은 계기를 이렇게 밝혔다. 최절정의 인기 카피라이터 존 파워즈가 워너메이커 백화점에서 연봉 1만 달러를 받는다는 이야기를 접한 후부터라고. 해당 기사를 읽고나서 그는 이렇게 말했다. "세상에, 1년에 1만 달러라니! 우리 우체국장은 매일 아침 두 마리 말이 끄는 사륜마차를 열심히 몰고 다니면서도 고작 3,500달러밖에 못

버는데!"[45]

　인디애나폴리스에서 태어난 베이츠는 공립학교를 마치고 서점 직원으로 근무했다. 그러다가 20세 되던 해 지역 백화점의 매니저 일을 병행하면서 소규모 광고주 대상으로 하나당 25센트씩을 받고 광고를 만들어주는 자기 사업을 시작했다. 몇 년 안 가 연간 2만 달러 이상을 벌어들임으로써 파워즈의 봉급을 멀찌감치 넘어선다. 베이츠는 기세를 몰아 활동 무대를 뉴욕으로 옮기고 자기 광고회사(Bates-Whitman)를 설립했다. 역사가 스마이스는 이 시기의 베이츠를 19세기 말 뉴욕 광고계에 혜성처럼 출현한 인물이라고 묘사한다.[46]

　베이츠는《프린터즈 잉크》에 광고 크리에이티브에 대한 칼럼을 매주 기고했다. 그리고 이 칼럼 등을 모아 1896년 《좋은 광고Good Adveretising》란 책을 출간한다. 이 책에서 자신이 파워즈의 후계자라고 공언하면서 "광고는 문학이나 문법이 아니며, 물건을 팔지 못하면 아무리 문장이 좋아도 소용이 없다. 지나친 지성을 가장하지 않고, 평범한 언어로 단순하게 제품을 묘사해야 하며 가격을 중요하게 다뤄야 한다"고 주장했다.

〈그림 42〉
스스로에게 최초로 광고 크리에이터란
이름을 붙인 찰스 오스틴 베이츠.

　베이츠는 연 수입 가운데 절반을 자기 스스로를 광고하는 데 투자한다고 밝혔다. 자신만의 고유한 브랜드 자산을 만드는 데 그만큼 전심전력한 것이다. 이를 통해 카피라이터란 직업이 독창적 능력을 발휘하면서도 고수입을 올리는 멋진 전문직이란 사실을 만천하에 과시했다.

그는 자신의 능력에 대한 자부심이 대단했다. "나는 미국에 있는 어떤 광고주를 위해서든, 똑같은 광고비를 쓰면서도 압도적으로 효과적인 광고를 해줄 수 있습니다"[47]라고 말할 정도였다.

5. 크리에이티브 발전과 슬로건의 유행

광고학자 길란 다이어는 1880년대를 넘어서면서 미국 광고산업에 두 가지 중요한 변화가 발생했다고 지적한다.[48] 첫 번째는 대다수 광고대행사가 영업의 중심을 단순 지면 중개에서 광고주를 대신하여 광고를 집행하고 수수료를 받는 방식으로 바꿨다는 것이다. 이를 통해 광고대행사가 더 이상 매체에 종속되지 않는 환경이 도래했다. 어떤 우량 광고주를 유치하는가 여부가 회사의 사활을 좌우하는 시대로 접어들었다는 의미다. 광고주의 입장도 변화했다. 갈수록 격화되는 시장경쟁 속에서 경쟁제품을 뛰어넘는 마케팅 성과를 얻어내기 위해 광고대행사의 크리에이티브 능력을 중요시하는 풍토가 조성되었다.

이 당시의 광고 제작 업무는 보통 카피 서비스라 불렸다. 최초로 이런 서비스를 제공한 곳은 팔머사 직원이었다가 뉴욕으로 자리를 옮겨 독립한 사무엘 페팅길Samuel Pettengill의 광고대행사였다.[49] 크리에이티브 전문화는 아이어 앤 선이 본격적으로 길을 뚫었다. 업계 최초로 전업 카피라이터를 고용해서 수준급 제작물을 광고주에게 제공하기 시작한 것이다. 이후 다른 대행사에서도 경쟁적으로 전문 크리에이터들을 고용하기 시작한다.[50] 광고주들이 도저히 흉내 낼 수 없는 세련되고 독창적인 제작물을 만들어주지 않으면 대행사가 존속하기 어려운 상황이 도래했기 때문이다.

두 번째는 신문 편집자들이 분류 광고 레이아웃을 탈피하기 시작했다는 것이다. 신생 신문들이 속속 등장하여 구독률 전쟁을 벌이는 상황에서 비주얼 표현과 활자체 사용에 있어 기존의 엄격한 가이드라인을 풀지 않으면 광고 수주가 어려운 상황이 된 것이다. 여기에 막강한 경쟁자로 부상한 잡지 광고의 활발한 일러스트레이션 사용이 위기감을 더했다. 인쇄술 발달에 따라 속속 등장하기 시작한 화려한 컬러의 옥외 포스터도 영향을 미쳤다. 이에 따라 신문 광고에서도 대형 활자와 비주얼이 과감하게 도입되는 새로운 시대가 열리게 된다.

1880년대 초부터 1900년에 이르는 20여 년 동안 차원을 달리하는 독창적 하드 셀 광고들이 속속 등장하는 배경이 여기에 있다. 이 시기의 광고들은 전 시대에 비해 과장된 소란스러움이 줄어들고 메시지 신뢰성은 높아지는 것이 특징이다. 그 같은 변화는 카피라이팅에서 시작되었다. 가장 먼저 두각을 나타낸 것은 슬로건의 활용이었다.

슬로건이 유행하기 시작한 것은 시장에서의 브랜드 정착과 밀접한 관계가 있다. 리바이스 진, 캠벨 수프, 아이보리 비누, 코카콜라, 코닥 카메라 등이 고유 브랜드 개발로 큰 성공을 거두자 유사제품이 대거 등장하게 된 것이다. 선발 브랜드들은 이런 경쟁제품과 차별화되는 자기만의 특장점을 간결하고 강렬한 슬로건을 통해 전달하려 했다.

광고 슬로건이 처음 시작된 곳은 영국이었다. 피어스 비누의 "좋은 아침! 피어스 비누로 씻으셨나요?Goood Morning! Have you used Pears soap?"가 유명했다. 19세기 후반에 접어들면서, 미국에서 사람들 입에 제일 많이 오르내린 슬로건은 아이보리 비누였다. 1882년 제품 출시 직후부터 사용한 "아이보리 비누, 물에 뜹니다Ivory Soap, It floats"(《그림 43》)가 공전의 히트를 친 것이다.

이 비누는 원래 제조 공정상의 실수로 유지성분에 공기가 과도하게 주입되어 만들어졌다고 한다. 따라서 당시의 세안비누에 비해 재질이 무르고 습기에 약했다. 심지어 목욕을 하다가 물에 빠지면 둥실 떠오를 정도로 가벼웠다. 그 때문에 빨리 닳는 약점이 있는 반면에 느낌이 부드럽고 거품이 풍성하게 나는 장점도 있었다. 아이보리의 슬로건을 창

〈그림 43〉
1895년 집행된 아이보리 비누 신문 광고.
"물에 뜹니다"라는 슬로건이 큼지막하게 레이아웃되어 있다.

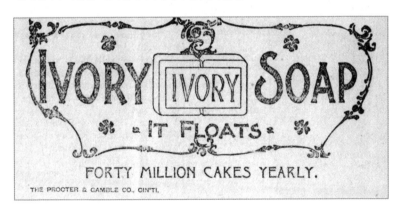

조한 카피라이터는 약점은 버리고 장점을 공략했다. 비중이 낮은 아이보리 비누의 물리적 특성을 '순수하고 부드럽다'는 독특한 소비자 편익으로 전환시켰다. 이것이 광고 역사상 손꼽히는 명 슬로건인 "물에 뜹니다It floats"가 탄생한 배경이었다.

그만큼 유명한 또 다른 슬로건이 코닥 카메라의 "단추만 누르세요, 나머지는 우리가 다 합니다You press the button, We do the rest"였다.[51] 코닥은 조지 이스트먼이 설립한 세계 최초의 대중용 카메라 회사다. 1888년 이스트먼은 기존의 은판을 대신하여 다량 촬영이 가능하도록 원통에 필름을 감는 필름을 최초로 개발한다. 그와 함께 필름용 카메라를 출시한다. 가격은 25달러, 내부에 사진 100장을 찍을 수 있는 필름을 내장했다. 복잡한 준비 없이 버튼만 누르면 누구나 사진 촬영이 가능한 (당시로서는) 획기적 제품이었다.

〈그림 44〉가 그 같은 편익을 정면으로 강조한 광고다. 메인 비주얼은 왼손으로 카메라를 살짝 받쳐 든 장면이다. 카메라 크기가 한 뼘 정도에 불과하니 손쉽게 다룰 수 있음을 실증demonstration 기법으로 보여주고 있다.

19세기 후반에 집행된 대표적 하드 셀 광고를 하나 더 보자. 〈그림 45〉는 1895년 집행된 'Get Fat', 즉 체중 증가 보조식품 광고다. 살을 빼는 게 아니라 찌우라는 이야기다. 이 광고를 이해하려면 세기말의 사회문화적 환경을 이해해야 한다. 칼로리 섭취가 크게 부족한 시대였기에 홀쭉한 체형은 가난의 표상이었다. 반대로 적당한 과체중이 활력과 부유함의 상징으로 평가받았다. 이처럼 볼륨감 넘치는 뚱뚱한 몸매가 섹시하다고 생각했기에 특히 여성들이 체중 증가제를 많이 복용했다.

<그림 44>
간편한 사진 촬영의 장점을 강조한 코닥 카메라 광고.

<그림 45>
여성에게 살을 찌우라고 설득하는19세기 후반의 광고.

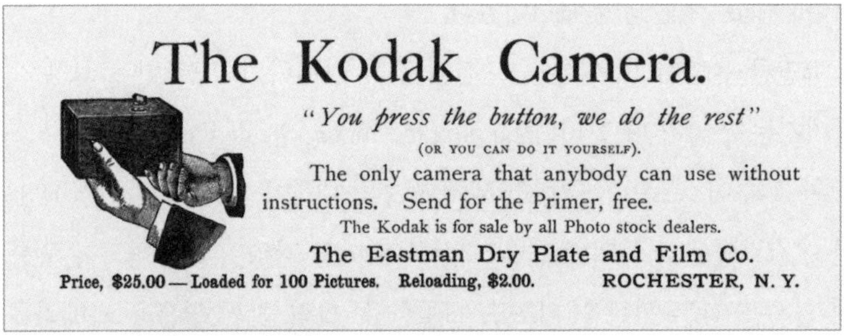

소비자가 직면한 문제점을 보여준 다음 해결책을 제시하는 방식을 '비포 애프터Before After' 광고라고 부른다. 이 작품이 대표적 사례다. 홀쭉하기 때문에 주위에서 받은 설움을 통통하게 살을 찌워서 해결하라고 설득하고 있다. 헤드라인은 "숙녀분들께서는 윌리엄스 박사의 유명한 '팻 텐 유 푸즈Fat Ten-U Foods'로 통통해지시기를 정중히 말씀드립니다." 화면 아래쪽 박스 안에 우람한 몸매의 세 여인이 얼마나 자랑스럽게 포즈를 취하고 있는가를 보라. 온갖 다이어트 식품이 흘러넘치는 오늘날에 비춰보자면 격세지감을 주는 광고가 아닐 수 없다.

비슷한 시기 우리나라는 어땠을까. 16세기 말에서 18세기 말까지 조선시대 인쇄물은 관청에서 출판한 책이나 문서, 족보 등이 대부분이었다. 1800년 무렵부터 민간에서 상업적 판매를 위해 목판으로 새긴 방간본坊刊本이 인기를 끌기는 했다.[52] 《천자문》이나 《명심보감》 같은 어린이 교재, 사서삼경 등의 유학 책, 서민들이 즐겨 보던 한글 소설 등이 대상이었다. 그러나 이런 책들은 활자를 돋을새김하는 목판인쇄의 내구성 특성상 발행부수와 보급률에서 제한이 컸다. 대량 인쇄를 특징으로 하는 대중매체가 나타나기 어려운 환경이었던 것이다. 매스미디어 발전과 불가분의 관계를 지닌 광고산업 또한 마찬가지였다. 최초의 광고가 태어나기 위해서는 근대적 인쇄미디어의 발행을 기다려야만 했다.

1883년 마침내 금속활자를 이용한 최초의 활판인쇄 신문이 태어난다. 구한말의 정부기관 박문국이 발행한 《한성순보》였다. 그 후신이 《한성주보》인데, 1886년 2월 22일 이 신문의 제4호 15, 16쪽 두 면에 '덕상德商 세창양행世昌洋行 고백告白'이라는 헤드라인으로 신문 광고가 게재되었다. 이것이 우리나라의 첫 번째 상업 광고다(〈그림 46〉).

〈그림 46〉의 왼쪽 페이지에 나와 있는 24줄짜리 순 한문 광고가 그 것이다. 세창양행은 독일 함부르크에 본사를 둔 무역상이었다. 아시아 지역 근거지를 홍콩으로 삼아 중국의 상하이와 톈진, 일본 고베에 지점을 확장했다. 그리고 1884년 인천에 첫 지점을 설립하고 난 2년 후 이 광고를 내보냈다. 여기서 덕상은 독일 상인이라는 뜻이다. '고백'이란 표현이 생경할지도 모르겠다. 이는 광고의 중국식 표현으로 당시 보편적으로 사용되던 용어다.

소가죽, 호랑이 가죽, 여우 가죽, 사람 머리털, 호랑이 발톱 등을 구입하고 자명종 시계, 뮤직박스, 서양 천, 성냥 등의 서양 물건을 판다는 내용을 담고 있다. 활자로만 구성된 레이아웃을 통해 전달하려는 주장을 정직하고 담백하게 표현하는 전형적 하드 셀 광고다.

〈그림 46〉《한성주보》에 실린 우리나라 최초의 상업 광고.

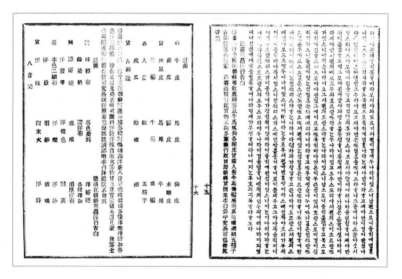

7장

소프트 셀이 꽃피기 시작하다

1. 어네스트 엘모 컬킨스의 등장

19세기 후반이 되면 소프트 셀 광고가 하드 셀 광고에서 본격적으로 분화되기 시작한다. 이후 양대 크리에이티브 조류는 1세기 이상에 걸쳐 밀물과 썰물이 교차하듯 세계 광고를 양분하게 된다. 어떤 시기에는 경쟁 우위적 편익을 이성적 방식으로 전달하는 하드 셀 소구가 대세를 이뤘다. 또 다른 시기에는 우회적 설득과 감성적 이미지를 강조하는 소프트 셀 소구가 지배적 위치를 누렸다. 이런 방식으로 서로 순서를 바꿔가면서 양대 소구가 각각 발전적 진화를 계속한 것이다.

현대적 의미의 하드 셀 소구는 존 파워즈의 직설적 카피라이팅 기법에서 시작되었다. 20세기에 들어와서는 존 E. 케네디와 클로드 홉킨스가 이를 발전시켰다. 이 걸출한 두 명의 카피라이터는 알버트 라스커가 이끌던 광고대행사 로드 앤 토머스에 앞서거니 뒤서거니 근무하면서 회사를 하드 셀 크리에이티브의 발원지로 만들었다.

반면에 현대적 소프트 셀 소구는 어네스트 엘모 컬킨스Earnest Elmo Calkins가 개척한 것으로 평가된다. 그가 소프트 셀에 대한 뚜렷한 자각과 철학을 가지고 작품 활동을 전개한 19세기 후반이 하드 셀과 소프트 셀의 실질적 분화 시점이라 할 수 있다.

컬킨스는 1868년 3월 25일 일리노이주 제네소에서 태어났다(《그림 47》).[53] 아버지는 변호사였고 가족 모두 신실한 침례교인이었다. 컬킨스는 이런 부유한 환경에서 가족의 사랑을 듬뿍 받으며 성장한다. 그런데 6세 때 홍역 후유증으로 귀가 안 들리기 시작해 10세쯤부터는 거의 청력을 잃게 된다.[54] 이 같은 장애는 그의 성격에 큰 영향을 미치게 된다. 자서전 《더 크게 말해주세요!Louder Please!》에서 컬킨스는 "어릴 적부터 마음속에 큰 열등감이 생겼다"고 고백한다.[55]

그러나 컬킨스가 겪은 육체적 불행은 그에게 다른 세계의 문을 열어주었다. 책, 그림, 지도 등에 푹 빠져들어 어릴적부터 엄청난 독서광이 된 것이다. 이를 통해 학교 교육에서는 얻을 수 없는 폭넓은 교양을 자기 것으로 만

〈그림 47〉 현대 광고의 소프트 셀 소구를 이론적, 실무적으로 개척한 어네스트 엘모 컬킨스.[56]

들게 된다. 무엇보다 전파 광고가 아직 등장하지 않았던 이 시대에 귀가 안 들린다는 사실은 광고인으로서 반드시 불리한 것만은 아니었다. 신은 그에게서 청력을 빼앗아간 대신 놀라운 시각적 감수성을 선물했다. 이것이 컬킨스의 인생을 판가름 짓는 역할을 했다.

컬킨스는 96세까지 장수하면서 부와 명성을 누렸고, 많은 명작 카피를 남겼다. 그렇지만 정작 그가 광고 역사에 남긴 가장 큰 발자취는 그때까지 카피라이팅의 부속물 정도로 여겨졌던 비주얼 혹은 아트의 핵심적 중요성을 발견했다는 사실이다.[57] 광고 역사가들이 컬킨스를 19세기 말엽부터 개시된 새로운 창조적 흐름, 즉 소프트 셀을 이론적·실천적으로 체계화한 인물로 평가하는 것은 그런 이유에서다.

컬킨스는 1891년 게일스버그의 녹스대학을 졸업한 후《게일스버그 이브닝 메일Galesberg Evening Mail》의 기자가 된다. 동시에 한 편당 25센트에서 1달러의 돈을 받고 지역 상인들에게 광고를 만들어주는 아르바이트를 시작한다. 이 과정에서 광고에 대한 매력에 푹 빠진다.

그가 본격적 광고인의 길로 접어든 것은 1895년 비셀 카펫 청소기 회사의 광고 공모전을 통해서였다. 카피라이팅을 전담하던 클로드 홉킨스가 회사를 떠난 후 궁지에 몰린 이 회사는 임시방편으로 크리스마스 시즌의 청소기 판촉을 위한 카피라이팅 대회를 열었다.[58] 총 1,433명이 응시한 이 대회에서 컬킨스는 1등을 차지한다. 〈그림 48〉이 상을 받은 컬킨스의 작품이다. 이 공모전이 컬킨스의 인생행로를 완전히 바꾼다. 심사위원 중 한 사람이었던 찰스 오스틴 베이츠의 눈에 쏙 들었던 것이다. 그렇게 자기 밑에서 일해보라는 베이츠의 권유를 받아들여 컬킨스는 마침내 광고산업의 본무대 뉴욕으로 진출하게 된다. 20세기

〈그림 48〉
컬킨스가 1등 상을 차지한
비셀 카펫 청소기 공모전 광고.

A Sweeping Statement . . .

A new broom sweeps clean, but a Bissell Sweeper not only is newer, stays new longer, and sweeps cleaner than a broom, but cleaner than any other kind of sweeping apparatus, at less cost of exertion and money.

The only way to sweep with the old kinds of sweepers was to put fifty pounds of muscle into the handle. You "just push" the Bissell.

And it costs but 35c a year.

The Baby Bissell, a plaything that will work—a little sweeper just like mama's—sweeps the floor, and amuses the little girl—Christmas present? Just the thing.

"We Never Sleep."

The G. B. Churchill Co.,

Yellow Front.

개막을 3년 앞둔 1897년이었다.

컬킨스는 동시대 광고계에서 하드 셀의 제왕으로 군림한 클로드 홉킨스와 빈번하게 비교된다. 성장환경, 개인적 성품, 광고철학에 있어 대조적 면모를 보이기 때문이다. 컬킨스 크리에이티브를 설명하는 단어를 하나 꼽으라면 '감성'이 될 것이다. 반면에 홉킨스의 그것은 '이성'이란 한 단어로 요약된다. 전자가 소프트 셀의 장인匠人이었다면 후자는 하드 셀의 거장이었다. 마이애미대학 교수 롭 쇼먼Rob Schorman은 두 사람의 생애와 창조 활동을 비교 분석한 흥미로운 논문을 썼다. 여기에서 홉킨스는 존 E. 케네디를 계승하여 하드 셀 소구를 완성한 인물로 묘사된다. 반면에 두 살 어린 컬킨스는 감성적 비주얼 임팩트 위주의 소프트 셀 광고를 개척한 인물로 평가된다.[59] 두 사람이 결정적으로 갈라지는 지점은 광고에서 그림이 차지하는 기능과 역할에 대한 생각이다.

홉킨스는 광고 설득에서 언어적 요소의 중요성이 그림보다 압도적으로 크다고 확신했다. 비주얼은 광고지면에서 차지하는 비율 대비 가격에 있어 카피보다 매우 비경제적이란 이유에서다. 아래가 홉킨스의 주장이다.

단지 재미나 관심을 끌기 위해 혹은 광고를 장식하는 목적으로 비주얼을 사용하면 안 됩니다. 광고는 흥미나 즐거움, 기쁨을 주려고 하는 행위가 아니기 때문입니다.……그림이 차지하는 지면이 그만큼의 공간을 차지하는 활자보다 사람들에게 더 많이 물건을 팔게 할 수 있을 때에만 비주얼을 (제한적으로) 사용해야 합니다.[60]

19세기 말과 20세기 초를 관통하는 하드 셀 크리에이티브 진영의 전형적 관점이다. 그러나 컬킨스는 이와 전혀 다른 지점에 서 있었다. 광고는 언어적 요소가 비주얼 요소와 결합될 때 훨씬 강한 힘을 발휘한다고 믿었기 때문이다. 그는 이 신념을 무기로 당대 주류 하드 셀 광고의 완고한 관성에 도전했다. 그리고 자신의 믿음을 새로운 표현 방식인 소프트 셀로 활짝 꽃피워냈다.

컬킨스가 소프트 셀에 대한 신념을 가지게 된 것은 뉴욕의 베이츠 광고회사에서 일하면서부터였다. 우연히 프랫 미술대학Pratt Institute의 전시회를 관람했는데, 이때 아트와 디자인의 힘에 대한 충격적 각성을 한 것이다. 그 순간의 감동을 컬킨스는 자서전에서 다음과 같이 표현한다.

지금까지 광고에서 **빠졌던** 부분이 바로 이거다 싶었습니다. 형태, 시각화, 독자들 눈에 힘 있게 어필하는 컬러와 디자인의 주목효과 말입니다.[61]

컬킨스는 그러한 비주얼의 힘을 광고 크리에이티브에 결합시키겠다는 야망을 품고 프랫대학 산업디자인학과 야간부에 진학한다. 제품 특성과 관련된 이성적 소구만이 설득력을 발휘하는 것은 아니라는 게 그의 생각이었다. 어떤 경우에는 간접적 암시만으로도 충분히 구매 의욕을 불러일으킬 수 있다고 믿었다. 이러한 깨달음의 배경에는 당대 미국 사회가 직면한 거시적 환경 변화가 있었다. 제2차 산업혁명 고도화와 생산력 폭발에 따라 기업들이 유례없는 마케팅 전쟁을 펼치기 시작했기 때문이다. 이는 당연히 판매 달성수단으로서 광고에 대한 주목률 경쟁을 요구했다. 컬킨스는 이처럼 광고가 소비자 눈길을 끌려면 우선적으로 창조적이고 생생한 비주얼 표현이 필수적임을 확신하게 된다.

컬킨스가 만든 초기 소프트 셀의 특성을 선명히 보여주는 사례가 있다. 그가 베이츠–휘트만 시절 만든 R&G 코르셋 광고다(《그림 49》). 이 작품은 1898년 10월 《레이디스 홈 저널》 뒤표지에 실렸는데, 후일 컬킨스가 펼칠 도전의 원형으로 평가된다.

광고에서 우선 눈에 띄는 것은 레이아웃 대부분을 차지한 사진이다. 상단의 'R&G 코르셋'이란 상표명과 특허를 설명하는 바디 카피가 하단에 들어가 있기는 하다. 하지만 주목효과의 대부분은 코르셋 입은 여인의 비주얼에서 나오고 있다. 이렇게 과감한 사진 배치는 당시 광고계에서는 상상하기 어려운 대담한 시도였다. 평범한 일반인을 모델로 썼지만, 동시에 절제된 성적 매력을 뚜렷이 보여주는 까닭이다.

16세기 프랑스에서 처음 등장한 코르셋은 허리가 잘록하게 보이도록 고안된 일종의 복대다. 극단적으로 허리를 옥죄는 이 속옷은 남성 중심 문화의 반영이다. 여성의 날씬한 허리와 풍만한 히프가 다산과 성적 풍요의 아이콘이었기 때문이다.[62] 미국의 경우 상류층에서 코르셋이 유행하기 시작했지만 곧 노동자계급에까지 빠르게 인기가 확산되었다. 그러다가 19세기 후반에 접어들면 2차 성징이 시작되지도 않은 어린아이까지 착용하는 지경에 이른다. 당시의 대부분 광고는 코르셋의 특성이나 기능성을 주로 강조했다. 반면에 컬킨스는 이 광고를 통해 그것을 입는 여성의 심리를 주목했다.

눈길을 살포시 내리깐 수줍은 표정의 모델 포즈는 당대 여성들의 사회적 수동성을 상징한다. 광고에서 단연 강조되는 것은 잘록한 허리다.

〈그림 49〉
은근한 성적 매력을 내세운 컬킨스의
R&G 코르셋 소프트 셀 광고.
컬킨스 소프트 셀의 원형을 보여준다.

이를 통해 여성들의 사회적·관계적 욕구 충족을 암시한 것이다. 남자들에게 매력적으로 보이려면 이 코르셋을 입으라는 이야기다. 광고학자 서지Sirgy는 소프트 셀 광고의 주요 특징으로 목표 고객에게 "당신과 나의 마음은 서로 깊이 통한다"라고 말하는 '자아표현 일치self congruity'를 지적한다.[63] 이 광고야말로 그 같은 심리적 일치를 통해 브랜드 선호도를 높이려 시도한 선구적 작품이다.

브랜드 연상brand association과 관련해서도 주목된다. 이 개념은 특정 브랜드와 관련되어 떠오르는 사람, 상징, 속성, 기억 등을 말하는데 광고를 통한 고객과의 심리적 동일시가 커지면 브랜드 연상과 인지도, 충성도가 동시에 상승한다.[64] 현대 광고에서 사진이 본격적으로 사용된 것은 1930년대의 스털링 게첼에게서 비롯된다. 그보다 수십 년 앞선 시점에 이처럼 브랜드 연상과 밀접히 연결된 사진 위주 소프트 셀을 시도한 것은 혁신 그 자체였다.

이 작품은 당대 광고계에 충격파를 던졌다. "마치 권총에서 발사된 것처럼 강력한 메시지를 단번에 전달하고 있다"고 잡지《애드버타이징 익스피어리언시즈Advertising Experience's》에서 격찬했을 정도다.[65]

컬킨스는 베이츠-휘트만사에서 조지 에드리지라는 걸출한 아트 디렉터를 만난 후 비주얼 표현이 차지하는 중요성에 더욱 눈을 뜨게 된다. 역사학자 미셸 보가트는 이 당시 컬킨스가 "광고 아트의 중요성을 설교하는 사상 전향 전문가로 스스로를 임명했다"고 묘사한다. 그는 에드리지와 힘을 합쳐 새로운 형태의 타이포그래피를 유행시키는 등 많은 성과를 올린다. 하지만 그러한 성취감도 잠깐이었다. 얼마 안 가 넘지 못할 벽을 만나게 된다. 베이츠사의 분위기를 좌지우지하는 것이

AE[66]들이었기 때문이다. 거기다 아트 디렉터들이 내놓는 디자인이 너무 천편일률적이었다. 새로운 크리에이티브 혁명을 꿈꾸는 컬킨스의 기대를 도저히 만족시킬 수 없는 수준이었다.[67]

상황을 근본적으로 개선하기 위해, 1902년 컬킨스는 결국 동료였던 랄프 홀든과 컬킨스 앤 홀든Calkins & Holden사를 설립하게 된다.[68] 이 회사는 광고주가 제시한 비주얼을 단순 레이아웃하던 관행을 벗어나 역사상 최초로 자체 비주얼 아이디어를 내고 그것을 작품화하는 시스템을 완성시켰다. 소프트 셀 소구에 기초하여 수준급의 비주얼을 창조하는 최초의 전문 광고회사가 탄생한 것이다.

광고계에 돌풍을 불러일으킨 초기 컬킨스 앤 홀든을 대표하는 것이 H-O 포스 시리얼 캠페인이다(《그림 50》). "아침을 너무 많이 드시네요. H-O면 충분합니다"라는 슬로건을 내세우면서 만화풍의 '유쾌한 짐 Sunny Jim'을 등장시킨 징글jingle[69] 스타일의 카피가 돋보였다. 그의 특기는 압운법[70]을 활용한 암시적 메시지로 소비자 감성을 자극하는 것이었다. 컬킨스가 H-O 포스 시리얼을 위해 만든 1행시 카피는 절묘한 유사음 반복을 통해 금방 사람들이 흥얼거리는 유행어가 되었다.

둥근 얼굴에 꽁지머리를 한 '유쾌한 짐'이 등장하는 광고 캠페인은 미국 전역의 건물 4만 5,000개의 외벽을 장식했고 1만 5,000회의 신문 광고를 집행하는 대대적 노출전략을 펼쳤다. 짐을 소재로 한 노래, 뮤지컬 코미디, 촌극도 숱하게 제작되었다. 《프린터즈 잉크》가 '유쾌한 짐' 캐릭터를 두고 이런 평을 내놓을 정도였다. "어떤 소설이나 연극도 그처럼 폭넓은 인기를 얻지는 못하였다. 그는 (시어도어) 루스벨트 대통령이나 J. P. 모건만큼이나 유명했다."

컬킨스는 비범한 이론가이기도 했다. 그가 거장 반열에 오른 20세기 초반의 미국은 급속한 경제발전이 이루어진 시대였다. 하지만 화려한 표면 뒤에 사회경제적 양극화의 상처가 깊었다. 특히 저임금 노동자를 축으로 하는 주력 소비자들의 구매력이 미약한 게 구조적 문제였다. 이러한 상황은 수요를 초과하는 상품 과잉생산을 야기했고, 이에 뒤따른 제품가격 하락과 소비 부진이 연속적으로 일어났다.

컬킨스는 이 문제를 해결하기 위해 광고라는 무기가 필요하다고 강력히 주장했다. 이것이 이 책 앞부분의 〈독자에게 보내는 편지〉에서 소

〈그림 50〉
전 미국을 떠들썩하게 만든
'유쾌한 짐' 포스터.

개한 '소비자 공학'의 탄생 배경이다. 광고를 통해 소비자 마음속에 이미 보유하고 있는 제품에 대해 싫증이 나도록 만드는 것, 동시에 새로운 상품에 대한 욕구를 인위적으로 창조해서 신제품을 구입하도록 부추기는 것. 이것이야말로 자본주의 시장경제를 굴러가게 만드는 광고의 힘이라는 탁견이었다.

2. 당대의 소프트 셀 광고들

유니다 비스킷 캠페인은 광고대행사가 브랜드 이름을 짓고 전략 수립, 캠페인 제작, 집행에 이르는 모든 과정을 전담한 첫 번째 사례로 유명하다. 1792년 설립된 내셔널 비스킷 회사National Biscuit Company는 회사 이름을 구성하는 세 가지 단어 앞 음절을 따서 나비스코Nabisco란 별명으로 불렸다. 1898년 이 회사는 과자에 습기가 차지 않도록 얇은 기름종이를 패키지 안에 붙이는 인너실inner seal 공법을 개발했다. 해당 기술을 사용한 세계 최초의 포장 비스킷이 '유니다'였다. 이 시절에는 손님이 과자 가게에 오면 대용량 통 안에 들어있는 비스킷을 원하는 만큼 덜어서 판매하는 것이 일반적이었다. 이런 상황에서 습기가 차지 않는 단단한 패키지에 포장된 비스킷은 획기적 발명이었다. 보존 기간이 크게 늘어남에 따라 장거리 배송과 유통이 가능했기 때문이다.

나비스코는 새로 개발한 비스킷을 대중에게 알리기 위해 아이어 앤 선사에 도움을 요청했다. 그리고 브랜드 네임, 패키지 디자인, 광고에 사용할 마스코트 제작까지 핵심 작업을 일괄 의뢰한다. 새로운 비스킷에

'유니다'라는 이름을 붙인 것은 아이어사의 맥킨니H. N. McKinney였다. 그는 동시에 'inner seal' 표시가 들어있는 독특한 로고 타입(사례 광고의 비스킷 상자 오른쪽 측면에 붙어있는 동그란 흰색 표지), 노란색 비옷과 소방 관 모자, 장화를 신은 귀여운 소년 캐릭터를 제안한다(〈그림 51〉). 광고 역 사의 한 페이지를 장식한 '유니다' 비스킷의 상징이 태어난 것이다.

　화면을 보면 비옷을 입은 귀여운 아이가 거센 빗줄기 속에 유니다 비 스킷을 짊어지고 걸어가는 모습이 나온다. 핵심 소구점은 명백하다. 습 기를 차단했기 때문에 이렇게 쏟아지는 빗줄기를 뚫고 가도 언제나 바 삭한 과자를 먹을 수 있다는 뜻이다. 만약에 하드 셀 접근으로 이런 제

〈그림 51〉
광고대행사가 처음으로 브랜드 네임 결정에서
패키지 디자인까지를 전담한 유니다 비스킷 광고.

품 특성을 풀어냈다면 어떤 크리에이티브가 나왔을까. 아마도 습기 차단 인너실의 기술적 특징과 포장지 단면도, 유통과 보관의 장점 등을 구구절절 풀어냈을 것이다. 하지만 아이어 앤 선의 크리에이터는 전혀 다른 방식을 택했다. 그림 하나로 그 모든 메시지를 함축시켜 전달한 것이다.

유니다 비스킷은 광고 첫해 10만 달러 가까운 광고비를 지출했다. 아이어 앤 선은 신문, 잡지, 포스터, 교통 광고, 옥외 광고 등 활용 가능한 모든 매체를 총동원한 계획적이고 장기적인 캠페인을 펼쳤다. 광고는 금방 화제를 불러일으켰고 판매가 급속히 늘어난다. 그리고 해마다 계속 금액을 늘려 오늘날 환산가치로 수천만 달러에 달하는 연간 100만 달러 광고비를 지출한 첫 번째 단일 브랜드가 된다.

사폴리오Sapolio 비누도 차별적 소프트 셀을 통해 전국적 명성을 확보한 브랜드다. 이 제품은 원래 1870년대 중반에 개발된 세탁비누였다. 출시 이후 팸플릿을 중심으로 마케팅을 이어가다가 1884년 아테머스 와드Artemas Ward가 광고 제작 책임을 맡는다. 초기 캠페인은 비누의 차별적 기능을 설명하는 하드 셀 접근이었다. 하지만 점차 매출이 늘어나고 광고 예산이 커지자 참신한 아이디어가 돋보이는 소프트 셀 캠페인을 개시한다.

〈그림 52〉를 보자. 만화 스타일의 일러스트레이션과 "만약에If"라는 가정법 레토릭을 결합하고 있다. 메인 비주얼은 포연 속에 떠오른 프랑스 황제 나폴레옹 보나파르트의 얼굴. 여기서 가장 눈길을 끄는 것은 '나폴레옹 이론Napoleon Theory'이란 신조어에 뒤이은 "내가 세계를 정복했더라면, 사폴리오 비누로 세계를 깨끗하게 청소했을 텐데"라는 헤

<그림 52> 나폴레옹을 등장시킨 사폴리오 비누의 소프트 셀 광고.

<그림 53> 인디언을 비문명적 존재로 규정한 사폴리오 비누 광고.

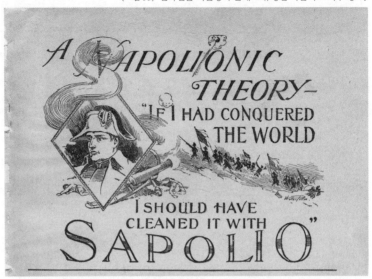

드라인이다. 그 밖에는 비누에 대한 정보 제공이나 이성적 설명이 일체 없다.

후속 시리즈 광고로 집행된 것이 〈그림 53〉이다. 이 작품은 문제적이다. "만약 인디언에게 사폴리오 사용을 가르쳤더라면, 그들은 훨씬 빨리 문명화되었을 텐데"라는 가정법 헤드라인은 전작과 비슷하다. 하지만 그 바닥에 왜곡된 가치 규범이 깔려 있기 때문이다. 미국의 일그러진 영토 확장 역사와 노골적인 인종차별 말이다.

우선적으로 지적해야 할 것은 헤드라인에 나온 '문명화civilize'라는 개념이다. 아메리칸 인디언을 타자화하는 전형적 백인 중심 사고방식이다.[71] '문화'는 우월한 것도 열등한 것도 없는 상대적 개념이다. 무엇보다 비누를 사용해야만 문명화를 이룰 수 있다는 전제 자체가 고약하다. 당대의 미국 백인들이 아메리칸 인디언들보다 위생을 더 중시하는 인종이란 역사적 증거가 존재하지 않기 때문이다.

1920년대가 시작되기 전까지만 해도 평균적 미국인들은 일 주일에 고작 한 번 정도 샤워를 했고 머리를 감는 일도 드물었다. 주위 사람들 모두에게서 냄새가 나니까 입냄새나 몸냄새 정도는 사회적 무례로 받아들여지지 않을 정도였다.[72] 칫솔과 치약으로 이빨 닦는 습관도 1920년대부터 시작되었다. 이를 감안하면, 19세기 말의 백인계 미국인들 또한 보편적 비청결 상태를 크게 벗어나지 못했을 것이다. 그럼에도 불구하고 무슨 근거로 아메리칸 인디언들이 비누를 사용하지 않아서 비문명적이란 주장을 하는 걸까. 광고를 도구로 삼아 그들이 열등하고 불결한 인종이라는 고정관념을 강화한 사례다.

이 광고가 나온 시기는 남북전쟁 이후 극심해진 아메리칸 인디언에 대한 조직적 박해와 추방이 막바지에 이른 때였다. 미국 전역에 부족 단위로 산재하면서 평화롭게 살던 아메리칸 인디언들을 기만, 계약 위반, 폭력적 추방을 통해 서부의 황막한 집단 거주지로 강제 이주시킨 것이다. 주요 대상은 샤이엔족, 라코타족, 나바호족, 아라파호족, 수족, 유트족, 바녹족, 모독족 등이었다.[73] 이 과정에서 총 13회의 대형 군사 작전과 1,000회 이상의 소규모 전투가 벌어져 수십만 명 이상의 원주 민들이 목숨을 잃었다.[74]

　사폴리오 광고가 게재된 것은 이런 비극이 정점에 도달한 시기였다. 광고를 만든 와드의 입장에서, 아메리칸 인디언은 그저 유머러스한 풍자 대상일 뿐 핵심은 '비누의 세척 능력' 강조였다고 변명할 수 있다. 하지만 박해 대상이던 그들이 직접 광고를 봤다면 어떤 기분이 들었을까. 이런 광고야말로 인종, 빈부격차, 성별에 따른 편견을 부추기는 최악의 결과물이다. 차별과 배제를 조장하고 때로는 그것을 강화해온 일부 현대 광고의 과오를 상징하는 작품인 것이다.

　19세기 후반의 소프트 셀 발전과 관련하여 빠트릴 수 없는 것은 트레이드 카드trade card의 유행이다. 전단지의 일종으로 클럽 입장용 카드와 비슷하게 생긴 이 표현 형식이 처음 개발된 곳은 1600년대 영국 런던. 하지만 전성기를 누린 것은 미국에서였다. 고품질의 두꺼운 종이에 제품이나 모델 그림을 컬러로 인쇄한 후 상품 설명이나 흥미로운 이야기를 곁들인 내용이었다. 이 방식은 이전의 인쇄술이 결코 흉내 내지 못할 고급스런 정교함을 자랑했다. 크로모리토그라프chromolitograph라는 새로운 인쇄기술을 통해 세밀한 비주얼 인쇄가 가능했기 때문이다.

　광고주들에 의해 대량으로 배포된 트레이드 카드는 특히 여성이나

〈그림 54〉
코카콜라 트레이드 카드 광고.
정교하고 사실적인 묘사가 돋보인다.

어린이들 수집품으로 인기를 끌었다. 이들은 카드를 수집한 다음 서로 교환하거나 장식용으로 벽에 붙이는 등의 다양한 용도로 활용했다. 트레이드 카드는 신문 광고를 보완, 대체하는 수단으로 널리 활용되었다. 동시에 소프트 셀 크리에이티브 발전에 중요한 영향을 미쳤다.

사례로 코카콜라의 트레이드 카드(《그림 54》)를 보자. 1886년 조지아주 애틀란타의 약사 존 팸버튼이 처음 개발한 이 음료의 재료는 코카coca 잎, 콜라kola 열매 등이었다. 원래 목적은 두통약 제조였는데 실패를 거듭한 후 원액에 탄산수를 섞어봤다. 그랬더니 상쾌하고 톡 쏘는 검은색 음료가 태어났다. 전설적 청량음료의 탄생이었다. 이듬해 약제사이자 사업가인 아사 캔들러가 팸버튼에게서 제조법과 판매권을 사들였다. 이후 코카콜라는 공격적 마케팅을 계속하여 단시일 내에 전 세계 청량음료 중 제일 많은 광고비를 지출하는 브랜드로 자리 잡는다.

이 작품은 당대를 대표하는 소프트 셀 작품 중 하나라 해도 무리가 없다. 고급스럽고 화려한 원색의 일러스트레이션이 마치 회화작품을 방불케 하기 때문이다. 한껏 멋 부린 모자와 하얀 레이스 드레스를 입은 미녀가 코카콜라 로고가 새겨진 유리잔을 가슴께에 치켜들었다. 앞에 놓인 탁자에는 "코카콜라를 마시자Drink Coca Cola"란 슬로건이 그려진 타원형 액자가 놓여있다. 가격은 5센트. 오늘날의 슬로건과 로고 타입이 이미 이 시기부터 사용되었음이 확인된다.

이번에는 프랑스를 살펴보자. 뵈브 클리코 폰사르딘Veuve Clicquot-Ponsardin[75]은 역사가 오랜 고급 샴페인이다. 19세기 말에 제작된 이 광고(《그림 55》)는 중간 채도의 파스텔 톤 실내가 우아하다. 꽃다발과 화병 옆에서 샴페인 잔을 부딪히는 연인의 패션에서 파리 상류층의 화려

한 분위기가 완연하다. 그렇게 사랑의 밀어를 나누는 커플 모습을 보여 준 다음, 하단에 제품명을 살짝 얹어놓았다. 그 외에는 언어적 메시지 가 없다. 당대의 패션과 풍속을 보여주는 회화를 떠올리게 한다. 오늘 날 기준으로 보더라도 수준급의 소프트 셀이다.

03

American CRESCENT
Cycles
Ramsdell 99
Nº 33
CRESCENT
WESTERN WHEEL WORKS
CHICAGO
U.S.A

20세기가 문을 열면서 다양한 분야의 가정용 신제품이 속속 개발된다.
제품 판매를 북돋우기 위한 광고의 필요성이 커진 것이 그 때문이다.
특히 미국에서는 1900년대 초반부터 인구가 급속히 늘어나고 현대화·도시화가 진행된다.
이에 따른 소비 수요 증가가 광고산업 규모를 키우고
광고대행사 시스템을 고도화시킨 핵심적 배경이 된다.
소비자 및 시장조사, 광고구독률 조사, 테스트 마케팅 등
과학적 조사기법이 처음으로 광고에 활용된 것도 주목된다.
몇몇 선구적 광고대행사들은 고객 인터뷰와 간단한 설문지 조사를 실시했고
이를 통해 구매 형태, 브랜드 태도 등을 조사하여 광고전략에 반영하기 시작했다.
매체 분야에서도 변화의 물결이 밀려든다. 신문, 잡지, 포스터 같은
전통적 인쇄 매체는 물론 옥외광고, 다이렉트 메일DM 등으로 영역이 확장되기 때문이다.
광고대행사에서는 AE 직종이 완전히 자리를 잡았다. 이와 함께 아트 디렉터, 카피라이터 등의
프로페셔널 크리에이터들이 광고대행사에 채용되어 전시대와는
비교하기 힘든 수준급 캠페인을 선보인다.

8장

현대 광고의 새 바람이 불다

1. '아름다운 시대'와 사회개혁의 태동

에릭 홉스봄은 《제국의 시대》에서 1890년대 중반부터 제1차 세계대전 발발(1914)에 이르는 시기를 '세계 경제의 오케스트라'가 노래를 부르던 시대라고 부른다. 그의 시대 풍경 묘사를 보자.

세계 경제의 오케스트라는 공황의 단조短調가 아니라 번영의 장조長調를 연주하였다. 활발히 움직였던 기업에 기반한 풍요는 오늘날에도 유럽 대륙에서 '아름다운 시대Belle Époque'라 알려진 시대의 배경을 형성했다. 우려에서 행복감으로의 변동은 너무나 급작스러웠고 극적인 것이어서, 속류俗流 경제학자들은 그것을 설명하기 위해 기계 속에 존재하는 신과 같이 어떤 외적인 힘을 끌어들이기까지 했다. 남아

프리카의 클론다이크(1898)와 다른 곳에서 엄청난 규모의 금광이 발견되었는데, 이는 서구에서 마지막 골드 러시로 생각되었다.[1]

영국의 경우 빅토리아 여왕 집권 말기와 에드워드 7세 시대가 해당되고, 독일의 경우 빌헬름 2세 시대가 해당된다. 경제사학자 최영순은 이 시기의 독일을 2차 산업혁명의 성장 동력이 극대화된 연대로 설명한다. 무엇보다 경기 호황에 따른 광고산업 발전이 가속화되는데, 광고 대상 품목과 표현 수준이 전 시대에 비해 장족의 발전을 보인다. 기호식품, 화장품, 의류와 같이 새로운 수요층으로 부상한 여성 대상의 상품이 늘어났기 때문이다. 이 시기의 독일에서 소비자들의 '일상적 삶과 행동양식을 묘사하는' 간접적·감성적 생활형 광고, 즉 소프트 셀이 빈번히 눈에 띄는 이유가 그 때문이다. 서구 자본주의 국가 전체를 관통한 호황 국면이 광고 크리에이티브에 어떻게 반영되었는가를 보여주는 중요한 지적이다.[2]

미국의 경우는 어땠을까? 남북전쟁 이후 소위 '도금시대'를 거치면서 약탈적 자본 축적과 대규모 기업 합병이 세상을 휩쓸었다. 이 과정을 통해 전국을 무대로 생산과 유통을 펼치는 거대 기업들이 등장한다. 반면에 이민자 유입에 따른 대규모 산업예비군 형성으로 소외 빈곤층이 급속히 늘어났다. 세계적 활황에 힘입어 경제 규모가 빠르게 커졌지만 그 같은 성장의 열매가 상위계급에만 독점되었던 것이다. 이에 따라 사회경제적 질곡에 대한 불만이 폭발 직전에 도달한다. 임계 상태에 이른 분노의 수증기를 빼지 않으면 미국이라는 용광로 자체가 터질 지경에 이른 것이다.

이 나라는 유럽 대륙보다 산업혁명 개시가 늦었던 만큼 원시적 자본 축적을 위한 노동 착취가 가혹했다. 예를 들어 1905년을 기준으로 노동자들의 평균 노동시간이 주당 60시간에 달했다. 제빵 노동자들의 하루 노동시간을 10시간으로 제한하는 뉴욕주 법에 대하여 대법원이 "노동자들의 원하는 시간만큼 일할 수 있는 자유를 박탈했다"는 근거로 위헌 판결을 내릴 정도였다.[3] 이 같은 비인간적 노동조건에 대하여 격렬한 저항이 일어난 것은 필연이었다.

　여성용 블라우스와 셔츠웨이스트shirtwaist를 만드는 뉴욕의 트라이앵글사가 대표적 사례였다. 이 회사는 비좁고 지저분하며 숨이 막힐 정도로 습기 높은 다락방공장으로 유명했다. 가혹한 환경에도 불구하고 노동자들은 대부분 일 주일에 6일을 꼬박 일했다. 초과근무 수당도 받지 못한 채 야근과 휴일 근무를 밥 먹듯이 한 것이다. 마침내 1909년 트라이앵글사에 노동조합이 결성되자 회사 측은 즉각 공장 폐쇄를 단행한다. 이것이 억눌렸던 노동자들의 가슴에 불을 질렀다. 여성의류노조를 중심으로 대대적 파업이 시작되었고 피켓시위가 조직되었다. 당시 뉴욕시에만 600개의 의류공장이 있었고 노동자 수는 3만 명이었다. 그중 2만 명이 참가한 총파업이 1909년 11월 22일 개시된 것이다. 이것이 20세기 초 미국 노동운동사에 분기점을 제공한 이른바 '2만 명의 봉기' 사건이다.[4]

　이 사건을 계기로 빈민가와 공장의 끔찍한 환경이 연이어 폭로되고 반성과 개혁의 바람이 불었다. 정경유착을 기반으로 하는 부패한 사회 시스템에 대한 도전이 시작된 것이다. 정부에서는 대응책으로 초보적 수준이기는 하지만 소외계층에 대한 복지를 제시했다. 나아가 아동노동 금지 등 진보적 입법 조치가 잇따랐다. 여성참정권운동이 시작되어 1910년에서 1914년까지 미국 8개 주에서 여성 투표가 개시된 것도 중요한 진보적 변화였다.

2. 허위과장 광고에 대한 분노가 커지다

광고도 사회 전반의 이러한 개혁 돌풍을 피할 수 없었다. 무엇보다 허위과장 광고에 대한 대중의 분노가 컸다. 광고산업의 규모와 영향력이 비교할 수 없이 커진 만큼, 광고의 사회적 책임을 묻는 질문에 어떤 형태로든 공적 답변이 나와야 했다. 허위과장 광고에 대한 규제가 구체화된 것이 그 때문이다.

첫 번째 신호탄은 1906년에 쏘아올려졌다. 미국 의회에서 '식품 및 의약품 안전법Pure Food and Drug Act'을 제정한 것이다. 업톤 싱클레어의 사회고발 소설《정글Jungle》이 이 법률 제정에 큰 역할을 했다. 당대의 베스트셀러였던 싱클레어의 작품은 시카고 정육공장의 비위생적·비인간적 노동환경을 적나라하게 고발함으로써 세상의 공분을 불러일으켰다. 이것이 무분별한 식품 및 의약품 생산에 대한 검역 당국 규제에 큰 영향을 미친 것으로 평가된다. 의회의 법률 제정에 따라 이후 미국의 모든 식품과 의약품 제조업자들은 포장지 라벨에 제품의 실제 성분을 반드시 표기해야 했다.

문제는 자본의 탐욕이 늘 사회적 양심을 넘어선다는 점이다. 정부의 행정력이 태부족했기 때문에 법률 위반 광고에 대한 실질적 제재가 유명무실했다. 아무리 법률을 제정해도 부당 광고를 완전히 제압하지 못한 것은 그래서였다. 예를 들어 리디아 핑크햄은 (잠시 자숙 모드로 들어가서) 그때까지 떠들던, 신장질환과 여성 생식기 관련 질환을 치료할 수 있다는 주장을 철회했다. 하지만 성분 라벨을 붙인 다음 '식품 및 의약품 안전법'을 통한 법률적 보증을 획득했다고 강변하면서 여전히 대대적 광고를 이어갔다.

보다 못한 언론에서 마침내 허위과장 광고 문제를 조명하기 시작했다. 잡지의 탐사보도가 주도적 역할을 했다. 19세기 중반 이래 사회악이 되어온 특허 약품 광고의 거짓말을 대대적으로 폭로한 것이다. 특허 약품 대부분은 알콜에 녹여낸 미심쩍은 성분이고, 심지어 마약 성분까지 들어있다는 사실을 폭로했다. 국가 전역에 걸쳐 허위과장 광고에 대한 혐오감이 폭발했다. 이 같은 사태는 광고 전반에 대한 대중들의 심각한 불신을 불러왔고 광고 개혁 및 소비자운동으로 발전하게 된다.

상황이 여기에 이르자 광고주들도 허위과장 광고가 단기적으로는 매출에 도움을 줄지 몰라도 기업 이미지에 장기적 피해를 주는 일종의 부메랑이라는 사실을 깨닫게 되었다. 광고업계 정화를 위한 최초의 자율적 운동이 일어난 것이 그 때문이었다. 먼저 1890년대부터 명맥을 이어오던 지역 광고인 클럽들이 1904년 미국광고클럽연맹AACA(Associated Advertising Clubs of America)을 결성했다. 그리고 7년 뒤 보스턴에서 열린 연맹 회의에서 허위과장 광고 자율규제를 위한 감시위원회 Vigilance Committees 구성을 결의한다. '광고의 진실'이란 슬로건을 내세운 감시위원회는 미국 광고의 전반적 수준을 향상시키고 허위과장 광고를 통제하기 위한 법률 제정을 촉구하는 역할을 맡았다. 나아가

부정직한 광고를 집행한 광고주를 자율적으로 당국에 고발하는 권한을 부여받는다.[5]

1913년, 대표적 광고 전문지인 《프린터즈 잉크》에서 소비자 보호를 위해 허위과장 광고를 처벌하는 시험적 법규를 발표한다. 이 내용이 그대로 혹은 부분 수정되어 오하이오주(1913), 뉴욕주(1921)에서 정식 법률로 통과된 후 10년이 지나지 않아 23개 주에서 채택이 되었다. 일찍이 조지 로웰이 기초를 놓은 발행부수 조사기구ABC가 설립된 것도 중요한 변화였다. 매체사와 광고대행사의 부당이익을 위해 고무줄처럼 늘어나곤 했던 발행부수 기준에 대한 객관적 기준이 마련되었기 때문이다.

1916년이 되면 광고대행사와 상품판매 업체들이 힘을 모아 상업개선기구Better Business Bureau를 설립하는데, 당시 만연했던 '돈을 주고 구입한 제품증명서'의 광고 활용 금지를 결의한다.[6] 다음 해, 유명무실한 활동을 이어가던 AACA를 탈퇴한 111개 광고대행사들이 세인트루이스에 모여 미국광고대행사협의회American Association of Advertising Agencies를 설립한 것도 중요한 대목이다. 창립총회에서 광고대행사들은 대행사 서비스 기준, 기준요율표를 발표하고 광고 윤리 실행을 위한 자체적 기준을 제시하였다.

광고 규제와 관련된 획기적 계기는 1914년부터 이뤄졌다. 연방거래위원회FTC(Federal Trade Commission)가 설립되어 광고를 포함한 불공정거래행위에 대한 강력한 법적 규제가 시작된 것이다.[7] 설상가상 소비자보호운동에 불이 붙고 광고산업의 문제점을 비판하는 서적이 잇달아 출간된다. 사회 전반의 이 같은 흐름은 1900년대 초반의 광고 크리에이티브에 큰 영향을 미쳤다. 물건만 팔아치우면 된다는 식의 판매지상주의적 광고가 줄어들기 시작한 것이다. 그 대신 제품 편익에 기초한 합리적 하드 셀 기풍이 확산되기 시작했다.

영국의 변화도 빠뜨릴 수 없다. 20세기에 진입하면서 보어전쟁(1899~1902)과 빅토리아 여왕의 죽음을 계기로 심각한 사회적 갈등이 분출된다. 주목할 것은 여성참정권운동이었다. 운동의 리더들이 이슈 확산을 위해 광고를 적극적으로 활용했기 때문이다. 대표적 사례가 런던대학 미술 전공 학생인 힐다 댈러스Hilda M. Dalas가 만든 포스터 시리즈다(《그림 56》).

이 포스터는 영국 여성사회정치동맹의 이름으로 발표되었다. 녹색과 흰색의 두 가지 컬러로만 구성된 심플한 작품이다. 여기서 녹색은 희망과 다산을, 흰색은 순결을 뜻한다. "여성에게 투표권을Votes for Women"이란 헤드라인 역시 간결하고 강력하다. 머리카락을 가린 모자에 흰색 원피스를 입은 여인이 헤드라인과 동일한 제목이 적힌 신문을 높이 치켜들고 있다. 마치 여신처럼 말이다. 광고적 수단을 통해 여성들이 최초로 자신들의 정치적 권리 요구 주장을 펼쳤다는 점에서 페미니즘 역사에 기록될 만한 작품이다.

3. 광고의 과학화와 JWT

산업화의 진전에 따라 20세기 초부터 미국은 환골탈태에 가까운 사회경제적 격동을 시작한다. 광고산업에서 주목되는 것은 과학적 기법이

적극 도입되었다는 점이다. 전략 부문에서는 심리학 이론이 적용되었고 대학에서 광고학이 정식 과목으로 도입된다. 광고사적으로 의미가 큰 것은 소비자 조사에서 체계적 전략 수립 그리고 크리에이티브 제작 과정 모두를 광고대행사가 일괄적으로 전담하고, 거기다 매체 집행 후 효과 분석까지 업무 영역이 확장되었다는 점이다. 앞서 설명한 아이 앤 선의 '유니다 비스킷 캠페인'이 대표적 사례다.

광고대행사들은 초보적이기는 하지만 소비자 및 시장 조사를 다양하게 시도했다. 이 시기의 대표적 광고효과 조사 도구가 쿠폰을 활용한 샘플링Sampling 기법이다. 잡지나 신문 독자들이 광고 하단에 배치된 쿠폰을 오려서 우편으로 보내면 회신된 쿠폰의 숫자, 지역, 소비자 특성을 취합하여 광고효과를 측정하게 된 것이다.

〈그림 57〉
역사상 최초로 광고대행사 내에
AE 부서를 창설한 제임스 월터 톰슨.

1900년대 초반에 과학적 광고의 기초를 닦은 회사로는 세 곳을 꼽을 수 있다. 최초의 현대적 광고대행사로 불린 필라델피아의 아이어 앤 선, 알버트 라스커의 왕국이었던 시카고의 로드 앤 토마스, 잡지 광고 개발을 통해 독점적 사업 영역을 개척한 뉴욕의 제이 월터 톰슨J. Walter Thomson이 그것이다.

이 가운데 제이 월터 톰슨(약칭 JWT)을 통해 당대 광고대행사의 발전 양상을 살펴보자. 이 회사의 이름은 설립자 제임스 월터 톰슨(1847~1928)(〈그림 57〉)이 자기 풀 네임을 그대로 따서 지었다. 매사추세츠주 피츠필드 출신인 그는 조지 로웰[8]의 회사에 지원했다가 실패한 다음, 스물한 살 되던 해 광고대행사 윌리엄 칼튼의 주급 15달러짜리 회계담당자로 취직한다.[9]

그의 천부적 재능은 광고 영업으로 직종을 바꾼 다음부터 꽃피기 시작한다. 톰슨은 당시 주력 매체로 군림하던 신문보다 오히려 잡지가 전국적 광고매체로서 성장 가능성이 크다는 걸 간파했다. 그래서 일찌감치 잡지매체 영업에 주력함으로써 큰 수익원을 창출하게 된다. 그는 서른한 살 되던 1878년 1,300달러에 다니던 회사를 인수한 뒤 약칭 JWT의 문을 연다. 설립 직후부터 카피라이터와 아티스트들을 직접 고용해서 제작 전담 부서를 만들었다. 나아가 광고 역사상 최초로 광고주 서비스와 전략 수립을 담당하는 전문직종인 AE 부서를 창설한다.

제임스 월터 톰슨은 회사 창립 후 얼마 지나지 않아 시카고, 보스턴, 신시내티에 지사를 만들었고 1899년에는 런던에 지사를 설립했다. 이로써 다른 나라에 지사를 세운 첫 번째 미국 광고대행사가 된다.

톰슨은 매해 여름 각 지사를 순방하면서 중요 광고주들을 직접 영입했다. 그는 회사 홍보를 위해 잉크병이나 핀 박스 등에 회사 이름을 새겨 공짜로 나눠주었다. 그리고 자신의 광고철학을 담은 서적을 출판해서 광고주에게 배포했다. 이 가운데《제이 월터 톰슨 청서靑書The J. Walter Thompson Blue Book》가 제일 유명했다. 1887년부터 1912년까지 해마다 한 권씩 발간된 이 책에는 JWT의 광고전략, 작품 사례, 매체 정보 등이 가득 담겨 있었다. JWT는 광고주 유치를 위해 자사 광고house advertisements를 본격적으로 게재한 첫 번째 회사였다.

이 회사는 AE라는 직종을 광고산업에 최초로 뿌리내리게 했지만 문제가 있었다. 회사라는 우주가 오직 AE를 중심으로 돌아갔기 때문이다. JWT의 AE들은 광고주를 개인적으로 컨트롤하면서 카피라이터나 아트 디렉터를 부하 직원처럼 다루었다. 함부로 제작 결과물을 바꾸는 것도 예사였다. 이 같은 관습은 훗날 회사의 주인이 바뀌고 난 뒤에도 오랜 전통으로 남게 된다. 창립 후 수십 년간 JWT는 광고업계 최고의 취급고를 올린 대행사였다. 그러나 톰슨이 회사 경영에 흥미를 잃게 된 데다, 위와 같은 조직 시스템의 문제가 겹쳐 1910년대 중반이 되면 정체기에 빠진다. 1916년 톰슨은 마침내 후계자 스탠리 레조에게 회사를 팔고 은퇴를 선택한다.[10]

9장

하드 셀 리즌 와이의 거장들

1. 천상천하 유아독존, 알버트 라스커

스테판 폭스는 20세기 초반의 광고 역사를 딱 잘라 '라스커의 시대'라고 표현한다. 그가 광고산업의 모습을 극적으로 바꿔놓았기 때문이다. 알버트 라스커Albert Lasker는 몸이 약한 어머니가 온천 요양을 하러 가 있던 독일 프라이부르크에서 1880년에 태어났다(〈그림 58〉). 독일계 유대인 이민자인 아버지와 독일과 러시아 혈통 어머니의 8남매 중 셋째였다.[11]

라스커는 어린 시절부터 면모가 남다른 아이였다. 학교 성적은 평범했지만 다른 점에서 비범했다. 사업적 재능 말이다. 고작 열두 살 나이에 혼자서 기자, 편집자, 발행인을 도맡아 4페이지짜리 주간 신문《갤브스톤 프리 프레스Galveston Free Press》를 만들어 판매했을 정도다. 주목할 것은 이때부터 벌써 신문지면을 지역 상인들에게 팔아 광고 수익을 올리기

시작했다는 사실이다. 비즈니스에 관한 한 조숙한 천재였던 셈이다.[12]

고등학교 졸업 후 잠시 《뉴올리언스 타임스 데모크라트New Orleans Times-Democrat》와 《댈러스 뉴스Dallas News》에서 기자생활을 하다가 18세 때 로드 앤 토머스에 입사한다. 맡은 일은 광고영업 담당AE이었는데 초고속 승진을 거듭한다.[13] 24세의 젊은 나이에 파트너partner(공동경영진)로 올라섰고 32세에는 마침내 대표이사가 된다. 라커스는 넘치는 에너지를 무기로 자기보다 나이 많은 직원들을 압도했다. 나이로만 따져보면 후일 부하가 된 클로드 홉킨스보다 열네 살이나 어렸다.

이후 64세에 은퇴하기까지 다양한 인생경로를 걷는다. 1916년에는 메이저리그 시카고 컵스 야구단의 대주주가 되었다. 1918년에는 광고계를 떠나 뉴욕에서 공화당 전당대회 홍보를 지휘하면서 정치계에 발을 담근다. 1920년 워렌 하딩이 미국 29대 대통령에 당선될 때 언론홍보 책임자와 연설문 작성팀장으로 활약했다. 그리고 시어도어 루스벨트 대통령 아래에서는 집권 공화당의 선전부장을 지냈다.

하지만 그의 정치 경험은 그리 행복하지 않았다. 열렬한 희망에도 불구하고 하딩 내각에 장관으로 입각하지 못했고, 고작 미국 선박위원회의 위원장을 맡았다. 주

〈그림 58〉 20세기 초반
광고산업의 모습을 극적으로 변화시킨
알버트 라스커.

된 업무는 제1차 세계대전에 징집된 상선의 처분과 직원 대량 해고 같은 악역이었다. 집권당 내부에서도 우군이 많지 않았다. 라스커를 비방하는 사람들은 그를 향해 고작해야 '슬로건 만드는 사람sloganeer'일 뿐 정치적 역량이나 조직 운영 능력이 부족하다고 폄하했다. 심지어 선박 보조금 관련 광고지면 구매 과정에서 로비를 했다는 혐의로 기소까지 당하는 처지가 된다.[14]

결국 라스커는 스스로 "내 생애 가장 불행했던 시기"라고 고백한 정계 경험을 뒤로하고 1923년 로드 앤 토머스로 복귀한다. 일단 광고계로 돌아온 다음부터 다시 큰 성공을 거두었고 제왕적 명성을 회복했다. 그의 천직은 역시 광고인이었다.

라스커가 현대 광고산업의 발전에 끼친 영향은 크고도 넓다. 먼저 광고회사 시스템 안에 AE의 역할을 착근시킨 것이 주목된다. 앞서 본 것처럼 AE 직종은 제이 월터 톰슨사에서 처음 시작되었지만, 업무 성격과 역할을 완전히 정립한 것은 라스커였다. 그가 구축한 회사 조직은 AE가 광고주를 위한 서비스를 담당하고, 카피라이터와 아트 디렉터가 광고 제작물을 전담하는 역학관계로 구성되었다. 이 방식은 곧 다른 대행사들로 퍼졌고 오늘날까지 이어지는 현대 광고회사 시스템의 근간이 된다.

라스커는 광고 제작에 있어 AE들의 과도한 간섭을 막았다. 이를 통해 실력과 크리에이터로 구성된 제작팀과 AE팀의 균형을 유지했다. 그의 활약에 힘입어 매스미디어와 광고주에 대한 보조적 역할을 벗어나지 못하던 미국의 광고대행사들은 전략 수립 및 크리에이티브에서 독자적 역할을 수행하며 마침내 광고산업의 주역으로 떠오르게 된다. 광고사학자들이 라스커를 '현대 광고의 아버지'로 꼽는 이유가 여기에 있다.

라스커는 전략이란 숲과 크리에이티브라는 나무를 동시에 볼 줄 알았다. 특히 광고에서 카피가 차지하는 비중을 절대적으로 여겼다. 그에게 훌륭한 광고는 담백한 카피를 무기로 고객이 제품을 구입해야 할 이성적 이유를 강력하게 각인시키는 하드 셀 리즌 와이 그 자체였다. 당시 대부분의 광고대행사는 고작해야 한두 명의 전담 카피라이터를 고용했을 뿐이었다. 하지만 라스커는 비싼 봉급을 주고 무려 10명에 달하는 카피라이터를 채용했다. 그는 광고대행사의 디자인 부서를 "쓸모없는 것들"이라고 무시했다. 로드 앤 토머스사의 경영을 맡은 광고 제작팀에 아예 아트 디렉터가 필요 없다는 극단적 생각까지 했을 정도다.

라스커는 경영진으로 승진한 첫해에 카피라이터 존 E. 케네디를 고용한 후 회사 안에 '카피라이팅 스쿨'을 만든다. 문제는 강사 역할을 해야 할 케네디가 대중 앞에서 강의하는 데 익숙하지 못했다는 점이다. 이에 따라 케네디에게 먼저 개인 교습을 받은 라스커가 1주에 2회씩, 한 번 강의할 때마다 너댓 시간 정도 수강생을 대신 가르쳤다. 그는 얼떨결에 떠맡은 이 강의를 통해 케네디가 구체화한 리즌 와이 철학, 즉 광고제품의 차별적 편익을 이성적으로 설득하는 기법을 더욱 발전시켜 전달하기 시작한다. 이 사내 학교를 졸업한 인재들이 다른 광고대행사에 속속 자리 잡기 시작하면서 광고산업 내에 라스커 군단이 형성되기 시작한다.

라스커는 자기 손으로 케네디를 고용했지만, 거꾸로 이 캐나다 출신 카피라이터의 광고철학에 결정적 영향을 받았다. 그는 케네디에 대하여 "광고의 역사는 케네디에 의해 새로 쓰였다. 오늘날 미국의 모든 카피라이터가 지키고 있는 광고 원칙을 만들어낸 사람이기 때문이다"[15]라고 극찬했다. 케네디가 2년의 근무를 마치고 프리랜서 카피라이터로 독립한 후, 라스커는 거액의 연봉으로 클로드 홉킨스를 고용했고 드디어 로드 앤 토머스사의 전성시대가 개막된다.

라스커는 복잡하면서도 상호모순적 성격을 지닌 인물이었다. 한창 때는 하루 15시간 이상 근무한 일중독자였다. 세 차례나 신경쇠약증을 앓을 정도로 신경질적이면서도 동시에 유머 감각이 뛰어났다. "세상에 진짜 광고인은 나밖에 없다"라는 말을 수시로 할 만큼 자신만만했고, 명령을 내렸다가 갑자기 그것을 번복하는 변덕쟁이였다. 공익을 위해 거액을 기부했지만, 경제공황기에는 직원 50명을 하룻밤에 해고할 만큼 무자비하기도 했다. 하지만 개인적 면모가 어떠했든 간에, 광고라는 창을 통해 보자면 그는 분명 시대를 앞서간 거인이었다.

라스커는 자신의 리즌 와이 크리에이티브 원칙을 《광고 테스트북The Book of Advertising Tests》이란 책에 담았다. 그리고 이 책자를 7,000명 이상에게 발송했다. 이때 함께 보낸 편지에는, 다른 광고대행사의 평범한 카피와 로드 앤 토머스의 카피를 고객들에게 시험해보고 최종 판매 결과를 비교해보라는 제안이 들어있었다. 그 같은 도전적 시도를 통해 마침내 로드 앤 토머스는 미국 광고산업을 선도하는 위치로 부상하게 된다.

라스커는 1923년 로드 앤 토머스에 복귀한 후, 자신이 회사를 떠나 있는 동안 경영 책임을 맡았던 클로드 홉킨스가 독립적 디자인 부서를 신설했음을 발견했다. 자신이 그토록 싫어하는 디자인 부서를 말이다. 무엇보다 눈에 거슬린 것은 정통적 리즌 와이에서 벗어나 소프트한 이미지 광고image advertising[16]로 주가를 올리던 BBDO 스타일을 흉내 내고 있었다는 사실이었다. 라스커와 홉킨스의 불화는 정해진 수순이었다. 1924년 클로드 홉킨스는 17년 만에 로드 앤 토머스를 떠난다.

그 후 신규 광고주 영입에 심혈을 기울인 라스커는 1925년 아메리칸 토바코와 인연을 맺게 된다. 이 회사의 산하 담배 브랜드인 럭키 스트라이크는 당시 단일품목 최대 광고비를 썼다. 로드 앤 토머스는 해당 브랜드 하나로 다시 과거의 명성을 회복하기 시작한다. 1929년 총 취급고 4,000만 달러 가운데 럭키 스트라이크가 1,230만 달러를 차지할 정도였다.

라스커는 제2차 세계대전 시기까지 광고계 일선을 떠나지 않았다. 하지만 마침내 그도 힘이 다했다. 1942년 후계자인 아들 에드워드가 자신의 뒤를 잇지 않겠다고 선언하자, 로드 앤 토머스를 1,000만 달러에 넘겨주고 광고계를 떠난다. 회사를 인수한 사람들은 휘하에서 일하던 에머슨 풋Emerson H. Foote, 페어팩스 콘Fairfax Cone 그리고 돈 벨딩 Don Belding 세 사람이었다. 이들이 만든 회사의 이름은 풋 콘 앤 벨딩 Foote, Cone & Belding(약칭 FCB)[17]이었다.

2. 기마경찰 출신의 카피라이터, 존 E. 케네디

존 E. 케네디(1864~1928)는 리즌 와이 소구 방법을 최초로 이론화한 인물이다(〈그림 59〉). 왕립 캐나다 기마경찰Royal Canadian Mounted Police(RCMP)로 일한 이색 경력의 그는 캐나다의 허드슨 베이 백화점 광고매니저로 광고 일을 시작했다.

하지만 광고계 입문 초기에는 후일 그의 트레이드마크가 된 하드 셀 광고와는 거리가 멀었다. 초창기 그의 카피는 문학 취향이 과도했고, 그저 장황했다.[18] 너새니얼 파울러가 이 시절 케네디의 카피를 '미사여구에 함몰된 최악의 카피' 대표 사례로 소개할 정도였다. 하지만 이후 신문사 영업직, 제화회사 카피라이터 등 다양한 직업을 전전하면서 자기만의 독창적 창조철학을 수립하게 된다. 한마디로 대기만성형이었던 셈이다.

케네디의 광고 인생은 1904년 로드 앤 토마스에 카피라이터 책임자로 입사하면서 완전히 달라졌다. 그와 알버트 라스커의 만남은 처음부터 심상치 않았다. 어느 봄날, 로드 앤 토머스를 찾아온 마흔 살의 케네디는 1층 로비 데스크의 비서에게 쪽지 한 장을 전달했다. 위층의 회사 임원에게 만남을 청하는 종이 위에는 자필로 이렇게 적혀있었다. "나는 지금 아래층 로비에 있습니다. 그리고 당신에게 진짜 광고가 뭔지를 말해드리려 합니다. 당신은 모르고 나는 아는 그것을 말이지요.……만약 진정한 광고가 뭔지 알고 싶다면 벨보이한테 '예스'라고 적은 회답을

〈그림 59〉
리즌 와이 광고철학을 최초로
이론화한 존 E. 케네디.

내려보내십시오. -존 E. 케네디."

 가당찮은 수작으로 보일 수도 있었다. 알버트 라스커가 사무실에 없었다면 현대 광고의 역사는 다른 곳으로 흘러갔을 것이다. 그 시점에 막 차석 경영자junior partner로 승진했던 젊은 야심가는 즉시 케네디를 불러들였다. 이 낯선 카피라이터가 던진 제안이야말로 광고계 입문 이래 라스커가 오랫동안 찾아 헤매던 화두였기 때문이다. 이렇게 만난 두 사람은 서로가 생각하는 광고의 본질에 대해 새벽 3시까지 길고 긴 이야기를 나누었다. 그리고 한배를 타기로 결정한다.

 첫 만남에서 케네디가 라스커에게 제시한 광고의 정의는 다음처럼 5개 단어로 이뤄진 심플한 것이었다. "광고는 인쇄된 판매기법이다 Advertising is Salesmanship in Print."[19] 가게에서 손님과 얼굴을 마주하고 물건 팔 때 사용하는 설득기술 같은 거라는 뜻이다. 이런 설득이 성공하려면 누구나 할 수 있는 평범한 주장으로는 안 된다. 제품 혹은 서비스가 제공하는 독특한 소비자 편익, 고유한 특성, 시험 결과, 성분 특징 등을 강조하면서 논리적이고 이성적인 카피를 던져야 한다. 이것이 케네디가 이상적으로 생각한 표현기법이었다. 라스커는 첫 만남에서부터 이 생각에 100퍼센트 동의했다.

 케네디의 광고철학이 그렇듯이 그가 만들어낸 카피 또한 단순하고 효율적이었다. 리걸 구두, 포스트 그레이프 너츠, 포스텀 커피 등 당대를 뒤흔든 최고의 하드 셀 캠페인이 로드 앤 토머스 시절 케네디의 손에서 창조되었다. 그가 리즌 와이 소구의 창시자라고 불리는 이유가 여기에 있다.[20]

 케네디는 업무가 주어지면 광고주에 대해 몇 날 며칠이고 연구했다.

그리고 판매 소구점 목록을 주르르 작성한 다음 카피 마감이 다가올 때까지 시간을 끄는 전형적 슬로스타터였다. 라스커는 케네디의 이런 스타일을 두고 "그는 모든 일에 집중적 사고를 가지고 일을 하는 스타일이었고 늘 큰 압박감을 안고 있었습니다. 육체적으로 덩치는 크지만 정신적으로는 스스로를 고갈시켜 아무것도 떠오르지 않을 때까지 (카피를 완성하는 데) 긴 시간을 필요로 했습니다"라고 말했다.[21]

케네디는 로드 앤 토머스에서 4년을 근무했다. 그리고 시카고를 떠나 뉴욕에서 에트리지 케네디Ethridge-Kennedy를 설립한다. 다시 4년이 지난 1911년에 로드 앤 토머스로 돌아와 잠시 일을 하기도 했다. 최종적으로 프리랜서로 독립한 그는 엄청난 돈을 벌게 된다. 예를 들어 B. F. 굿리치 타이어 한 회사에서만 해도 한 해 동안 카피 요금으로 2만 달러를 지불할 정도였다. 케네디는 64세가 되던 1928년 1월 8일 세상을 떠났다. 알버트 라스커가 로드 앤 토머스에서만 44년을 근무한 것에 비하면 그가 광고계에서 활약한 시간은 그리 길지 않았다. 하지만 멋진 콧수염을 기른 이 캐나다 남자가 현대 광고에 미친 영향은 깊고도 넓었다.

3. 냉혹한 저격수, 클로드 홉킨스

트위첼은 클로드 홉킨스Claude C. Hopkins(1866~1932)를 이렇게 평가한다. 소설로 따지자면 디킨스 같은 인물이며 현대 미술로 따지자면 피카소 같은 사람이라고. 심지어 로큰롤의 세계로 보자면 엘비스 프레슬리급이라고 추켜세운다.[22] 홉킨스가 현대 광고와 그것의 과학화에 미친 압도적 영향력 때문이다.

　19세기 후반에서 20세기 초반 미국을 대표하는 스타 크리에이터였던 이 수줍고 조용한 사람에 대해서는 또 다른 시각도 있다. 무자비한 구두쇠에다 일벌레이며 목적 달성을 위해서는 수단과 방법을 가리지 않는 냉혈한이라는 것이다. 하지만 홉킨스가 광고사에 남긴 영향력이 초특급 태풍과 같다는 걸 부정할 사람은 없다(《그림 60》).

　클로드 홉킨스는 미시간주 힐스데일에서 태어났다. 어린 시절은 매우 빈한했다. 그는 자서전에 "열 살 때 어머니가 과부가 되었다"고 썼다.[23] 많은 광고사 책들이 이 대목을 인용하여 홉킨스의 아버지가 일찍 세상을 떠났다고 말한다. 하지만 후속 연구를 통해 다른 사실이 드러났다. 1867년에서 1897년 사이, 나아가 1900년대 초반까지 미시간주 호적자료에 그의 아버지 페르난도 홉킨스의 사망 사실이 기록된 바 없다는 점이다.[24] 반면 1880년 홉킨스의 엄마가 호주戶主로 신분을 변경하여 그와 여동생을 부양했다는 기록은 남아있다. 이에 따라 홉킨스의 고백에 대한 의구심이 제기되었으며, 실제로는 1870년대 말에 아버지가 가족들을 버리고 떠난 것이라는 추론이 유력하다. 어쨌든 이런 환경 때문에 홉킨스

〈그림 60〉
평생을 판매지상주의적
광고철학으로 일관한 로드 홉킨스.

는 열 살 어린 나이에 어머니를 도와 신문 배달, 전단지 배포, 과일 행상 등 온갖 험한 일을 해야 했다. 스코틀랜드 혈통인 그의 어머니는 당시로는 드물게 대학을 졸업했는데, 지적 능력이 뛰어나고 강인한 생존 에너지를 지닌 사람이었다.[25]

독실한 칼비니즘 신앙을 가진 장로교인이었던 그녀는 어린 홉킨스에게 성경 구절 외우기 게임을 시켰고, 목사로 키우기 위해 열일곱 살 때부터 억지로 설교를 시켰다. 이런 경험이 홉킨스의 운명결정론적 세계관과 광고철학에 큰 영향을 미쳤다. 인간의 본성은 신이 내린 운명에 따라 결정되며 죽을 때까지 고정된다고 믿은 것이다.

이 관점에서 보면 광고는 한계가 명확하다. 아무리 애를 써도 제품에 대한 사람의 태도를 근본적으로 바꿀 수 없기 때문이다. 그러니 그런 욕심은 애초부터 버리고 무조건 물건만 열심히 팔면 된다. 홉킨스가 평생을 두고 극단적 판매지상주의에 몰두했던 것, 그리고 제품 판매를 위해 도덕적 비판쯤은 감수해도 좋다는 식으로 일관한 이유가 여기에 있었다.

이 같은 태도가 좋은 평가를 받을 리 없다. 홉킨스는 동시대는 물론 후대의 많은 광고인에게 많은 비판의 대상이 되었다. 브랜드 이미지 광고를 개척한 인물로 손꼽히는 시어도어 맥마누스는 홉킨스를 일러 "미국인의 수준을 깎아내린 사람"이라 혹평했다. 광고인의 도덕성에 대한 남다른 자부심을 지녔던 레이먼드 루비컴은 "공중public을 속이기 위해 일평생을 바친 인물"이라는 사정없는 비난을 퍼부었다.[26]

홉킨스는 열여덟 살에 서점 직원으로 사회생활을 시작했다. 이어서 그랜드 래피즈 펠트 부츠 회사 보조회계원으로 근무하면서 주경야독으

20세기, 광고 전성시대

195

로 회계학교를 졸업했다. 24세가 되던 1890년 2월 비셀 카펫 청소기 회사에 회계담당자로 들어갔는데 이 회사가 홉킨스의 인생을 바꾸었다. 1883년 설립된 비셀사는 베어링, 스프링, 회전 솔의 특허를 기반으로 카펫 청소용 수동 청소기를 생산하여 팔았다. 설립 초창기에는 세일즈맨을 통한 방문판매가 위주였다. 그러나 사세가 확장됨에 따라 미국 전역을 대상으로 본격적 광고 활동을 시작하게 된다.

홉킨스는 우연한 기회에 광고 세계에 입문했다. 당시 비셀은 당대 최고의 카피라이터 존 파워즈에게 청소기 팸플릿 카피를 의뢰한다. 하지만 홉킨스가 보기에 파워즈가 내놓은 카피는 제품, 소비자, 시장환경에 대한 제대로 된 분석이 부족했다. 그는 상사인 부사장 찰스 주드에게 다음과 같은 당돌한 제안을 하게 된다. "이런 카피를 가지고는 절대 우리 청소기를 팔지 못합니다. 우리 고객은 주부들인데 그들이 제품을 구입하도록 이끌어들이는 메시지가 하나도 없지 않습니까? 제게 사흘만 시간을 주세요. 전혀 새로운 팸플릿 카피를 써보겠습니다."[27]

허락을 받은 홉킨스는 이틀 밤을 새워 카피를 썼다. 그리고 파워즈를 제치고 그의 카피가 최종적으로 채택되었다. 홉킨스는 이때부터 비셀의 전담 카피라이터로 업무를 바꾸게 된다. 1895년 그는 비셀사를 떠나 시카고의 육류회사 스위프트 앤 컴퍼니 광고 책임자로 자리를 옮긴다.[28] 그리고 다시 위스콘신 라시네의 닥터 슙스 특허 약품 회사로 이직했다.

홉킨스는 이렇게 여러 회사를 옮겨 다니면서 19세기 말과 20세기 초에 걸쳐 비약적 성장궤도를 달리던 광고산업 현장에서 실력을 쌓는다. 이후 독립하여 프리랜서 카피라이터로 개인 사무실을 차렸는데 곧바로 전국적 명성을 얻는다. 그는 마흔한 살 되던 1907년, 알버트 라스커의 집요한 스카우트 제의를 받아들여 광고대행사 로드 앤 토머스에 입사한다. 전임자 존 E. 케네디가 맡았던 카피 디렉터 자리를 이어받은 것이다. 시작은 주급 1,000달러였는데 이후 18만 5,000달러까지 연봉이 올라갔다.[29]

알버트 라스커가 홉킨스에게 흥미를 느낀 것은 사이러스 커티스를 통해서였다. 커티스는 당시 최고의 여성지였던 《레이디스 홈 저널》 (1890년 창간)과 《새터데이 이브닝 포스트The Saturday Evening Post》(1897년 창간) 발행인이었다. 당시 커티스의 잡지가 광고산업에서 차지하는 영향력은 압도적이었다.[30] 우연히 같은 기차를 탄 커티스는 알버트 라스커에게 홉킨스가 만든 슐리츠 맥주 광고를 보여주면서 이 작품을 만든 카피라이터를 채용하라고 강력히 권유했다.

라스커는 일단 프리랜서 계약을 맺고 홉킨스의 능력을 시험해본 후 정식 고용계약을 요청했다. 홉킨스는 심드렁한 반응을 보였다. 프리랜서 생활에 충분히 만족했기 때문이다. 그러자 라스커가 다음과 같은 돌발적 제안을 던져 그를 유혹했다. "일단 나한테 카피 세 개를 만들어주고……당신 아내가 길에 굴러다니는 어떤 자동차라도 선택한 다음 구입 비용을 나한테 청구하시오."[31]

홉킨스는 상사인 라스커를 능가하는 일벌레였다. 새벽까지 일을 하는 게 예사였고 심지어는 사람이 없어 조용하다는 이유로 일요일 근무를 더 좋아하기도 했다. 전임자였던 케네디는 카피 생산 속도가 늦었다. 그에 비해 홉킨스는 놀라운 카피라이팅 실력에다 생산 속도까지 겸비한 귀재였다. 광고주를 방문한 후 단 하루 만에 수준급 캠페인 전략과 카피를 술술 써낼 정도였다.

홉킨스에게 광고는 예술의 형태가 아니라 설득의 과학이었다. 그의 카피는 처음부터 끝까지 철저한 제품 판매의 도구였다. 홉킨스는 광고의 예술주의를 반대했고 그 대신 시장 및 소비자 조사의 가치를 신봉했다. 클로드 홉킨스는 1923년 《과학적 광고Scientific Advertising》라는 책을 출간했다. 이 책에는 기초적 광고 법칙에서부터 올바른 판매술, 우편 주문 광고, 심리학, 전략 수립에 이르기까지 그가 평생을 두고 축적한 광고의 과학화 주제가 집대성되어 있다.

홉킨스는 이 책을 통해 당대의 주관적·심미적 광고 경향을 강력 비판했다. 추상이나 어림짐작이 아니라 소비자 심리를 과학적으로 분석하고 그 결과를 광고 제작에 적용해야 한다는 것이다. 나아가 집행된 광고효과를 정량적으로 측정하는 조사 방법을 반드시 도입해야 한다고 주장했다. 홉킨스가 표본조사 등의 사회과학적 조사기법을 얼마나 중요시했는지는 다음의 발언이 증명한다.

이제 우리는 수천 명을 관찰함으로써 수백만의 인간들이 어떻게 행동하는지를 알게 되었다. 우리는 작은 규모의 시도를 통해 비용과 결과를 관찰한다.……100명이 무엇을 사는지 알게 될 때 100만 명이 사는 것도 알게 되는 것이다.[32]

그가 정립한 과학적 광고의 원칙은 1930년대 대공황기 하드 셀 광고의 핵심적 지침이 되었다. 그리고 후대에 걸쳐 지속적 영향을 미쳤다. 홉킨스는 판촉 목적의 샘플 제공 효과를 처음으로 이론화한 인물이기도 하다. 《과학적 광고》를 보면 13장 전부를 활용해서 샘플 활용의 효과, 방식, 성공사례 등을 상세히 설명하고 있다. 그 밖에도 회신용 쿠폰을 사용한 광고효과 조사,[33] 카피 테스팅 등 현대 광고를 개척한 다양한 과학적 방법들을 광고산업 현장에 뿌리내리게 했다.

〈그림 61〉의 펩소덴트 치약 광고는 조사를 중시하는 홉킨스의 진면목이 여지없이 드러난 사례다. 그는 이 광고를 만들기 전에 당시 미국에서 발간된 치과 관련 의학서적을 모두 읽었다고 한다. 그 결과 '식사 후 이빨에 생기는 막'이란 핵심 콘셉트를 찾아냈다.[34] 이후 이 세균막은 치

〈그림 61〉
'플라그 개념'을 최초로 제시한
펩소덴트 치약 광고.

아 플라그dental plaque라고 불리게 된다. 카피를 읽어보면 설득력 있는 치의학적 근거를 제시하면서, 하얀 치아색과 건강한 잇몸을 유지하기 위해서는 이 막을 없애는 것이 필수적이라고 강조한다. 물론 펩소덴트 치약을 사용해서 말이다.

홉킨스는 존 케네디가 체계화한 하드 셀 리즌 와이 전략의 힘을 믿었다. 하지만 이를 한 단계 발전시켜 그만의 차별적 방법을 완성했다. 다른 경쟁제품에도 존재하는 특성을 한발 먼저 치고 나가서 제시하는 방법이었다. 즉 경쟁제품에도 이미 보편적으로 존재하는 어떤 특성을 남보다 먼저 찾아내어 강조함으로써, 그것을 마치 자기 제품만의 특장점인 양 소비자 뇌리에 각인시키는 것이다.

프리랜서 카피라이터 시절 만든 슐리츠 맥주 캠페인이 대표적이다. 1848년부터 밀워키에서 생산된 슐리츠 맥주는 홉킨스가 광고 캠페인을 맡을 즈음 경영 위기에 빠져있었다. 공장을 방문한 홉킨스는 제조공정을 철저히 조사했다. 처음 마주친 장면은 유리로 완전히 밀폐되어 소독된 방이었다. 그 안에서는 발효된 맥주 원액을 여과된 공기로 냉각시킨 다음 병입, 멸균하는 공정이 진행되었다. 이 과정에서 맥주병을 십여 회 이상 반복 세척해서 청결을 유지하는 모습을 본다. 이때 홉킨스와 슐리츠 직원 사이에 이뤄진 대화는 이랬다.

홉킨스: 왜 이런 제조공정을 사람들에게 광고로 알려주지 않았어요?
직원: 특별할 거 없어요. 우리 말고도 모든 회사가 똑같은 방식으로 맥주를 만들어요.
홉킨스: 그게 맞다 칩시다. 하지만 사람들한테 (맥주 만드는 이처럼 청결

〈그림 62〉
슐리츠 맥주 광고. 밀폐된 유리방에서
맥주를 제조하는 장면을 보여주고 있다.

한) 제조 방식을 가장 먼저 알리는 회사가 막대한 돈을 벌게 될 겁니다.

이렇게 해서 만들어진 것이 슐리츠의 위생적 제조공정을 강조하는 시리즈 광고였다. 〈그림 62〉가 그중 하나다. 밀폐된 유리방에서 여성 노동자가 작업 중인 모습이 보인다. 바로 이곳에서 철저한 위생 상태를 유지하면서 맥주가 생산된다는 것이다. 당시의 모든 맥주회사가 똑같이 사용하는 기술을 천연덕스럽게 슐리츠만의 독점적 기술인 양 강조하고 있다.

홉킨스가 거짓말을 한 것은 아니다. 그렇다고 해서 경쟁자들이 똑같이 지닌 보편적 특성을 자기만의 것인 양 선점하는 이런 방식이 상도의적 관점에서 떳떳하다고 하기는 어렵다. 어쨌든 이 캠페인을 통해 슐리츠는 '독점적 순수성'이란 브랜드 이미지를 확고히 굳혔고, 6개월 만에 미국에서 가장 잘 팔리는 맥주로 자리 잡게 된다.

홉킨스가 창안한 이 같은 표현기법은 '선제적 리즌 와이'라고 불리는데, 그후 다양한 방식으로 변주된다. 특히 1950년대에 로서 리브스가 체계화한 USP(Unique Selling Proposition) 전략이 해당 기법을 가장 정교하게 다듬은 것이다. 데이비드 오길비가 홉킨스를 현대 광고 역사상 가장 단호한 공격적인 하드 셀 크리에이터로 평가하는 이유가 바로 이 선제적 리즌 와이 때문이다.[35]

홉킨스가 만든 전설적 캠페인을 하나 더 보자. 제1차 세계대전이 한창이던 1916년 집행된 선키스트 오렌지 광고다. 이 작품은 오렌지 산업의 명운을 바꾼 것으로 유명하다. 당시 캘리포니아를 중심으로 하는 미국의 오렌지 농가는 과잉생산으로 심각한 불황에 시달렸다. 많은 농

가에서 공급 조절을 위해 눈물을 머금고 나무를 베어낼 지경이었다. 당시 사람들은 오렌지를 먹을 때 손으로 껍질을 까서 먹는 것 외에는 다른 방법을 몰랐다. 이 때문에 아무리 마케팅을 펼쳐도 소비 증가에 한계가 있었다.

홉킨스는 치밀한 사전 조사를 통해 소비자들이 오렌지의 달콤새콤한 맛을 좋아하기는 하지만, 껍질을 깔 때 즙이 묻어 손이 지저분해지는 걸 싫어한다는 사실을 발견했다. 그 순간 그는 놀라운 발상을 떠올린다. 이렇게 과즙이 풍부한 오렌지를 압착하여 주스로 만들어 마시면 어떨까 하는 아이디어였다.

그래서 탄생한 것이 〈그림 63〉의 광고다. 오렌지 주력 구매층인 주부를 타깃으로 집행된 작품이다. "오렌지를 마시자Drink Orange"라는 헤드라인과 과즙 추출기juice extractor에 오렌지를 압착하는 비주얼로 구성되었다. 바디 카피를 읽어보면 선키스트 오렌지로 만든 주스가 소화를 돕고 건강을 지켜주는 순수 천연음료임을 내세우고 있다.

이 광고는 집행 즉시 놀라운 반향을 불러일으킨다. 주부들이 너도나도 집에서 주스를 만들어 마셨기 때문이다. 판매 부진으로 창고에 잔뜩 쌓여있던 오렌지가 순식간에 소진되었다. 이후 오렌지주스 산업은 막대한 규모로 성장하기 시작한다. 캠페인의 대성공 이후 오렌지주스는 공장에서 대량으로 생산되기 시작했고 현대인의 식생활에 빠질 수 없는 존재가 되었다. 수천 년 동안 오렌지를 먹어오던 인류의 습관을 바꾼 셈이다.

10장

광고 크리에이티브의 신세계

1. 미국 광고의 새로운 트렌드 3가지

1900년대가 시작되면서 미국 광고에서는 주목할 만한 질적 변화가 일어난다. 이는 세 개의 키워드로 요약된다. 첫 번째는 인쇄 광고에서 다양한 타이포그래피가 폭넓게 적용된다는 것이다. 두 번째는 새로운 예술 조류와 광고가 결합되기 시작되었다는 점이다. 그리고 세 번째는 일러스트레이션이 광고에 활발히 도입된다는 사실이다.

첫 번째 키워드부터 살펴보자. 하루야마에 따르면 미국에서 오랫동안 강요되던 루비 활자[36] 일색의 레이아웃을 최초로 깬 것은 메이시와 로드 앤 테일러 등 백화점들이었다. 〈그림 64〉에 1865년 11월 6일 자 《뉴욕 트리뷴》에 메이시 백화점이 내보낸 최초의 대형 활자 신문 광고가 나와 있다.[37]

〈그림 64〉
최초로 대형 활자를 사용한
메이시 백화점 신문 광고.

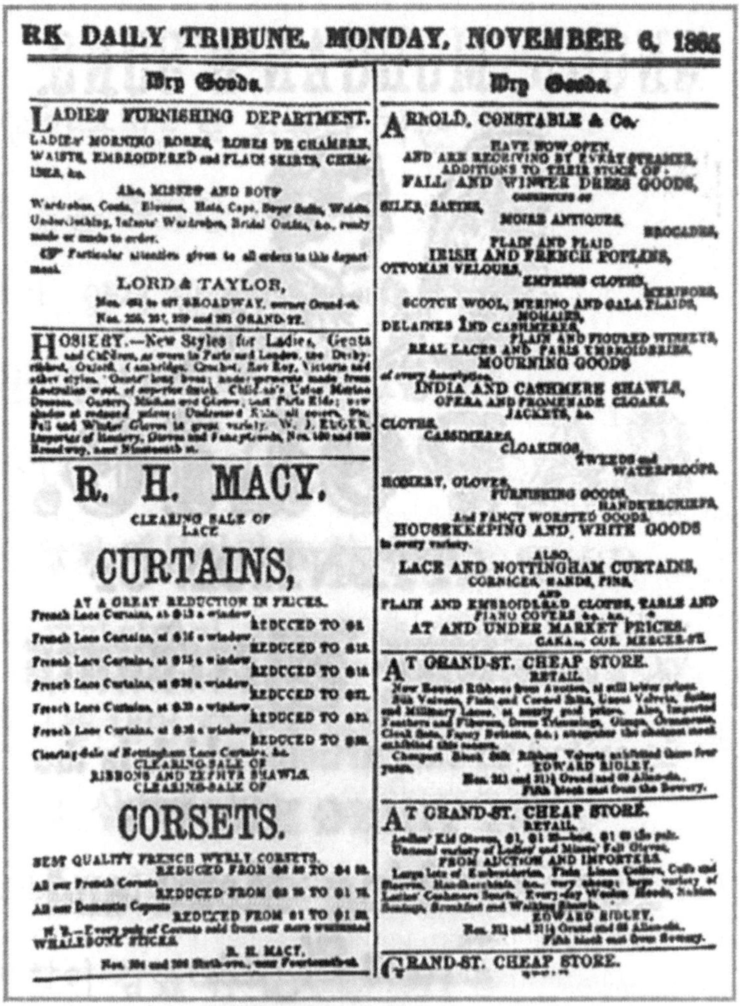

RK DAILY TRIBUNE. MONDAY, NOVEMBER 6, 1865

Dry Goods.

LADIES' FURNISHING DEPARTMENT.
LADIES' MORNING ROBES, ROBES DE CHAMBRE, WAISTS, EMBROIDERED and PLAIN SKIRTS, CHEMISES, &c.

Also, MISSES' AND BOYS'
Wardrobes, Coats, Blouses, Hats, Caps, Boys' Suits, Waists, Underclothing, Infants' Wardrobes, Bridal Outfits, &c., ready made or made to order.

Particular attention given to all orders in this department.

LORD & TAYLOR,
BROADWAY, corner Grand-st.
GRAND-ST.

HOSIERY.—New Styles for Ladies, Gents and Children, as worn in Paris and London, the Derby-ribbed, Oxford, Cambridge, Crochet, Rob Roy, Victoria and other styles. ... Broadway, near Nineteenth st.

R. H. MACY.

CLEARING SALE OF LACE

CURTAINS,

AT A GREAT REDUCTION IN PRICES.
French Lace Curtains, at $13 a window, REDUCED TO $8
French Lace Curtains, at $16 a window, REDUCED TO $12
French Lace Curtains, at $15 a window, REDUCED TO $12
French Lace Curtains, at $26 a window, REDUCED TO $21
French Lace Curtains, at $30 a window, REDUCED TO $21
French Lace Curtains, at $36 a window, REDUCED TO $28
Clearing Sale of Nottingham Lace Curtains, &c.
CLEARING SALE OF
RIBBONS AND ZEPHYR SHAWLS.
CLEARING SALE OF

CORSETS.

BEST QUALITY FRENCH WOVEN CORSETS.
All our French Corsets
All our Domestic Corsets
N. B.—Every pair of Corsets sold from our store warranted WHALEBONE STICKS.
R. H. MACY,
Sixth-ave., near Fourteenth-st.

Dry Goods.

ARNOLD, CONSTABLE & Co.
HAVE NOW OPEN,
AND ARE RECEIVING BY EVERY STEAMER,
ADDITIONS TO THEIR STOCK OF
FALL AND WINTER DRESS GOODS,
CONSISTING OF
SILKS, SATINS,
MOIRE ANTIQUES,
BROCADES,
PLAIN AND PLAID
IRISH AND FRENCH POPLINS,
OTTOMAN VELOURS,
EMPRESS CLOTHS,
MERINOES,
SCOTCH WOOL, MERINO AND GALA PLAIDS,
MOHAIRS,
DELAINES AND CASHMERES,
PLAIN AND FIGURED WINSEYS,
REAL LACES AND PARIS EMBROIDERIES,
MOURNING GOODS
of every description.
INDIA AND CASHMERE SHAWLS,
OPERA AND PROMENADE CLOAKS,
JACKETS, &c.
CLOTHS,
CASSIMERES,
CLOAKINGS,
TWEEDS and
WATERPROOFS,
HOSIERY, GLOVES,
FURNISHING GOODS,
HANDKERCHIEFS,
And FANCY WORSTED GOODS.
HOUSEKEEPING AND WHITE GOODS
in every variety.
ALSO,
LACE AND NOTTINGHAM CURTAINS,
CORNICES, BANDS, PINS,
AND
PLAIN AND EMBROIDERED CLOTHS, TABLE AND PIANO COVERS &c. &c.
AT AND UNDER MARKET PRICES.
CANAL, COR. MERCER-ST.

AT GRAND-ST. CHEAP STORE.
RETAIL.
EDWARD RIDLEY,
Grand and Allen-sts.
Fifth block east from the Bowery.

AT GRAND-ST. CHEAP STORE.
RETAIL.
FROM AUCTION AND IMPORTERS.
EDWARD RIDLEY,
Grand and Allen-sts.
Fifth block east from Bowery.

GRAND-ST. CHEAP STORE.

이 같은 추세는 갈수록 확장되어 20세기 초반이 되면 크기와 모양이 다양한 서체가 광범위하게 활용된다. 그 선두주자가 로드 앤 토머스의 존 E. 케네디였다. 그는 이성적 설득 위주의 리즌 와이 카피를 화려한 타이포그래피와 결합해 독자 주목을 끄는 다양한 실험을 전개했다. 케네디가 가장 빈번히 활용한 것은 오른쪽으로 살짝 기울어진 이탤릭체였다. 그리고 문장 밑에 밑줄을 긋거나 대문자를 사용하는 방식으로 동일 지면의 경쟁 광고보다 더 큰 주목을 이끌어냈다. 이 같은 타이포그래피 디자인은 곧 다른 광고대행사가 모방하여 일대 유행으로 번져갔다.

두 번째 키워드는 예술과 광고의 만남이다. 영 앤 루비컴 크리에이티브 디렉터 출신인 배리 호프먼은 예술과 광고의 관계를 다룬 책에서 둘 사이에는 오랫동안 뚜렷한 경계선이 그어져 있었다고 밝힌다. 예술은 고매한 인간성을 표현하는 고급스러운 창조의 소산이었다. 반면에 광고는 어떻게든 제품을 팔아서 돈을 벌려는 조잡하고 부정직한 산물이란 인식이 존재했다는 것이다.[38]

하지만 산업자본주의가 무르익으면서 광고와 순수예술의 엄격한 경계가 무너진다. 볼프강 하우크가 지적하듯이 자본주의의 무한정한 식욕이 순수예술 장르의 대중적 공감 능력을 맹렬하게 흡수하고 차용했기 때문이다.[39] 예를 들어 광고에 시가 활용되는 경우가 그렇다. "통상적 광고 슬로건이 지닌 부정직한 이미지에 비해 시는 훨씬 조용하고 침착하다.……따라서 (시에서 빌려온) 이처럼 새로운 정직한 호소력을 광고 카피에 불어넣는 효과가 있다"는 것이다. 하우크는 순수예술로서 시가 이렇게 광고에 변용된 것을 '상품 서정시Warenlyrik'라고 명명하는데, 미술과 음악에 있어서도 그 같은 스타일 변형이 현대 광고에 광범위하게 적용된다고 지적한다.[40] 자본주의 메커니즘의 그물망에 사로잡힌 순수예술이 광고의 품위를 높이는 도구로 사용됨으로써, 제품 판매 효과를 강화하는 원리를 날카롭게 분석한 것이다.

이 과정에서 역설적인 결과가 나타난다. 대중사회에서 차지하는 광고의 위상이 자연스럽게 높아지는 것이다. 그 같은 현상은 미술 분야에서 가장 먼저 나타났다. 이에 따라 순수회화를 그리던 화가들이 광고 일러스트레이션을 그리는 경우가 늘어난다.

수준급의 회화작품이 광고에 활용되기 시작한 것은 20세기 초반부터였다. 이 흐름을 선도한 것은 프랑스와 스위스 등의 유럽이었다. 1872년 스위스에서 설립된 통조림회사 율리우스 매기 앤 시에의 '쿠브 Kub'가 대표적 사례다. 1911년 이 회사는 이탈리아의 유명화가 레오네토 카피엘로[41]를 초빙한다. 그가 만든 통조림 포스터는 세상에 충격파를 던졌다. 〈그림 65〉가 "K에게 물어보세요Exiger le K: Ask the K"라는 슬로건으로 널리 알려진 카피엘로의 작품이다.

이 포스터가 얼마나 유명했는지는 파블로 피카소의 경우를 보면 된다. 그는 바르셀로나 미술학교를 졸업한 후 열아홉 살 되던 해 파리로 건너가 입체파 스타일에 빠져든다. 대상물을 기본적인 입체의 형태를 전환시켜 그리는 새로운 화풍이었다. 1908년 발표한 〈아비뇽의 여인들〉이 피카소 최초의 입체파 작품으로 알려져 있다. 피카소는 1912년 유명한 입체파 그림을 하나 더 그리는데, 〈포스터가 있는 풍경〉이 그것이다(〈그림 66〉). 주목할 것은 이 작품에 희귀한 형상이 포착되어 있다는 점이다. 그림을 자세히 살펴보면, 왼쪽 하단에 정육각형 형태의 입체로 표현된 선화가 보일 것이다. 그 안에 무슨 글씨가 적혀있는지 확인해보시라.

〈그림 65〉
석판화가 레오네토 카피엘로가
제작한 쿠브 통조림 포스터.

〈그림 66〉
피카소의 〈포스터가 있는 풍경〉.
쿠브 통조림을 그림 안에서
보여주고 있다.

'Kub', 즉 쿠브 통조림의 패키지를 그려넣은 것이다. 천하의 피카소까지도 특정 브랜드를 그림 소재로 삼을 만큼 예술과 광고가 긴밀히 결합된 사실을 알 수 있다. 심지어 피카소가 주도한 큐비즘이란 명칭이 통조림 쿠브Kube와 연관이 있을 거라는 주장까지 나올 정도다.[42]

이 밖에도 광고와 밀접한 관계를 맺으면서 발전한 새로운 예술사조가 적지 않았다. 1900년대 초반 유럽과 미국 문화계를 뒤흔들었던 아르누보art nouveau가 그렇다. '신예술'로 직역되는 아르누보는 1895년부터 1905년까지 약 10년간 일상생활 용품은 물론 미술, 공예, 실내장식, 건축 등 다양한 분야에서 전성기를 누렸다. 독일에서는 '유겐트 양식Jugendstil', 프랑스에서는 '기마르 양식Style Guimard', 이탈리아에서는 '리버티 양식Stile Liberty'으로 불린 이 사조는 산업혁명을 통한 기술 진보를 예술적 차원에서 수용하려 시도했다. 1916년 스위스 취리히에서 발흥한 '다다이즘' 역시 광고와 밀접한 상호 영향을 주고받았다.

둘 가운데 광고 크리에이티브에 보다 중요한 영향을 미친 것은 아르누보였다. 이 사조는 대량생산된 공장제 제품에 고전적 예술미를 첨가한 것으로 유명하다. 에릭 홉스봄은 세기말에 등장해서 세기 초까지 이어진 이 새로운 스타일을 "공예, 건축 그리고 개혁 간의 사회 미학적 결합의 극점"이라고 설명한다. 동시에 그 밑바닥에 기존 문화에 대한 "혁명적, 반反역사주의적, 반反아카데미적 특성"을 품고 있음을 지적한다.[43] 이러한 진보적 사조가 괴물처럼 몸집을 불려가는 자본주의의 총아 광고와 긴밀한 관계를 맺다니, 가히 역사의 역설이라 하겠다.

아르누보 양식이 구현된 20세기 초의 광고작품은 매우 많다. 예를 들어 〈그림 67〉을 보면 광고와 아르누보의 결합이 어떤 특성을 지니는

지 고스란히 나타난다.

이 자전거 광고에서 우선 눈에 띄는 것은 화려하고 장식적인 타이포 그래피다. 또 다른 특징은 고전적 분위기를 배경으로 묘사된 세련된 여성의 모습이다. 화면 상단에 상표명을 위치시켰을 뿐, 레이아웃의 거의 전부를 차지하는 것은 긴 갈색 머리를 휘날리는 여신 같은 외모의 여성이다. 인물 이미지에 가려 정작 제품이 잘 보이지 않을 정도다. 심미성과 감각적 표현이 극대화된 작품이라 하겠다. 이처럼 수준 높은 예술적 테크닉이 대거 광고와 결합한 것은, 20세기 초반의 소프트 셀이 전 시대와는 완전히 다른 영역으로 진화하고 있다는 증거였다.

세 번째 키워드는 일러스트레이션의 본격 활용이다. 사빈 기징거는 광고언어 역사를 다룬 그녀의 책에서, 1825년에서 1896년까지 사례를 조사한 결과 그림을 사용하지 않는 광고가 대부분이었다고 지적한다.[44] 그런데 1917년 조사에서는 상황이 크게 달라진다. 일러스트레이션 하나짜리 혹은 2개 이상 일러스트레이션 광고의 비중이 크게 늘어난 것이다.

〈그림 68〉
애로우 맨 캐릭터를 창조한 당대 최정상의
일러스트레이터 조셉 레이엔데커.

그 같은 추세를 대변하듯, 1905년 예술적 비주얼로 엄청난 인기를 끈 소프트 셀 캠페인이 등장한다. 바로 애로우 셔츠 광고다. 광고대행사 컬킨스 앤 홀든과 어네스트 엘모 컬킨스의 명성을 만천하에 아로새긴 작품이다. 일러스트레이션은 조셉 크리스찬 레이엔데커Joseph Christian Leyendecker[45]가 그렸다(《그림 68》). 1905년 컬킨스 앤 홀든에 입사한 레이엔데커는 자신의 팬이 보낸 편지를 통해 애로우 셔츠를 상징하는 남자의 이미지를 떠올리게 되었다. 그와 컬킨스가 함께 창조한 이 멋지고 늘씬한 남자는 금방 사람들의 주목을 받게 된다. '애로우 맨The Arrow Man'이 탄생한 것이다.

〈그림 69〉를 보라. 화면 전체에 걸쳐 카피 요소가 극단적으로 생략되어 있음이 눈에 띈다. 그저 상단에 옅은 크림색 활자로 브랜드 네임만 살짝 얹어놓았을 뿐이다. 칠흑 같은 배경을 뒤로 한 채 황홀한 표정으로 가쁜 숨을 몰아쉬는 금발의 미인. 그녀와 쌍을 이뤄 스텝을 밟는 저 무표정하고 시크한 남자. 20세기 초반임을 감안했을 때, 놀라운 표현 수준이 아닐 수 없다. 애로우 드레스 셔츠와 컬러[46] 광고에 등장한 이 남자야말로 당대 미국 청년들이 닮고 싶은 모델이었고, 처녀들이 선망의 눈초리로 쳐다볼 만한 이미지였다. 애로우 맨 캠페인은 발표된 지 1세기가 훨씬 지났다. 하지만 현대적 기준으로 봐도 놀라운 미적 균형과 고급감을 과시한다. 마치 몇 시간 전에 제작된 것처럼 남성적 에너지를 뿜어내고 있다.

이 광고 캠페인은 소비자들이 선망하는 이상화된 캐릭터를 만든 다음 '제품과 소비자의 자기동일시'를 이끌어낸 역사상 첫 번째 사례로 평가된다. 훗날 데이비드 오길비가 이론적으로 체계화한 브랜드 이미지 전략을 반세기나 앞서 실제적 캠페인으로 구현한 것이다. '애로우 맨'은 무려 26년 동안이나 캠페인의 주인공으로 활약했다. 특히 1923

〈그림 69〉
미국 여성들의 가슴을
두근거리게 만든 '애로우 맨'.

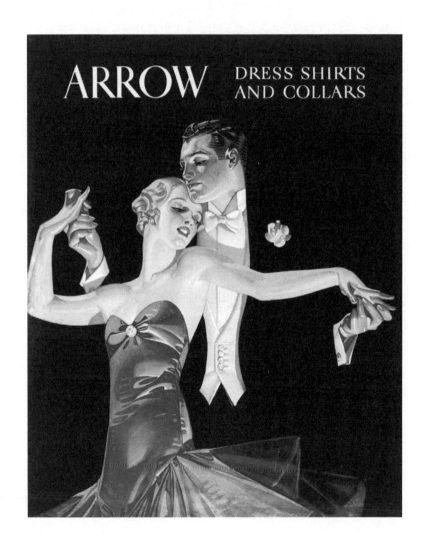

년 6월부터 10월까지 191회나 장기 공연된 인기 브로드웨이 뮤지컬 〈트로이의 헬렌, 뉴욕〉 제작에 중요한 영감을 제공하는 등 대중문화의 아이콘으로 자리 잡았다.[47] 캠페인 전성기에는 미국 각지에서 가상의 남자 '애로우 맨' 앞으로 보내온 여성들의 팬레터가 하루 1만 7,000통을 넘을 정도였다.

2. 신기술과 하드 셀 광고들

1900년대에 접어들면서 신기술을 활용한 상품들이 속속 선을 보인다. 예를 들어 1908년이 되면 전기다리미가 시장에 나온다. 뒤이어 식기세척기, 커피포트, 전기청소기 같은 다양한 가정용 전기제품이 팔리기 시작한다. 그렇지만 이들 신발명품은 초기 판로 개척이 매우 힘들었다. 성능과 사용법에 대한 소비자 경험과 지식이 없었고, 무엇보다 전기제품에 대한 대중들의 막연한 공포심이 존재했다. 이에 따라 기업들은 대대적 신문·잡지 광고를 통해 제품의 사용 안정성과 구입 시 혜택을 상세히 소개하면서 구매를 유도했다.

그 가운데 진공청소기 광고를 하나 살펴보자. 전기로 작동되는 진공청소기는 영국의 엔지니어 휴버트 세실 부트가 1901년 처음 발명했다. 하지만 45킬로그램이 넘을 정도로 무거워서 수요가 미흡했다. 본격적 판매는 미국의 데이비드 케네디가 크기와 무게를 줄인 가정용 제품을 개발하고 나서부터다. 〈그림 70〉에 1909년 게재된 아메리칸 진공청소기 회사의 전기 진공청소기 광고가 나와 있다.

〈그림 70〉
데이비드 케네디가 개발한
초기 가정용 진공청소기 광고.

Why stir up the Dust Demon to Frenzy like this?

Which Do You Do In Your House—
PACK DIRT IN? OR LIFT IT OUT?

When you use broom or carpet-sweeper, you scatter a large part of the dirt over a wider area, to be re-handled again and again; but that is not all of the evil.
Another large part of the dirt you work deep down into the carpet, there to decompose and putrify, to become the breeding place of germs and insects and to fill the house with musty and sour odors.
With such primitive implements, you simply can't help it; for that is their **constant tendency**, the absolutely necessary result of the **downward pressure** exerted by their every stroke.
Every time you use broom or carpet-sweeper, your every effort drives dirt down into the carpet deeper and deeper, and steadily adds new layers, until the fabric is **packed.**
And that is why you have to renovate.

It is true that the Vacuum System of cleaning is the only absolutely dustless system; but a large part of its remarkable efficiency is due to the fact that its **constant tendency** is **exactly opposite** to that of broom and carpet-sweeper.
Whereas broom and carpet-sweeper pack in the dirt even more solidly, the Ideal Vacuum Cleaner **lifts out,** by its suction force, more and more dirt from lower and lower depths. This it does constantly and always.
In other words, Ideal Vacuum Cleaning removes all the dirt that has been ground into the fabric as well as that which lies loosely on the surface, undoing with every application the evil of broom and carpet-sweeper.
And that is why the Ideal Vacuum Cleaner renovates every time it cleans.

The Ideal Vacuum Cleaner
(FULLY PROTECTED BY PATENTS)

| Operated by Hand | *"It Eats Up The Dirt"* | Or Electric Motor |

The **IDEAL VACUUM CLEANER** is the great Vacuum Cleaning principle brought to its ideal state of economy and efficiency and **made practical and possible for all.** Weighing only 20 pounds, it is easily carried about. Operated either by hand or little motor connected with any electric light fixture, it requires neither skill nor strength. Compared with sweeping it is no work at all.
There in your home the **IDEAL VACUUM CLEANER** stands working for you, raising absolutely no dust, scarcely making a sound. And yet, under the magic of its work, carpets, rugs, curtains, upholstery, etc., are made clean, wholesome and sweet **through and through.** Mysterious odors disappear, the breeding places of

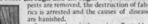

pests are removed, the destruction of fabrics is arrested and the causes of disease are banished.
So tremendous is the saving effected by the **IDEAL VACUUM CLEANER**— in money, time, labor, health and strength —that it quickly pays for itself many times over. It is absurd to think that you cannot afford its small price. **How can you afford to be without it?** Try it and **you will be ashamed** of the conditions you have been living in.

Every machine is guaranteed.
Send today for our Free Illustrated Booklet. It tells a remarkable story that will mean **a new era** in your home.

The American Vacuum Cleaner Company,
225 Fifth Avenue,   New York City.

 PRICE $25.00

 PRICE $55 to $60

화면 상단에 빗자루질 때문에 먼지가 잔뜩 일어나는 장면을 보여준다. "왜 이렇게 형편없는 먼지구덩이 속에서 고생을 하시나요?"라는 헤드라인에 이어서 이 회사의 아이디얼 청소기라면 집안의 먼지가 깨끗이 없어진다고 설득한다. 전달하려는 메시지가 확실하다. 힘들게 빗자루 질을 하고도 먼지를 완전히 제거하기 힘든 기존 청소도구와 흡입 모터로 먼지를 빨아들이는 전기청소기를 명쾌하게 비교하기 때문이다. 제품의 비교우위적 편익을 직접적으로 제시하는 하드 셀 소구다.

코닥은 20세기에 들어와서도 활발한 캠페인을 펼친다. 〈그림 71〉에 1900년 크리스마스 시즌에 집행된 잡지 광고가 나와 있다. 메인 비주얼은 크리스마스 선물로 휴대용 코닥 카메라를 받고 즐거워하는 여성의 모습. 헤드라인은 "코닥 크리스마스, 최고의 크리스마스The Kodak Christmas, Merriest Christmas." 코닥 휴대용 카메라야말로 가장 멋진 크리스마스 선물이라는 뜻이다.

중앙의 동그란 사진 안에 카메라 선물 패키지가 보이는데 제품명은 'No. 2 Flexo'이다. 가격은 5달러. 오른쪽 하단에는 렌즈 부위를 접을 수 있는 신형 카메라 코닥 No.1 A를 보여준다. 이 제품의 가격은 12달러다. 카메라가 가정용으로 확산되어가는 20세기 초반의 풍경을 선명하게 보여준다.

싱거 재봉틀은 1900년 열린 파리만국박람회에서 그랑프리를 받은 후 활발히 광고를 시작했다. 재봉틀은 수천 년간 이어지던 주부들의 바느질 노동을 줄이는 획기적 발명품이었다. 이 문명의 이기는 19세기 말부터 가정에 보급되기 시작하는데, 20세기 들어 유통 및 판매 방법이 급속히 발전한다. 백화점이나 소매점을 거치지 않고 공장에서 직접

〈그림 71〉
카메라의 대중화를 이끈 코닥의
크리스마스 선물용 광고.

가정으로 제품을 배달해주는door to door 서비스까지 등장할 정도였다.
〈그림 72〉가 당시의 싱거 재봉틀 광고다.

　"생산업체에서 사용자에게로From Maker to User"라는 헤드라인 아래,
굴뚝 연기가 솟아오르는 싱거 공장에서 배달용 마차가 힘차게 달려 나
오는 모습이 보인다. 화면의 오른쪽은 싱거 직원이 집 안에 재봉틀을
직접 넣어주는 장면이다. 바디 카피를 읽어보면, 배송 서비스와 함께
방문 시 재봉틀 사용 방법을 알려준다는 내용이다. 주목되는 것은 집에
서 쓰던 낡은 재봉틀을 수거해준다는 것, 그리고 현금 판매와 리스가

〈그림 72〉
싱거 재봉틀 광고.
당대의 혁신적 유통 방식을 뚜렷이 보여준다.

모두 가능하다는 메시지다. 신제품 개발 기술과 마케팅 기법이 동시 진화하는 당대 사회상을 반영하는 광고다.

　20세기 들어서면서 비누, 화장품, 치약, 면도기 등 공장에서 대량생산된 위생용품들의 수요가 급증한다. 대표적 브랜드로 콜게이트 치약, 질레트 안전면도기 등이 있다. 예를 들어 질레트는 〈면도하는 법〉이란 팸플릿을 통해, 이발소에서 전통적 방식의 면도칼로 수염을 깎으면 다른 사람에게 사용한 칼과 솔을 다시 사용하므로 비위생적이라고 강조했다. 자사가 개발한 안전면도기를 사용하면 전통적 면도칼보다 훨씬

〈그림 73〉
아기를 등장시켜 면도기의
안전성을 강조한
질레트 안전면도기 광고.

안전하고 수염도 깨끗이 깎인다고 설득한 것이다.[48]

　1900년대 초반 집행된 질레트의 안전면도기 광고를 보자(《그림 73》). 그림 하나만으로 의미 전달이 명확하다. 어린아기조차도 면도를 할 수 있을 만큼 안전하다는 뜻이다. 하단의 브랜드 네임 아래 "No stropping No Honing"이란 슬로건이 들어가 있다. (옛날 방식처럼) 가죽 띠나 숫돌에 면도칼을 갈 필요가 없다는 메시지다. 칼날 벼리는 데 시간과 노력을 들일 필요 없이 간단하게 면도날 교체를 하면 된다는 뜻이다. 제품의 비교우위적 편익을 독창적으로 전달하고 있다.

3. 수준을 높여가는 소프트 셀

소프트 셀 크리에이티브도 일취월장한다. 1914년에 나온 영국 광고를 하나 보자. 어네스트 새클턴 경[49]이 대장으로 나선 남극 탐험대원 모집을 위한 신문 광고다(《그림 74》). '남자 모집'이라는 평범한 헤드라인 아래, 바디 카피까지 포함해서 26개 단어로 구성된 짧은 광고다.

　위험한 여행 떠날 남자 모집. 보잘것없는 보수, 냉혹한 추위, 몇 달이
　나 계속되는 암흑, 이어지는 위험, 무사귀환의 보장도 없음. 그러나
　성공의 경우 명예와 명성이 주어짐.

　노골적인 부정 소구negative approach를 취하고 있다. 언뜻 읽으면 "누가 저런 탐험에 지원하랴" 싶을 만큼 험악한 조건만이 나열되어 있다.

〈그림 74〉 남극 탐험대원 모집 광고.
어네스트 새클턴 경이 직접 카피를 썼다.

〈그림 75〉 심플한 조형미가 돋보이는 링글리 껌 광고.

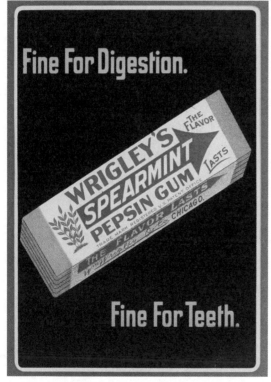

광고지면도 작다. 하지만 광고가 나간 후 27명 모집에 자그마치 2,000명에 달하는 지원자가 쇄도했다. 왜 이런 일이 벌어졌을까? 냉철하리만큼 정확하게 목표 고객의 심리를 꿰뚫었기 때문이다.

사회심리학자 에이브러햄 매슬로우의 '욕구계층 이론'에 따르면 인간을 움직이는 가장 강력한 동기는 식욕, 성욕 등의 본능적 욕구다. 하지만 그것만이 전부가 아니다. 인간은 더 고차원적 요인에 의해서도 행동한다. 예를 들어 스스로 지닌 잠재력을 극대화하려는 욕구가 그렇다. 성취욕, 능력에 대한 인정, 명예와 지위에 대한 추구 같은 것 말이다. 이 광고야말로 그 같은 욕구를 정면으로 자극하고 있다. 도전과 성취라는 내적 욕구를 군더더기 없는 짧은 카피를 통해 단번에 꿰뚫은 것이다. 이 작품은 타이포그래피로만 구성되어 있다. 그러나 타깃 심리 속에 숨은 내밀한 욕구를 정면으로 관통하는 수준급의 소프트 셀이다.

1910년 집행된 링글리 껌 광고도 주목된다(《그림 75》). 이 작품이 인상적인 것은 카피와 비주얼 요소를 과감히 생략하고 전달해야 할 핵심 주장에만 집중하고 있다는 점이다.

두꺼운 보더 라인Boeder Line[50] 속 바탕 화면은 검은색. 거기에 왼쪽 아래로 살짝 기울인 껌 제품만을 올려놓았다. 아래위 두 줄로 나눠진 헤드라인이 심플하기 그지없다. 좌측 상단에서 시작된 "소화에 좋고 Fine For Digestion"라는 카피가 메인 비주얼을 지나 자연스레 우측 하단의 "치아에도 좋다Fine For Teeth"는 카피로 연결된다. 이 시대에는 껌이 단순 기호품이 아니라 소화를 도와주는 기능성 제품으로도 팔렸음을 보여준다.

마지막으로 살펴볼 것은 1912년에 게재된 프랑스의 잡지 광고다(《그

〈그림 76〉
레이스 카 특유의 스피드와 박진감을
형상화한 푸조 자동차 광고.

림 76〉). 광고주는 푸조 자동차. 먼지가 풀썩이는 트랙과 그 위를 달리는 경주용 자동차가 마치 화면에서 튀어나올 듯하다. 저 뒤쪽 고글을 쓴 드라이버의 반쯤 가려진 얼굴이 뭔가 스토리를 품고 있다.

가장 돋보이는 장면은 레이스 카 바닥의 타이어 그림자가 지면에서 살짝 떠 있다는 것이다. 놀라운 속도로 도로를 질주하는 첨단 성능을 상징적으로 보여준다. 언어적 요소는 그저 '푸조'라는 브랜드 네임뿐이다. 비주얼과 카피 모두에서 하나도 군더더기가 없다.

1914년 7월 28일 제1차 세계대전이 발발했다.
세르비아 사라예보에서 오스트리아–헝가리 제국
황태자 부부가 암살된 사건이 도화선이었다.
이 전쟁은 1918년 11월 11일 독일의 항복으로
끝나기까지 4년 3개월 동안 자그마치 900만 병사의
목숨을 앗아갔다. 참전국 숫자(32개국)와 전장戰場의
광역성 그리고 인적·물적 피해 등에서 역사상 최초의
국제전이자 총력전[1] 이었다. 이런 상황에 따라 주요
국가에서 민간 상업광고가 급속히 줄어들고,
그 자리를 전쟁 참여와 승전을 독려하는
프로파간다 콘텐츠들이 채운다.
전쟁이 끝난 1920년대에는 자본주의 경제 전체에
거품이라 불릴 정도의 호황이 도래한다.
이 시기에 기업들은 획득한 이윤을 광고에
과감하게 재투자했다. 그리고 가처분소득이 늘어난
소비자들이 광고에 설득되어 더 많은 상품을 구입하는
선순환이 이뤄진다. 주목되는 것은 치열한 사회적
경쟁에 노출된 대중이 타인과의 사회적 관계 유지와
관련된 제품을 대량으로 구입했다는 사실이다.
욕실제품, 위생용품, 화장품, 자동차 등이
대상이었다. 이런 유형의 제품 구입에는 브랜드에
대한 공감과 심리적 욕구 충족이 중요 선택기준으로
작용한다. 1920년대의 광고에서 심리적 동기 소구가
사상 최초로 본격화된 것이 그 때문이다.
제품 효용과 편익을 강조하는 하드 셀보다 정서적
만족감에 초점을 맞추는 소프트 셀 크리에이티브가
활짝 피어나는 것이다.

11장

세계대전과 프로파간다의 탄생

1. 19세기적 문명의 종말

제1차 세계대전은 엄밀히 말해 유럽의 열강들이 주축이 된 유럽 전쟁이라 할 수 있다. 유럽 대륙 바깥에서는 미국이 1917년이 되어서야 뒤늦게 참전했다. 아시아에서는 일본이 영일동맹을 기초로 중국, 만주, 몽골 등에서 제국주의적 이권을 얻기 위해 전쟁에 가담했다. 하지만 전투 범위가 독일 조차지였던 산둥성의 칭타오青島 점령과 시베리아 부분 출병에 국한되었다.[2]

세계대전의 원인은 명백했다. 아프리카, 아시아, 오세아니아를 움켜쥐려는 제국주의 국가들의 식민지 쟁탈전과 이에 따른 극단적 이해관계 대립 때문이었다. 신흥 강국으로 떠오른 독일이 시발점이었다. 이 나라는 영국과 프랑스에 비해 산업혁명과 그에 따른 경제발전이 뒤처졌다. 그 결과 자본과 시장의 확장을 위해서는 제국주의 강국들의 기존 식민지를 무력을 통해 확보하는 길밖에 없었다.[3] 이처럼 양보 없는 자본 확장 경쟁이 마침내 열전으로 비화하게 된 것이다. 역사가들이 이 전쟁을 제국전쟁Imperial War이라고도 부르는 이유가 그 때문이다. 1차 세계대전은 결코 돌발적으로 발생한 것이 아니다. 에릭 홉스봄은 당대 유럽인들의 영혼을 휘감고 있던 전쟁의 공포를 이렇게 묘사한다.

> 일반적으로 유럽 전쟁의 가능성은 늘 예측되고 있었으며, 정부와 군부뿐만 아니라 일반 대중도 이 문제에 대해 잘 알고 있었다. 1870년대 후반부터 계속해서, 주로 영국과 프랑스에서 소설과 미래학은 일반적으로 미래의 전쟁에 대한 비현실적인 모습을 그리고 있었다. 철학자 니체가 광적으로 그러나 예언자적으로 유럽의 군사화를 환호하고 '야만주의, 심지어 우리들 가운데 존재하는 야수성에 대한 긍정'을 의미하는 전쟁을 예측한 바 있었으며, 1880년대에 프리드리히 엥겔스는 이미 세계 전쟁의 가능성을 분석한 바 있었다.[4]

그 같은 두려움은 문학작품에서도 뚜렷이 엿보인다. 헤르만 헤세의 《데미안》이 대표적이다. 소설은 세계대전을 앞둔 유럽의 모습을 날카롭게 그려내는데, 특히 다가오는 미증유의 전쟁에 대한 절망적 예감이 서늘하다. 작품 속에서 데미안은 싱클레어에게 자신의 꿈 이야기를 이렇게 들려준다. "내가 꾼 꿈은, 나무 등걸에나 탑에 놓인 어떤 사다리를 올라 위에 올라가니 온 나라가 보였어. 그것은 커다란 평지였는데 도시들과 마을들이 있는 온 나라가 불타고 있는 거야.……나 자신에게도 함께 관련된 무엇인가 큰 것, 무서운 것이 저벅저벅 다가오고 있다는 것 뿐이야."[5]

영국 외무장관 에드워드 그레이는 영국과 독일이 전쟁에 돌입하던 날 친구에게 다음과 같은 말을 한다. "유럽 전역에서 등불이 꺼져가고 있다.……우리는 등불이 다시 켜지는 것을 생전에 보지 못할 것이다."[6] 하지만 그러한 비관적 예측에도 불구하고 "인류는 살아남았다." 세계 대전의 폭발 속에서 19세기 문명이라 불리는 건축물이 완전히 허물어 졌을 뿐이다. 전쟁이라는 광폭한 수단을 통해 전 시대의 정치·경제·문 화적 토대가 청산되었다는 뜻이다.

2. 프로파간다가 모습을 드러내다

광고사적 측면에서도 제1차 세계대전은 큰 영향을 미쳤다. 무엇보다 새로운 것은 광고가 기존의 사적 이익 추구 일변도에서 벗어나 애국적 이며 공적 역할을 수행하기 시작했다는 점이다. 참전 각국의 광고주, 매체, 광고대행사들이 전쟁 승리를 독려하고 시민들의 애국심을 북돋 우는 과업에 적극적으로 참여했기 때문이다. 예를 들어 미국의 주요 기 업들은 자신이 계약한 광고지면을 대가 없이 정부기관에 제공하여 독 전督戰 선전물을 내보냈다. 월간지와 주간지를 합친 모두 800개 이상 잡지들이 전쟁 동안 공짜로 지면을 제공했다.

전쟁이 본격화되자 산업생산력이 군수품 공급에 집중되었고 원료 통제로 인해 민수용 상품 생산이 크게 줄어들었다. 전쟁 국면에서 소비를 부추기는 상업 광고가 비판 대상이 된 것도 영향을 미쳤다. 이에 따라 많은 프로페셔널 광고인들이 원래의 마케팅 분야를 벗어나 전쟁 수행 선전물 제작에 투입되었다. 물건 판매를 위해 갈고 닦은 설득기법을 적극적으로 활용한 것이다.

이 전쟁은 대중매체가 후방의 민간사회에 전황을 직접 전달한 최초의 사례였다. 동시에 국민의 전쟁 참여를 설득하는 조직적 프로파간다 활동이 처음으로 시작되었다. 전쟁이 총력전 양상으로 전개됨에 따라, 군대의 사기를 고양하고 자국민에게 전쟁 지지 여론을 이끌어내기 위한 체계적 대중 선동, 즉 프로파간다가 절대적으로 필요해졌기 때문이다.[7]

그렇다면 프로파간다란 무엇인가? 흔히 선전으로 번역되지만 세부적으로는 다양한 해석이 있다. 예를 들어 프라카니스와 아론손은 이를 "후기 산업사회를 특징적으로 설명하는 대중적 설득기법" 전체로 설명한다.[8] 리Lee는 피상적 이슈 강조를 통해 진정한 경제·정치·사회적 문제에 대한 희석을 시도한다는 측면에서 신문미디어도 결국 선전도구라고 지적한다.[9] 심지어 가드와 오도넬은 "메시지 발신자가 원하는 응답을 얻으려는 모든 의사소통"이라고까지 넓게 정의내린다.[10] 오쇼네시는 이처럼 프로파간다 개념이 제각각으로 해석되는 이유를 "개념에 대한 엄밀한 과학적 근거나 법적 권위가 부재하고 다만 역사적 용례만이 존재하기 때문"이라고 설명한다.[11]

에드워드 버네이스가 1928년에 쓴 책 《선전Propaganda》이 해당 주제에 대한 최초의 체계적 이론서다. 여기에서 버네이스는 프로파간다라는 용어의 출발점이 1622년임을 밝힌다. 교황 그레고리우스가 종교개혁 이후 개신교 확산에 대응하기 위해 교황청 내에 포교성성布敎聖省Congregatio de propaganda fide이란 부서를 만들었는데, 이때 'propaganda'란 명칭이 생겨났다는 것이다.

버네이스는 '프로파간다'가 정치적·군사적 목적 달성을 위해 본격적으로 사용되기 시작한 계기가 제1차 세계대전이라고 딱 잘라 말한다. 이 전쟁 이전만 해도 프로파간다는 "특정한 원칙이나 행위를 전파하기 위한 제휴나 체계화된 계획 또는 일치된 운동"이라는 중립적 의미에 불과했기 때문이다. 심지어 1911년 발간된 《브리태니커 백과사전》에서도 프로파간다는, 선전하다propagate란 동사 형태로 간략히 언급될 뿐 아예 단어 자체가 빠져있었다.[12]

이 개념이 오늘날과 같은 이데올로기적 선전, 선동의 의미를 지니게 된 것은 전쟁에 참여한 영국, 미국, 프랑스, 독일, 러시아 등에서 전쟁 승리를 촉구하는 독전 선전물을 조직적으로 제작, 배포하면서부터였다. 이들 콘텐츠는 보통 '전쟁 수행 프로파간다'라고 불린다. 이 점에서 제1차 세계대전이야말로 "모든 예술은 프로파간다다"라는 조지 오웰의 명제가 전면적으로 적용된 최초의 분기점이었던 셈이다.[13]

참전국 가운데 가장 체계적이고 활발하게 프로파간다를 집행한 것은 영국과 미국이었다. 예를 들어 미국 정부는 언론인 출신 조지 크릴George Creel의 주도 아래 1917년 4월 국가방위회의Cuncul of National Defense 산하에 공공정보위원회Committee of Public Information를 설립한다. 전쟁 관련 프로파간다 캠페인을 총괄한 이 조직은 지원병 모집, 전쟁 국채 모금, 군수산업 종사자에 대한 격려, 식량 및 자원 절약, 적십자사 홍보 캠페인 등을 전개하여 전쟁 지지 여론을 조성했다.[14]

공공정보위원회 산하 광고 분과에는 광고계의 일급 베테랑들이 운

집행다. 이들은 선전 포스터와 독전 콘텐츠를 만들어 기업들이 기부한 언론지면에 집행했다. 이 같은 대대적 커뮤니케이션 활동에 힘입어 2,200만 명의 시민이 전쟁 국채 240억 달러를 구입했다. 적십자사 기부금만 해도 4억 달러를 넘었다. 제1차 세계대전 시기 미국이 지출한 전쟁 비용 총액이 당시 화폐 기준으로 총 260억 달러였으니 이들 캠페인이 얼마나 큰 힘을 발휘했는지 짐작할 수 있다.[15]

영국, 프랑스, 독일, 러시아, 오스트레일리아 등 다른 참전국도 마찬가지였다. 각국의 광고인들은 제품판매에 대한 열정을 잠시 접고 승전을 위한 수많은 프로파간다를 제작했다. 이 시기에 가장 활발히 사용된 매체는 신문, 팸플릿, 포스터였다. 그중에서도 포스터는 대량 인쇄를 통해 사람들이 운집한 장소에 장기간 게시가 가능했고 크고 화려한 컬러 인쇄가 가능했기 때문에 애국심을 자극하는 데 효과적이었다.

제1차 세계대전이 끝나고 제2차 세계대전이 시작되기까지를 보통 간전기間戰期라 부른다. 이 시기에 사람들이 전쟁을 통해 경험한 프로파간다의 위력을 어떻게 생각했는지 보여주는 뚜렷한 증거가 있다. 아돌프 히틀러의 그 유명한 《나의 투쟁Mein Kampf》이다. 그는 이 책에서 무려 두 개의 챕터를 프로파간다에 할애한다. 제1차 세계대전에서 독일이 패배한 이유가 영국의 선전선동 전략으로 인해 독일 내부 사기가 와해되었기 때문이라는 것이다. 그러한 논리적 귀결점으로 히틀러는 권력 쟁취를 위한 자신의 모든 정치운동에서 프로파간다의 역할이 핵심적이라고 확신하게 된다.[16] 나치 선전상 요제프 괴벨스가 그토록 중용된 데는 이런 이유가 있었다.

3. 제1차 세계대전 시기의 프로파간다

전쟁 수행 프로파간다는 국민들의 애국심 고취를 위해 격정적 파토스 pathos를 자극하는 것이 중요하다. 많은 작품이 감성적 소프트 셀 접근을 택하고 있는 게 그 때문이다. 이 시기의 프로파간다 가운데 기념비적 콘텐츠로 평가되는 것이 1914년 영국에서 제작된 모병 포스터다 (《그림 77》). 이후 수십 년간 다양한 모방작을 양산해낸 이 작품은 육군 원수이자 전쟁부 장관이던 허버트 키치너 경을 모델로 한 것이다. 군복 정장을 입은 카이젤 수염의 키치너가 가죽장갑 낀 손가락을 정면으로 뻗으며 "조국은 당신을 원한다!"라고 외치고 있다. 이 모병 포스터는 압도적 반향을 불러일으킨다. 이듬해 1월까지 100만여 명의 자원입대를 이끌어낸 것이다.

미국이 참전을 결정한 1917년에 만들어진 〈그림 78〉은 레이아웃이나 비주얼에서 앞선 영국 광고와 매우 닮았다. 눈을 부릅뜬 흰 수염의 신사가 포스터를 보는 사람을 손가락으로 가리키며 이렇게 외치고 있다. "나는 당신이 미군에 입대하기를 원한다!I Want You for U. S. Army!" 차이점은 실제 인물이 아니라 '엉클 샘'이란 별명으로 불린 가공의 인물을 내세웠다는 것이다. 이 포스터는 나중에 키치너 경의 모병 광고보다 더 유명해진다. 모델로 등장한 '엉클 샘'이 미국의 공격적 대외정책을 상징하는 아이콘으로 자리 잡기 때문이다.

여기서 두드러지는 것은 메시지의 박력이다. 힘찬 헤드라인과 강력한 일러스트레이션이 결합되어 전쟁에 대한 회의를 가진 청년일지라도 한 번쯤은 마음이 움찔할 만큼 임팩트를 발휘한다. 수많은 미국 젊은이

〈그림 77〉
전쟁 프로파간다의 기념비적 작품,
허버트 키치너 경이 모델로 등장한 영국 모병 포스터.

〈그림 78〉
엉클 샘이 등장한 미군 모병 포스터.
엉클 샘은 이후 미국을 상징하는 캐릭터가 된다.

가 이 작품에 이끌려 군복을 입었다. 엉클 샘 포스터를 만든 아트 디렉터 제임스 몽고메리 플랙J. M. Flagg은 후일 전쟁 참여를 선동했던 자신의 행동에 대해 다음과 같은 뼈아픈 고백을 한다. "젊은이들을 전쟁터의 총알받이로 내보내는 포스터였다. 그런 걸 만드는 데 재능을 쓰는 것에 저항하기에는 당시 우리 나이가 너무 많거나 아니면 너무 겁을 먹은 상황이었다.……결국 우리는 젊은이들을 전쟁에 팔아넘긴 셈이다."[17]

이번에는 독일의 프로파간다를 보자〈그림 79〉. 화면의 3분의 2를 차지하는 검은색 배경 속에서 철모를 쓴 젊은 군인이 손가락을 내밀며 이렇게 외치고 있다. "독일 국방군에 입대하라!Auch du sollst beitreten zur Reichswehr!"

영국, 미국의 모병 포스터와 발상과 레이아웃이 유사하다. 하지만 다른 지점도 있다. 일러스트레이션 묘사와 배경 처리에서 독일 표현주의의 영향이 강하게 발견된다. 등장인물 신체를 모두 보여주지 않는 것, 입술 굳게 다문 군인의 표정과 철모 그리고 전면으로 돌출된 손가락만을 실루엣으로 처리하여 애국심을 자극하고 있다. 수준급의 감성적 접근이다.

프랑스도 프로파간다를 많이 만들었다. 〈그림 80〉은 손가락 쫙 펼친 왼손을 쳐들고, 오른손으로 소총을 움켜쥔 채 적진으로 달려나가는 젊은 군인의 모습이다. 등장인물의 역동적인 포즈, 수준급의 일러스트레이션, 여백미를 살린 세련된 레이아웃 모두 나무랄 데가 없다. 프랑스 특유의 개방적 분위기가 프로파간다 포스터 하나에도 짙게 배어있다.

〈그림 79〉
독일 특유의 표현주의가 엿보이는
국방군 모병 포스터.

〈그림 80〉
프랑스의 독전 프로파간다.
역동적이고 활발하다.

12장

광고가 세상을 바꾸기 시작하다

1. 광란의 시대와 '위대한 개츠비'

제1차 세계대전이 끝난 후 미국은 영국을 제치고 명실 공히 세계 최강
국으로 떠오른다. 1913년 7억 달러에 불과했던 금 보유액이 1921년에
25억 달러로 늘어난 것이 단적인 사례다. 전쟁을 치르면서 다른 나라
에 빌려준 채권액이 총 120억 달러에 달했다. 이 거대한 자금이 국내로
돌아왔으니 경제성장의 가파른 상승곡선이 시작된 것은 당연한 일이었
다. 1920년부터 1929년까지 10년 동안 연평균 4.1퍼센트의 고성장을
기록한 것이다. 대공황 직전을 기준으로 보면, 유럽의 3대 공업국(독일,
영국, 프랑스)을 모두 합해도 세계 총생산고의 28퍼센트에 불과했는데
미국은 단일국가로 무려 42퍼센트 이상을 차지했다.[18]

이 같은 흐름에 견인차가 된 것은 승용차 및 내구 소비재 판매의 급

속한 증가였다. 예를 들어 1920년 자동차 생산 대수는 월 16만 대 수준이었는데 1929년이 되면 월 40만 대로 늘어난다.[19] 라디오 수신기의 경우 1922년 6,000만 달러의 총 판매금액이 1931년이 되면 8억 5,000만 달러로 14배 이상 급증한다. 이에 따라 가정 내 라디오 보급률이 50퍼센트를 넘어서게 된다. 비슷한 시기 진공청소기의 가정 내 보급률은 40퍼센트, 전기세탁기는 30퍼센트에 도달한다.

풍요의 1920년대를 통과하면서 미국 사회는 상전벽해에 가깝게 변화했다. 전쟁의 참상이 불러온 허무주의가 영향을 미쳤다. 빅토리안 시대의 금욕주의는 자취를 감추고 성적 개방과 연애지상주의가 광범위하게 퍼져나갔다. 향락주의가 만연했다. 무법의 시대, 광란의 시대, 재즈의 시대 등 1920년대를 부르는 수많은 별명이 생겨난 까닭이 그 때문이다.

1921년 1월 발효된 금주법이 타오르는 불에 기름을 끼얹었다. 주류 제조와 판매를 원천 금지하는 이 법안은 1년도 못 되어 옆길로 새기 시작했다. 전체적으로 음주가 줄어든 것은 사실이었지만 동시에 위법사례가 속출한 것이다. 합법적 기업들이 손을 떼자, 막대한 이윤을 노린 범죄집단이 밀주 제조와 판매를 떠맡았다. 미국에서 갱단이 생긴 이래 가장 많은 돈이 범죄 세계로 흘러들었다.[20]

1925년에 발표된 프랜시스 스콧 피츠제랄드의 《위대한 개츠비》는 1920년대의 시대상을 단면도처럼 보여주는 소설이다. 방종과 과소비를 일삼다가 몰락의 길을 걷는 벼락부자 개츠비가 부와 성공에 눈먼 당대인을 상징하는 주인공으로 나온다. 뉴욕 롱아일랜드의 개츠비 대저택에서 열린 파티에 대한 묘사를 보자. 상상을 초월하는 졸부들의 향연이다.

7시경에 오케스트라가 도착했다. 다섯 가지 악기로 구성된 악단이 아니라 오보에와 트롬본, 색소폰, 비올라와 코넷, 피콜로, 저음과 고음 드럼까지 갖춘 완벽한 오케스트라였다. 마지막까지 해변에 머무르며 수영을 하던 손님이 이제야 돌아와 위층에서 옷을 갈아입었다. 뉴욕에서 달려온 차들이 저택 안의 도로 깊숙이 다섯 줄로 주차했고, 홀과 살롱, 베란다는 원색 옷을 입고 이상한 최신 스타일의 머리에 카스티야 산보다 더 비싼 고급 숄을 두른 여자들로 벌써 북적였다. 바 분위기는 절정에 달했고, 칵테일의 파도가 바깥 정원까지 이어지자 잡담과 웃음소리, 즉흥적인 풍자로 분위기가 달아올랐다.[21]

20년대 내내 주식투자 광풍이 미국을 뒤흔들었다. 그렇지만 주식시장이 가장 격렬하게 폭발한 것은 1927년 초부터 버블 붕괴 직전인 1929년 9월 초까지였다. 2년이 채 안 된 이 기간에 다우존스지수[22]가 145퍼센트나 상승한다. 만연한 소비 풍조에 따라 가구별 부채가 1919년부터 10년간 5배나 증가했다. 동일 기간 1인당 GDP 성장률이 1.2배였음을 감안하면 압도적인 부채 거품현상이었다.

문제는 이 같은 거품의 밑바닥에 심각한 사회경제적 양극화가 가로놓여있었다는 점이다. 제28대 대통령 하딩과 제29대 쿨리지의 공화당 정부가 취한 극단적 자유방임주의가 주범이었다. 이들은 부유층 세금감면, 소득세와 상속세율 인하, 정부의 공공지출 삭감, 공기업 민영화, 대기업의 인수합병 방치를 통해 독점자본주의의 민낯을 전 세계에 과시했다. 이렇게 흥청망청 비틀거리는 시대의 밑바닥에서 극단적 빈부격차가 흉폭한 이빨을 드러냈다. 사회 전체에서 약육강식과 적자생존의 난투극이 펼쳐진 것이다.

경제학자 토마스 피케티Thomas Piketty는 미국과 유럽 자본주의 국가에서 부의 집중과 불평등이 역사상 유례없는 속도로 단기간에 발생한 시기가 1920년대라고 지적한다. 산업혁명 초기에 주요 국가의 전체 국민소득에서 극단적으로 높은 비중을 차지했던 자본의 몫은 19세기 중후반으로 접어들면서 크게 완화되었다. 그러다가 1차 세계대전이 끝나고 1920년대가 전개되면서 디사 급속한 역전이 일어난 것이다. 미국의 경우 대공황 직전 소득 상위 10퍼센트 계층이 차지하는 비중이 전체 국민소득의 50퍼센트를 넘어설 지경이 된다.[23]

성장의 열매가 이처럼 최상위 계급에 집중됨에 따라 사회경제적 양극화 모순이 심각해졌다. 설상가상 생산기술 발전과 공장 기계화 진행이 실업자 숫자를 늘린다. 나아가 공급과잉이 구조화되어 수요를 초과하는 대량생산의 물결이 시장에 넘실거리게 된다. 공황의 악몽이 입을 쩍 벌리기 시작한 것이다.

2. 광고시장의 성장 및 신매체 라디오 등장

경기 호황이 도래하자 기업 이윤이 연일 기록을 갱신했다. 광고 예산이 크게 늘어나는 것은 정해진 순서였다. 1차 세계대전 말미인 1918년 15억 달러를 기록한 미국 총광고비 규모는 1929년 대공황 직전이 되면 34억 달러를 기록한다. 기업들은 초과이윤을 세금으로 납부하기보다는 영업 손실로 처리 가능한 광고 활동에 쏟아부었다. 이것이 광고시장

성장에 도화선 역할을 했다.

주가 및 평균임금 상승에 따라 가정의 가처분소득이 늘어났다. 이에 따라 소비자들은 "나는 행복해질 거야 want to be happy"란 슬로건 아래 과거의 내핍생활을 벗어던졌다. 이 같은 변화의 물결은 광고산업을 폭 발적으로 성장시켰고 거꾸로 광고의 성장이 소비 풍조를 확산시키는 순환을 가져왔다.

인쇄 광고지면의 크기가 늘어나고 화려한 비주얼이 보편화되었다. 이 시기에는 일반 상품 제조 기업들도 전면 신문 광고, 양면 페이지 잡지 광고를 자주 집행했다. 전 시대에는 보기 드문 현상이었다. 1929년 10월의 블랙먼데이[24] 직전 발행된 《새터데이 이브닝 포스트》는 모두 268페이지였는데 그중 154페이지가 광고로 채워져 있을 정도였다.[25]

막대한 초과이윤을 보유한 기업들이 회사 이미지를 높이기 위해 기업 광고를 대거 실시한 것이 광고대행사 수익을 더욱 크게 늘렸다. 그 같은 풍부한 자금을 이용하여 광고회사들은 그동안 소홀했던 소비자 심리 및 과학적 시장 조사를 적극 실행한다. 광고효과 측정에도 예산을 투입하기 시작했다.

이러한 변화는 당연히 광고 크리에이티브에도 큰 영향을 미쳤다. 과학적 소구에 대한 관심과 더불어 '예술로서 광고 디자인' 이론이 등장한다. 이미지 소구에 기초한 세련된 소프트 셀이 대거 광고지면을 장식했다. 이 같은 양적, 질적 변화를 통해 광고의 사회적 위상이 높아지고 소비자들에게 미치는 영향력 또한 전 시대와 비교할 수 없이 커진다.

〈그림 81〉은 프레데릭 C. 헤릭이 1920년에 만든 포스터다. 같은 해 런던 화이트시티 지역에서 개최된 국제광고전시회를 알리기 위해 지하

철에 부착한 광고다. 화면 중앙에 조니 워커의 '걷는 남자striding man' 가 한창 열변을 토하고 있다. 좌측 하단에는 미쉘린 맨이 시가를 피운다. 그라모폰의 주인공인 강아지 니퍼가 그 뒤에서 꼬리를 흔들고 맨 오른쪽에는 코닥 걸이 신나게 춤을 춘다. 당대를 대표하는 유명 광고 아이콘들이 대거 등장하는 것이다. 다가올 10여 년 간의 광고 황금기를 예견하는 기념비적 작품이라 할 만하다.

또 한 가지 중요한 것은 제1차 세계대전 수행 과정에서 사회 참여를 경험하고 자아의식과 경제력을 얻은 여성들의 구매력이 높아졌다는 사

〈그림 81〉
국제광고전시회를 위한 화려한 포스터. 1920년 작이다.

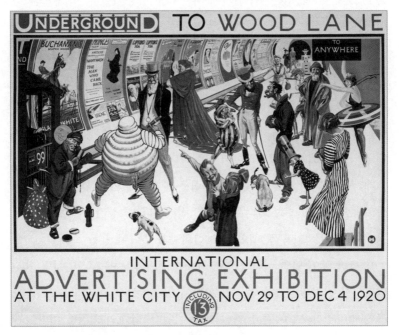

실이다. 유통에서도 혁신이 일어났다. 도어 투 도어Door-to-door 서비스가 완전히 정착되고 체인스토어, 수퍼마켓, 셀프서비스 스토어 등이 크게 늘어난다. 고가 내구재 할부판매에 따른 소비 활성화도 광고산업 성장에 핵심적 기여를 했다.

무엇보다 라디오라는 전혀 새로운 매체가 등장한 것이 광고산업에 충격적 전환점을 제공하였다. 라디오는 캐나다 출신 물리학자 레지날드 페덴센이 1906년 발명했다. 그 10년 후 미국의 데이빗 사르노프가 무선 전파 수신으로 음악을 가정에서 들을 수 있는 상업적 라디오 뮤직박스를 개발한다. 그리고 1920년 피츠버그에서 최초의 상업적 라디오 방송국 KDKA가 설립되어 방송 전파를 쏘게 된다. 최초의 라디오 방송은 제29대 미 대통령 선거 결과에 대한 속보 방송이었다. 이 새로운 미디어는 세계적으로 대중들에게 급속도로 인기를 끌게 되고 라디오 수신기 판매를 위한 광고가 각국에서 활발하게 실행된다.

음악방송 등 다양한 오락거리를 제공하는 라디오의 상업적 가능성은 금방 광고업계의 관심을 끌게 된다. 1922년 8월 28일 뉴욕의 WEAF 방송국[26]이 10분에 걸쳐 최초의 라디오 CM을 내보냈다. 이 광고는 주택 분양을 위해 부동산회사에서 집행한 것이었는데, 광고 방송 즉시 구매계약이 이뤄져 새로운 매체의 위력을 만천하에 과시한다. 이후 다른 상업방송에서도 속속 라디오 CM을 집행했다. 초창기 라디오 광고주는 치약 등의 생활용품, 백화점, 보험회사가 주력이었다.

1924년 말이 되면 미국 전역에 100여 개의 상업방송국이 설립된다. 라디오와 관련된 후방산업은 1920년대 미국에서 가장 성장 속도가 빠른 영역이었다. 그중 광고산업이 으뜸이었다. 당대의 최첨단 미디어였던 라디오 광고는 구텐베르크의 인쇄술 개발 이후 500년 동안 이어지던 인쇄 광고의 독점시대를 종료시켰다. 소비자 메시지 수용 과정과 효과가 완전히 다른 새로운 블루오션이 열리기 시작한 것이다.

3. 사회적 제도로서의 광고

제1차 세계대전이 끝나고 경제대공황이 시작되는 사이의 10년은 세계 각국의 정치, 경제, 사회, 문화가 격렬하게 용틀임했던 시기다. 광고산업도 급격한 변화의 모습을 보인다. 주목할 것은 광고가 소비자를 교육하고 새로운 생활방식을 만드는 사회적 제도social institution[27]의 역할을 개시한다는 점이다.

역사학자 롤런드 마천드는 1920년대부터 미국 광고에서는 이전에 볼 수 없던 뚜렷한 변화가 감지된다고 밝힌다. 광고가 사람들에게 신제품을 소개하고 그것을 사용하는 방법을 가르침으로써 새로운 유행과 습관을 만드는 라이프 스타일 창조 기능이 시작된 것이다. 질레트가 선도한 남성들의 면도 습관, 콜게이트를 필두로 다수의 치약 브랜드가 정착시킨 양치 습관이 대표적 사례다.

종전 이후 불어닥친 급속한 변화에 따라 사람들은 새로운 가족관계와 사회적 관계를 구축하는 데 애를 먹고 있었다. 이때 광고가 해결사 역할을 자임했다. 광고에서 제시한 상품을 구입해서 사용하면 도시화된 현대적 소비생활에 문제없이 적응할 수 있다고 유혹했다. 이 과정을 거치면서 광고는 그 자체로 '현대modern'라는 새로운 시대를 상징하는 코드로 변신한다. 신제품의 사용법, 필요성, 사회적 기능 등을 가르침으로써 소비자들의 현대사회 적응을 위한 가이드라인을 제시한 것이다.[28]

1928년 뉴욕 주지사에 당선된, 훗날의 미국 제32대 대통령 프랭클린 루스벨트의 다음 발언은 이 시기 광고가 담당했던 사회제도적 영향력을 여실히 증명한다.

내가 인생을 새롭게 시작할 수 있다면, 분명히 광고계에 뛰어들 것입니다. 광고는 본질적으로 교육의 한 형태입니다. 그리고 우리 문명의 진보는 그 같은 교육에 달려있습니다.

현대 미국인들은 평균적으로 세계에서 가장 많이 위생용품을 구입한다. 특히 몸에서 나는 냄새에 두려움을 지닌 사람이 많다. 광고 비평가 트위첼은 이런 모습을 "자연스러운 체취를 바꾸려는 단 한 가지 목적을 위해 1년에 40억 달러를 쓰고 있다"고 비꼰다.[29]

1920년대 이전에는 그렇지 않았다. 왜 유독 이 시대에 이런 변화가 일어난 걸까? 바로 광고 때문이었다. 광고를 통해 청결한 신체, 깨끗한 옷, 건강한 주거환경을 하나의 사회적 규범으로 각인시키는 작업이 지속적이고 광범위하게 진행된 것이다. 이때부터 광고는 기업의 단순한 마케팅 목표 달성수단을 넘어, 사람들의 생활 방식과 새로운 습관을 만들어내는 위력을 발휘한다.

미국과 유럽의 광고에서 개인위생과 관련된 언급은 오랫동안 금기였다. 하지만 1920년대의 광고주들은 이 같은 내밀한 금기를 깨고 위생용품들을 공적 담론의 영역에 끌어들였다. 물건을 팔기 위한 숨겨진 목적 아래 말이다. 생리대, 체취 및 구취 제거제, 화장실 휴지, 향수 등에 대한 집요한 광고 캠페인이 실행됨에 따라 사람들 사이에 그때까지 존재하지 않았던 새로운 습관이 생겨났다. 평균 샤워 횟수가 급속히 늘어났고 칫솔과 치약으로 이빨을 닦기 시작한 것이다. 제1차 세계대전 이전에 칫솔과 치약을 쓰는 미국인의 비율은 26퍼센트에 불과했는데, 이것이 1926년이 되면 40퍼센트로 증가한다. 다양한 용품 소비를 통해 개인위생을 철저히 지키는 것이 현대적 삶의 필수조건으로 정착하기 시작한 것이다.

〈그림 82〉는 1922년에 게재된 '스탠다드 욕실 배관 장치' 광고다. 고급스런 욕실의 붙박이형 도기 세면대, 그리고 벽면의 거울에 얼굴을 비추는 아름다운 여인. 이 장면이야말로 당대인들이 꿈꾸던 이상적 라이프 스타일의 실현이었다. 리놀륨, 에나멜 욕조, 도기 타일 등으로 꾸며진 욕실은 말 그대로 현대성modernity의 상징이었다. 펑펑 쏟아져나오는 뜨거운 물로 샤워를 즐기면서 상류층 사람들은 자기만의 삶을 만끽했다. 이런 흐름을 맨 앞에서 열어간 것이 광고였다.

4. "이미지로 말하라", 소프트 셀의 전성기 개막

1920년대는 소프트 셀이 광고 표현의 주류로 등장한 역사상 최초의 시기다. 이 시기의 크리에이티브 특징은 다음 다섯 가지로 요약된다.

첫째, 카피 분량이 줄어들고 비주얼 비중이 늘어나는 추세가 뚜렷하다는 점이다. 이를 통해 인간 심리 내부의 파토스, 즉 사랑, 기쁨, 그리

〈그림 82〉
스탠다드 욕실 배관 장치 광고.
1920년대의 모더니티를
상징적으로 보여주고 있다.

움, 애착, 동정, 공포, 혐오를 자극하고 활용하는 정서 소구 전략affective appeal strategy이 확산되었다. 장문의 카피보다는 세련된 비주얼을 통해 일상의 단면을 묘사하는 시도가 빈번해진 것이다. 이 시대의 분위기를 가장 명확하게 드러내는 것이 패션 광고다. 〈그림 83〉의 신사복 광고는 당대의 향락적 소비문화가 예술적 일러스트레이션과 결합된 전형적 사례다. 카피 요소를 최소화한 것은 물론 흥청망청한 시대 분위기를 상징하는 화려한 비주얼 임팩트가 적극 활용됨을 알 수 있다.

1920년대에는 비주얼 표현의 수준이 탁월한 광고가 많다. 광고산업

〈그림 83〉
당대의 향락적 분위기를
물씬 풍기는
쿠펜하이머 신사복 광고.

〈그림 84〉
소프트 셀 크리에이티브의
정점을 보여주는 캐딜락 광고.

의 위상이 급상승함에 따라, 그동안 광고를 무시했던 재능 있는 일러스트레이터와 아티스트들이 속속 합류했기 때문이다. 1925년에 집행된 캐딜락 광고는 광고의 예술성이 어느 수준까지 높아질 수 있는가를 보여주는 사례다(《그림 84》). 멀리 산 언덕에서 굽이치며 내려오는 길을 배경으로 화면 오른쪽 아래 그늘진 나무숲이 보인다. 왼쪽 상단의 카피 박스 안에 캐딜락 자동차에 대한 설명이 들어있기는 하다. 하지만 크리에이티브의 핵심은 어디까지나 한폭의 풍경화를 닮은 비주얼이다. 고급 승용차의 우아함과 가치를 마치 봄바람처럼 부드럽게 표현하고 있다.

두 번째 특징으로는 앞서 설명했듯이 구취 제거제, 겨드랑이 냄새 제거제 등 신체 청결과 관련된 캠페인이 대거 등장한다는 점이다. 청결 위생용품 소비의 확산은 제1차 세계대전 이후 미국에 불어닥친 급격한 사회구조적 변화를 반영한다. 적자생존의 태풍이 휘몰아치는 이런 시대에는 벼락출세한 졸부도 나타나지만 그 이면에 압도적으로 더 많은 실패자가 배출된다. 사람들이 타인의 시선과 평가에 끊임없이 신경을 쓰게 된 게 그 때문이었다. 대중들의 심리 속에 "혹시 저 사람이 나를 이상하게 생각하지는 않을까?"라는 과도한 염려가 생겨난 것이다. 그런 분위기를 위생용품 광고가 교묘하게 파고들었다. 의도적으로 청결 강박증을 부추겨 막대한 상품을 팔아치우는 방식으로 말이다.[30]

무엇보다 정서적 위협 소구가 빈번히 사용되었다. 그렇게 사회관계적 공포를 자극함으로써 의도적으로 새로운 수요를 창조한 광고 몇 가지를 살펴보자. 먼저 라이프부이 건강비누다(《그림 85》). 겨드랑이에서 나는 불쾌한 냄새를 없애준다는 이 비누가 얼마나 많은 광고를 했던지, 이때부터 겨드랑이 냄새body odor를 나타내는 약어 'B. O' 혹은 'BO'가

〈그림 85〉
1920년대의 경쟁 지향적 사회 분위기를 반영하는
겨드랑이 냄새 제거 비누 광고.

The boss hated to have him in his office

THE boss liked his work and personality but avoided being near him. One fault blocked his progress.

Millions are overcoming this humiliating hot weather handicap of body odor simply by using the *right soap.*

The first time you bathe with Lifebuoy your wholly new sense of fresh, super-cleanness explains better than words why Lifebuoy actually prevents body odor by removing the cause.

The rich, gentle lather is so soothing and leaves the skin so smooth and glow-

ing that most people use Lifebuoy simply because they like it. But its deeper value as a guardian of health is proved by this searching, complete removal from pores of body waste and acids of perspiration which cause body odor. Only antiseptically clean skin is odorless—only an antiseptic soap can give antiseptic cleanness.

The clean health odor of Lifebuoy rinses away completely—never clings. Lifebuoy is orange red—the color of its pure palm fruit oil. Lever Bros. Co., Cambridge, Mass.

LIFEBUOY
HEALTH SOAP
-stops body odor

Buying and Selling   74

새로운 단어로 사전에 등재될 정도였다.

광고를 보면 (연극의 한 장면을 연상케 하는) 화면 절반을 차지하는 비주얼이 우선 눈길을 끈다. 한 남자가 허리를 숙이고 있는데 상사가 찡그린 표정으로 고개를 돌리고 있다. 헤드라인은 "보스는 그를 사무실 안에 두는 것을 싫어했다." 겨드랑이 냄새가 심하면 상사가 끔찍해 한다는 말이다. 승진에 지장을 주는 것은 물론 심지어 해고될지도 모른다는 암시까지 던진다. 멀쩡히 회사 잘 다니는 사람이 체취 때문에 일자리를 잃을 수 있다니, 이 얼마나 공포스런 메시지인가?

점입가경은 입냄새를 다룬 광고다. 구취 제거제 리스테린은 여성의 입냄새를 "사랑을 불가능하게 만드는" 주범으로 낙인찍었다. 상대에게 불쾌감을 주고 스스로에게는 도덕적 수치심을 불러일으키는 원인으로 묘사한 것이다. 지금도 세계 각국에서 엄청난 매출을 올리고 있는 이 가글 용품은 원래 1879년 영국의 조셉 리스터Joseph Lister가 발명한 외과용 소독제였다. 이후 조던 램버트가 발명자의 이름에 "~ine"라는 접미어를 붙여서 대중 상품으로 판매하게 된다. 리스테린은 바닥 청소제, 임질과 인후염 치료제, 탈모 방지제 등의 다양한 용도로 팔렸다. 그러다가 1922년 조던 램버트의 아들인 제라드와 카피라이터 밀톤 피슬리가 입냄새 원인인 세균을 없애는 구강용 살균제로 새롭게 포지셔닝을 시도한다.[31]

이들은 소비자에게 거부감을 줄 수 있는 입냄새bad breath란 단어를 피하기 위해 구취halitosis라는 의학 전문용어를 찾아냈다. 그리고 80개 잡지와 300개 이상 신문에 대대적 재런칭re-launching 캠페인을 실시한다. 캠페인 초기에는 구취를 없애준다고 강조하기는 했지만 비교적 단순한 하드 셀 소구였다. 하지만 여성을 집중 타깃으로 삼은 후속 캠페

〈그림 86〉
리스테린 '입냄새 광고'.
역사상 최고의 위협 소구 광고 중 하나로 손꼽힌다.

인이 전개되면서 점점 공포 소구를 고도화하는 방향으로 발전한다.

〈그림 86〉이 그중에서 가장 유명한 작품이다. 슬픈 표정으로 눈을 내리깐 채 옷자락을 부여잡고 있는 아름다운 아가씨의 모습. 오른쪽 위로 비스듬히 레이아웃된 헤드라인은 이렇다. "가끔 들러리는 서지만 결코 신부는 되지 못합니다Often a bridemaid but never a bride."

입냄새가 심하면 결혼을 할 수 없다는 것이다! 모델로 등장한 여자의 이름은 엔다Enda. 사랑을 찾는 젊은 여성들이 어떻게 이 이름을 잊을 수 있겠는가. 누가 감히 이 '끔찍한' 경고를 무시할 수 있겠는가. 이 작품은 늘 세계 광고 걸작선에 뽑힌다. 하지만 그러한 평가에 앞서 당대의 경쟁 지향적 사회 분위기를 배경으로 타깃의 심층 심리를 뒤흔든 최고의 위협 소구 광고로 기억되어야 한다.

새로운 캠페인을 시작한 1922년에 11만 5,000달러였던 리스테린의 매출액은 대공황 직전인 1929년이 되면 자그마치 70배 가까이 늘어난다. 오늘날도 리스테린은 세계에서 가장 많이 팔리는 구강 위생용품으로 명성을 날리고 있다.

1920년대 소프트 셀의 세 번째 특징은, 여성이 소비 주력으로 떠올랐고 이 같은 현상이 광고 크리에이티브에 뚜렷이 반영되고 있다는 것이다. 상품 소비에서 여성의 힘이 부각된 것은 전국적 보급망을 지닌 여성 잡지의 부상에 힘입은 바 컸다. 전통의 《레이디스 홈 저널》이 앞장섰다. 미국 사회의 주된 소비자는 여성이며 쇼핑은 남성에 걸맞지 않은 행위라는 것이 이 잡지의 주장이었다.[32] 실제로 1차 세계대전 이후 여성의 사회 진출은 전 시대와는 비교가 되지 않을 만큼 활발해진다. 이에 따라 주요 광고품목인 가정용품의 경우 여성 소비자를 빼놓고는 판매가 성립되지 않게 되었다.

《레이디스 홈 저널》의 이 같은 여론 형성은 기업들의 즉각적인 반향을 불러왔다. 새롭게 대두된 여성해방운동도 촉매작용을 했다. 여성들의 구매 확대를 위해서는 그들이 확고한 자유와 권한을 지닌 독립적 존재라고 강조하는 광고가 필요했다. 이 같은 콘셉트의 광고 캠페인들은 오랫동안 여성을 옥죄던 사회적 금기를 깨는 데 큰 역할을 하게 된다. 짧은 치마의 과감한 패션이 유행했고 허리를 옥죄던 코르셋이 점점 사라졌다. 산아제한이 공공연히 주장된 것도 새로운 시대의 흐름이었다.

그런 사회 풍속의 변화 가운데 광고와 관련되어 빠트릴 수 없는 것이 여성 흡연이다. 미국의 경우 제1차 세계대전 이전까지 흡연이 보편적이지 않았다. 담배 피우는 습관은 아메리칸 인디언에게서 비롯된 좋지 못한 행동으로 여겨졌다. 하지만 전쟁을 거치면서 흡연 습관이 폭넓게 확산된다. 이 같은 분위기를 틈타 1920년대가 시작되자 담배회사들은 엄청난 광고 물량을 퍼부으면서 판매량을 늘린다. 이를 통해 이 중독성 기호품에 대한 사회적 인식을 크게 바꾼다.

담배회사들이 설정한 원래 핵심 타깃은 남성 소비자였다. 그러나 시장 확대를 위해 1920년대 중반을 넘어서면서부터 여성 소비자를 사정권에 넣었다. 담배회사들은 흡연이 사회적 속박으로부터 여성을 자유롭게 해준다고 집요하게 주장했다. 이 과정에서 여성해방과 흡연행위가 광고라는 매개체를 통해 하나의 코드로 묶이기 시작한다. 동시에 여성 흡연에 대한 부정적 시각이 줄어든다. 1923년의 경우 미국 담배시장에서 여성 소비자 비율은 5퍼센트에 불과했다. 그런데 1933년이 되면 이 비율이 18퍼센트까지 급증하게 된다.

여성 흡연 마케팅의 선두주자는 아메리칸 담배회사의 사장 조지 워싱턴 힐이었다. 그는 PR의 달인 에드워드 버네이스를 고용하여 여성 흡연 확대 이벤트를 연출한다. 버네이스는 1929년 뉴욕시 5번가에서 벌어진 부활절 기념 퍼레이드에서 젊은 여배우들이 의도적으로 담배를 피우며 행진하도록 계획을 짰다(《그림 87》). 공공장소에서 자유 흡연이야말로 여성해방을 상징하는 아이콘이라 외치면서 말이다.

'자유의 횃불The Torch of freedom 행진'이라 명명된 이 행사는 대대적으로 언론에 보도되었다. 그리고 거액을 들인 광고 캠페인을 능가하는 효과를 거둔다. 여성 흡연이 사회적 자아와 정신적 독립의 상징처럼 칭송되는 분위기를 의도적으로 창출한 다음 담배 수요를 크게 증대시킨

〈그림 87〉
담배회사 마케팅에 이용된 '자유의 횃불' 행진.

것이다. 페미니즘 운동의 대의를 판매고 증대와 교묘하게 연결시킨 결과물이었다.

네 번째 특징은 광고 속에서 공적인 업무 공간public work space과 사적이고 여성적인 공간feminine space이 뚜렷이 나뉘기 시작한다는 점이다. 오귄과 그의 동료들은 광고 표현 안에서 남성과 여성의 공간이 구분되는 현상을 '현대성'과 '대인관계'의 두 가지 준거를 축으로 분석했다.[33] 1920년대의 미국인들은 급속한 사회적 변화 흐름 속에서 신상품 구입을 통해 ① 공적 차원 ② 사적 차원으로 구분된 인간관계를 구축하려 했다는 것이다.

예를 들어 1923년 집행된 일회용 생리대 코텍스 광고는 사적 차원의 여성적 공간을 배경으로 하는 대표적 사례다. 코텍스의 재료인 셀룰로이드면은 제1차 세계대전에서 치료용 붕대 수요가 급증함에 따라 개발된 발명품이었다. 이 재료를 처음 생리대로 사용한 것은 프랑스의 종군 간호사들이었는데, 종전 후 이것이 코텍스라는 브랜드로 다시 태어난 것이다. 광고의 메인 비주얼은 여자 화장실에서 하녀의 도움을 받아 숄을 걸치는 귀부인의 모습이다(《그림 88》).

뒤편에 거울을 보며 치장을 하는 다른 여성들이 보인다. 헤드라인은 "코텍스가 귀부인milady의 화장을 완성시킵니다. (위급한 상황에서도) 완벽한 침착을 지키도록 해줌으로써." 불시에 곤란한 일이 생겨도 코텍스가 사태를 수습하도록 확실히 도와준다는 뜻이다. 여성만의 사적 공간에서 개인의 프라이버시를 다루는 전형적 작품이다.

다섯 번째 특징은 최신 기술이 구현된 신제품 소개가 빈번히 등장한다는 점이다. 이 시기는 과학과 신기술이 종교적 숭배의 대상으로 올라선 시기였다. 사람들은 시장에 등장한 최신 전기제품을 통해 기술발전의 혜택을 실감했다. 전 시대의 하드 셀 전략가들이라면 이런 유형의 광고에서는 당연히 경쟁제품에 존재하지 않는 새로운 기능을 집중적으로 강조했을 것이다. 하지만 이 시대의 크리에이터들은 달랐다. 제품 특성을 전달하되 그것을 날것 그대로 내놓지 않았다. 원재료를 소프트 셀 스타일로 맛있게 요리한 것이다.

프레임 냉매를 사용한 전기냉장고는 당시 폭넓게 보급되기 시작한 첨단 문명의 이기였다. 캘비네이터사가 1918년 처음 시장에 출시한 냉

〈그림 88〉
초창기의 생리대 광고.
여성만의 은밀한
프라이버시를 다루고 있다.

〈그림 89〉
1920년대 미국 중산층의
여유로운 삶이 엿보이는 냉장고 광고.

장고는 1920년대를 맞아 판매가 폭발적으로 늘어난다. 식품 보존 기간을 획기적으로 늘려준 이 발명품은 위생적 요리를 가능케 했고 무엇보다 주부의 가사노동 시간을 크게 줄여주었다.

소비지상주의의 환호가 최고조에 달한 1929년 집행된 윌리엄스 냉장고 광고(《그림 89》)는 제품 속성과 시대 분위기를 멋지게 결합시킨 소프트 셀 소구다. 헤드라인은 "9시의 해적!The 9 o'clock pirate!" 밤 9시, 몰래 부엌에 숨어들어온 개구쟁이 녀석이 냉장고를 열고 군것질거리를 꺼내고 있다. 옆에서는 뭐라도 얻어먹을까 기대에 차서 꼬리를 흔드는 강아지. 이 광고에서 관심을 끄는 것은 비주얼 중심을 차지한 꼬마가 아니라 왼쪽에 슬쩍 비치는 장면이다. 이슥한 밤 일반 가정집 거실에서 정장을 입은 엄마 아빠들의 사교모임이 이뤄지고 있다. 경기 불황기에는 상상하기 어려운 장면이다. 풍요와 여유가 넘치는 1920년대 중산층의 문화적 분위기를 비주얼 하나로 선명히 포착해낸 것이다.

1920년대의 우리나라 광고는 어떠했을까. 1910년 8월 29일의 대한제국 강제 병탄 이후 일제는 식민지 조선에 대한 자원 수탈, 고유문화 파괴, 언론출판 검열 등의 탄압을 자행한다. 하지만 독립을 요구한 1919년 3·1만세운동의 처절한 저항 이후 유화적 식민정책을 일부 도입했다. 이런 변화에는 당대를 풍미한 이른바 '다이쇼 데모크라시'[34]의 영향도 있었다. 해당 시기인 1924년 8월 15일 게재된 모리시타 인단森下仁丹[35] 광고(《그림 90》)를 보자. 신문지면의 절반을 차지하는 '6단 통 사이즈'로 집행된 이 광고는 만화풍 일러스트레이션을 배경으로 인단의 효능을 설득하는 전형적 하드 셀 소구다.

요즈음 은단은 연세 드신 분들이나 먹는 입냄새 제거제 정도 대접을 받는다. 하지만 이 시기의 은단은 완전히 다른 효능으로 광고되었다. 내용은 이렇다. 메인 비주얼은 몸져누운 남자를 둘러싼 여인 세 사람. 만화 말풍선과 유사한 형태로 좌우에 펼쳐진 점선 안에 여인들의 멘트가 흐른다. 내리닫이로 배치한 카피를 읽어보면 다음과 같다.[36]

자, 인단을 대령하였습니다. 속히 병인病人에게 드려주세요⋯⋯아, 인단이오니 안심하시오. 고맙습니다. 의사의 불편한 때[37] 인단만큼 효력 있는 약은 없습니다. 댁에도 인단은 준비하여 두셔요.

〈그림 90〉
가정용 상비약으로 판매된 1924년 인단 광고.

인단이 무소불능의 상비 치료
약으로 팔려나갔음을 알 수
있다. 바디 카피를 읽어보면
차멀미, 뱃멀미, 두통과 현기
증, 가슴이나 배의 통증, 과
식, 설사를 치료하고 심지어
는 전염병의 예방약으로 쓸
수 있다고 말한다. 여기서 돋
보이는 것은 세련된 비주얼
과 레이아웃이다. 또 한 가지
는 오른쪽에서 왼쪽으로 유려하
게 배치된 가독성 높은 카피다.

〈그림 91〉
모리시타 인단의 심볼 로고.
일본 왕의 모습을 연상시킨다.

국문학자 권보드래는 이 시기의
인단이 "잡화점의 인기상품이고, 개화를 자랑할 수 있게 해주는 상징
적 기호였다"고 지적한다. 단순한 소비상품을 넘어 일본제국주의의 근
대성을 표상하는 일종의 가짜 상징pseudoimage이었다는 것이다.[38] 광고
의 정중앙에 레이아웃 된, 나폴레옹 모자를 쓴 제품 심볼(〈그림 91〉)을
보라. 마치 일본 왕의 이미지를 떠올리게 한다.[39] 일본은 1927년 중일
전쟁을 일으키고 2년 후 진주만 침공으로 태평양전쟁의 서막을 연다.
그 뻗어나는 제국주의의 또 다른 힘을 상징하는 제품이 바로 당시의 모
리시타 인단이었다.

13장

황금시대를 빛낸 거장들

1. 인상주의 광고의 개척자, 시어도어 맥마누스

시어도어 맥마누스Theodore F. Macmanus(1872~1940)는 뉴욕주 버팔로
의 아일랜드 혈통 가톨릭 집안에서 태어났다.[40]

맥마누스가 광고와 처음 인연을 맺은 것은 피츠버그 백화점에서 신
문 광고 카피를 쓰면서부터였다. 이후 자동차업계로 무대를 옮겨 예일
자동차 광고매니저를 시작으로 포드, 패커드, 크라이슬러 등 여러 자동
차회사에서 일한다. 그의 재능이 만개한 곳은 거액의 연봉을 받고 스카
우트된 제너럴 모터스GM 캐딜락 사업부에서였다.

맥마누스는 인상주의 광고 혹은 브랜드 이미지 광고의 개척자라 불
린다. 그의 크리에이티브는 설득력이 뛰어난 암시적이고 우아한 카피
로 대표된다. 지성적 면모에다 특히 소프트 셀을 추구하는 창작 스타일

에서 어네스트 엘모 컬킨스와 닮은 점이 많다. 하지만 색깔이 다른 면도 뚜렷하다. 컬킨스는 예술적 레이아웃과 세련된 비주얼 표현을 중시했다. 반면에 맥마누스는 비주얼을 매우 드물게 사용하거나 아예 사용하지 않은 경우가 많았다.

영감과 직관에 기초한 우회적 카피로 브랜드 고유의 품격을 창출하는 것이 맥마누스의 특기였다. 이 같은 고급스런 이미지를 구축하기 위해서는 제품 특성이나 경제적 편익을 강조하는 홉킨스 류의 공격적인 리즌 와이보다는, 독자의 잠재의식을 자극하는 고차원적 암시가 중요하다는 것이 맥마누스의 신념이었다.

그의 철학이 가장 분명하게 드러나는 것은 제너럴 모터스를 위해 만든 일련의 광고다. 최고급 승용차는 예나 지금이나 관여도involvement level[41]가 높은 제품이다. 소비자들이 구입 결정 전에 광고나 다른 소스를 통해 다양한 정보를 적극적으로 수집하는 이유가 그 때문이다. 이 과정에서 구입 예산이나 성능에 못지않은 영향을 미치는 것이 자동차 브랜드에 대한 이미지다. 구체적으로 메이커에 대한 신뢰성 여부, 디자인에 대한 심미적 만족감 그리고 주위에서 '내가 구입하려는' 차를 어떤 시선으

〈그림 92〉 영감과 직관에 기초한
소프트 셀 카피의 대가
시어도어 맥마누스.

로 바라보느냐 하는 사회적 평가 준거 등이 되겠다. 맥마누스는 소비자들의 이 같은 심리를 정확히 꿰뚫었다.

그는 판매 성과만을 노리는 조급하고 과장된 하드 셀 광고를 경멸했다. 대신에 사회경제적 지위가 높은 엘리트 소비자를 대상으로 마음속에 서서히 고급스런 이미지를 구축하는 암시적 광고를 선호했다.[42] 이 점에서 맥마누스는 당시 광고계를 주도하던 라스커나 홉킨스와는 완전히 대척점에 있었다. 그는 로드 앤 토머스사에서 신앙처럼 떠받들던 리즌 와이를 두고 "모든 사람은 바보라는 명제를 영리하고 유사과학적으로 적용하고 있다"며 비판했다. 그리고 자신의 창작 방법은 그들과 다름을 강조했다. "대중의 마음을 좀 더 존중하고……본질적이고 다소간 고결한 특성에 소구하는" 방식이기 때문이었다. 맥마누스는 사람들이 서로 친구를 사귈 때 서두르지 않는 것처럼, 장기 캠페인을 통해 호의적 인상을 천천히 축적하고 친근감을 만드는 게 중요하다고 생각했다. 그가 1910년에 언급한 다음의 명제는 맥마누스의 광고철학이 어떤 것인지를 뚜렷이 보여준다.

우리는 쉽게 만들어지고 쉽게 잃어버리는 허황된 명성의 망령에 사로잡혀 있습니다. 다음 해, 또 다음 해 그리고 10년 후까지를 겨냥해야 합니다.

그는 자신의 독특한 창작 방법에 이름을 붙이지는 않았다. 하지만 내용을 찬찬히 살펴보면 이 접근법은 반세기 후 데이비드 오길비가 이론화시킨 브랜드 이미지 전략과 매우 비슷함을 알 수 있다.

맥마누스가 전국적 명성을 얻은 것은 캐딜락 승용차 광고인 '리더십의 형벌Penalty of Leadership'을 통해서였다. 이 작품은 1915년 1월 2일 《새터데이 이브닝 포스트》에 단 1회 게재되었다. 그럼에도 100년을 넘긴 오늘날까지 20세기 소프트 셀을 대표하는 걸작 중 하나로 인용된다. 나아가 캐딜락은 이 광고를 통해 타의 추종을 불허하는 최정상 이미지를 얻게 되었다.

작품 탄생의 배경은 이렇다. 당시 GM사의 캐딜락은 4기통 가솔린 엔진으로 미국 자동차업계를 선도하고 있었다. 그런데 경쟁사인 패커드에서 소음과 진동을 줄인 6기통(V6) 엔진을 개발하고 강력한 공격을 한 것이다. 1915년 캐딜락은 이에 대응하여 한술 더 뜨는 방식으로 최고급 사양의 8기통 V타입(V8) 엔진을 선보인다. 문제는 이 신형 엔진을 장착한 자동차에서 전기 장치 고장이 자주 발생했다는 사실이다.

패커드사가 이를 빌미로 캐딜락의 신뢰도를 떨어뜨리기 위해 맹렬한 공세를 취한 것은 당연한 일. 이때 GM 카피 책임자로 일하던 맥마누스는 전세를 일거에 역전시키는 독창적 광고(〈그림 93〉)를 탄생시킨다. 헤드라인을 빌려 후일 '리더십의 형벌'로 널리 통용된 작품이었다. 광고가 게재된 당일, 점심을 먹으러 나간 맥마누스는 광고 및 자동차업계 동료들로부터 "무슨 이따위 어이없는 광고를 내보냈느냐"는 조롱을 받았다. 그런데 놀라운 일이 일어났다. 소비자들이 먼저 광고의 진가를 알아본 것이다.

단 1회 게재가 오히려 사람들의 관심을 증폭시켰고 광고에 대한 입소문을 널리 퍼트렸다. 게재 다음 날부터 전국에서 GM 본사로 광고 복사물에 대한 요구가 빗발치기 시작했다. 이런 현상이 몇 년 동안이나

〈그림 93〉
역사상 가장 훌륭한 광고
1위로 뽑힌 '리더십의 형벌'.

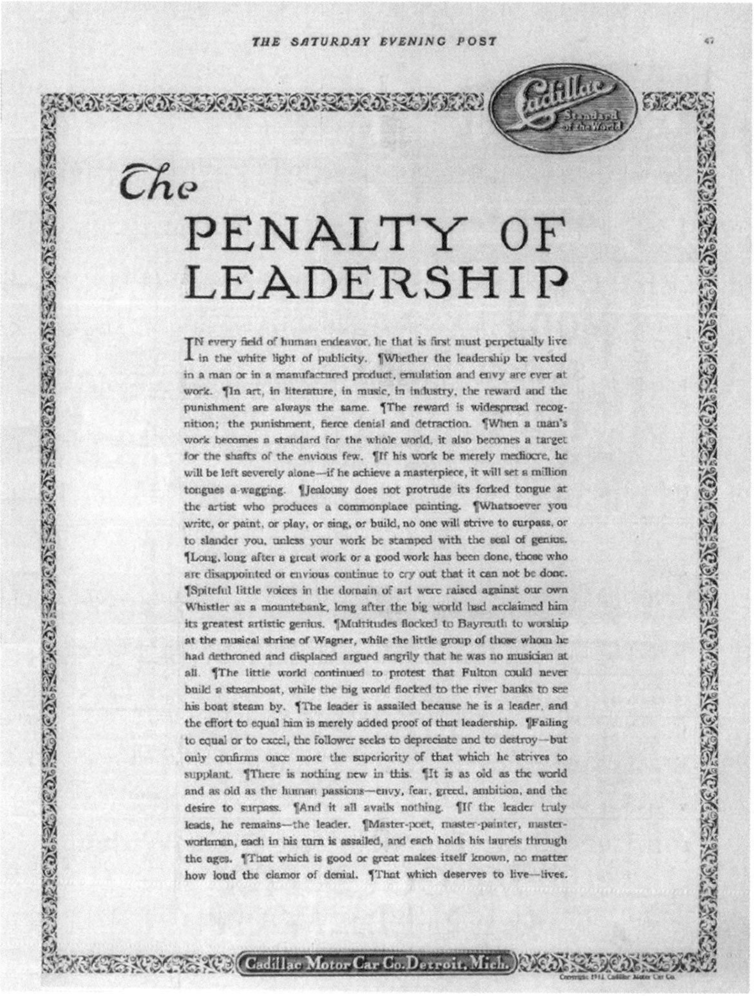

계속되었다. 한 해 평균 1만 장 이상의 광고 복사물이 우편으로 발송되었는데, 당시 기준으로 대단한 기록이었다. '리더십의 형벌'은 모든 주요 도시의 캐딜락 대리점 벽에 게시되었고 판매용 매뉴얼과 세일즈 미팅에서 널리 인용되었다. 이후 맥마누스는 '소프트 셀의 클로드 홉킨스'라고 불릴 정도로 명성을 얻게 된다. 게재된 지 20년이 지난 1935년 《프린터즈 잉크》지에서 "그때까지 나온 광고 중 가장 훌륭한 것이 무엇인가"라는 설문 조사를 실시했다. 그 결과 2위와 압도적인 표차로 이 작품이 1위로 뽑혔을 정도다.

이 광고는 비주얼 없이 카피로만 구성되었는데도 소프트 셀의 최고봉 중 하나에 오른 독특한 작품이다. 또 한 가지 특징은 33줄이나 되는 긴 본문 카피를 통틀어 제품에 대한 설명이 하나도 없다는 점이다. 구석까지 훑어봐도 '캐딜락'이란 단어조차 발견되지 않는다. '이게 캐딜락 광고구나' 유추할 수 있게 하는 것은 지면 오른쪽 상단에 배치한 로고, 그리고 보더 라인 아래쪽 미시간주 디트로이트의 캐딜락 자동차회사라는 회사명뿐이다. 그 밖의 모든 메시지가 한 곳으로 집중되어 있다. 어떤 분야에서든 지도적 위치에 있는 인물이 감당해야 하는 고귀한 의무와 책임감. 그 내용이 한 편의 에세이처럼 담담히 펼쳐진다.

뜬구름 잡는 추상적 이야기로 보일 수도 있다. 그런데도 이 광고가 어떻게 그렇게 높은 평가를 받았을까? 고객의 마음을 꿰뚫는 설득력 때문이었다. 역사를 통틀어 존경받는 리더들이 지켜야 할 가치를 절묘하게 자동차 이미지와 결합시킨 것이다. 그것이 성공의 비결이었다. 맥마누스는 말한다. 리더는 뒤를 따르는 경쟁자로부터 질투와 부당한 비판을 당할 수밖에 없다고. 그러나 그 같은 시기, 질투, 공포는 결코 선구자를 죽일 수 없다고 선언한다. 이 자신감 넘치는 카피를 따라 읽다 보면 절로 고개가 끄덕여진다.

GM V8 엔진에 대한 패커드의 집요한 공격을 알고 있는 소비자들에게 이 광고는 어떻게 받아들여졌을까. 오히려 그 같은 공격이 자동차산업의 리더 GM에게 던지는 질투와 시기심으로 보이게 만들었다. 캐딜락 혹은 패커드라는 단어를 한 번도 쓰지 않고도 이렇게 기품 있는 반박 광고를 만들기는 쉽지 않은 일이다. 아래 문장을 읽어보라. 가히 경지에 이른 카피라이팅 솜씨가 아닌가.

많은 이들이 노력해온 모든 분야에서, 그것이 무엇이든 최초의 자리에 오른 사람은 환한 빛살 속에 있는 것처럼 중인환시衆人環視 리에 살아야 합니다.……그가 이룬 업적이 세상의 기준이 되어버리면 몇몇 시기심 지닌 자들의 표적이 되기 때문이지요.

맥마누스는 '리더십의 형벌'이 대히트를 친 후 시카고의 광고대행사로부터 수십만 달러 연봉의 스카우트 제의를 받았지만 이를 거절했다. GM에 대한 의리를 지킨 셈이다. 그는 여유로운 인간미를 지닌 인물이었다. 정치, 경제, 철학, 문학 전 분야에 걸친 대단한 독서량을 자랑했고 광고업계의 일화와 관련된 책과 자작 시집 3권을 자비로 출간했다. 일벌레였던 클로드 홉킨스와 달리 업무 외에도 골프와 낚시 등의 취미생활을 여유롭게 즐겼다. 맥마누스는 1927년 자신의 이름을 딴 맥마누스 광고대행사를 설립했다. 이 회사는 1934년 맥마누스, 존 앤 아담스 MacManus, John & Adams로 이름을 바꿨다가 다시 맥마누스 벤튼 앤 보

올즈D'Arcy MacManus Benton & Bowles가 되었다. 현재는 맥마누스라는
이름이 빠지고 DMB & B's사로 바뀌었다.

2. 역사상 최강의 광고 커플, 레조 부부

현대 광고 역사를 살펴보려면 레조라는 성姓을 반드시 기억해야 한다.
그러나 이 성은 한 사람이 아니라 두 사람을 가리키는 것이다. 광고회사
제이 월터 톰슨을 반석 위에 올려놓은 스탠리 레조Stanley B. Resor
(1879~1962)와 그의 아내 헬렌 랜스다운 레조Helen Lansdowne Resor
(1886~1964)다(〈그림 94〉). 스탠리는 AE로 광고 인생을 시작했고 헬렌은
카피라이터로 출발했다. 하지만 두 사람은 일생을 통해 공적으로나 사
적으로 떼려야 뗄 수 없는 관계였다. 둘을 묶어서 살펴보는 것은 그 때
문이다.

신시내티에서 태어난 스탠리 레조는 예일대학을 나온 엘리트였다.
대대로 주방용 스토브공장을 운영하던 그의 집안이 20세기 초에 출현
한 가스 스토브 때문에 몰락해가자, 레조는 라틴어 개인과외와 서적 판
매 등을 하면서 고학으로 대학을 졸업했다. 사회에 나와서도 일이 잘
풀리지 않아 은행원, 공구 외판원 등 여러 직업을 경험하다가 마침내
자신의 천직을 찾는다. 1904년 형인 월터가 다니던 프록터 앤 갬블사
의 계열 광고회사 프록터 앤 콜리어Proctor & Collier에 AE로 입사한 것
이다.

스탠리 레조는 탁월한 일솜씨로 광고업계에서 금방 소문이 난다. JWT 사장 제임스 월트 톰슨이 나섰다. 스카우트 제의를 한 것이다. 처음에는 JWT 시카고지사를 맡아달라는 부탁이었다. 이 제안을 거절하자 1908년 톰슨은 그를 붙잡기 위해 계획에도 없던 JWT 신시내티지사를 따로 만들어준다. 스탠리 레조의 전성시대가 열린 것이다. 그 8년 후 스탠리 레조는 동료들과 자금을 합쳐 50만 달러에 모회사 JWT를 인수한다. 대표이사가 된 레조는 이후 300개에 달하는 광고주 가운데 전국광고주 80개만을 남기고 나머지는 대행을 포기한다. 나아가 토론토, 클리블랜드, 디트로이트 등 수익성이 낮은 지사를 폐쇄하고 인력 구조조정을 단행함으로써 회사를 단숨에 장악했다.

데이비드 오길비는 자신의 책에서 스탠리 레조를 광고계의 인텔리

〈그림 94〉
JWT를 세계 최대의 광고대행사로 성장시킨,
부창부수의 파트너 스탠리 레조와 헬렌 랜스다운 레조.

로 표현한다. 엄격함, 정직성 그리고 교양과 매너를 함께 갖춘 사람이라는 뜻이다.[43] 하지만 다른 평가도 적지 않다. 예를 들어 폭스는 그를 "의도적으로 신비주의를 조장하여 세인의 관심을 촉발시키는 사람"으로 묘사한다. JWT 카피라이터로 근무하다가 해고된 소설가 마퀀드J. P. Marquand의 입을 빌려, 레조가 부하 직원들에게 불친절하고 학벌을 과도하게 따지는 성격이었다고 평한 것이다.

레조는 비슷한 시대의 스타 광고인 라스커와 자주 비교된다. 두 사람 모두 탁월한 AE이자 경영자였다. 하지만 라스커가 현대적 광고대행사의 기초를 완성한 인물이라면 스탠리 레조는 '광고의 과학화를 시스템으로 구현한 인물'로 불린다. 레조는 5,000명의 소비자 패널을 구성하여 1개월마다 한 번씩 보고서를 받았다. 효과적인 광고전략을 연구하는 별도 팀을 회사 내에 구성하기도 했다. 광고업계 최초의 대졸 출신 경영자임을 증명하듯 심리학, 경제학, 역사학 분야의 교수들을 직접 JWT에 고용하여 광고의 과학화를 위해 부단히 노력했다.[44]

회사 내에 직급제를 없애고 최대한 느슨한 형태로 조직을 운영한 것도 주목된다. 부서장도 없었고 업무 매뉴얼도 없었다. 대표이사실 문은 언제나 개방되어 있었고, 라스커와 달리 진행되는 프로젝트의 시시콜콜한 내용에 대해 간섭을 하지 않았다. 긴급 사안의 경우 매주 목요일 점심시간 비공개 경영진 회의에서 논의하기는 했다. 하지만 스탠리 레조의 진정한 논의 대상이자 회사에서 두 번째로 영향력이 큰 사람은 헬렌 랜스다운 레조였다. 스탠리는 헬렌을 제외하고는 어느 누구의 의견도 듣지 않았고 합의에 의한 경영도 일체 거부했다.

1912년 스탠리 레조는 광고주였던 적십자 구두Red Cross Shoes 회사가 복잡한 유통구조 때문에 곤경에 빠진 모습에 자극을 받아 《인구와 유통*Population and its Distribution*》이란 제목의 책자를 발행한다. 이 책에는 미국 주요 대도시의 인구통계학적 자료, 인구 500명 이상 도시 목록, 10만 명 이상 도시에 산재한 각 제품 유형별 도소매점 목록이 수록되었다. 광고계에서 처음 등장한 전국적 차원의 본격 마케팅 자료였다.

그렇다면 JWT의 크리에이티브는 어땠을까? JWT는 창설자 제임스 월터 톰슨 이래 AE들이 중추적 역할을 담당하는 회사였다. 스탠리 레조 스스로가 이런 사풍 조성에 앞장섰다. AE들이 광고회사의 유일한 대표자라고 서슴없이 말하곤 했다. 이런 분위기가 크리에이티브에 좋은 영향을 미칠 리 없다. 광고주 요구를 일방적으로 관철시키거나 때로는 담당 AE 자신의 요구를 광고 제작에 반영시키는 일이 자주 발생했다. 이래서야 자유와 독창성을 꿈꾸는 크리에이터들이 답답증을 느끼게 된다.

그럼에도 불구하고 JWT는 당대의 크리에이티브를 선도하는 명작들을 속속 생산한다. 광고주 혹은 AE의 과도한 입김을 저지하면서 수많은 명작 캠페인을 탄생시킨 든든한 방패가 존재했기 때문이다. 광고 제작을 총지휘한 헬렌 랜스다운 레조였다. 그녀는 광고 역사상 최초로 톱클래스에 오른 여성 카피라이터였다. 동시에 당대를 대표하는 초일류 크리에이티브 디렉터이기도 했다. 제임스 웹 영이 입사하여 걸작 광고를 많이 만들었지만 현역에서 은퇴하기까지 JWT의 크리에이티브 수장은 어디까지나 헬렌이었다.

켄터키주 산악 지역에서 태어나 고등학교를 마친 헬렌의 첫 직장은 화장품 제조 및 우편 판매 회사인 월드 매뉴팩처링사였다.[45] 1년 후 프록터 앤 콜리어로 회사를 옮겨 회계부서에서 일한다. 헬렌은 이곳에서 일곱 살 연상의 스탠리 레조를 처음 만났다. 그녀는 다음 직장인 신시내티 신문사 소매광고팀에서 카피라이터로 전직한다. 이후 도시 전차회사의 계열 광고회사를 거쳐, 연인 스탠리가 JWT 신시내티지사에 입사할 때 함께 자리를 옮긴다. 두 사람은 첫 만남이 있은 지 13년 만에 결혼에 골인했다. 함께 광고 일을 한 지 10년 만이었다.[46]

JWT에서 헬렌의 최종 직위는 부회장이었다. 하지만 사실상 JWT의 공동 설계자이자 경영자였다. 그녀는 여러 가지 '여성 최초' 타이틀을 기록했다. 초대형 생활용품회사 프록터 앤 갬블P&G이 최초로 회사 외부 대행사에 광고를 맡긴 곳이 JWT였다. 이때 헬렌은 P&G 이사회에 참석하여 프리젠테이션을 행한 역사상 최초의 여성이 되었다.[47] 지역 광고가 아닌 전국 광고를 자기 주도로 기획하여 제작한 첫 여성 광고인 기록을 세우기도 했다. 데이비드 오길비가 헬렌을 어떤 측면에서 남편보다 더 뛰어난 사람으로 평가하는 것도 무리가 아니다.[48]

그녀는 홀로 된 어머니로부터 여성의 자유와 자립에 대한 강한 페미니즘 신념을 배웠다. 헬렌의 어머니는 생활비를 버느라 늘 낮에 집을 비우면서도 딸들에게 "너희들은 절대 나처럼 살아서는 안 된다. 확고한 자기 직업을 지니고 당당히 세상에 나가야 한다"고 가르쳤다. 그녀가 결혼 후 남편의 성을 따르면서도, 원래 성인 랜스다운Lansdowne을 이름 가운데 넣은 것은 그런 믿음 때문이었다.

헬렌 랜스다운 레조는 여성으로만 구성된 카피라이터 팀을 직접 교육하고 이끌었는데, 이 팀에서 광고사에 길이 남을 여성 소비자 대상의 명 캠페인이 줄줄이 태어났다.[49] 그녀는 광고 역사상 최초로 '여성의 관점에서 여성의 마음을 헤아리면서' 아이디어와 카피, 비주얼을 발상한

〈그림 95〉
섹스어필 광고의 출발점으로 불리는
우드버리 비누 광고.

크리에이터였다. 그것은 JWT의 광고주 가운데 다수가 식품, 세제, 화장품 등 여성용 소비재를 생산하고 있었던 것과도 깊은 연관이 있었다.

1920년대에 시작된 여권운동의 열렬한 지지자로서 뉴욕에서 여성참정권 시위를 조직하였고, 일찍이 가족계획의 필요성을 주창한 선구자이기도 했다.[50] 그 밖에도 뉴욕의 현대미술박물관 이사로 재임하면서 걸작 예술품들을 수집한 미적 감각의 소유자였다.

남편인 스탠리가 마케팅 조사를 신봉한 반면 그녀는 상상력의 중요성을 강조했다. 그녀가 특별히 좋아한 광고매체는 《레이디스 홈 저널》과 《새터데이 이브닝 포스트》였다. 예를 들어 1921년 10월호 《레이디스 홈 저널》에는 JWT 광고주의 작품이 무려 14개나 실렸을 정도다. 헬렌의 크리에이티브는 어네스트 엘모 컬킨스와 클로드 홉킨스라는 상반된 거물의 영향을 동시에 흡수한 결과물로 평가된다. 그녀의 장기는 탁월하고 심미적인 비주얼과 주목도 높은 리즌 와이 카피를 결합시키는 방식이었다. 유명인을 등장시켜 주장 내용의 신뢰도를 높이는 증언식 광고의 개척자이기도 했다. 그녀가 창조하고 유행시킨 이 표현 방식은 당대 광고계에 지대한 영향을 미쳤다.

헬렌이 JWT 초창기에 기록한 최고의 히트작은 우드버리 비누 광고였다(《그림 95》). 1910년 나온 이 작품의 일러스트레이션은 알론조 킴볼이 그렸다. 옅은 갈색 머리에 가슴이 파인 드레스를 입은 아름다운 여인. 그녀의 목덜미에 얼굴을 묻으려는 젊은 남자의 반쯤 가려진 얼굴이 로맨틱한 분위기를 자아낸다. 헤드라인은 더욱 묘하다. "만지고 싶은 피부The skin that you loved to touch."

서브 헤드에서는 구체적인 구입 욕망을 자극한다. "당신도 다음 순서대로 (우드버리를) 사용하기만 하면 오늘밤 그 매력을 당신 걸로 만들 수 있어요You, too, have it's charm if you will begin the following treatment tonight"라고 썼다. 이 문장의 백미는 쉼표 다음에 들어간 '당신도too'란 단어다. 어떤 여성이라도 우드버리 비누를 사용하기만 하면 광고에 나온 여인처럼 남자들을 푹 빠져들게 만들 수 있다는 뜻이다. 노골적이지는 않지만 명확한 성적 암시가 담겨있다. 최초의 섹스어필 광고라 불린 이 작품은 동일 헤드라인에 비주얼만 달리해서 계속 반복 집행되었다. 그 결과 우드버리 비누는 JWT에 광고를 맡긴 지 8년 만에 10배나 판매고가 폭증했다.

3. 또 한 명의 거인, 제임스 웹 영

JWT 전성기를 이야기할 때 제임스 웹 영James Webb Young(1886~1973)을 빼놓을 수 없다《그림 96》. 데이비드 오길비가 카피라이팅 역사상 가장 위대한 다섯 명의 거인 중 한 사람으로 꼽은 사람이다.

오하이오주 해밀턴 카운티에서 태어난 영의 삶은 파란만장했다. 그는 초등학교 5학년을 마친 열두 살에 학교를 도망쳤다. 주급 2달러를 받고 신시내티의 한 백화점 경리 부서에서 심부름 일을 했다. 그러다가 몇 달 지나지 않아 무단 결석생 잡으러 다니는 선생님에 의해 다시 학교로 돌아간다. 하지만 다시 석 달 만에 학교를 떠나 신시내티의 한 출판사에 취직함으로써 공식 교육을 종료하게 된다.[51] 이렇게 출발한 사회생활은 사환, 잡지 발송 담당자, 배송직원, 속기사, 광고 매니저 등의 온갖 직업으로 이어지게 된다. 그중 가장 특이한 것은 미국 남부 전역을 돌아다니면서 성경책 파는 세일즈맨으로 일한 경험이다.

그가 제이 월트 톰슨 신시내티지사 카피라이터로 입사한 것은 26세 때였다. 어릴 적 친구 헬렌의 추천을 받아서였다. 직전까지 카피라이팅을 전담했던 헬렌 랜스다운 레조가 P&G, 유반 커피, 럭스 비누 등의 캠페인을 연달아 성공시킨 후 JWT 뉴욕 본사로 영전한 공백을 메꾸는 역할이었다. 이때까지만 해도 스탠리 레조는 대어를 건졌다는 사실을 알지 못했다. 하지만 제임스 웹 영은 상상 이상의 능력을 금방 입증한다.

JWT에서 승승장구하면서 신시내티 지사장, 뉴욕 본사 부사장과 유럽 지사장을 지낸 그는 마흔두 살이란 이른 나이에 광고계를 은퇴하고 세계 일주 길에 오른다. 광고계에서는 할 만큼 했다고 생각했던 모양이다. 그러나 광고의 신은 그를 그냥 내버려두지 않았다. 다시 레조의 요청으로 JWT 회장으로 복귀한 영은 JWT 한 회사에서만 총 50년간 적을 두게 된다. 제2차 세계대전이 한창이던 1942년에는 미국광고위원회Ad Council 회장에 취임하여 전쟁 승리에 큰 공헌을 했다. 또한 미국광고대행사협회4A의 회장을 맡아 광고계의 대부로 불릴 만큼

〈그림 96〉
JWT에서만 50년을 일하며
회사를 세계 최대 규모로
성장시킨 주역, 제임스 웹 영.

큰 영향을 미쳤다.

그러나 제임스 웹 영이 가장 빛을 발한 자리는 역시 크리에이티브의 성좌였다. 1973년 카피라이터 명예의 전당에 헌액된 그의 성공작은 수 없이 많다. 그중에서 숨겨져 있던 미국 사회의 엄숙주의를 백일하에 드 러낸 걸작, 오도로노Odorono 신문 광고를 보자《그림 97》.

겨드랑이 냄새를 없애주는 이 약제는 1907년 신시내티의 한 외과의 사가 스스로 증상을 치료하기 위해 발명했다. 오도로노를 여성용으로 판매하기 시작한 사람은 의사의 딸이었다. 남자들은 으레 몸에서 불쾌 한 냄새가 나게 마련이므로 오히려 여성 대상이 좋겠다는 생각을 했다 고 한다.

알음알음 팔리던 이 제품이 대대적으로 모습을 드러낸 것은 영이 만 든 광고에 의해서였다. 해당 신문 광고의 헤드라인은 "여성의 팔의 곡 선 안쪽에Within the curve of a women's arm." 카피가 묘하게 선정적이다. 하지만 진정한 강펀치는 다음과 같은 서브 헤드였다. "너무 자주 회피 되는 주제에 대한 솔직한 토론A frank discussion of a subject too often avoided."

여성의 체취는 은밀한 금기에 속하는 주제다. 그런데 이 광고는 숨기 고 싶은 해당 이슈를 정면으로 부각시켰다. 너무 노골적 표현은 피해 가면서 오히려 주목을 강화하는 절묘한 레토릭을 구사한 것이다. 바디 카피에서는 한층 더 솔직한 이야기를 던진다. 이 증상은 "(냄새를 풍기 는 당사자는) 잘 못 느끼지만 다른 사람들에게 고통을 주는 문제"라고 공개적으로 까발려버렸다.

'비밀 아닌 비밀'을 건드린 이 광고는 엄청난 논란에 휩싸인다. 광고

〈그림 97〉
미국 사회의 도덕적 이율배반성을
건드린 오도로노 광고.

Within the Curve of a Woman's Arm
A frank discussion of a subject too often avoided

가 실린《레이디스 홈 저널》독자 가운데 200여 명이 공개적으로 광고 집행을 비난하면서 구독을 끊었다. 개인적으로 알고 지내던 많은 여성이 "모욕적이고 구역질 나는 광고"라며 영에게 절교를 선언하기도 했다. 20세기 초반의 미국 사회는 외형적으로 청교도적인 분위기였다. 영이 이 같은 엄숙사회의 이율배반성을 정면으로 자극한 것이다. 그러나 사람 마음은 겉 다르고 속 다른 법이다. 표면적으로는 격한 비난을 퍼붓던 여성들이 너도나도 몰래 제품을 구입하기 시작했다. 오도로노의 판매곡선은 하늘로 치솟았다. 광고가 나간 지 1년 만에 매출액이 112퍼센트나 증가한 것이다.

영은 증언식 광고 발전에도 큰 기여를 했다. 럭스 비누 광고에서 회신 쿠폰에 따른 머니백money-back 기법을 체계화한 것이 대표적이다. 그의 능력은 전방위적이었다. 예를 들어 1940년 출간한《광고 아이디어를 내는 기법A Technique for Producing Ideas》은 광고 아이디에이션ideation을 주제로 지금까지 쓰인 가장 훌륭한 책 가운데 하나로 평가된다. 이 얇은 책에는 광고 아이디어의 본질과 그것을 발상하는 방법이 체계적으로 설명되어 있는데, 영이 제안한 테크닉은 '아이디어 발상 5단계법'이라 명명되어 오늘날까지 여러 분야에서 활발히 사용되고 있다.[52]

1944년에는 광고 전문지《애드버타이징 에이지》에 썼던 익명 기고를 바탕으로《어느 광고인의 일기The Diary of an Ad Man: The War Years June 1, 1942-December 31, 1943》를 출간하기도 했다.[53] 제2차 세계대전이 진행 중이던 1년 6개월 동안 하루도 빠짐없이 광고, 비즈니스, 그리고 미국인들의 삶에 대한 단상을 기록한 이 책은 판을 거듭하며 최근까지 팔리고 있다.

JWT는 1927년 세계 최대의 광고대행사로 등극한 이후 50여 년 동안 그 자리를 지켰다. 스탠리 레조가 회사를 인수했던 1908년 300만 달러였던 취급고는 1922년 1,070만 달러, 1930년에는 3,750만 달러로 급성장한다. 그리고 1947년이 되면 마침내 1억 달러를 돌파한다. 광고대행사 최초의 기록이었다. 동시에 핵심 광고주였던 제너럴 모터스의 요청에 따라 미국 이외 지역에 글로벌 네트워크를 구성하는 첫 번째 광고회사가 된다. 유럽, 아시아, 라틴아메리카 심지어 아프리카까지 지사를 개설하는 다국적 기업이 된 것이다.[54] 스탠리, 헬렌, 영 3총사의 업적이었다.

4. 톱스타 브루스 바튼

브루스 바튼Bruce F. Barton(1886~1967)은 1920년대 광고 황금시대를 대표하는 또 다른 스타 광고인이다(《그림 98》). 그는 테네시주의 시골 마을 로빈스에서 순회 목사였던 아버지와 교사인 어머니 사이에서 태어났다. 고교 졸업 후 켄터키주 바레아대학에 입학했다가 앰허스트대학으로 옮겨 우수한 성적으로 졸업을 했다. 역사학 교수가 되고 싶었지만 4학년 때인 1907년 심각한 불황이 미국을 덮쳤다. 어쩔 수 없이 몬태나 철도회사의 계시원으로 사회생활을 시작한다. 그리고 몇 달 후 시카고의 작은 종교신문《홈 헤럴드Home Herald》에 입사했고 다시 회사를 바꿔《하우스키퍼Housekeeper》신문에서 편집장을 맡았다.[55]

1912년 바튼은 뉴욕으로 와서 추문 폭로 잡지《콜리어스 매거진

Collier's magazine》의 판매 부책임자 일을 하게 된다. 그러다가 우연히 모기업인 출판사 책을 팔기 위해 잡지의 비어있는 4분의 1페이지에 카피를 쓰게 된다. 하버드대학 고전 선집[56] 광고였다. 시간이 너무 급박해서 바튼은 프랑스대혁명 시기 길로틴 앞에 앉은 왕비 마리 앙트와네트의 그림을 후다닥 찢어서 메인 비주얼로 썼다. 그런데 이 광고가 엄청난 주목을 받았다. 무려 40만 세트의 책이 팔려나가는 일대 사건이 벌어진 것이다.

잡지 편집이 주업이었고 카피라이팅은 부업이었던 그에게 일대 전기를 마련해준 것은 제1차 세계대전이었다. 공공정보위원회 일을 도와주다가 광고인 알렉스 오스본과 전직 신문기자 로이 더스틴을 만나게 된 것이다. 세 사람은 미국 적십자사를 위한 전시 노동 캠페인을 함께 진행하면서 곧 의기투합하게 된다. 종전 후인 1919년 1월, 바튼은 오스본과 더스틴이 이미 설립했던 회사 합류 제안을 받아들였고 이로써 BDO(Barton, Durstine & Osborn. Inc.)가 출범하게 된다. 바튼은 카피라이터로 전설의 반열에 올랐고 거대 광고회사를 경영했지만, 평생 광고 일이 자기 천직이라 생각해본 적이 없었다. 광고계에 본격적으로 발을 들여놓았

〈그림 98〉
1920년대를 주름잡은 광고계의 스타 브루스 바튼.

으면서도 여전히 딴생각을 품었다. 회사 경영자가 되면 윗사람을 모실 필요도 없고 남는 시간에 자유롭게 언론 기고문을 쓸 수 있다는 것이 합류의 가장 큰 이유였을 정도다. 15년 정도 지나면 광고계를 은퇴해서 신문사를 하나 사들이거나 학생을 가르치든지 아니면 정계에 입문하겠다는 꿈을 꾸면서 말이다. 다행인지 불행인지 그 희망은 실현되지 않았다. 회사 설립 후 얼마 지나지 않아 제너럴 모터스, 레버 브라더스, 던롭 같은 굴지의 광고주를 얻게 된 것이다. 1928년 조지 배튼사와 합병하여 BBDO로 이름을 바꾼 후에는 JWT, 아이어 앤 선과 함께 미국 3대 대행사로 급성장한다.[57]

브루스 바튼은 1920년대를 통틀어 대중들 사이에 가장 널리 알려진 광고인이었다. 동시에 당대를 대표하는 베스트셀러 작가 중 하나였다. 그의 대표작 《아무도 모르는 사람The Man Nobody Knows》은 예수를 기존 관점과는 완전히 다른 현대적 차원에서 해석함으로써 선풍적 인기를 얻었다. 33세에 목숨을 잃은 그 남자가 대중의 관심을 끌어내는 설득의 달인이요 타고난 '광고인'이라는 거다. 그는 예수를 신적인 존재라기보다는 쾌활한 성품에 잘 웃으며 강력한 지도력으로 목표를 달성하는 리더로 설명했다. 참신하고 기발한 해석이었다.

《아무도 모르는 사람》은 청교도 목사의 아들로 태어난 브루스 바튼의 종교관이 투영된 작품이다. 하지만 동시에 그의 광고관을 엿볼 수 있는 교과서이기도 하다. 그는 책의 서문에서 예수가 강한 매력을 통해 타인을 끌어들이고 행동하게 만들어 큰 조직을 구축한 사람이었다고 주장한다.[58] 이 관점에서 예수는 "현대적 비즈니스의 창시자"이며, 그의 설교야말로 "역사상 가장 강력한 광고"라는 것이다. 이 책이 보수적 종교계의 극심한 비판과 불매운동에 직면한 건 당연한 일이었다. 그럼에도 대중의 폭발적인 관심을 받아 발매 1년 반 만에 25만 부가 팔린다.

역사학자 와인스타인과 루벤은 이 책의 열쇠가 신이나 구원 같은 형이상학적 주제를 상업적 코드로 치환한 것에 있다고 규정한다. 나아가 책이 그렇게 많이 팔리게 된 요인으로 1920년대를 휩쓴 극단적 자유방임주의 풍조를 지적한다.[59] 경쟁에서 이기지 않으면 몰락할 수밖에 없는 당대의 정글 자본주의 풍토가 예수를 '이윤 창출의 선봉장'으로까지 변신시켰다는 뜻이다.

이 베스트셀러를 관통하는 바튼의 논리를 요약하면 이렇다. ① 광고는 불특정 다수를 설득하여 인지와 태도를 바꾸는 커뮤니케이션이다 → ② 인류 역사상 이 일을 가장 효과적으로 성공시킨 사람이 예수다 → ③ 따라서 예수의 설교와 행적은 오늘날 광고에도 충분히 적용될 수 있다. 예수를 상업주의의 첨병으로 내세우는 이런 관점에 많은 이들이 동의하지 않을 수도 있다. 하지만 최소한 그러한 발상의 독창성까지 부인할 수는 없을 것이다.

브루스 바튼은 큰 키에 당당한 체격 그리고 연한 푸른색 눈동자의 호남이었다. 특히 프리젠테이션에서 광고주를 설득하는 부드러운 카리스마가 일품이었다. 정치에도 관심이 많았다. 광고계 입문 초기부터 공화당과 밀접한 관계를 맺은 것이 그 때문이었다. 앰허스트대학 동문인 캘빈 쿨리지의 대통령 당선에 지대한 공을 세웠고 1937년 하원의원 보궐선거에 직접 출마하여 당선되기도 했다.

바튼이 이끈 BBDO는 하드 셀 리즌 와이에 독창적 비주얼을 결합시킨 경쟁사 JWT와는 달랐다. 컬킨스와 맥마누스의 소프트 셀 적통嫡統

을 그대로 이어받았기 때문이다. 그는 이런 특출한 작품들을 통해 '《레이디스 홈 저널》 광고상' 등 당대의 모든 상을 휩쓴 광고계의 총아였다. 그중에서 특히 대기업의 기업PR 광고에 재능을 발휘했다.

브루스 바튼이 만든 걸작 광고는 많다. 그중 하나만 꼽으라면 제너럴 밀스를 위해 만든 '베티 크로커' 캠페인을 추천한다. 베티 크로커는 가공의 여성 식품전문가다. 이 캐릭터는 원래 1921년 제너럴 밀스 주최 요리경연대회에 참가한 주부들에게 보내는 편지에 사인을 해주기 위해 작명되었다 한다.[60] 그러다가 얼굴을 갖춘 형상으로 처음 나타난 것은 〈제빵을 위해 모든 여성이 알아야 할 것들〉이라는 12페이지짜리 브로슈어에서였다(《그림 99》).

베티 크로커가 '진정한' 생명을 얻게 된 것은 라디오를 통해서였다. 1924년과 1925년에 걸쳐 제너럴 밀스는 지역의 요리학교를 겨냥하여 라디오 토크쇼를 송출하기 시작한다. 이때 블랑쉬 잉거솔이란 성우를 베티 크로커로 내세워 음성을 내보낸 것이다. 개성 있는 친근한 목소리로 수다를 떠는 베티의 존재는 금방 핵심 고객층인 주부들의 관심을 끈다. 베티 크로커는 이후 일러스트레이션 형태로 제너럴 밀스 광고에 대대적으로 등장하면서 불멸의 광고 캐릭터가 된다.[61]

베티 크로커는 오늘날에도 케이크와 제빵용 믹스의 캐릭터로 활발하게 사용되고 있는데, 시대 변천과 함께 미묘하게 달라진 얼굴 이미지로 유명하다. 〈그림 100〉은 브랜드 초창기인 1927년부터 1996년에 이르기까지 변화한 베티의 모습을 보여준다. 긴 세월을 거치면서 붉은색 재킷을 입은 검은 머리의 이 여성은 이제 단순한 광고 캐릭터를 넘어 미국의 식문화를 상징하는 하나의 아이콘이 되어버렸다.

〈그림 99〉
초창기 '베티 크로커'의 모습.

〈그림 100〉
70년간 시대 변화에 따른
베티 크로커의 얼굴 변천사.

5. 광고계의 스승, 레이먼드 루비컴

1_불세출의 크리에이터이자 탁월한 경영자

레이먼드 루비컴Raymond Rubicam(1892~1978)은 20세기 초중반의 세계 광고 크리에이티브에 결정적 영향을 미친 인물이다《그림 101》. 그는 광고 설득에서 가장 중요한 것은 크리에이터의 손에서 직접 창조되는 제작물이라는 사실을 하나의 상식으로 정착시켰다. 그 밖에도 후배를 키우는 교육자로서 재능, 사회과학에 대한 해박한 지식, 추진력과 비전, 타협 불가의 도덕성을 동시에 갖춘 인물이었다. 그만큼 능력이 출중했고 두루 존경을 받았다.

루비컴은 뉴욕 브루클린에서 독일계 루터파 교인인 아버지와 프랑스 위그노 혈통 어머니의 8남매 중 막내로 태어났다. 아버지 조셉은 무역업 관련 저널리스트였다. 어머니 사라 마리아는 여성잡지《고디 레이디스 북Godey's Lady's Book》에 시를 기고했던 탁월한 감수성의 소유자였다.[62] 그런데 무역업을 하던 할아버지가 재산도 유언도 안 남기고 세상을 떠나자 가세가 크게 기운다. 설상가상으로 다섯 살 때 아버지가 폐결핵으로 죽고

〈그림 101〉
미국 광고계의 지도자로
후배들에게 큰 존경을 받은
레이먼드 루비컴.

곧이어 어머니까지 세상을 떠난다.

이후 어린 레이먼드는 누나와 형 집을 떠돌면서 자라게 된다. 이런 환경 때문에 루비컴은 다루기 힘들고 학교에서 말썽을 피우는 소년이 되고 말았다. 덴버에 있는 형 해리의 집에서 더부살이하던 루비컴은 결국 15세에 학교를 떠나 험난한 세상으로 나가게 된다.[63] 처음 얻은 직업은 운송 대리점 조수 일이었다. 이후 9년 동안 미국 전역을 돌아다니며 벨보이, 극장 좌석안내원, 영사실 직원, 방문외판원, 신문기자 등의 다양한 일자리를 전전한다.

그 같은 환경에서도 루비컴은 소설가 오 헨리를 전범으로 삼아 단편 소설 작가의 꿈을 이루기 위해 글쓰기 연습을 게을리 하지 않았다. 그는 24세가 되던 해 결혼을 했다. 하지만 당시 직업이었던 자동차 세일즈맨으로서는 수입이 들쑥날쑥했다. 가장으로서 고민이 컸던 루비컴은 이 시기에 막 산업으로서 자리를 잡기 시작한 광고계에서 운명적인 빛을 보게 된다.

그는 부업으로 틈틈이 트럭회사와 씹는 담배 회사의 광고 카피를 써주곤 했다. 그렇게 자기가 쓴 담배 광고 카피 몇 개를 들고 필라델피아 전화번호부에 알파벳 순서로 첫 번째 등재된 광고회사 암스트롱F. Walls. Amstrong사를 찾아갔다. 이 회사 사장 암스트롱은 고약한 성품에 직원들 몰아세우기를 좋아했던 독재자였다. 취업 면접을 위해 찾아온 루비컴을 9일 동안이나 회사 로비의 딱딱한 의자에서 기다리게 하면서 애를 태웠다. 매일 아침 8시에 회사로 오게 해놓고 사람들이 다 퇴근하는 시각까지 무작정 기다리게 한 것이다. 9일째 되던 날 인내의 한계에 달한 루비컴은 집으로 돌아가 편지를 써서 인편으로 보냈다. 그는 당시 상황을 이렇게 회상한다.

> 회사 로비의 안내원에게 말하고 집으로 돌아간 나는 편지를 썼다. "즉시 취업 면접을 해주든지 아니면 눈두덩이가 시커멓게 되도록 얻어맞을 각오를 하라"는 내용이었다.[64]

편지는 즉각적 효과를 발휘했다. 암스트롱이 바로 루비컴을 회사로 불렀기 때문이다. 그리고 이렇게 말하고는 주급 20달러짜리 인턴 카피라이터로 채용을 했다. "자네가 쓴 카피들은 별 볼 일이 없었네. 하지만 이 편지는 대단하더군."

훗날 루비컴은 19세기형 노동 착취 현장에 가까웠던 암스트롱사에서 겪었던 3년간의 카피라이터 생활을 이렇게 묘사한다. "건전한 대행사를 만드는 간단한 원리는 '암스트롱이 한 것과 반대로만 하면 되는 것'이라고 확신했다." 그리고 이러한 결심을 후일 자신이 설립한 회사 경영을 통해 현실로 펼치게 된다. 영 앤 루비컴이 업계에서 '광고인의 천국'으로 불리며 선망의 대상이 된 데에는 그런 배경이 있었다. 후일 청운의 꿈을 품고 뉴욕으로 온 영국 출신 풋내기 데이비드 오길비의 꿈이 영 앤 루비컴 입사였으니 미루어 짐작이 될 것이다. 어쨌든 암스트롱사에서 솜씨를 갈고닦은 루비컴은 1919년 아이어 앤 선으로 이직한다.[65]

루비컴은 최정상의 카피라이터였다. 특히 아이어 앤 선 시절이 절정기였다. 현대 광고사에서 이 시기의 루비컴보다 명작을 많이 만든 사람은 없었다. 다른 광고대행사의 스카웃 제의가 잇따른 것은 당연한 일이었다. 아이어 앤 선은 이직을 막기 위해 하룻밤 사이 연봉을 50퍼센트나 올려주는 파격적 대우를 했다. 하지만 루비캄은 아이어 앤 선의 고답적 분위기에 점점 한계를 느끼게 된다. 결국 1923년, 역시 암스트롱에서 아이어 앤 선으로 자리를 옮긴 AE 출신 존 영John Orr Young과 손을 잡고 자기 회사를 창립한다.

창업할 당시 자금은 5,000달러뿐이었고 직원은 달랑 비서 한 명이었다. 영세한 신발끈 제조회사[66]가 첫 광고주였는데, 6개월 만에 대형 광고주였던 제너럴 푸드 포스텀Postum과 계약하면서 궤도에 올라선다.[67] 영 앤 루비캄은 날카로운 전략과 독창적 아이디어의 조화를 통해 대공황기에 연속으로 대형 광고주를 영입하며 사세를 크게 확장했다. 경쟁 광고회사들이 대대적 감원을 실시하며 생존에 급급하던 시절 영 앤 루비캄은 JWT에 이어 업계 2위에 오른다. 걸프 석유, 패커드 자동차, 제약회사 브리스톨 마이어스, 보험회사 트래블러스 등 대형 광고주들이 속속 영 앤 루비캄과 파트너 관계를 맺었기 때문이다.

회사 경영이 안정되자 루비캄은 몇 개 핵심 광고주의 최종 시안을 컨펌하는 것 외에는 직접 제작에 관여하지 않았다. 뒤에서 설명할 스털링 게첼이나 레오 버넷이 말년까지 크리에이티브 리뷰 보드[68]의 황제로 군림하면서 부하들을 닦달한 것과 비교가 된다. 영 앤 루비캄의 규모가 더욱 커지자 제작 일선에서 완전히 물러나 경영과 광고주 유치 그리고 미국 광고계의 리더 역할을 수행했다.

루비캄은 전문직으로서 광고인에 대한 자부심이 강했다. "직원들 사기를 저하시키는 광고주는 포기하는 것이 좋다"는 신념이 확고했다. 도덕적 기준에 벗어나는 광고주의 영입을 자발적으로 거절하기도 했으며, 심지어는 기존 광고주에 대한 대행을 스스로 포기하기도 했다. 아메리칸 토바코사 오너이자 갑질로 악명 높았던 조지 워싱턴 힐과의 인연이 그런 것이었다.

힐은 무모한 편집광적 성격이었다. 특히 광고를 맡은 대행사에 자기 스타일을 악착같이 강요한 것으로 소문이 자자했다. 그는 루비컴에게 좋은 광고가 뭔지 강의를 해줄 테니 2주마다 한 번 자기를 찾아오라고 요구했다. 그리고는 당대의 광고 거장을 향해 "오락과 광고에 대한 대중의 반응이 뭐가 다른가? 당신은 광고라는 사업을 전혀 몰라"라며 비판을 퍼부어댔다.

그는 영 앤 루비컴의 담당 제작팀을 세 번이나 즉흥적으로 바꿨다. 그리고 네 번째로 다시 교체를 요구하자 루비컴은 마침내 다음과 같은 결단을 내렸다. "이건 아무리 궁핍해도 수용할 수 없는 일이라고 느꼈습니다. 무엇보다 우리는 그럴 정도로 궁핍하지도 않았고요." 힐을 방문한 루비컴은 주저 없이 300만 달러짜리 광고의 대행을 포기하겠다고 통보했다. 이 소식이 전해지자 뉴욕 매디슨 애비뉴의 영 앤 루비컴 사무실 곳곳에 축하주가 돌았다. 수많은 직원이 복도에 나와 춤을 추었다.

레이먼드 루비컴은 크리에이티브 재능과 경영 능력, 그리고 후배들의 롤 모델이 된 장인정신에 이르기까지 명실 공히 미국 광고계를 대표하는 지도자였다. 그는 1935년에서 1937년까지 미국광고대행사협회4A 회장을 맡았고, 광고산업에 기여한 공로를 인정받아 광고상 금메달을 받았다. 1974년에는 미국광고연합 명예의 전당에. 이듬해에는 카피라이터 명예의 전당에 헌액되었다.

1940년 루비컴은 두 번째 결혼에서 늦둥이를 얻는다. 가정생활의 재미에 푹 빠진 그는 이때부터 광고에 대한 흥미를 잃기 시작했다. 그리고 1944년 7월, 가족에게 더 많은 시간을 할애하기 위해 52세의 이른 나이에 광고계를 떠난다. 하지만 광고 현장을 떠났어도 그의 활동은 중단되지 않았다. 은퇴 후에도 다양한 공공 분야에서 봉사의 길을 걸었다. 광고의 거목으로 존경받던 루비컴은 1978년, 86세의 나이로 세상을 떠났다. 애리조나 스콧데일이 그의 장지였다.

2_수많은 걸작을 낳은 천재

광고 크리에이터에는 두 가지 유형이 있다. 첫 번째는, 꾸준하고 반복적인 시도를 통해 쓸 만한 아이디어를 뽑아내는 사람들이다. 대부분이 여기에 속한다. 두 번째 유형은 아주 드물다. 이들은 유별나게 직관력이 뛰어나다. 자료를 소화하고 그것을 바탕으로 아이디어를 내는 과정은 다를 바 없다. 하지만 주위 사람들이 보기에 별로 힘을 들이지 않고도 눈이 번쩍 뜨이는 발상을 터뜨린다. 대표적 인물이 루비컴이었다.

그는 학력도 보잘것없고 내세울 만한 배경도 없었다. 하지만 특유의 창조능력을 무기로 파괴력 강한 아이디어를 뽑아내는 면에서는 당대 최고였다. 회사 설립 이후 "광고에서 가장 중요한 것은 아이디어"라고 항상 강조했는데, 어쩌면 자신의 창조능력을 따라오지 못하는 부하들에 대한 답답함의 토로였을지도 모르겠다.

그가 카피라이터로서 절정의 능력을 뽐낸 아이어 앤 선 시절의 작품을 몇 가지 살펴보자. 먼저 제약회사 스퀴브의 기업 광고다(《그림 102》). 1945년 《프린터즈 잉크》 지가 선정한 '사상 최고의 광고'에서 1위는 맥마누스의 '리더십의 형벌'이었다. 그 뒤를 이은 것이 루비컴이 만든 이 광고다. 스퀴브는 조제약을 생산하던 제약회사였다. 그러다가 1921년

처음으로 OTC[69] 약을 시판하기로 결정하고 아이어 앤 선에 광고를 의
뢰한다. 여러 개의 시안을 거부당한 끝에 루비컴은 비주얼 없이 활자
로만 이루어진 광고 시안을 제시했다. 헤드라인은 이랬다.

모든 제품에서 값을 매길 수 없는 성분은 제조회사의 명예와 성실입
니다Priceless Ingredient of Every Product is the Honor and Integrity of its
Maker.

〈그림 102〉
루비컴이 만든
스퀴브 기업 광고.
까다롭기로 유명했던
광고주조차 극찬했다.

루비컴은 오후까지 빈둥대다가 저녁이 되면 카피를 쓰는 버릇이 있었다. 스퀴브 헤드라인을 쓰던 날도 그랬다. 새벽 두 시까지 해결책을 못 찾아 이리저리 헤맸다. 그러다가 잠자리에 들기 전 마지막으로 그때까지 쓴 수많은 헤드라인을 살펴보았다고 한다. 순간 각각 다른 헤드라인 2개로부터 나온 별개의 개념 2개가 머릿속에서 결합되었다. 첫 번째는 '값을 매길 수 없는 성분'이었고 두 번째는 '명예와 성실'이었다. 이두 문장을 연결시킴으로써 위와 같은 전설적 헤드라인이 탄생한 것이다. 스퀴브사의 사장은 광고를 보는 안목이 높았다. 까다로운 감식안을 발휘하여 시안을 거부하는 걸로 유명했다. 그런데도 이 헤드라인은 보자마자 감탄을 터뜨렸다. 이후 스퀴브사는 자사의 이념을 상징하는 슬로건으로 수십 년 동안 이 문장을 사용하게 된다.

아이어 앤 선 시절 만든 또 다른 걸작은 스타인웨이 피아노 광고다(《그림 103》). 이 작품 역시 루비컴의 천재성을 유감없이 보여준다. '광고 명작 100선'에 항상 등장하는, '영원불멸의 악기The instrument of the Immortals'라는 전설적 헤드라인을 창조한 순간을 루비컴은 다음과 같이 떠올린다. "카피 오더 한 장이 내 책상 위에 놓여있었다. 스타인웨이를 위한 3페이지짜리 광고를 만들라는 지시였다. 다른 광고주 때문에 머리가 어지러운 상태였지만, 스타인웨이 피아노에 관한 자료를 보기로 결정했다. 그리고 집행된 기존 광고를 찾아봤다. 별다른 노력도 없이, '불멸의 악기'라는 문장이 바로 내 마음속에 떠올랐다."[70]

그렇게 순식간에 헤드라인을 만든 후 루비컴은 어울리는 비주얼을 얻기 위해 작곡가 프란츠 리스트와 닮은 모델을 섭외했다. 그리고 모델 얼굴의 윤곽선이 오른쪽 위에서 비껴드는 햇살에 선명하게 부각되도록 사진을 찍었다.

이 광고는 뜨거운 반응을 불러일으켰다. 1920년대는 축음기가 널리 보급되고 라디오 음악방송이 인기를 얻고 있었다. 이에 따라 전 시대에 비해 피아노 판매가 지지부진한 시대였다. 그럼에도 스타인웨이는 압도적 판매 신장률을 보였다. 사람들은 그 같은 성과가 '영원불멸의 악기'라는 이 광고의 카피 때문이라고 믿었다.

루비컴은 좋은 광고의 기준을 이렇게 생각했다. "첫째, 소비자에게 강력하게 어필하여 판매를 이끌어낼 것. 둘째, 광고업계와 대중들이 오

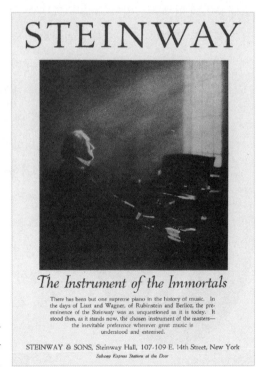

〈그림 103〉
압도적인 판매 기록을 세운
스타인웨이 피아노 광고.

랫동안 좋은 작품으로 기억하게 할 것." 이를 위해서는 독창적인 크리에이티브의 배경에 든든한 조사 결과가 뒷받침되어야 한다고 믿었다. 그는 이것을 "사실에 바탕을 둔 아이디어"라고 불렀다. 노스웨스턴대학 광고 및 언론학 교수 조지 갤럽George Gallup(1901~1984)을 거액의 연봉으로 영입한 이유가 거기에 있었다(〈그림 104〉).

갤럽이 영 앤 루비컴에 조사 책임자로 입사한 것은 1932년이었다. 조지 갤럽은 그해 치러진 제32대 미국 대통령 선거에서, 당시까지 마케팅 분야에서만 활용되던 표본 조사 기법을 정치 영역에 최초로 확장, 적용한 인물이었다.[71] 이를 통해 루스벨트의 당선을 예측함으로써 일약 여론 조사 분야의 떠오르는 별이 되었다. 그는 이 성과를 잡지 미디어와 목표 고객 특성을 결합한 시장 조사로 발전시켜 독보적 결과를 내놓고 있는 중이었다. 갤럽이 루비컴의 스카우트 제안을 받아들인 것은 개인적 이유가 컸다. 루비컴이 광고계 최고의 능력자라는 사실에 더하여 그의 단호하고 정직한 성품에 존경심을 품고 있었기 때문이다.[72]

루비컴이 갤럽을 채용한 것은 역설적으로 이 시기가 대공황의 정점에 있었던 이유가 컸다. 불황이 깊어짐에 따라 광고주들은 자기들이 내놓은 돈이 어떤 광고효과를 불러오는지, 실질적 구매

〈그림 104〉 조지 갤럽.

와 어떻게 연결되는지에 대한 구체적 증거를 요구했던 것이다. 이에 따라 광고대행사들은 시장 및 소비자 조사에 적극적으로 인력과 예산을 투입했는데, 여기에는 갤럽이 최적임자였다.

조지 갤럽은 입사하자마자 대활약을 펼친다. 그는 당대의 많은 광고가 경제성이나 효능을 강조하는 일방적 하드 셀에 치우쳐 있음을 비판했다. 대공황 시기의 경제적 어려움에도 불구하고 미국 소비자들은 오히려 제품에 대한 내적 확신, 허영심 충족, 섹스어필 요소 등의 심리적 요인에 이끌리고 있다고 판단했다. 갤럽은 마케팅 조사 부서를 설치한 다음 400명이 넘는 조사인력이 미국 전역에서 필드 리서치field research를 수행하도록 이끌었다. 특정 광고의 효과를 면밀히 조사하고 그 같은 효과의 원인을 치밀하게 분석했다.

1935년 갤럽은 루비컴의 전적인 후원 아래 미국여론연구소American Institute of Public Opinion를 회사 안에 창설하여 과학적 시장 및 소비자 조사의 길을 닦는다.[73] 또한 이 시기에 라디오 청취자 반응을 모니터링하는 방법을 고안한다. '교회와 여성클럽Churches and Women's Club'이란 단체와 손을 잡고 라디오 프로그램 청취인단을 모집했는데 초기에는 설문지에 직접 기록하는 방식이었다. 그러다가 제너럴 일렉트릭GE의 협조 아래 전자기록 설비를 개발하여 자동으로 반응을 수집하는 단계로 진일보한다.

영 앤 루비컴은 이상의 과정을 통해, 과학적 조사 결과를 광고 제작과 유기적으로 결합시킨 역사상 최초의 광고대행사로 인정받게 된다. 이것이 바로 레이먼드 루비컴을 현대 광고 크리에이티브의 분기점을 만든 인물로 칭송받게 만든 배경이다. 조사와 크리에이티브의 시너지

〈그림 105〉
소비자 조사 결과를 크리에이티브와
체계적으로 결합시킨 포스텀 광고.
사람들이 왜 꽈당 쓰러질까Why men crack…

를 이끌어낸 대표적 사례를 하나만 들어보자. 영 앤 루비컴의 첫 번째 대형 광고주가 된 제너럴 푸드사의 포스텀 캠페인이다(〈그림 105〉).

　포스트 시리얼사 설립자인 포스트C. W. Post가 1895년 개발한 이 볶은 곡물 음료는 카페인이 없기 때문에 가정에서 커피 대체품으로 주로 사용되었다. 하지만 레이먼드 루비컴이 광고를 맡기 전까지는 판매가 바닥 수준이었다. 그는 캠페인을 시작하기 전 소비자 조사를 통해 포스텀에 대한 고객 인식과 태도를 면밀히 분석했다. 이에 기초하여 포스텀이 신경이 예민하고 불면증이 있는 사람들에게 좋다는 주장을 전면에 부각시켰다. 카페인이 없어서 잠자리에서도 마음 놓고 마실 수 있는 부드러운 음료라고 말이다.

　새로운 포스텀 광고 시리즈는 뜨거운 반응과 판매고를 기록한다. 제너럴 푸드사는 루비컴에게 제안을 한다. 회사를 뉴욕으로 옮기면 더 많은 브랜드의 광고를 맡기겠다고. 이 제안을 받아들여 영 앤 루비컴은 본사를 필라델피아에서 뉴욕으로 이전한다. 그리고 제너럴 푸드의 산하 브랜드들을 속속 영입하게 된다.

3_루비컴의 창조철학

광고를 바라보는 관점과 성격 등 모든 면에서 레이먼드 루비컴과 상극이었던 사람이 클로드 홉킨스다. 홉킨스는 계량적 조사에 의존하여 핵심 메시지를 지겨울 때까지 반복하는 하드 셀 소구로 유명했다. 반면에 루비컴은 사실에 기반을 두되 독창적 아이디어를 강조한 차별적 광고를 선호했다. 시장 조사의 힘을 믿었지만 조사가 모든 것이라고 생각하지는 않았기 때문이다. 소비자 주목과 태도 변화를 이끌어내는 것은 결국 강력한 아이디어라고 확신했던 것이다.

루비컴이 휘하 크리에이터들에게 요구한 핵심은 시장 및 소비자 심리에 기초하되, 광고 수용자의 무관심을 깨고 관심을 집중시키는 강렬한 파괴력이었다. 설득력을 배가시키는 광고의 차별적 에너지가 거기서 나오는 까닭이다. 1930년, 잡지《포춘》창간호에 게재한 영 앤 루비컴의 자사 광고는 이 같은 믿음을 유감없이 발휘한 걸작 중 하나다(《그림 106》).

루비컴이 직접 카피를 썼고 월터 닐드가 디자인한 작품이다. 헤드라

〈그림 106〉
영 앤 루비컴의
자사 광고 '충격.'

인은 딱 한 단어다. "충격Impact." 메인 비주얼은, 화면 오른쪽에서 불쑥 들어온 강펀치를 맞아 얼굴이 찌그러지고 눈이 휙 돌아간 흑인 남자의 얼굴이다. 사진 아래에 웹스터 사전에서 'Impact'를 정의한 내용과 영 앤 루비컴이 정의한 내용이 나란히 적혀 있다.

웹스터 사전에 따르자면: 어떤 사람이 다른 사람의 몸을 순간적으로 가격하는 행위.
영 앤 루비컴에 따르자면: 판매 메시지를 잘 받아들일 수 있도록 독자의 무관심을 갑자기 가격하여 활성화하는 광고의 특성.

임팩트란 치열한 메시지 경쟁 속에서 목표 고객의 무관심을 깨트리고 주목을 불러일으키는 충격효과를 말한다. 광고에서 그것이 차지하는 중요성을 말 그대로 '임팩트 있게' 표현한 것이다. 광고대행사가 스스로를 알리기 위해 만든 자사 광고들은 수없이 많다. 하지만 많은 사람이 이 작품을 세 손가락 안에 넣는다. 왓킨스가 '세계 100대 광고 걸작'을 선정하면서 이 광고를 리스트에 넣은 것도 당연하다.[74]

영 앤 루비컴은 제작팀에서 만든 크리에이티브 결과물에 대한 감독 권한을 관리직이나 AE가 아니라 카피라이터와 아트 디렉터에게 부여한 최초의 광고회사였다. 이를 통해 크리에이터들의 창조 작업에 대한 과도한 간섭을 최소화하고 발상의 자유를 최대한 보장한 것이다. 이 회사는 심지어 병적인 집착이나 편벽을 지닌 크리에이터조차 폭넓게 포용함으로써 크리에이터의 자존심을 살리는 독특한 문화를 지니고 있었다.

스스로가 정규교육을 받지 못한 탓이었을까. 영 앤 루비컴은 고등교육을 받은 사람보다는 재능 넘치는 괴짜나 반항적 캐릭터를 즐겨 채용했다. 이력서가 아니라 재능, 그리고 불굴의 정신력을 더 높이 평가했기 때문이다. 영 앤 루비컴의 초창기 멤버 가운데 3분의 1만이 대학을 졸업했다. 심지어 그중 세 사람은 고등학교도 끝내지 못했을 정도였다. 예일대 졸업생의 자부심을 내세우며 직원의 학벌을 중요시했던 JWT의 스탠리 레조와 뚜렷한 대조를 이룬다.

창설 초기에 영 앤 루비컴은 카피라이팅은 탁월했지만 비주얼이 그것을 뒷받침하지 못하는 회사였다. 하지만 당대 최고의 아트 디렉터 본 플래너리Vaughn Flannery를 스카우트한 후 상황이 급변했다. 카피와 비주얼이 균형 잡힌 명작 광고가 쏟아져 나오기 시작한 것이다. 이를 통해 영 앤 루비컴은 카피에 비해 일러스트레이션과 레이아웃이 등한시되던 당시까지의 광고업계 풍토를 일신하기 시작한다.

전성기 시절의 영 앤 루비컴에서는 오전 10시 이전에 출근하는 사람이 거의 없었다. 대신 '단결gang-ups'이라 이름 붙인 심야 제작회의가 빈번했다. 잠을 쫓기 위해 진하게 탄 커피와 담배 연기로 자욱한 이 회의에서 걸작들이 속속 태어났다. 루비컴은 '더 좋은 작품을 만들기 위한 열정'을 가장 소중히 여겼다. 이 같은 철학은 그의 회사를 카피라이터와 아트 디렉터의 메카로 불리게 만들었다. 동시에 루비컴을 세계 광고계의 존경받는 스승 반열에 올려놓았다. 훗날, 그 자존심 강한 윌리엄 번벅조차 자기 회사 DDB가 1920년대의 영 앤 루비컴을 연상케 한다는 평판에 자부심을 느낄 정도였다.

루비컴은 광고인의 도덕적 입장에 대한 확고한 믿음을 지닌 사람이었다. 그는 말년에 데이비드 오길비에게 다음과 같이 자랑스레 이야기했다. "광고는 올바르게 행동할 책임이 있어요. 나는 광고인들이 미국의 공중公衆을 현혹하지 않고도 제품을 팔 수 있다는 것을 증명해 보였습니다."[75] 그러니 물건을 팔기 위해 도덕적 비난쯤은 얼마든지 감수할 수 있다는 식으로 일관한 클로드 홉킨스를 루비컴이 그토록 싫어한 것은 당연한 일이었다.

그는 "광고는 독자를 비추는 거울이 되어야 한다"고 강조했다. 소비자 지식과 이해력을 바탕으로 할 때 좋은 크리에이티브가 태어난다는 뜻이다. 광고사학자 허버트는 이것을 '독자 반영mirroring reader' 테크닉이라 칭하면서 루비컴 고유의 접근법이라 설명한다.[76] 아쉬운 것은 이 같은 부분적 내용 이외에 그가 광고 창작에 대한 이론적 정리를 내놓지 않았다는 점이다.

그래도 굳이 루비컴의 광고철학을 말해보라면 나는 다음의 두 가지 정도로 요약하고 싶다. 첫째는 '차별적 아이디어Distinctive Idea'다. 영앤 루비컴에서 일하는 젊은 크리에이터들에게 그는 다음과 같은 격언을 남겼다. "평범한 것에 저항하라!Resist the Usual!" 광고의 성공은 차별화에서 시작해서 차별화에서 끝나기 때문이다. 신선한 아이디어가 없는 광고는 죽은 광고나 마찬가지라는 거다.

둘째는 역시 '임팩트'다. 세상을 휩쓰는 광고 홍수 속에서 소비자의 무관심과 타성을 깨뜨리는 근원적 힘은 충격효과에서 나오기 때문이다. 지금까지 누구도 듣고 보지 못한 아이디어를 가장 주목을 끄는 방식으로 창조하는 것, 이것이 루비컴 창조철학의 알파요 오메가라고 할 수 있다.

5부

광고 암흑기, 대공황시대

1930년대는 역사상 가장 강력한 하드 셀 광고가
지배한 시대다. 전 시대를 풍미하던 여유로운
아이디어 지향의 소프트 셀이 급속히 위축되었다.
1999년《애드버타이징 에이지》칼럼니스트 밥 가필드는
20세기에 발표된 가장 탁월한 광고캠페인
100가지를 선정했다. 이 중 1930년대에 집행된 광고와
그 제작사는 다음의 5건에 그친다.

캠벨 수프
"Mmm mm good", BBDO.

휘티스
"Breakfast of champions", Blackett−Sample−Hummert.

홀마크
"When you care enough to send the very best",
Foote, Cone & Belding.

애로우 셔츠
"My friend, Joe Holmes, is now a horse",
Young & Rubicam.

영 앤 루비컴 자사광고
"Impact", Young & Rubicam.

10년 주기로 나눈 단순 산술평균으로 계산해보면
응당 누려야 할 비율의 절반에 불과하다.
그만큼 광고주와 대행사들이 생존을 위해 몸부림치면서
가격을 전면에 내세운 하드 셀을 퍼부은 시대였다.

14장
거대한 폭풍이 광고계를 덮치다

1. 자유 방임 자본주의의 몰락과 뉴딜 전개

1929년 10월 미증유의 경제공황이 세계를 뒤흔들었다. 뉴욕 월스트리트 주식거래소의 주가 대폭락이 진앙지였다. 은행과 기업 파산의 지진이 미국을 초토화시켰다. 그리고 충격파가 전 세계로 퍼져나갔다. 공황이란 무엇인가? 과잉투자 및 과잉생산이 상품 판매의 급감을 불러오고 이에 뒤따른 재생산 기반의 괴멸적 와해가 일어나는 걸 말한다.

공황은 자본주의 시스템의 고유하고 필연적인 특징이다. 신케인즈주의 경제학에서는 공황을 시장경제의 무절제성이 불러오는 근본적 한계에서 비롯된 것이라 본다. 전 시대인 봉건 체제의 경우 생산물의 사회적 분배 이슈를 당대의 관습이나 경제공동체의 합의 등으로 풀어내었다. 필요에 의해 생산물이 만들어지기 때문에 과잉생산 현상이 거의 발생하지 않았던 것이다.

반면에 칼 마르크스는 자본 사이의 치열한 경쟁으로 인한 노동생산성 증가 그리고 이에 뒤따르는 장기적 과잉생산과 이윤율 저하를 공황의 원인으로 규정한다. 그는 자본주의 생산양식의 내재적 모순에서 발생하는 공황의 본질에 대해 다음처럼 설명한다.

기존 자본의 주기적인 가치 하락—이윤율 저하를 저지하고 신규 자본 형성에 의한 자본 가치 축적을 촉진하는 자본주의적 생산양식에 내재하는 하나의 수단은 기존의 관계들, 즉 자본의 유통 과정과 재생산 과정을 수행하고 따라서 생산 과정의 급작스러운 정지와 위기를 수반하는 관계들을 파괴한다.……자본주의적 생산의 참된 장애물은 자본 그 자체이다.[1]

원인이야 어쨌든 모든 공황은 유사 형태를 띤다. 먼저 주식 가격과 물가가 폭락하고 상품 판매가 급속히 줄어든다. 기업 도산과 공장 폐쇄에 따른 체불임금이 급증한다. 마지막으로 금리가 폭등하고 실업자가 거리에 흘러넘치는 복합적 경제 파괴 현상이 벌어지는 것이다.[2]

20세기 이후 세계 자본주의는 세 차례의 대형 공황을 경험한다. 오일쇼크가 방아쇠를 당긴 1974년과 1975년 사이의 공황, 그리고 모기지mortgage 사태로 불리는 2008년의 금융공황이다. 하지만 그 총체적 파괴력에 있어 1929년 가을에 터진 대공황Great Depression을 능가하는 것은 없었다. 자본주의가 문을 연 이래 인류가 경험한 가장 치명적인 시스템 붕괴였다. 대공황 발발 3년이 지난 1932년, 미국의 다우존스지수는 이전에 대비하여 자그마치 89퍼센트가 하락한다. 산업생산력은 44 퍼센트가 줄어든다. 경제가 순식간에 1900년대 초반 수준으로 되돌아 가버렸다. 이듬해에는 세계 모든 자본주의 국가들이 경제 충격의 쓰나 미에 본격적으로 휩쓸린다.

대공황의 파괴력은 사회 전 영역에 영향을 미쳤다. 예를 들어 식생활 습관을 보자. 다진 쇠고기나 돼지고기에 빵가루, 우유, 달걀, 채소를 섞 어 구워 먹는 미트로프는 원래 독일, 덴마크, 벨기에 등지에서 즐겨 먹 던 서민 음식이었다. 그런데 불황이 닥치자 한정된 고기로 최대한 양을 늘려 많은 이들의 허기를 채울 수 있다는 점이 주목되었다. 이에 따라 미트로프는 급작스레 각광을 받게 되고 이후 미국을 대표하는 가정식 의 하나로 자리 잡게 된다.[3]

빈곤이 도래함에 따라 결혼율과 출산율이 급감했다. 사회 전반에 걸 쳐 1920년대의 번영과 낙관주의가 사라지고 절망감이 대중의 영혼을 휩쓸었다.[4] 1930년에 400만 명이던 미국의 실업자 수는 3년 후 전체 노동자의 30퍼센트인 1,500만 명 이상으로 불어난다. 독일, 영국, 프랑 스 등 유럽 국가도 마찬가지였다. 전체 인구의 4분의 1에 해당하는 노 동자가 일시에 일자리를 잃었다. 공업 부문의 공황은 곧 농업에도 영향 을 미치게 된다. 미국, 남아메리카, 유럽의 농산물 가격이 폭락하여 농 민들이 애지중지 키운 밀, 커피, 가축을 폐기하는 사태가 속출했다. 은 행 대출금을 갚지 못한 농민들은 땅을 빼앗기고 대거 유랑의 길에 나서 게 된다.

금융, 공업, 농업의 전 분야에서 파국에 직면한 선진 자본주의 국가 들은 자국 경제를 지키기 위해 보호무역의 고삐를 죈다. 이에 따른 관세율 인상으로 국제 교역 규모가 급속히 위축되었고, 이것이 다시 각국의 디플레이션 압력을 고조시키는 악순환이 전개된다. 대공황은 서구 경제를 장악했던 '자유방임주의 경제'에 철퇴를 가했다. 기업, 금융시스템 등 통제 불능 상태의 민간 주도 자본주의 관행에 대해 강력한 규제와 감독이 실행된 것은 정해진 수순이었다. 그 결과 금융 및 경제계 엘리트들이 주도하던 시스템이 공공소유 증가와 더 높은 수준의 정부 개입이라는 '혼합경제'의 모습으로 변화하게 된다.

미국의 경우 민주당 정부의 '뉴딜'이 핵심이었다. 뉴딜은 프랭클린 루스벨트가 미국 제32대 대통령으로 당선된 이듬해인 1933년에 시작된다. 그가 선거 공약으로 내건 이 시도는 '잊힌 사람들을 위한 새로운 정책'이란 이름으로 불렸다. 정부가 전면에 나서 공급 확대 드라이브를 추진하면서 이를 통해 빈곤층을 줄이고 극심한 사회경제적 양극화를 축소하려는 목적이었다.[5] 특별 의회 소집으로 다양한 진보적 입법이 만들어지고, 대규모 공공사업 및 실업자 구제가 시도되었다. 특히 1935년이 되면 와그너법Wagner Act으로 별칭되는 노동조합 보호법과 미국 최초의 사회보장법이 시행된다. 노동 및 복지운동 역사에 한 획이 그어진 것이다.[6]

그 같은 거시적 사회환경 변화가 광고의 모습을 급격하게 바꾼 것은 당연한 일이었다. 흥청망청했던 1920년대 광고야말로 당대의 자유방임주의와 사회경제적 양극화의 가장 큰 수혜자였기 때문이다.

2. 광고산업의 궤멸

공황의 파도는 곧바로 광고산업에 심대한 타격을 가했다. 불황이 닥치면 광고주들이 보통 제일 먼저 삭감하는 예산이 광고비다. 마케팅 목표 달성에 영향을 미치는 여러 요인 가운데 광고 비용의 촉진효과를 따로 떼어내서 계산하기 어렵기 때문이다. 오늘날에도 광고비가 매출액 증가에 기여하는 효과를 계량적으로 증명하는 것은 쉽지 않다. 하물며 90여 년 전에 있어서랴. 생사기로에 처한 기업들이 광고비 지출에 대해 어떤 입장을 취했을지는 물어볼 필요조차 없을 것이다.[7]

가장 먼저 나타난 현상은 기업 광고가 사라졌다는 것이다. 뒤이어 일반 상품 광고 비용도 급속도로 줄어든다. 1929년 34억 달러에 달하던 미국의 연간 총광고비는 이듬해 26억 달러로 추락했다가 다시 1933년이 되면 공황 직전의 38퍼센트 수준으로 떨어진다. 노동자계급에까지 보편화되었던 신용 구매에 대한 은행의 대부금 회수가 잇따랐다. 가처분소득 축소에 따른 소비 위축이 일어났고, 이것이 다시 제품 판매 부진과 광고 예산 축소라는 부메랑으로 돌아온 것이다. 그 같은 상황 변화가 광고대행사들에 가한 충격은 가히 살인적 수준이었다.

1930년대 초반까지는 그래도 불황의 파도를 간신히 넘을 수 있었다. 하지만 1932년이 되자 모든 광고회사가 심각한 위기에 빠진다. 1920년대의 광고산업 고도성장에 힘입어 높은 수준에 올랐던 봉급이 형편없이 깎였다. 중간 수준 카피라이터 주급이 230달러 정도였는데 이를 60달러로 깎는 일이 예사로 벌어졌다. 곧이어 대량 해고의 칼날이 광고계를 휩쓸었다.[8]

천하의 알버트 라스커도 로드 앤 토머스의 모든 직원 급료를 25퍼센트나 깎았다. 그것도 모자라 1933년 2월 13일에는 50명이 넘는 구성원을 일시에 해고했다. 이 사건을 두고 사람들은 '성 밸런타인데이 전날밤의 대학살'이란 끔찍한 이름을 붙였다. JWT, 로드 앤 토머스, BBDO, 아이어 앤 선 등의 대형 회사들은 휘청거리기는 했지만 애써 불황을 견뎌냈다. 하지만 자본이 영세하고 광고주가 든든하지 않은 중소 규모 광고대행사의 경우 문을 닫는 회사가 속출했다.

대공황 초기에 광고업계의 리더들은 불황이 일시적이며 곧 1920년대를 능가하는 호황이 닥칠 거라고 스스로를 위로했다. 경기 불황이 스쳐 지나갈 그저 '정신적 현상'이라고 생각했기 때문이다.[9] 광고산업의 대표적 스피커 역할을 했던 브루스 바튼이 낙관론 유포에 앞장섰고, 아메리칸 토바코의 워싱턴 힐이 맞장구를 쳤다. 그토록 명석했던 어네스트 엘모 컬킨스조차 1930년대 초에 이렇게 말했을 정도였다. "산업 전반에 걸쳐 이상은 전혀 없습니다. 아무 일도 안 일어났어요. 다만 주식 때문에 부풀려진 종이조각의 가치가 폭락한 것일 뿐입니다."[10]

하지만 이번에는 불황의 본질 자체가 달랐다. 금융, 공업, 상업, 농업 등 사회 전 분야에 걸친 총체적 파국이었다. 대공황은 광고 크리에이티브에도 즉각적 영향을 미친다. 우회적 설득으로 브랜드 이미지 상승을 노리는 소프트 셀 광고가 빠르게 사라졌다. 그 빈자리를 제품 가격, 효능, 사용가치를 직접적으로 강조하는 하드 셀 광고가 차지하기 시작했다.

3. 허위과장 광고의 부활

경제공황기의 사회상을 정면으로 조명한 작품이 존 스타인벡의 소설 《분노의 포도The Grapes of Wrath》다. 은행에 땅을 빼앗기고 알거지 상태로 캘리포니아로 삶의 터전을 옮기는 오클라호마 소작농 조드 일가의 고난과 분노를 다룬 명작이다. 1939년 발표된 이 소설에서 주인공 톰 조드 가족은 고향에서 더 이상 생존이 어렵게 되자 "오렌지가 열리고 하얀색 주택이 즐비한 꿈의 땅" 캘리포니아로 떠난다. 승용차를 개조한 고물 트럭 한 대에 가재도구와 온 가족을 태우고 말이다.

그들은 66번 도로를 타고 서쪽으로 서쪽으로 향한다. 도중에 뉴멕시코의 한 야영장에서 구원의 땅이라 믿었던 캘리포니아에서 도망쳐온 '누더기 입은 남자'를 만나게 된다. 이 남자는 자신이 겪은 실상을 다음과 같이 증언한다. "어린 자식들이 뼈만 앙상한 몸에 배만 부풀어오른 모습으로 몸을 부들부들 떨며 강아지처럼 낑낑거리면서 천막 안에 누워있는데 나는 일자리를 얻으려 돌아다녔습니다. 돈을 벌려고, 품삯을 받으려고 그런 게 아니에요!……젠장, 밀가루 한 컵과 돼지기름 한 숟갈을 구하려고 그런 겁니다. 그런데 검시관이 와서 그러더군요. 아이들이 심장마비로 죽었다고."[11]

일자리가 없어 가족이 굶어죽거나 아니면 겨우 생존을 유지하는 사례가 미국 전역에서 폭발했다. 이렇듯 극도로 경기가 위축되면 사람들 마음도 얼어붙는다. 아름다운 그림도 고상한 음악도 먹는 걸 해결하고 난 다음에야 비로소 감상의 여유가 생기게 마련이다. 광고 크리에이티브도 마찬가지다. 1920년대를 풍미하던 화려하고 대담한 소프트 셀 소구는 끝났다. 대공황기의 광고가 '하드 셀'이란 한 단어로 축약되는 이유가 그 것이다. 한물간 것으로 여겨졌던 라스커와 홉킨스 류의 리즌 와이 광고 가 순식간에 판세를 휘저었다. 광고 크리에이티브에 영향을 미치는 가 장 큰 요인이 당대의 경제환경이란 명제가 여지없이 증명된 것이다.[12]

20세기가 시작된 후 제품 가격을 앞세우는 소구는 어딘지 품위가 없 다는 것이 광고계의 불문율이었다. 하지만 공황이 시작되면서 광고에 서 품위를 따지는 것은 물정 모르는 행동이 되어버렸다. 대문짝만한 헤 드라인으로 최저 가격을 강조하는 광고들이 지면을 채웠다. 이미지 훼 손을 우려하여 가격 표기를 꺼려왔던 그 밖의 다양한 제품 광고들이 노 골적으로 달러 표시를 내세웠다.

1920년대를 거치면서 광고산업과 광고인들은 이미지가 좋았다. 그 러나 공황의 어둠이 깊어질수록, 가난한 대중으로서는 구입이 불가능 한 제품 소비를 부추기는 광고에 대한 불신과 경멸이 커져갔다. 엎친 데 덮친 격으로 광고주들은 돈이 덜 들어가면서도 판매효과는 큰 광고 를 노골적으로 요구했다. 광고 제작에서도 경비 절감이 강요되었다. 비 싼 금액을 지불해야 하는 일러스트레이션이 퇴조하고 그 자리를 광고 사진이 메우기 시작했다. 안으로는 광고인들의 심리적 위축이, 밖으로 는 광고산업 기반의 축소가 맞물려 돌아간 것이다. 이런 내우외환에 따 라 대공황 시기의 크리에이티브 수준은 완연 쪼그라든 모습을 보인다.

이 시기 광고의 또 다른 특징은 대중의 심리적 약점을 자극하는 도발 을 서슴지 않았다는 점이다. 제품 판매에 혈안이 된 광고주 요구를 수 용하지 않을 수 없었기 때문이다. 특히 대공황 초기의 3~4년간 이런 경향이 심했다. 심지어 "연약하고 불쌍한 어린이를 내세워 모성애를 자극하고, 상품을 구매하면 좋은 어머니가 될 수 있다고 약속하는" 식의 무자비한 공포 소구까지 대거 등장한다.[13] 1930년대에 오랫동안 시리즈로 집행되었던 우유 첨가제 코코몰트 광고의 헤드라인은 "어린이가 약한 것은 엄마 탓입니다"였다(〈그림 107〉). 얼토당토않은 말이다. 아이에게 맛있고 영양가 높은 음식을 안 먹이고 싶은 부모가 어디 있겠는가. 가난 때문에 그러고 싶어도 그럴 수 없을 뿐이다. 코코몰트는 이런 야비한 주장으로 엄마들의 죄책감을 유도해서 판매 욕심을 채우려 했다. 과도한 부정적 감정을 유발하는 이 같은 스타일이 광고 제작의 중

〈그림 107〉
아이에 대한 엄마의 근거 없는
죄책감을 유도한 코코몰트 광고.

요한 축을 이룰 정도였다. 비방 광고나 허위과장 광고도 다시 본격적으로 등장했다.

광고산업의 이러한 도덕적 추락은 그동안 사회적 존중과 입지를 구축했던 광고인들의 자존심을 훼손하는 것이었다. 1930년대 중반이 지나면서부터 광고계 리더들 사이에서 반성의 움직임이 나타난 것은 그 때문이었다. 저속하고 선정적인 광고가 일시적으로 제품을 더 많이 팔 수는 있지만, 장기적으로는 브랜드 이미지를 훼손하고 광고산업에 대한 불신을 자초한다는 우려가 커진 것이다. 이에 따라 가혹한 불황의 압력을 견디면서 1920년대의 수준 높은 크리에이티브를 다시 복구하려는 광고대행사들이 나타났다. 과학적 조사와 독창적 아이디어를 결합시킴으로써 광고계에 센세이션을 불러일으킨 영 앤 루비컴이 대표적이었다. 1935년 시카고에서 문을 연 레오 버넷Leo Burnett사도 마찬가지였다.

4. 라디오가 시대의 총아로 부상하다

마셜 맥루한은 명저《미디어의 이해Understanding Media》에서 "미디어가 곧 메시지다"라는 주장을 펼쳤다. 메시지를 전달하는 수단, 즉 미디어가 무엇인가에 따라 똑같은 메시지를 똑같은 사람에게 전달해도 의미 자체가 다르게 받아들여진다는 뜻이다. 광고에서도 마찬가지다. 새로운 미디어가 나타나면 개별 광고물의 표현적 특성과 광고산업의 성격에 이르기까지 큰 변화가 온다.

대공황기에는 라디오가 그 역할을 맡았다. 라디오 뮤직박스를 개발했던 데이빗 사르노프가 변화의 주역이었다. 1921년 30세의 젊은 나이에 RCA의 총지배인이 된 그는, 이듬해 잭 뎀프시와 조지 카펜티어의 헤비급 권투 타이틀전을 생중계하면서 막대한 라디오 수신기 판매를 성공시킨다. 그렇지만 이 시기까지만 해도 미국 정부와 기업 모두가 라디오 광고에 대한 부정적 인식이 강했다. 훗날 대통령이 되는 허버트 후버가 관련 산업을 주관하는 상무부 장관이었는데, 그는 라디오 방송의 교육적 기능을 주목했지만 광고매체로 활용하는 데는 반대 입장이었다. 후버는 사르노프와 논의를 통해 일차적으로 라디오 수신기 소유자의 수신료를 받아 방송 재원을 확보하도록 했다. 여기서 한발 더 나아가 공익적 프로그램에 한해 광고를 붙일 수 있도록 허용한다. 이것이 1922년 역사상 최초의 라디오 CM이 전파를 타게 된 배경이다.[14]

그럼에도 불구하고 광고미디어로서 라디오의 발전 속도는 지지부진했다. 우선 방송국 경영자들이 고급스런 이미지 유지를 위해 광고 송출을 꺼렸다. 사회적 공공재인 전파를 물건 파는 도구로 쓰는 것에 대한 비판이 거셌던 것이다. 그 결과 대부분의 라디오 프로그램은 광고가 붙지 않은 채 방송국 자체 예산으로만 제작되었다. 1927년까지만 해도 라디오 CM이 붙은 프로그램은 20퍼센트를 겨우 넘을 정도였다.

라디오와 광고가 깊숙이 결합하기 시작한 것은 대공황의 어둠이 깊어진 1930년대부터였다. 가정에서 라디오 보유 대수가 늘어난 것이 중요한 배경이 되었다.[15] 공황이 본격화되면서 라디오 보유와 청취자 숫자가 더욱 증가했는데, 1937년이 되면 미국 가정의 3분의 2 이상이 최소 한 대 이상의 라디오를 보유하게 된다.[16]

극장 티켓 구입 여력이 줄어듦에 따라 할리우드 영화계가 침체의 늪에 빠진 것도 라디오 보급률에 영향을 미쳤다. 사람들이 심적 위로와 기분 전환을 라디오로 대신하게 된 것이다. 전파를 타고 흘러나오는 '행복한 현실'을 통해 대중들은 혹독한 시련을 잠시라도 잊으려 했다. 온 가족이 거실에 둘러앉아 뉴스는 물론 드라마 형식의 다양한 프로그램을 듣는 것이 지배적 풍조가 된 것이 그래서였다.

라디오는 신문·잡지에 비해 메시지 도달 범위가 훨씬 넓다. 수만 명 때로는 수십만 명에게 실시간으로 내용을 동시 전달할 수 있기 때문이다. 소리로 메시지가 전달되므로 어린이나 문맹자의 청취가 가능한 것도 장점이었다. 무엇보다 음악방송이나 드라마를 제공하는 오락적 성격이 강한 미디어였다. 이러한 특성이 불황에 처한 광고계에 새로운 돌파구를 제공했고 라디오 광고비는 폭발적 성장세를 기록한다. 1938년이 되면 라디오는 잡지를 제치고 마침내 광고비 지출 1위의 매체로 등극하게 된다.

청취자 납부금으로 운영되는 영국 라디오 방송 BBC와 달리 미국 라디오 방송은 상업방송의 특색이 강했다. 초기에는 라디오 제작회사들이 자신의 기기를 팔기 위해 방송국을 설립했기 때문에 광고를 유치하지 않았다. 1922년이 되어서야 WEAF가 최초의 상업 광고를 송출했다. 이 방송국은 1926년 NBC로 이름을 바꾼 후 회사 자체 기준의 요율표를 만들어 본격적 광고 영업을 개시한다.

1927년 출범한 CBS 역시 프로그램 제작비 대부분을 기업 후원을 통해 조달했다. 라디오 방송의 상업적 색채가 갈수록 짙어질 수밖에 없었던 게 그 때문이었다. 처음에는 무분별한 상업화를 막기 위해 스폰서 광고주들이 프로그램 시작 부분과 마지막 부분에 회사나 제품에 대한 간단한 언급만 할 수 있도록 제한을 두었다. 그러나 광고주들은 교묘한 방법으로 프로그램 중간 중간에 제품명을 언급하거나 제품 설명을 끼워넣는 식으로 이런 규제를 피해갔다. 크게 보자면 오늘날 영화와 방송 프로그램에서 보편화된 PPL(Product Placement)의 효시였다.[17]

1928년에서 1931년까지 매주 토요일 방송되었던 NBC의 '럭키 스트라이크 댄스 오케스트라'를 사례로 보자. 프로그램 제목에서부터 상업적 성격이 적나라하게 드러난다. 아메리칸 토바코사의 대표 브랜드가 럭키 스트라이크였기 때문이다. 이 회사의 오너 워싱턴 힐은 제작 후원을 빌미로 프로그램 주제에서부터 아나운서와 악단, 곡목 선정에 이르기까지 모든 세부 내용에 관여했다. "사람들이 춤을 다 마칠 때까지 보컬 없이 친숙한 톤으로 8분 동안 연주해!" 이런 식이었다.[18] 경쟁 담배회사들도 금방 뒤를 따라 유사 프로그램을 방송으로 내보냈다. 당시의 담배회사 후원 라디오 프로그램에서는 심한 경우 1시간 동안 70번이나 담배 브랜드 이름이 나올 정도였다.

대형 광고주가 후원하는 프로그램은 대개 인기가 높은 쇼 프로그램이었다. 반면에 방송국 자체 프로그램은 청취율은 떨어지지만 문화와 예술 혹은 경제 문제를 다루는 수준 높은 내용이 많았다. 예를 들어 후일 영화배우 겸 감독으로 활약한 오손 웰즈가 제작, 방송한 〈화성으로부터의 침공The Invasion from Mars〉이란 CBS의 프로그램은 광고주 후원 없이 출발했다. 이 실감나는 라디오 드라마는 청취자들이 정말 화성인이 지구를 침공했다는 것으로 착각해서 거리로 뛰쳐나오는 소동을 벌인 것으로 유명하다. 그 같은 폭발적 화제에 힘입어 CBS는 캠벨 수프와 같은 대형 광고주를 유치할 수 있었다.

5. 허머트 부부와 소프 오페라의 융성

라디오 방송의 발전은 불황의 파도 속에 허우적대던 광고산업에 구명 조끼를 던져준 격이었다. 새로 문을 연 방송사들과 제작비를 후원하는 광고주 기업은 모두 프로그램을 제작할 장비와 능력이 부족했다. 그런 까닭에 브랜드를 담당한 광고대행사에 외주를 줘서 프로그램 제작에서 운영에 이르는 전권을 부여한다. 1930년대 미국에서 인기가 높았던 라디오 프로그램 대부분을 광고회사에서 제작한 까닭이 여기에 있다.

라디오 프로그램 삽입 광고를 통한 막대한 이익 창출 가능성을 발견한 광고업계는 하나같이 프로그램 제작에 뛰어들었다. 대공황이 터지기 직전인 1929년 회사를 설립한 탓에 파산 위기에 몰렸던 벤튼 앤 보울즈가 대표적이다. 이 회사는 자체 제작 라디오 프로그램들이 대히트를 기록함에 따라 순식간에 당대 제일의 라디오 방송 전문 광고대행사란 이름을 얻게 된다.[19]

1930년대 라디오 프로그램의 최강자는 소프 오페라Soap Opera라고 불린 연속극이었다. 드라마 사이사이에 스폰서 광고주의 제품 설명을 끼워넣는 일종의 간접 광고 방식이었다. 이런 별명이 붙은 것은 프로그램의 메인 스폰서가 주로 세제나 비누 기업이었기 때문이다. 소프 오페라는 1932년 프랭크 허머트Frank Hummert(1884~1966)에 의해 처음 창안되었다.

프랭크와 그의 두 번째 아내 앤 에센허스트Anne Ashenhurst(1905 ~1996)[20]는 여러 면에서 JWT의 스탠리와 헬렌 레조 부부와 비교된다 (《그림 108, 109》). 그렇지만 허머트 부부는 대중 앞에 나서기를 꺼렸고 소문의 대상이 되는 것을 극도로 피했다. 특히 프랭크 허머트의 대중 회피는 병적이었다. 사람들과 마주치는 것을 피하려고 회사에 혼자만 드나드는 전용 출입구를 만들 정도였다. 하지만 라디오 프로듀서로서 천부적 재능은 누구도 범접할 수 없을 만큼 탁월했다.

　프랭크 허머트는 광고계 입문 후 로드 앤 토머스의 알버트 라스커와 클로드 홉킨스에게서 광고를 배웠다. 그가 만든 소프 오페라 삽입 광고에 하드 셀 특징이 강하게 배어있는 것이 그 때문이다. 그러다가 1927년 블래킷 앤 샘플[21]로 옮겼는데, 여기서 라디오 매체의 가능성에 눈을 뜨게 된다. 당시 신문에서는 소설이 인기리에 연재되고 있었다. 그렇다면 청각 미디어로서 친근성과 메시지 수용력이 탁월한 라디오에서도 드라마 연재가 불가능할 게 없다는 생각을 했던 것이다.

〈그림 108〉 대공황기에 인기 라디오 연속극 소프 오페라를 창안한 프랭크 허머트.
〈그림 109〉 '허머트 라디오 공장'을 움직인 실질적 지휘자 앤 에센허스트 허머트.

이렇게 해서 1933년 12월 CBS 전파를 타고 프록터 앤 갬블의 세제 브랜드 옥시돌이 후원하는 최초의 소프 오페라가 탄생했다. 제목은 〈퍼킨스 엄마Ma Perkins〉였다.[22] 한 에피소드 당 12회씩, 매회 15분 분량으로 나간 이 라디오 연속극은 방송되자마자 엄청난 인기를 끌었다. 이에 힘입어 허머트는 앤 에센허스트와 함께 〈퍼킨스 엄마〉 외에도 여러 드라마를 기획하고 프로그램 제작까지를 모두 떠맡는다. '허머트 라디오 공장'이라 불린 제작 시스템의 등장이었다.

프랭크는 뒤에 숨어 모습을 드러내지 않으면서 드라마의 큰 틀을 잡았고 앤이 작가, 감독, 음악, 성우 등 모든 것을 틀어쥐고 전면에서 진두지휘하는 시스템이었다. 두 사람은 드라마 작가들을 고용해서 대본 1개당 25달러를 지불했다. 14명의 작가가 한 주마다 50편씩 드라마 대본을 생산했다. 원고 마감이 다가오면 작가를 호텔 방에 격리시켜 음식과 타자기만 넣어주었다고 한다.

부부가 만든 소프 오페라는 연속해서 홈런을 친다. 결혼, 살인, 죽음, 모험, 생명의 탄생 같은 흥미진진한 소재를 통해 청취자를 웃기고 울렸다. 1930년대 말이 되면 드라마 제작사인 블래킷 샘플 허머트Blackett-Sample-Hummert(약칭 B-S-H)에 매주 수십만 통의 팬레터가 쏟아져 들어왔을 정도다. 소프 오페라의 엄청난 성공에 힘입어 1937년이 되면 프랭크 허머트는 미국 광고인 가운데 가장 수입이 많은 스타의 자리에 올라선다.

당시 방송국들은 낮 시간대에 광고주들을 유치하지 못했다. 남자들은 출근을 하고 주부들은 집안일에 치여 라디오를 잘 듣지 못할 거라는 판단에서였다. 하지만 이는 라디오 매체의 특성을 제대로 파악하지 못한 탓이었다. 라디오는 사람의 목소리, 배경음악, 효과음 등 오직 소리 audio로만 구성된다. 반半의식적 상태에서 다른 일을 하면서 들을 수 있는 특성이 강한 것이다. 따라서 주부들도 집안일을 하면서 얼마든지 라디오 프로그램을 즐길 수 있었다.[23] 광고적 차원에서 보다 중요한 것은 일부러 다이얼을 돌리지 않는 한, 라디오를 들으면 광고도 같이 들어야 한다는 거였다. 이러한 사실이 밝혀짐에 따라 광고주들도 낮 시간에 방송되는 소프 오페라 프로그램을 적극적으로 후원하기 시작한다. 모든 사회경제적 기반이 무너진 대공황 시기였지만 라디오만은 예외였다. 거의 모든 가정에 보급되었고 가장 확실한 오락 및 광고 수단으로 부상했다.

미디어 생태계는 계속 진화한다. 1935년이 되면 최초의 총천연색 영화technicolor movie가 등장한다. 그리고 제2차 세계대전이 발발한 1939년이 되면 마침내 현대 광고의 모습을 근원적으로 바꿔놓을 새로운 미디어가 모습을 드러낸다. 텔레비전이 시험방송을 개시한 것이다.

6. 광고사진의 본격화와 스털링 게첼

대공황기의 광고에서 빠트릴 수 없는 것은 사진이 본격적으로 도입되기 시작했다는 점이다. 이 같은 변화와 관련된 핵심 인물이 스털링 게첼J. Stirling Getchell(1899~1940)이다(《그림 110》). 그로 인해 현대 광고에서 사진의 중요성이 확고하게 각인되었기 때문이다. 급성 박테리아 감염증으로 마흔한 살의 젊은 나이에 요절했지만 게첼이 광고산업에 미친 영향은 강력했다.

스털링 게첼은 뉴욕에서 태어났다. 아버지는 실크 외판원이었고 어머니는 교사였다. 어릴 적에 류마티스열을 앓아 심장이 약한 신체적 약점이 있었지만 매우 부산스럽고 고집이 센 아이였다. 17세 나이에 학교를 도망쳐 나와 퍼싱 장군 휘하 군대에 들어갔고, 그 길로 멕시코 혁명가 판초 빌라 토벌 전투에 참전했다. 제1차 세계대전 때는 뉴욕주 방위군에 자원입대하여 기관총 사수로 근무하기도 한다.[24]

게첼은 스무 살 때 주급 25달러를 받고 뉴욕의 작은 광고회사에서 카피라이터로 광고 인생을 시작했다. 이후 12년 동안 필라델피아, 디트로이트, 뉴욕에서 수십 번이나 회사를 옮겨 다녔다. 근무 기간은 최저 3개월에서 길어야 1년을 넘기는 게 고작이었다. 자기 손으로 사표를 쓰거나 아니면 해고당하는 과정을 되풀이했다. 좋게 보면 도전적이고 나쁘게 보면 조직 부적응자에 가까웠던 셈이다. 주변 환경이 어떻든 전혀 기가 꺾이지 않는 성품이었다.

그가 처음으로 입사한 대형 광고회사는 알버트 라스커의 로드 앤 토머스였다. 여기서 1년 정도 근무하고 조지 배튼George Batten Company으로 이직한 다음 또 회사를 옮긴

〈그림 110〉[25]
광고사진의 확산에
결정적 역할을 한 스털링 게첼.

다. 당시 조지 배튼의 AE 부서 임원이었던 테일러 아담스는 《애드버타이징 에이지》 인터뷰에서 게첼이 자기네 회사를 떠난 이유를 이렇게 설명한다. "스스로 왕이 되지 못하면 어디서든 머물러 있지 못하는 사람이었어요."[26]

그의 이직 행진은 1931년 자신의 이름을 딴 제이 스털링 게첼J. Stirling Getchell사를 설립함으로써 종지부를 찍게 된다. 문제는 그곳이 게첼의 1인 회사나 마찬가지였다는 것이다. 부하들에게 끝도 없는 열정을 요구했고 제작회의 중에 고함을 치고 욕설을 하는 것이 예사였다. 휘하 크리에이터들이 새벽까지 고생해서 만든 시안을 다음 날 아침 휴지통에 처박아버리는 일도 숱했다.

하도 부하를 닦달해서 그의 회사에서 오래 버티는 사람들은 많지 않았다. 하지만 역설적으로 잠깐이라도 게첼에게 광고를 배운 걸 자랑으로 여기는 광고인들이 많았다. 성격이야 어쨌든 그가 발산하는 천재적 재능과 영향력을 부정할 수 없었던 것이다. 강박에 가까운 그의 질주는 단시간에 회사를 광고산업의 중심 무대로 끌어올렸다. 그렇지만 사장 한 명이 독주하는 1인 회사는 한계가 있을 수밖에 없었다. 한때 미국 광고대행사 취급고 순위 최상위에 랭크되었던 제이 스털링 게첼사는 1942년 그가 세상을 떠난 후 뉴욕 본사와 주요 도시의 지사들이 연이어 폐업의 운명을 맞고 광고계에서 사라진다.

그는 탁월한 광고인이었지만 어떤 의미에서 광고보다 사진의 역사에 더 진한 글씨로 기록된다. 1935년 게첼이 발간한 사진 전문잡지 《픽처Picture》는 광고 분야를 넘어 보도사진 영역에도 큰 영향을 미쳤다. 그는 로드 앤 토머스의 카피라이터로 근무하던 1925년, 사진 전문잡지에 대한 아이디어를 얻었다고 한다.[27] 그리고 자기 회사 설립 이후 틈틈이 시간을 할애하여 그 아이디어를 현실화한다. 게첼은 이 잡지에서 《루크Look》, 《라이프Life》 등 경쟁지들이 시도하지 않던 새로운 방식의 작품을 대거 선보였다.[28]

게첼은 좋은 광고사진을 위해서라면 돈을 아끼지 않았다. 당대 최고의 사진작가를 고용하여 찍은 독창적 사진을 충격적·선정적인 헤드라인과 결합하는 것이 주특기였다.[29] 광고 제작 과정도 매우 독특했다. 수십, 때로는 수백 장에 달하는 사진을 죽 늘어놓고 아이디에이션을 시작했다. 그렇게 최종적으로 골라낸 사진 주위에 굵은 활자의 헤드라인을 배치한 다음 마지막으로 바디 카피를 추가했다. 이런 방식으로 만든 작품은 인쇄지면에서 주위의 경쟁 광고들을 단번에 압도하는 주목효과를 발휘했다. 대담하고 강렬한 사진이 중심을 차지하는 당시로는 보기 드문 스타일이었다. 한마디로 '팍팍 튀는higjly reconizable' 작풍이었다. 이 '팍팍 튀는'이란 표현이야말로 게첼의 광고를 상징하는 트레이드마크였다.

이전까지 포스터에 주로 쓰이던 사진은 대공황을 통과하면서 인쇄광고 전 영역에서 빠른 속도로 일러스트레이션을 대체한다. 결정적 역할을 한 사람이 게첼이었다. 이 시기의 광고에 사진이 대거 채용되기 시작한 것은 경제환경이 강제한 것이기도 했다. 불황에 허덕이던 광고주들이 제작 예산 절감을 강력히 주문했던 것이다. 이에 따라 1920년대처럼 비싼 돈을 주고 주문한 호사스런 일러스트레이션을 광고에 사용할 수가 없었다.

그런데 여기서 반전이 일어난다. 사진이 오히려 일러스트레이션보다 광고에 더 적합한 표현 수단이라는 것이 드러났기 때문이다. 이유는 두 가지였다. 첫째는, 사진의 사실적 재현성이 일러스트레이션보다 훨씬 뛰어나다는 점이다.[30] 아트 디렉터들은 제품 모습이나 사용 장면을 사진으로 보여주면 소비자들이 더 큰 신뢰감을 느낀다는 것을 알게 되었다. 특히 제품 중요 부분을 클로즈업하거나 식품 및 음료에서 필수적인 시즐감[31]을 높이는 데 사진을 따라올 수단이 없었다.

둘째는 경제성이다. 일러스트레이션은 작가의 붓끝을 통해 현실에 존재하지 않는 환상적 장면을 묘사하는 장점이 있다. 부드럽고 인간미가 강하다. 하지만 제작 비용이 비쌀 뿐 아니라 한 번에 한 장면만 묘사한다는 약점이 존재했다. 반면에 사진은 제품이나 인물을 대상으로 여러 컷을 반복해서 찍는 경제성이 돋보였다.[32] 무엇보다 원본 필름이 존재하는 한 저렴한 가격으로 무한 복사가 가능하다는 것은 일러스트레이션이 따라올 수 없는 장점이었다.[33]

스털링 게첼이 회사를 세운 것은 1931년이었고 세상을 떠난 것은 1940년이다. 전 세계가 파괴적 경제공황에 흔들린 시기였다. 게첼은 이 기간 동안 자신의 모든 에너지를 불꽃처럼 태우고 사라졌다. 그리고 하드 셀 광고도 소프트 셀 못지않은 주목을 끌 수 있다는 걸 만천하에 보여주었다. 그가 자신의 장기를 가장 멋지게 발휘한 곳은 자동차 광고였다.

7. 광고에 대한 비판과 규제가 강화되다

1920년대의 광고산업이 그려낸 과시 소비와 환상의 세계는 대공황이 닥치자 백일몽처럼 사라졌다. 광고주의 무료 추가 서비스와 특별계약 요구가 광고대행사 재정을 압박했다. 염치없을 정도로 가격을 전면에 내세우며 소비자를 공략하는 하드 셀이 판을 쳤다. 광고의 어두운 모습이 세상을 어지럽히자 마침내 비판이 폭발했다. 이 같은 흐름은 크게 세 방향에서 전개되었다.

첫 번째는 광고업계 내부에서 터져나왔다. 앞에서 보았듯이 대공황시대 광고의 특징 중 하나는 뻔뻔스러운 허위과장 광고가 재등장했다는 것이다. 이에 대한 반격이 개시되었다. 1933년 아더 칼렛과 프레드릭 슈링크가 《1억 마리 기니아피그100,000,000 *Guinea Pigs*》라는 책을 공저로 출간한다. 6년 동안 52만 부나 팔린 이 베스트셀러는 대공황시대에 다시 등장한 허위과장 의약품과 불량식품이 사람들에게 얼마나 큰 피해를 입히고 있는지를 집중 조명했다.

한 해 뒤 BBDO 카피라이터 출신 제임스 로티가 《우리 주인님의 목소리*Our Master's Voice*》를 출간했다. 광고계 현장에서 터져나온 이 같은 분노의 목소리는 판매지상주의에 함몰되어 도덕적 위상을 상실해가는 광고인들의 허상을 통렬하게 비판했다. 광고계가 움찔할 수밖에 없는 회초리였다. 1936년에는 루스 램이 《미국, 공포의 방*American, Chamber of Horrors*: *The Truth About Food and Drugs*》이란 책을 펴낸다. 여기에서 램은 시판되는 식품, 의약품, 화장품의 위험성을 낱낱이 파헤침으로써 일대 충격파를 던졌다.

비판의 불길에 기름을 부은 것은 '술파닐아미드 만병통치약' 사건이었다. 유독성 용제를 섞은 엉터리 약품이 어린이를 포함한 107명의 목숨을 앗아간 것이다. 상황이 이 지경에 이르자, 대중적 분노의 불길이 악덕제품 판매의 용병으로 활약하는 광고를 향해 옮겨 붙는다.

두 번째 흐름은 부당 광고를 감시하는 소비자운동의 거센 물결이었다. 1929년 결성된 소비자연구소The Consumers' Research와 1936년부터 그곳에서 갈라져 나온 소비자연맹Consumers' Union[34]이 양대 축을 이뤘다. 그 밖에도 소비자조합, 여성유권자연맹, 미국가정경제협회, 여성클럽총연맹 등이 연이어 태어났다. 이들 단체는 줄어드는 광고 예산과 광고주의 압박에 지친 광고대행사들에게 인정사정없는 강펀치를 먹였다.

광고에 대한 세 번째이자 가장 강력한 압력의 주체는 정부였다. 뉴딜 정책을 추진하던 루스벨트 정부의 눈에, 허위과장 광고는 서민과 빈곤층의 고통을 가중시키는 부도덕한 행위 그 자체였다. 감독 업무를 맡은 연방거래위원회FTC가 기만 및 불공정 광고에 대한 강력한 단속을 시작했다. 하지만 그 같은 제재도 부족하다는 비판이 터져나왔다. 이에 따라 1938년이 되면 광고와 관련된 두가지 중요 법률안이 의회를 통과한다. 먼저 뉴욕주 상원의원 로얄 새뮤얼 코플랜드가 제안하여 통과된 법안이다. 식품안전청Food and Drug Administration(약칭 FDA)에 의약품, 식품, 화장품 안전성 감독 권한을 부여한 것이었다.

해머와 같은 충격을 던진 것은 두 번째 법안이었다. 일명 반反광고법안으로 불리는 휠러-리 법안Wheeler-Lee Act이 그것이다. 이 법안은 FTC가 허위나 위해 광고에 대해 즉각 중지를 명령할 수 있게 했고, 이를 거부한 회사를 사법기관에 기소하여 처벌받게 하는 막강한 권한을 부여했다. 실제로 FTC는 1940년까지 라이프 부이, 럭스, 보던 낙농제품과 같은 주요 광고주의 18가지 광고 캠페인에 대해 게재 금지 명령을 실행한다.

정부의 강력한 광고 규제에 위기감을 느낀 광고업계의 리더들은 대중 연설과 언론 기고를 무기로 맹렬하게 저항했다. 공화당 하원의원이 된 브루스 바튼은 민주당 정부를 맹비난하면서 루스벨트가 FTC에 반기업적·반광고적 인물을 포진했다고 성토했다. 알버트 라스커는 이 같은 규제정책이 "미국인들의 삶의 질을 낮추고 경쟁을 사라지게 만들 것이며, 언론에 대한 통제로 이어질 것"이라 강변했다.

그렇지만 무한정 버틸 수는 없었다. 광고업계는 사방에서 조여오는 압력에 대응하여 결국 자율 규제라는 방패를 꺼내 든다. 코플랜드 법안이 발의된 이듬해 전매의약품협회Proprietary Association가 윤리강령을 채택했고 OTC 약 규제를 위한 특별위원회를 만들었다. 더 이상 소비자운동의 위력을 무시할 수 없었던 것이다. 이때부터 정부의 타율 규제와 광고업계의 자율 규제가 상호협력하는 시스템이 서서히 미국에 자리 잡게 된다.[35]

해일과 같이 밀어닥친 소비자운동을 잠재운 것은 아이로니컬하게도 전쟁이었다. 제2차 세계대전이 벌어지자 대중의 관심은 전쟁 승리 이슈로 옮겨갔고, FTC에 의한 광고 감시도 현저히 힘을 잃어갔다. 이후 광고 규제를 주장하는 새로운 소비자운동은 30여 년이 지나서야 다시 등장하게 된다.

15장
하드 셀 광고의 압도적 전개

1. 가격 소구와 비교 광고가 흘러 넘치다

대공황기의 광고들은 극단적 가격 소구를 취한 것들이 많다. 〈그림 111〉의 리스테린 치약 광고를 보자. 구취 제거용 구강청정제인 리스테린은 그때까지 지속해오던 사회적 관습 차원의 위협 소구를 포기하지 않았다. 하지만 방계 브랜드인 리스테린 치약은 1930년대 초부터 노골적으로 가격을 내세우는 하드 셀 캠페인을 펼친다.[36] 1933년 집행된 이 광고의 목표 고객은 가정용품 소비에 결정권을 쥔 주부. 그들을 향해 신제품 대용량 치약 팩을 구입하면 1년에 3달러를 절약할 수 있다고 설득하고 있다. 당시 화폐가치로 만만한 금액이 아닌, 이 정도 돈이면 몸매를 날씬하게 만들어주는 새것들을 공짜로 살 수 있다는 의미다.

역시 1933년에 나온 광고 하나를 더 보자(〈그림 112〉). 브랜드는 라바

〈그림 111〉
리스테린 치약 광고.
달러 표시를
전면에 내세웠다.

비누Lava soap. 가격을 직접적으로 표기하지는 않았다. 하지만 "라바 비누가 일반 비누보다 3배나 더 오래 쓸 수 있는 이유"란 헤드라인을 보면 의도가 뚜렷하다. 전면에 가격을 제시하지 않았을 뿐 명백한 경제적 소구다.

이 광고의 핵심 메시지는 무엇일까. 왼쪽 상단 세면대에서 손 씻는 장면 아래 배치한 네모난 박스 속에 있는 다음 문장이다. "돈을 물에 흘러보내지 마세요Don't wash money down the drain." 지저분한 사진, 거칠게 배치된 레이아웃, 무지막지하게 폰트를 키운 헤드라인. 그 어디를 보더라도 우아하다고 말하기는 어렵다. 하지만 이런 광고야말로 1930년대 경제공황기를 상징하는 크리에이티브였다.

광고사를 조망해보면 불황기에 반드시 나타나는 것이 비교 소구 comparison appeal다. 그중에서도 대공황 시기의 비교 광고는 역사상 어느 시대보다 강하고 직접적인 특성을 보인다. 기업들이 엄혹한 시장환경에서 살아남으려고 전쟁을 벌이는 시기에 이런 표현 방식이 유행한 것은 당연한 일이었다.

당대에 가장 유명했던 비교 광고를 살펴보자. 스털링 게첼이 1932년 4월에 만든 크라이슬러 플리머스 광고다(《그림 113》). 1930년대 초반 고급 승용차 시장의 선두를 다투던 브랜드는 제너럴 모터스와 포드였다. 두 강자는 크라이슬러 산하의 플리머스를 무관심에 가까울 정도로 취급했다. 판매성적은 물론 인지와 선호도 모두에서 비교가 안 되었기 때문이다. 이런 상황에서 크라이슬러의 광고 의뢰를 받은 게첼은 수많은 시안 작업 끝에 광고를 탄생시킨다. 경쟁차종인 제너럴 모터스 쉐보레 6기통과 포드 8기통을 정면으로 도발하는 헤드라인은 다음의 세 단어

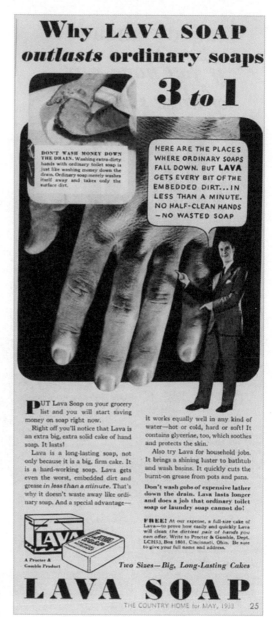

〈그림 112〉
경쟁제품보다 3배나 오래 쓰는
경제성을 강조한 라바 비누 광고.

〈그림 113〉
스털링 게첼이 만든
플리머스 자동차 광고.
비교 광고의 효시로 평가된다.

로 이뤄졌다. "세 가지를 모두 보십시오!Look at All Three!"

뒤따르는 서브헤드는 "그러나 새로 나온 플리머스의 두둥실 떠가는 듯한 힘을 느끼기 전에는 아무리 저가를 강조하더라도 다른 차는 구입하지 마세요." 신형 플리머스의 돌출 엠블럼을 오른손에 감싸쥔 채, 자신만만한 표정의 월터 크라이슬러 회장이 상단의 카메라 방향으로 고개를 치켜들고 있다. 그 모습이 헤드라인과 어우러져 당당한 카리스마를 풍긴다. 바디 카피에서는 플리머스의 새로운 서스펜션과 4기통 엔진의 성능을 차분히 풀어낸다. 이 두 가지 첨단기술이 어우러져 GM과 포드의 경쟁차종에 비해 압도적 승차감을 제공한다는 것이다.

이 작품이 유명한 것은 그때까지 금기시되던 비교 광고의 문을 과감히 열어젖혔기 때문이다. 헤드라인에서 말한 '세 가지'는 GM, 포드, 크라이슬러를 명시적으로 지칭하는 것이었다. 이 작품이 현대적 비교 광고의 효시라 불리는 이유가 그 때문이다.[37] 또 한 가지 돋보이는 것은 독창적인 기사형 레이아웃journalistic layout style이다.[38] 평범하고 지루한 편집형 레이아웃을 탈피한 이 방식은 생생한 사진 비주얼을 통해 마치 광고를 신문기사의 한 부분처럼 보이게 했다. 광고의 주장에 대한 신뢰감이 높아진 것은 당연한 일이다.

처음에 시안이 들어갔을 때 크라이슬러 임원진은 시큰둥한 반응을 보였다. 자칫 비싼 돈 들여 경쟁차종을 광고하는 게 아닌가, 라는 우려 때문이었다. 하지만 월터 크라이슬러의 반응은 달랐다. 그는 손바닥으로 책상을 치면서 힘차게 말했다. "광고로 만들어!"

자신만만한 이 비교 광고는 즉각적 반응을 불러일으켰다. 집행된 지 두 달 만에 플리머스 자동차 매출액이 무려 218퍼센트나 늘어났다.

1932년 당시 크라이슬러의 자동차 시장점유율은 16퍼센트에 불과했다. 하지만 캠페인이 실행되고 1년이 지나자 점유율이 24퍼센트로 솟구쳐 올랐다. 비교 광고의 위력을 만천하에 과시한 것이다.

대공황기의 주력 매체였던 라디오는 당대의 크리에이티브에 큰 영향을 미쳤다. 오디오로만 구성되는 라디오 광고에서는 인쇄 광고와는 다른 카피라이팅 테크닉을 발휘해야 했다. 우선 소비자들이 라디오에 대해 지닌 친근감을 강화하기 위해 짧고 부드러운 대화체를 사용했다. 발음이 비슷해서 서로 명확히 구별이 안 되는 s, f, m, n 사용은 가능한 한 줄였다. 의미를 분명히 하기 위해 대명사도 적게 썼다. 짧은 시간 귓가에 머물렀다 사라지는 새로운 미디어의 휘발적 특성에 맞춰, 무엇보다 핵심적 브랜드와 슬로건 기억을 위한 반복기법을 자주 사용했다.

녹음시설이 보편화되지 않았기에[39] 1930년대의 소프 오페라는 방송

〈그림 114〉
소프 오페라 〈맥스웰하우스 쇼 보트〉에서
내보낸 방송 프로그램 공지 광고.

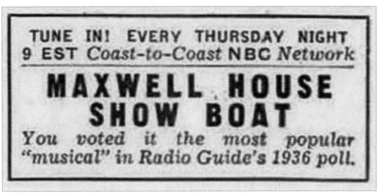

시간에 딱 맞춰 듣지 않으면 다시는 듣기가 어려웠다. 따라서 청취율을 높이기 위해 열독률과 회람률이 높은 잡지매체를 중심으로 라디오 프로그램 시간대를 공지하는 별도의 광고가 필요했다. 1936년 집행된 〈그림 114〉가 사례다. 맥스웰하우스 커피의 후원 아래 광고대행사 벤튼 앤 보울즈가 만든 버라이어티 뮤지컬 〈맥스웰하우스 쇼 보트〉 방송 공지다. 이 인기 프로그램은 맥스웰하우스 매출액을 1년 만에 85퍼센트나 증대시켰다. 동시에 도산 위기에 빠진 벤튼 앤 보울즈를 살린 구세주가 되었다. 내용을 보면, 라디오 가이드 여론 조사에서 최고의

<그림 115>
27년 동안 〈퍼킨스 엄마〉
주연 성우를 맡은
버지니아 페인이 모델로 나온
1957년 광고.

When she believes in you, you kinda start believing in yourself

It isn't just that Ma understands, even when you don't say right out what's troubling you. She helps too. Not by telling you what to do. More by seeing the good in you when you can hardly see it yourself. Like Esther Hunter said to Fay the other day, "Why, when Ma believes in you, you kinda start believing in yourself." Everybody in town feels that way about Ma Perkins. You would too if you met her. And you can meet her. You can get the whole story—even while you work—when you listen to daytime radio. Hear MA PERKINS on the CBS RADIO NETWORK.
Monday through Friday. See your local paper for station and time.

인기 뮤지컬로 뽑힌 이 프로그램이 동부 표준시간으로 저녁 9시에 시작되니 다이얼을 맞추라고 알리고 있다.

사상 최초의 소프 오페라 〈퍼킨스 엄마〉는 1933년부터 1960년까지, 자그마치 27년이라는 (라디오와 TV를 포함하여) 전 세계 방송 드라마 역사상 최장기 기록을 세운다.[40] 시간이 흐를수록 후원 광고주 P&G 옥시돌의 위상도 바위처럼 견고해졌다. 이에 힘입어 프로그램 시작 6년째인 1939년부터 옥시돌은 부동의 1위를 지키던 레버 브라더스 린소를 제치고 세탁기 전용 분말세제 브랜드 넘버원에 등극한다.

〈그림 115〉는 1957년 CBS 방송국이 내보낸 〈퍼킨스 엄마〉 라디오 프로그램 공지 광고다. 사진에 나온 주인공은 최초 방송이 시작된 23세 때부터 주인공으로 출연한 성우 버지니아 페인Virginia Payne이다. 고통에 빠진 사람들의 사연에 귀 기울여주고 친절한 조언을 해주는 이 따스한 미망인 캐릭터는, 미국 사회가 대공황과 세계대전을 통과하고 고도 성장기에 접어드는 그 오랜 시간 동안 대중의 깊은 사랑을 받았다.

2. 소프트 셀 크리에이티브의 분투

대공황기의 하드 셀 태풍 속에서도 소프트 셀 크리에이티브가 완전히 사라지지는 않았다. 엄동설한을 이겨내고 살아남은 당대의 소프트 셀 광고를 몇 가지 유형별로 살펴보자.

먼저 누드 광고의 등장이다. 1930년대에 접어들면 전문 사진작가들이 활발하게 광고 제작에 참여한다. 당대를 대표하는 포토그래퍼 중 하

나였던 에드워드 스타이첸이 대표적이다. 그는 아이어 앤 선에 고용된 후 우드버리 화장품과 캐논 밀스의 가정용 타월 광고 등을 만들었다. 〈그림 116〉에 그가 만든 캐논 밀스 타월 광고가 있다. 살짝 왼쪽으로 고개를 돌린 여성의 뒷모습을 찍은 이 작품은 '타월이 말한다Towel talks' 시리즈의 첫 탄이었다. 여성의 누드를 광고에 전면적으로 활용하여 빅 히트를 친 첫 번째 케이스였다.

이 시기에는 광고대행사들이 스스로를 알리는 자사 광고自社廣告도 활발하게 만들었다. 자기 회사 능력을 강조함으로써 광고주를 유치하

〈그림 117〉
어윈 웨이시의 자사 광고.
광고인의 열정과 프로정신을
감동적으로 묘사했다.

려는 전통적 목표는 다를 바가 없었다. 하지만 거기에 더해 광고의 긍정적 역할과 광고인의 헌신을 강조하는 주제가 늘어났다. (앞서 살펴본 대로) 광고산업에 대한 대중적 비판이 극심했기 때문이다.

〈그림 117〉은 1939년 집행된 어윈 웨이시사Erwin, Wasey & Co의 자사 광고다. 레이아웃 아래쪽에 회사명이 딱 한 번 나올 뿐 회사의 장점을 직접 자랑하지 않는다. 다만 프로페셔널 광고인의 애환과 헌신을 담담하게 풀어낼 뿐이다. 창밖으로 훤하게 불 밝힌 마천루 숲이 보이고 한 남자가 전등 갓 아래 홀로 앉아 뭔가를 쓰고 있다. 헤드라인은 "일과 후에 작성한 글Written after Hours." 당대 광고인들의 자기 직업에 대한 태도를 살펴보기 위해 바디 카피 앞부분을 올려본다.

하루 업무가 끝나고 직원들은 대부분 집으로 가버렸다. 프로덕션 매니저 방에선 체스게임이 벌어지고, 현금 출납창구엔 아직 불이 켜져 있다. 바깥쪽 방에서 YMCA 광고 교육 코스를 수강하는 사환 아이가 엉성하게 타이프라이터 두들기는 소리가 들려온다. 복도 건너편에서 한 남자가 책상 위에 몸을 구부린 채 뭔가를 쓰고 있는 모습이 보인다. 초록색 차양모자가 그의 눈을 가리고 있다. 28층 사무실 유리창을 통해 밖을 쳐다보니 건물의 불빛들이 보석처럼 반짝인다. 일과 시간이 오래전에 끝났건만 그는 아직도 일을 하고 있다. 손을 떠나기 전에 최종적으로 카피를 마무리 짓기 위해 스스로를 몰아붙이고 있는 것이다.⋯⋯

독창적 광고를 위해 밤을 낮으로 삼는 광고인의 모습이 인상적이다.

당신이 이 시대의 광고주였다면 이렇게 혼신의 노력을 다하는 회사에게 한 번쯤 기회를 주고 싶단 생각이 들지 않았을까.

다음은 돌 파인애플 주스 광고다. 하와이가 미국에 편입된 1901년, 훗날 파인애플의 제왕이라 불린 제임스 드루먼드 돌James Drummond Dole이 와히아와에 파인애플 농장을 건설한다. 하와이언 파인애플 회사의 탄생이었다. 승승장구하던 돌의 사업을 덮친 것은 대공황의 폭풍이었다. 광고대행사 아이어 앤 선은 이 난관을 헤쳐나가기 위한 묘책을 제시했다. 광고와 예술의 결합이었다. 이렇게 해서 세상에 나온 것이 역사상 가장 예술적인 광고로 꼽히는 돌 파인애플 캠페인이다.

하드 셀이 장악한 당시 광고계에서 이런 시도는 일종의 이단에 속했다. 그렇지만 아무리 사는 게 팍팍해도 사람들 마음속에는 고급스런 취향을 즐기고 싶은 욕망이 숨어있는 법이다. 돌은 이런 심리를 파고들었다. 돌 광고 캠페인은 세계적 명성의 현대 화가들이 직접 그린 그림으로 만들어졌다. 대가의 손을 통해 이국적 열대 분위기와 세련된 감성이 결합된 독특한 브랜드 이미지가 창조되었다. 대공황의 한복판에서 1930년대뿐만 아니라 20세기를 대표하는 독창적 소프트 셀 크리에이티브가 탄생한 것이다.

〈그림 118〉은 1938년 프랑스 화가 카상A. M. Cassandre이 돌 파인애플을 위해 그린 광고 포스터다. 화면 오른쪽 상단에 카상의 사인이 보인다. 레이아웃 맨 아래에 '돌 파인애플 주스'란 심플한 브랜드 네임 하나, 그리고 기타 모양 그림 윤곽선을 따라 짧은 바디 카피가 배치되어 있다. 메인 비주얼은 짙푸른 색 기타와 어우러진 열대의 보름달. 본격 회화인지 광고인지 구별이 안 될 정도로 강력한 아우라[41]를 내뿜는 작

품이다.

다음은 영 앤 루비컴에서 만든 포 로지스 위스키 광고다(《그림 119》).
'4송이 장미four roses'라는 독특한 이름의 이 술은 켄터키주 로렌스버그
에서 생산되는 버본 위스키Bourbon Whiskey다. 버본은 18세기 말엽 켄
터키주 동북부의 버본 카운티에서 옥수수와 호밀을 재료로 처음 만들
어진 술이다. 이 지역에는 프랑스 이민자들이 많았는데 모국의 부르봉
Bourbon 왕조를 기념하기 위해 이런 이름을 붙였다 한다.

포 로지스는 버본 브랜드 중에 상대적으로 뒤늦은 1888년 태어났다.

〈그림 118〉
유명화가 카상이
돌 파인애플 주스를 위해
그린 포스터.

Cooling idea

IT WAS 7 years ago that Amer-
ica's most famous cake of ice
made its first appearance.

Here it is once again, to remind
you that a Four-Roses-and-ice-
and-soda is *still* the most glori-
ously cool and refreshing drink
you could ask for on a warm mid-
summer afternoon!

And we're certain you'll thank
us for this cooling reminder, once
you savor the matchless flavor

and mellow smoothness of a Four
Roses highball.

For there's no other whiskey
with quite the distinctive flavor
of Four Roses.

Try a Four-Roses-and-soda be-
fore this day is over—won't you?

Fine Blended Whiskey—90.5 proof.
40% straight whiskies 5 years
or more old; 60% grain neutral
spirits.

Frankfort Distillers Corporation,
New York

폴 존스 부자父子가 이 위스키를 처음 제조하기 시작한 시점, 아들 존스 주니어가 사랑하는 아가씨에게 무도회에서 프로포즈를 했다. 이때 그녀가 장미 네 송이로 만들어진 장식을 드레스에 꽂고 나타나 결혼을 승낙했다는 것이다. 여기에서 '포 로즈'라는 로맨틱한 상표명이 탄생했다.

지역에서나 팔리던 그저 그런 이 브랜드는 대공황 시기 영 앤 루비컴을 광고대행사로 만나면서 운명이 바뀐다. 1939년 늦은 가을 첫 아이디어가 발상되어 이듬해 여름에야 완성된 '얼음 케이크Ice Cake'라는 제목의 걸작 광고 덕분이었다. 비주얼 아이디어는 아트 디렉터 헨리 렌트가 냈고 카피는 잭 로스브룩이 썼다.[42]

투명한 얼음 속에 빨간 장미 네 송이가 들어있는 장면을 렌트가 떠올린 것은 어느 더운 여름밤이었다. 그는 아내에게 "네모난 얼음 속에 장미를 넣고 얼리면 어떨까?"라고 물었다. 반응은 "정신 나간 소리 말아"였다. 그래도 렌트는 포기하지 않고 광고 제작에 돌입하게 된다.

난관에 부딪힌 것은 이듬해 1월 사진작가 안톤 브루얼과 촬영을 시작하면서였다. 장미를 물속에 넣고 그대로 얼려보니 꽃의 형태가 완전히 망가졌던 거다. 얼음 속 장미를 신선하게 유지하고 물이 얼어붙을 때의 압력에서 보호하기 위해 온갖 방법이 강구되었다. 얼음이 몇 톤이나 소비될 정도였다. 오늘날 같으면 컴퓨터그래픽으로 간단히 해결할 문제지만, 이 시점에는 실사 촬영 외에는 방법이 없었다는 것을 기억해야 한다. 악전고투 끝에 두 사람은 마침내 해결책을 찾아낸다. 얼음 속에 공간을 만든 다음 그 속에 장미를 넣는 방법을 떠올린 것이다.

광고가 집행된 후 초대형 마케팅 이벤트가 미국 전역에서 펼쳐졌다. 1만 2,000개 이상의 위스키 소매점에 제빙회사에서 특별히 만든 '장미

얼음 케이크'를 전시한 것이다. 폭발적 화제와 함께 제품 판매는 날개를 달았다. 이 광고는 이후 오랫동안 시리즈로 집행되었다. 시간이 흐르면서 오리지널 아이디어에 기초한 다양한 변형 광고들이 끊임없이 만들어졌다. 이를 통해 포 로즈는 더운 여름날 얼음을 타서 마시는 하이볼용 위스키의 대명사로 소비자 마음에 각인되었다.

제1차 세계대전이 끝난 지 21년 만에 제2차 세계대전이 터졌다.
이 전쟁은 미국, 영국 등 자유 자본주의 세력과 그 악성 변종인 독일, 이탈리아 등
파시즘 세력의 격돌이었다. 그와 동시에 나치독일과 당시 유일한
현실사회주의 국가였던 소비에트연방 간의 체제 대결이라는 중층적 성격을 지녔다.
전쟁이 발발하자 각국의 광고산업도 불길 속으로 휩쓸려 들어간다.
상품 광고가 사라지고 그 빈자리를 제1차 대전 시기와 유사한
전쟁 수행 프로파간다들이 차지하게 된다.
이들 프로파간다의 단골 소재는
군수품 생산을 위한 물자 및 에너지 절약 등이었다.
특히 민수용 인쇄, 출판 용지 생산이 전쟁 전에 비해
25퍼센트나 줄어듦에 따라 인쇄 광고비용이 라디오 매체로 대거 이전된다.
이 때문에 라디오 광고가 1930년대보다 더 큰 호황을 누린다.[1]
이 시기의 라디오는 신속 정확한 뉴스 공급원으로서 독점적 위치를 누렸고
대국민 선전수단으로서도 독보적 역할을 수행했다.

16장

전 세계가 참극에 휘말리다

1. 제2차 세계대전과 국제 정치경제의 지각변동

사회철학자 겸 경제학자 칼 폴라니Karl Polanyi는 1944년 출간한《거대
한 전환: 우리 시대의 정치·경제적 기원The Great Transformation: The
Political and Economic Origins of Our Time》에서, 양대 전쟁 사이의 1930년
대에 일어난 세계 경제 해체와 문명사적 전환이 국제 금본위제[2] 붕괴
에서부터 비롯되었다고 말한다. 그는 여기서 한걸음 더 나아가 제1차
세계대전 종전 후 이뤄진 국제정치적 타협이 전쟁의 불을 질렀다고 밝
힌다. 얼기설기 임시로 봉합해놓은 상처에서 제2차 세계대전의 선혈이
걷잡을 수 없이 터져나왔다는 것이다. 그의 말을 들어보자.

세계 경제의 해체는 이미 1900년 이래로 계속 진행되고 있었으며,

이것이 뿌리가 되어 생겨난 정치적 긴장이 1914년에 마침내 제1차 세계대전으로 폭발한 것이다. 영국 패권에 대한 독일의 도전은 전쟁의 승패와 베르사유조약을 통해 제거되었으며, 그래서 제1차 세계대전으로 표출된 정치적 긴장 자체는 그렇게 표면적으로 완화될 수 있었다. 하지만 독일의 패배와 베르사유조약은 그러한 긴장을 낳은 근본 원인 자체를 더욱 악화시키는 꼴이 되었고, 평화의 달성을 가로막는 정치적·경제적 장애물들이 오히려 엄청나게 늘어나게 된 것은 그 때문이었다."[3]

제1차 세계대전이 종결된 1918년에서 2차 세계대전이 일어난 1939년까지 21년 동안을 간전기라 부른다고 앞에서 언급했다. 이러한 명명 자체가 제1차 세계대전 종전의 임시적 성격을 뚜렷이 드러낸다. 이 기간은 경제대공황이 세계를 덮쳤고 그에 대한 안티테제로서 파시즘이란 괴물이 태어난 정치·경제·사회·문화의 격동기였다. 동시에 필연적 귀결로서 내부에 새로운 세계전쟁의 암종癌腫을 키워낸 시기였다. 폴라니가 자신의 책 제목으로 삼은 '거대한 전환'은 이 같은 세계사적 지각변동을 지칭하는 것이었다.

남북 아메리카와 오세아니아 대륙을 제외한 지구 전역을 무대로 벌어진 제2차 세계대전은 참전국 규모, 사상자 숫자, 전쟁 투입 예산, 경제적 피해 등에서 이전의 그 어떤 전쟁과도 비교를 불허했다. 전쟁 수행 총비용이 당시 기준으로 1조 3,849억 달러에 달했고, 재산 피해액은 추산 자체가 어려웠다. 사상자 숫자는 제1차 대전에 비해 대여섯 배 많았다. 유럽만 놓고 보자면 소련은 약 2,700만 명, 폴란드는 600만 명,

독일은 500만 명에 달했다.[4] 독일은 1944년 8월 8일 베를린 공방전에서 패하고 히틀러가 자살하자 항복했다. 일본은 절망적 저항을 계속했지만 히로시마와 나가사키 원자폭탄 투하를 마지막으로 무조건 항복 문서에 서명하게 된다. 이렇게 해서 6년에 걸친 참화가 종결되었다.

자국 영토 내의 피해를 극소화한 미국은 가동 가능한 모든 공장에서, 동원 가능한 모든 노동력을 동원하여 군수품 생산을 극대화했다. 이 관점에서 제2차 세계대전은 1929년 이래 10여 년의 공황에 빠졌던 미국 경제를 순식간에 회생시킨 마법의 이벤트이기도 했다. 전쟁 수행을 위해 생산력을 최고 수준으로 가동함으로써 대공황의 디플레이션을 빠른 속도로 벗어난 것이다.

전쟁 6년 동안 미국이 생산한 항공기 총 대수는 29만 6,000대, 전차는 10만 2,000대에 달했다. 조선소는 선박과 상륙용 소형함을 포함하여 8만 8,000척의 배를 건조했다.[5] 주야를 불문하고 공장이 가동되었다. 이렇게 생산된 물자는 자국군은 물론 전쟁 참여 연합국에 대량으로 판매되었다. 유보트U-boat의 위협에도 불구하고 군수품을 가득 실은 상선들이 끊임없이 대서양을 횡단했다. 이에 따라 전쟁이 종료될 무렵 무기와 군수품 대금으로 각국에서 지급한 금이 집결되어 미국은 전 세계 금 보유량의 60퍼센트를 보유했다. 전후 세계 정치, 경제, 문화를 주도하는 최강대국 위치를 굳히게 된 것이다.

피케티는 제1차 세계대전이 터지기 전인 1914년의 경우 "사적 소유제의 번영이 당대의 식민지 체제 번영만큼 절대적이고 영구적으로 보였다"고 언급한다.[6] 그러나 30년이 지나고 세계대전이 종료된 1945년 이후 소련, 중국, 동유럽 등에서 사적 소유제도가 사라진다. 주요 자본주의 국가 내에서도 국유화, 공공보건 및 공교육 시스템, 상위 소득 및 자산에 대한 강력한 누진세 등 사민주의적 요소가 확산된다. 20세기에 일어난 두 번의 세계전쟁이 이끌어낸 문명사적 격동이었다.

2. 전시의 별종 콘텐츠, 브랜드 프로파간다

전쟁 수행에 있어 프로파간다가 조직적 개입을 시작한 것은 제1차 세계대전부터였다. 2차 세계대전에서는 그 규모와 질적 수준이 급속하게 진화되었다. 생사를 걸고 싸우는 연합국과 주축국 양대 진영 모두가 자기들의 승리를 세계사적·도덕적 정의의 귀결이라 믿게 만들어야 했기 때문이다. 전쟁의 참혹함에 못지않게 이데올로기 헤게모니 선점을 노리는 프로파간다 경쟁이 격화된 배경이 여기에 있었다.

특히 유럽과 태평양의 두 개 전선에서 전투를 수행함은 물론 동맹국에 대한 전쟁물자 공급을 책임져야 했던 미국의 경우 노동력 동원을 위한 프로파간다가 독보적으로 증가했다.[7] 정부기관, 광고 전문가, 군수품 제조회사가 협력해서 제작한 이들 선전물은 전쟁 승리를 위해 노동계급의 협력이 절대적임을 강조했다. 그 밖의 주요 주제로는 등화관제, 가스 마스크 상비, 폐휴지와 고철 수집, 병사들이 집으로 전화를 쉽게 하도록 국제전화 줄이기, 매점매석 방지, 간첩행위에 대한 사람들의 주의를 강조하는 내용 등이 있었다.[8]

전쟁 초기에는 설탕과 커피 등 식료품과 민간 생활용품 생산이 급속히 줄어들었다. 가정용 전기용품의 생산도 중지되었다. 미국 정부는 상품 공급 축소에 따른 물가폭등을 조절하기 위해 물가행정국Office of Price Administration을 설립하여 20여 종의 생필품에 대한 배급제를 강행한다. 주목할 것은 전쟁 시기에 일어난 '승리의 정원 작물 재배Planting of victory garden 운동'과 'V-메일 편지V-mail letter 보내기 운동'이었다. 전자는 병참용 통조림 회사의 원료 채소 확보를 위해 후방의 시민들이 자기 집 정원에 텃밭을 가꾸자는 캠페인이었다. 후자는 육해군의 항공 수송 부담을 덜어주기 위해 전선에 보내는 편지를 마이크로필름으로 찍어서 보내는 운동을 말한다.

영국의 프로파간다도 치열했다. 적대국, 동맹국과 중립국, 국내용으로 프로파간다 대상을 세 가지로 구분한 다음, 각각에 따른 콘텐츠 제작과 노출을 전문적으로 집행하는 조직을 구성했다. 예를 들어 적대국 대상 프로파간다는 정치전쟁집행국Political Warfare Executive이 담당했고 동맹국과 중립국, 국내 대상 프로파간다는 공보부가 주도하는 방식이었다.[9] 독일은 제3제국 국민계몽선전부RMVP 장관 괴벨스가 주역이었다. 그는 1939년 전쟁 발발 직후 〈나치 선전 실행 지침〉이란 명령서를 통해 라디오, 신문, 영화, 포스터, 대중 집회·강연, 입소문 등을 통한 전면적 프로파간다 공세를 지휘했다. 소련의 경우는 세르바코프가 지도하는 중앙위원회 선전선동부 휘하에 정보국이 신설되어 전쟁 프로파간다 활동을 맡았다.

1941년 6월 22일 나치 독일은 1939년 체결된 독소 불가침조약을 파기하고 '바르바로사 작전Unternehmen Barbarossa'을 통해 소련을 침공한다. 그 이틀이 지나지 않아 소련 외무부 장관 몰로토프가 '조국 수호'를 호소하는 라디오 연설을 실시했고 이 내용은 다시 뉴스영화와 포스터

등을 통해 순식간에 확산되어 큰 영향력을 발휘한다.[10]

미국은 진주만 침공 10개월이 지난 1941년 10월 정밀정보국Office of Facts and Figures을 설립하여 프로파간다 제작을 시작했다. 그리고 8개월 후 이를 기존의 민방위국, 정부보도국 등 산하 기관과 통합시켜 전쟁정보국Office of War Information이란 공식 기관을 출범시킨다.[11] 전쟁 관련 프로파간다를 총지휘하는 정부 조직이었다. 한편 같은 해 전쟁광고위원회WAC(War Advertising Council)[12]라는 민간기구가 결성된다. 이 위원회는 전쟁 국채 모집, 모병 광고, 식량 증산 및 에너지 절약 캠페인을 수행하는 것은 물론 1944년까지 3억 5,000만 달러 가치 이상의 신문·잡지 지면을 무상으로 제공하는 핵심 역할을 맡는다.

관심을 끄는 것은 제2차 세계대전을 통과하면서 전 시대와 차별화되는 독특한 설득 콘텐츠가 나타났다는 점이다. 브랜드 프로파간다Brand Propaganda였다. "제1차 세계대전 시기에 나타났던 전쟁 수행 프로파간다에 추가적으로 마케팅 메시지를 결합시킨 프로다간다 유형"으로 정의된다.[13] 이는 매체 집행 비용을 특정 기업이나 브랜드가 후원하고 그 이름을 표시한다는 점에서 보자면 넓은 의미의 광고라고 볼 수 있다. 하지만 승전을 위해 국민을 설득하고 동원하는 데 있다는 점에서는 프로파간다 성격이 뚜렷하다.

브랜드 프로파간다는 학술적으로 공인된 용어는 아니다. 그러나 설득 커뮤니케이션 역사에서 유례없이 차별화된 전략적·표현적 특성을 보여준다. 전쟁 승리를 위해 국민을 동원하는 이데올로기 선전이라는 본연의 목표를 지향하면서도 우회적이고 세련된 방식으로 기업과 브랜드 가치를 높였기 때문이다. 이런 중층적 특성 때문에 오귄과 그의 동료들은 이 유형을 '제품 연결 제공 광고link provided advertising'라 이름 붙여 광고 영역에 포함한다.[14] 반면에 핀카스와 로이슈는 아예 '브랜드 프로파간다'라는 별도 명칭을 사용하여 포괄적 프로파간다 영역에 포함한다.[15] 이 책에서는 이 콘텐츠가 전쟁 시기에 한시적으로 나타난 역사적 특수성과 독특한 표현적 차별성을 고려하여, 브랜드 프로파간다라는 이름을 채택했다.

　브랜드 프로파간다는 미국을 중심으로 활발하게 실행되었다. 이 나라의 주요 기업들은 승전을 위한 프로파간다를 대거 집행하면서도 내부적으로 마케팅적 목표를 포기하지 않았다. 국가적 차원에서 모든 인적·물적 자원이 투입되는 총력전 상황에서 적극적으로 제품 판매를 시도하는 기업은 드물었다. 브랜드 프로파간다는 이런 상황에서 기업들이 찾아낸 일종의 우회로였던 셈이다. 이 표현 방식은 상징 조작을 통해 전쟁 참여 의지와 애국심을 고취한다는 점에서는 일반적 전쟁 수행 프로파간다와 유사하다. 하지만 그 같은 표면 아래 암시적이고 세련된 방식으로 해당 기업과 브랜드의 이미지를 높이려는 시도를 한 것이 특징이다. 전쟁이 끝난 후 전개될 본격적 시장 경쟁에서 우위를 선점하려는 의도가 명백했던 것이다.

3. 히틀러의 아가리에 폭탄을 먹여라

제2차 세계대전 시기의 프로파간다를, 일반적 전쟁 수행 프로파간나와 마케팅 목적이 결합된 브랜드 프로파간다로 나눠서 특성을 살펴보면 다음과 같다.

1_전쟁 승리를 독려하는 프로파간다

제2차 세계대전 시기 전쟁 수행 프로파간다는 제1차 세계대전에 비해 뚜렷한 차이점이 발견된다. 1920년대와 1930년대를 거치면서 발전된 사회과학적·심리학적 지식이 적극적으로 콘텐츠 제작에 반영되었기 때문이다. 여기에 세련된 설득 테크닉이 결합되었다. 일방적 애국심 호소를 넘어 심금을 울리는 수준작들이 대거 태어난 것이 그 때문이었다. 예를 들어 〈그림 120〉을 보자. 언뜻 보면 일반적 모병 포스터로 보인다. 하지만 내용을 자세히 살펴보면, 세련된 독창성과 역사적 관점이 결합된 작품임을 알 수 있다.

헤드라인은 숫자 "1778-1943"이 대신한다. 핵심 메시지는 그림에 있다. 1778년은 독립전쟁 당시 식민지 군대가 영국군에 최초로 승리를 거둔 사라토가 전투의 해다. 벤자민 프랭클린은 이 승리를 명분으로 프랑스로 건너가 독립전쟁 참전을 설득했고, 결국 프랑스와 미국 연합부대가 영국 주력부대를 격파했다. 이처럼 1778이란 숫자는 '자유와 독립을 향한 싸움'을 상징함과 동시에, 프랑스가 그만큼 미국을 도와줬으니 이제는 미국이 나치 점령하의 프랑스를 도와야 한다는 중의적 의미로도 해석된다.

레이아웃과 일러스트레이션도 뛰어나다. 구름 낀 하늘을 배경으로 병사들이 행진하며 "우로 봐!"를 하고 있다. 그들의 시선이 향하는 곳에 무엇이 있는가? 165년 전 선조들이 머스킷Musket총을 들고 도열해 있는 모습이다. 독립전쟁 영웅들의 이미지를 유럽 전선에 나가는 젊은 군인

〈그림 120〉
미국의 프로파간다.
제2차 세계대전이 자유와 독립을 지키는 전쟁임을 강조하고 있다.

들과 결합시킨다. 이를 통해 제2차 세계대전은 미국의 독립전쟁과 다를 바 없는 신성하고 고귀한 싸움임을 전달하고 있다. 건국 선조들의 영웅적 행위를 이끌어들임으로써 프로파간다의 설득력을 극대화한 것이다.

이 시기 연합국의 프로파간다를 보면 히틀러를 타깃으로 하는 작품이 많다. 히틀러야말로 나치즘의 알파요 오메가였다. 그러니 그를 악의 수괴로 몰아가는 것이야말로 국민을 전쟁에 동원하는 가장 효과적인 수단이었다. 〈그림 121〉을 보면 하늘을 향해 입을 벌린 히틀러를 향해 폭격기가 사정없이 폭탄을 투하하고 있다. 눈에 번쩍 띄는 것은 헤드라

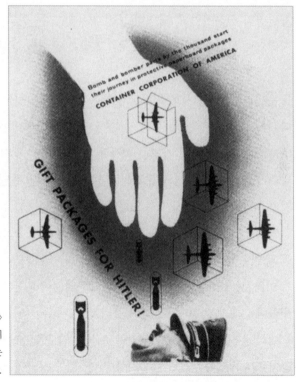

〈그림 121〉
히틀러의 입에
폭탄을 떨어뜨리고 있는
프로파간다.

인이다. "히틀러에게 선물 보따리를!Gift package for Hitler!"[16] 더 이상 설명이 필요 없지 않은가.

동유럽 전선에서 나치 독일과 사투를 벌이던 소련도 많은 전쟁 수행 프로파간다를 제작했다. 히틀러는 일찍부터 소련의 광대한 영토와 지하자원을 탐내왔다. 그는 이 같은 욕망을 관철하기 위해 (독일의) "생활권Lebensraum 확장"이라는 명분 아래 소련을 기습 공격한다.[17] 러시아에서는 대大조국 전쟁Великая Отечественная война, 독일에서는 독—소 전쟁Deutsch-Sowjetischer Krieg이라 불린 사상 최대 규모의 단일 전쟁이었다. 침략을 당한 소련 입장에서는 그야말로 국가의 명운이 걸린 절체절명의 전쟁이었고, 당연히 동원 가능한 모든 인적·물적 자원을 필사적으로 투입했다. 〈그림 122〉는 그 같은 총력전 양상을 선명하게 드러내는 프로파간다다.

눈에 띄는 것은 사회주의 국가 특유의 거친 듯 선동적인 톤 앤 매너다. 휘날리는 적기赤旗와 탱크전을 배경으로 소비에트 연방공화국 CCCP 로고가 새겨진 가방을 어깨에 맨 간호병이 병사와 함께 앞으로 달려가고 있다. 나치 침략군과의 전투에서 결코 지지 않겠다는 강한 의지가 두 사람의 표정에 서려 있다.

영국에서는 키치너 장군이 나왔던 고전적 모병 포스터가 훨씬 유명한 모델로 변주되었다(〈그림 123〉). 전시 내각의 총리 처칠 경이다. '불독'이라는 별명에 어울리는 단호한 표정의 처칠이 국민에게 손가락을 내밀며 이렇게 외친다. "당연히 승리한다!Derserve Victory!"

미국에서는 태평양전쟁을 치르는 적국 일본을 겨냥한 프로파간다가 많이 제작되었다. 〈그림 124〉가 사례다. 왼쪽 상단에 굵은 흰색 활자체

〈그림 122〉
간호사와 병사가 함께 나온 프로파간다.
필사의 의지로 싸우는
소련의 결의를 보여준다.

〈그림 123〉
윈스턴 처칠이 제1차 세계대전 시기
키치너 장군의 포즈를 패러디한 포스터.

로 쓰인 카피는 "당신의 부지런한 적들Youe diligent enemies." 어두운 배경 속에 일본인 넷이 열심히 비행기를 조립하고 있다. 왼쪽 하단에서 뒤로 돌아선 채 프로펠러를 옮기는 이는 여성으로 보인다. 일러스트레이션에 묘사된 일본인들은 의도적으로 조장한 인종적 고정관념을 그대로 보여준다.[18] 하나같이 뻐드렁니에 둥근 검은 테 안경을 끼고 남자들은 콧수염을 기르고 있다. 강조하고 싶은 핵심 내용은 맨 아래에 나와 있다. "당신은[19] 오늘 그들보다 더 많이 만들었습니까?Did they out-produce you today?"

〈그림 124〉
전쟁 승리를 위해 일본 노동자보다
더 열심히 일하자고 설득하는 프로파간다.

2_마케팅 목표를 숨긴 브랜드 프로파간다

브랜드 프로파간다는 통상적 프로파간다와 뚜렷한 차별점이 있다. 첫째는 내용적 측면이다. 승전을 위한 대국민 독려는 유사하지만, 이와 함께 기업 및 브랜드 호의도 상승이라는 명확한 마케팅 목표를 지니고 있기 때문이다. 둘째는 표현적 측면이다. 전쟁 수행 프로파간다의 경우 광고주 이름이 생략되거나 혹은 국가기관이 명기되어 있는데 반해, 브랜드 프로파간다에서는 기업이나 브랜드를 명시적으로 알리려는 의도가 분명히 드러나 있다는 점이다.

제1차 세계대전 중에도 기업들이 콘텐츠 하단에 자기들이 광고 비용을 기부했다는 내용을 알리기는 했다. 하지만 제2차 세계대전 시기의 주요 기업들은 애국심의 외피 아래 보다 정교한 마케팅 목표를 결합시켰다. 프로파간다 속에 기업 및 브랜드 이미지를 높이려는 교묘하고 세련된 레토릭을 숨긴 것이다. 예를 들어 캐딜락 자동차는 전투기 엔진 조립용 부품을 납품하는 스스로를 '외적을 막아내는 선봉장'이라 주장했다. 텍사코 석유는 "우리 군대가 승리하는 속도를 더욱 높이는" 휘발유를 생산하기 때문에 자사 제품을 더 써줘야 한다고 설득했다.

이 시기의 브랜드 프로파간다는 크게 3가지 유형으로 나눌 수 있다.

1-기업명 단순 삽입

전쟁 수행 참여와 승전 독려 메시지를 전하면서 후원 기업이나 제품명을 슬쩍 끼워넣는 형태다. 〈그림 125〉는 1943년에 집행된 전쟁 국채 모금을 위한 브랜드 프로파간다다. 독일 총통 히틀러가 문서 하나를 보더니 기절할 듯한 표정을 짓고 있다. 손을 부들부들 떠는 모습이 여실하다. 그가 움켜쥔 종이에 '사형집행장Death Warrant'이란 활자가 박혀 있다. 핵심은 뒤페이지다. 전쟁 국채 모금U.S War Bond이란 단어가 큼직하게 레이아웃되어 있다. 전쟁 국채를 구입하면 히틀러의 패망을 앞당긴다는 주장을 직접적으로 전달하고 있는 것이다.

괴벨스는 나치당이 권력을 잡은 1933년, 프로파간다의 본질을 "상대의 '정신이라는 하프'를 연주하는 것"이라 말했다.[20] 대중이 지닌 불안을 이용하여 감정적으로 호소하는 것이 프로파간다의 핵심임을 지적한 것이다. 히틀러를 소재로 한 이 작품에서도 그런 특성이 드러난다. 카

〈그림 125〉
'전쟁 국채' 모금
브랜드 프로파간다.
기절할 듯한 히틀러의 모습을
보여준다.

피를 최대한 생략하고 혐오감을 절로 일으키는 인물을 내세운다. 이를 통해 승리를 위한 모금 참여를 설득하는 것이다. 레이아웃 하단에 해당 콘텐츠를 후원한 블루밍데일 백화점 로고를 배치했는데 블루밍데일은 고급 여성용품 매장이다. 광고 후원 기업의 속성과 프로파간다 내용이 상관 없다는 점에서 기업명 단순 삽입 유형임을 알 수 있다.

2-우회적 기업 속성의 결합

두 번째 유형은 전쟁 수행 협력을 전면에 내세우면서도 우회적으로 기업 속성을 결합하는 방식이다. 〈그림 126〉은 제2차 세계대전 시기의 브랜드 프로파간다 가운데 가장 유명한 작품 중 하나로 뉴헤븐 철도회사가 집행한 것이다. 1942년 12월에 처음 집행된 이 브랜드 프로파간다는 "4번 침대 위 칸의 아이The kid in upper 4"라는 헤드라인으로 사람들에게 널리 알려졌다. 이 작품의 대성공 이후 "수송 차량 속의 아이The kid in the convoy", "아이와 그의 편지The kid and his letter", "병동 차 안의 아이The kid in the ward car", "보호받는 아이The kid takes over" 등이 연속으로 나왔다. 그리고 모든 작품이 큰 화제를 불러일으켰다.

메인 비주얼은 신병으로 차출되어 전선으로 향하는 소년 병사의 모습이다. 철로 위를 달리는 기차 위쪽 침대칸에서 두 팔을 머리 뒤에 두른 채 잠 못 이루는 앳된 젊은이를 보라. 광고학자 푸토와 웰스는 광고에서 특정한 정서적 공감대를 수용자 심리에 옮기는 표현 방식을 전이적 소구transformational appeal라고 부른다.[21] 이 작품이 딱 그렇다. 전쟁터로 향하는 청년의 마음이 얼마나 불안하고 흔들리겠는가. 그것을 지켜보는 마음은 또 얼마나 애처로운가. 이 같은 강렬한 감정이입을 통

<그림 126>
제2차 세계대전 당시 가장 유명한
브랜드 프로파간다였던
'4번 침대 위 칸의 아이'.

해 대중의 애국심을 자극함과 동시에 해당 기업에 대한 이미지를 높이려는 것이다.

3-제품 판매에 비중을 두는 유형

제2차 세계대전의 분수령은 세 가지다. 태평양전쟁에서는 1942년 6월 5일에서 7일까지 벌어진 미드웨이 해전이 그것이다. 유럽 전장에서는 1942년 8월 22일에 시작되어 이듬해 2월 2일에 끝난 스탈린그라드 공방전이다. 그리고 마지막 결정타는 1944년 6월 6일의 노르망디 상륙작전이었다. 이를 계기로 파시즘 세력의 패퇴가 기정사실화된다.

이 시기가 되면 브랜드 프로파간다도 상당한 변화를 보인다. 기업명을 단순 삽입하거나 전쟁 기여에 대한 강조를 넘어, 제품 판매에 비중을 두는 콘텐츠가 늘어난다. 전쟁이 끝난 후 평화 시기를 준비하는 마케팅 목표가 수면 위로 드러나기 시작한 것이다. 아무리 그래도 노골적으로 제품판매 의도를 내세우는 경우는 드물었다. 전쟁 공헌 내용을 앞에 내세우면서도 우회적으로 내용을 전달하는 방식이 대세였다. 대표적 사례를 하나 살펴보자.

〈그림 127〉은 1943년 후반에 집행된 코카콜라의 브랜드 프로파간다다. 얼룩무늬 해병대 전투복을 입고, 착검한 소총을 옆구리에 낀 미군. 언뜻 보면 전형적인 전쟁 수행 프로파간다 같다. 그런데 헤드라인과 왼쪽 하단의 사진을 보면 생각이 달라진다.

헤드라인은 "뭔가 특별한 그것That extra Something." 왼쪽 아래 군인 세 사람의 모습을 보면 의도가 더욱 명확하다. 정복을 차려입은 군인들이 담소를 나누는데, 그들의 손에 모두 코카콜라가 들려있다. 총탄이

빗발치는 전장에서도 코카콜라를 마시며 휴식을 취하라는 뜻이다. 제2차 세계대전 기간 중 국방성 지원을 받아 1병당 5센트의 가격으로 전선에도 코카콜라가 공급되기는 했다. 하지만 이렇게 직접적으로 제품 판매를 시도하는 브랜드 프로다간다는 매우 드물었다는 점에서 관심을 끈다.

〈그림 127〉
제품 판매 의노가 무릿한
코카콜라 브랜드 프로파간다.

17장
여성 산업전사 이미지의 탄생

1. 전쟁이 촉발한 여성들의 노동 현장 참여

군수산업에 여성 노동력이 본격적으로 투입된 것은 제2차 세계대전이 분기점이다. 실업자가 넘쳐났던 대공황기에 산업자본주의 국가들에서는 "노동은 남성의 것"이라는 가부장적 이데올로기가 지배적이었다. 여성의 노동시장 참여에 대한 장벽을 구축하기 위해서였다. 하지만 제2차 세계대전이 일어나면서 상황은 급변했다. 나치 독일을 제외한 모든 참전국에서 여성 노동력의 조직적 동원이 시도되었기 때문이다. 독일의 경우 강제노동수용소에서 유대인과 반체제 인사, 사회주의자 등 수백만 명의 노동력을 착취했고 피정복 국가 국민을 대규모로 노예 노동에 동원했다.[22] 이 때문에 대부분의 독일 여성들은 전쟁 중에도 일을 하지 않거나 상대적으로 경미한 노동에 종사했다.

소련은 상황이 달랐다. 단순히 후방 노동력 투입을 넘어 여성들이 직접 전쟁에 참여하거나 심지어 최전선에서 전투를 수행하는 비율이 압도적으로 높았다.[23] 독일군의 봉쇄전략으로 극심한 피해를 입으며 대치했던 레닌그라드의 경우, 봉쇄 기간 동안 젊은 여성이 공장 노동의 주축이었다. 레닌그라드 공방전 초기인 1942년 12월의 경우 여성이 전체 공장 노동력의 79.9퍼센트를 차지했는데, 이 수치는 1943년 2월이 되면 무려 84퍼센트에 달하게 된다.[24] 이처럼 높은 여성 노동 비율은 사회주의 여성관의 직접적 반영일 뿐 아니라, 개전 초기 독일의 전격전에 밀려 인구와 공업시설이 집중된 서부 영토를 빼앗긴 소련 당국의 필사적 노력의 결과였다.

힐데가르트 마리아 니켈은 서구 산업사회에서 다양한 정치·경제적 요인에 의해 여성들이 대거 노동 영역으로 편입되는 역사적 시기가 있었다고 지적한다.[25] 제2차 세계대전 시기의 미국이 대표적 사례였다. 전쟁 초기 입대한 남성들을 대신하여 미국 전역에서 약 600여 만 명의 여성들이 군수산업 등에 노동력을 제공한 것인데, 그 숫자는 전쟁 기간 내내 계속 확장된다.

이를 위한 여성 노동참여 독려 캠페인이 정책 당국과 광고업계의 체계적 협력을 바탕으로 대대적으로 추진되었다. 동시에 노동하는 여성에 대한 찬양과 긍정적 이데올로기가 조직적으로 유포되기 시작했다. 전시 여성 노동력 동원을 위한 프로파간다 캠페인은 1942년 2월 설립된 전쟁인적자원위원회War Manpower Council가 전쟁정보국에 의뢰하는 방식으로 실행되었다.[26]

이들 캠페인에서는 다양한 산업 영역, 특히 방위산업체에서 일하는 여성을 조국에 의무를 다하는 존재로 칭송했다. 나아가 그 같은 노동력 제공이 전선에 나간 남편이나 아들의 생명을 지키고 위험을 줄인다고 강조했다. 이런 메시지는 가정에만 머무른 여성들에게 심적 부담감을 안겨주었으며, 반대로 남자를 대신하여 힘든 노동을 마다하지 않는 여성을 이상적 롤 모델로 부각시켰다. 동시에 가족을 위해 가정에서 헌신하는 기존의 스테레오타입화된 이미지를 크게 변화시켰다. 제2차 세계대전 시기에 나온 다양한 프로파간다와 광고들에는 현대적 설득 이론과 심리학 지식이 적극적으로 투영되어 있다. 그중에서 인간 심리를 자극하는 소프트 셀 테크닉이 가장 효과적으로 발휘된 영역이 바로 여성 노동 관련 프로파간다였다.

2. 가정을 벗어나 공장으로 향하는 여성들

미국에서 여성 노동이 사회 문제로 대두된 최초의 계기는 1909년 뉴욕의 의류 노동자들이 일으킨 '2만 명의 봉기'였다.[27] 이 사건 후 여성 노동에 대한 관심은 지속적으로 증가되었으나 풍요의 시대라 불리는 1920년대가 되면서 수면 아래로 가라앉는다. 호경기가 닥치고 소비향락 풍토가 일반화되면서 성역할 인식이 역류를 하게 된 것이다. 중성적인 소년 느낌을 주는 가르손 룩Garconne look의 유행과 현대의 스모키 화장을 연상시키는 검고 진한 눈 화장은 당대 여성들의 종속적이며 유약한 젠더의식을 상징하는 것이었다. 이러한 분위기에서 노동하는 여성에 대한 관심과 주목이 줄어든 것은 당연한 현상이었다.

두 번째 세계 전쟁이 터지자 상황이 일변했다. 1941년 12월 태평양전쟁 발발 이후 불과 1년 만에 18세에서 39세 사이 수백만 명의 남성들이 전쟁에 투입되어 극심한 노동력 부족이 발생한 것이다. 이것이 여성 노동의 불가피한 확대를 요구했다.[28] 그러나 가부장적 이데올로기에 순응하여 가정에 머물러 있던 여성들을 산업 현장에 이끌어내기는 쉬운 일이 아니었다. 이때 프로파간다 캠페인이 결정적 역할을 한다. 정부와 주요 기업들이 여성의 노동 현장 참여를 애국시민의 미덕으로 칭송하는 이른바 '우먼파워 캠페인The Woman power Campaign'을 시작한 것이다.[29] 캠페인이 정점에 이른 1943년부터 1945년 종전까지 여성 노동 참여 독려 콘텐츠 비율이 미국 전체 광고비의 16퍼센트에 달할 정도였다.

전쟁정보국은 "전쟁터에는 남성이 필요하고 후방에는 여성이 필요하다. 미국 여성들은 자신의 노동에 대해 전력투구해야만 한다"는 대국민 메시지를 공식적으로 제기한다.[30] 그중에서도 기혼 여성을 노동 현장으로 이끌어내려는 프로파간다 캠페인이 가장 강력했다. 군수품과 무기 생산공장 같은 전쟁산업에 취업하는 것이 참전한 남편과 아들의 생명을 구하는 것이라는 인식이 널리 퍼진 것이 그 때문이다. 한걸음 더 나아가 노동에 참여하지 않는 여성은 애국심이 부족하다는 분위기까지 조성되었다.[31]

이에 따라 여성 노동 비율이 빠르게 늘어난다. 1930년대 초반에 발표된 주요 국가별 '전체 취업자 중 여성 비율'을 보면, 미국의 경우 1930년 기준으로 22.02퍼센트를 기록했다.[32] 제2차 세계대전 개전 이후 이 수치가 급속한 상향곡선을 긋는다. 1940년에 1,300만 명이었던 여성 노동자가 1944년에는 1,815만 명이 되어 4년 만에 39.6퍼센트나

늘어난것이다.[33]

특기할 것은 고용의 질적 변화였다. 태평양전쟁이 개시된 1941년의 경우 방위산업체 근무 여성 비율이 1퍼센트에 불과했다. 그런데 1944년이 되면 폭격기·수송기·전투기를 생산하는 항공산업에서만 50만 명의 여성이 일할 정도로 여성 노동이 증가했다. 심지어 군함 제조를 위한 조선소에도 여성 노동자 비율이 10퍼센트를 넘어선다. 그동안 남성들의 전유물로 여겨졌던 거칠고 힘든 일자리를 대거 여성들이 차지하게 된 것이다.

전쟁 시기에 일어난 이 같은 노동구조 변화는 1920년대 거품경제와 1930년대 대공황의 극단적 순환을 거치면서 고착화된 가부장적 이데올로기에 균열을 초래하는 출발점이 되었다. 동시에 여성들의 사회 진출에 교두보를 확보하는 계기를 제공한다.[34]

3. 근육질 '리벳공 로지'의 탄생

로버트 코넬은 권력관계, 생산관계, 정서적 욕망구조의 세 가지 차원에 걸쳐 특정 사회의 성역할 헤게모니는 새로운 정치·경제 상황이 조성되면 빠른 속도로 변화하거나 대체된다고 지적한다.[35] 양성 간 위계로 대변되는 기존의 젠더 이데올로기에 불가피한 변화가 초래되기 때문이다. 제2차 세계대전 시기 여성 노동력의 급속한 유입이 기존의 여성상에 어떤 변화를 가져왔는지를 살펴볼 수 있는 대표적 사례가 '리벳공[36] 로지 Rosie the Rivetter'다.

1942년 전시생산협력위원회War Production Coordinating Committee의 요청으로 광고대행사 JWT가 제작한 이 프로파간다 포스터는 가로 430 밀리미터 세로 543밀리미터의 그리 크지 않은 작품이었다. 하워드 밀러Howard Miller가 그린 일러스트레이션의 주인공은 머리에 붉은색 물방울무늬 스카프를 두르고 푸른색 유니폼을 입은 젊은 여성이다. 문제는 지금까지의 전통적 여성 이미지와 그녀의 모습이 완전히 달랐다는 사실이다. 남자 못지않은 이두박근을 불끈 내보이며 포즈를 취하고 있었기 때문이다《그림 128》.

포스터의 의미는 분명했다. 여성은 강하다는 거다. 그러니 남자들이 하는 중노동도 충분히 감당해낸다는 메시지였다.

이 포스터의 탄생은 한 장의 사진에서 비롯되었다. 1942년 미시간주 앤 아버 인근의 압연공장 노동자로 일하던 18세의 제럴딘 도일. 그녀의 사진《그림 129》이 《랜싱 스테이트 저널Lancing State Journal》 지에 실린 것이 출발점이었다. 이 사진은 "우린 할 수 있어요!We can do it!"라는 헤드라인과 함께 게재되었다. 그런데 사진이 전국지인《새터데이 이브닝포스트》에 전재되면서 큰 주목을 받게 된다. 나아가 그 여파가 다른 여러 매체의 표지, 포스터, 광고로 확산되어간다.

같은 해 레드 에반스와 존 제이콥 로에브가 만든 '리벳공 로지'라는 싱글 음반《그림 130》이 출시된다. 이 노래 또한 대히트를 치게 되고 '로지'를 당대의 아이콘으로 부상시키는 데 지대한 공헌을 한다. 음반 표지에는 전투기 동체에 즐겁게 리벳을 박고 있는 로지의 모습이 그려져 있었다. 노래 가사는 이랬다.

〈그림 128〉
여성 노동에 대한
기념비적 프로파간다, 리벳공 로지.

〈그림 129〉
신문에 실린 제럴딘 도일의 사진.

날이 화창하든 비가 오든 그녀는 늘 조립 라인에 있지.

승리를 위해 일하는 거야. 역사를 만드는 거지.

이 연약한 사람은 남자들보다 일을 더 잘할 수 있어.

리벳공 로지. 그녀의 남자친구 찰리는 해병이야.

(근데) 로지가 찰리를 지켜줘. 리벳으로 무기를 조이면서 밤늦게까지
일하면서.

이듬해가 되면 하워드 밀러의 포스터와 쌍벽을 이루는 또 다른 '로
지'가 등장한다. 1943년 5월 29일 자《새터데이 이브닝 포스트》표지에
노먼 록웰Norman Rockwell이 그린 일러스트가 실린 것이다《그림 131》.
젊은 백인 여성이 멜빵 달린 청바지 작업복을 입고, 리벳 박는 중장비
와 공구함을 무릎에 올려놓은 채 샌드위치를 먹는 장면이었다. 배경은
거대한 성조기 문양이다. 이 그림에서 가장 눈길을 끄는 것은 로지가
아돌프 히틀러의 자서전《나의 투쟁》을 구두로 사정없이 짓밟고 있는
모습이다. 앞선 하워드 밀러의 그림보다 이데올로기적 선동성이 훨씬
강함을 알 수 있다.

로지의 원래 모델이 누구인가에 대해서는 설이 분분하다. 예를 들어
《뉴욕 선》지는 1943년 6월 8일 자 기사를 통해, 뉴욕 주 태리타운에 있
는 제너럴 모터스 산하 이스턴항공기 회사에서 일하는 로지나 힉키와 그
의 동료들을 소개했다. 여러 언론에서 해당 기사를 인용해 공장에서 험한
리벳 작업을 하는 이 여성들이 바로 원조 리벳공 로지라고 주장했다.[37]

하지만 중요한 건 원본 로지가 누구인지가 아니었다. '리벳공 로지'
가 차지하는 역사적 함의였다. 그녀는 애국적 신념을 무기로 험한 노동

〈그림 130〉
대히트를 친 '리벳공 로지'
음반의 커버.

〈그림 131〉
노먼 록웰이 잡지에 그린
또 하나의 '리벳공 로지'.

을 기꺼이 담당한 여성 노동자를 대표하는 상징적 아이콘이었다. 이러한 힘찬 이미지에 설득되어 수많은 여성이 과거에는 엄두도 내지 못했던 중공업 노동 현장에 용감하게 뛰어들었던 것이다.

주목해야 할 것은 이 캐릭터가 현실을 있는 그대로 반영한 것이 아니었다는 점이다. '로지'는 정부와 프로파간다 전문가, 경제계 리더, 엔터테인먼트 종사자들이 힘을 합쳐 의도적으로 만들어낸 가상의 이미지였기 때문이다.[38] 우선 여성 노동자들이 몸담은 중노동 현장이 로지가 보여주는 것처럼 결코 여성 주도적이지 않았다. 전쟁이 끝날 때까지 노동 및 관리 현장에서 대부분 여성은 여전히 종속적 위치였다.

군수산업체에 입사한 여성 노동자 다수가 기존의 전통적 여성성을 포기하지 않고 오히려 그것을 유지하려 노력했다는 점도 간과되면 안 된다. 예를 들어 제럴딘 도일은 《랜싱 스테이트 저널》에서 사진을 찍은 지 2주일 만에 공장을 그만둔 것으로 알려졌다. 이유는 첼리스트 지망생이었던 그녀에게 누군가가 반복적 리벳 용접 작업이 팔 근육을 해칠 수 있다는 이야기를 했기 때문이었다. "우리는 할 수 있어!"라고 용감하게 외치는 리벳공 로지의 원형적 본질과는 상당히 동떨어진 모습이 아닐 수 없다.

또 하나 빠트릴 수 없는 지점은 여성 노동자의 인구통계학적 범주가 매우 넓었다는 것이다. 백인만이 아니라 흑인, 라틴계, 동양계 등 다양한 인종이 모두 험한 노동에 참여했다. 직업적 배경도 학생, 주부, 기혼, 미혼 등 광범위했다. 그러나 '리벳공 로지'가 보여주는 여성들은 한결같이 중산층 백인이었다.[39]

어쨌든 이러한 한계에도 불구하고 리벳공 로지는 수많은 언론 보도,

프로파간다, 광고로 변형되어 전쟁 기간 내내 여성 노동에 대한 인식을 전환하는 데 큰 영향을 미쳤다. 전쟁을 승리로 이끄는 표상으로 우뚝 선 것이다.[40] 예를 들어 〈그림 132〉는 여성 군수품 노동자WOW(War Ordnance Worker)를 소재로 한 작품이다.

"그녀는 멋지다She is WOW"[41]라는 중의적 헤드라인 위쪽에 제조 중인 포탄 모습이 보인다. 그리고 화면 우측에 적십자 요원과 종군간호사 등을 상징하는 모자가 세로로 쭉 배열되어 있다. 가장 눈에 띄는 것은 맨 위에 '로지'를 상징하는 물방울무늬 스카프를 올려놓았다는 점이다.

〈그림 132〉
포탄 제조공으로 등장한 로지.

메인 비주얼도 그렇지만, 군수산업체 여성 노동자들이 전쟁에서 승리하는 데 가장 크게 기여했다는 의미가 분명하다.

'리벳공 로지'는 전쟁이 끝난 이후에도 지배적 남성성을 대체하거나 혹은 보완하는 젠더적 상징으로 영향력을 발휘했다. 수십 년 동안 오리지널 포스터를 패러디한 작품이 미국은 물론 세계 각국에서 끊임없이 나타났기 때문이다.

〈그림 133〉은 미얀마 정당 민족주의민족동맹NLD(National League for Democracy)[42]의 선거 포스터다. 오랜 연금 상태에 있던 당시 야당 지도

〈그림 133〉
아웅산 수치의 선거 포스터에
패러디된 "We Can Do It!".

자 아웅산 수치가 등장한다. 복장은 다르지만 로지와 똑같은 포즈로 "We Can Do It!"을 외치고 있다. 미국 작가 로라 스펙터와 채드윅 그레이가 2005년 만든 이 포스터는 티셔츠와 가방 등에 프린트되어 미얀마 국내에 대량으로 배포되었다. 그리고 선거 과정에서 미얀마 국민에게 지대한 영향을 미쳤다. 강하고 힘찬 표상을 통해 군사독재에 시달리던 사람들에게 민주화의 꿈을 포기하지 말 것을 요청했기 때문이다. 리벳공 로지가 세상에 나온 지 80여 년이 지났지만, 원작의 생생한 에너지가 아직까지도 영향력을 미치고 있음을 증명하는 사례다.

4. '산업전사' 이미지를 창조하다

제1차 세계대전 시기에도 여성은 광고에 많이 등장했다. 하지만 이들의 이미지는 어디까지나 수동적이며 가정 지향적이었다. 제2차 세계대전 때의 그것은 달랐다. 다양한 프로파간다에 등장하는 여성들은 비행기, 탱크, 함선 제조 등 힘들고 거친 노동 현장에서 거침없이 일하는 모습으로 묘사되었다. 최전선 못지않은 산업전선에 종사하는 전사戰士들이었던 것이다.

여성 노동자에 대한 찬미는 중공업 분야에만 국한된 것이 아니었다. 전쟁 초기에 여성들의 노동 참여는 주로 비서 업무나 전화교환수 등 서비스직을 대상으로 했다. 그러나 노동력 고갈이 심화됨에 따라 공장 취업이 급속히 늘어난다. 〈그림 134〉는 이처럼 미국 여성들이 본격적으로 육체노동에 진출하기 시작하는 과도기적 상황을 보여준다.

1942년 5월 잡지 《타임》에 등장한 이 브랜드 프로파간다는 웨스턴 일렉트릭 공장에서 전화기를 조립하는 여성 노동자가 주인공이다.[43] 카피를 읽어보면 이 여성이 (미소 담긴 목소리Voice with a Smile란 슬로건으로 대중에 친숙한) 왼쪽 상단 동그라미 안의 전화교환원과 한 자매나 마찬가지라는 거다.[44] 비록 목소리는 들을 수 없지만 이 여성이야말로 참전 군인들의 진정한 친구라고 강조하고 있다. 콘텐츠 전반의 분위기를 살펴보면 이 시점까지만 해도 복장이나 표정에서 여성적 매력이 사라지지 않았음을 알 수 있다.

〈그림 134〉
잡지 《타임》에 게재된
웨스턴 일렉트릭의
브랜드 프로파간다.

하지만 전쟁이 격화되고 갈수록 노동력이 부족해지자 여성 노동 영
역이 빠르게 확장된다. 전쟁 전에 비해 여성 노동조합원 숫자가 4배나
늘어난 것이 단적인 증거다.[45] 이런 사회 분위기에 힘입어 프로파간다
에 등장하는 여성 이미지도 크게 바뀐다.[46] 단적인 사례가 〈그림 135〉
의 노동재해 예방 프로파간다. 전쟁 이전의 남성 중심 노동시스템 아
래에서는 상상하기 어려운 장면이 등장하고 있는 것이다. 중공업 산업
에 종사하는 여성 노동자 비율이 그만큼 늘어났기 때문이다.

시몬 드 보부아르는 《제2의 성 The Second Sex》에서 다음과 같은 명제

〈그림 135〉
여성 노동자를 타깃으로 한
노동재해 예방 프로파간다.

를 남겼다. "여성은 태어나는 것이 아니라 만들어지는 것이다One is not born, but rather becomes, a woman."[47]

철학자이자 젠더 이론가 주디스 버틀러Judith Butler는 이 명제를 이어받아 "여성은 언제나 여성으로 만들어지는 문화적 강제 상황 아래에 놓여있다"고 규정한다. 특정한 성性으로 구분되는 신체적 정체성은 정치·경제·사회·문화적 학습행위를 통해 획득된다는 의미다.[48] 이 맥락에서 보자면 제2차 세계대전 시기 프로파간다가 창조한 여성들의 중성적 정체성은 정치·경제적 목적이 뚜렷하다. 전쟁 이전 미국 사회에 보

〈그림 136〉
여성 노동자를
중성적 이미지로 표현한
브랜드 프로파간다 사례.

편화된 전통적 여성성을 은폐한 다음 그 위에서 여성의 육체노동에 대한 부정적 인식을 없애려는 것이다.

〈그림 136〉이 그런 의도를 노골적으로 드러낸 작품이다. 미국 프로펠러사American Propellar Corporation가 후원한 이 콘텐츠는 망치와 몽키 스패너 등 수리 장비를 잔뜩 늘어놓고 기계를 고치는 노동자의 옆모습을 보여준다. 그런데 언뜻 봐서는 남자인지 여자인지 구분하기 어렵다. 머리에 쓴 컬러풀한 모자만 아니면 성별 구분이 어렵도록 모호하게 표현되어 있다. 의도적인 설정이다.

지적해야 할 것은 이러한 산업전사 이미지가 획일적이지는 않았다는 점이다. 기존의 가부장적 의식에 대한 타협적 입장을 택한 여성 캐릭터도 다수 발견되기 때문이다. 이런 사례는 주로 대기업이 집행한 브랜드 프로파간다에서 나타난다. 여기서는 여성 노동자들이 이미지, 포즈, 신체적 묘사 등에 있어 전통적 성역할에 보다 가깝게 묘사되고 있다.

대표적 사례가 석유회사 텍사코의 브랜드 프로파간다다(〈그림 137〉). 1943년 3월 15일 발표된 이 작품에는 비행기 조립공 앨리스가 등장한다. 그녀는 이후 리벳공 로지와 더불어 제2차 세계대전 시기 여성 노동자를 상징하는 또 다른 핵심 아이콘이 되었다.[49] 그런데 '앨리스'는 앞에서 살펴본 '로지'와 느낌이 상당히 다르다. 단호하고 강한 산업전사 이미지가 아니라 기존의 가족 중심 이데올로기를 절충한 이미지가 강하기 때문이다.

화면의 절반 이상을 차지한 일러스트레이션은, 폭격기의 알루미늄 골조에 드릴로 나사를 박는 여성 노동자의 모습이다. 작업모를 뒤로 돌려쓰고 두꺼운 가죽구두를 신었지만, 갈색 파마머리와 아름다운 얼굴이 인상적이다. 당대 여성 노동 광고에 나타난 중성적 이미지와 달리 오히려 여성성이 두드러지게 강조되고 있음을 알 수 있다.

헤드라인은 "앨리스가…에디에게…그리고 아돌프에게!From Alice… to Eddie…to Adolf!"이고, 바디 카피는 이렇게 시작된다. "드릴이 앨리스의 손에서 돌기 시작했다. 에디를 하늘로 날게 만드는 재빠른 새 비행기를 만들기 위해……".

항공기 제작에 참여하는 노동행위를 전장에 나간 남편의 승리와 무사귀환을 돕는 성스러운 과업으로 부각시키고 있다. 헤드라인에 등장

〈그림 137〉
여성성이 강조된
'비행기 조립공 앨리스'
브랜드 프로파간다.

하는 '아돌프'는 당연히 나치 총통 아돌프 히틀러다. 리벳을 박는 앨리스의 행동이 적국 독일을 격퇴하는 중요한 참전행위임을 우회적으로 표현하는 대목이다.

이 브랜드 프로파간다에 남성은 등장하지 않는다. 하지만 스토리 전개 자체가 부부간의 애틋한 사랑을 전제하고 있다. 이것이 앞선 작품들과 두드러진 차이점이다. 리벳공 로지를 포함한 대부분 프로파간다에서는 여성들이 남편 혹은 가족과 맺고 있는 소속감이 보이지 않는다. 그러나 이 작품에 묘사된 '앨리스의 노동'은 독립된 자아 혹은 경제 주체로서의 존재감보다는 배우자의 안위라는 전통적 가족관계에 종속되어 있다.

왜 이런 표현적 타협이 나왔을까. 군수품과 무기 생산을 위해서는 가용한 모든 여성 노동력을 공장으로 집중시켜야 한다. 하지만 그 같은 당면과제를 달성하면서도 기존 가부장 질서의 전면적 해체를 원하지는 않는 주류 미국 사회의 요구를 작품에 투영시켰기 때문이다. 전통적 젠더의식과 충돌하지 않으면서도 여성 노동의 애국적 의미를 강조하는 중간적 표현이 그래서 나온 것이다. 이렇게 보자면 제2차 세계대전 시기 브랜드 프로파간다에 나타난 여성 이미지가 결코 단순하지 않음을 알 수 있다. 크리에이티브 접근 방식, 젠더 독립성 정도, 여성성의 구체화 등 여러 차원에서 다양한 스펙트럼을 가지고 있다는 뜻이다.

5. 교묘한 부추김, "가정으로 돌아가라"

전쟁의 최종 승리가 눈에 보이기 시작하는 1944년경부터 각종 프로파간다에 나타난 여성 이미지가 중요한 변화 조짐을 보인다. 공장 노동도 중요하지만 가사 또한 여성의 의무라는 내용이 늘어나는 것이다. 전쟁에서 돌아올 남성들의 일자리 확보 때문이었다. 이제 여성들을 일터에서 가정으로 돌려보낼 때가 온 것이다. 노동 참여도 중요하지만 가족에 대한 의무도 소홀히 할 수 없다는 주장이 프로파간다의 핵심 주제로 빈번히 등장하는 배경이다.

실제로 전쟁이 끝나자 여성 노동자 숫자가 급속히 줄어든다. 1945년 12월 발표된 미국 노동부 〈산업회보〉에 따르면 종전 이후 해고된 80만여 명 가운데 대부분이 여성 노동자로 나타났다.[50] 그해 가을부터 연말까지 여성 노동자 해고율은 남성 노동자에 비해 무려 75퍼센트가 더 높았다.[51] 조국을 위해 헌신했던 수많은 '로지와 앨리스'들이 아무런 사후 보장이나 해고수당 없이 일자리에서 밀려난 것이다. 이와 더불어 프로파간다와 광고를 통해 불굴의 의지로 산업 현장에서 활약하던 여성 노동자 이미지가 전쟁 이전의 전통적 성역할로 회귀하는 양상을 보인다. 종전 후 노동 시스템 재편을 염두에 둔 정부 정책 때문이었다. 광고와 프로파간다가 특정 사회의 정치·경제적 본질을 얼마나 민감하게 반영하는가에 대한 뚜렷한 증거다.

전쟁이 한창인 때에도 종전이 되면 여성 노동자들이 가정으로 돌아가야 한다는 주장이 간간이 있었지만 주장의 강도는 그리 세지 않았다. 그러나 종전이 현실로 다가오자 여성의 가정 복귀 메시지가 보다 반복적으로 등장하기 시작한다. 심지어 여성의 과도한 사회 진출을 육아에 대한 소홀과 동일시함으로써 모성적 죄책감을 불러일으키는 콘텐츠까지 나올 정도였다.

물론 전쟁 시기의 모든 선전물이 여성의 본분을 노동자로 묘사한 것은 아니었다. 여러 프로파간다에서 여성들은 전쟁의 두려움 속에서 남편과 아들이 무사히 귀환할 수 있도록 가족을 보호하고 지키는 존재로 묘사되었다. 하지만 관련 콘텐츠들에 나타난 그녀들의 주도적 이미지는 어디까지나 노동을 통해 애국시민으로서 책임을 다하는 독립적 여성상이었다. 그런데 이에 대한 변화 시도가 개시된 것이다.

〈그림 138〉은 1944년 말에 집행된 GM 올즈모빌의 브랜드 프로파간다다. "전쟁 승리를 위한 콤비네이션War Winning Combination"이 헤드라인이다. 메인 비주얼은 자동차공장에서 일하는 여성 선반공의 모습이다. 이전 작품들과 다를 바가 없이 보인다. 하지만 꼼꼼히 살펴보면 메인 모델로 등장한 여성의 복장과 머리 모양이 보다 여성적으로 바뀐 것이 발견된다. 특히 오른쪽 상단에 남편 사진이 함께 레이아웃된 것이 중요하다. 그 사진 위의 서브헤드에는 이렇게 적혀 있다. "남편과 아내와 그리고 그들의 하이드라매틱[52] 자동차Husband and wife anf their hydramatic car." 남편과 아내—아내와 남편의 순서가 아니다—가 함께 힘을 합쳐 차를 만들고 있음을 알리는 것이다.

또한 오른쪽 하단 사진에서는 퇴근 후 아이들을 포함한 온 가족이 모인 단란한 모습을 보여준다. 금속절삭기를 다루는 중노동에 참여하면서도 전통적 주부의 역할을 소홀히 하지 않는 모습이다. 프로파간다가 한발 앞서, 여성들을 가정으로 복귀시키라는 요구를 세상에 전송한 것이다. 이제 더 이상 그녀들은 어려움을 극복하는 강인한 성취욕을 발휘할 필요가 없으며 부드러움, 자비, 순진무구함을 통해 가족을 돌보면서 전쟁의 상처를 달래주는 역할이 필요하다는 의미였다.[53]

1945년에 집행된 〈그림 139〉는 전쟁이 끝나가던 시점에 브랜드 프로파간다에 비친 젠더의식이 어떤 극적 변화를 겪는가를 선명히 보여주는 사례다. 크라이슬러 자동차에서 집행한 이 브랜드 프로파간다의 메인 비주얼은 자동차 제조용 강판 위에 두 명의 남성 노동자가 서 있는 장면이다. 주목되는 것은 아래쪽에서 두 명의 '로지'가 허리를 굽힌 채 작업을 하고 있다는 것, 그리고 그 시선이 남성들을 우러러보도록

〈그림 138〉
여성 노동자의
가정적 이미지를 강조하는
전쟁 말기의 브랜드 프로파간다.

설정되어 있다는 것이다.

"전쟁기와 평화기를 막론하고 크라이슬러는 소비자를 위한 더 좋은 제품을 만든다In War In Peace, It Helps Chrysler Build Better Products For You"라는 가치중립적 헤드라인에도 불구하고 이 작품이 던지는 기호학적 암시는 명백하다. 양성 간의 관계를 전형적인 남성 중심 경제관masculine signifying economy으로 의도적으로 해석하기 때문이다. 종전 후 남성 노동자와의 생업투쟁 과정에서, '리벳공 로지'로 대표되던 여성 노동자의 사회적 지위가 불안정하고 불평등한 관계로 접어들 것임을 예고하고 있는 것이다.

〈그림 139〉
크라이슬러 자동차의
브랜드 프로파간다.
종전 후 여성 노동자의
사회적 위치를 상징한다.

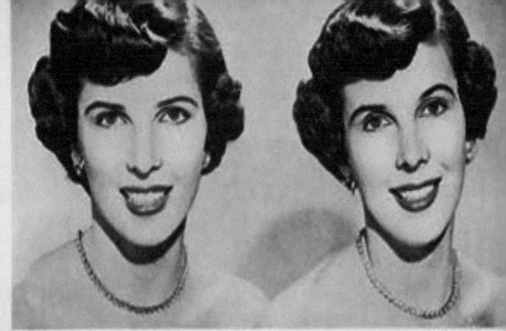

Natural-looking waves for months!

07

...leaves your... ...satin, ...that... ...ately ...ke sa... ...curly... No fri... ...re, no brittle e... ...stubborn kinks...

No w... more women... ...out the world ch... ...oni than all o... ...me perm combine... ...ry know tha... ...wonderful creme lo... ...aves their h... ...tly, leaves it ...e a... ...us for mo... ...months.

No skill or special training are need... give yourself a Toni. It's easy as rolling... hair up on curlers. And you've never h... wave that was easier to manage and set... *"You can't tell the difference, can you?"* Act... *Eleanor Fulstone (on the left) has the Toni a... twin sister Jeanne the expensive perm. Your... like Eleanor's, will be silky smooth and nat... looking from the very first day!*

Whole Head Kit with SPIN Curlers $2⁶⁷⁸
Whole Head Refill $1¹⁴

For end curls and between perms
End Curl Kit (Midget SPIN Curlers) $1¹⁴
End Curl (Junior) Refill $1⁵⁶

Toni
Home Perm

JUST LIKE *NATURALLY* CURLY HAIR

1950년대 광고산업의 변화는 두 가지로 대표된다.
첫째는, 광고회사들이 활발한 인수합병을 통해 몸집을 불려갔다는 것이다.
일찌감치 글로벌 경영을 지향했던 JWT를 선두로 BBDO, 영 앤 루비컴 등
대형 광고대행사들이 미국이라는 단일국가 울타리를 벗어나 속속 해외 지사를 설립한다.[1]
둘째는, 광고대행사들이 단순 광고 제작 및 매체 집행에서 벗어나 시장조사,
PR, 패키지 디자인 개발, 유통과 가격 결정, 판촉 등 토탈 고객 서비스를
체계적으로 제공하기 시작했다는 점이다. 당연히 회사 조직에도 변화의 바람이 불었다.
부서별 업무가 세분화되고 각 영역의 전문화가 진행된다.
그때까지 대부분 광고대행사는 기획과 제작 부서를 양대 축으로 움직였다.
하지만 1950년대에 접어들면서 소비자 및 시장분석을 담당하는 조사부서, 매체 기획 및
구매부서, PR부서 등이 신설되어 급속히 비중을 늘려간다.
특히 1930년대 레이먼드 루비컴이 개척했던 조사와 통계에 기초한
전략 수립 및 크리에이티브 창출 관행이 폭넓게 확산되어 대세를 장악한다.

18장

종전과 서구 경제의 회복

1. 소비 욕구의 분출

제2차 세계대전이 끝나자 전쟁터였던 각국의 생산기반은 반신불수 상태가 되었다. 그런 의미에서 전쟁 직후 몇 년간은 참혹한 폐허를 딛고 세계 경제가 체력을 회복하는 기간이었다. 주식시장 지표인 다우존스 지수가 1954년이 되어야 비로소 대공황 이전 수준을 회복한 것이 상황을 단적으로 보여준다.

국제정치 차원에서도 큰 변화가 생긴다. 아프리카와 아시아 지역 식민지 국가들이 속속 독립을 하고 국제연합UN이 창설되었다. 소련이 동유럽 전역에 진주하면서 공산주의 정부가 속속 수립된다. 이후 현실 사회주의가 패퇴하기 전까지 무려 44년 동안 철의 장막[2]이 세워진다. 반反파시스트를 기치로 연합했던 국가들이 친사회주의와 반사회주의

로 분열된 것이다.[3]

미국은 진주만이 일본 침공을 받은 것을 제외하고 본토에서는 전투가 발생하지 않았다. 이를 바탕으로 안전한 환경에서 막대한 무기와 군수물자를 생산하고 판매함으로써 부를 축적했다. 종전 직전 미국의 산업생산력은 전쟁 시작 전에 비해 거의 2배 가까이 늘어났다. 트루먼 대통령은 일본의 무조건 항복으로 완전히 전쟁이 끝난 1945년 8월, 라디오 대국민 연설에서 이렇게 선언한다. "우리는 이제 세계에서 가장 강한 나라, 아마 역사적으로 가장 강한 나라가 되었다고 스스로 자부합니다. 그것은 틀림없는 사실입니다."

미국은 브레튼우즈 체제Bretton Woods system[4] 창설을 주도하여 새로운 국제경제기구인 IMF와 GATT 설립의 주춧돌을 만든다. 자본주의 재건을 위한 리더 역할을 자임한 것이다. 특히 냉전하의 사회주의 블록에 맞서 패전 독일 및 서유럽에 대한 대대적 원조정책을 수립하는데 이것이 마샬 플랜이다. 라틴아메리카에 대한 지배적 영향력 강화를 위해서는 1948년 라틴아메리카 경제위원회Economic Commission for Latin America를 설립하는데, 이 기구는 이후 미국 기업들의 중남미 진출에 교두보 역할을 하게 된다.

이 같은 대규모 원조를 가능케 한 것은 당연히 막강한 경제력 덕분이었다. 1940년대 후반 기준으로 미국 인구는 전 세계 인구의 7퍼센트였다. 그런데 GDP는 전 세계의 42퍼센트, 산업 제조능력은 50퍼센트에 육박했다. 국민 한 사람이 소모하는 칼로리야말로 이 시점에 미국이 차지하는 압도적 위상을 상징한다. 1인 당 하루에 약 3,000칼로리를 소모했는데, 이는 전쟁의 폐허를 벗어나기 위해 허덕이던 유럽 평균보다 2

배 가까이 높은 것이었다.[5]

미국의 호황 흐름은 1950년대에 접어들면서 더욱 거세진다. 우선 국토 전역에 걸친 폭발적 주택 건설과 가전제품의 광범위한 보급이 이뤄진다. 미국 농촌전력사업청 조사에 따르면 전쟁 이후 전기세탁기와 전기다리미 대거 도입에 따라 가정주부들의 세탁 시간이 6분의 1로 줄어들었다. 가사 부담이 감소함에 따라 여성의 사회 진출이 늘어난다. 이에 따라 자녀 양육 부담이 커졌고 이것이 다시 출산율 저하와 핵가족 보편화로 이어지게 된다.[6]

광고와 관련하여 중요한 대목은 대중의 소비 욕구가 유례를 찾기 힘들 정도로 분출하기 시작했다는 점이다. 이는 비슷한 전후 호황을 통과한 1920년대와 양상을 달리하는 것이었다. 제1차 세계대전 후의 경제 호황은 본질적으로 금융 거품에 힘입은 불안한 호황이었다. 하지만 제2차 세계대전 이후 경제호황은 실물경제의 발전에 기초하여 30여 년 가까이 이어지는 견고하고 장기적인 특성을 지닌다.

이 시기 서구 주요 자본주의 국가는 보건의료, 교육, 사회복지와 관련된 지출을 늘리는 '큰 정부' 역할을 자임했다. 동시에 공산진영과의 체제 경쟁에 승리하기 위해 자본가계급의 불가피한 양보가 실행된다. 예를 들어 미국의 경우 1950년부터 1980년까지 총국민소득에서 차지하는 노동의 분배 몫이 역사상 최고 수준으로 증가한다. 반대로 소득 상위 10퍼센트가 차지하는 국민소득 비중은 20세기 최저 수준인 30~35퍼센트까지 떨어졌다.[7] 이에 따라 노동자계급의 가처분소득이 늘어나고 이것이 소비 증가로 이어지는 선순환이 일어난다. 마침내 대량 소비사회의 문이 열리기 시작한 것이다.

2. 베이비붐과 광고산업 성장

전쟁이 끝나고 미래에 대한 불확실성이 제거되면서 전 세계적으로 베이비붐 시대가 열렸다. 미국의 경우는 1946년에서 1965년까지가 해당된다. 이 기간 중 여성 한 사람이 평균 3.5명의 아기를 낳은 것으로 집계된다.[8] 그 결과 20여 년간 이 나라에서는 자그마치 7,200만 명의 신생아가 태어났다.

베이비붐 세대는 부모 세대와 달리 성적 개방, 반전운동, 히피문화 등의 독특한 사회문화적 변화를 주도하게 된다. 이들은 전쟁을 겪으면서 견고해진 가족 우선주의 가치관에 큰 영향을 받았고 풍요한 경제환경 아래 부모 세대보다 우수한 교육의 혜택을 받았다. 이런 경험을 통해 자기들만의 독특한 정체성을 구축하고 음악, 영화, 패션, 헤어스타일 등 당대의 문화 현상 전반에 새로운 바람을 불러일으킨다. 특히 눈길을 끄는 것은 베이비부머들이 성장하면서 이전에는 존재하지 않았던 청소년 시장youth market이 출범했다는 점이다. 이를 통해 코카콜라, 펩시콜라, 세븐업 등의 음료제품은 물론 패션, 기타 소비재에 걸쳐 10대 소비자를 겨냥한 차별적 마케팅이 본격화된다.

1950년대가 무르익으면서 노동자 평균임금은 전쟁 이전에 비해 거의 2배 가까이 늘어났다. 육체노동자도 저축을 통해 자동차와 주택을 구입할 여유가 생겼다. 주택 건설의 활성화는 뒤이어 가구산업, 가전제품 산업의 동반성장을 이끌어낸다. 여기에 이 시기부터 등장한 신용카드는 당대의 소비 열풍에 기폭제 역할을 하게 된다.[9] 늘어난 가처분소득에 따른 소비 수요를 충족시키기 위해 기업들은 끊임없이 새로운 기술, 새로운 디자인, 새로운 상품을 시장에 내놓았다.

전쟁 중 개발된 테크놀로지를 응용한 일상용품이 속속 판매되기 시작한 것도 소비 활성화에 자극제가 되었다. 에어로졸을 사용한 헤어스프레이, 면도거품기, 향수, 분무페인트 등이 사례다. 이 제품들은 무덥고 벌레가 많은 남태평양에서 일본과 전투를 치르면서 분무살충제를 만들던 군사적 기술이 응용된 발명품이었다. 패션산업의 '유행'이 본격화된 점도 1950년대의 빼놓을 수 없는 특징이다. '소비의 즐거움'이 서구 사회 최초로 문을 열기 시작한 것이다.

1956년 6월 29일 아이젠하워 대통령은 '인터스테이트inter—state 하이웨이 건설법'에 서명한다. 이를 기점으로 미국 본토 내의 48개 주와 워싱턴 D.C.를 포함하는 전국적 고속도로망이 건설되었다. 대륙을 가로세로 사통팔달로 연결하는 고속도로와 인터체인지 그리고 지방도로 망이 만들어진 것이다. 이러한 도로망 확충은 승용차 산업의 성장을 한 단계 더 도약시킨다. 동시에 중산층의 교외 이주 물결과 물류 수송의 비약적 발전을 이끌어낸다. 1950년대 중반이 지나면서부터 미국에서 광고비를 가장 많이 쓰는 기업 1위로 P&G 같은 소비재 회사를 제치고 자동차회사 제너럴 모터스GM가 등극한 이유가 여기에 있다.

장기 호황과 소비 욕구의 증대는 새롭게 등장한 TV의 높은 보급률과 맞물려 광고산업 부흥을 위한 최적의 조건을 제공했다. 미국의 총광고비는 전쟁이 끝난 해인 1945년 29억 달러였는데 5년 만에 47억 달러로 거의 2배 가까이 성장하게 된다. 1956년 미국 법무부가 모든 매체에 걸쳐 15퍼센트로 묶여있던 광고대행 수수료에 대한 제한을 푼 것도 광고시장 확대에 방아쇠를 당겼다. 개별 미디어별로 광고주와 수수료 비율을 별도로 협의, 결정할 수 있게 됨에 따라 독립적 매체 구입 서비스 media buying 대행사, 크리에이티브 전문 광고회사, 광고주 소속의 인하우스에이전시 등 개별 분야에 특화된 관련 회사들이 대거 출범한 것이다.

《애드버타이징 에이지》는 1945년부터 대행사별 총취급고를 발표하기 시작했다. 1947년이 되자 JWT가 최초로 1억 달러를 넘어서는 기록을 세운다. 뒤를 이어 1951년에 BBDO와 영 앤 루비컴이, 1954년이 되면 매캔 에릭슨이 1억 달러를 넘어섰다. 1950년대의 10년 동안 미국의 총광고비는 1인당 GDP 등 주요 지표를 압도적으로 넘어서는 총 75퍼센트의 성장을 보인다. 잡지《포춘》이 1950년대를 일러 "광고 역사상 두 번째 최전성기가 시작되고 있다. 그러나 추진 연료는 아직 많이 남았다"라고 평가한 것이 그 때문이었다.

3. TV 광고의 위력과 대행사 조직의 변화

러셀과 레인은 1950년부터 오일쇼크가 일어나는 1970년대 중반까지 25년간의 광고산업을 꼭 집어 표현하는 단어로 '성장'을 선택한다.[10] 이 같은 장기 성장의 기초가 된 것은 TV 미디어의 발전이었다. 이 새로운 미디어는 사람들의 삶을 바꿨을 뿐 아니라 광고의 모습까지 환골탈태시키게 된다.

최초의 기계식 TV는 1925년, 영국의 존 베어드John L. Baird에 의해 발명되었다. 미국에서는 1926년 필로 판스워스가 전자식 TV를 개발하여, 1927년 9월 7일 첫 번째 영상 송수신에 성공한다.[11] TV가 대중들의 관심을 끌기 시작한 것은 1939년 4월 뉴욕세계박람회에서 루스벨트 대통령의 연설이 NBC 방송을 통해 생중계되면서부터였다.

TV는 소비 수요가 급감한 제2차 세계대전 동안 생산이 중단되었다가 종전 후 본격적으로 보급되기 시작한다. 이에 따라 1946년 미국 전체에서 8,000대에 불과했던 보유 대수가 1950년이 되면 700만 대가 될 정도로 기하급수적 성장세를 기록한다. 특히 1952년이 기록적이었다. 한 해 동안 무려 600만 대가 팔린 것이다. 그 결과 같은 해 연말이 되면 TV 보유 대수가 2,100만 대에 달하게 된다. 미국 전체 가구의 절반 이상이 TV를 시청하는 시대가 열린 것이다.[12]

이 신생 미디어는 광고산업의 모습을 혁명적으로 변화시켰다. TV 광고비는 1949년 1,230만 달러에서 1950년 4,080만 달러로 늘어났고, 이듬해에는 1억 2,800만 달러로 두 해 만에 무려 10배로 폭증한다. 이때부터 대형 광고대행사들은 수입의 절반 이상을 TV 광고 수수료를 통해 올리기 시작했다.

광고 전달 도구로서 TV의 차별적 장점은 여러 가지였다. 그중에서 소리와 동영상을 동시에 보여줄 수 있다는 것이 독보적이었다. 예를 들어 자동차 광고를 떠올려보자. 아무리 멋진 인쇄 광고를 만들었다 해도 그것은 단지 멈춰있는 그림일 뿐이다. 하지만 자동차가 질주하는 모습을 TV 화면에서 실감나게 보여주는 것은 실감의 차원이 달랐다.

당시 TV 광고의 리더로 떠오르던 BBDO의 벤 더피Ben Duffy가 "제품을 보여줘라. 그리고 사용하고 있는 모습을 보여줘라"[13]고 늘 강조한 것이 그 때문이었다. TV의 이 같은 특성은 이성적 편익을 강조하는 하드 셀뿐 아니라 이미지 광고로 대표되는 소프트 셀, 기업 광고, 공익 광고 등의 다양한 장르에 걸쳐 만능의 무기를 제공하는 것이었다. 무엇보다 사람들의 욕망을 자극하고 우월적 브랜드 이미지를 구축하는 광고에서 특출한 힘을 발휘했다.

광고학자들은 TV가 등장하면서부터 소비자들의 메시지 수용 과정이 크게 변화되었다고 강조한다. 즉 광고를 통해 진지하게 정보를 수집하거나 심사숙고해서 제품을 선택하기보다는 오히려 그러한 고민을 회피하는 경향이 강화되었다는 것이다. 이른바 중심 경로Central Route보다는 주변 경로Peripheral Route를 통한 설득 방식이 광범위하게 확산되기 시작한 것이다.[14] 광고와 소비자 관계를 획기적으로 변화시킨 분기점의 시작이었다.

4. 하드 셀의 문이 활짝 열리다

1950년대는 하드 셀이 광고 표현의 주류를 장악했다. 이 시기의 하드 셀 열풍은 브루스 바튼의 뒤를 이어 BBDO 회장으로 취임한 벤 더피에 의해 점화되었다. 그는 공격적 회사 경영으로 취급고를 급속히 늘렸다. 이와 함께 회사의 크리에이티브를 브루스 바튼의 주특기였던 우아하고 세련된 소프트 셀 소구에서 벗어나 이성 소구 방향으로 급속히 몰고간다.

그렇지만 이 시기 하드 셀의 황제는 역시 로서 리브스Rosser Reeves (1910~1984)다. 그가 정교하게 이론화한 광고 접근법이 USP(Unique Selling Proposition, 고유 판매 약속)다. 1950년대를 풍미한 이 전략은 리브스가 출간한 《광고의 실체*Reality of Advertising*》에서 가장 체계적으로 설명되어 있다. 하지만 사실 USP는 그가 공동 설립해 회장으로 일하던 광고회사 테드 베이츠Ted Bates에서 1940년대 초반부터 계속 활용되던 것이었다.

USP는 제품의 차별적 특성을 집중적으로 강조하는 전형적 하드 셀이다. 로서 리브스는 "소비자를 효과적으로 설득하려면 어떻게 해야 하는가?"라는 질문에 다음과 같이 답한다. 경쟁 브랜드가 "주장할 수 없거나 주장하지 않은" 강력한 차별적 편익, 즉 단 하나의 고유한unique 판매 제안점selling proposition을 찾아낸 다음 그것을 소비자 마음에 깊이 아로새기라는 것이다.[15]

여기에서 두 가지 포인트가 발견된다. 첫째, 경쟁 브랜드가 "주장할 수 없는" 단 하나의 차별적 편익을 찾아내는 것이다. 둘째, 그것을 광고를 통해 줄기차게 강조함으로써 소비자 뇌리에 각인시키는 것이다.

리브스는 USP의 본령을 다음과 같이 구체적으로 설명한다. 슬로건과 시각적 실증 광고를 통해 핵심 메시지를 소비자 수용 한계에 도달할 때까지 반복, 확대, 강조하라는 것이다. '반복하라! 반복하라! 반복하라!Repeat! Repeat! Repeat!'라는 슬로건이 USP의 휘날리는 깃발이 된 이유다. 이 전략이 비교 소구를 빈번히 사용하는 것 또한 그 때문이다.

1950년대에는 서구 경제의 급속한 회복과 신기술 개발에 따라 다양한 신상품이 시장에 쏟아져나왔다. 따라서 경쟁자가 주장할 수 없는 자기만의 고유 편익을 발견하여 그것을 소비자 심리 속에 융단 폭격하는 하드 셀 전략은 맞춤옷처럼 시대에 어울리는 것이었다.

눈여겨봐야 할 것은 경쟁 브랜드가 "주장하지 않은" 편익을 찾아내어 선점하라는 리브스의 주장이다. 비슷한 말을 어디서 들어본 적이 없는가? 그렇다. 20세기 초반 클로드 홉킨스가 주창한 선제적 리즌 와이다. 그 핵심 주장을 수십 년 후 이어받아 진화시킨 것이다.

사례를 들어 설명해보면 다음과 같다. 〈그림 140〉은 1950년대를 주름잡은 폴거스 커피 옥외 광고다. 이 캠페인은 "산에서 재배되었습니다It's Moutain Grown"라는 슬로건을 다양한 매체를 통해 지겨울 만큼 반복했다. 언뜻 보면 폴거스가 매우 차별적 특징을 지닌 제품처럼 느껴진다. 그런데 뭔가 좀 이상하다. 에티오피아, 케냐, 중남미 등 주요

〈그림 140〉
클로드 홉킨스의 선제적 리즌 와이를 1950년대에 재현한 폴거스 커피 광고.

커피 산지의 농장들이 어디에 있는지를 한번 떠올려보라. 하나같이 깊은 산속에 있다. 커피나무는 고온 다습한 산지에서 가장 잘 자라기 때문이다. 그런데 폴거스는 이 '너무나 당연한 상식'을 마치 자기만의 고유 특성인 양 자랑했다. 그것도 무지막지한 반복적 광고 노출을 통해서 말이다.

이 같은 설득 작업이 반복, 확대, 강조되면 최종적으로 소비자 뇌리에는 '산에서 재배한 (고급) 커피=폴거스'라는 고정 이미지가 생겨난다.[16] 나아가 경쟁 커피 브랜드에서 '산'이란 단어를 언급하는 순간 소비자 머리에 '폴거스'가 자동적으로 떠오르게 된다.

경쟁제품도 동시에 지닌 보편적 특성을 자기만의 것인 양 선점하는 이 같은 전략이 도의적으로 흠결이 없다 할 수는 없다. 그러나 이에 대해 리브스는 떳떳했다. 제품을 많이 파는 것만큼 광고에서 훌륭한 미덕은 없다는 신념 때문이었다. 리브스는 광고 표현에 예술적 요소가 포함될 수는 있지만 그것은 단지 우연일 뿐 광고는 어디까지나 제품을 팔기 위한 상업적 도구라고 확신했다. 소프트 셀 광고의 감성적 접근과 모호한 메시지를 "브랜드를 기억하지 못하게 하는 돈 낭비"라고 경멸한 것이 그래서였다.

그는 "TV만 틀면 60퍼센트의 광고가 크리에이터의 주관적 판단에 빠져 돈 버리는 줄 모르고 정신 사나운 광고를 하고 있다"고 조소를 날렸다.[17] 이미지 광고는 소비자 관점에 따라 각각 의미가 다르게 해석되기 때문에, 자칫 광고주 의도와 다른 내용을 전달할 수 있다는 주장이다. 제품 판매를 달성하는 강력한 소비자 편익을 찾아내는 것, 그렇게 발견된 편익을 예술적 기교를 배제한 채 간결하고 집중적으로 반복해서 뇌리에 각인시키는 것, 이것이 USP 광고의 본령이었다.

　로서 리브스는 《광고의 실체》에서 광고효과 측정 기준으로 침투율 penetration ratio 개념을 제시한다. 연령, 수입, 인종, 도시 크기를 기준으로 미국 전역의 275개 지역에서 수천에 달하는 소비자를 면접 조사해서 도출한 개념이었다. 여기서 침투율은 광고 침투율과 상품 침투율로 구성된다. 전자는 조사 시점에 해당 광고를 본 사람과 보지 않은 사람의 비율이다. 후자는 해당 광고를 본 사람이 구입한 상품과 보지 않은 사람들이 구입한 상품의 비율이다. 이런 방식으로 측정된 광고 침투율에서 상품 침투율 수치를 빼면 특정 광고가 얼마나 많은 소비자에게 제품을 사용하도록 효과를 미쳤는지를 측정할 수 있다고 밝힌다.[18] 이때 광고 침투율을 높이는 핵심 요인은 광고의 독창성이 아니라, 올바른 USP를 발견한 다음 그것을 집중적으로 반복, 확대, 강조하는 것이라고 리브스는 강조했다.

　USP는 1950년대 광고계에 지진과 같은 영향을 미쳤다. 실제로 리브스가 USP 전략을 적용한 빅 펜, 미닛메이드 오렌지주스, 엠 앤 엠 초콜릿, 콜게이트 치약 캠페인은 해당 브랜드 역사에서 유례없는 성공을 거두었다.

　한 시대를 휩쓸던 위력은 사라졌다 해도 USP 전략은 현역에서 퇴장하지 않고 여전히 생생한 힘을 발휘하고 있다. 특히 자동차, 전기·전자 제품과 같은 기술집약적 신제품 광고에서 그렇다. 〈그림 141〉은 2018년 발표된 삼성전자의 갤럭시 노트9 광고다. 헤드라인은 "보지 못했던 앵글도 S펜으로 특별하게." 신제품 스마트폰에 장착된 S펜의 차별적 기능을 전면에 내세우고 있다.

이 펜은 여러 첨단 기능이 있다. 그중에서 당시 소비자에게 가장 차별적으로 다가간 것은 펜을 사용하여 원격으로 폰의 카메라 기능을 조작할 수 있다는 것이다. 광고는 이 지점을 집중적으로 타격한다. 다른 스마트폰으로는 도저히 불가능한 각도에서도 촬영이 가능하다는 사실 말이다. 이를 통해 "경쟁제품이 주장할 수 없는" 갤럭시 노트9만의 고유 특성을 집중적으로 강조하고 있다. 이 런칭 캠페인은 TV, 온라인, 신문 등의 다양한 매체 수단을 통해 자신만의 편익을 집중적으로 반복했다. 전형적인 USP 광고다.

〈그림 141〉
21세기에도 여전히
위력을 발휘하는
USP 광고의 사례.

5. 광고계의 독불장군, 로서 리브스

1_개인사와 광고철학

로서 리브스는 USP 전략을 이론화했을 뿐 아니라 수많은 전설적 캠페인을 성공시킨 주인공이다(《그림 142》). 따라서 1950년대 광고 크리에이티브를 이해하려면 그를 자세히 살펴보지 않으면 안 된다. 리브스는 한걸음 뒤늦게 꽃을 피운 윌리엄 번벅, 데이비드 오길비,[19] 레오 버넷과 묶어 미국 광고의 전성기를 개척한 4대 천왕으로 불린다. 하지만 광고철학에서는 나머지 3명과 두드러진 차이를 보인다. 번벅, 오길비, 버넷, 이 세 사람은 이미지 유파Image school의 대가로 불린다. 쉽게 말해 어네스트 엘모 컬킨스와 시어도어 맥마누스가 개척한 소프트 셀 광고의 전통을 꽃피운 사람들이다.

반면에 리브스는 존 케네디, 알버트 라스커, 클로드 홉킨스 등이 체계화한 하드 셀 표현 전략의 정통 계승자다. 그가 만든 USP 광고들은 홉킨스의 선제적 리즌 와이 전략을 가장 정교하고 효과적으로 활용했다고 평가받는다. 광고의 유일한 목적은 제품 판매에 있다는 것. 따라서 광고는 소비자에게 제품의 가치를 보여주는 수단일 뿐, 크리에이터의 재주를 뽐내는 도구가 아니라는 게 그의 일평생 신념이었다.

리브스는 1910년 9월 10일 미국 버지니아주 댄빌에서 신실한 감리교 목사의 아들로 태어났다. 어릴 적부터 책벌레로 동네에 소문이 자자했다. 열 살 때 벌써 시와 소설을 습작했다. 원래는 역사 선생이 꿈이었는데 법률 전공으로 버지니아대학교에 입학했다. 2학년 되던 해 경제대공황의 폭풍이 밀어닥쳤다. 학교를 그만두고 직업전선에 나설 수밖에 없었다.

재학 시절 리브스는 화학경시대회에 참가해서 원고를 하나 썼다. '화학과 삶을 풍요롭게 만드는 것과의 관계'라는 제목이었는데, 이 글로 500달러의 우승상금을 받는다. 그런데 해당 내용이《리치몬드 뉴스 리더》와《리치몬드 타임스-디스패치》양대 신문의 1면에 게재되는 사건이 일어났다. 이때 신문에서 글을 읽은 리치몬드 은행장 토마스 바우셜이 막 학교를 그만둔 리브스를 주급 14달러에 광고 부서 직원으로 고용한다. 그가 19세 되던 해였다.[20]

실력을 쌓은 리브스는 마침내 광고의 본바닥으로 진출한다. 1934년 뉴욕의 광고회사 세실 워윅 앤 세실Cecil, Warwick & Cecil에 주급 34달러짜리 신입 카피라이터로 들어가게 된 것이다. 그는 이후 존 케이플즈가 근무했던 루드라우프 앤 라이언으로 회사를 옮겨 4년을 일한 다음 B-S-H사에 입사한다. 그리고 이곳에서 자신의 광고 인생에 압도적 영향을 미친 스승을 만나게 된다. 드웨인 존스Duane Jones 와 프랭크 허머트였다. 특히 허머트는 리브스가 "내가 알고 있는 모든 광고는 당신에게서 배웠다"고 고백할 만큼 결정적 영향을 준 인물이다. 리브스가 1950년

〈그림 142〉
USP 전략을 체계화시킨 불퇴전의
하드 셀 크리에이터 로서 리브스.

대 TV 미디어의 위력을 일찌감치 간파하고 이를 적극적으로 활용한 것도, 20여 년 전 라디오 소프 오페라를 창시한 허머트에게서 받은 영향 때문이었다.

1940년 리브스는 서른 살 젊은 나이에 광고회사 테드 베이츠Ted Bates and Co.를 공동 설립한다. 그리고 이곳에서 25년간 일하며 회사의 전성기와 쇠퇴기를 모두 경험하게 된다. 6피트가 넘는 큰 키에 당당한 체구, 두꺼운 검은 테 안경이 그의 트레이드마크였다.[21] 이 남자는 유난히 별명이 많았다. 그중에서 가장 눈에 띄는 것은 《애드버타이징 에이지》 편집주간 데니스 히긴스가 붙인 '광고계의 불한당'이다. 히긴스는 리브스와 인터뷰에서 다음과 같은 도발적인 질문을 던진다.

다들 예술가인 척, 거장인 척하는 광고계에서 당신과 같은 광고계의 불한당을 명예의 전당 카피라이터로 추천하는 것이 새로운 좋은 시작이라고 생각하지 않나요?

이에 대한 리브스의 답변은 이렇다.

광고계의 불한당이라니 재미있네요.……그런데 저는 좋은 광고를 만들려고 하는 광고계의 좋은 사람입니다.……당신이 예술가인 척하는 사람들이라고 표현한 그들을, 나는 광고에 대해서 그릇된 기준을 가지고 있는 사람들이라고 표현합니다.[22]

로서 리브스는 자신의 하드 셀 광고철학을 관철하기 위해 사방에 적을 만드는 걸 두려워하지 않았다. 1950년대 후반부터 광고계에서는 서서히 소프트 셀 흐름이 시작된다. 이 새로운 크리에이티브 흐름의 주무기는 감성적 이미지와 우회적 카피였다. 그는 그런 유형의 광고를 격렬히 비판했다. 광고에 들어간 예술성이야말로 메시지에 대한 집중을 차단하는 악마라고까지 강변했다. 리브스의 눈에 윌리엄 번벅, 데이비드 오길비, 레오 버넷 등 이미지 광고 거장들은 그저 광고의 정도를 벗어난 얼치기에 불과했다.

리브스의 반대 진영에는 광고계 바깥의 사람들도 많았다. 그의 극단적 판매지상주의에 분노한 소비자 단체와 정부기관이 대표적이었다. 이를 반영하듯 리브스가 맹활약하던 1950년대 동안 그가 회장으로 있던 테드 베이츠는 과대 광고 단속기관인 FTC로부터 가장 많은 제소를 당한 광고회사였다.

그렇듯 독선적이기는 했지만 이 남자가 광고사에서 손꼽히는 천재 중 하나였음을 잊지 말아야 한다. 그가 능력을 과시한 영역은 상업 광고만이 아니었다. 1952년 제34대 미국 대통령 선거에서 드와이트 아이젠하워 당선에 혁혁한 공을 세우기도 했다. 리브스는 TV 정치 광고 캠페인을 통해 아이젠하워라는 제2차 세계대전 영웅의 솔직 담백하고 친근한 이미지를 집중적으로 부각시켰다. 이때 나온 캠페인 슬로건은 정치 광고의 모범사례로 손꼽히는 명작이다. 아이젠하워의 별명은 이름을 줄여 부른 아이크Ike였는데, 이를 활용하여 "I Like Ike"라는 슬로건을 창조한 것이다.

이 카피는 레토릭 테크닉으로서 모운법Assonance과 각운법Rhyme을 함께 사용했다. 즉 하나의 문장에 포함된 세 단어 모두에서 'ai'라는 모음을 반복함과 동시에, 두 번째 단어 Like와 세 번째 단어 Ike에서 'k' 발음을 반복한다. 이를 통해 유권자 뇌리에 문장을 쉽게 기억시키고 발음의 쾌감을 극대화하는 마법을 발휘하였다.

리브스는 내기 당구, 내기 체스, 요트 경주, 해상비행기 조종 등을 즐기는 도전적 캐릭터였다. 하지만 전혀 다른 면모도 있었다. 저택에 8,000여 권의 책을 소장한 개인 도서관을 꾸미고 홀로 사색에 빠졌다. 그리고 아무도 모르게 시와 소설을 써서 광고계 은퇴 후 발표하기도 했다.[23] 의외로 섬세하고 복잡한 면모가 존재했음을 알 수 있다.

로서 리브스는 존 E. 케네디와 클로드 홉킨스가 개척한 리즌 와이 하드 셀 소구를 이어받아 그것을 확고하게 이론화했다. 비난을 감수하면서까지 극단적 비교 광고를 실행했다. 그는 제품 구입 단계에서 소비자 판단을 방해하는 것은 무의식 속에 잠재된 비합리적 충동이 아니라 오히려 넘쳐나는 광고 메시지라고 확신했다. 갈수록 복잡해지는 당대의 매스미디어 환경 속에서 소프트 셀 소구가 추구하는 감성적 접근과 애매한 카피는 오히려 진정한 설득을 방해한다는 것이다.

리브스가 선도한 USP 전략은 1950년대를 휘어잡았다. 하지만 1960년대가 가까워지면서 경제환경과 소비자 취향 변화에 따라 소프트 셀이 점점 득세하게 된다. 천하의 리브스도 이런 물결 앞에서는 어쩔 수가 없었다. 그는 테드 베이츠 회장 자리를 내놓고 스스로 현장 카피라이터로 돌아와서 창작에 매진했다. 하지만 그런 노력도 허사였다. 회사 규모는 갈수록 줄어들었다. 리브스는 55세가 되던 해 광고계를 은퇴했다. 그 나이가 되면 은퇴하겠다는 평소의 공언을 지킨 셈이다. 하지만 무대에서 사라지기에는 아직 그의 피가 뜨거웠다. 2년 후 다시 업계로 돌아와 타이드록Tiderock Corporation을 설립했다. 이 회사는 미국의 중요 대기업을 위한 싱크탱크 역할을 자임했다. 그렇지만 담배회사의 지원을 받아 흡연 찬성 캠페인 등을 실시하는 등 윤리적 측면에서 많은 논란의 대상이 되었다.

로서 리브스는 1984년 1월 74세를 일기로 운명했다. 광고계를 잠정 은퇴하던 해인 1965년 '카피라이터 명예의 전당'에 헌액되었고, 1993년 '광고 명예의 전당'에 추존되었다.

2_대표작들

그의 광고철학이 구체화된 사례로 자주 인용되는 것은 엠 앤 엠 초콜릿 캠페인이다. 한국에서 새알 초콜릿으로도 불리는 제품이다. 대부분의 광고 교과서가 USP 전략을 상징하는 카피로 손꼽는 것이 "손에서는 안 녹고 입에서만 녹아요melt in your mouth, not in your hand"란 이 초콜릿 광고의 슬로건이다.

초콜릿은 남녀노소 사랑받는 기호식품이지만 융점이 체온보다 낮은 문제가 있다. 아무리 조심해서 포장지를 벗겨도 손가락에 흔적이 남는다. 엠 앤 엠은 이런 불편함을 해결하기 위해 창조적 발상을 시도했다. 새끼손톱보다 작게 만든 동그란 초콜릿에 설탕을 입힌 것이다. 설탕은 체온보다 융점이 높아서 손에서는 녹지 않는다. 하지만 물에는 잘 녹기 때문에 입에 넣는 즉시 초콜릿 맛을 즐길 수 있다.

1954년 리브스는 새로운 초콜릿을 들고 테드 베이츠를 찾아온 엠 앤 엠 사장 존 맥나마라를 만났다. 그리고 10분 동안 대화를 나눈 다음 "손에서는 안 녹고 입에서만 녹아요"라는 슬로건을 바로 내놓았다(《그

〈그림 143〉
M&M의 명 슬로건
'손에서는 안 녹고 입에서만 녹아요'.

〈그림 144〉
M&M 초콜릿만의 USP를 강력하게 펼친
TV 광고의 한 장면.

림 143〉). 경쟁사 초콜릿들이 결코 제안할 수 없는 강력한 소비자 혜택을 심플하고 강력하게 이끌어낸 것이다.

대행계약을 맺은 테드 베이츠는 당시 광고미디어의 총아로 떠오르던 TV를 통해 융단폭격을 시작했다. 리브스가 만든 1분짜리 TV 광고를 보자(〈그림 144〉). 광고가 시작되면 두 개의 손이 등장한다. 그리고 모델이 "어느 손안에 M&M 초콜릿 캔디가 있을까요?"라고 질문한 다음 두 손을 편다. 초콜릿이 녹아 짓뭉개진 손과 멀쩡한 M&M이 들어 있는 손이 나타난다. 쐐기를 박는 카피는 이렇다. "엉망이 된 이쪽은 아닙니다. 이쪽 손이 M&M입니다. M&M 캔디는 손에서는 안 녹고 입에서만 녹습니다."[25]

경쟁제품이 "주장할 수 없는" 독보적 소비자 편익을 명확한 슬로건으로 구체화한 USP 광고였다. 신제품 초콜릿은 그야말로 날개 돋힌 듯 팔려나갔다. 엠 앤 엠 사는 몇 년 지나지 않아 폭발하는 수요에 맞추기 위해 새 공장을 짓지 않으면 안 되었다.

리브스의 또 다른 대표작으로 손꼽히는 것이 진통제 아나신 캠페인이다. 아나신은 1930년 개발된 이후 여러 번 광고대행사를 바꿨지만 판매효과를 보지 못했다. 그러다가 1956년 리브스를 만나면서 운명이 바뀐다. 아나신을 아스피린과 비교하면서 "두통을 야기하는 세 가지 원인을 제거하는 빠르고 빠른, 놀라울 만큼 빠른fast fast incredibly fast 진통효과"를 강조하는 TV 광고였다(〈그림 145〉).

먼저 신뢰감 있게 생긴 아나운서가 나와서 "미국 의사들 4명 가운데 3명이 두통약으로 아나신을 처방한다"고 말한다. 그리고 망치로 치고 스프링으로 후벼 파고 번개가 번쩍이는 등 두통을 상징하는 세 가지 장

면을 보여준 다음, "빠르다Fast"라는 글자가 이들 장면을 순식간에 없애
버리는 모습이 나타난다. 모델의 멘트는 다음과 같았다.

아나신은 여러 성분이 조합된 의사의 처방과 같습니다. 의사들이 가
장 많이 추천하는 진통 성분에다, 다들 좋다고 말하는 아스피린은 물
론 어떤 진통제에도 들어있지 않은 특수 성분이 들어있어 통증을 없
애주고 긴장을 풀어주며 짜증을 달래줍니다.[26]

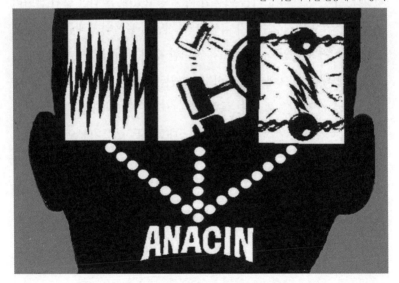

아나신은 라디오, 인쇄, TV 등 활용 가능한 모든 매체를 동원해 융단폭격하듯 광고를 퍼부었다. 소비자들이 이런 반복 노출을 싫어하고 지겨워한 것은 당연한 일이었다. 하지만 광고에 대한 혐오와 뇌리를 강타하는 각인효과는 별개였다. 첫 광고가 나간 지 1년 반 만에 제품 매출이 1,800만 달러에서 5,400만 달러로 뛰어올랐다. 300퍼센트나 급증한 수치였다.[27]

그렇지만 아나신 캠페인은 광고 전문가들과 규제기관으로부터 강한 비판을 받았다. "의사 4명 가운데 3명이 처방하는 진통제"라는 표현 때문이었다. 겉으로 봐서는 의사들이 가장 많이 처방한다는 주장이 거짓말은 아니었다. 하지만 속을 알고 보면 사정이 달랐다. 설문 조사를 진행하면서 무작위로 표본을 선정하지 않고 아나신을 제조하는 아메리칸 홈 프로덕츠[28] 제약회사와 관계가 밀접한 의사집단만을 표본으로 삼았기 때문이다. 통계적 조작을 이용한 과장 광고였다. 물건만 팔면 끝이라는 리브스의 판매지상주의가 극단화된, 기만적 유혹의 결과물이었던 셈이다. FTC가 가만있을 리 없었다. 강력한 수정 제작 명령이 내려졌다.

광고에 대한 호오에도 불구하고 어쨌든 아나신 캠페인은 광고사에 길이 남는 기념비를 세웠다. 특히 리브스가 쓴 "가장 많은 전문가들이 권한다"는 카피는 발신자 공신력을 극대화하는 설득기법으로 지금도 많은 증언식 광고에 활용되고 있다.

6. 광고의 구도자, 존 케이플즈

1_해군사관학교를 나온 초일류 카피라이터

존 케이플즈John Caples(1900~1990)는 딱 잘라서 특정 시대에 포함시키기 어려운 광고인이다(〈그림 146〉). 25세 나이에 카피라이터로 첫발을 디딘 후 82세에 은퇴하기까지, 무려 57년 동안 광고계 일선에서 최고 수준의 작품을 창조했기 때문이다.

케이플즈는 1930년대 이래 광고 제작에 과학적 사고방식을 도입한 선구적 인물이었다. 탁월한 광고 책을 쓴 베스트셀러 작가였고 조사 분야의 개척자였다. 이 모든 것에 앞서 그는 전설적 캠페인을 숱하게 창조한 전설적 카피라이터다. 《존 케이플즈: 광고인John Caples: ADMAN》을 쓴 고든 화이트는 케이플즈를 두고, 데이비드 오길비와 더불어 창조적 천재성과 조사 과학자 재능을 겸비한, 광고사에 둘밖에 없는 인물로 평가한다.[29] 하지만 그가 사람들의 존경을 받은 이유는 일생을 두고 한 우물만 파온 장인정신과 인간적 성실함 때문이다.

그는 1925년 메일 오더[30] 광고 회사인 루드라우프 앤 라이언사에서 카피라이터로 생애 첫 광고 일을 시

〈그림 146〉
56년의 긴 시간을 한 회사에서만 근무한
성실함의 대명사 존 케이플즈.

작했다. 일 년 후 BBDO의 전신인 BDO에 스카우트된 후 평생을 한 회사에서만 일했다. 제2차 세계대전에 참전하여 해군 중령으로 3년간 복무한 시기를 제외하고도 반세기 이상의 시간이었다. 루비컴, 버넷, 번벅, 오길비 등 다른 전설적 거장과 달리 그는 자기 회사를 세우지 않았다. 마흔한 살에 BBDO의 크리에이티브 담당 부사장이 되었지만 은퇴하기까지 젊은 후배들과 어울려 필드에서 직접 광고를 만들었다. 여든둘에 광고계를 은퇴한 것도 자의가 아니었다. 집안일을 하다가 사다리에서 떨어져 척추를 크게 다쳤기 때문이다.

데이비드 오길비가 케이플즈의 책 《검증된 광고의 방법Tested Advertising Methods》 1971년 판 서문에서 그를 일러 "불굴의 분석가 그리고 광고의 선생일 뿐 아니라 역사상 가장 효과적인 광고를 만든 사람"으로 칭송한 것은 한 치의 과장도 없었던 것이다.[31]

케이플즈는 뉴욕 맨해튼에서 태어났다. 아버지는 벨뷰 의대Bellevue Medical College를 졸업한 후 개업한 내과의사였다.[32] 신사답고 이타적인 성품이었다. 어머니는 가정주부였지만 문학과 미술에 관심이 깊은 따뜻하고 열정적인 사람이었고 케이플즈의 취향에 큰 영향을 미쳤다.[33] 고등학교 졸업 후에는 컬럼비아대학에 들어갔다. 그는 선천적으로 사람들 앞에서 말하는 데 공포심이 있었다. 그런데 1학년 필수 영어 과목 시간에 2분짜리 연설 과제가 있었다. 두려움을 극복할 수 없었던 케이플즈는 결국 학교를 그만두고 해군사관학교에 입학했다.

문제는 사관학교를 졸업하던 시점이 제1차 세계대전 종료 후 평화 분위기에 따라 미국 해군의 규모가 급속히 줄어들던 시기였다는 거다. 어쩔 수 없이 뉴욕 전신전화 회사에서 견습 엔지니어로 직장생활을 시

작한다. 그러나 엔지니어가 된 지 얼마 되지 않아 이 직업이 자기 천성과 상극에 있음을 깨닫게 된다. 고민에 빠져 직업상담가에게 상담을 받았는데, 이때 만난 사람이 55세의 카운슬러 캐서린 블랙포드 박사였다. 그녀는 대번에 케이플즈에게 글쟁이 소질이 있다고 판정한다.[34] 인생을 바꾼 운명적 조언이었다.

이에 고무된 케이플즈는 컬럼비아대 카피라이팅 코스에 등록했고, 마침내 루드라우프 앤 라이언사에 주급 25달러짜리 카피라이터로 들어가게 된다. 그가 맡은 첫 일은 자습교육 코스home study course 우편

<그림 148>
'내가⋯⋯하자마자'
시리즈의 후속작.
"웨이터가 내게
프랑스어로 말하자마자⋯⋯."

주문 광고 제작이었다. 그런데 입사 두 달 만에 대박을 터트리게 된다
(《그림 147》). "그들은 내가 피아노 앞에 앉았을 때 웃었습니다. 그러나
내가 연주를 시작하자마자……They laughed when I sat down at the piano.
But when I started to play……"라는 호기심 유발형 헤드라인의 스토리텔
링 카피를 쓴 것이다.

초짜 카피라이터가 메일 오더 광고 역사상 가장 높은 판매고를 기록
한 작품을 만든 것이다. 미국 음악학교U.S. School of Music를 위해 만든
이 광고를 통해 케이플즈는 자신의 천부적 재능을 입증해냈다. 그리고
이때부터 '직접반응식 광고direct response advertising의 황태자'라는 별명
으로 불리게 된다. 그야말로 화려한 데뷔였다.

그는 몇 달 후 프랑스어 통신강좌 광고에서 "웨이터가 내게 프랑스
어로 말하자마자 그들은 크게 웃었습니다. 그러나……"라는 후속 카피
를 쓴다. 이 작품도 큰 화제를 불러일으켰다(《그림 148》). 이 헤드라인
시리즈는 이후 여러 만화와 코미디의 소재로 활용된다.

시간이 흐를수록 케이플즈의 명성은 더욱 높아진다. 마침내 1927년
BDO(이듬해 BBDO로 이름을 바꿈)가 스카우트의 손길을 뻗었다. 브루스
바튼이 회장 겸 크리에이티브 총책임자로 활약하던 회사의 전성기였다.
회사를 옮긴 지 1년 후 케이플즈는 또 다른 대표작 피닉스 상호생명보
험 광고를 만든다. 이 작품은 낚싯대를 드리우고 휴식 중인 노인 얼굴이
메인 비주얼이었다(《그림 149》). 그 아래 배치된 헤드라인은 "언젠가는
일을 멈추고 쉬고 싶은 분께To men who want to quit work some day."

카피와 비주얼 아이디어 모두 케이플즈가 냈다. 정년퇴직 후 가족을
위해 반납했던 나만의 삶을 살리라 꿈꾸는 목표 고객의 심리를 미사일

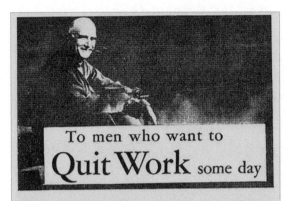

To men who want to
Quit Work some day

〈그림 149〉
케이플즈의 또 다른 대표작
피닉스 상호생명보험 광고.

처럼 타격하는 광고다. 은퇴를 앞두고 미래를 신중히 생각하는 사람 가운데 누가 이런 유혹을 외면할 수 있겠는가. 특히 공감을 주는 것은 낚시대를 드리우고 환하게 웃는 남자의 얼굴이다. 케이플즈는 이 사진을 사용한 이유를 "낚시하는 남자만큼 '일하지 않는 모습'을 명확하게 보여주는 것이 없기 때문"이라고 훗날 설명했다.

그에게서 돋보이는 것은 실사구시 정신이었다. 케이플즈는 오랜 기간 스스로 체험한 광고 테스트 결과를 분석한 다음, 그것을 바탕으로 효과적 창작기법을 구사했다. 1952년에서 1954년까지 컬럼비아대학교 비즈니스 스쿨에서 카피라이팅 강의를 했는데, 특히 이 시기에 다양한 매체에 집중적으로 광고와 다이렉트 마케팅에 관련된 글을 썼다. 케이플즈는 5권의 베스트셀러 광고 책을 출간했다. 이를 연도별로 정리하면 다음과 같다. 《검증된 광고의 방법*Tested Advertising methods*》(1932), 《즉각적 판매를 위한 광고*Advertising For Immediate Sales*》(1936), 《광고 아이디어들: 효과적 광고 만드는 방법에 대한 실무 가이드*Advertising Ideas: A Practical Guide to Methods That Make Advertisements Work*》(1938), 《팔아주는 광고 만들기*Making Ads Pay*》(1957), 《어떻게 하면 광고가 돈을 벌게 할 수 있는가*How to Make Your Advertising Make Money*》(1983).

이 가운데 스스로가 가장 자랑스럽게 여긴 책은 자기 작품을 사례로 광고 제작의 법칙을 설명한 《검증된 광고의 방법》이었다.[35] 첫 출간 90년이 지난 지금도 꾸준히 팔리는 이 책에는 카피라이팅의 옳고 그른 방법, 효과적 소구점 찾는 기법 등이 풍부한 사례와 함께 제시되어 있다. 훗날 광고사를 뒤흔든 카피라이터 두 명이 함께 이 책을 극찬했다. 먼저 윌리엄 번벅은 자신이 직접 쓴 고든 화이트의 《존 케이플즈, 광고인》서문에서 이렇게 말한다. "광고인으로 경력을 시작하려는 젊은이가 존 케이플즈의 '검증된 광고의 방법'을 모른다는 것은 마치 알파벳을 배우지 않고 글을 쓰려는 것과 다를 바 없습니다."[36] 데이비드 오길비는《오길비의 고백Ogilvy on Advertising》에서 "헤드라인 작성의 기법을 더 자세히 알고 싶으면 반드시 케이플즈 책을 참고하십시오"[37]라고 강조한다. 바로 이 책이다.

존 케이플즈는 1973년 '카피라이터 명예의 전당'에 헌액되었고 1977년에는 '광고 명예의 전당'에도 헌액되었다. 다이렉트 마케팅의 선구자였던 그의 업적을 기리기 위해 앤디 에머슨이 1978년 '존 케이플즈 국제광고상'을 제정하였다. 이 불굴의 사나이는 1990년 6월 10일 태어나서 평생을 보낸 곳 뉴욕 맨해튼의 레녹스힐 병원에서 90세를 일기로 세상을 떠났다.

2_사실에 근거한 크리에이티브 철학

케이플즈는 자신의 체험을 기초로 다양한 창작 원칙을 정리해서 후배들에게 큰 영향을 주었다. 하지만 정작 스스로 광고철학을 문장으로 명쾌하게 정리한 적은 없다. 따라서 그의 관점을 이해하기 위해서는 케이플즈 크리에이티브의 현신이라 할 만한 BBDO사의 창조 원칙을 살펴보는 것이 도움이 된다. 이 회사의 모토는 "사실에 근거한 강력한 어필 포인트를 찾아내는 것"이다. 한발 더 나아가 조사를 통해 소비자들의 진정한 인사이트[38]를 광고 제작에 적극 반영할 것을 강조한다. 실제로 케이플즈는 여러 강연이나 저술을 통해 제품, 소비자, 시장에 대한 과학적 분석에 기초한 설득의 중요성을 지적했다.《검증된 광고의 방법》

에서 이렇게 말한다.

실제로 (광고의) 모든 것은 테스트 된 방법으로서가 아니라, 어떤 사람의 사견에 따라서 결정된다. 또 최종 의견을 내는 사람이 광고인이 아닌 경우도 허다하다.……얼마나 쓸데없고 비효과적이고 바보 같고 부끄러운 일인가? 오늘날 물건을 만드는 방법은 매우 능률적인 데 비해, 광고 방법은 아직도 대부분 암흑시대에 있다.[39]

엄밀한 조사와 과학적 전략 수립의 중요성이 아직 광고계에 수용되지 않았던 1930년대 초반, 그의 선구자적 통찰이 얼마나 많은 벽에 가로막혔던가를 보여주는 고백이다.

케이플즈는 카피 테스팅copy testing을 개척한 사람으로 불린다. 이 기법은 소비자 반응, 피드백, 구매행동 등에 기초해 광고효과를 측정하는 마케팅 조사의 한 유형이다. 그는 1940년대부터 카피 테스팅의 일종인 스플릿 런split-run 기법을 시험하기 시작했다. 스플릿 런이란 신문이나 잡지 광고의 표현효과를 측정하기 위한 분할 테스트를 뜻한다. 의도적으로 표현의 일부분을 다르게 제작한 두 종류 광고를 같은 날 발행되는 신문 또는 잡지에 스페이스, 위치, 면을 동일하게 잡은 다음 집행하는 방법이다.

이렇게 두 광고를 내보낸 다음 각각의 주목률, 이미지 평가, 의견 등을 조사해서 광고효과를 비교 측정한다. 이 테크닉은 도입 초기에 광고업계의 조롱을 받았다. 하지만 얼마 지나지 않아 모든 광고인이 활용하는 효과 조사의 기본으로 정착되었다. 오늘날은 TV, 인쇄, 라디오, 인터넷, 소셜미디어 등 전 매체 영역을 대상으로 실시되고 있다.

그는 대학에서 체계적 조사 방법론 교육을 받지는 않았다. 하지만 BBDO가 대행했던 월스트리트 저널, 리더스 다이제스트, 듀퐁, 아메리칸 스틸, 제너럴 일렉트릭, 존슨 앤 존슨, 레버 브라더스 등 대형 광고주를 위한 조사를 진두지휘할 정도로 실무적 능력을 높이 인정받았다.

그가 남긴 자료와 책 등을 종합해보면 케이플즈 광고철학은 세 가지로 요약된다. 첫 번째는 오랜 기간 광고를 제작한 경험을 통해 구축한 강한 현장 지향성이다. 케이플즈가 쓴 책들은 단순한 추상이나 다른 곳에서 빌려온 이론에 기초하여 집필되지 않았다. 하나같이 자기 경험을 바탕으로 하고 있으며, 제시된 제작 방법론이나 가이드라인은 지금도 즉각 현장에서 적용될 수 있는 실전적 특성을 지니고 있다.

두 번째는 과학적 조사에 근거한 크리에이티브다. 케이플즈는 이를 "광고 창작에 있어 테스팅의 핵심적 중요성"이라고 표현한다. 그는 천성 자체가 실제적인 인물이었다. 5권의 저서에서 제시된 광고 창작 원칙은 하나같이 직접 테스트를 통과한 객관적 근거를 지니고 있었다.

세 번째는 전략에 기초한 소구점appeal point 확보다. 여기서 말하는 소구점이란 '광고가 목표를 달성하기 위해 근거하는 중심 메시지'를 의미한다. 케이플즈는 타의 추종을 불허하는 아이디에이션과 카피라이팅 능력을 발휘했다. 하지만 '어떻게 말하는가how to say' 하는 표현적 차원에만 머무르지 않았다. 효과적 설득을 위해 소비자에게 '무엇을 말할 것인가what to say'에 더욱 강한 방점을 찍었다. 광고를 만들 때 '명확한 소구점'의 발견이 얼마나 중요한가에 대해 그는 이렇게 말한다.

나는 어떤 메일 오더 광고가 다른 것보다 실제로 두 배도 아니요, 세

배도 아닌 자그마치 열아홉 배 반이나 물건을 더 파는 것을 본 적이 있다. 두 가지 모두 같은 간행물에 같은 크기로 같은 사진을 넣고, 용의주도하게 카피를 썼다. 단지 하나는 올바른 소구점을, 또 하나는 그른 소구점을 사용했다는 것이다.[40]

케이플즈에게서 빼놓을 수 없는 것은 헤드라인 작성법이다. 실전 카피라이팅의 바이블이라 불리는《검증된 광고의 방법》에는 이에 대한 가이드라인이 체계적으로 설명된다. 그는 카피라이팅 초창기에는 헤드라인의 중요성을 전혀 몰랐다고 고백한다. 그러나 실무를 통한 갖가지 시행착오를 겪으며 중요성을 깨닫고 난 후부터 헤드라인 쓰는 데 몇 시간씩, 때로는 며칠을 소비하게 되었다고 밝힌다. 이 책은 18개 장으로 구성되어 있는데 그중 4개 장이 헤드라인에 대해 다루고 있다. 그러나 그는 "이 설명도 이 절대적 주제를 위해서는 충분하지 않다"고 강조한다.

케이플즈는 소설, 연극, 팝송, TV 드라마 창작에 공식이 있듯이 광고 헤드라인 작성에도 공식이 적용될 수 있다고 믿었다. 이에 따라 과거에 성공했고 앞으로도 성공할 수 있는 29가지의 헤드라인 작성법을 제시한다. 오늘날 현역 카피라이터들도 참고하는 이 테크닉은 크게 세 가지 범주로 나뉜다. 첫째는 뉴스형 헤드라인으로 '새로운', '알림', '드디어' 등을 사용해 제품의 출시나 새로운 기능을 알리는 방식이다. 둘째는 가격을 언급하는 방법이다. 무료 선물이나 할인 혹은 특별 가격, 추후 지불 등을 제시하는 것이다. 셋째는 헤드라인에 '~하는 방법How to', '구함Wanted', '조언' 등의 특정 단어나 문장을 사용하는 것이다.

케이플즈가 카피라이터로서 첫발을 내디딜 때 그를 지도한 에브 그래디는 출근한 첫날 다음과 같은 말을 들려줬다고 한다.[41] "좋은 메일 오더 카피라이팅의 비밀은 솜씨 좋게 과장하는 데 있어.……사람들은 게으르기 때문에 힘든 일을 싫어해. 그들은 자기 문제를 빠르고 쉽게 풀기를 원한다구."[42] 케이플즈는 평생을 두고 이때 들은 충고를 잊지 않았다. 그는《팔아주는 광고 만들기》에서 '성공 광고를 위한 3가지 공식'을 제시했는데, 그래디의 충고를 발전적으로 변형시킨 것이라 할 수 있다. ① 목표 고객이 꼼짝 못 할 헤드라인을 쓰라, ② 카피를 통해 그것을 사실로 뒷받침하라, ③ 뿌리치지 못할 선물을 제시하라가 그것이다.

또 한 가지, 케이플즈는 메일 오더 광고 제작과 현장 조사 경험을 통해 헤드라인에서 '끌어당기는 힘pulling power'이 핵심적 역할을 한다는 사실을 발견했다. 그가 말맛wordy 나는 카피와 유머러스한 과장 광고의 달인이 된 배경이 여기에 있다. 케이플즈의 카피는 단어, 문장, 구문 모두 짧고 힘이 있었다. 그는 미국인들의 평균 정신연령은 13세 정도이며 이에 따라 카피라이터는 초등학교 5학년 수준의 소비자들이 충분히 이해할 수 있을 만큼 쉬운 문장을 구사해야 한다고 주장했다. 그리고 이 같은 믿음을 탁월한 작품으로 증명했다.

19장

1950년대의 광고 크리에이티브

1. 크리에이티브 수준 하락과 내구 소비재 광고의 성행

1950년대는 자본주의 역사상 최초로 대량생산과 대량소비 사이클이 정착되기 시작한 '제품의 시대'였다. 생산자가 시장을 주도하는 이른바 판매자 시장Buyer's Market이었던 것이다. 이런 환경에서는 차별화된 제품 특성을 찾아낸 다음 그것을 집요하게 반복하는 판매지상주의적 하드 셀이 위력을 발휘했다. 이 시기의 광고 크리에이티브 수준이 떨어진 것에는 그 같은 배경이 있었다.

페어팩스 콘은 알버트 라스커로부터 로드 앤 토머스를 인수해 풋 콘 앤 벨딩FCB을 설립한 사람 중 하나다. 그의 다음과 같은 고백은 1950년대 광고인들이 스스로에게 내린 냉정한 고해성사였다.

광고업계에서는 진짜 크리에이티브한 사람들이 심각할 정도로 부족하다. 나는 이 문제에 대해 고심하고 있다. 이제는 광고주를 관리하는 AE 업무가 더 매력적인 일로 간주되는 것이 일반적인 경향이다.[43]

BBDO 창설자 중 한 사람인 알렉스 오스본은 1948년 《유어 크리에이티브 파워Your Creative Power》[44]라는 책을 썼다. 여기에 소개된 브레인 스토밍brain storming도 크리에이티브 추락에 일조를 했다고 지적받는다. 브레인 스토밍은 5명에서 8명으로 구성된 팀이 일차적 아이디어를 내놓은 다음 그것을 보다 높은 차원의 아이디어로 발전시키는 아이디어 발상법이다. 브레인 스토밍이 태어난 곳이자 실험장이었던 BBDO에서는 1956년 한 해 동안에만 406번의 브레인 스토밍 회의가 실행되었다. 그렇게 해서 얻은 시험적 아이디어는 3만 4,000개로 집계된다. 그 가운데 2,000개 정도가 "쓸 만하다"는 자체 평가 결과가 나왔다. 5.9퍼센트면 꽤 괜찮은 타율로 보인다.

그렇지만 브레인 스토밍에 반감을 지닌 다른 광고인들의 생각은 달랐다. 그들은 이 기법을 진짜 광고 아이디어를 얻기보다는 그저 시간을 축내는 것이라 공격을 퍼부었다. 예를 들어 데이비드 오길비는 브레인 스토밍을 "문을 닫아놓고 모여서 시간 낭비하는 쓸모없는 게으름뱅이들의 모임"이라고까지 폄하했다.

이 시기에 등장한 USP 광고 하나를 살펴보자. 비교 소구를 사용한 이 작품에서는 쌍둥이 자매가 등장한다(〈그림 150〉). 심지어 파마한 머리 모양까지 똑같다. 헤드라인은 "다음 쌍둥이 중 어느 쪽이 토니로 파마를 했을까요? 그리고 어느 쪽 파마가 더 비쌀까요?"

〈그림 150〉
쌍둥이 자매가 모델로 나온
토니 파마약의 USP 광고.

Which Twin has the Toni—
AND WHICH HAS THE EXPENSIVE PERM?

See answer below

Natural-looking waves for months!

A Toni leaves your hair feeling soft as satin, with a perm that looks and acts immediately like *naturally* curly hair. No frizzy stage, no brittle ends, no stubborn kinks!

No wonder more women throughout the world choose Toni than all other home perms combined. They know that Toni's wonderful creme lotion waves their hair gently, leaves it live and lustrous for months and months.

No skill or special training are needed to give yourself a Toni. It's easy as rolling your hair up on curlers. And you've never had a wave that was easier to manage and set!

You can't tell the difference, can you? Actually, Eleanor Fulstone (on the left) has the Toni and her twin sister Jeanne the expensive perm. Your Toni, like Eleanor's, will be silky smooth and natural-looking from the very first day!

Whole Head Kit with SPIN Curlers $16/8
Whole Head Refill $1/4
For end curls and between perms
End Curl Kit (Midget SPIN Curlers) $1/4
End Curl (Junior) Refill $5/8

 *Toni*

Home Perm

JUST LIKE *NATURALLY* CURLY HAIR

카피를 읽어보면 한 사람은 미장원에서 비싼 파마를 했고 다른 이는 경제적인 가정용 파마약 '토니'로 머리를 했다는 사실을 알 수 있다. 그런데 겉으로 봐서는 전혀 차이가 안 난다. 이를 통해 저렴한 가격에 자연스러운 웨이브를 오랫동안 지속시켜주는 토니 파마약의 차별적 편익을 강조하고 있다. 제품 특성 강조가 두드러지지만 아이디어는 그저 평범하다.[45]

　1950년대의 또 다른 특징은 내구 소비재 광고가 봇물 터지듯 쏟아졌다는 점이다. 1945년부터 15년 동안 미국의 노동자 평균임금이 2배 가까이 늘어난다. 그 결과 블루컬러 노동자들도 교외에 주택을 마련하고 고가의 제품을 구입할 수 있게 되었다. 이때부터 급속히 보급되기 시작한 것이 TV, 냉장고, 세탁기 등 대형 가전제품이었다. 집 안에 TV와 냉장고가 들어온다는 것은 풍요로운 소비사회의 일원으로 들어서는 초대장이었다. 그러한 흐름의 맨 앞에서 '소비의 즐거움'을 유혹한 핵심이 광고라는 것은 재론의 여지가 없는 사실이었다.

　〈그림 151〉은 1952년에 집행된 제니스 TV 광고다. 파티복을 우아하게 차려입은 남녀가 서로 팔짱을 끼고 TV 화면을 바라본다. 헤드라인은 이렇다. "언젠가는 당신도 TV를 가지게 될 겁니다. 왜 이런 멋진 경험을 뒤로 미루세요?"[46] 〈그림 152〉는 1953년에 집행되었다. 새로 구입한 냉장고를 보면서 모녀가 행복한 웃음을 짓는 모습이 화면의 절반을 차지한다. 가정으로 깊숙이 들어온 대형 가전제품이 미국인들의 라이프 스타일을 어떻게 바꾸고 있는가를 선명히 보여주는 장면이다.

〈그림 151〉
1950년대의 내구 소비재
구입 붐을 보여주는
제니스 TV 광고.

〈그림 152〉
웨스팅하우스 냉장고 광고.
대형 가전제품이 급속히 보급되는
시대 모습을 보여준다.

2. 리서치와 광고의 결합

1950년대 광고 크리에이티브의 또 다른 특징은 마케팅 및 심리 조사가 이례적으로 강하게 결합되었다는 사실이다. 광고회사 내에서 조사 부서의 힘이 막강해지고 조사 결과가 직접적으로 광고 제작에 영향을 미치기 시작한 것이다. 레이먼드 루비컴이 조지 갤럽을 영 앤 루비컴에 스카우트하여 리서치와 독창성의 시너지 효과를 추구한 것은 앞에서 이야기했다. 하지만 1950년대에 밀어닥친 조사 중시의 파도는 그 수준을 훌쩍 뛰어넘어, 광고사를 통틀어 가장 강력했다 해도 과언이 아니었다. 이러한 조류가 광고 설득의 객관성을 높이는 데 기여한 것은 분명하다. 문제는 조사와 크리에이브의 적절한 균형에 있었다. 과학적 조사 결과가 광고 제작의 가이드라인을 제공할 수는 있지만 그 자체로 크리에이티브를 대신할 수는 결코 없기 때문이다.

USP로 대표되는 하드 셀이 광고계에 만연함에 따라 리서치와 통계가 적정선을 넘어 광고 제작에 과도한 힘을 발휘하게 된 것이다. 중요 회의마다 마케팅 부서 사람들이 회의장 중앙을 점령하는 것이 일상이 되었다. 반면에 크리에이터들은 광고회사의 핵심에서 완전히 밀려났다. 마치 주전 선수가 경기장에서 쫓겨나 관객석에 앉아있는 격이었다. 스테판 폭스는 이 시대 광고회사 내부의 풍경을 다음의 한 문장으로 요약한다. "크리에이터들은 조사와 마케팅 부서가 진행하는 '지루한 단음조'의 회의 내내 몸을 비비 꼬았다."

상황이 이러니 무난하고 상투적인 하드 셀 광고들이 흘러넘칠 수밖에 없었다. 소비자들이 그런 광고를 좋아하고 싫어하고는 상관이 없었다. 그저 핵심 카피를 강압적으로 푸시push하는 로서 리브스류의 광고가 세상을 휩쓸기 시작했다.

또 하나, 빠트릴 수 없는 것은 심리학이 빠르게 광고에 접목되기 시작했다는 사실이다. 이 시대의 주요 광고회사들은 동기 조사motivation research를 광고 제작에 적극적으로 활용했다. 동기 조사란 소비자 심리 속에 존재하는 무의식 혹은 잠재의식을 찾아내는 심리학적 테크닉을 말한다. 1950년대 이전에 소비자 조사는 주로 설문지를 활용하는 통계 분석에 머물러 있었다. 하지만 새롭게 등장한 동기 조사는 심층 인터뷰, 투사기법, 연상기법 등 정신분석학과 심리학에서 발전된 다양한 방법론을 적극 활용했다. 이를 통해 소비자들이 제품을 구입하는 무의식적 동기를 발견하고, 나아가 마음속에 존재하는 특정 욕구를 찾아내려 했다.

동기 조사의 등장은 당대 경제의 호황과 관련이 깊다. 대공황과 제2차 세계대전 시기의 궁핍과 위축에서 벗어나 대량소비가 본격화되었기 때문이다. 주력 제품군들에서 다양한 경쟁 브랜드들이 죽기 살기로 싸움을 벌이기 시작했다. 이에 따라 1950년대 중반을 지나면서 제품 편익을 단편적으로 강조하는 기존 하드 셀만으로는 소비자 태도 변화와 구매 유도의 힘이 떨어진다는 사실이 드러났다. 이런 상황을 돌파하기 위해 광고계는 소비자들의 내면심리를 찾아내고 그것을 설득에 적용하려는 시도를 본격화했다. 그동안 간과되던 심층심리의 세계가 활짝 펼쳐진 것이다.

동기 조사 전문가들은 소비자들이 특정 제품을 왜 구입하고 외면하는지에 대해 전혀 새로운 설명을 제시했다. 예를 들어 제너럴 밀스사의 간판 브랜드 '베티 크로커'는 산하에 인스턴트 케이크 믹스 브랜드를 두고 있었다. 이 제품은 밀가루에 우유와 계란 성분이 추가되어 물을 섞어 오븐에 굽기만 하면 되는 편리한 제품이었다. 그런데도 이상하게 판매가 부진했다. 심리학자들이 동원되어 동기 조사가 실시되었다.

결과는 이랬다. 해당 제품이 주부들의 시간과 노력을 절약해주는 것은 분명했다. 함정은 역설적으로 간편성이었다. 오랫동안 전통적 방식으로 해오던 케이크 굽기에 비해, 그렇게 절약된 시간이 오히려 주부들에게 가족을 위한 노력을 경시한다는 일종의 죄책감을 불러일으킨다는

〈그림 153〉
주부들의 숨겨진 심층심리를 통해
기록적 판매고를 올린
케이크 믹스 광고.

사실이 발견된 것이다.[47] 제너럴 밀스는 즉각 대응했다. 기존 제품에서 달걀 성분을 제외한 새로운 케이크 믹스를 개발하고 광고를 통해 "계란을 추가하세요Add an Egg"라는 슬로건을 강조한 거다(〈그림 153〉).[48] 이를 통해 비록 분말 믹스로 케이크를 만들지만 주부들이 자기 역할을 결코 외면하지 않는다는 안도감을 부여했다. 케이크 믹스의 판매량이 다시 상향곡선을 긋게 된 것은 정해진 수순이었다.

인간의 내면심리가 제품 구입에 미치는 영향에 대한 관심은 더욱 증폭된다. 그래서 등장한 것이 잠재의식 광고subliminal advertising였다. 이른바 식역하지각識閾下知覺 subliminal perception 효과를 이용한 광고다. 우리에게 영향을 미치는 외부 자극 가운데는 너무 미약하기 때문에 역치閾値threshold[49]에 미치지 못하는 것들도 있다. 인간의 의식은 이 같은 자극을 감지하지 못하지만 그렇다고 해서 메시지 수용자의 태도와 행동에 영향을 미치지 않는 것은 아니다. 무의식 영역에서 감지되는 이런 지각을 식역하지각이라 부른다.

식역하지각 효과를 최초로 실험한 사람은 제임스 비카리 James Vicary다(〈그림 154〉). 그는 1957년 뉴저지의 한 극장에서 연구를 실행했다. 메인 영사기 아래에 특수 제작된 소형 영사기를 하나 더 설

〈그림 154〉
식역하지각 이용 실험으로
파문을 불러일으킨 제임스 비카리.

치한 것이다. 그리고 영화 상영 중간에 5초마다 한 번씩 2000분의 1초의 속도로 "코카콜라를 마셔라. 팝콘을 먹어라Drink coke. Eat popcorn"라는 자막을 삽입해서 보여주었다. 인간의 눈은 이렇게 빨리 스쳐 지나가는 문장을 인지하지 못한다. 그러나 식역하지각은 무의식 속에서 내용을 감지할 수 있다. 그 결과는? 코카콜라는 18.1퍼센트, 팝콘의 경우 57.7퍼센트의 판매 증가를 보였다는 것이 비카리의 주장이었다. 그의 시도는 정교하게 설계된 실험 연구는 아니었다. 통제집단을 설정하지 않았고 기타 영향 요인에 대한 통제가 전혀 실행되지 않았기 때문이다. 당연히 연구 결과의 일반화, 즉 제시된 결과가 해당 상황과 다른 맥락에서도 그대로 재현되는가의 여부에서 치명적 약점이 있었다.[50]

하지만 그의 실험은 잠재의식 설득 콘텐츠가 실제로 사람들 마음에 영향을 미치는 개연성을 최초로 드러냄으로써 세상에 충격을 주었다. 비카리의 실험은 이후 폭발적인 논란에 휩싸이게 된다. 만에 하나 특정 집단이 잠재의식 조작을 통한 (메시지 수용자들이 지각하지도 못하고 스스로 동의하지도 않은) 의도적·강제적 설득 대상이 된다고 생각해보라. 단순한 마케팅 차원을 넘어 정치·사회·문화적으로 무시무시한 위험성을 내포하게 된다. 조지 오웰이 소설 《1984》에서 예견한 빅 브라더의 시대가 현실화될 수 있기 때문이다. 이러한 법윤리적 문제점에 따라 사회적, 정치적 이슈로 비화된 비카리의 실험은 결국 실용화에 실패한다.

그렇지만 비카리가 문을 연 잠재의식 설득기법은 그대로 종료되지 않았다. 이후 실제 광고 현장에서 식역하지각을 이용한 설득행위가 적지 않게 시도되었다. 특히 성적 이미지나 사회적 금기 이미지를 이용한 광고를 몰래 만들다가 제재를 받는 사례가 드물지 않게 발생하였다.

3. 엘리엇 스프링스의 섹스어필 광고

1950년대 광고 크리에이티브에서 빼놓을 수 없는 것이 섹스어필이다. 성적 욕망을 자극하거나 호소하여 목적하는 소비자 반응을 이끌어내는 소구 방법을 말한다. 현대 광고에서 최초로 목적의식적 섹스어필이 시도된 것은 헬렌 랜스다운 레조의 '우드버리 비누' 캠페인이었다. 하지만 그 캠페인은 일회적 발상의 소산이어서 시대를 선도하는 독창적 흐름이 되기에는 부족했다. 1950년대가 되면 상황이 달라진다. 장기적이고 의도적 전략 아래 제작, 집행된 본격 성적 소구가 등장하기 때문이다. 선두주자는 엘리엇 화이트 스프링스Elliott White Springs(1896~1959)였다(〈그림 155〉).

그는 제1차 세계대전에 공군 조종사로 참전한 전쟁영웅이었는데, 전쟁이 끝나자 오랜 가업이었던 사우스캐롤라이나의 스프링스 면직물 회사 경영자로 복귀한다. 이 회사는 원래 미완성 직물인 회색 면포를 생산하는 작은 규모로 출발했다. 그러다가 20세기에 들어서면서 사업 규모가 계속 확장되어 제2차 세계대전이 끝날 즈음에는 미국 3위의 섬유기업으로 부상한다. 이때부터 표백

〈그림 155〉
제1차 세계대전 참전 시기
군복을 입은 엘리엇 화이트 스프링스.

가공된 시트 천은 물론 여성 언더웨어 등의 다양한 면제품을 제조, 판매하기 시작했다.

엘리엇 스프링스는 회사 경영을 맡으면서 자사 광고의 카피와 비주얼 아이디어를 직접 만들었다. 전후 호황 국면이 이어지자 그는 기존의 틀을 벗어나 좀 더 과감한 시도를 해보기로 결심한다. 이에 따라 광고 일러스트레이션에 섹시한 여성을 등장시키게 된다. 〈그림 156〉이 1948년 새롭게 시작한 섹스어필 광고다.

남성 파트너와 춤을 추다가 턴을 하는 금발 미녀. 그녀의 스커트가

〈그림 156〉
본격적 섹스어필 광고의 문을 연
엘리엇 스프링스의 작품.

위쪽으로 한껏 솟구쳤다. 팬티를 입은 하체가 훤히 드러나 보인다. 수준급 일러스트레이션과 레이아웃이 노골성을 완화해주기는 하지만 아무리 봐도 자극적인 비주얼이다.

스프링스는 이 캠페인을 제2차 세계대전 직후부터 구상했다고 한다. 문제는 당시의 미국이 윤리적으로 보수적 분위기였다는 사실이다. 그래서 스프링스가 만든 광고를 실어줄 매체를 찾기가 어려웠다. 성적 표현 정도가 과하다는 이유 때문이었다. 많은 신문과 잡지에서 스프링스의 작품을 수정해달라고 요구하거나 광고 거래 자체를 아예 거절했다.

그의 시도는 1948년에 가서야 비로소 성공하게 된다. 《애드버타이징 에이지》가 광고를 받아준 것이다. 이듬해 잡지 《리버티 앤드 룩Liverty and Look》에 두 번째 광고를 게재했을 때 강력한 반응이 일어난다. 전국에서 광고 복사본을 발송해달라는 주문이 이어졌다. 해당 잡지는 가두판매에서 완판을 기록하고 이후 판매부수가 18만 부로 급상승한다. 그같은 성공을 계기로 스프링스 밀스사는 이후 10년에 걸쳐 섹스어필 캠페인을 체계적으로 실시했다. 그 결과 스프링스 밀스 브랜드는 인지도와 판매고에서 업계 최상위를 기록하게 된다.

이 새로운 캠페인은 전국적인 주목을 끌었다. 광고가 나올 때마다 사람들 입에 오르내렸고 언론에 다양한 논쟁거리를 제공했다. 스프링스가 만든 광고의 특징은 ① 섹시한 여성이 등장하는 일러스트레이션, ② 동음이의어 레토릭을 통한 재치 있는 말장난으로 요약된다. 이 시기에 스프링스가 펼친 섹스어필 캠페인은 그의 별명을 따서 '대령의 성적 자극 접근Colonel's sexually provocative approach'이라는 이름으로 불렸다.[51]

광고학자 양정혜는 조운 트라이튼을 인용하여 1950년대 미국 광고

〈그림 157〉
"나는 천천히 불타오르는 이 스프링메이드 시트가 좋아요"라는
섹스어필 카피로 유명했던 작품.

Miss Gypsy Rose Lee, famous Manhattan hostess, whose
domestic appointments are most discriminating, says:

"I love these slow-burning Springmaid Sheets."

계에서 섹스어필 광고가 본격화된 원인을 두 가지로 해석한다.[52] 첫째는 당시 광고인들이 "성을 사용하면 판매가 미친 듯이 증가한다"고 믿었기 때문이다. 둘째는 "어쨌거나 광고는 상품을 판매하지 못하므로 어차피 하수구로 흘려보낼 돈이면 약간의 재미를 첨가하는 것도 나쁘지 않다"고 생각했다는 것이다.

엘리엇 스프링스는 미국 사회가 존경하는 롤모델인 전쟁영웅이자 프린스턴대학을 나온 엘리트였다. 그가 단순히 주목만을 노리고 저급한 광고를 만든 것은 아니었다. 자신이 창안한 섹스어필 광고의 가이드라인을 만들고 이를 엄격히 지킬 것을 크리에이터들에게 주문했다. 원칙은 이러했다. ① 광고 독자를 지성을 갖춘 동료로 대접하도록 해야한다, ② 일단 목표 고객의 주목을 이끌어낸 다음에는 제품에 관한 유용한 정보를 제공하여야 한다, ③ 광고에 동원되는 성적 이미지는 유머러스하고 가벼운 분위기를 지켜야 하며 소비자에 대한 존경의 마음을 담아야 한다. 보수적인 당대 미국 사회에서 섹스어필 광고가 가능성과 위험성이라는 양날의 칼을 지니고 있음을 명확히 인식한 것이다.

스프링스의 도발적이지만 재치 넘치는 광고를 하나 더 감상하기로 하자(〈그림 157〉). 1959년 집행된 광고다. 최초 캠페인이 나온 지 11년이나 지났지만 크리에이티브를 관통하는 섹스어필의 힘은 여전하다. 전달하려는 메시지가 너무나 명확하니 별도 설명은 생략하기로 한다.

4. 해방 직후와 1950년대의 한국 광고들

비슷한 시기의 한국 광고는 어떤 모습이었을까. 우선 해방 직후의 정치 경제 상황을 살펴보자. 일제강점 35년의 족쇄가 풀렸음에도 불구하고 경제적으로 한반도는 극심한 물자 부족과 인플레이션에 시달렸다. 통화가치 증발이 불러온 이 시대의 물가고가 얼마나 극심했는지를 보여주는 것이 1949년 4월 1일 자《동아일보》기사다.

> 이래서야 살 수 있나.……조선은행에서 조사한 봉급지수를 보면, 지난 2월 물가를 1936년(중일전쟁이 시작되기 전 해)에 비하면 놀랍게도 물가가 평균 800배, 월급은 그중 대우가 좋은 교원이 9,400원으로서 164배가 올랐다고 하니 물가에 비하면 5분지 1밖에 아니 되는 셈이다. 그리고 관공리가 그중 최저로 4,380원에 87배가 올랐을 뿐이다.[53]

1950년 발발한 한국전쟁은 그나마 남아 있던 물적·인적 자산을 모두 파괴해버렸다. 이 전쟁은 30억 달러 이상의 물적 손실[54]과 남북한을 합쳐 520만 명에 가까운 인명피해를 가져왔다. 1953년 7월 27일 전쟁이 종료될 때까지 한반도 전역의 수많은 민가, 학교, 종교기관, 병원, 도로, 교량 및 공공시설이 황폐화되었다.

광고와 직결된 매스미디어 환경도 열악했다. 기존 신문매체 외에 최초의 민간방송인 CBS라디오가 1954년에 개국했다. 2년 후에는 첫 상업 TV 방송 KORCAD가 문을 열었다. 하지만 제조업 기반이 미약했으므로 광고 총량은 보잘것없는 수준이었다.

그렇다면 크리에이티브 수준은 어땠을까. 냉정하게 말해 일제강점기보다 퇴보한 모습이었다. 해당 시기의 광고를 한국전쟁 시점을 기준으로 구분해서 몇 가지 살펴보자. 먼저 〈그림 158〉은 1949년 11월 14일 자 《동아일보》에 게재된 해태 캬라멜 광고다.

화면의 절반 이상을 차지하는 제품 비주얼 왼쪽에 내리닫이로 "영양이 풍부한 『해태』를 신용하십시요"라는 헤드라인을 배치했다. 그 왼쪽에 조금 더 작은 활자로 "공부할 때, 운동할 때, 원족遠族[54]할 때 기분을

〈그림 158〉
해방 이후 한국 광고의
크리에이티브 수준 하락을
보여주는 해태 캬라멜 광고.

〈그림 159〉 1955년 집행된 고려은단 광고, 카피와 비주얼, 레이아웃이 산만하다.

〈그림 160〉 미국제와 똑같은 처방으로 만들었다고 강조한 럭키 치약 광고.

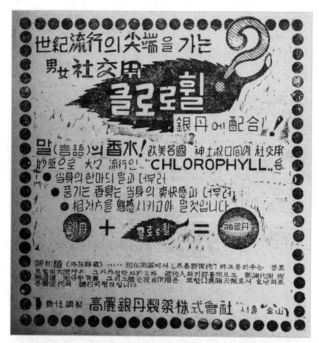

상쾌히 합니다. 해태 본가"라는 바디 카피가 적혀 있다. 광고라기보다는 공지문에 가깝다. 하드 셀과 소프트 셀 구분이 무색할 만큼 일차원적이다.

다음으로 전쟁이 끝난 1955년 2월 3일 자《약업신문》에 게재된 고려은단 광고를 보자(〈그림 159〉). 우선 눈에 띄는 것은 카피와 비주얼이 뒤섞여 있다는 점이다. 헤드라인은 "세기 유행의 첨단을 가는 남녀 사교용 클로로휠." 바디 카피는 "말[言語]의 향수!……구미 각국 신사 숙녀 사교용 묘약으로……당신의 한마디 말과 더불어 풍기는 향취는 당신의 상쾌함과 더불어 상대방을 매혹시키고야 말 것입니다"라고 적혀 있다.

이 작품을 제12장에서 나온 1920년대 인단 광고와 비교해보자. 전쟁이 가져온 경제기반 파괴와 사회문화적 후퇴가 광고에도 아프게 배어 있음을 알 수 있다. 크리에이티브 표현의 모든 측면에서 30여 년 전에 비해서도 크게 낙후한 수준이기 때문이다.

마지막으로 같은 1955년 8월 11일 자《경향신문》에 게재된 럭키치약 광고다(〈그림 160〉). 광고를 보면 오른쪽 상단에서 왼쪽 하단으로 지면의 거의 대부분을 '럭키치약' 비주얼이 차지하고 있다. 그리고 그 위에 "미제美製와 꼭 같은(미국 원료 미국 처방으로 제조된)"이란 헤드라인을 앉혔다. 특이한 것은 브랜드 네임(럭키치약)을 따로 보여주지 않고 패키지에 표기된 글자로 대신하고 있다는 점이다. 종전 후 미국의 원조 물품에 의지하여 기업을 일으킨 초창기 기업의 고군분투가 광고 곳곳에서 드러난다.

Lemon.

This Volkswagen missed the boat.

The chrome strip on the glove compartment is blemished and must be replaced. Chances are you wouldn't have noticed it; Inspector Kurt Kroner did.

There are 3,389 men at our Wolfsburg factory with only one job: to inspect Volkswagens at each stage of production. (3000 Volkswagens are produced daily; there are more inspectors than cars.)

Every shock absorber is tested (spot checking won't do), every windshield is scanned. VWs have been rejected for surface scratches barely visible to the eye.

Final inspection is really something! VW inspectors run each car off the line onto the Funktionsprüfstand (car test stand), tote up 189 check points, gun ahead to the automatic brake stand, and say "no" to one VW out of fifty.

This preoccupation with detail means the VW lasts longer and requires less maintenance, by and large, than other cars. (It also means a used VW depreciates less than any other car.)

We pluck the lemons; you get the plums.

20세기 세계 광고에는 두 분기점이 있다.
첫 번째는 1920년대이고 두 번째는 1960년대다. 두 시기 모두 '광고 황금기'로 불렸다.
하지만 1960년대는 거기에 '크리에이티브 혁명'[1]이란 명예로운 훈장이 추가된다.
광고의 내용과 표현기법이 실질적 완숙의 수준에 이르기 때문이다.
오늘날까지도 핵심적 영향을 미치는 창조적 기법들이 이 시기를 지나면서 완성 단계에
이르게 된다. 1950년대는 광고산업 자체가 크게 성장했지만 광고 크리에이티브 수준은
추락을 면치 못했다. 제품의 비교 우위적 특징을 무미건조하게 반복, 강조하는 하드 셀이
대세였기 때문이다. 하지만 1960년대가 되면 바람의 방향이 완전히 바뀐다.
참신한 소프트 셀이 활짝 꽃피어난다. 광고산업 활황에 용기를 얻은
크리에이터들이 몸담고 있던 대형 회사를 속속 빠져나왔다.
작은 규모지만 자기 회사를 차려서 거인들과 당당히 승부하는 분위기가 확산된다.
소프트 셀의 새로운 르네상스가 열린 것이다.

20장

제2의 황금기가 시작되다

1. 진보의 시대와 소프트 셀 만개

20세기 초반 산업자본주의의 통제 없는 무한경쟁은 제1차 세계대전과 대공황, 그리고 파시즘과 더 큰 전쟁의 재앙을 불러왔다. 제2차 세계대전이 끝난 후 주요 자본주의 정부들은 완전고용, 경제성장, 복지체계 구축을 중심축으로 하는 수정자본주의로 선회하기 시작한다. '큰 정부'를 지향하는 케인스주의적 통화정책이 경기순환 완화와 고용 보장을 위해 지속적으로 채택되었다. 동시에 노동권 확장을 기초로 하는 소득 평준화, 초과소득에 대한 누진과세, 사회보장제도 확대가 이뤄진다. 이런 거시환경이 선순환적 효과를 불러옴으로써 1950년대에 이은 장기 호황이 1960년대에도 지속된다.

제2차 세계대전 이후 서구 주요 국가들에서 전개된 자본의 양보와

계급 타협은 대공황과 파시즘의 위협에 대한 일종의 진화적 대응이었다. 특히 동서 양 진영 간 냉전 양상이 고도화되었다는 점이 중요하다.[2] 사회주의 블록과의 체제 경쟁에서의 승리와 파시즘 부활을 막기 위해 국가 내부의 '계급적 평화'가 필수 불가결했기 때문이다.[3] 그 결과 1970년대 초반까지 30여 년간 서구 주요 국가의 국민소득에서 차지하는 자본의 몫은 역사적 최저 수준으로 떨어진다.[4]

1960년대는 각국의 정치·경제·문화가 격동하는 시기이기도 했다. 예를 들어 미국에서는 인종차별 철폐, 반전, 민권운동이 일어났다. 중국에서 문화대혁명의 서막이 열렸고, 프랑스에서는 68혁명이라 불리는 대규모 저항운동이 일어난다. 68혁명은 정치·사회·문화적 차원에서 전 세계에 큰 충격을 주었고 종교적 보수주의, 내셔널리즘, 권위에 대한 불복종운동을 촉발시킨다. 이와 함께 평등, 성 해방, 생태주의 등의 진보적 가치들이 각국의 사회적 의제로 부상하게 된다.

이 같은 거시적 변화가 세상의 거울로서 광고에 반영되지 않을 리 없다. 1960년대 내내 크리에이티브 역사상 유례가 없는 혁신적 시도와 모험적 도전이 계속된다. 그 결과 대공황 이후 30여 년간 세계 광고계를 주도했던 하드 셀이 침몰했다. 이를 대신하여 예술성과 직관에 기초한 소프트 셀 광고가 대세를 휘어잡는다. 지각이 꿈틀대듯 광고산업의 판도가 바뀌고 탁월한 이미지 광고의 꽃들이 만발한 것이다. 그에 따라 첫 번째 광고 황금기였던 1920년대를 능가하는 인재들이 광고계로 몰려들었고, 21세기까지도 영향을 미치는 전설적 캠페인이 속속 탄생했다.

주목되는 것은 카피와 비주얼이 따로 놀던 조사 위주의 하드 셀 흐름이 급속히 바뀌었다는 사실이다. 광고 안의 시각적 이미지와 언어적 메시지가 서로 통합되어 시너지 효과를 발휘하는 새로운 접근 방식이 본격화된 것이다. 많은 역사가들이 이 같은 창조적 혁명을 선도한 인물로 세 사람을 추천한다. 레오 버넷, 윌리엄 번벅, 데이비드 오길비다.

2. 사회개혁, 반전과 민권운동 그리고 반체제문화

미국에서는 암살사건으로 세상을 떠난 케네디의 임기를 이어, 부통령이던 린든 B. 존슨이 새 대통령으로 취임한다. 케네디가 뉴프론티어New Frontier라는 구호로 시작한 개혁정책은 존슨 정부에 들어와서야 비로소 성과를 보인다. 이 정책은 보통 '위대한 사회Great Society'라는 슬로건으로 불린다. 교육, 주택과 도시 개발, 교통, 예술과 환경 보호, 이민정책 등에서 사회개혁의 틀을 닦았기 때문이다. 예를 들어 존슨 대통령은 1964년 1월 연두교서를 통해 '빈곤과의 전쟁'을 선포한다. 같은 해 9월 경제기회법Economic Opportunity Act을 제정하여 10억 달러에 달하는 자금을 빈곤퇴치 사업에 투자했다. 1930년대 루스벨트의 뉴딜정책의 뒤를 이은 거대한 규모의 개혁정책이 본격화된 것이다.

1964년 대선에서 골드워터를 압도적 표차로 물리친 존슨은 상하 양원도 장악하고 여세를 몰아 노인 의료보장제도, 초등 및 중등교육법, 투표권법, 이민법 등 대대적 개혁 입법을 통과시킨다.[5] 교육과 고용에서 인종차별을 금지하는 공민권법(1964), 인종과 지위를 막론한 보편 투표권을 보장한 투표권법(1965) 제정도 뒤따랐다.[6]

존슨 정부의 이 같은 개혁 드라이브는 경제 활성화의 촉매제로 작용한다. 재정 지출 확대를 통해 경기를 부양했고 노동자 가구의 가처분소득을 크게 늘렸기 때문이다.[7] 하지만 그늘도 존재했다. 다수의 노동자가 중산층 진입의 꿈을 실현했지만 동시에 빈곤층이 양산되었다. 1962년 미국 노동통계국 자료는 전체 미국인 가운데 4,200만 명이 빈민임을 적시한다. 특히 4인 가족 기준 연 소득이 4,000달러에 못 미친 가구 중 절반이 흑인이란 점이 주목된다. 백인 노동자들의 교외 이주 물결과 달리 유색인종 빈민층은 거꾸로 도심으로 몰려들어 슬럼가를 형성했다. 자유와 번영의 무대 뒤편에서 인종 문제와 구조적으로 결합된 사회경제적 양극화가 고착화되기 시작한 것이다.

정치적 충돌은 더욱 심각했다. 존슨의 임기 내내 미국은 베트남전쟁 개입으로 인한 막대한 인적·물적 손실이 발생한다. 대대적 반전운동이 대학가를 중심으로 전개되었다. 대표적 사건만 보더라도 텍사스 A&M 대학 학생시위(1966), 오클라호마 주립대 학생시위(1967), 콜롬비아대학의 반전시위(1968) 등이 있다. 그 가운데 정점이라 할 사건이 오하이오주 켄트 주립대학에서 벌어졌다. 1970년 5월 4일 반전시위를 진압하기 위해 학내에 진입한 주 방위군이 학생들에게 총기를 난사한 것이다. 4명이 죽고 9명이 부상당했다.

이 사건은 사회 전체에 큰 충격을 던졌고 베트남전 반대시위가 전국적으로 확산되는 계기를 제공했다. 수많은 대학, 고등학교 심지어 초등학교까지 동조시위가 발생한 것이다. 800여만 명의 학생이 시위에 참여했고 1970년 1학기에만 448개 대학의 캠퍼스가 시위로 물적 피해를 입게 된다. 존슨의 뒤를 이은 공화당 정부 닉슨 대통령은 결국 1973년 베트남으로부터 미군의 전면 철수를 선언한다.

1960년대 전반부의 미국 사회를 뒤흔든 또 다른 지진은 인종차별 철폐운동이었다. 이 흐름을 주도한 두 명의 인물이 마틴 루서 킹 주니어 Martin Luther King Jr.와 맬컴 엑스Malcolm X였다. 마틴 루서 킹은 비폭력 저항운동의 리더였다. 그는 1964년 노벨 평화상을 수상했고 최종적으로 공민권법과 투표권법 성립을 이끌어낸 주역이 된다. 맬컴 X는 미국 흑인 무슬림의 지도자이자 급진적 흑인운동의 상징이었는데, 흑인으로서 자부심과 정체성을 유지하면서 별개 사회를 구성하는 인종적 분리를 주장했다.[8]

광고와 관련되어 주목되는 것은 1960년대 중반을 넘어서면서 점화된 신좌파new left운동이다. 베트남전을 위한 대규모 징집이 실시되면서 시작된 이 운동은 1964년 캘리포니아대학교 버클리 캠퍼스(버클리대)의 언론자유운동에서 모태를 찾을 수 있다. 같은 해 9월 학교 측에 의해 거리 유인물 배포가 금지되고 이를 위반한 학생들에 대한 징계가 이뤄지면서 수업 거부와 항의집회 연좌 농성이 개시된다. 12월이 되자 팝가수 밥 딜런이 캠퍼스 내에서 저항운동을 지원하는 콘서트를 여는데 이것이 또 다른 기폭제가 되었다.

언론자유운동은 처음에는 대학 측의 미국 수정헌법 제1조 위반을 문제삼았다. 하지만 그 밑바닥에는 당대 사회에 대한 젊은이들의 누적된 분노가 들끓고 있었다. 이들은 부모 세대와는 다른 자기들만의 이념과 지향성을 자각했고 고유한 문화 확립을 위한 의식적 시도를 했다. 반체제문화 혹은 대항문화counter-culture라 불리는 문화적 변동의 시작이었다. 이 흐름은 젊은이들의 사고방식, 연애와 결혼관, 가족관계, 소비문화 등에 지대한 영향을 미쳤고 당연히 당대의 광고에도 충격을 주었다.

세상의 급격한 변화가 광고 크리에이티브에도 혁명적 기운을 전달한 것이다.

3. 정치 광고의 본격화

또 하나 빠트릴 수 없는 것은 1960년대부터 정치와 광고가 본격적 관계를 맺었다는 점이다. 현실 정치와 광고가 조우한 사례는 물론 훨씬 위로 거슬러 올라간다. 1918년 알버트 라스커가 공화당 전당대회 홍보를 지휘했다는 이야기는 앞에서 했다. 하지만 그가 정치와 맺은 인연은 사적인 영역이었고, 광고 캠페인 자체가 선거 당락에 큰 영향을 미치지도 못했다.

광고가 실질적으로 선거에 힘을 실은 첫 사례는 1952년이었다. 미국 제34대 대통령 선거에서 사상 최초로 TV를 이용한 정치 광고가 등장한다. 주인공은 제2차 세계대전 영웅이었던 공화당 후보 드와이트 아이젠하워. 아이젠하워 캠프는 로서 리브스를 필두로 당대 최고의 프로페셔널 광고인들을 채용했다. 이때 펼친 선거 캠페인의 제목은 "아이젠하워가 미국에 대답합니다Eisenhower answer America." 아이젠하워 후보가 핵심 이슈에 대하여 유권자들 질문을 받고 그것에 즉답하는 장면을 TV 광고를 통해 있는 그대로 보여준 것이다. 이 전략이 크게 먹혔다.[9]

그러나 가장 유명한 정치 광고는 12년 뒤에 나왔다. 1964년 선거에서 린든 B. 존슨이 공화당의 극우파 후보 배리 골드워터를 꺾고 당선될 시점이다. 이때 존슨 캠프에서 만든 '데이지 걸daisy girl' TV 광고(《그림

161〉)는 광고사와 정치사에 함께 기록될 대성공을 거두었다.

러닝타임 60초짜리 광고다. 화면이 시작되면 대여섯 살 정도 여자아이가 등장한다. 금발에다 콧잔등에는 주근깨가 가득한 귀여운 소녀. 들꽃이 만발한 벌판에서 아이가 데이지 꽃잎을 하나하나 뜯으며 숫자를 센다. 하나, 둘, 셋……아홉까지 센 순간 소녀의 얼굴을 카메라가 클로즈업한다. 그런데 깜짝 놀라 치켜뜬 그 눈동자에 끔찍한 장면이 비친다. 핵폭탄이 터지고 버섯구름이 무시무시하게 솟아오르는 것이다. 그 뒤를 이어 린든 B. 존슨의 신뢰감 넘치는 굵은 목소리가 들려온다.

〈그림 161〉
존슨의 대통령 선거 승리에 결정적 역할을 한 '데이지 걸' TV 광고.

우리 아이들이 평화롭게 살 건지 암흑 속에서 살 건지, 사랑으로 서로를 포옹할 건지 아니면 함께 파멸의 구렁텅이로 빠져버릴 건지……이 모든 것이 이번 선거에 달려있습니다.

공화당 후보 골드워터는 소련에 대한 선제 핵 공격도 가능하다고 외치고 있었다. 위험하기 짝이 없는 그 같은 선동을 정면으로 반박한 것이다. 이 TV 광고는 1964년 9월 7일 NBC 방송에서 딱 한 번 방영되었다. 그러나 효과는 상상을 초월했다. 광고가 나간 다음 날 저녁, 3대 방송사(ABC, CBS, NBC) 모두가 메인 뉴스에서 해당 광고를 편집하지 않은 상태 그대로 보여주었다. 동일한 보도가 다른 언론에서도 거듭 반복되었다. 이 광고 한 방으로 골드워터는 회복 불가의 치명상을 입었다.

커뮤니케이션 학자 다이아몬드와 베이츠는 선거 과정에서 광고 캠페인은 4가지 단계를 거친다고 말한다.[10] 첫 번째는 후보자를 유권자에게 알리는 단계다. 일반적 제품 광고에 적용하자면 상품명을 인식시키는 것이다. 두 번째는 해당 선거에서 쟁점화된 핵심 의제에 대한 주장을 제시하는 단계다. 세 번째는 경쟁 상대 후보를 향한 네거티브 캠페인 등을 실시하여 상대에게 부정적 이미지를 야기하거나 한걸음 더 나아가 직접적으로 공격하는 단계다. 마지막은, 국가의 미래를 여는 참다운 비전과 정책을 보유한 사람이 자신임을 각인시키는 단계다. 1964년 선거에서 존슨 캠프가 펼친 TV 광고는 위의 단계 가운데 세 번째와 네 번째 목표를 직격했다고 평가된다. 이를 통해 실제로 선거 승리에 막대한 기여를 했다.

21장

세상을 뒤흔든 3명의 광고 천재

1960년대는 현대 광고의 크리스마스로 불린다. 광고의 구세주가 태어났다는 뜻이다. 그런데 그 구세주는 하나가 아니라 세 명이다. 레오 버넷, 윌리엄 번벅, 데이비드 오길비가 그들이다. 이들은 모두 당대 광고계의 아웃사이더였다. 버넷은 광고산업 변방이었던 시카고 출신. 번벅은 소수민족인 유대인 출신. 그리고 오길비는 영국에서 태어나 성인기까지 살았기 때문이다. 그런데 이들이 크리에이티브 혁명을 폭발시킨 주인공이 되었다. 세 사람을 이해하는 것이 1960년대 광고의 핵심을 이해하는 지름길인 까닭이 여기에 있다.

윌리엄 번벅과 데이비드 오길비는 1911년생 동갑 나이다. 자기 회사 설립도 번벅이 1949년이었고 오길비는 1948년이니 비슷하다. 반면에 레오 버넷은 십몇 년이나 빠른 1935년에 회사 문을 열었다. 1891년생으로, 심지어 오길비가 스승으로 모셨던 레이먼드 루비컴보다 한 살이 더 많다. 모든 면에서 광고계 대선배였다.

하지만 광고 역사에서 세 사람은 함께 묶여 설명되는 경우가 많다. 전 시대를 풍미한 하드 셀과는 완전히 차별화된 소프트 셀을 통해 비슷한 시대에 전성기를 누렸기 때문이다. 버넷, 번벅, 오길비는 보통 이미지 유파라는 이름으로 통괄된다. 하지만 세부적 특징에서는 차이가 뚜렷하다. 이에 따라 레오 버넷은 시카고 유파Chicago school, 윌리엄 번벅은 비지빌리티 유파Visibility school,[11] 데이비드 오길비는 브랜드 이미지 유파Brand Image school의 창시자로 불린다.

1. 불꽃 같은 열정의 광고인, 레오 버넷

1 _ 버넷의 생애

뉴욕 맨해튼의 매디슨 애비뉴는 예나 지금이나 세계 광고산업의 심장이다. 1960년대가 시작될 무렵 미국 전체 광고비의 절반이 이곳을 통해 집행되었다. 애비뉴의 200번지에서 650번지까지에는 세계적 명성을 자랑하는 거대 다국적 대행사 본사들이 촘촘히 운집해 있다. JWT, 영 앤 루비컴, 매캔 에릭슨, 오길비 앤 매더, DDB 같은 회사 말이다.

하지만 이들 회사 못지않은 광고회사 한 곳은 뉴욕이 아닌 시카고에 자리 잡고 있다. 설립 후 단 한 번도 그곳을 떠나지 않고 위용을 떨친 레오 버넷사다. 이 광고회사는 설립자 레오 버넷Leo Burnett(《그림 162》)[12]의 이름을 그대로 따와서 작명되었다. 그리고 인수합병이 빈번한 광고계 흐름과 상관없이 90여 년이 지난 지금도 이름을 그대로 유지하고 있다.

레오 버넷은 1891년 10월 21일 미시간주 세인트존스에서 태어났다. 아버지는 아들의 이름을 원래 조지George라고 지었다. 그런데 워낙 악필이었다. 그가 쓴 'Geo'라는 철자를 출생증명 사무소 직원이 'Leo'로 잘못 읽어서 이름을 그렇게 등록했다 한다.[13] 버넷의 아버지는 포목점을 운영했는데 광고나 판촉으로 자기 가게를 알리는 일에 열심이었다. 어린 레오는 일찍부터 집안일을 도왔다. 배달 트럭에 가게 이름을 써넣는다든지 전단지를 배포했다. 이 과정에서 영업 테크닉, 판촉물 만드는 기법 등을 자연히 익히게 된다.

그의 아버지는 집의 식탁 위에 종이를 펼쳐놓고 가게 광고를 레이아웃하곤 했는데, 버넷은 그 모습을 이렇게 회고한다. "아버지는 커다란 포장지와…… 큰 검정연필, 자를 사용하셨어요."[14] 레오 버넷은 평생 동안 검은색의 큼직한 알파 245 연필에 집착했고 심지어 그것을 레오 버넷사의 아이덴티티로 채택했다. 아버지에 대한 애틋한 그리움 때문이었다.

어릴 적 꿈은 신문기자였다. 그래서 중·고등학교 시절 신문사에서 아르바이트를 했다. 1910년 미시간대학에 저널리즘 전공으로 입학한 후

〈그림 162〉
시카고 유파를 창안한 열정의 인물
레오 버넷.

에는 자기 손으로 학비를 벌었다. 그는 지식인 독자들이 많았던 《뉴욕월드New York World》 신문을 정독하면서 자기만의 글쓰기를 공부했고 해당 신문에 글을 기고하기도 했다.

졸업 후에는 미시간대학에서 발행하는 부정기간행물 《미시간 울버린Michigan Wolverine》 편집장으로 일하다가, 1914년 친구 소개로 일리노이의 작은 지역 신문에서 기자생활을 시작한다. 주로 인근에서 일어난 잡다한 범죄에 대한 기사를 썼다. 그러다가 1915년 스승 스콧 교수의 추천으로 디트로이트의 캐딜락 자동차 회사에 입사해서 사보 편집을 맡게 된다. 이때 카피라이팅에 관심이 커져서 광고팀으로 자리를 옮기는데, 여기서 스승 시어도어 맥마누스와 운명적으로 만난다.

제1차 세계대전 때는 해군에 입대했지만 공병대 근무로 배는 타지 않았다. 전쟁이 끝난 후 버넷은 캐딜락 출신들이 새로 창립한 고급 자동차회사 라파예트에 복직한다. 그는 1921년 생애 첫 광고회사 호머 맥키Homer McKee에 크리에이티브 디렉터로 입사하여 30대를 보낸다. 1930년이 되면 어윈 웨이시Erwin Wasey로 자리를 옮기는데 그곳에서는 크리에이티브 담당 부사장을 맡았다.[15]

드디어 자기 이름을 딴 레오 버넷사를 설립한 것은 1935년 8월이었다. 집을 팔고 보험회사에서 돈을 빌려 마련한 자본금은 1만 2,000달러. 직원 구성에서 AE는 없고 제작팀원만 8명이었다. 초기 광고주는 후버, 리얼 실크, 훗날 그린 자이언트Green Giant로 널리 알려진 미네소타 밸리 캐닝뿐이었다.[16] 거대 광고회사들도 휘청대던 대공황의 한복판이었으니, 그런 시점에 창업을 한 것은 대단한 모험이었다.

버넷은 설립 초기 회사 로비에 내방객을 대접하기 위해 빨간색 사과

Leo Burnett apples를 그릇에 담아 내놓았다. 이런 모습을 조롱하며 한 신문 칼럼니스트가 다음과 같은 악담을 퍼부었다. "레오 버넷은 이렇게 사과를 나눠주는 대신 조만간 길거리 모퉁이에서 사과를 팔게 될 거다."[17] 하지만 그런 날은 오지 않았다. 이때 들은 조롱이 오히려 평생 버넷의 투지를 불태우는 자극제가 되었기 때문이다. 레오 버넷 시카고 본사는 물론 세계 각국의 지사 접견실에는 지금도 변함없이 빨간색 사과가 담긴 광주리가 놓여있다.

어쨌든 현실은 냉담했다. 회사 문을 열고 2년 동안 단 한 건의 신규 광고 수주도 없었다. 1938년 말이 되자 비로소 숨통이 트인다. 규모가 제법 큰 광고주들과 대행계약을 맺었기 때문이다. 퓨어 오일 컴퍼니, 스탠더드 밀링 컴퍼니, 브라운 구두회사 등이 그것인데, 특히 브라운 구두회사는 이후 35년간 인연을 이어가게 된다. 회사 발전에 분수령이 된 것은 1939년의 경쟁 프리젠테이션 승리였다. 매디슨 애비뉴의 톱클래스 광고회사를 포함한 28개 경쟁사를 꺾고 연간 200만 달러를 집행하는 대형 광고주 미국식용육협회American Meat Institute를 영입하게 된 것이다.

레오 버넷의 회사는 윌리엄 번벅의 DDB, 데이비드 오길비의 오길비 앤 매더보다 먼저 대형 광고회사 대열에 진입하였다.[18] 하지만 이들 세 회사는 서로 앞서거니 뒤서거니 하면서 1960년대 광고혁명의 주역이 된다. 버넷과 번벅, 오길비는 하나같이 천재적 카피라이터였다. 그렇지만 각자의 개성은 크게 달랐다. 특히 버넷이 그랬다. 태어난 곳과 설립한 회사 모두가 광고산업의 메카 뉴욕이 아니라 일리노이, 디트로이트, 시카고 등 미국의 중서부에 위치했다. 버넷의 작품 세계가 유대인 혈통(번벅), 영국 출신(오길비)의 두 사람과는 달리 미국적 정서에 뿌

리박은 독특한 톤 앤 매너를 보이는 이유가 그 때문이다.[19]

레오 버넷은 광고 역사상 가장 열정이 뜨거웠던 인물로 손꼽힌다. 또한 자타공인의 일중독자였다. 잠자는 시간을 빼고는 늘 광고만 생각했다. 항상 무뚝뚝했고 어찌 보면 수줍음을 타는 것같이도 보였다. 하지만 일단 광고 이야기만 나오면 사람이 완전히 달라졌다. 신념에 가득 찬 단호하고 격정적인 인물로 변신한 것이다. 연설을 할 때도 독특했다. 주로 고개를 숙인 채 손짓도 별로 없이 차분하게 말문을 열었다. 그러나 일단 발언이 시작되면 어디서 나온 건지 알 수 없는 기이한 카리스마로 좌중을 휘어잡았다.

그에 얽힌 에피소드는 매우 많다. 광고에 대해 고민할 때는 모든 일을 새카맣게 잊었다. 새로운 광고 시안 아이디어 때문에 혼이 쏙 빠진 버넷은 어느 날 시카고 역에서 기차를 내렸다. 그리고 택시를 잡은 다음 기사에게 이렇게 말했다. "15층으로 갑시다!" 그가 말한 15층은 웨스트웨커 35번가에 있는 50층짜리 레오 버넷 본사 건물, 즉 버넷의 개인 사무실을 말한 것이었다.

버넷이 켈로그사를 위해 플로리다에서 개최된 신규 마케팅 컨퍼런스에 참석했을 때 일이다. 그는 당뇨를 앓고 있었는데, 광고주 앞에서 직접 프리젠테이션을 진행하던 중 갑자기 저혈당이 덮쳤다. 가물가물 의식을 잃고 쓰러지면서 버넷은 (혈당치를 높이기 위해) "여보게 캔디 바……"라고 힘없이 말했다. 옆에 있던 부하 직원이 호텔 로비에 있는 캔디 바 자판기로 달려갔다. 그런데 그 와중에도 버넷은 이렇게 말했다고 한다. "캔디 바는 네슬레 걸로!"[20] 네슬레 브랜드는 레오 버넷사가 오랫동안 대행 중이던 광고주였다. 이처럼 한결같은 충성심과 의리에

반하지 않을 광고주가 어디 있겠는가. 켈로그는 레오 버넷사를 새로운 광고대행사로 선택하게 된다.

그는 1961년 윌리엄 번벅, 데이비드 오길비와 함께 '카피라이터 명예의 전당'에 최초로 헌액되었다. 그리고 1972년에는 '광고 명예의 전당', 1993년에는 '아트 디렉터스 클럽 명예의 전당'에 추존되었다. 이 불굴의 남자는 생의 마지막 순간까지 현역에서 일했다. 1971년이 되자 이제 일 주일에 사흘 정도만 출근하겠다고 주위에 선언했다. 그리고 그 해 6월 1일, 결혼 후 53년 동안 한 번도 곁을 떠나지 않은 아내 나오미 버넷과 일리노이 레이크 취리히의 가족농장에서 저녁 식사를 하던 중 치명적 심장발작이 닥쳐왔다. 향년 79세였다.[21]

2_버넷의 창조철학

〈그림 163〉
아트 디렉터 잭 오키프가 제안한
일명 레오 버넷의 별.

레오 버넷사는 여러모로 독특한 광고회사다. 시류에 흔들리지 않고 꿋꿋한 자기 철학을 견지한다. 창사 아래 지속적으로 사용 중인 회사 심볼 마크만 봐도 그렇다(〈그림 163〉). 이 비주얼은 아트 디렉터 잭 오키프가 회사 설립 직후 버넷에게 제안했다. 로마시대 시인 베르길리우스가 서사시 〈아이네이드〉에서 읊은 "인간은 별을 측량한다"에서 영감을 얻었다고 한다.

버넷이 69세 되던 해 그의 연설, 논문, 메모와 수필을 모아서 발간한 책이 《커뮤니케이션스 오브 언 애드버타이징 맨Communications of an Advertising Man》이다. 그 맨 앞 페이지에도 다음의 문장과 함께 이 심볼 마크가 나와 있다.[22] "하늘의 별을 잡기 위해 손을 뻗으십시오. 어쩌면 단 한 개의 별도 잡지 못할 수 있겠지요. 하지만 땅의 진흙을 움켜잡는 일도 없을 겁니다When you reach for the stars you may not quite get one, but you won't come up with a handful of mud either."[23] 이것이 버넷의 신념을 상징하는 저 유명한 '레오 버넷의 별'이다.

그의 크리에이티브 철학은 두 가지로 요약된다. 내재적 드라마 Inherent Drama와 커먼 터치Common touch다. 이 두 가지 명제야말로 레오 버넷이 창시하고 발전시킨 시카고 유파의 핵심 코드다.

먼저 내재적 드라마다. 이는 쉽게 말해 "광고할 제품 자체에 숨어있는 독특한 극적 요소"를 말한다. 버넷은 해당 개념을 다음과 같이 설명한다. "우리 회사의 기본 콘셉트 중 하나는, 모든 제품에는 우리가 '내재적 드라마'라고 부르는 무엇이 있다는 거지요. 그러니 우리가 해야 할 첫 번째 일은 설득력 없는 결부나 억지로 꾸미는 방식이 아니라 그 내재적 드라마를 들고파서 그것을 제대로 활용하는 겁니다."[24]

이는 한마디로 광고의 핵심 아이디어는 제품 자체에 숨어있다는 관점이다. 버넷은 제대로 발견한 내재적 드라마는 천박한 유머로 목표 고객을 현혹하지 않으면서도 가장 자연스럽게 주목을 끌어내는 무기라고 강조한다. 광고 창작에 실마리를 제공하는 본연의 스토리인 내재적 드라마는 물리적·심리적 양 측면에서 모두 찾을 수 있다. 하지만 어떤 접근을 하든지 소비자 마음에 쉽게 스며들 수 있도록 친근한 카피와 상징적 비주얼을 사용하는 것이 중요하다.

레오 버넷이 내재적 드라마를 최초로 작품화한 것은 1945년이었다. 미국식용육협회의 의뢰를 받아 만든 '레드 온 레드Red on Red' 캠페인이 그것이다(〈그림 164〉). 여기서 버넷은 쇠고기가 지닌 본연의 핵심 편익을 찾아낸 다음, 이를 구체화하기 위해 그때까지 아무도 시도하지 않았던 새로운 도전을 하게 된다. 빨간색 배경 위에 더욱 빨갛게 표현된 두꺼운 쇠고기 속살을 적나라하고 대담하게 보여준 것이다. 이것이 바로 '쇠고기의 내재적 드라마'였다.

버넷은 데니스 히긴스와 인터뷰에서 뉴욕의 하이 윌리엄스 스튜디오에서 광고를 촬영하던 순간을 이렇게 회상한다.

나는 뉴욕의 하이 윌리엄스 스튜디오에 있었어요. 붉은 살코기의 배경을 역시 붉게 했을 때 어떻게 보일지 궁금했지요. 잘 보일까, 아니면 배경 때문에 제품이 죽어버릴까.……새벽 다섯 시가 넘었지만 우리는 살코기를 온갖 방법으로 다 다루어봤어요. 다른 장소에 갖다 놓아도 보고 요리법을 바꿔보기도 하고.……마침내 고기를 둥글게 한 조각 떼어서 토막 낸 후 그걸 커다란 붉은 종이 위에 놓았어요. 하이 Hi가 촬영을 했죠. 고기를 붉은 배경에 두고 찍는 방법을 썼습니다. 그 일을 수없이 반복했어요. 얼마 후 인쇄가 되어 나왔습니다. 놀라운 일이었어요. 너무나 선명했으니까요. 식용육협회 사람들은 저희에게 기립박수를 쳤습니다. 가게마다 광고에 나간 그 고기를 달라고 사람들이 줄을 섰고 말이지요. 글쎄요, 이런 게 바로 내재된 드라마가 아닐까요.[25]

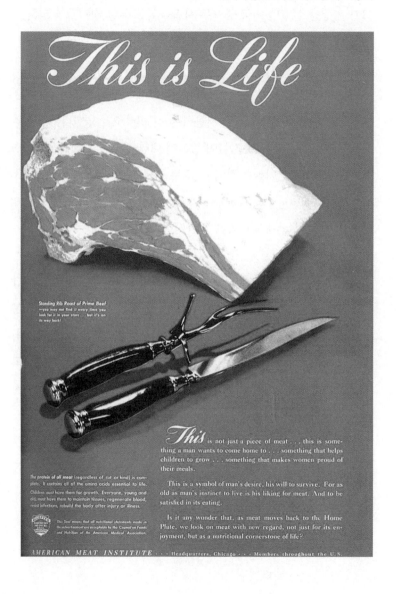

두 번째 명제인 커먼 터치는 무엇인가. 이 개념을 굳이 번역하자면 '일반적 솜씨', '평범한 터치'가 된다. 하지만 아무리 한국말로 바꿔도 그가 평생을 살았던 미국 중서부 사람들의 고유한 정서를 상징하는 단어의 미묘한 어감이 제대로 살아나지 않는다. 원어 그대로 표현하는 것이 차라리 낫다.[26]

버넷은 커먼 터치를 "광고 크리에이티브에서 날카로운 표현보다는 솔직하고 다정스러운 묘사를 사용하는 것"이라고 설명한다. 이 같은 시도를 통해 메시지 수용자들이 광고에 대한 정감과 신뢰감을 느끼도록 하는 것이 관건이라는 것이다. 그는 《커뮤니케이션 오브 언 애드버타이징 맨Communications of an Advertising Man》에 실린 '버넷 광고의 새로운 정의'란 글에서 이렇게 말한다.

사람들이 가끔 우리에게 묻습니다. "당신의 테크닉은 뭐냐?"고. 답은 이렇지요. 그런 건 없습니다. 우리는 광고가 안고 있는 가장 큰 문제는 광고가 너무 많은 '테크닉'에 의지하고 있다는 거라 생각합니다. 다른 식으로 말하자면, 우리 의견으로는, 가치 있는 지면을 차지하고 값비싼 전파를 사용하는 수많은 광고가 과하게 인위적으로 만들어지고 있다는 겁니다.[27]

탁월한 광고작품은 과도한 인위적 기교가 아니라 제품이 지닌 독특한 편익을 소박하고 흥미진진하게 표현할 때 탄생한다는 것이다. 버넷이 "우리는 광고를 날카로운 표현보다는 솔직하게 묘사하려 합니다. 그리고 다정스럽게 만들려고 합니다"라고 강조한 까닭이 그 때문이다.

레오 버넷사가 만드는 광고는 커먼 터치를 실현하기 위해 두 가지 가이드라인을 준수했다. 첫째는 활자체와 심볼을 보통 사람들에게 익숙하고 편안한 것으로 선택했다. 둘째는 당대 문화를 배경으로 소비자 욕구나 믿음을 자연스럽게 제품과 연결할 목적으로 역사적 소재나 민담에서 소재를 자주 채택했다는 점이다.

특히 졸리 그린 자이언트 통조림 캠페인은 미국 민담에 나오는 거인 폴 번연Paul Bunyan 스토리를 빌려온 것으로 유명하다(《그림 165》). 광고에 등장한 초록색 거인이 얼마나 인기를 끌었던지 광고주인 미네소타

〈그림 165〉
거인 폴 번연 스토리를 빌린 그린 자이언트 통조림 광고. 커먼 터치의 대표 사례다.

밸리 통조림회사는 회사 이름을 아예 그린 자이언트 컴퍼니로 바꿨다. 사람들 심리 속에 내재된 집단 무의식적 원형을 활용하는 이 같은 접근 이야말로 레오 버넷을 당대의 다른 광고회사와 구별 짓는 가장 뚜렷한 특징이었다.

버넷이 주관하는 회사 내 크리에이티브 리뷰 보드에서는 늘 격렬한 충돌이 일어났다. 그는 불퇴전의 의지로 자신의 의사를 관철하는 독재자였다. 실력파 카피라이터이자 베스트셀러 작가였던 존 매튜스는 레오 버넷이 자기 아이디어에 가혹한 칼질을 하자, 보스가 보는 앞에서 밤새워 만든 시안 12종류를 그냥 휴지통에 처박아버렸다. 앤디 암스트롱은 회사를 대표하는 아트 디렉터이자 1955년 시작된 말보로 담배 캠페인의 첫 번째 모델로 직접 출연한 사람이다. 그 역시 밤새워 만든 시안을 버넷이 깡그리 무시한 채 자기 아이디어만을 고집하자 분노를 폭발시켰다. 다만 표출 방식이 매튜스와 달랐다. 한참 동안 침묵 속에 버넷을 노려보다가 그냥 회사를 나가버렸기 때문이다. 그러고는 기차표를 끊어 고향인 캘리포니아로 돌아갔다. 얼마 안 가 버넷의 설득을 받아들여 다시 회사로 복귀하기는 했지만.

버넷은 리뷰 보드에서 휘하 크리에이터들의 아이디어가 마음에 안 들면 자기도 모르게 아랫입술을 쑥 내미는 습관이 있었다. 입술이 이렇게 튀어나오기 시작하면 회의 분위기가 싸늘해졌다. 부하들은 농반진반으로 '입술돌출지수LPI(Leap Protrusion Index)'라는 기상천외한 기준을 만들었다. 제시된 시안에 대하여 버넷이 얼마나 자주 아랫입술을 내미느냐를 백분율로 표시한 거였다. 만약에 LPI가 50퍼센트를 상회할 경우, 즉 아이디어 열 개 중 다섯을 넘어서면 밤새 야근을 해야 한다는 뜻이었다.

하지만 일을 벗어난 자리에서는 부하들에게 아버지처럼 애정을 쏟는 사람이었다. 회사를 가족이라는 가치 아래 이끌어나갔고 직원 해고를 싫어했다. 광고회사 레오 버넷은 창설자 이름을 그대로 옮긴 회사명도 그렇지만 설립 이래 버넷의 광고철학을 변함없이 지키는 열성으로 유명하다. 조직문화에 대한 애착심이 그만큼 강한 것이다. 이러한 모습에는 레오 버넷이 평생 동안 보여준 열정과 인간미가 중요한 역할을 했다.

버넷은 프리미엄 소구, 섹스 소구, 속임수, 교묘한 술책적 기법을 거부했다. 그 대신 제품이 지닌 독특한 개성을 찾아낸 다음 그것을 인간적이고 유머러스한 이미지로 구축하는 접근을 좋아했다. 광고의 독창성을 높이 평가했지만, 그것은 어디까지나 제품에서 출발하여 소비자의 공감을 불러일으키는 독창성이라야 했다. 이러한 믿음을 그는 다음과 같이 표현했다.

> 남과 다르다는 사실만을 부각시키기 위해 새로운 것을 찾아내는 데
> 몰두한다면, 차라리 아침마다 양말을 입에 물고 회사로 나가는 게 낫
> 지 않겠는가?

광고 크리에이티브에는 절대 족쇄를 물리면 안 된다는 것이 그의 생각이었다. 마케팅 조사가 사실을 과장하는 케이스가 적지 않다 믿었기 때문이다. 1949년부터 프록터 앤 갬블 대행을 맡으면서 변화를 보이기는 했다. 이 세계 최대의 소비재 생산 기업은 18가지 브랜드를 생산하고 판매하면서 한 해 6억 9,000만 달러 매출을 올리고 있었는데, 과학

적 조사 없이는 절대 광고 예산을 집행하지 않는 원칙이 있었다. 레오 버넷사의 광고가 조사 결과와 독창성의 결합을 추구하는 방향으로 부분적으로 선회한 것이 그 때문이었다. 그럼에도 불구하고 광고 조사의 실제적 가치에 대한 버넷의 입장은 여전히 완고했다. 회사 내에 존 코울슨이 책임자인 조사 부서가 있기는 했다. 하지만 그곳에서 만들어 올리는 보고서에 대해 종종 "코울슨의 멍청이들이 발견한 것"이라고 놀릴 정도였으니 말이다.

3_수많은 대표작들

버넷은 광고사를 뒤흔든 명 캠페인을 숱하게 만들어내었다. 먼저 살펴볼 것은 광고회사 레오 버넷을 동물 전문 대행사라는 우스개로 불리게 만든 캠페인이다. 불세출의 브랜드 아이콘이라 불리는 켈로그 토니 Kelog Toni 광고가 그것이다.

버넷은 1951년 켈로그를 위한 새로운 프리젠테이션에서 시리얼에 우유를 부어 맛있게 먹는 아이들이 그려진 포장을 제안한다. 그리고 박스 패키지에 만화풍의 호랑이를 그린 다음 토니라는 이름을 붙였다. 파란 코를 가진 이 호랑이는 TV 광고에서 스카프를 두르고 두 발로 걸었다. 그리고 시리얼을 먹고 난 후 "좋았어!They' Grrreat!"라고 외쳤다. 이 외침이 어린이들 사이에 대유행을 하게 된다.[28] 〈그림 166〉에 초기의 토니(왼쪽)와 현재의 모습(오른쪽)이 나란히 나와 있다.

이후 수십 년 동안 광고 속 토니 호랑이는 악당과 대결하는 액션을 보여주거나 다양한 스포츠 경기를 배경으로 활약을 했다. 예를 들어 1984년에는 '말타기 경주 편'에 출연했고 10년이 지난 1994년에는 '축구 편'에 등장했다. 광고에서 토니는 주로 운동을 하다가 덩치 큰 친구들한테 놀림감이 되는 아이에게 힘을 주는 캐릭터로 나온다. 켈로그 시리얼을 우유와 함께 먹으면 에너지가 잔뜩 솟아난다는 것이다. 토니 호랑이 캠페인은 단순히 시리얼 제품 판매 수단을 넘어 시대를 풍미하는 상징으로 위력을 떨치게 된다.[29]

'필스베리 도우 보이Pillsbury Doughboy'도 빼놓을 수 없다. 광고를 넘어 대중문화에 큰 영향을 미친 캐릭터이기 때문이다(〈그림 167〉).[30] 원래 이름이 포핀 후레쉬인 이 마스코트는 1965년 광고에 처음 등장했다. 그

〈그림 166〉
토니 호랑이의 진화. 왼쪽은 1951년에 나온 최초의 토니이고 오른쪽은 현재의 모습이다.

〈그림 167〉
밀가루 반죽 소년 '필스베리 도우 보이'.

리고 필스베리사를 대표하는 상징으로 오늘날까지도 활약하게 된다.[31]

카피라이터 루돌프 페르즈가 처음 아이디어를 낸 도우 보이는 클레이메이션claymation으로 TV 광고에 처음 등장했다. "포핀 후레쉬 도우[32]에게 인사하세요Say Hello to Poppin' Fresh Dough"라는 캐치프레이즈와 함께 필스베리 밀가루 반죽에서 '도우 보이'가 톡 튀어나오는 장면이었다. 냉장고에 보관하다가 빵이나 비스킷, 쿠키 등을 만드는 밀가루 반죽이 살아 움직이다니! 그야말로 신선한 발상이었다. 광고가 전국적 인기를 끌자 비닐과 플라스틱으로 판촉용 도우 보이 인형이 만들어졌다. 도우 보이의 여자 친구가 등장했고 1974년에는 할머니와 할아버지 인형까지 나와서 희귀 수집품목이 되기도 했다.

이상의 광고들이 큰 인기를 누렸지만, 명실공히 레오 버넷을 대표하는 걸작은 역시 말보로 담배 캠페인이다. 필립 모리스의 말보로는 1920년대 미국 최초의 필터 담배로 출시되었다. 이후 "5월처럼 부드럽다 Mild as May"라는 슬로건을 통해 여성 흡연자를 타깃으로 하는 캠페인을 진행한다. 맛이 부드러운 여성용 담배로 소비자들 마음속에 각인되었지만 판매량은 지지부진했다. 밋밋한 슬로건에 개성이 없는 표현 때문이었다.

1954년이 되자 필립 모리스는 새로운 각오로 판매 전략을 펼친다. 담뱃갑이 우그러지지 않고 뚜껑이 잘 열리는 신제품 곽 담배flip top box 를 세계 최초로 개발한 다음 광고대행사를 레오 버넷으로 교체했다. 새롭게 소비자 조사를 해보니 말보로가 그때까지 구축한 여성적 이미지는 더 이상 판매에 도움이 안 된다는 결론이 나왔다. 핵심 목표 고객을 완전히 바꾼 새로운 캠페인이 필요해진 것이다.

신제품 말보로의 타깃은 담배를 많이 피우는 육체노동자였다. 시카고의 이 광고회사는 장기를 발휘한다. 제품 특성과 목표 고객 이미지를 절묘하게 결합한 말보로만의 내재적 드라마를 찾아낸 것이다. 전설의 카우보이 '말보로 맨'의 탄생이었다. 〈그림 168〉이 1955년 1월 게재된 첫 번째 광고다.

캠페인이 시작되자마자 말보로는 기존 이미지를 신속하게 탈피하기 시작한다. 카우보이 캐릭터는 목표 고객인 헤비스모커들에게 남성미, 원초적 이미지, 자연에 대한 향수를 불러일으켰다. 오른쪽 손등에 독특한 문신을 새긴 거칠고 과묵한 사나이. 현대 광고 역사상 가장 강력한 캐릭터가 등장한 것이다.

버넷은 자신이 창조한 이 캐릭터를 말안장 위에 올라탄 "남자 중의 남자"라고 대중들 앞에 소개했다. 말보로 캠페인은 카우보이로 구체화된 내재적 드라마의 뼈대에, 소비자 공감을 불러일으키는 인간적이고 소박한 커먼 터치를 결합한 결과물이다. 광고가 나간 첫 달부터 말보로는 뉴욕 지역 담배 매출액 1위를 차지했다. 그리고 1년이 지나자 미국에서 네 번째로 많이 팔리는 단일 담배 브랜드로 솟아오른다.

말보로 카우보이 캠페인은 21세기에 접어들면서 주요 국가의 매스미디어에서 담배 광고가 금지되기 전까지 상황 설정, 모델 이미지 등이 바뀌지 않고 단일한 작품 톤과 매너로 집행된 세계 최장수 캠페인의 기록을 남겼다. 이를 통해 단순한 담배 브랜드를 넘어 미국을 대표하는 하나의 문화적 상징으로까지 자리 잡게 된다.

<그림 168>
전설적 캠페인의 첫 발걸음, 말보로 담배 런칭 광고.

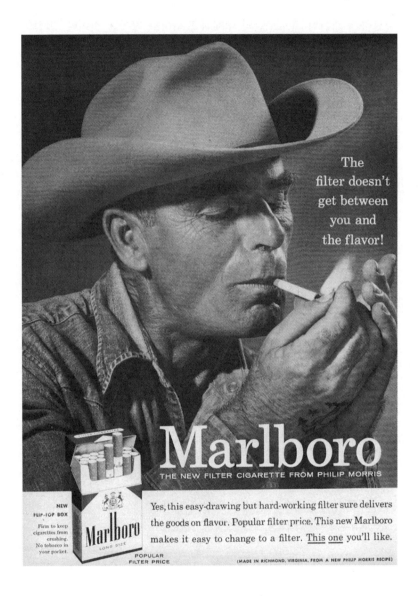

2. 광고의 피카소, 윌리엄 번벅

1_번벅의 생애

1982년 윌리엄 번벅William Bernbach이 세상을 떠나자 잡지 《하퍼스》는 "지난 133년간 《하퍼스》 지면에 등장한 작가와 아티스트 가운데 그 누구보다 미국 문화에 위대한 충격파를 던진 인물"이라고 애도했다. 이 사람은 네드 도일(AE), 맥스웰 데인(관리/재무)과 함께 창설한 크리에이티브 지향 광고회사 DDB(Doyle Dane Bernbach)를 통해 1960년대 창조 혁명을 선두에서 이끌어나간 광고인이다. 특히 1950년대를 휩쓸던 공격적 하드 셀 잔재를 일신하고 세계 광고의 물줄기를 창조적 소프트 셀 흐름으로 이끈 인물로 기억되어야 한다(《그림 169》).[33]

윌리엄 번벅은 1911년 8월 13일 뉴욕 브롱크스에서 유대계 혈통의 부모에게서 태어났다. 음악, 경영관리, 철학의 3가지 전공으로 뉴욕대학을 졸업한다. 첫 직업은 1933년에 시작한 스켄리 디스틸러스사의 우편 배달 부서 사환이었는데, 고작 주급 16달러의 박봉이었다.[34] 경제대공황의 한복판이었기에 제대로 된 직장 잡기가 어려웠던 것이

〈그림 169〉
1960년대 광고 크리에이티브 혁명의
최선두에 섰던 윌리엄 번벅.

다. 그러다가 우연한 기회에 스켄리 아메리칸 크림위스키 광고의 카피를 쓰게 된다. 이것이 사장 루이스 로젠스틸의 눈에 들어 광고 부서로 이동한다. 1939년에는 뉴욕세계박람회 문헌 파트로 자리를 옮겨 《브리태니커 대백과사전》에 게재될 박람회의 역사를 썼다. 동시에 박람회 총재인 그로버 휠런의 연설문을 대필하면서 실력을 쌓았다.

번벅은 1939년 광고회사 와인트럽William H. Weintraub 카피라이터로 광고계에 정식 입문한다. 제2차 세계대전 복무 후에는 그레이Grey로 회사를 옮겨 카피팀장, 크리에이티브 담당 부사장을 역임했다. 그리고 마침내 1949년 6월 전설의 광고회사 DDB를 설립하게 된다. 총취급고 50만 달러로 시작한 이 회사는 출범 시 직원 13명 전부가 유대인 혈통이었고 초기 광고주 또한 모두 유대계였다.

윌리엄 번벅은 몇 줄 묘사의 틀에 가두기 힘들 만큼 비범한 인물이었다. 우선 역사상 몇 손가락 안에 꼽히는 위대한 카피라이터이자 크리에이티브 디렉터였다. 자유방임적 경영을 통해 직원들이 지닌 특출한 개성을 발견하고 그것이 극대화될 수 있도록 이끈 탁월한 교육자이기도 했다.[35] 밥 게이지, 헬무트 크론, 조지 로이스, 줄리안 케이닉, 버트 슈타인하우저, 필리스 로빈슨, 빌 토빈, 폴라 그린, 로이 그레이스, 렌 시로비츠, 찰리 모스, 폴 모갈리스, 메리 웰스 로렌스 등 기라성 같은 크리에이터들이 그의 밑에서 DDB 전성기를 함께 보낸 사람들이다. 이들은 하나같이 1960년대를 뒤흔든 크리에이티브 혁명의 투사가 되었다.

번벅은 점잖은 표정과 부드러운 말투에 균형감각이 잡힌 성품이었다. 하지만 그러한 외모 아래 단단한 자신감이 불타는 외유내강형이었다. 번벅에게 광고를 배웠고, 훗날 '아이 러브 뉴욕' 캠페인으로 일세를 풍미한 메리 웰스 로렌스는 그의 강력한 내적 카리스마를 주목한다.

수줍은 듯 용의주도한 미소와 선한 눈매, 핼쑥한 피부에 부드러운 어깨의 소유자였다.⋯⋯하지만 번벅 내면의 인물은 주변 사람들로 하여금 스스로를 낮추게 하고 왠지 거리를 두게 만든다. 무엇인가 그의 안에는 폭발적인 것이 있어서 사람을 동요시키기도 하고⋯⋯번벅의 전성기에는 많은 사람이 그를 두려워했다.

윌리엄 번벅은 직원을 채용할 때 학력 등의 조건을 염두에 두지 않았다. 그 대신 지원자의 열정과 발전 가능성을 중시했다. 사람을 뽑을 때는 여러 달에 걸쳐서 꼼꼼히 면접을 봤지만 일단 채용한 후에는 좀처럼 해고를 하지 않았다. 레오 버넷과 닮은 점이다.

그는 매디슨 애비뉴의 선발주자들과 완전히 다른 방식으로 회사를 이끌었다. DDB에서는 자율을 바탕으로 격렬한 토론이 일상적으로 일어났다. 이 과정을 통해 시대를 대표하는 명작 캠페인들이 태어났다. 번벅의 광고는 기존 광고와 크게 달랐다. 대중이 일상적으로 사용하는 솔직담백한 카피를 독창적 비주얼과 결합한 다음 돌발적 임팩트를 던지는 것이 그의 주특기였다. 이렇게 아트와 카피의 입체적 결합을 통해 1(카피)+1(비주얼)=2의 산술적 계산이 아니라 1+1=∞(무한대)의 시너지 효과를 불러오는 것이 그의 목표였다. 이 창조 원칙은 "아트와 비주얼의 행복한 결혼"[36]이란 명제로 후대에 지대한 영향을 미치게 된다.

그 같은 창조철학을 견고히 한 것은 와인트럽에서 만난 폴 랜드Paul Rand의 영향이 컸다(《그림 170》). 원래 이름이 페레츠 로젠바움인 이 아트 디렉터는 폴란드에서 브루클린으로 이민 온 유대계 부모에게서 태어났다. 성장 배경이나 성향에서 서로 공통점이 많았음을 알 수 있다. 번벅보다 세 살 어린 그는 훗날 IBM, CBS 방송, ABC 방송, UPS 등의 로고를 디자인하는 등 세계적 명성을 떨친다. 광고디자인, 기업 아이덴티티, 타이포그래피 등 핵심 디자인 분야에서 유럽과 미국의 감성을 결합한 이른바 스위스 스타일 그래픽의 창시자가 된 것이다.

그렇지만 번벅과 처음 만난 시점에 그는 아직 무명이었다. 두 사람은 에어윅Airwick 광고 등을 함께 만들면서 취향이 비슷하다는 걸 금방 확인한다. 그래서 점심시간이 되면 밥을 먹은 후 근처 미술전시회를 돌아다니면서 서로 생각을 많이 나누었다. 이들이 함께 일하면서 경험한 카피와 비주얼의 시너지 방식은 훗날 DDB 창설 후 정착된 특유의 광고 제작 시스템에 중요한 모티브를 제공했다.

그레이사에서 카피팀장으로 근무하면서는 또 다른 명콤비를 만난다. 아트 디렉터 밥 게이지Bob Gage였다(《그림 171》). 게이지는 애벗 킴볼에서 처음 일을 시작했고 광고회사 그레이로 옮겼다. 그리고 1949년 번벅을 따라 나와 DDB 창립 멤버가 된다. 초기에는 회사의 아트 부문을 총괄했고 나중에는 부사장까지 지

〈그림 170〉
번벅에게 카피와 비주얼의 시너지 효과에 대한 큰 영향을 준 폴 랜드.

낸다.

그레이에서 번벅을 처음 만난 저녁, 게이지는 집에 돌아와서 아내에게 이런 감탄을 했다. "언젠가는 그와 사업을 하고 싶어. 나는 그가 하는 말을 이해했고 그 사람도 나를 이해했거든. 정말 영감이 대단한 인물이야."

두 사람은 뉴욕 7번가에 있는 할인매장을 위해 시계, 셔츠, 주류 등의 소매용품 광고를 함께 만들었다. 그런데 이 매장은 아침에 집행되는 광고의 즉각적 반응에 따라 그날그날 판매량이 큰 차이를 보였다. 번벅은 광고효과와 매출액 그래프가 상응해서 움직이는 이 작업 경험을 통해 핵심적 통찰을 얻게 된다. 광고 비주얼이 참신하고 기능적일 경우 언어적 설득으로 일관하는 광고에 비해 반응
이 더 크다는 것이었다.

밥 게이지는 번벅을 보좌하여
DDB를 혁명적 창조철학의 본산
으로 만드는 데 지대한 공헌을
했다. 세계적 광고제 '원 클럽
One Club'은 게이지를 크리에이
티브 명예의 전당에 헌액하면서
"인쇄 광고의 기존 관념을 완전
히 바꾼 사람이며, 툴루즈 로트렉
이 현대 회화에 미친 것만큼 큰 영향
을 인쇄 광고에 미친 사람"[37]으로 평
가했다. 게이지는 이처럼 아트 디렉터

〈그림 171〉
DDB의 2인자로서
일세를 풍미한 아트 디렉터 밥 게이지.

로 일세를 풍미했지만 TV 미디어 시대가 열린 후에는 동영상 광고에서도 탁월한 재능을 발휘한다.

다시 윌리엄 번벅으로 돌아오자. 그는 1960년대의 거장들 가운데 광고가 지닌 예술성을 가장 깊이 신봉한 인물이었다. 이러한 번벅이 로서리브스류의 무미건조하고 강압적인 하드 셀을 싫어한 것은 당연한 일이었다. 인간의 마음은 반복을 지겨워하는 반면 새롭고 신기한 것에 매혹된다는 사실, 그리고 유머와 흥미에 보다 더 잘 반응한다는 확신을 지녔기 때문이다.

USP 전략 같은 획일적 접근은 광고에 대한 거부감과 짜증을 높일 뿐이라고 그는 생각했다. 광고 창작은 여타 예술 장르와 다를 바 없는 직관, 영감, 재능, 비약 그리고 빛나는 아이디어의 결과물로 보았기 때문이다. 이런 과정에 조사 결과나 규칙이 과도하게 개입되면 크리에이티브에 오히려 방해가 된다고 믿었다. 번벅은 그 같은 믿음을 역사에 길이 남는 명 캠페인을 통해 탁월하게 구체화했다.[38]

이 희대의 광고 천재는 스켄리 디스틸러스사 우편배달실 근무 때 봉투 붙이는 조수로 만난 에벌린 카본과 1938년 결혼했다. 그리고 슬하에 두 아들을 두었다. 그는 1961년 '카피라이터 명예의 전당'에 헌액되었고 은퇴한 1976년에 '광고 명예의 전당'에도 헌액되었다. 그 밖에도 '올해의 광고인상'(2년 연속), '미국 유대인협회 인간상', '퍼슨스 디자인 스쿨 50주년 기념상' 등 수많은 상을 받았다.

번벅은 18년 동안을 DDB의 CEO로 일한 후 1976년 광고계를 떠났다. 말년에 그는 백혈병이 악화되어 1982년 10월 2일 자신이 태어난 뉴욕 브롱크스에서 운명했다.

2_번벅의 창조철학

《애드버타이징 에이지》 1982년 10월호는 부고 기사를 통해 번벅의 크리에이티브 특징을 이렇게 요약했다.

> 윌리엄 번벅의 광고철학은 기본에 대한 충실이었다. 즉 제품 안에서 심플한 이야기를 찾아낸 다음 그것을 분명하고 지적이며 설득적인 방식으로 표현하는 방식이다.[39]

번벅은 자신의 광고관을 명시적으로 표명하거나 책으로 쓴 적이 없다. 다만 생전에 응한 몇몇 인터뷰와 부하였던 밥 레븐슨과 번벅의 아내 에벌린이 함께 편집한 《빌 번벅의 책 Bill Bernbach's Book》을 통해 유추 가능할 뿐이다. 이를 통해 정리된 그의 창조철학은 크게 세 가지로 요약될 수 있다.

첫째, 광고의 예술성을 강조하는 크리에이티브 지상주의다. 광고는 기본적으로 설득이며 그 같은 설득은 과학이 아니라 예술을 통해 일어난다는 것이다. 과학적 조사기법의 전성기였던 1950년대를 통과하면서도 그는 조사 survey 만능주의를 경계했다. 광고에서 조사가 의미를 지니는 것은 분명하지만, 수학적 정확성이라는 구실을 내세워 매사를 계량화하면 그것이 오히려 창조성의 감옥이 된다고 생각했다. DDB에도 조사 부서가 있기는 했지만 다른 광고회사에 비해 영향력이 약했던 이유가 여기에 있었다.

번벅은 광고 창작에는 정해진 법칙이 없다고 확신했다. 법칙이 딱 하나 있다면 "법칙이란 깨어지라고 있는 것이다"라는 이율배반을 즐겨 이야기한 것이 그 때문이다. 사람들의 기억에 남는 광고는 결코 미리 만들어진 법칙으로부터 태어나지 않는다는 것이다.[40] 이 신념은 제작 지휘 현장에서 고스란히 나타났다. 레오 버넷이 부하들이 내놓은 아이디어에 대해 간섭이 심했던 것에 비해 번벅은 개별 크리에이터들의 개성을 폭넓게 인정했다. 그는 조사 결과에 대한 맹신보다는 제품에 대한 소비자의 근본적 욕망을 이해하는 것이 더 중요하다고 생각했다. 레븐슨이 전하는 다음 발언이야말로 그의 이러한 소신을 선명히 드러내는 대목이다.

> 인간이 스스로의 본능을 발전시켜온 지 수백만 년이 흘렀다. 그와 같은 본능이 바뀌려면 또 수백만 년이 걸릴 것이다. 사람은 쉽게 바뀌는 법이란 말이 유행처럼 운위되고 있지만, 커뮤니케이터는 마땅히 사람의 변화하지 않는 부분에 관심을 쏟아야 한다. 즉 살아남고, 존경받고, 성공하고, 사랑하고, 자신의 것을 보호하려는 그의 강력한 충동에 대해서 말이다.[41]

윌리엄 번벅의 두 번째 창조철학은 '아트와 카피의 통합'이다. 강력한 카피와 기발한 비주얼을 유기적으로 결합시키는 그의 이런 스타일을 두고 시불카는 '신광고The New advertising'라는 이름을 붙이고 있다.[42]

번벅은 DDB를 창립한 후 사무실을 매우 기능적으로 설계했다. 이를 통해 카피라이터와 아트 디렉터가 같은 공간에 근무하면서 서로 얼굴을 마주 보고 광고를 만들게 했다. 그 시절 광고계에서 AE와 크리에이터 부서 간의 갈등 못지않게 심각했던 게 카피라이터와 아트 디렉터의 반목이었다. 이런 분위기를 정면으로 거부하고 그들을 함께 어우러지도록 한 것이다.

다른 광고회사의 경우 제작 과정에서 카피가 먼저 나온 다음 비주얼 작업이 진행되는 게 일반적이었다. 하지만 DDB에서 이런 관습은 딴 세상 일이었다. 카피라이터와 아트 디렉터의 비중이 완벽히 수평적인 1대 1 관계였다. 비주얼 아이디어가 헤드라인보다 먼저 결정되는 것이 다반사였다. 심지어 아트 디렉터가 핵심 카피 아이디어를 내놓고 그것이 채택되는 일도 심심찮게 일어났다. 거꾸로 카피라이터도 제작회의 과정에서 활발히 비주얼 아이디어를 내놓았다.

양대 제작 직능 간의 경계선을 무너뜨린 이 같은 시스템은 상호 간의 양보 없는 경쟁을 이끌어냈다. DDB 최초의 여성 크리에이티브 디렉터였던 카피라이터 출신 폴라 그린의 다음과 같은 고백이 그것을 상징한다. "우리는 문이 닫힌 방에서 서로를 죽도록 물어뜯었습니다."

DDB의 모든 광고는 카피와 비주얼의 조화를 통한 시너지 효과를 목표로 했다. 이 회사가 카피라이터 1인과 아트 디렉터 1인이 짝을 이뤄 서로 아이디어를 교환하면서 작품을 만드는 방식을 업계 최초로 정착시킨 것은 그 때문이다. 이렇게 만들어진 팀 구조가 크리에이티브 페어시스템creative pair system이다. DDB에서 AC회의Art-Copy session라고 불린 이 방식은 이후 점점 광고계에 확산되어 제작팀 구성의 보편적 기준이 된다.

세 번째 창조철학은 광고는 반드시 눈길을 사로잡아야 한다는 것이다. 번벅이 만든 광고는 단순하면서도 정직한 아이디어를 통해 "사람들이 그냥 지나칠 수 없도록" 주목을 끄는 것으로 정평이 나 있다. 폭발적 화제를 불러일으킨 엘 알 이스라엘 항공 광고가 사례다. 1957년 집행된 이 작품은 그때까지 미술계에서만 활용되던 콜라주 기법[43]을 처음으로 광고에 도입하여 뉴스거리가 되었다(〈그림 172〉).

이 광고가 집행되기 전, 엘 알 이스라엘은 미국에 거의 알려지지 않은 항공사였다. 그럼에도 업계 최초로 제트 여객기를 도입해 대서양을 무급유로 횡단하는 도전적 서비스를 시작했다. 번벅은 여기서 아이디어를 얻었다. 거칠게 파도치는 바다 모습으로 지면을 가득 채운 다음 오른쪽 상단에서 아래로 사진을 쭉 찢었다. 그리고 여백에 "12월 23일부터 대서양이 20퍼센트 작아집니다"라는 헤드라인을 올려놓았다. 논스톱으로 대서양을 횡단하기 때문에 탑승 시간이 20퍼센트 절약된다는 핵심 편익을 과감하게 상징화한 것이다.

아직 위세가 사라지지 않은 주류 하드 셀 기준에서 보자면, 광고지면을 찢는다는 발상은 감히 떠올리기 어려운 것이었다. 하지만 이 같은 시도는 압도적 주목을 받았다. 단 1회만 광고가 게재되었음에도 사람들에게 강력한 인상을 남겼고 엘 알 이스라엘의 미국 내 인지도를 크게 높였다.

3_대표 작품들

데니스 히긴스와의 인터뷰에서 번벅은 자기 작품 가운데 제일 마음에 드는 것이 무엇인가라는 질문을 받는다. 답변은 오박 백화점 광고였다. 톡톡 튀는 카피와 비주얼의 조화를 무기로, 30배나 많은 광고비를 쓰는 메이시 백화점에 필적하는 주목을 끌어냈기 때문이다.

같은 유대 혈통인 오박N. W. Ohrbach 사장과는 그레이 광고회사에

있을 때 인연을 맺었다. 오박은 윌리엄 번벅이 자기 회사를 차리도록 강력히 권유를 한 사람이었다. 그리고 DDB가 설립될 때 번벅을 따라 나와 첫 번째 광고주가 되었다. 신생회사의 자금난을 덜어주기 위해 집행되지도 않은 광고비를 먼저 지급할 정도로 번벅을 절대적으로 믿어주었다.[44]

뉴욕과 로스앤젤리스에 점포가 있던 이 백화점의 광고 예산은 그리 많지 않았다. 하지만 번벅의 주특기가 빛을 발한다. 소액의 광고비 한계를 독창성을 무기로 돌파한 것이다. "광고를 얼마나 자주 하느냐보다는 광고에서 얼마나 재미를 창조하는지가 중요하다"는 평소 지론을 증명한 셈이다.

그는 이 캠페인을 통해 그때까지 소매 백화점 광고의 전통을 파괴했다. 가격이나 할인판매에 대해 전혀 언급하지 않은 것이다. 대신 품질과 가격을 함께 만족시켜준다는 핵심적 주장을 매력적 아이디어를 통해 제시했다. "저렴한 가격에 하이패션을High Fashion at low prices." 이것이 새로운 슬로건이었다. 〈그림 173〉이 대행사를 그레이에서 DDB로 바꾼 다음 시작된 오박 백화점의 첫 광고다.

번벅이 크리에이티브 디렉터를 맡았다. 카피는 필리스 로빈슨이 썼고 아트 디렉터는 밥 게이지였다. 한 남자가 아내가 그려져 있는 커다란 마분지를 오려서 옆구리에 끼고 가는 장면이다. 헤드라인은 "자유로운 보상판매." 그리고 아내의 머리 아래쪽에 배치한 서브헤드는 "당신의 아내를 가져오세요. 싼 가격에 새로운 여자를 드리겠습니다." 오박에 오기만 하면 주부들의 모습과 이미지를 완전히 바꿔주겠다는 약속이다. 카피와 비주얼의 통합이라는 DDB의 장기가 유감없이 구현되고 있다.

오박 백화점 캠페인은 신생 광고회사 DDB의 실력을 만천하에 과시했다. 그 가운데 최고 히트작으로는 "나는 조안에 대해 알게 되었다 found out about Joan"가 꼽힌다(《그림 174》). 비주얼은 예쁜 고양이가 귀부인 모자를 쓰고 긴 담뱃대를 물고 있는 장면이다. 메시지인즉슨 이렇게 세련된 그녀(고양이 조안)의 비밀은 바로 오박에서 쇼핑을 하기 때문이라는 거다.

하이패션 제품을 저가로 판매하는 오박의 차별적 장점을 부각시킨 이 광고는 곧바로 초인기 작품으로 떠오른다.[45] 여기서 주목되는 것은 역시

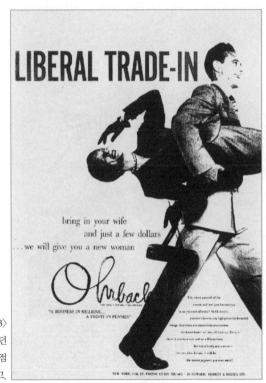

〈그림 173〉
DDB의 첫 번째 광고주였던
오박 백화점
'아내를 가져오세요' 광고.

언어와 그림의 시너지다. 헤드라인 혹은 메인 비주얼 단독으로는 의미를 이해하기 쉽지 않다. 그러나 양자가 결합됨으로써 브랜드 혜택과 차별적 이미지가 강력히 전달되고 있다. 이 작품의 핵심은 고객들의 은유적 상징인 고양이다. 오박을 즐겨 찾는 여성들이 (광고에 나온) '조안'처럼 매력적이고 상큼하다는 뜻이다. 오박 백화점은 이 같은 일련의 시리즈 광고를 통해 확고부동한 하이패션 전문 백화점으로 자리 잡게 된다.

초창기 DDB 광고주 가운데 레비스 베이커리도 빼놓을 수 없다. 당시까지는 유대인의 빵으로만 알려진 호밀빵(베이글)을 생산하는 업체였

〈그림 174〉
귀부인 고양이가 등장한
"나는 조안에 대해 알게 되었다."

다. 판매 부진으로 부도 직전이었던 레비스를 인수한 휘트니 루벤은 DDB가 오박 백화점 광고를 성공시키는 걸 보고 번벅을 찾아왔다. 문제는 1년 광고비가 5만 달러에 불과했다는 점이다. 저예산 문제를 돌파하는 번벅의 위력이 다시 한번 발휘된다. 번벅은 새로운 캠페인에서 상대적으로 베이글 맛에 대한 절대 기준이 없는 비유대인 소비자를 타깃으로 삼았다. 그렇게 해서 탄생한 광고가 〈그림 175〉이다.

헤드라인은 "레비스(베이글 빵)를 사랑하기 위해 당신이 유대인이 될 필요는 없습니다." 베이글을 한 입 베어 물고 흐뭇한 미소를 짓는 아메

〈그림 175〉
유대인의 빵, 베이글 광고에
인디언을 출연시킨 히트작.

크리에이티브 혁명
495

리칸 인디언의 바스트 숏bust shot 사진 아래위로 심플하게 헤드라인만을 올려놓았다. 기존 베이글 빵 사용자에 대한 고정관념을 깬 이 작품 역시 큰 화제를 불러일으킨다. 첫 번째 광고 이후 번벅은 아일랜드 혈통 경찰, 중국인, 흑인 어린이 등을 내세운 시리즈 광고를 계속 만들었다. 레비스 베이글의 매출액과 함께 DDB의 명성도 하늘로 치솟았다.

이상의 광고들은 모두 무릎을 치게 할 만큼 독창적이다. 하지만 많은 이들이 번벅의 대표작으로 꼽는 것은 역시 폭스바겐의 비틀 광고다. 1959년 시작된 이 캠페인은 현대 광고 역사를 다시 썼다고 평가되는 걸작이다. 동시에 그때까지 그저 크리에이티브가 볼만했던 신생회사 DDB의 운명을 완전히 바꾸었다. 명실상부 광고업계의 선두 대열에 뛰어오르게 한 것이다.

밥 레븐슨은 이 캠페인의 톤, 스타일, 위트, 편견을 깨는 반전 등 모든 요소가 이후 광고계에서 선망의 대상이 되어 끊임없이 모방되고 복제되었다고 말한다. 정직, 단순, 신뢰, 합리성 그리고 차별성이라는 병립되기 어려운 가치들이 하나의 광고 안에 절묘하게 결합되어 있기 때문이다. 그만큼 현대 광고의 흐름에 큰 영향을 미쳤다. 작품을 감상해 보자(〈그림 176〉).

좌중간에서 바라본 평범한 검은색 승용차 사진 아래 붙은 헤드라인은 "Lemon(불량품)."[46] 차는 독일 차고 카피라이터는 유대인 줄리안 케이닉, 그리고 아트 디렉터는 독일인 이민 1세대 헬무트 크론이었다. 여러 배경과 맥락이 중첩된 작품이다. 거침없는 말과 행동으로 유명했던 DDB의 이단아 조지 로이스가 폭스바겐 캠페인을 앞두고 "우리더러 나치의 차를 팔라고 하다니!"라고 빈정댔던 것이 그 때문이었다.

가장 강력하게 주목을 끄는 것은 "불량품"이란 헤드라인이다. 상식을 뛰어넘는 역발상이다. 만약 여러분이 1959년으로 돌아가서 이 광고를 봤다면 다음과 같이 생각하지 않겠는가? '처음 보는 승용차구나.→근데 이상하다! 차를 광고하면서 대문짝만하게 불량품이라고 써 붙였네?→내용이 궁금해지는데?→한번 읽어봐야겠다.'

이런 식으로 독자의 호기심을 유발하고 시선을 바디 카피로 연결시키고 있다. 헤드라인으로 내세운 '불량품'이란 표현은 차에 문제가 있다는 말이 아니었다. 생산 과정에서 너무나 철저히 제품 검사를 하기 때문에 문제가 있는 '불량품'을 절대로 고객에게 출고하지 않는다는 의미였다. 이런 역발상 광고는 바디 카피에서 고개가 끄덕여지는 완벽한 설득에 실패하면 만인의 웃음거리가 된다. 카피라이터 줄리안 케이닉이 그 어려운 과제를 성공시켰다.

처음 "레몬"에 대한 아이디어가 나왔을 때 DDB 내부의 구성원들조차 이를 창조적 도박이라 불렀다. 그만큼 도전적이고 모험적인 광고였다. 처음 선보이는 자동차를 두고 '불량품'이라 표현한 것은 광고주 입장에서 매우 받아들이기 힘든 파격이었기 때문이다. 더구나 원리 원칙에 충실한 독일인들 아닌가. 광고주와 DDB에 모두 행운이었던 것은 (메리 웰스 로렌스의 회고에 따르면) "Lemon"이라는 은어식 표현을 독일 광고주들이 잘 이해하지 못했다는 것이다. 그 때문에 헤드라인이 무사통과된 것이다. 번벅은 이 대담한 광고가 DDB의 운명을 바꾼 것을 깨닫고는 나중에 웃으며 이렇게 말했다. "모든 폭스바겐은 엄격한 검사를 받아야 합니다"라고 했으면 어쩔 뻔했어?"[47]

딱정벌레Beetle[48]란 애칭으로 널리 알려진 폭스바겐은 1938년 5월 독재자 아돌프 히틀러의 지시로 페르디난트 포르쉐가 만들었다. 그러나 개발 직후 제2차 세계대전이 터졌다. 이에 따라 민수용 출고가 중단되었다가 종전 후 다시 생산된 비틀이 미국에 수출된 것은 1949년부터였다. 배기량 985cc의 공랭식 엔진을 장착한 이 작고 못생긴 승용차는 수출 첫해 미국 전체에서 고작 2대가 팔렸다. 1952년이 되어서도 한 해 610대만 팔릴 정도로 외면을 받았다. 하지만 DDB가 광고 대행을 맡고 새로운 캠페인을 시작한 후 판매량이 수직 상승하기 시작한다. 1960년대 내내 미국 시장에서 한 해 평균 20여만 대가 팔려나갈 정도였다.[49]

1959년, 폭스바겐 광고를 수주하고 난 즉시 윌리엄 번벅은 DDB 제작팀을 이끌고 서독 울프스부르크의 폭스바겐 현지 공장을 찾았다. 그리고 이곳에서 숙식하면서 철저하게 자동차를 분석했다.[50] 방대한 사실[fact]을 요약하고 정리한 다음 폭스바겐만의 핵심적 특성을 찾아낸 것이다. 그들이 발견한 사실은 이러했다. 폭스바겐은 1갤런의 휘발유로 50마일을 달릴 정도로 연비가 뛰어나다. 작지만 안전하고, 4인 가족에게 충분한 공간을 제공한다. 무엇보다 좋은 품질의 부품과 철두철미한 조립 과정을 통해 내구성이 탁월하다는 점 등이었다.

DDB의 폭스바겐 캠페인에는 명쾌한 핵심 메시지, 무릎을 치게 하는 아이디어, 아트와 카피의 행복한 결혼에 이르기까지 광고 크리에이티브의 모든 것이 들어있다 해도 과언이 아니다. 그러나 가장 주목되는 것은, 번벅에 대해 사람들이 가진 선입견과 달리 이 광고들이 막연한 아이디어 발상의 결과물이 아니라는 점이다. 제품에 대한 철저한 분석을 기초에 깔고 있기 때문이다. 윌리엄 번벅은 그저 단순한 예술지상주의자가 아니었다. 그가 폭스바겐 광고를 만들면서 부하들에게 늘 강조

〈그림 177〉
1960년대 히피문화에 큰 영향을 미친 광고
'Think Small'.

한 것은 아래처럼 단순하면서도 강력한 원칙이었다. "제품, 제품 오직 제품에 집중해라The product. The product. Stay with the product."[51]

"레몬"만큼 유명한 작품이 "싱크 스몰Think Small"이다(〈그림 177〉). 직역을 하면 "작게 생각하라"가 되겠지만 "작은 것이 아름답다" 정도로 번역하는 게 그중 뜻이 가깝게 통한다. 이 작품은《애드버타이징 에이지》가 1999년 선정한 〈한 세기를 대표하는 명작 광고 100선〉에서 당당히 1위를 차지했다.

1950년대 말의 미국을 배경으로 하는 영화를 본 적이 있는가. 상어 꼬리처럼 후미 장식이 치솟은 대 배기량의 덩치 큰 승용차들이 미끄러지듯 부드럽게 도로를 주행하는 것이 거리 풍경이었다. 이 시기의 승용차는 과시적 소비와 사회적 신분의 상징이었기 때문이다. 하지만 폭스바겐은 광고를 통해 전혀 다른 접근을 한다. 배기량이 1,000cc도 안 되는 데다 구식 디자인, 더구나 공랭식 엔진으로 소음까지 심한 차다. 그럼에도 당당하게 이렇게 외친다. "남한테 신경 쓸 필요가 어디 있는가. 자기만족이 가장 중요하다."

과시를 거부하는 인생관, 내적 기준에 만족하며 살아가는 삶. 이것이 "Think Small"의 메시지였다. 이 광고는 문화사적 관점에서도 큰 주목을 받았다. 히피 세대의 사고방식에 적지 않은 영향을 미쳤기 때문이다. "레몬"과 마찬가지로 이후 수많은 모방 카피가 나왔고, 심지어 헤드라인에서 비롯된 모방 브랜드까지 탄생시킨다.[52]

3. 크리에이티브의 왕, 데이비드 오길비

1_오길비의 생애

데이비드 오길비David Ogilvy(1911~1999)는 거대 다국적 광고회사 오길비 앤 매더Ogilvy & Mather의 설립자이자 회사를 세계 최정상에 올려놓은 경영인이다(〈그림 178〉). 브랜드 이미지 전략을 창조한 이론가이기도 했다. 하지만 그 모든 것에 앞서 그는 위대한 크리에이터였다. 시사주간지 《타임》이 오길비를 "크리에이티브의 왕"이라고 부른 이유가 그 때문이다.

오길비는 영국 런던 남서쪽의 서레이주 웨스트 호슬리에서 태어났다. 스코틀랜드 혈통의 사업가 아버지와 아일랜드 출신 어머니가 낳은 5남매 중 넷째였다. 자서전에 따르면 그의 생일은 신기하게도 할아버지, 아버지와 꼭 같은 6월 23일이었다.[53]

세 살 되던 해 아버지의 사업이 기울어진 후 외할머니가 살던 런던으로 이사 가서 어린 시절을 보낸다. 그의 아버지는 예의가 바르면서도 열정적인 사람이었고 (오길비의 표현에 따르면) 황소처럼

〈그림 178〉
브랜드 이미지 전략의 창시자
데이비드 오길비.

튼튼한 신체를 자랑했다. 그리고 아들을 자기만큼 건강하게 만들겠다는 목표 아래, 여섯 살 때부터 하루 한 번씩 소의 생피를 마시게 했다. 지적 능력을 키우기 위해서라며 맥주로 씻어낸 송아지 뇌를 일 주일에 세 번씩 먹게 했다. 오길비가 자서전에 "피, 뇌 그리고 맥주Blood, Brains, and Beer"라는 흥미로운 제목을 붙인 것이 이런 까닭에서였다.

아홉 살 때 웨스트 에섹스 이스터본에 있는 성 새프리언 학교에 입학했다. 등록금 감당이 어려운 집안 형편이었지만 어린 오길비의 명민함을 보고 교장이 학비 감면 특별 혜택을 줬다. 열세 살이 되자 스코틀랜드 대법관이자 변호사였던 작은아버지의 도움으로 (상급학교인) 에딘버러의 페테스 공립학교로 진학해서 사춘기를 보낸다. 오길비의 꿈은 조지 로이드 수상 같은 훌륭한 정치가였다. 하지만 그는 뛰어난 성적과는 관계없이 세상의 권위에 늘 의문을 제기하고 학습을 거부하는 반항아였다.[54]

고등학교 졸업 후 장학금을 받고 옥스퍼드대학 크라이스트처치 칼리지에 입학을 한다. 하지만 공부보다는 다른 곳에 신경을 쓰느라 적응을 잘 못했다. 화학 과목에 낙제점을 받는 등 악전고투 끝에 결국 2년 만에 퇴학을 당하는 처지가 된다.[55] 이후 파리로 건너가 마제스틱 호텔의 주방에서 고작 7달러 주급을 받고 하루 10시간씩, 일 주일에 엿새를 견습 조리사로 일한다. 수석 요리사였던 주방장 부르기뇽은 당시 마흔 살이었는데 오길비에게 이렇게 말하며 기를 죽였다 한다. "모든 요리사는 죽거나 미치거나 둘 중의 하나가 되는 거야."[56]

결국 과로에 지친 오길비를 보다 못해 가족들이 영국으로 불러들였다. 이번에는 스코틀랜드에서 아가 쿠커라는 이름의 고급 부엌 스토브

외판원이 된다. 자신의 판매 경험을 바탕으로 〈아가 쿠커 판매의 이론과 실제The Theory and Practice of Selling the AGA Cooker〉라는 팸플릿을 만들었다. 그리고 후일 《포춘》 지에 의해 역사상 최고의 판매 교본으로 선정된 이 소책자가 눈에 띄어 마침내 광고인의 길로 들어서게 된다.

인턴으로 처음 들어간 광고회사는 친형 프란시스가 카피라이터로 있던 런던의 매더 앤 크로서Mather & Crowther사였다. 이곳에서 매일 새벽 3시까지 열심히 일하면서 오길비는 더 큰 꿈을 꾸었다. 당시 영국에 비해 30년 정도 앞서가는 것으로 평가되던 미국 광고계를 동경했기 때문이다. 그는 영국의 광고주들을 위해 미국 우수 광고를 배달해주는 시카고의 한 스크랩 서비스에 가입했는데, 이것이 계기가 되어 마침내 27세 되던 해 '허클베리 핀의 나라' 뉴욕으로 건너오게 된다.

하지만 미국 광고계는 청운의 꿈을 품고 온 오길비에게 냉담했다. 당대 최고의 광고회사 영 앤 루비컴에 입사하는 것이 처음 목표였다. 미국 도착 다음 날, 오길비는 로즈마리 홀 여교장 캐롤린 루츠 리스의 추천장을 품에 안고 존경하던 레이먼드 루비컴을 만났다. 첫 대면에서 루비컴은 걸걸한 목소리로 "당신이 생각하는 광고 비즈니스에 대해 한번 설명해보시오"라고 요구했다. 오길비는 "저는 그저 당신의 지혜를 빌리고 싶습니다"라고 주춤거리며 대답을 하고 만다.[57] 살아있는 전설 앞에서 바짝 얼어버린 거다. 훗날 오길비는 그때 자기가 들어가고 싶은 회사는 영 앤 루비컴밖에는 없었고, 그곳에 입사 못 할 바에야 "차라리 내가 회사를 차리자"고 마음먹었다고 밝힌다.[58]

결국 입사에 실패한 그는 이듬해 조사회사 갤럽[59]에 들어가게 된다. 갤럽에서의 경험은 그의 광고철학에 중요한 영향을 미쳤다. 3년간 400

건 이상의 서베이를 진행하면서 광고에서 조사가 왜 중요한지를 몸소 체험한 것이다. 무엇보다 소비자 라이프 스타일과 심리구조를 깊이 알게 되었다. 뉴스 스타일 광고, 사진 중심 표현기법의 힘을 깨닫게 된 것도 큰 소득이었다. 태생적으로 끌렸던 영국 고유의 이미지 광고 스타일에 더하여 리즌 와이 소구에 경도되기 시작한 것도 갤럽에 근무하면서부터였다.

제2차 세계대전이 발발하자 오길비는 워싱턴의 영국대사관에서 이등서기관 직급으로 정보보안 분석 업무를 맡았다.[60] 전쟁이 끝난 후에는 아내와 함께 펜실베이니아주 랭카스터 카운티의 아미시[61] 농장으로 들어간다. 오길비는 이곳을 처음 방문하자마자 19세기적인 목가적 삶에 흠뻑 빠져버렸다. 길게 수염을 길렀고 수백 에이커의 땅에 3년간 담배 농사를 지으며 산다.

문제는 시간이 흐를수록 자신이 농부 적성에는 안 어울린다는 사실을 깨닫게 되었다는 것이다. 짬짬이 광고 아르바이트 일을 하면서 업계 동향에 뒤처지지 않도록 애를 쓴 것이 그 때문이었다.

오길비는 서른여덟 살에 자기 회사를 차렸다. 아미시 농장에서 나온 1948년 가을이었다. 광고회사 매더 앤 크로서와 또 다른 회사 S.H. 벤슨에서 자금의 대부분을 차입했다. 나머지는 대표이사로 영입한 앤더슨 휴잇이 집을 저당 잡혀 빌린 1만 4,000달러, 오길비의 돈 6,000달러가 전부였다.[62] 자칭 '뉴욕의 영국 광고회사' 휴잇, 오길비, 벤슨 앤 매더Hewitt, Ogilvy, Benson & Mather가 문을 연 것이다.

출범 당시 광고주는 웨지우드 차이나, 브리티시 사우스 아프리카 항공, 기네스 맥주, 식품회사 보브릴 등 당시 미국에서 이름이 잘 알려지지 않은 영국 기업 네 곳뿐이었다. 손윗동서였던 로서 리브스에게 대표직을 제안했지만 보기 좋게 거절을 당했다.[63] 이에 따라 다음 순위로 JWT에서 AE로 일하던 휴잇을 대표이사로 영입했다. 그리고 자신은 조사 책임자, 크리에이티브 디렉터, 카피라이터의 1인 3역을 맡았다. 필생의 라이벌 윌리엄 번벅이 DDB를 차릴 때 유대계 회사들이 든든한 후원자 역할을 했던 것에 비하면 악조건의 출발이었던 셈이다.

광고 경험이 거의 없는 영국 이민자가 설립한 회사는 업계의 아무런 관심을 끌지 못했다. 그러나 몇 년이 지나지 않아 평가는 완전히 바뀌었다. 1953년 《프린터즈 잉크》지는 오길비가 "매디슨 애비뉴의 양심이자 촉매 역할을 하는 광고인이 되었다"라고 선언했다. 1958년이 되자 "그는 디킨스 소설에서 튀어나온 듯한 화려한 인물로, 동 세대 광고인 중 가장 많이 논의되고 알려진 사람이 되었다"라는 칭송을 받는다.[64]

회사가 문을 열던 날 오길비는 목표를 세웠다. 백지 위에 가장 모시고 싶은 대형 광고주 여섯 개의 명단을 적었는데 결국 나중에 모두를 영입하는 데 성공했다. 제너럴 푸드, (제약회사) 브리스톨 마이어스, 캠벨 수프, 쉘 석유회사, 레버 브라더스, 그리고 한 회사 더. 이 가운데 회사의 운명을 바꿔놓은 가장 중요한 광고주는 창립 11년 만에 대행을 맡게 된 쉘이었다. 취급고가 1,300만 달러에 달하는 초대형 광고주였다. 이를 계기로 오길비 앤 매더는 성장가도를 달리기 시작한다.

오길비는 탁월한 글솜씨로 여러 권의 베스트셀러를 쓴 작가이기도 했다. 1963년에 출간한 《어느 광고인의 고백Confessions of an Advertising Man》은 14개국에서 100만 부 이상이 팔렸다. 1978년에 쓴 자서전 《피,

뇌 그리고 맥주: 데이비드 오길비 자서전Blood, Brains, and Beer: An Autobiography of David Oglivy》, 1983년에 쓴 《오길비의 광고Ogilvy on Advertising》[65]도 모두 베스트셀러 반열에 올랐다. 그는 1961년 레오 버넷, 윌리엄 번벅과 함께 '카피라이터 명예의 전당'에 최초로 이름을 올렸다. 엘리자베스 여왕으로부터 훈작사勳爵士 작위를 받기도 했다. 1973년부터 오길비 앤 매더 회장직을 물러나 프랑스의 고성古城 투푸에서 은퇴생활을 즐기기 시작했는데, 4년 후 미국 외 출생으로는 처음으로 '광고 명예의 전당'에 헌액되었다. 그는 1999년 7월 21일 88세를 일기로 세상을 떠났다.

2_오길비의 창조철학

오길비는 동갑내기 윌리엄 번벅과 함께 크리에이티브 혁명을 이끌었다. 하지만 문화적 배경, 개인적 성격, 광고를 바라보는 관점에서 뚜렷한 대조를 보인다.[66] 레오 버넷과도 차별점이 명확하다. 두 사람과 달리 하드 셀 리즌 와이에 적지 않은 영향을 받았기 때문이다. 존 E. 케네디라는 샘에서 발원해 클로드 홉킨스와 로서 리브스라는 강을 흘러온 흐름에 발을 적신 것이다. 그가 홉킨스의 《과학적 광고》를 자기 인생 진로를 바꿔놓은 책으로 격찬한 것에는 이런 까닭이 있었다.[67]

특이한 것은 그럼에도 불구하고 오길비의 본질은 소프트 셀 크리에이터라는 점이다. 스스로가 브랜드 이미지 전략을 창시했고 전설적 소프트 셀 캠페인을 잇달아 성공시킨 것이 이를 증명한다. 광고학자 웰스, 버넷 그리고 모리아티는 오길비에게서 발견되는 소프트 셀과 하드 셀의 이 같은 혼재를 '지극히 상호모순적'이라고 표현한다.[68] 어네스트 엘모 컬킨스와 맥마누스로부터 이어진 소프트 셀 전통과 라스커와 홉킨스의 하드 셀 전통은 물과 기름처럼 겉도는 것인데, 두 가지를 함께 수용하기 때문이라는 거다.

그렇지만 다음과 같은 고백을 보면, (특히 광고계 입문 초기에) 마음속에서 양대 크리에이티브 조류를 조화시키는 데 애를 많이 먹었던 모양이다.

서로 상반된 두 유파에 대한 존경심이 나를 둘로 갈라놓았습니다. 나는 양쪽에서 배운 것을 조정하는 데 상당한 시간이 걸렸습니다.[69]

이 같은 혼재의 배경에는 두 가지 이유가 있었다. 첫째는 광고 초보자로서 미국에 왔을 때 실질적으로 오길비를 가르친 것이 USP의 황제로서 리브스였기 때문이다. 당시 B-S-H사에 근무하며 카피라이터로 이름을 날리던 리브스는 오길비에게 클로드 홉킨스의 책 《과학적 광고》를 직접 빌려주고 자주 같이 식사를 하면서 하드 셀 철학을 열렬히 강의했다. 한 살밖에 차이나지 않지만 이 시기 두 사람은 거의 스승과 제자관계였다.

둘째는 그럼에도 불구하고 오길비가 태생적으로 '이미지 광고의 왕국' 영국 출신이라는 점이다. 그가 충격효과와 독창성을 강조하는 레이먼드 루비컴의 크리에이티브를 선망한 것도 중요한 이유다. 심지어 자기 회사를 영 앤 루비컴 이상으로 '루비컴적인 회사'로 만들려고 생각했으니 말이다.

어쨌든 오길비는 1960년대를 풍미한 세 명의 탑 크리에이터 중 조사가 광고에서 차지하는 비중을 가장 중시했다. 하지만 조사 결과를 기계적으로 적용한 홉킨스나 리브스의 무미건조한 하드 셀과는 본질이 달랐다. 독창적 주목을 이끌어내는 감성적 소프트 셀에서도 천부적 재능을 발휘했기 때문이다. 그는 당대의 소비자들이 더 이상 제품 자체의 사용 가치 때문에 지갑을 열지 않는다고 믿었다. 이와 동시에 브랜드가 지닌 고유한 개성이 강력한 구매행위를 유도한다는 것이 그의 생각이었다.

데이비드 오길비는 천재적 자질보다는 노력의 가치를 믿는 사람이었다. 광고 창작에서 예술적 영감을 강조했던 윌리엄 번벅과 두드러진 차이가 나는 대목이다. 그는 광고주 프리젠테이션 시안에 들어갈 카피를 위해 적어도 19종류의 초안을 만들었고, 시어즈 로벅 광고를 위해서는 무려 37개의 헤드라인을 쓰기도 했다.

레이먼드 루비컴 같은 사람이 번뜩이는 영감을 통해 한순간에 전설적 명 카피를 떠올렸다는 이야기는 앞에서 했다. 하지만 오길비는 데니스 하긴스와의 인터뷰에서 자기가 그런 스타일이 아님을 밝힌다. "내 작품이든 남의 것이든 편집은 자신 있어요. 잡동사니를 쓰고 나서 편집하고 편집하고……이성적으로 납득이 갈 때까지 적어도 가끔은 그렇게 해요. 그건 아주 뼈를 깎는 작업이죠. 더 유창하고 더 날랜 라이터들을 알고 있어요. 그렇지만 나는 그렇지 못해요. 아주 늦지요."[70]

오길비의 창조철학은 다음과 같이 요약될 수 있다. 첫째는 브랜드 이미지 전략이고 둘째는 과학적 조사에 기초한 광고 창작 원칙이다. 그런데 좀 이상하지 않은가. 이 두 가지는 본질상 서로 충돌하는 속성을 지녔다. 전자는 전형적인 소프트 셀 관점인 반면에 후자는 하드 셀의 핵심적 주장이기 때문이다. 오길비 크리에이티브의 역설적 탁월함이 바로 여기에서 나온다. 영국 광고의 전통에서 비롯된 이미지 지향과 전통적 리즌 와이 지향의 두 가지를 작품 속에 창조적으로 녹여내는 데 성공한 것이다.

먼저 브랜드 이미지 전략을 살펴보자. 브랜드 이미지란 특정 브랜드에 대해 소비자들이 자기도 모르는 사이에 품게 된 인상을 말한다. 한마디로 브랜드 각자가 지닌 독특한 개성이다. 예를 들어 롤스로이스와 메르세데스 벤츠, BMW, 아우디, 렉서스 등은 하나같이 최고급 승용차 브랜드다. 하지만 소비자들은 각 브랜드에 대해 독특하게 차별화된 어떤 이미지를 가슴에 품고 있다. 각 브랜드가 장기간의 마케팅과 광고 캠페인을 통해 자기만의 독특한 위상을 창조했기 때문이다.

오늘날 시장에서 팔리는 경쟁 제품들은 가격, 품질, 디자인, 가격 등에서 서로 비슷비슷하다. 이처럼 치열한 경쟁환경에서는 (스마트폰처럼 매번 획기적 업그레이드를 거듭하는 최첨단 기술제품을 제외하고) 소비자들이 실질적 효용가치만으로 제품 구입을 결정하기가 어렵다. 광고에서 하드 셀을 통한 경쟁적 소비자 편익을 발견하기 쉽지 않다는 뜻이다. 그렇다면 어떻게 이런 상황을 돌파할 수 있는가? 오길비는 말한다. 특정 제품이나 서비스가 경쟁사보다 뛰어나다는 인상을 소비자 마음속에 확실히 구축하면 된다고. 즉 광고를 통해 브랜드를 심리적으로 차별화시킨 다음 궁극적으로 자기만의 강력한 제품 개성brand personality을 창조하는 것이다. 이를 바탕으로 브랜드 선호도를 증가시켜 구매로 이끌면 된다. 이것이 현대 광고의 물줄기를 바꾼 것으로 평가되는 브랜드 이미지 전략의 핵심이다.[71]

이 표현 전략이 오길비에 의해 독점적으로 개발된 것은 아니다. 어네스트 엘모 컬킨스 이후 광고 표현의 한 갈래로 꾸준히 존재해왔다. 예를 들어 1920년대를 풍미한 거장 시어도어 맥마누스는 카피를 이용한 브랜드 이미지 광고의 대가였다. 이런 전통을 오길비가 이어받아 체계적으로 이론화한 것이다. 브랜드 이미지 광고에서는 표현의 중심을 제품 자체에 두지 않는 경우가 많다. 그보다는 해당 제품이 추구하는 내적 가치를 모델이나 라이프 스타일을 통해 전달한다. 경쟁 브랜드 간에 차별적 편익을 찾기 힘든, 고관여 감성제품[72] 광고에 이 전략이 잘 어울리는 것이 그 때문이다.

오길비의 두 번째 명제는 과학적 조사와 체험을 기초로 하는 제작 원칙을 견지했다는 점이다. 그는 이러한 원칙을 "조사에 기초를 둔, 너무 엄격할 정도로 정의가 잘 된 것"이라고 평가한다. 자신의 책 《오길비의 고백》[73] 서문 제목을 '필립을 향해 진군하자Let us march against Phillip'라고 적고, 아래와 같은 이야기를 들려준 것이 그 때문이다.

나는 광고를 엔터테인먼트나 예술 형태로 간주하기보다는 하나의 정보 전달 매개체로 생각한다. 광고 카피를 썼을 때 그것이 '크리에이티브하다'는 평가를 원하지 않는다. 그보다는 '광고가 너무 재미있어 제품을 사고 싶다'란 말을 원한다. 고대 그리스가 침략자 마케도니아 필립 2세의 통치하에 있을 때 아이스키네스가 연설을 끝내자, 사람들은 '정말 멋진 웅변을 하는군'이라고 말했다. 그러나 데모스테네스가 연설을 끝내자, 모두들 이렇게 외쳤다. '필립 왕을 향해 진군하자!'[74]

진정한 광고 크리에이티브는 아이스키네스[75]처럼 그냥 감탄만 자아내게 해서는 안 된다는 거다. 데모스테네스[76]처럼 사람 마음을 움직여 행동을 이끌어내야 한다는 뜻이다. 오길비는 이처럼 '구매 행동을 이끌어내는 크리에이티브' 제작의 원칙을 신봉했다. 그리고 그것을 부하 직원들에게 강력히 요구한 원칙주의자였다. 예를 들어 인용부호를 찍으면 브랜드 상기율이 28퍼센트 높아진다고 확신했다. 뉴스성 헤드라인은 다른 스타일에 비해 열독률이 22퍼센트나 높으며, 광고 독자의 80퍼센트는 바디 카피를 읽지 않고 헤드라인만 읽는다는 것 등이다.

오길비는 자신의 창작 원칙을 다양한 지침서에 담아 휘하 직원들에게 가르쳤다. 20대 시절 영국 매더 앤 크로서사에서 정리했던 '신뢰를 획득하기 위한 39개 규칙', '캠페인 창조를 위한 11계율' 등이 사례다.[77] 그중에서 제일 유명한 것은 스스로 30년 광고 인생의 노하우를 하나로 결집한 광고 제작 가이드 북《매직 랜턴Magic Lantern》이었다. 크리에이티브의 어둠을 밝히는 마법의 등불이라 해석하면 되겠다.

이 문서는 수천 개가 넘는 광고 조사 결과를 바탕으로 만들어졌는데, 오길비 앤 매더에서 활용되는 창작 원칙들이 체계적으로 수록되어 있다. 헤드라인과 바디 카피 쓰는 법, 일러스트레이션 창작, TV 광고 구성법, 콘셉트 도출법 등 다양한 항목이다. 그가 경영하는 광고회사에서는 카피라이터, 아트 디렉터, TV 프로듀서가 채용되면 반드시 위의 원칙들을 익혀야 했다.[78]

세월이 흐르면서 '매직 랜턴'은 더욱 확장되어 소책자 형태로 발간되었는데, 오길비는 수록된 원칙이 다음의 다섯 가지 자료에서 나왔다고 말한다. 첫째는 해리 셔먼, 빅터 슈와브, 존 케이플즈 등 카피라이팅 거장들에 의해 검증된 메일 오더 제작 방법이다. 둘째는 광고효과에 따라

그날그날 매출액이 즉시 확인되는 백화점 광고 제작에서 얻어진 것이
다. 셋째는 광고 가독성 관련 조사에서 비롯된 원칙이다. 넷째는 TV 광
고 조사에서 나온 것이며, 마지막은 앞서 밝힌 자료가 아닌 오길비 자
신의 머리에서 나온 원칙이란 것이다.[79]

3_오길비의 대표작

오길비 스스로가 최고작으로 꼽는 작품 중 하나는 1957년부터 집행된
푸에르토리코 관광 캠페인이다(《그림 179》). 이 광고는 당시까지 사람들
에게 잘 알려지지 않은 카리브해 섬나라의 매력을 더할 나위 없이 우아
하게 표현했다. 그 결과 40년 동안 가난에 허덕이던 푸에르토리코에

〈그림 179〉 푸에르토리코 관광의 문을 활짝 연 광고. '파블로 카잘스가 집에 오고 있다.'

〈그림 180〉
브랜드 이미지 전략의 출발점,
'해서웨이 셔츠를 입은 남자' 런칭 광고.

The man in the Hathaway shirt

AMERICAN MEN are beginning to realize that it is ridiculous to buy good suits and then spoil the effect by wearing an ordinary, mass-produced shirt. Hence the growing popularity of HATHAWAY shirts, which are in a class by themselves.

HATHAWAY shirts *wear infinitely longer*—a matter of years. They make you look younger and more distinguished, because of the subtly way HATHAWAY cut collars. The whole shirt is tailored more *generously*, and is therefore *more comfortable*. The tails are longer, and stay in your trousers. The buttons are mother-of-pearl. Even the stitching has an ante-bellum elegance about it.

Above all, HATHAWAY make their shirts of remarkable *fabrics*, collected from the four corners of the earth—Viyella, and Aertex, from England, woolen taffeta from Scotland, Sea Island cotton from the West Indies, hand-woven madras from India, broadcloth from Manchester, linen batiste from Paris, hand-blocked silks from England, exclusive cottons from the best weavers in America. You will get a great deal of quiet satisfaction out of wearing shirts which are in such impeccable taste.

HATHAWAY shirts are made by a small company of dedicated craftsmen in the little town of Waterville, Maine. They have been at it, man and boy, for one hundred and twenty years.

At better stores everywhere, or write C. F. HATHAWAY, Waterville, Maine, for the name of your nearest store. In New York, telephone OX 7-5566. Prices from $5.95 to $20.00.

관광객이 몰려들어 국가 이미지와 경제에 큰 도움을 주었다. 이 시리즈 광고의 첫 탄을 만들기 위해 오길비는 열흘 동안 아무것도 하지 않고 오직 아이디어와 카피만을 생각했다고 고백한다.

하지만 뭐니뭐니 해도 오길비 광고에서 가장 유명한 것은 "해서웨이 셔츠를 입은 남자The man in the Hathaway shirt"다. 1951년 9월 22일 주간지 《뉴요커NewYorker》에 광고비 3,176달러를 지불하고 처음 집행된 이 광고는 세계적 화제를 불러일으켰다(《그림 180》). 해서웨이는 메인주의 이름 없는 작은 와이셔츠 제조회사였다. 하지만 오길비와 인연을 맺은 직후부터 가장 유명한 와이셔츠 브랜드 중 하나로 등극한다.[80]

이 광고는 오길비가 주창한 브랜드 이미지 전략이 최초로 구체화된 사례다. 우선 검은 안대를 쓴 모델의 묘한 귀족적 이미지가 호기심을 자극한다. 뭔가 독특한 스토리가 숨어있는 것처럼 보이기 때문이다. 고급 드레스 셔츠가 제공하는 심리적 편익 가운데 가장 설득력이 강한 것이 무엇일까. 옷을 입는 사람의 품격과 자부심이다. 이 작품은 모델이 풍기는 그 같은 독특한 고급스러움과 소비자의 자기동일시를 노린 전형적 소프트 셀 전략을 택하고 있다.

당시 드레스 셔츠 업계의 선두주자는 애로우 셔츠였다. 회사 규모, 매출액, 광고비의 모든 면에서 해서웨이와는 비교가 불가능했다. 오길비는 광고 대행을 맡으면서 이렇게 심경을 밝혔다. "애로우의 광고 예산은 200만 달러다. 하지만 해서웨이는 단지 3만 달러를 쓸 수 있다. 기적이 필요하다." 이에 따라 그는 아이디어를 통한 승부수를 던지기로 결정했다. 해당 결과물이 이 작품이다.

이 애꾸눈 사나이 광고는 게재 즉시 집중적 주목을 받았다. 집행된 광고비를 수십 배 초월하는 충격파를 세상에 던졌다. 광고의 직접 노출 효과보다 오히려 《라이프》, 《포춘》, 《타임》 등 매스미디어에서 광고를 다룬 퍼블리시티Publicity 기사의 효과가 훨씬 컸기 때문이다.

하도 화제를 끌다 보니 여러 풍문이 떠돌았다. 먼저 해서웨이맨 Hathawayman이라 통칭된 모델에 대한 이야기다. 광고의 품격에 어울리는 백계 러시아 혈통 게오르게 랑겔 남작이라는 주장이 정설이다. 반면에 오길비가 우연히 만난 뉴욕의 부랑자 출신이라는 믿기 힘든 루머까지 나돌았다. 분명한 것은 오길비가 검은색 안대의 사나이를 등장시키기 전에 엄청난 고민을 했다는 거다. 떠올린 아이디어 줄기만 해도 18가지에 달했다. 그러다가 갑자기 천둥처럼 번쩍 어떤 스토리가 떠올랐다. 낚시를 하다가 한쪽 눈을 잃은 전직 주영 미국대사 루이스 더글러스Louis Douglas의 이야기였다.

2014년 10월 16일 자 광고 전문지 《캠페인》은 전혀 다른 스토리를 전한다. 첫 광고사진을 찍으러 촬영 스튜디오에 가기 직전 즉흥적으로 애꾸눈 생각이 났다는 거다. 오길비는 스튜디오 옆의 약국에 들러 50센트를 주고 검은색 안대 몇 개를 샀다. 그리고 사진가에게 이렇게 말하면서 촬영을 부탁했다고 한다. "날 위해 그냥 두어 장 이런 컷을 찍어봐줘요. 그리고는 원래 시안대로 (안대를 뺀 채) 사진을 계속 찍고." 오길비 자신도 처음엔 아이디어에 확신이 서지 않았다는 뜻이다.

어쨌든 이렇게 탄생한 광고는 초대박을 터트린다. 얼마나 인기가 폭발적이었는지 광고비가 부족해서 해당 잡지 한 군데만 광고를 실었던 《뉴요커》 구독률이 갑자기 급상승했다. 후속 시리즈 광고가 이어지면서 해서웨이맨은 《뉴요커》에 실린 어떤 기사보다 인기를 끌게 된다. 독자들은 매주 해서웨이맨이 어떤 장면을 연출할 것인지 잔뜩 기대를 했다. 그리고 집행이 된 후에는 광고를 화제로 삼아 이야기꽃을 피웠다.

《뉴요커》독자들은 상대적으로 사회경제적 위치가 높은 계층이었다. 오길비는 이 광고의 핵심 소구층을 남편을 위해 드레스 셔츠를 구입하는 중상류층 이상 주부로 잡았다. 그리고 독특한 브랜드 이미지 구축을 통해 디자인이나 원단에서 차별화가 어려운 드레스 셔츠의 문제점을 돌파하려 했다. 이 시도는 멋지게 성공했다. 광고의 성공은 놀라운 판매실적을 동반하게 된다. 1년 만에 해서웨이 드레스 셔츠 매출이 300퍼센트나 증가한 것이다. 캠페인의 위력은 미국을 넘어 세계로 퍼져나갔다. 수십 개국에서 모방 광고가 등장했다. 심지어 덴마크 한 나라에서만 7개의 모방작이 나왔을 정도다.[81]

오길비 앤 매더사에서 해서웨이 캠페인은 결정적 분기점이었다. 창립 2년 만에 '올해의 신진 광고상'을 수상하게 해준 것이다. 이를 계기로 회사는 무한 성장을 시작한다. 이 광고의 의미는 단순히 개별 회사의 성공 차원을 넘어서는 것이었다. 시대를 앞선 브랜드 이미지 캠페인이 세계 광고에 중요한 이정표를 제시했기 때문이다.

광고사적으로 해서웨이맨 캠페인은 두 가지 차원에서 의미가 크다. 첫째는 브랜드에 대한 감정이입을 목표로 하는 본격적 이미지 광고의 출발점이란 사실이다. 셔츠 소재의 우수성을 레이아웃 하단 카피에 간략히 추가하기는 했다. 하지만 그런 주장은 이 시대가 하드 셀 전성기였음을 감안할 때 경쟁 브랜드들도 다 하는 이야기였다. 둘째는 자부심과 품격이라는 고급 드레스 셔츠에 대한 심리적 편익을 탁월하게 형상화했다는 점이다.

Hathaway suggests Batiste Madras for hot days

〈그림 181〉
여름용 해서웨이 셔츠를 위한 광고.

〈그림 182〉
오길비가 만든 또 하나의
브랜드 이미지 광고
'스웹스' 캠페인.

**"You can see the lemon in Schweppes Bitter Lemon.
That's because Schweppes uses whole, fresh lemons.
Juice, pulp, peel, everything."**

해서웨이 셔츠 광고는 매회 주목과 흥미를 극대화하는 스토리텔링을 보여줌으로써 대중에게 풍성한 화제를 선사했다. 이 새로운 표현 방식은 곧 데이비드 오길비의 전매특허가 되었다. 해서웨이맨은 다양한 시리즈로 확장, 변주된다. 모델이 안대를 한 것은 똑같았다. 그러나 설정은 매번 달랐다. 더운 날 여행을 떠나기도 했고(《그림 181》), 첼로를 연주하기도 했다.

화가처럼 그림을 그렸고 크리켓 경기장에 나타났다. 심지어 1956년에는 제품명과 슬로건조차 모두 없애버린 채 안대를 쓴 모델 사진 하나만 게재했다. 그래도 사람들은 그게 무슨 광고인지 즉각적으로 알아보았다.

브랜드 이미지 전략을 활용하여 대성공을 거둔 두 번째 사례는 스윕스Sweeps 캠페인이다. 광고주인 화이트헤드 대표의 얼굴을 무려 18년 동안 메인 비주얼로 등장시킨 것이다. 스윕스는 원래 스위스에서 태어난 소다수 브랜드다. 1783년부터 시판용 음료 가운데 세계 최초로 병에 담겨 팔리기 시작했다. 이 브랜드는 1836년 영국으로 판매권이 넘어가서 주로 레모네이드나 진저에일의 형태로 판매되었다.

1953년 데이비드 오길비는 광고 대행을 시작하면서 스윕스의 미국 수입회사 대표 에드워드 화이트헤드를 만난다. 그리고 즉석에서 번뜩이는 영감을 얻는다. 그를 스윕스 토닉워터 모델로 직접 데뷔시킨 것이다(《그림 182》). '화이트헤드 사령관Commander Whitehead'이란 별명으로 불린 이 남자는 멋진 수염과 카리스마 넘치는 풍모로 금방 유명해진다. 그저 이국적인 수입음료에 불과했던 스윕스의 판매 또한 비약적으로 늘어난다. 브랜드 이미지 캠페인의 또 다른 전설이 시작되었다.

<그림 183>
18단어의 긴 헤드라인으로 된 롤스로이스 광고.
하드 셀과 소프트 셀의 조화가 돋보인다.

The Rolls-Royce Silver Cloud—$13,995

"At 60 miles an hour the loudest noise in this new Rolls-Royce comes from the electric clock"

What makes Rolls-Royce the best car in the world? "There is really no magic about it—
it is merely patient attention to detail," says an eminent Rolls-Royce engineer.

1. "At 60 miles an hour the loudest noise comes from the electric clock," reports the Technical Editor of THE MOTOR. Three mufflers tune out sound frequencies—acoustically.

2. Every Rolls-Royce engine is run for seven hours at full throttle before installation, and each car is test-driven for hundreds of miles over varying road surfaces.

3. The Rolls-Royce is designed as an *owner-driven* car. It is eighteen inches shorter than the largest domestic cars.

4. The car has power steering, power brakes and automatic gear-shift. It is very easy to drive and to park. No chauffeur required.

5. The finished car spends a week in the final test-shop, being fine-tuned. Here it is subjected to 98 separate ordeals. For example, the engineers use a *stethoscope* to listen for axle-whine.

6. The Rolls-Royce is guaranteed for *three* years. With a new network of dealers and parts-depots from Coast to Coast, service is no problem.

7. The Rolls-Royce radiator has never changed, except that when Sir Henry Royce died in 1933 the monogram RR was changed from red to black.

8. The coachwork is given five coats of primer paint, and hand rubbed between each coat, before *nine* coats of finishing paint go on.

9. By moving a switch on the steering column, you can adjust the shock-absorbers to suit road conditions.

10. A picnic table, veneered in French walnut, slides out from under the dash. Two more swing out behind the front seats.

11. You can get such optional extras as an Espresso coffee-making machine, a dictating machine, a bed, hot and cold water for washing, an electric razor or a telephone.

12. There are three separate systems of power brakes, two hydraulic and one mechanical. Damage to one system will not affect the others. The Rolls-Royce is a very *safe* car—and also a very *lively* car. It cruises serenely at eighty-five. Top speed is in excess of 100 m.p.h.

13. The Bentley is made by Rolls-Royce. Except for the radiators, they are identical motor cars, manufactured by the same engineers in the same works. People who feel diffident about driving a Rolls-Royce can buy a Bentley.

PRICE. The Rolls-Royce illustrated in this advertisement—f.o.b. principal ports of entry—costs $13,995.

If you would like the rewarding experience of driving a Rolls-Royce or Bentley, write or telephone to one of the dealers listed on the opposite page.

Rolls-Royce Inc. 10 Rockefeller Plaza, New York 20, N. Y., Circle 5-1144.

March 1959

'해서웨이맨'과 '화이트헤드 사령관'의 성공은 오길비 앤 매더의 명성을 확고부동하게 만들었다. 그리고 이후 롤스로이스, 도브 비누, 시어즈 로벅, 기네스 맥주, 쉘 석유 등과 속속 광고 대행계약을 맺는다. 푸에르토리코를 시작으로 영국, 프랑스, 미국 정부가 국가 이미지 광고를 맡기기도 했다. 명실공히 최정상의 광고회사로 우뚝 서게 된 것이다.

마지막으로 살펴볼 것은 롤스로이스 광고다(《그림 183》). 1960년 오길비는 적은 광고비 탓에 영입을 반대하는 회사 내부 의견을 무릅쓰고 이 영국산 최고급 승용차를 광고주로 받아들인다.[82] 그리고 3주 동안 차에 대해 철저한 조사와 연구를 했다. 헤드라인만 100개 넘게 썼다고 한다. 최종적으로 결정된 것은 총 18단어로 구성된 장문의 헤드라인이었다.

시속 60마일로 달리는 신형 롤스로이스에서 가장 크게 들리는 것은 전기시계의 째깍거리는 소리입니다At 60 miles an hour the loudest noise in this new Rolls-Royce comes from the electric clock.

이 광고는 하드 셀 소구와 소프트 셀 소구가 절묘하게 결합된 작품이다. 메인 비주얼은 아빠가 운전하는 차를 타려고 걸어오는 엄마와 딸의 모습. 풍경과 등장인물이 하나같이 부유하고 럭셔리하다. 원래 오길비가 쓴 바디 카피는 롤스로이스의 품격과 고성능에 대하여 꼼꼼하게 설명한, 자그마치 3,500단어에 달하는 내용이었다. 이 카피를 휘하 카피라이터 서너 명에게 다듬도록 해서 최종적으로 607단어로 줄였다.

고급 승용차의 핵심적 소비자 편익 중 하나는 저소음이다. 도로 위를 구르는 차가 조용하다는 것은 기술력 수준은 물론 타는 사람의 품격을 상징하기 때문이다. 이 작품은 그 같은 제품 특성을 이성적 논거를 통해 제시하면서도, 초고가 승용차 구입 계층의 고급스런 이미지를 유연하게 결합시켰다. 하드 셀과 소프트 셀이 자연스레 어우러진 셈이다.

롤스로이스 광고는 신문 두 곳과 잡지 두 곳에만 실렸다. 총광고비는 2만 5,000달러에 불과했다. 하지만 허리케인 같은 위력을 발휘했다. 광고가 나간 그해에만 미국 내 롤스로이스 판매가 50퍼센트나 증가한 것이다. 이듬해가 되자 포드 자동차가 대대적 대응 광고를 펼치기 시작했다. 자기네 차가 롤스로이스보다 더 소음이 적다는 캠페인을 위해 수억 달러를 쏟아부었다. 그러나 롤스로이스의 최고급 이미지는 이미 확고부동한 상태였다.

재미있는 후일담을 추가한다. 영국 롤스로이스 공장 수석엔지니어가 위의 광고를 보고 고개를 절래절래 흔들며 이렇게 말했다는 것이다. "이 빌어먹을 시계에 대해서 뭔가 조치를 취해야겠구면."[83]

22장

1960년대를 대표하는 그 밖의 크리에이터들

1960년대의 하늘에 빛난 별은 버넷, 번벅, 오길비만이 아니었다. 유명세는 조금 덜하지만 놀라운 재능과 열정의 광고인들이 창조혁명에 동참했다. 세계 광고계를 뒤흔든 또 다른 혁명가들을 소개한다.

1. 댄디 보이, 줄리안 케이닉

줄리안 케이닉Julian Koenig(1921~2014)은 뉴욕 맨해튼의 유대계 법률가 집안에서 태어났다(《그림 184》). 다트머스대학을 졸업하고 컬럼비아 법과대학원에 다니다가 소설을 쓰기 위해 중퇴를 했다.

케이닉은 괴짜 기질이 다분했다. 광고계에 들어오기 전에는 메트로폴리탄 박물관에 매일 출근하다시피 해서 그곳에서 온종일을 보냈다.

최신 유행에도 민감한 댄디 보이였다. 구김이 간 어두운 색 양복에 좁은 넥타이 그리고 깃에 단추를 채우는 세로 줄무늬 옥스퍼드 셔츠가 그의 트레이드 마크였다.

광고회사 히션 가필드를 거쳐 DDB에 카피라이터로 입사한 후 그의 전성시대가 열린다. 케이닉의 대표적 카피는 번벅의 지휘 아래 아트 디렉터 헬무트 크론과 콤비를 이뤄 만든 폭스바겐의 전설적 광고 "레몬"과 "Think Small"이다.

1960년 케이닉은 DDB를 퇴사해 같은 회사에 근무하던 아트 디렉터 조지 로이스, 케니언 앤드 에카르트의 AE 출신 프레데릭 패퍼트와 크리에이티브 대행사 PKL(Papert Koenig Lois)을 설립했다. 그리고 2년 후 광고계의 금기를 깨고 회사 주식을 공개 상장함으로써 광고산업의 새로운 역사를 쓴다. 그는 앞서 살펴본 3인의 거장에 비해 대중들에게 덜 알려졌다. 그렇지만 카피라이팅 하나만큼은 결코 뒤지지 않는 귀재였다. PKL에서 케이닉이 창조한 명작 광고들이 많지만 그중 하나만 살펴보기로 하자. 코티 립스틱 광고다 (《그림 185》).

여성잡지 《코스모폴리탄》에 게재된 이 광고의 헤드라인은 "Before After". 문제를 제시하고 해답을 주는 전

〈그림 184〉
줄리안 케이닉.

형적 문제 해결 소구 방식이다. 사진을 보면 흰색 굵은 활자의 "Before"
아래 나이 들고 못생긴 여인이 립스틱을 바르고 있다. 그리고 오른쪽
"After" 아래엔 붉은 입술을 살짝 벌린 금발 미녀가 요염한 표정을 짓고
있다. 이어지는 서브헤드는 "코티 크림스틱을 바르면 알리스 피어스
가……조이 헤더튼으로 바뀝니다"

핵심 목표 고객은 늘어가는 주름살을 한탄하는 중년 여성. 그들도
립스틱 하나만 바꾸면 젊고 아름다운 꽃미녀로 변신할 수 있다는 뜻이
다. 비주얼과 카피의 조화는 물론 유머와 돌발적 상상력이 돋보인다.

〈그림 185〉 아름다움을 추구하는 여성 타깃의 욕구를 정확하게 포착한 코티 립스틱 광고.

이 작품이 화제를 불러일으킨 것은 목표 소비자의 욕구를 탁월하게 포착했기 때문이다. 나아가 그것에 대한 문제 해결을 적나라할 만큼 정확히 표현했다. 젊고 예뻐지고 싶은 거야말로 여성의 영원한 욕구가 아닌가. 만약 당신이 늘어가는 주름살에 한숨짓는 중년 여인이라 치자. 이 광고에서 과연 쉽게 눈길을 뗄 수 있을까?

2. 파격의 크리에이터, 조지 로이스

그리스 혈통의 이 남자야말로 1960년대의 질풍노도를 대표하는 사람이다. 조지 로이스George Lois(1931~2022)는 뉴욕시 브롱크스에서 화훼 농부의 아들로 태어났다(〈그림 186〉). 프랫 디자인대학을 1년 다니다가 그만두고 여성 아트 디렉터 레바 소키스Reba Sochis 밑에서 일을 한다. 이후 한국전쟁에 육군으로 징집되는데, 제대 후 CBS 방송의 광고판촉 부서에서 근무하다가 1959년 DDB에 입사하게 된다

〈그림 186〉
도전적이고 파격적인 크리에이티브로 명성이 높았던 조지 로이스.

로이스는 도전적인 성품이었다. 말솜씨가 뛰어났고 선동가 기질을

타고났다. 그가 내놓는 아이디어는 업계에서 가장 개방적이었던 DDB 내에서조차 번번이 격한 충돌을 일으킬 만큼 파격적이었다. 자기 크리에이티브를 절대로 양보하지 않는 고집 때문에 동료들과 관계도 별로였다. 함께 일하던 크리에이터들이 "로이스를 자르라!"라고 단체로 사장 윌리엄 번벅을 찾아갈 정도였다. 이때 에피소드가 유명하다. 번벅은 로이스를 옹호하며 이렇게 대꾸를 한다. "자네들 어린애인가? 이 친구는 (전설적 아트 디렉터) 폴 랜드와 밥 게이지를 합쳐놓은 사람이라구."

유독 호흡이 잘 맞던 케이닉과 함께 설립한 PKL은 시대의 첨단을 달리는 독창적 이미지 광고로 선풍을 불러일으켰다. 이 회사는 조사는 제쳐두고 직관과 아이디어에 몰두하는 걸로 유명했다. 본질적으로 DDB의 전통을 잇는 행보였다.

로이스는 DDB를 떠나면서 세계에서 두 번째로 크리에이티브한 대행사를 만들겠다고 떠들고 다녔다. 번벅을 만나서도 똑같은 이야기를 했다. 이때 벌어진 장면을 로이스는 이렇게 회상한다. "내가 떠나겠다고 하자 번벅은 거의 기절할 뻔했어요.······ 말로 번벅을 때린 것 같았지요. 그는 신중한 말투로 이렇게 말하더군요. '그런데 조지, 세상에 둘째가는 대행사란 존재할 수가 없네.'"[84]

PKL은 아트 디렉터가 제작팀에서 핵심 역할을 맡은 역사상 최초의 광고회사였다. 이 회사의 아트 디렉터들은 당대의 로큰롤 스타처럼 인기를 끌었다. 재능 있는 젊은이들이 구름같이 몰려든 것은 당연한 일이었다. 조지 로이스는 1962년부터 1972년까지 유명 남성잡지 《에스콰이어》의 표지를 총 92회나 디자인한 것으로 유명하다. 그중에서 가장

〈그림 187〉
마릴린 먼로를 패러디하여
폭발적 화제를 몰고 온
잡지 《에스콰이어》의 표지.

〈그림 188〉
팝 아티스트와
헤비급 복서의 뜨거운 토론,
브래니프 국제항공 광고.

인기를 끈 것이 1965년 3월호의 마릴린 몬로(를 닮은 모델)가 면도를 하고 있는 표지였다(〈그림 187〉).

그는 1967년에 PKL을 떠나 로이스 홀랜드 캘러웨이Lois, Holland, Callaway사를 설립한다. 그리고 이듬해 광고주로 영입한 브래니프 국제 항공을 통해 또 하나의 히트작을 만든다. "가졌으면 과시해라When You Got It, Flaunt It" 캠페인이다. 특히 팝 아티스트 앤디 워홀과 프로복싱 헤비급 챔피언 출신 소니 리스튼을 출연시킨 광고(〈그림 188〉)가 대단한 화제를 불러일으켰다. 서로 스타일이 전혀 어울리지 않는 유명인 두 사람이 비행기 좌석에서 토론을 벌이는 이 TV 광고는 집행 1년 만에 브래니프의 매출액을 80퍼센트나 증가시켰다.

3. 비교 광고의 강타자, 칼 알리

칼 알리Carl Ally(1924~1999)도 광고 천재의 반열에 들어가야 마땅하다(〈그림 189〉). 그가 세상을 떠났을 때 《뉴욕타임스》 부고 기사의 제목은 "강타자 광고인Hard-Hitting Adman 칼 알리, 74세에 세상을 떠나다"였다.[85] 알리의 주 무기가 사람들의 상식을 깨트리

〈그림 189〉
'에이비스 넘버 투' 캠페인을 잠재운
비교 광고의 명수, 칼 알리.

고 의표를 찌르는 작품이었기 때문이다.

그는 서른여덟 살 되던 1962년 몸담고 있던 PKL을 나와서 아트 디렉터 아밀 가르가노, 카피라이터 짐 듀프리와 함께 회사를 차린다. 자기 이름을 딴 칼 알리사였다. 총광고비 100만 달러의 볼보 자동차가 핵심 광고주였다. 이때부터 비교 광고의 명수로 이름을 떨쳤다.

당시까지만 해도 경쟁사의 이름을 광고에서 직접 거명하지 않는 것이 광고계의 불문율이었다. 알리도 이런 관행을 정면으로 위반하지는 않았다. 하지만 누가 봐도 절묘하고 더욱 강력한 비교 광고를 성공시켰다. 그는 위에서 아래로 내려다보는 부감 샷으로 찍은 한 TV 광고에서 차 지붕에 '볼보'라는 이름을 적어놓았다. 그리고 그 차가 자동차에 관심 있는 사람이라면 외형을 익히 짐작할 수 있는 다섯 가지 경쟁 차종을 훨씬 앞질러 달리는 장면을 보여줬다. 〈그림 190〉은 TV 광고의 해당 장면을 연동시켜 만든 인쇄 광고다. 오른쪽 위, 화면을 찢을 듯 달려나가는 차의 지붕에 'Volvo'라는 글자가 보인다. 헤드라인은 딱 단 한 단어 "Go!" 설명이 필요 없는 아이디어다.

칼 알리에게 결정적 명성을 안겨준 광고를 이야기할 차례다. 다음 장에서 포지셔닝 전략의 선구적 사례로 '에이비스 넘버 투' 캠페인 스토리가 나온다. 렌터카 시장에서 까마득히 뒤처진 2위 브랜드가 절대 강자 허츠Hertz의 철옹성을 뒤흔든 유명한 사례다. 이때 끈질기게 반복되는 후발주자 에이비스의 공격에 1위 브랜드 허츠는 일체 대응을 하지 않았다. 문제는 도전이 시작된 6년이 지나자 허츠의 시장점유율이 15퍼센트나 줄어들었다는 사실이다. 견디다 못한 허츠는 칼 알리에게 요청하여 마침내 반박 광고를 개시한다.

알리가 제안한 것은 정공법이었다. 렌터카 회사는 규모가 크고 대리점이 많을수록 고객에게 유리하다. 미국처럼 땅덩이 넓은 나라에서는 더 그렇다. 장거리 여행 시 항공편을 이용하는 특성상 다른 도시에 도착해서 일을 마친 후 자동차를 반납할 때 훨씬 편리하기 때문이다. 회사가 크기 때문에 다양한 차종을 선택할 수 있다는 것도 장점이다. 칼 알리는 에둘러가지 않았다. 에이비스에 비교한 허츠의 이처럼 다양하

〈그림 190〉
칼 알리의 볼보 광고.
비교 광고의
진수를 보여준다.

고 우월적인 편익을 직접적이고 공격적으로 전달했다. 〈그림 191〉이
그것이다.

당시 에이비스는 줄곧 손가락 두 개를 써서 자신이 넘버 투라는 포지
셔닝을 강조했다.[86] 이에 대응하여 허츠는 손가락 하나를 우뚝 세운 광
고를 내보냈다. 렌터카 시장의 확고부동한 넘버원은 자신이라는 사실
을 강조한 것이다. 그리고 1위이기 때문에 제공할 수 있는 더욱 폭넓은
혜택을 확실하게 설명한다. 이 강펀치를 통해 비로소 허츠의 점유율 하
락이 멈추게 되었다.

〈그림 191〉 에이비스 '넘버 투' 캠페인의 기세를 잠재운 칼 알리의 반박 광고.

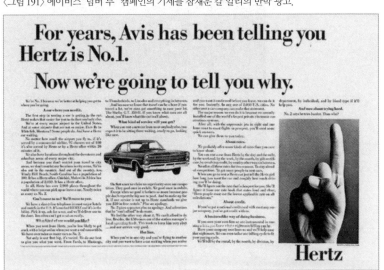

4. "I ♥ NY"을 낳은
메리 웰스 로렌스

1960년대의 대표적 여성 광고인을 꼽으라면 두말할 것도 없이 메리 웰스 로렌스Mary Wells Lawrence(1928~)다(《그림 192》). 미국 광고계의 대모라 불렸을 정도이니 말이다. 데보라 모리슨은 메리 웰스 로렌스가 미국 문화의 지평선과 광고의 모습을 새롭게 바꿨다고까지 평가한다.[87]

오하이오주 영스타운에서 태어난 그녀는 다섯 살 때부터 배우의 꿈을 꾸었다. TV 광고 분야에서 성공을 거둔 까닭을 어릴 때부터 연기, 영화, 무대 발성법 훈련에 익숙했기 때문이라고 스스로 설명할 정도다. 카네기 공대에서 연기를 전공했는데 꿈을 이루지는 못한다. 그래서 1952년 뉴욕으로 와서 메이시 백화점 카피라이터로 사회생활을 시작한다. 매캔 에릭슨을 거쳐 1957년 DDB에 입사한 것이 그녀의 인생에 분수령이 되었다. 처음에는 자유분방한 회사 분위기에 적응이 서툴렀다. 하지만 금방 윌리엄 번벅의 신임을 얻어서 대활약을 펼치기 시작한다.

DDB를 대표하는 크리에이터 중 한 명이었지만 그녀의 진짜 재

〈그림 192〉
미국 광고계의 대모라 불린
메리 웰스 로렌스.

능은 다른 회사에서 꽃피어난다. 1964년 메리 웰스 로렌스는 마리온 하퍼의 권유를 받아들여 인터퍼블릭Interpublic 산하의 잭 팅커 앤 파트너스Jack Tinker & Partners로 회사를 옮긴다. 이곳에서 그녀의 이름을 만천하에 떨친 TV 광고 캠페인이 태어난다. 소화제 알카셀처 광고다(〈그림 193〉).

당시의 약품 광고는 사람들이 느끼는 통증과 불편한 증상에 초점을 맞췄다. 그런 다음에 약이 증상을 완화시키는 장면을 보여주는 게 정석이었다. 로렌스는 사람들의 주목과 흥미를 이끌어내기 위해서는 약

〈그림 193〉
알카셀처 잡지 광고.
광고를 즐거운 오락의
수단으로 승화시켰다.

광고를 오락거리처럼 만들어야 한다 생각했다. 완전한 역발상이었다. 새로운 광고에서 알카셀처는 음식, 과로, 음료 섭취 후에 생기는 모든 종류의 불쾌한 증상을 없애주는 소화제로 표현되었다. 단, 아주 재미있고 유쾌하게.

총 16편의 TV 광고 시리즈가 전개되었다. 스토리는 이렇다. 먼저 알카셀처가 필요한 사람들 모습을 보여준다. 그리고 "당신의 위장 모습이 어떤가에 상관없이 속을 편안하게 해준다"는 슬로건을 던진다. 핵심 장면은 알카셀처 정제 두 알이 유리컵 속에 빠져서 거품을 내며 빠르게 녹는 모습. 이어서 당대의 유행어가 된 "퐁당퐁당 쉬익쉬익 plop plop, fizz, fizz"이란 징글jingle이 따라 나온다. 약 광고라기보다는 초단편 드라마 같은 느낌이었다. 제약 마케팅 역사에 기록될 대성공이 문을 연 것이다.

그녀의 미모는 사진기자들의 단골 촬영 대상이었다. 그래서 붙여진 별명이 "저 작은 금발 폭탄That little blonde bomber." 하지만 아름다운 얼굴보다 더 중요한 것은 번쩍이는 두뇌였다. 1966년이 되면 웰스 리치 그린Wells, Rich, Greene이란 이름의 자기 회사를 설립한다. 이때부터 그녀의 영향력은 광고를 넘어 문화계 전반으로 확대된다.

메리 웰스 로렌스의 작품은 전통적 의미의 광고에 머무르지 않았다. 광고 표현에 음악, 패션, 팝아트[88] 등이 접목되는 완전히 새로운 영역을 개척했다. 그녀의 마법을 통과하면서 광고는 단순한 마케팅 수단을 넘어 입체적이고 오락적인 위상을 구축하게 되었다. 21세기에 본격화되는 문화적 혼종hybrid으로서 광고를 일찌감치 선도한 셈이다. 이러한 선구적 업적에 걸맞게 그녀의 연봉은 1970년대 중반이 되면 30만 달러에 달한다. 전 세계 모든 여성 광고인들 중에 제일 높은 몸값이었다.

　메리 웰스 로렌스의 또 다른 대표작은 뉴욕의 도시 브랜드 캠페인이다. 1977년 뉴욕 관광 프로모션을 위해 웰스 리치 그린사가 전개한 "I Love New York(일명 I ♥ NY)"이 그것이다(〈그림 194〉). 그녀의 진두지휘 아래 태어난 이 심볼 로고를 다들 한 번쯤은 보았을 거다. 이 전설적 아이콘이 태어난 스토리가 재미있다. 팀원들이 회의실에 모여 끙끙대며 아이디어를 짜내고 있는데, 디자이너 밀턴 글레이저Milton

〈그림 194〉 도시 마케팅의 분기점을 만든 "I ♥ New York" 캠페인 심볼 로고.

Glaser가 주머니에서 구겨진 종이조각을 하나 꺼냈다. 그리고 거기 그려진 그림 하나를 보여주었다. 빨간색 하트 표시로 "Love"란 단어를 대신한 심볼 로고였다. 뉴욕을 환골탈태시킨 "I ♥ NY" 캠페인의 시작이었다.

'아이 러브 뉴욕' 캠페인은 발표 즉시 놀라운 주목을 받는다. 뉴욕은 전통적으로 금융과 무역의 도시였지만 못지않게 유명한 것이 관광산업이었다. 문제는 1970년대 중반을 넘어서면서 범죄와 폭력의 만연으로 도시 이미지가 황폐해져버렸다는 거다. 10년 연속으로 관광 수입이 제자리걸음을 기록했을 정도다.

하지만 범죄 예방을 위한 강력한 행정정책과 결합된 '아이 러브 뉴욕' 캠페인이 개시되자 급반전이 일어난다. 관광객이 다시 몰려들기 시작한 것이다. 1년 후 관광 수입이 무려 1억 4,000만 달러나 늘어났고, 도시 이미지가 밝고 건강하게 바뀌었다. 이 심볼 로고는 곧 뉴욕을 상징하는 트레이드 마크가 되었다. 그리고 세계 여러 도시에서 수많은 모방작을 탄생시키게 된다.

There's no cola like The Uncola

Because The Uncola was made to
go the colas one better.
Fresh, clean taste.
No after taste. Never too sweet.
Gets down to a thirst
like no cola can.
7UP®...The Uncola.
Un in a million.

불황이 오면 매출액 대비 광고효과에 대한 광고주들의
요구가 커진다. 독창성을 전면에 내세우기보다는 직접
제품 판매에 기여하는 하드 셀 득세가 그 때문에 일어난다.
또한 재미는 없지만 경쟁제품에 대한 공격성만큼은
탁월한 비교 광고가 성행하게 된다. 1970년대가 그랬다.
제4차 중동전쟁이 촉발한 오일쇼크와
뒤따른 경기불황이 세계를 강타했다.
이에 따라 제2차 대전 이후 지속되던 고도성장이 막을 내리고
세계 경제가 급속한 침체에 빠져든다.
가격, 제품 효용, 사용가치를 강조하는 하
드 셀 시대가 다시 열렸다. 감각적 카피와
기발한 비주얼로 반짝이던 소프트 셀이 자취를 감췄다.
경제불황의 소나기가 크리에이티브 혁명의 불길을
삽시간에 꺼트린 것이다. 시장에서는 기업 생존을 위한
치열한 마케팅 전쟁이 펼쳐졌다. 이 전쟁터에서는
지금까지 보지 못하던 새로운 무기가 등장한다.
바로 포지셔닝 이론positioning theory이다.

23장

다시 하드 셀의 시대가 돌아오다

1. 오일쇼크와 광고환경의 변화

1973년 10월 6일 이집트–시리아 연합군과 이스라엘 사이에 제4차 중동전쟁이 발발한다. 이 전쟁에서 미국과 서방의 노골적 이스라엘 지원에 분노한 사우디아라비아, 이라크, 이란 등 석유수출국기구OPEC 아랍 회원국들이 원유 수출을 전면 중단했다. 뒤이어 베네수엘라, 인도네시아, 나이지리아, 소련까지 가세하여 대대적 원유 가격 인상을 단행한다. 그 결과 1974년 4월 배럴당 2.9달러였던 원유 수출 가격이 3개월 만에 11달러로 폭등했다. 공황적 경제불황이 세계를 강타했다. 이것이 제1차 오일쇼크다.

오일쇼크는 세계 경제를 유례없는 스태그플레이션[1]으로 몰아갔다. 수입 원유에 산업 근간을 의지하는 서구 국가들에 원유 가격 폭등은 하나의 악몽이었다. 상품 제조 원가와 수송 비용 증가로 제품 가격이 치솟았다. 이로 인해 발생한 판매 부진, 재고 급증, 생산 위축이 조업 중단과 노동자 해고로 이어진다. 불황, 물가 급등, 실업률 증가의 세 가지 악재가 동시에 발생한 것이다.

미국의 경우 1975년 3월이 되면 산업생산지수가 전년 대비 13퍼센트나 추락한다. 반대로 소비자 물가는 한 해 동안 12퍼센트나 오른다. 실업률 또한 1973년 5퍼센트 수준에서 1975년 중반이 되면 9퍼센트로 치솟는다. 대공황 이후 최악의 실업률이었다. 이것이 제2차 세계대전 이후 30여 년 가까이 전개된 서구 자본주의 고도성장의 막을 내리는 핵심 원인을 제공했다. 그리고 1970년대 말 레이건과 대처의 신자유주의가 태어날 싹을 뿌린다.

오일쇼크는 세계 경제, 정치, 사회, 문화 전역에 걸쳐 영향을 미쳤다. 예를 들어 100퍼센트 원유 수입에 의존하던 일본의 경우 밤거리의 네온사인까지 모두 스위치를 내릴 정도로 초긴축이 시작되었다. 그동안 흥청망청 기름을 낭비하던 미국은 충격이 더 컸다. 제조업 쇠퇴와 직업 구조에까지 파급효과를 미친다.

자동차산업이 대표적이었다. 이 분야는 부품 제조, 차량 판매, 정비, 할부금융, 보험을 망라하는 대표적 전후방 연관산업이다. 자동차의 판매 부진이 해당 산업을 넘어 철강, 유리, 고무산업 등에 연쇄 충격을 준 것은 그 때문이었다. 최대 자동차회사 제너럴 모터스는 판매 부진을 이기지 못해 3만 8,000명에 달하는 노동자를 일시에 해고해야 했다. 주력 산업에서 대량 해고가 일어나자 공장 노동자들이 생존을 위해 패스트푸드점, 주유소 등의 소규모 서비스 업종에 다시 취업해서 저임금에 시달리며 생계를 이어가는 현상이 발생한다.

원유 수입 중단으로 휘발유 가격이 1년 사이 무려 3.5배나 올랐다. 기름을 하루라도 먼저 넣으려는 차량들이 주유소에서 장사진을 이뤘고 가격 인상을 견디지 못한 주유소 주인들이 대거 폐업에 돌입했다. 자동차 번호의 홀수, 짝수에 따라 기름을 넣는 제도가 도입되었고, 심지어는 고속도로 최고 운전속도를 시속 55마일(88킬로미터)로 묶는 주도 나왔다. 겨울이 오자 수많은 공공 및 민간 시설이 난방유 절약을 위해 폐쇄되기도 했다.

불황 국면은 당대의 광고에도 뚜렷한 흔적을 남긴다. 사례로 1975년 집행된 미국광고위원회Ad Council의 공익 광고를 보자(《그림 195》). 헤드라인은 "기름을 낭비하지 맙시다Don't Be Fuelish!" "바보가 되지 마라Don't Be Foolish!"라는 문장을 재치 있게 패러디했다. 고유가 시대에 자동차 속도를 시속 80킬로미터 이상 올리는 건 멍청이나 하는 행동이라는 거다.

광고산업도 결정적 타격을 받았다. 경기가 얼어붙자 기업들이 가장 우선적으로 광고비 지출을 줄였기 때문이다. 업계 1위인 JWT을 비롯하여 영 앤 루비컴, 오길비 앤 매더, 매캔 에릭슨 등 거대 대행사들의 취급고가 급속히 감소하기 시작했다. 실력파 크리에이터들이 독립하여 크리에이티브 중심 광고회사를 설립하던 1960년대의 붐이 삽시간에 사라졌다. 오히려 경영난을 못 이긴 중소 규모 회사들이 대형 광고회사에 흡수 합병되는 바람이 불었다.

〈그림 195〉
오일쇼크 시대의 분위기를 그대로 보여주는
에너지 절약 공익 광고.

2. 포지셔닝 이론의 등장

1_새로운 하드 셀 전략이 태어나다

1970년대 중후반의 극심한 불황을 예견이라도 한 듯 나타난 전략이 포지셔닝 이론이다. 그리고 오늘날까지도 마케팅과 광고 영역에서 중요한 자리를 차지하고 있다. 포지셔닝 하면 떠오르는 인물이 알 리스Al Ries와 잭 트라우트Jack Trout다(〈그림 196〉). 해당 명칭 자체가 1969년 알 리스가 발표한 〈광고에 있어 포지셔닝의 개념〉이란 논문에서 출발했다. 그리고

〈그림 196〉
포지셔닝 이론을 창안하고
확산시킨 두 사람,
잭 트라우트(왼쪽)와
알 리스.

그가 잭 트라우트와 힘을 합쳐 이 이론을 심화 발전시켰기 때문이다.

1926년생인 알 리스는 드퓨대학을 졸업하고 제너럴 일렉트릭 광고 부서에서 일을 시작했다. 그리고 1963년 뉴욕에서 자기 광고회사를 차리는데, 나중에 이 회사는 잭 트라우트와 힘을 합쳐 마케팅 전략 컨설팅 회사 트라우트 앤 리스Trout & Ries로 이름을 바꾼다. 리스는 1972년 4월 《애드버타이징 에이지》에 3건의 시리즈 기사를 썼다.[2] 〈포지셔닝 시대Positioning Era〉라는 이 연재 글이 포지셔닝 이론의 출범을 알리는 나팔 소리였다.

이 기사를 통해 그는 "오늘날 크리에이티브는 죽었다. 이제부터 매디슨 애비뉴의 핵심 흐름은 포지셔닝이다"라고 선언했다. 이후 리스는 10여 년간 트라우트와 함께 16개국을 돌면서 500회가 넘는 강연을 한다. 포지셔닝의 창조주이자 전도사 역할을 자처한 것이다. 그는 1999년 《피알 위크 매거진PR Week magazine》에 의해 20세기 PR 분야에서 가장 영향력 있는 인물로 뽑혔다. 그리고 2016년 '마케팅 명예의 전당'에 헌액되었다.

잭 트라우트는 아이오나대학Iona College 졸업 후 제너럴 일렉트릭에서 직장생활을 시작했다. 리스의 직장 후배인 셈이다. 이후 유니로얄의 광고매니저로 옮겼다가 알 리스가 설립한 회사에 참여했다. 그는 리스보다 나이가 아홉 살 아래다. 하지만 확고부동한 파트너가 되어 이후 26년간 함께 회사를 운영한다. 나중에는 마케팅 전략 회사 트라우트 앤 파트너스를 독자적으로 설립하여 회장이 된다. 이 회사의 고객 명단은 AT&T, 애플, 시티코프, 제너럴 일렉트릭, 휴렛패커드, IBM, 화이자, 프록터 앤 갬블, 제록스 등 거대 다국적 회사들이었다. 트라우트는 카피라이팅에도 뛰어난 재능을 보였다. 파파 존스 피자의 슬로건인 "더 나은 재료, 더 나은 피자better ingredients, better pizza"가 그의 대표작이다. 2002년에는 이라크 전쟁 후 미 국무부와 함께 국가 이미지를 개선하기 위한 '브랜드 아메리카 캠페인'을 진행하기도 했다.

사실 포지셔닝 개념이 하늘에서 뚝 떨어진 것은 아니다. 이미 1950년대부터 미국 식품업계의 치열한 시장경쟁을 통해 자연발생적으로 태어났다. 그러한 실무적 배경을 기초로 리스와 트라우트가 새로운 가치를 정립하여 그것을 이론화시킨 것이다.

두 사람은 포지셔닝을 적극적 판매 지향sell-oriented 전략으로 규정한다. 그리고 오일쇼크 이후 포지셔닝 이론이 광고업계의 폭발적 인기를 끌게 된 이유를 "창조적이 되는 것, 즉 고객들의 기존 마인드에 없는 어떤 새로운 것을 만들어내는 일이 과거에 비해 점점 어려워지고 있기 때문"이라 설명한다.[3]

2_포지셔닝이란 무엇인가

학계와 광고 현업을 통틀어 포지셔닝이란 용어는 매우 다양한 의미로 쓰인다. 하지만 보편적으로는 "경쟁제품과 비교를 통해 우리 제품을 연구·분석한 다음 제품의 차별적 기능, 장점, 특징을 발견하고 이것을 소비자 마음속에 유리하게 위치시키는 방법"이라 정의할 수 있다. 이 전략이 자사 제품의 경쟁 우위적 편익을 통해 상대방의 약점을 파고드는 비교 소구를 활발히 사용하는 것이 그 때문이다.

포지셔닝 이론이 본격화된 것은 극도의 불황 아래 브랜드 간 경쟁이 유례없이 치열한 시기였다. 이런 시장환경에서 광고는 독창적 아이디어나 심미적 접근과는 상관없이 오직 경쟁에서 이기기 위한 소비자 심리 장악에 목표를 두었다. 리스와 트라우트가 자신들의 또 다른 베스트셀러에《마케팅 전쟁*Marketing Warfare*》이란 이름을 붙인 까닭이 여기에 있다.

포지셔닝 개념을 가장 명쾌하게 설명한 것은 1981년에 초판이 나온 알 리스와 잭 트라우트의 공저《포지셔닝: 당신의 마음을 향한 전투 *Positioning: The Battle for Your Mind*》다.[4] 현대 마케팅의 고전 반열에 올라선 이 책에는 포지셔닝 개념과 실행 전략, 유명 기업들의 포지셔닝 성공 및 실패 사례가 흥미롭게 기술되어 있다. 펩시콜라는 왜 코카콜라를 따라잡을 수 없는가. 타이레놀, 마이크로소프트, 렉서스, 말보로, 시바스 리갈, 몬산토, 알카셀처 등은 어떻게 세계적 브랜드로 위치를 굳혔는지 그 이유가 밝혀진다. 벨기에의 국가 포지셔닝, 가톨릭교회의 종교 포지셔닝에 이르기까지 폭넓고 다양한 적용 사례가 설명된다.

트라우트와 리스는 이 책에서 광고에 사용되는 포지셔닝을 ① 업계 리더의 포지셔닝, ② 추격자의 포지셔닝, ③ 경쟁 상대에 대한 재포지셔닝의 세 가지로 분류한다. 광고 및 마케팅 현장에서는 해당 분류를 더욱 세분화시켜 ① 제품 속성에 기초한 포지셔닝, ② 사용 상황에 기초한 포지셔닝, ③ 제품군에 의한 포지셔닝, ④ 사용소비자에 기초한 포지셔닝, ⑤ 경쟁에 기초한 포지셔닝으로 나누기도 한다.

두 사람에 따르면 포지셔닝은 "잠재고객의 마음속에 해당 상품의 위치를 가장 효과적으로 각인시키는 방법"이다. 이것이 왜 중요한가? 현대가 커뮤니케이션 과잉 사회이기 때문이다. 미디어 및 광고 메시지의 절대 숫자가 폭증했기 때문에, 소비자 주의집중이 방해되는 광고 클러터advertising clutter[5] 현상이 일상화된 것이다. 이 같은 메시지 홍수 속에서 소비자들은 개인적으로 중요하거나 이해관계가 큰 정보에만 선택적으로 주의를 기울이고 나머지는 무시하는 성향이 강해진다. 이것이 바로 선택적 주목selective attention이다. 자신이 기존에 지니고 있던 인식에 부합하는 정보만 선택해서 받아들이고 나머지는 모두 차단해버리는 인지적 습관을 말한다.

이 점에서 현대인들은 모두 외부 정보를 찾고 이해하는 데 필요한 에너지 소모를 거부하는 인지적 구두쇠cognitive miser라고 할 수 있다. 광고에 대해서 특히 그렇다. 내용을 요모조모 따져보는 것 자체를 싫어한다. 대신에 이미 잘 알고 있는 제품을 습관적으로 선택한다. 그게 아니면 광고에 등장한 매력적 모델이나 음악, 기발한 아이디어 등 복잡한 추리가 필요 없는 간단한 단서에 의존해서 제품 구입을 결정한다.[6] 리스와 트라우트는 소비자들의 이런 심리를 "그런 이야기로 나를 혼란스럽게 하지 마, 내 마음은 이미 정해졌어"라는 문장으로 묘사한다.

그 같은 난관을 돌파하기 위해서는 어떻게 해야 하는가. 두 사람은 전통적 리즌 와이에서 강조되던 제품 편익 강조 일변도에서 벗어나라고 강조한다. 발신자 입장이 아니라 수신자 입장에서 메시지를 간결하고 명확하게 만들라는 것이다. 이를 통해 소비자 마음속에 자기 브랜드를 강하고 뚜렷하게 자리 잡게 만드는 전략, 이것이 포지셔닝이다.[7]

포지션position이란 단어를 사전에서 찾아보면 먼저 명사로서 "위치, 장소, 입장, 처지, 상태, 지위, 신분"을 뜻한다. 동사로는 "~을 적당한 위치에 놓다, ~의 위치를 정하다"라고 정의된다. 여기서 말하는 위치는 경쟁 브랜드들 속에서 소비자들이 우리 제품을 어떻게 인식하는가를 뜻하는 '마음속의 위치'임을 기억해야 한다. 리스와 트라우트는 이 같은 위치를 자리 잡게 하는 가장 효과적 전략으로 '첫 번째' 혹은 '최초'를 강조해야 한다고 말한다. 시장에서 경쟁하는 브랜드 숫자가 워낙 많기 때문에, 사람들이 인지적 에너지를 덜 사용하려고 마음속에 미리 제품과 브랜드에 대한 순위를 매겨놓기 때문이다. 그 때문에 일단 특정 제품에 대한 마음속 위치가 첫 번째로 자리 잡게 되면 그것을 바꾸기가 매우 어렵게 된다.

이 관점에서 소비자 마음속에는 제품군별로 하나씩 사다리가 있다고 두 사람은 가정한다. 일종의 '인식의 사다리'다.[8] 예를 들어 청량음료군#의 사다리, 스포츠화군의 사다리, 스마트폰군의 사다리 같은 것이 되겠다. 이들 사다리의 각 한 칸 한 칸을 특정 브랜드가 차지하고 있는 거다. 청량음료군의 사다리 맨 위에는 무엇이 있을까. 청량음료 하면 어떤 브랜드가 가장 먼저 떠오르는가를 찾으면 된다. 코카콜라다. 바로 아래 두 번째 칸에는 펩시콜라가 있을 것이다. 스마트폰은? 아마도 맨 위 칸에 아이폰이 있고 아래 칸에 삼성 갤럭시가 있을 거다. 이런 식으로 모든 제품군에는 각각의 사다리가 존재한다.

사다리 맨 위에 있는 1등 브랜드는 모든 면에서 유리하다. 브랜드 인지도나 선호도는 물론이다. 매출이 가장 많으니 당연히 마케팅과 광고 비용도 가장 많이 쓴다. 이런 상황에서 후발주자들은 어떻게 선두를 따라잡을 수 있는가. 포지셔닝 이론은 다음과 같은 해답을 제시한다. 소비자 마인드 속에 '새로운 인식의 사다리'를 만들라고.

이해가 쉽도록 구체적 사례를 들어보겠다. 세계에서 제일 높은 산은 히말라야의 에베레스트다. 어릴 적부터 반복해서 들어왔기에 '높은 산' 하면 가장 먼저 떠오른다. 사다리의 첫 번째 칸에 에베레스트가 있는 것이다. 등반에 관심 있는 사람이라면 두 번째 높은 산도 기억한다. 카라코룸산맥에 있는 K2다.

자, 그러면 지금부터 여러분이 '자신의 산'을 팔아야 한다고 치자. 문제는 그 산이 그냥 동네 뒷산이라는 거다. 이 산은 세계에서 몇 번째로 높은 산일까? 78만 9,232번째? 아무도 모르고 관심도 없다. 이 난제를 어떻게 풀 수 있을까?

포지셔닝 이론은 새로운 사다리를 만들라고 조언한다. '높이'라는 통상적인 '인식의 사다리'에서 아등바등 경쟁을 펼치지 말라는 것이다. 그 기준을 훌쩍 벗어나서 소비자 마음속에 새로운 '인식의 사다리'를 만들면 된다. 그리고 맨 위 칸에 여러분의 산을 위치시키는 것이다. 구체적으로 어떻게?

우리 동네 뒷산을 "세상에서 장미꽃이 가장 아름다운 산"으로 포지셔닝하면 된다. 굳이 높이로만 승부할 필요가 어디 있는가. 그것은 편견이다. 우리 브랜드가 가장 자신 있는 새로운 인식의 사다리를 만들어 그 맨 위 칸에 위치시키면 된다. 이것이 마케팅 전쟁 상황에서 선두를 추격하는 후발주자가 소비자 마음속에 자신의 위치를 각인시키는 가장 강력한 무기, 포지셔닝이다. 트라우트와 리스가 자신들의 책《포지셔닝》에서 다음과 같은 헌사를 바쳤던 이유가 그 때문이다. "세계 각국의 각 지역에서 2위 그룹에 속해 있는 광고대행사에 이 책을 바친다."

3_에이비스 '넘버 투'

많은 광고 교과서에서 역사상 최초의 성공적 포지셔닝 사례로 드는 것이, DDB가 1962년부터 전개한 에이비스Avis 렌터카의 '넘버 투' 캠페인이다. 리스와 트라우트는 이 캠페인을 선두주자에 대항하는 포지셔닝의 대표적 사례로 들면서 '대항의 포지셔닝'이란 이름을 붙였다. 렌터카 업계 2위 에이비스가 1위 허츠를 공격하여 곤경에 빠트렸기 때문이다. 포지셔닝 이론이 구체화되기 10여 년 전에 시작된 이 광고는 시대를 앞서가는 윌리엄 번벅의 천재성을 보여주는 증거이기도 하다.

에이비스가 '넘버 2' 캠페인을 시작하던 해 미국의 렌터카 업계는 허츠가 60퍼센트란 압도적 시장점유율을 차지하고 있었다. 남은 40퍼센트를 놓고 나머지 수백 개 업체들이 시장쟁탈전을 벌이는 형편이었다. 에이비스는 허츠와는 현격한 차이를 보이는 2위였다. 게다가 무려 13년간 적자가 계속되고 있었다. 새로운 캠페인이 시작된 1962년만 해도 적자 규모가 125만 달러에 달했다.

이런 절체절명의 시점에 아메리칸 익스프레스 부사장을 지낸 로버트 타운젠드가 구원투수로 등장한다. 에이비스 CEO로 취임한 그는 위기 타개를 위한 마지막 카드를 붙잡는다. 광고계의 스타 윌리엄 번벅을 찾아온 것이다.[9] 이때 번벅은 총 100만 달러 광고 예산으로 1위 허츠가 지출하는 500만 달러 이상 광고비 효과를 만들어내겠다는 약속을 한다. 그러면서 특이한 조건을 내걸었다. 자기들이 내놓는 카피와 비주얼 아이디어에 일체 간섭하지 말라는 것이었다. 오만할 정도의 자신감이었다. 발등에 불이 떨어진 타운젠트는 이를 수락하게 된다. 그렇게 해서 탄생한 캠페인의 1탄이 아래에 나와 있다(《그림 197》).

우선 눈에 띄는 것은 광고가 심플하다는 점이다. 손가락으로 넘버 2를 표시하는 비주얼, 그리고 카피라이터 폴라 그린이 쓴 "에이비스는

Avis is only No.2 in rent a cars. So why go with us?

We try harder.
(When you're not the biggest, you have to.)
We just can't afford dirty ash-trays. Or half-empty gas tanks. Or worn wipers. Or unwashed cars. Or low tires. Or anything less than seat-adjusters that adjust. Heaters that heat. Defrost-ers that defrost.
Obviously, the thing we try hardest for is just to be nice. To start you out right with a new car, like a lively, super-torque Ford, and a pleasant smile. To know, say, where you get a good pastrami sandwich in Duluth.
Why?
Because we can't afford to take you for granted.
Go with us next time.
The line at our counter is shorter.

Avis is only No.2 in rent a cars. So why go with us?

We try damned hard.
(When you're not the biggest, you have to.)
We just can't afford dirty ash-trays. Or half-empty gas tanks. Or worn wipers. Or unwashed cars. Or low tires. Or anything less than seat-adjusters that adjust. Heaters that heat. Defrost-ers that defrost.
Obviously, the thing we try hardest for is just to be nice. To start you out right with a new car, like a lively, super-torque Ford, and a pleasant smile. To know, say, where you get a good pastrami sandwich in Duluth.
Why?
Because we can't afford to take you for granted.
Go with us next time.
The line at our counter is shorter.

〈그림 197〉
포지셔닝 전략의 교과서로 불리는
에이비스 '넘버 투' 캠페인 첫 탄.

〈그림 198〉
잡지사의 거절 때문에
카피를 바꾼 광고,
"우리는 빌어먹을 만치 열심히 일합니다."

렌터카 중에서 고작 2등일 뿐입니다. 그런데 왜 저희를 이용해주셔야 할까요?'라는 헤드라인이 관심을 끈다. DDB의 주특기 가운데 하나인 호기심과 역설적 주목을 노린 시도다. 이어지는 바디 카피의 첫마디는, (밥 레븐슨도 지적하듯이 사실은 이것이 광고 주장의 핵심인데) "우리 는 더 열심히 일합니다We try harder."

   모험적인 발상이다. 이 같은 2인자 규정은 자칫 오도 가도 못 할 패 배자로 스스로를 낙인찍는 것 아닌가라는 반응이 DDB 내부에서부터 나왔다. 하도 비판이 강해서 DDB는 집행 전에 미리 광고에 대한 소비 자 반응을 조사했다. 응답자 중 절반이 부정적 반응을 보였다. 논란이 더욱 커지자 윌리엄 번벅이 다음과 같은 최종 결론을 내렸다. "그 말은 사람들 중에 절반은 좋아한다는 거잖아. 밀어붙여!"[10]

   에이비스는 캠페인에서 경쟁 브랜드인 허츠의 이름을 일절 거명하지 않았다. 그저 스스로를 2위라고만 포지셔닝했다. 하지만 광고를 보는 소비자들 마음속에는 에이비스 브랜드는 언제나 사다리 맨 위 칸의 1위 허츠와 연결되어 떠올랐다. "더 열심히 일합니다"란 말이 도대체 누구 보다 더 열심히 일한다는 말인가? 당연히 허츠였다. 주간지 《타임》이 DDB에서 만든 이 첫 번째 광고를 두고, 허츠를 공격하는 비교 광고라 고 지적하고 게재를 거절한 것이 그래서였다. 다른 잡지들도 뒤따랐다.

   사태가 이렇게 흘러가자 DDB의 담당 AE가 당황했다. 그래서 결국 제작팀을 설득하여 바디 카피 첫 줄을 "우리는 지독히 열심히 일합니 다We try damned hard"로 수정했다. 어쨌든 광고 게재는 해야 하니까 말 이다. 'damned'란 단어를 '지독히'라고 번역했지만 사실은 '빌어먹을 만치'란 뜻을 지닌 비속어다. 그런데도 이런 표현이 '더 열심히harder'라는 비교급보다 차라리 공격성이 덜하다고 생각한 모양이다. 〈그림 198〉이 그렇게 해서 나온 수정 광고다.

상황이 다시 반전된 것은 게재 취소 직후 《타임》 지가 생각을 바꾸어 원래의 광고를 받아들이기로 결정했다는 사실이다. 헤드라인, 메인 비주얼, 레이아웃은 똑같고 바디 카피 첫마디만 다른 '에이비스 넘버투' 런칭 광고의 두 가지 판본이 동시에 전해지는 것은 그 때문이다.[11]

광고는 압도적 화제를 불러일으켰다. 1등만 좋아하는 것이 소비자 심리라고 생각하기 쉽다. 하지만 반드시 그렇지는 않다. 2등이기 때문에 더 열심히 일하고 더 좋은 서비스를 제공하겠다는 호소가 오히려 먹히는 경우도 있다. 강자보다 약자에게 동정심을 보이는 것이 인지상정 아닌가. 넘버 투 캠페인은 그 같은 보편적 동정심을 절묘하게 이용했다.

첫 광고가 나간 지 2개월 만에 에이비스는 흑자로 돌아서기 시작했다. 당해 연도 기준으로 120만 달러 이익이 났다. 캠페인 4년이 지난 후 마침내 렌터카 1등 브랜드 허츠의 시장점유율을 60퍼센트에서 45퍼센트로 끌어내리는 데 성공한다. 마케팅 역사에 남을 성공이었다.

많은 회사가 자신을 최고와 최상이라고 강조하고 싶어 한다. 스스로 2위라 인정하는 것은 바보나 할 짓이라 생각한다. 그러나 DDB는 통쾌한 역발상으로 그 같은 상식을 뒤집었다. 1위 허츠와 뚜렷이 구별되는 2위의 위치를 소비자 마음에 각인시켰다. 동시에 1위를 따라잡기 위해 더 열심히 노력한다는 사실을 강조함으로써 에이비스의 위치를 확고하게 포지셔닝한 것이다.

에이비스의 넘버 투 캠페인은 세련된 비교 소구와 더불어 포지셔닝의 진수를 보여줬다고 평가된다. 하지만 이 행복한 이야기 뒤에는 쓰라린 비극도 있다. 타운젠드가 CEO에서 물러나고 ITT에 회사가 팔린 후 새로운 에이비스 경영진은 기존의 '넘버 투' 포지셔닝 전략을 버리고 엉뚱한 선택을 한다. 그때까지 펼친 캠페인은 기존 렌터카 시장 인식의 사다리를 벗어나, '2위의 사다리'를 만들고 그 맨 위 칸에 에이비스를 위치시켰다. 이를 통해 소비자 마인드 속에 '더 열심히 뛰고 노력하는' 에이비스만의 자리를 구축한 것이 성공 비결이었다. 하지만 성공의 도취감이 그 같은 기본적 전제를 망각하게 만들었다.

리스와 트라우트는 "자신을 성공하게 만들어준 것을 망각하는Forget

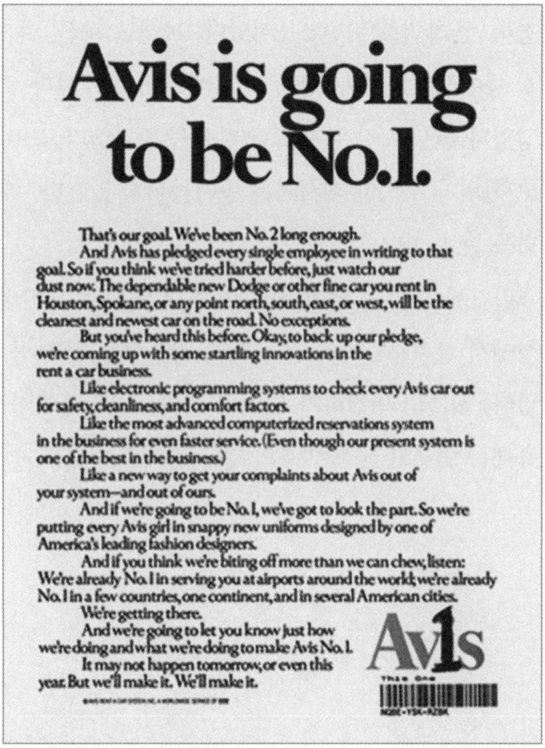

〈그림 199〉
FWMTS의 전형적 사례,
"에이비스는 1위가
되려고 합니다" 광고.

What Made Them Successful"이 같은 현상을 단어 앞머리 문자를 따서 'FWMTS의 함정'이라 부른다.[12] 포지셔닝이 성공하려면 세월이 흘러도 지속적으로 포지션을 고수하는 일관성이 필요한데 에이비스는 그것을 거부한 것이다. 더 이상 렌터카 시장 2위로만 만족하기보다는 1위 허츠의 아성을 무너뜨리겠다는 야심을 품었다. 그래서 나온 결과물이 〈그림 199〉의 '에이비스 넘버 원' 광고다.

경영진의 희망과 의욕은 높이 살 만하다. 그러나 이런 유형의 광고는 그때까지 에이비스가 구축한 소비자 마음속 포지셔닝과 완전히 배치되는 것이었다. 아무리 허츠와 점유율 차이를 줄였다 해도 에이비스는 여전히 큰 차이로 뒤진 2등이었다. 브랜드 자산, 마케팅 여력, 소비자 선호 등에서 정면승부 상대가 되려면 아직 멀었다. 그런데도 에이비스의 경영자들은 그 같은 자기 포지션을 망각했다. 소비자들은 이런 과장되고 신뢰가 부족한 메시지는 받아들이지 않는다. 에이비스는 스스로 무덤을 판 셈이다.

위기에 몰렸던 넘버 원 허츠 입장에서는 오히려 바라던 바였다. 앞 장에서 살펴보았듯이 칼 알리가 만든 강력한 대응 비교 광고가 개시되었다. 허츠의 역전타가 터진 것이다. 결국 에이비스는 수년 동안의 상승세를 멈추고 다시 위축의 길을 걷게 된다.

24장

대표적인 포지셔닝 캠페인들

1. 코크와 펩시의 전쟁

광고 역사에서 큰 성공을 거둔 첫 번째 비교 광고는 대공황 시기 크라이슬러 플리머스 캠페인이었다. 스털링 게첼이 개척한 이 공격적 소구 방식은 1960년대를 지나면서 주류에서 멀찍이 물러나 있었다. 그러나 오일쇼크를 맞아 불황의 폭풍이 시장을 강타하자 비교 광고가 핵심적 무기로 다시 부활한다. 이 시기의 시장 상황이 그야말로 전쟁터였기 때문이다.

가장 격렬한 싸움이 펼쳐진 분야는 패스트푸드와 음료산업이었다. 서막을 연 것은 맥도날드와 버거킹이 벌인 햄버거 전쟁이었다. 곧이어 더 큰 전쟁이 벌어졌다. 청량음료 시장 1위인 코카콜라와 영원한 2인자 펩시콜라 간의 싸움이 세상을 떠들썩하게 만든 것이다.

코카콜라는 1886년 태어났다. 펩시는 7년 뒤인 1893년 캘러브 D. 브래덤에 의해 탄생했다. 이후 두 브랜드는 미국은 물론 세계 청량음료 시장을 양분하며 1세기가 넘게 경쟁을 펼쳤다. 펩시는 출시 이래 코크 Coke를 따라잡기 위해 줄곧 저가정책을 펼쳤다. 특히 1931년 찰스 커스가 펩시를 인수한 후 5센트짜리 12온스 병을 판매하면서 점유율 격차를 바짝 좁혔다.

두 라이벌의 격차가 다시 벌어진 것은 제2차 세계대전 때였다. 코카콜라가 전쟁터에 공급되면서부터다. 미 국방부는 병사들의 사기 진작을 위해 부대 근처에 코크 생산공장 설립을 허가해줄 정도로 밀착관계

〈그림 200〉
대도시 번화가에서 펼쳐진 '펩시 챌린지' 장면.

였다. 이에 따라 다시 시장점유율이 3배 가까이 벌어지게 된다. 펩시는 제2차 세계대전 후 신세대를 겨냥하여 '펩시 세대' 캠페인 등 온갖 방법을 동원했다. 그러나 여전히 2인자에 머물렀다. 아무리 애를 써도 인식의 사다리 두 번째 칸을 벗어나지 못했기 때문이다.

펩시콜라는 1975년부터 회심의 일격을 준비한다. 새로운 콜라 전쟁의 시작이었다. 존 스컬리John Sculley[13]가 주도한 비교 광고 전략의 이름은 '펩시 챌린지Pepsi Challenge'였다. 주요 도시의 사람들이 붐비는 길거리에서 기습적인 시음 행사를 개최한 거다. 먼저 안대로 눈을 가리거나 브랜드를 숨긴 채 블라인드 테스트blind test로 펩시와 코크를 마시게했다. 그리고 어느 쪽이 더 맛있는지 선택을 하게 하는 방식이었다(《그림 200》). 대대적인 비교 시음회 결과 의외의 결과가 나타났다. 사람들이 펩시 맛을 더 좋아했다는 거다. 코크에 비해서 단맛과 부드러움이 뛰어나기 때문이었다. 펩시콜라는 챌린지 현장의 장면을 TV 광고를만든 다음 "코카콜라보다 펩시의 맛을 좋아하는 사람들이 더 많습니다"라는 대문짝만한 광고를 반복해서 내보냈다.

이 전략은 절묘한 구석이 있다. 사실 어지간한 콜라 마니아가 아니고는 두 가지 콜라 맛을 정확히 구별하기가 쉽지 않기 때문이다. 선호도조사 결과 만에 하나 코카콜라 대 펩시콜라=1 대 1의 결과가 나오면 어떻게 되나? 이 역시 펩시로서는 대성공이다. 시장점유율에서 크게 뒤진 후발주자가 1위 브랜드와 동일한 선호도를 보인다는 것 자체가 호재니까 말이다.

펩시 챌린지는 세계 각국으로 영역을 넓혀 1983년까지 8년 동안이나 전개된다.[14] 이 같은 전대미문의 공격적 캠페인 결과 마침내 펩시콜라가 코카콜라의 판매량을 일시적으로 앞서는 결과가 나타났다. 1985 년이 되자, 수세에 몰린 코카콜라는 대응책으로 기존의 톡 쏘는 맛이 아니라 펩시콜라와 비슷하게 부드럽고 단맛이 나는 새로운 콜라를 출시한다. 이름은 '뉴 코크New Coke.' 그러나 이 시도는 패착이었다. 수십 년간 기존 콜라 맛에 익숙해진 충성고객들이 새로운 맛에 대한 거부 의사를 나타냈기 때문이다. 격렬한 항의와 구매 거부운동이 연이어 일어났다. 결국 코카콜라는 뉴 코크 생산을 중단하고 다시 원래의 맛으로 복귀한다. 이후 오랜 악전고투 끝에 겨우 1위 자리를 탈환하게 된다.

2. 콜라가 아니에요!

또 다른 대표적 포지셔닝 캠페인 사례는 세븐업의 '언콜라un-cola' 캠페인이다. "콜라가 아니에요"로 번역되는 이 캠페인은 청량음료 시장의 양대 산맥인 코카콜라와 펩시콜라 틈새에서 위축 일로를 걷던 무색 탄산음료[15] 세븐업에 기사회생의 활로를 터주었다.

리스와 트라우트는 세븐업이 취한 포지셔닝 전략을 "사다리를 살금 살금 올라가 자리를 잡는 것"이라 표현하고 있다.[16] 무색 탄산음료는 소비자 구매 욕구나 효용가치에 있어 콜라를 대체하는 상품이다. 하지만 청량음료 상품군 인식의 사다리 맨 위 칸에는 언제나 코카콜라가 있고 다음 칸에는 펩시가 자리 잡고 있다. 세인트루이스에 본사를 둔 세븐업은 '비콜라 청량음료' 중에서 가장 많이 팔리기는 했지만 소비자 인식에서는 그저 사다리의 저 아래에 위치한 마이너 브랜드에 불과했다. 이런 상황은 19세기 말 코카콜라 탄생 이후 확립된 자연법칙과도 같았다. 콜라가 사람들 입맛을 완전히 장악해버린 1929년에 출시된 세븐업으로서는 어찌해 볼 도리가 없었던 거다.

그러나 세븐업에도 기회가 온다. 1968년 광고대행사 JWT가 새로운 캠페인을 제안한 것이다. 한 해 전인 1967년 샌프란시스코에서 히피 젊은이들이 모여 베트남전과 인종차별 반대를 외치며 강력한 대항문화 counter-culture 집회를 연다. 언론에서 "사랑의 여름Summer of Love"이라 이름 붙인 이 움직임은 미국 전역에서 거대한 저항적 에너지를 촉발

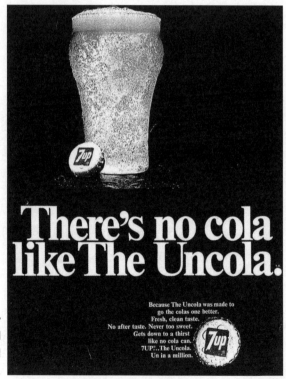

〈그림 201〉
포지셔닝 광고의
대표작으로 불리는 세븐업
'언콜라un-cola' 캠페인.

시켰다. JWT 시카고 지사의 세븐업 전략가들은 이 반체제적 힘을 주목했다. 그것을 이용해서 세븐업을 주류에 저항하는 신세대의 상징으로 각인하려 한 것이다.[17] 즉 콜라는 기성세대의 음료이고 세븐업은 신세대를 위한 대안적 음료라는 포지셔닝이었다.

또 한 가지 중요한 것은 소비자 중에 '카페인이 들어간 검은색 청량음료'를 싫어하는 이가 적지 않다는 점이다. 언콜라 캠페인은 이들의 심리를 정면으로 타격했다. 청량음료는 관여도가 낮은 제품이다. 이것저것 복잡한 생각을 싫어하는 소비자들에게 "콜라냐 콜라가 아닌 청량음료냐?"라는 명백하고 쉬운 질문이 먹혀든 이유다. 카페인이 들어있는 콜라군과 카페인이 없는 세븐업을 명확히 나누어 이분화하고, 비콜라 청량음료군# 사다리 맨 꼭대기에 세븐업을 위치시켰다. 이를 통해 기존의 콜라 음료와는 완전히 다른 '새로운 청량음료'라는 인식의 사다리를 만들어낸 것이다. 그렇게 해서 태어난 광고가 〈그림 201〉이다.

언콜라 캠페인은 폭발적인 성공을 거둔다. 발매 첫해에 세븐업이 전체 청량음료 시장의 15퍼센트를 차지한 것이다. 이후 1970년대에 접어들면서 해당 시장 3위의 자리를 완전히 굳힌다. 세븐업 역사에서 이렇게 높은 매출과 시장점유율을 기록한 것은 처음이었다. 포지셔닝의 핵폭탄급 위력을 보여준 거다. 언콜라 캠페인으로 성가를 올린 세븐업은 시간이 흐른 후 필립 모리스사에 5억 2,000만 달러라는 기업가치 대비 유례없이 높은 가격으로 팔린다.

그렇지만 세븐업은 역설적으로 포지셔닝의 대표적 실패 사례이기도 하다. 앞서 언급한 FWMTS의 함정을 못 벗어났기 때문이다. 세븐업은 성공의 자리에 오르자마자 곧 스스로의 처지를 망각했다. 비콜라 청량음료군의 상품 사다리 위에 위치해야 한다는 사실을 까먹어버린 거다. 그 대신 과거에 고전했던 낡은 사다리로 다시 돌아가 선두주자를 따라 잡겠다는 욕심을 품었다.

리스와 트라우트는《마케팅 전쟁》에서 후발주자들의 공격적 마케팅 전략 중의 하나로 "좁은 전선에서 공격하라"고 조언한다.[18] 대대적 전면전은 업계 선두 브랜드나 즐길 수 있는 사치라는 것이다. 선두를 따라잡으려는 후발주자들은 마케팅 역량과 메시지 모두를 하나로 집중시켜 가능한 한 좁은 전선에서 싸우라고 강조한다. 수많은 브랜드가 이처

〈그림 202〉
'미국이 세븐업으로 돌아서고 있다' 캠페인. 후발주자의 분수를 망각함으로써 파국을 초래했다.

럼 자기 처지를 잊고 전면전을 도발하다가 추락했다. 이번에는 불운의 여신이 세븐업을 향했다. 코크와 펩시의 대체 음료로 확고하게 구축한 '비콜라 청량음료군' 인식의 사다리를 벗어난 것은 완전히 잘못된 판단이었다. 〈그림 202〉의 광고가 그 같은 실패작이다.

간신히 구축한 강력한 포지션을 자발적으로 포기하고, 그저 청량음료 업계 전체 선두로 치고 올라가겠다는 분수도 모르는 일방적 희망을 캠페인에 담았던 것이다. 리스와 트라우트는 이 광고의 헤드라인을 패러디하여, 세븐업의 위치 이탈을 다음과 같이 통렬히 비판한다. "미국은 절대 세븐업 쪽으로 돌아서고 있지 않다."

방향 전환 이후 세븐업의 판매는 곤두박질치기 시작했다. 1980년대 초가 되면 같은 비콜라 청량음료군에서조차 몰락하게 된다. 경쟁 브랜드 스프라이트의 불과 절반에 그치는 시장점유율을 기록하는 참담한 결과였다.

3. 아스피린과 타이레놀의 결투

1970년대에는 경쟁 상대에 대한 재포지셔닝re-positioning도 크게 유행했다. 선두 브랜드가 이미 소비자 마음속에 빈틈없이 확고한 자리를 차지하고 있을 때, 우리 제품이 아니라 상대를 새롭게 (부정적으로) 포지셔닝해버리는 방법이다. 즉 자사의 새로운 제품을 소비자 마음속에 위치시키기 위해 경쟁제품을 기존 위치에서 밀어내는 것이다. 비교 광고 가운데서도 가장 공격적인 형태다. 트라우트와 리스는 이 전략의 실행 방법을 "일단 기존의 생각이 뒤집히기만 하면 새로운 아이디어를 납득시키는 것은 우스울 정도로 간단하다"라고 설명한다.[19]

재포지셔닝 전략은 멀쩡한 상대를 비난하면서 약점을 파고든다는 점에서 도덕적으로 문제점을 지적받는 게 사실이다. 심지어 법적으로 위험할 수도 있다. 실제로 1970년대 들어 이 전략이 급속히 확산되자, 미국 FTC는 재포지셔닝 광고를 TV 광고에만 제한적으로 허가하는 방침을 정하기도 했다. 자사 제품의 편익이나 차별적 특성을 강조하는 것이 아니라 경쟁사 제품을 먼저 언급하고 비판하는 행위를 페어플레이라 부르기는 어렵기 때문이다. 재포지셔닝이 과연 상도의적으로 온당한 것인가에 대한 논란은 아직도 현재진행형이다.

광고학자들은 1975년 시작된 진통해열제 타이레놀의 "아스피린에 대한 재포지셔닝"을 가장 유명한 사례로 든다. 캠페인 첫 탄의 헤드라인은 "아스피린을 복용해서는 안 되는 수백만 명을 위해서……"이다 (〈그림 203〉).

바디 카피는 이렇게 이어진다. "복통을 자주 경험하시는 분, 또는 위궤양으로 고통받으시는 분, 천식이나 알레르기 빈혈이 있으신 분들은 아스피린을 복용하기 전에 의사와 상담하시기를 권합니다. 아스피린은 위벽을 자극하고 천식이나 알레르기를 유발하며 위와 장에 출혈을 일으키기도 합니다." 이렇게 상대방을 때린 후 그제야 타이레놀 이야기를 시작한다. "다행스럽게도 타이레놀이 여기 있습니다."

기존 제품에 대한 신뢰를 무너뜨리고 상대의 빈틈을 파고드는 이런 주장은 소비자 마음을 동요시킨다. "아스피린이 그렇단 말이야?"라는 불신과 의혹이 증폭되는 거다. 선두 브랜드는 이런 경우 어떤 전략을 택해야 하는가? 도전자의 앞마당에서 놀지 않는 것이 상책이다. 공격 포인트에 대응하지 말고 지금까지 유지해온 대소비자 메시지를 꾸준히 유지하는 게 가장 좋다. 1위는 모든 면에서 유리하기 때문이다. 매출액도 높고 마케팅 비용도 많고 브랜드 인지도와 선호도 또한 높다. 매장도 많고 평판이 더 좋은 건 물론이다.

리스와 트라우트는 업계 1위의 이러한 위치를 "몸무게 800파운드의 고릴라는 어디서 잠을 잘까?"라는 유명한 질문으로 대신한다. 답은? "자기가 원하는 곳 아무 데서나 잔다."[20] 1위 브랜드는 원하는 걸 뭐든

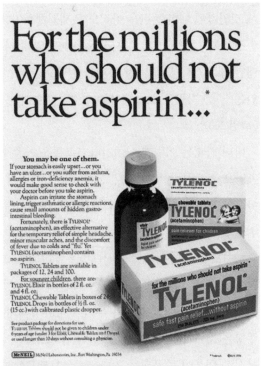

〈그림 203〉
업계 1위 아스피린을 침몰시킨
타이레놀의 경쟁자
재포지셔닝 광고.

할 수 있다는 거다. 고객 마음속에 구축한 기존의 유리한 위치를 유지하기 위해 기존 콘셉트를 계속 확고히 전달하면 된다는 뜻이다.

하지만 만사가 그런 원론대로 진행되지는 않는다. 개인이 그렇듯 기업 조직도 감정을 지니고 있기 때문이다. 그때까지 큰 문제 없이 진통제 시장을 장악했던 아스피린 입장에서 타이레놀의 도발은 아닌 밤중에 홍두깨였다. 경쟁사의 약점을 이렇게 노골적으로 공격하다니! 이런 분노를 제어하지 못하고 아스피린은 큰 실책을 범하고 만다. 타이레놀의 주장을 정면으로 반박하는 광고를 내보내며 역공에 나선 것이다. 첫 번째 대응은 "타이레놀, 부끄러운 줄 알아라"라는 감정적 표현을 동원한 반박 광고였다(《그림 204》).

문제는 소비자들이 경쟁 브랜드 간의 싸움을 아스피린처럼 도덕적 차원에서 접근하지 않는다는 점이다. 오히려 냉정하고 흥미롭게 공방을 지켜본다. 그럼에도 아스피린은 한걸음 더 나아갔다. 자기들 나름의 사실적 근거를 동원하는 반박 광고를 계속 내보낸 것이다. 두 번째 광고의 헤드라인은 "아닙니다, 타이레놀이 아스피린보다 안전하다는 사실은 밝혀진 바가 없습니다"였다(《그림 205》).

아스피린의 전략은 실패했다. 이런 대응이 오히려 소비자 마음속에 타이레놀의 주장을 다시 한번 되새겨보는 역효과를 발생시켰기 때문이다. 사람들은 아스피린이 내보낸 반박 광고를 보고 이렇게 생각했다. "천하의 아스피린이 타이레놀이 무서워 이런 광고를 내보내다니. 아스피린에 진짜 문제가 있기는 있는 모양이구나." 그렇게 해서 타이레놀의 주장이 오히려 정당화되어버렸다.

두 거인이 벌인 전투의 결과는 어떻게 끝났는가? 포지셔닝 이론을 치

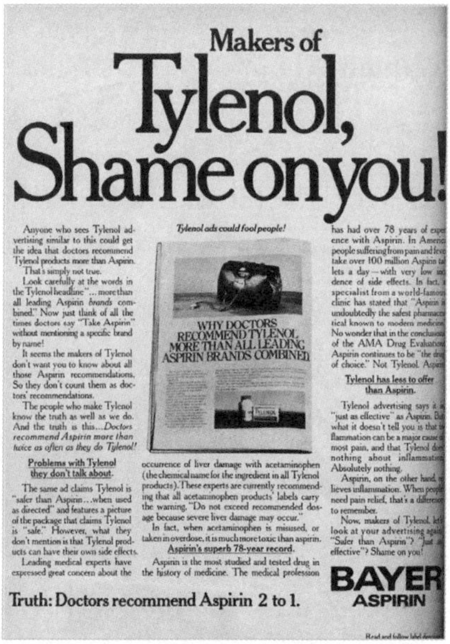

〈그림 204〉
아스피린이 흥분해서 내놓은
첫 번째 반박 광고.

〈그림 205〉
아스피린의 두 번째 반박 광고.

밀하게 활용한 타이레놀의 완승이었다. 판매량이 급속히 상승곡선을 그렸고 마침내 아스피린의 1위 자리를 빼앗고야 만다. 오늘날 아스피린은 미국 진통해열제 시장의 2위도 아닌 3위다. 해당 제품군의 사다리에서 타이레놀의 바로 아래 칸은 신흥 브랜드 애드빌이 차지하고 있다.

4. 오비맥주, 하이트맥주에 무릎을 꿇다

이후 포지셔닝 전략의 성공과 실패 사례는 세계 광고의 역사에서 반복적으로 등장한다. 한국의 경우는 어떤가. 시간을 조금 건너뛰기는 하지만, 1990년대 초반 광고계를 뜨겁게 달궜던 '맥주 전쟁'을 살펴보자.

당시 맥주 시장의 압도적 1위는 '전통의 OB'였다. 동양맥주가 만드는 OB맥주는 "친구는 역시 옛 친구. 맥주는 역시 OB맥주" 등의 명 슬로건을 통해 해방 이후 수십 년간 맥주 시장에서 압도적 1위 자리를 차지하고 있었다(《그림 206》).

그 뒤를 따르는 만년 2위는 조선맥주의 크라운맥주였다. 현격한 차이를 보이며 주로 영남 지역을 중심으로 간신히 시장점유율을 유지하고 있었다. 이런 조선맥주가 1993년에 접어들면서 회심의 일격을 날린다. 3년간의 품질 연구와 시장 조사를 거쳐 비열처리 맥주 공법을 사용한 '하이트'라는 새로운 브랜드를 출시한 것이다. 공교롭게도 이 시기에 OB맥주는 모기업 두산그룹이 큰 곤경에 처해 있었다. 계열사였던 두산전자가 낙동강에 페놀을 방류한 희대의 환경오염 사태가 벌어졌기 때문이다. 경남·북의 주요 도시를 관통하는 젖줄이 낙동강이다. 그 상류에 독극물 페놀을 무단 방류한 것이다. 두산전자가 저질렀지만 같은 그룹의 OB맥주 판매에도 악영향을 준 사건이었다.

경쟁사의 이런 위기를 틈타 하이트맥주가 공격을 개시한다. '물' 이슈였다. "지하 150m의 100% 천연수로 만든 순수한 맥주"라는 슬로건으로 런칭 광고를 내보낸 거다(《그림 207》). 두산그룹 전체가 곤경에 처한 상황에서 OB맥주의 뼈아픈 지점을 때린 일격이었다.

뒤이어 내보낸 광고는 더욱 노골적이었다. "물이 다르면? 맛이 다르다!"라는 헤드라인이었다(《그림 208》). 쉽게 말해 하이트맥주는 '지하

〈그림 206〉
맥주 시장 부동의 1위였던 시절의 OB맥주 캠페인.

150m의 100% 천연수로 만들어 (환경오염 기업의 계열사인 OB맥주보다) 훨씬 순수하고 깨끗하다'는 메시지였다.

이것을 포지셔닝 관점에서 해석하면 어떻게 되나. 대대적 비교 소구를 통해 맥주 시장에서 '물'이라는 새로운 인식의 사다리를 만든 것이다. 그 맨 위 칸에 하이트맥주를 앉힌 것이다. 하이트는 심지어 "맥주의 90%는 물. 맥주를 끓여 드시겠습니까?"라는 도발적 광고까지 내보낸다.

하이트가 일으킨 '물 전쟁'을 그저 후발주자의 도전이라 옹호할 수도

<그림 207>
OB맥주의 약점인 '물'을 공격한 하이트 맥주의 런칭 광고.

있다. 하지만 당한 입장은 달랐다. OB맥주는 분노했다. 자기들과는 직접 관련이 없는 환경오염 사건을, 단지 같은 계열사라는 이유 아래 공격 소재로 삼았기 때문이다. 물론 하이트는 경쟁사인 OB맥주 이름을 광고에서 언급하지 않았다. 하지만 소비자들에게는 페놀 방류 사건=두산=OB맥주라는 이미지가 강하게 박혀 있었다. 누가 봐도 OB맥주를 떠올릴 수밖에 없었던 상황이었던 것이다.

리스와 트라우트는 업계의 리더가 택해야 할 포지셔닝 전략 가운데 하나로 "되풀이하여 상기시키기"를 제안한다. 선두 브랜드가 지닌 강

〈그림 208〉
가일층한 공격적 메시지 '물이 다르면 맛이 다르다' 광고.

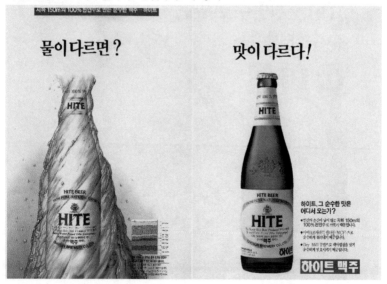

력하고 고유한 콘셉트를 바꾸지 말고 오히려 강화하라는 거다. 일종의 '원조元祖 전략'이다. 사다리 맨 꼭대기에 위치한 자신을 기준으로 소비자들이 다른 경쟁자들을 떠올리도록 하라는 뜻이다. 이 과정을 통해 경쟁 브랜드를 "원조의 모조품"처럼 만드는 것이 중요하다.

앞서 아스피린이 실패한 이유가, 타이레놀의 공격에 발끈해서 대응한 행동에서 시작되었음을 보았다. 후발주자의 공격에 말려들어 그런 반응을 보이면 안 된다. 마케팅 전쟁의 무대가 경쟁자의 앞마당에서 펼쳐지고 칼자루를 오히려 상대에게 쥐어주기 때문이다. OB맥주도 그런 전철을 밟는다. 거론해봐야 자신의 약점이 될 수밖에 없는 '물 문제'를 정면으로 다룬 반박 광고를 대대적으로 내보냈기 때문이다.

맥주 제조 공정을 조금이라도 아는 사람에게는 맥주에서 물이 차지하는 비중이 그리 높지 않다는 것이 상식이다. 사실 맥주 맛을 좌우하는 건 좋은 원료와 제조기술이다. 고급맥주로 유명한 독일, 벨기에, 체코 등 유럽 국가의 수질이 그리 좋지 못한 것만 봐도 알 수 있다. 그러니 OB맥주 입장에서는 하이트의 광고를 단순한 비교 광고를 넘어 전문가의 '상식'을 부정하는 악의적 공격이라고 생각할 수밖에 없었던 거다.

하이트는 기다렸다는 듯이 OB의 반격을 다시 받아친다. "맥주 원료의 90퍼센트는 물이고 맥주를 마신다는 것은 곧 물을 마신다는 것"이라 주장했다. 나아가 "아무 물이나 드시지 않는 분이라면 맥주는 당연히 지하 150m의 암반 천연수로 만든 하이트"라고 강조한다. 마지막 결정타는 "맥주 논쟁에 대한 판단, 소비자 여러분께 맡깁니다"라는 또 한 번의 교묘한 비교 광고였다. 처음부터 끝까지 OB맥주를 겨냥하여 "물이 좋은 맥주" 포지셔닝을 펼친 것이다.

이 공방을 계기로 OB맥주는 급속히 판매량이 줄어들게 된다. 반대로 하이트의 판매고는 급상승했다. '물 캠페인' 3년이 지난 1996년이 되면 마침내 OB맥주를 누르고 시장점유율 1위 자리를 차지하게 된다. 이후 OB맥주가 다시 맥주 시장 1위를 탈환하기까지는 무려 15년의 세월이 걸렸다.

5. 크리에이티브의 외연이 넓어지다

1_페미니즘 광고의 본격화

앞서 보았듯이, 제2차 세계대전 시기에는 산업전사 이미지의 여성 노동 광고가 성행했다. 그리고 종전이 가까워지면서 전통적인 현모양처형 롤모델이 다시 복귀했다. 이렇게 형성된 광고 속의 성역할 이미지는 1950년대를 거쳐 1970년대 초반에 이르기까지 큰 변화를 보이지 않았다. 여성들은 여전히 정치, 경제, 사회, 문화, 교육 현장에서 남성에 비해 피동적이고 종속적인 이미지로 묘사되었다.

1970년대 중반이 되면 광고에 나타난 여성들의 모습이 달라지기 시작한다. 전문직 종사자로서 독립적이고 핵심적인 의사결정을 하는 모습이 늘어나기 때문이다. 전형적 가정주부 모습을 벗어나 비즈니스 정장이나 실험실 가운을 입고 신용카드, 화장품, 냉동식품 광고의 모델로 등장한다. 거꾸로 남성들의 이미지는 비즈니스맨, 군인, 스포츠맨과 같은 전형적 이미지에서 보다 다양화되어 일상적 모습으로 자주 묘사된다.[21] 페미니즘 관점이 광고에 도입되기 시작한 것이다.

이 시기 여성 성역할과 관계되어 가장 주목을 받은 광고는 1973년부터 집행된 여성용 향수 찰리Charlie 캠페인이다(《그림 209》). 화장품 브랜드 레브론에서 출시한 이 향수 광고에는 모델로 등장한 여성이 바지 정장을 입고 있다. 그리고 주머니에 손을 넣고 자신감 있는 태도로 큰 걸음을 걷는다. 환한 미소의 아름다움과 함께 어딘지 중성적인 느낌이다. 실제로 그랬다. 레브론은 찰리 개발 단계에서부터 중성적 이미지를 염두에 두었다. 우선 브랜드 네임인 '찰리' 자체가 남녀 공통으로 쓰이는 이름이다. 이 캠페인은 이전까지 여성용 향수가 지향하던 수동적 섹시함을 거부했다. 그

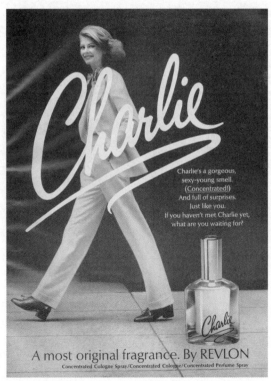

〈그림 209〉
페미니즘 광고의
효시로 불리는
찰리 향수 광고.

대신 전문직 지향의 독립적 여성 이미지를 확고하게 제시했다.

찰리 캠페인은 점점 거세게 대두되던 미국 여성운동의 흐름을 반영하면서 여성을 독립적 존재로 묘사했다. 이를 시작으로 광고에서 여성들은 그때까지 남성의 영역으로 간주되던 다양한 전문직에서 활발하고 당당하게 일하는 이미지로 등장한다.

이 시기에는 이혼율이 늘어나고 늦게 결혼하는 여성들이 증가했다. 그들은 남성들과 일터에서 당당히 경쟁을 벌이게 된다. 광고가 그 같은 경향을 반영한 것이다. 화장품, 가정용품, 신변용품 등이 주요 품목이던

〈그림 710〉
남녀 성역할을 역전시켜
주목을 이끌어낸
찰리 향수 광고.

여성 대상 광고가 자동차, 증권, 주택, 전문 전자제품 등 그동안의 남성 타깃 영역으로 확대된 것이 그 때문이다.

찰리 캠페인 가운데 가장 유명한 것은 1983년 게재된 광고다(《그림 210》). 이 작품은 단순히 독립적 전문직으로 여성을 묘사하는 것을 넘어선다. 당시까지 존재하던 성역할의 고정관념을 완전히 역전시켰기 때문이다.

"그녀는 매우 찰리하다She's very Charlie"라는 헤드라인에, 주인공은 남자보다 키가 큰 당당한 체격의 금발 여성이다. 왼쪽 어깨에 슬쩍 두른 땡땡이 무늬 스카프가 캐릭터에 역동감을 더해준다. 키 포인트는 비즈니스 정장에 007가방을 들고 걸어가던 이 여성이 옆에 있는 남성의 엉덩이를 손바닥으로 슬쩍 두들기는 모습이다. 오늘날 기준으로는 성희롱에 가깝다. 그런데 그걸 받아들이는 남성은 오히려 수줍은 웃음을 짓고 있다.

이 광고는 대대적인 논란을 불러일으켰다. 《뉴욕타임스》는 "취향이 저속하다"고 통보한 후 게재를 거절했다. 반대로 여성잡지들은 파격적 성역할을 묘사하는 이 광고를 크게 환영하여 게재하는 사태가 일어났다. "She's very Charlie" 캠페인은 이후 1980년대 말까지 계속되며 다양한 사회적 논쟁을 야기한다.

2_광고 규제의 강화

1970년대 중반 이후 광고에 영향을 미친 몇 가지 사회환경 변화를 추가하면 다음과 같다. 먼저 기업에 대한 부정적 인식을 가진 공중public이 보다 조직적·본격적으로 집단적 의사표명을 시작했다는 점이다. 광고의 비윤리성과 반사회적 영향력에 대한 비판이 고조되었기 때문이다. 이에 따라 광고산업의 운영 방식과 캠페인 결과물에 대한 규제가 강화된다. 특히 어린이 대상 광고에 대한 비판과 관심이 급증한다.

　공격적 비교 광고가 늘어나고 심지어 허위과장 광고까지 빈번하게 등장하자 FTC는 강도 높은 규제와 정정 광고 지시를 내렸다. 구강청정제 리스테린이 가장 널리 알려진 사례다. 1977년 리스테린 제조사 워너 램버트는 FTC로부터 광고 시정명령과 함께 1,000만 달러의 막대한 과징금을 부과받았다. 리스테린은 그냥 일반적인 구강청정제일 뿐이다. 그런데 광고를 통해 자기 제품을 사용하면 감기 탓에 생긴 목의 통증을 치료, 예방할 수 있고 아예 감기에 덜 걸린다는 거짓말을 천연덕스레 내보냈기 때문이다. 여러 달에 걸쳐 청문 절차를 마친 다음 FTC는 워너 램버트사에 다음 내용을 TV 광고 안에 삽입하도록 강

〈그림 211〉
FTC의 강력한 제재를 받고 난 다음 리스테린이 내보낸 시정 광고.

제 명령을 내렸다. "이전에 했던 광고와 달리 리스테린은 감기나 목의 통증을 예방하거나 혹은 증상을 완화하는 데 도움을 주지 않습니다"(《그림 211》).

PPL의 등장도 주목되는 현상이다. 이는 기업의 협찬을 받는 대가로 영화나 TV 드라마에서 해당 기업 제품이나 브랜드 로고를 간접적으로 보여주는 마케팅 PR기법을 말한다. 제작자는 제작비를 보조받아서 좋고, 기업 입장에서는 광고처럼 거부감을 주지 않으면서도 상품을 자연스럽게 인지시키는 것이 큰 장점이다. 최초의 PPL은 1945년 미국 워너브러더스사의 〈밀드리드 피어스Mildred Pierce〉라는 영화에서 시작되었다. 하지만 1970년대 접어들면서 이 흐름이 눈에 띄게 증가한다.

빠트릴 수 없는 것은 인플레이션과 실업률 상승으로 기업의 광고 비용 지출이 억제되고 이에 따른 광고효과 측정이 핵심적 이슈로 등장했다는 사실이다. 광고산업 전반에 걸쳐 시장 및 소비자 조사 활동이 크게 강화된 이유다. 소비자 요구 분석을 위한 포커스 그룹 인터뷰FGI 조사 활동이 특히 활발하게 진행되었다. 나아가 인체 생리 반응에 기초하여 광고효과를 측정하려는 시도가 최초로 도입된다. 예를 들어 동공 크기 측정, 땀 흘리는 정도, 뇌파 반응 등에 따라 광고 주목도 등을 조사하는 방식이 그것이다. 하드 셀의 거센 파도가 광고계를 장악했던 1950년대의 모습이 다시 되돌아왔다. 표현의 예술성보다는 마케팅 목표 달성이 광고의 핵심 판단기준으로 부각된 시대였다.

10

BALLY

1980년대의 광고 크리에이티브는
1970년대 하드 셀 추세에 대한 반동이라 불릴 만치 급속한 변화를 보인다.
광고의 흐름이 시계추처럼 다시 소프트 셀로 복귀한 것이다.
전 시대를 휩쓴 포지셔닝의 쓰나미가 퇴조하고 1960년대보다
한층 업그레이드된 새로운 크리에이티브 혁명이 꽃을 피운다.
이러한 변화의 핵심에 뚜렷이 자리 잡은 것은
감성적이고 주목도 높은 이미지 광고였다.
오일쇼크를 극복한 경제호황이 시작된 것이 큰 영향을 미쳤다.
또 한 가지 중요한 요인은 1980년대 중후반부터 시작된
미디어 환경의 급속한 변화였다. 대중매체 폭발과
이에 따른 광고 홍수 현상이 문을 열었다.
광고가 단번에 소비자 주목을 잡아끌지 못하면
설득 자체가 실패하는 환경이 도래한 것이다.
흥미 유발과 공감 확보가 광고 표현의 최대 미덕으로
떠오른 것은 그 때문이었다.

25장

신자유주의 대두와 광고환경의 변화

1. 대처와 레이건의 등장

1979년, 영국에서는 마가렛 대처의 보수당 정부가 출범하여 대처주의 Thatcherism의 깃발을 치켜들었다. 프리드리히 하이에크에게서 출발하여 시카고학파가 꽃피운 신자유주의 정치경제학이 현실화된 본격 사례였다. 대처 내각은 출범하자마자 전임 노동당 정부가 주도했던 주요 산업 국유화의 철폐, 공교육 강화 폐지, 의료보험제도 축소와 실업급여 삭감을 강행했다. 제2차 세계대전 이후 지속적으로 추진해온 영국식 복지정책을 폐기하고 강력한 우향우를 시도한 것이다.

특히 노동운동 탄압이 극심했다. 대표적 사건이 탄광노조 파업 분쇄였다. 참혹한 가난을 이기고 발레리노의 꿈을 이루는, 한 소년의 감동 스토리를 다룬 영화 〈빌리 엘리어트〉를 보셨는지. 그 배경이 당시 잉글랜드 북부 더럼에서 일어난 탄광 노동자 파업이었다. 대처는 임기 내내 철저한 친자본, 친기득권 정책을 밀어붙였다. 노동계급으로부터 '마녀'라 불릴 정도로 미움을 받은 것이 그 때문이다. 2013년 4월 8일 그녀가 세상을 떠나자 노조 탄압으로 대량의 실업자가 발생했던 영국 북부, 스코틀랜드, 웨일스 지역 주민들이 거리에 나가 축제를 벌일 정도였다.

1980년에는 미국 제40대 대통령 선거가 치러졌다. 현직 대통령인 민주당 지미 카터와 B급 영화배우 출신으로 캘리포니아 주지사를 지낸 공화당 로널드 레이건의 대결이었다. 결과는 레이건의 압도적 승리였다. 총 투표수 가운데 51퍼센트를 획득하여 현직 대통령을 무려 10퍼센트 차이로 제압한 것이다. 이후 8년간의 레이건 시대가 문을 연다.

레이건 정부 출범 후 펼쳐진 경제정책은 레이거노믹스Reaganomics라 통칭된다. 부유층과 대기업에 대한 대규모 감세, 기업 활동 규제 철폐, 연방 지출 삭감 그리고 노동 유연화가 핵심이었다. 시장의 자율적 작동을 장려하고 정부 간섭을 최소화하는 '작은 정부'의 등장이었다.[1] 대처가 그랬듯이 레이건 정부도 출범 이후 대대적인 감세와 사회복지 예산 삭감을 감행한다.

이후 미국 경제는 인플레이션이 잡히고 금리가 하락한다. 1980년 12퍼센트에 달했던 물가상승률이 5년 후 3.6퍼센트로 떨어졌다. 집권 초반의 이러한 경기회복을 바탕으로 레이건 정부는 과감한 군사비 증액을 실행한다. 스타워즈라 불리는 강력한 군비경쟁이었다. 이 공격적 대외정책은 소련을 무한 군비경쟁에 끌어들임으로써 현실 사회주의 붕괴를 촉발시킨 중요한 계기로 작용한다. 소비에트연방의 몰락은 세계의 절반을 차지하며 체제 경쟁을 벌이던 대항 모델의 종말을 의미했다. 나아가 전 지구적 차원에서 금융자본주의 및 사적소유제의 자율성이 급속도로 확장되는 새로운 국면을 연출한다.[2]

미국의 1980년대를 특징짓는 또 다른 특징은 이민자 폭증이었다. 이에 따라 1990년 기준으로 총 인구가 2억 5,000만 명을 넘어선다. 1인당 GDP도 두드러지게 증가한다. 1975년에 7,400달러에 불과하던 것이 1990년에는 2만 달러를 돌파했다. 동시에 빈부격차가 격심해진다. 1980년대의 10년 동안 하위 20퍼센트 가구 소득이 13퍼센트 감소한 데 반해, 상위 20퍼센트의 소득은 27퍼센트나 늘어났기 때문이다. 노동운동 적대시 정책과 제조업의 해외 아웃소싱이 심화되면서 고용 불안이 커졌고 이에 따른 러스트 벨트rust belt[3]의 몰락도 사회 전체에 충격을 주었다. 그 같은 흐름은 1990년대와 21세기까지 이어지면서 제조업 노동자, 저학력 백인 중산층의 삶이 추락하는 결정적 원인을 제공하게 된다.

한편 일본에서는 나카소네 정권이 출범함으로써 이른바 전후 체제를 향한 전환이 본격화된다. 나카소네 정권은 전매공사(현재의 JT)와 일본전신전화공사(현재의 NTT), 일본국유철도(현재의 JR그룹) 민영화를 실행하는 등 강력한 신자유주의 정책을 연이어 펼친다. 미, 영, 일 등 주요 자본주의 국가들에서 우파 정권의 전성시대가 열린 것이다.

2. 자본 권력의 복위와 글로벌 광고 시장 개막

1980년대의 광고를 이해하려면 당대를 뒤흔든 신자유주의 이데올로기를 살펴봐야 한다. 경제학자 폴 크루그먼은 2014년 5월 8일 잡지《뉴욕리뷰 오브 북스*The New York Review of Books*》기고에서 피케티의《21세기자본》에 대한 서평을 썼다. 여기서 그는 1980년대 이후 진행된 신자유주의 세계화가 구조적 불평등을 가중시키고, 빈곤층의 고통 위에 외형적 고도성장을 이룬 '제2의 도금시대'라고 지적한다.[4] 그만큼 주요 선발산업국들의 사회경제적 양극화가 심각했던 것이다.

신자유주의란 무엇인가? 영국의 경제·지리학자 데이비드 하비는 다음과 같이 명쾌하게 규정한다.

> (자본) 권력의 회복을 위한 프로젝트……국제적 자본주의의 재조직화를 위한 이론적 설계를 실현시키려는 유토피아적 프로젝트, 또는 자본 축적의 조건들을 재건하고 경제 엘리트의 권력을 회복하기 위한 정치적 프로젝트.[5]

이 정치경제 이데올로기의 핵심은 단순하다. 시장은 완전히 자율적으로 작동하며 사회를 구성하는 각 주체의 경제적 자유가 최종적인 개인 자유로 연결된다는 것이다. 2차 산업혁명을 기점으로 1920년대까지를 관통한 극단적 자유 방임 자본주의가 굉음을 내며 붕괴한 것이 대공황이었다. 이후 등장한 서구 수정자본주의는 '착근된 자유주의 embedded liberalism'로 불렸다. 자본과 노동 간 타협을 기초로 완전 고용, 소득 재분배, 시민 복지에 초점을 맞추는 정책이었다. 동시에 국가 개입에 의한 사회적 임금 실현, 실업과 교육, 보건의료 영역에서 다양한 진보적 시도가 이뤄졌다.

대처와 레이건의 신자유주의 정권은 이에 대한 강력한 반동으로 나타난 것이다. 시장에 대한 국가 개입 축소, 글로벌 차원의 상품 및 서비스 시장 자유화, 금융 및 자본 유통에 대한 규제 완화를 슬로건으로 내세운 극단적 보수 이데올로기가 현실 권력을 움켜쥔 것이다.[6]

이러한 역사 전개의 배후에는 1970년대 중반의 오일쇼크와 스태그플레이션 그리고 기업의 저생산성이 존재했다. 글로벌 정치 관점에서 보자면 각국 좌파 정당들의 우선회 경향이 동반되었다. 워싱턴합의 Washington consensus[7] 이후 권력을 잡은 영국 노동당의 토니 블레어가 "우리는 이제 모두 신자유주의자다"라고 선언한 사례가 해당 이데올로기의 당대적 위세를 증명한다.[8]

세계적 차원의 신자유주의 바람은 광고에도 중요한 영향을 미친다. 가장 주목되는 것은 국경의 장벽을 무너뜨린 자본 시장 개방과 거대 다국적 광고회사의 출현이었다. 자국 회사들이 사이좋게 나눠 갖던 각 나라의 광고 시장이 외국 자본에 개방됨으로써, 산업의 구조와 광고 표현 방식이 급속히 변화했다. 이른바 글로벌 광고가 등장하고 거대 광고그룹이 태동하기 시작한 것이다.

3. 미디어 환경 변화와 IMC의 태동

1980년부터 미국에서는 케이블TV 붐이 일어난다. 회사 이름 자체에 '케이블'이란 단어를 넣은 CNN(Cable News Network) 창설이 도화선이었다. 뒤이어 USA네트워크, 브라보TV가 개국했다. 1981년이 되면 음악방송 MTV가 등장하여 세계 음악과 엔터테인먼트 산업의 지축을 뒤흔든다. 1969년에 고작 6퍼센트 보급률에 그쳤던 케이블TV는 1980년 초반 20퍼센트에 달할 정도로 성장세가 가팔랐다.

1986년에는 호주 출신의 루퍼트 머독이 보수주의 언론을 지향하는 제4의 채널 폭스 뉴스를 설립한다. 이를 기점으로 CBS, ABC, NBC의 3대 네트워크가 과점하던 TV 미디어 판도가 폭스 뉴스를 더한 4분할로 재편되었다. 그 결과 1970년대에 90퍼센트에 달하던 3대 네트워크의 시청률 점유율이 1980년대 중후반부터 70퍼센트로 떨어진다.

또 한 가지 주목되는 것은 홈쇼핑 채널의 등장이었다. 이른바 유통혁명이 시작된 것이다. 이제 소비자들은 도소매 등의 중간유통 단계를 거치지 않고 TV 화면을 통해 제품을 선택하고 구입할 수 있게 되었다. 특히 VTR과 리모컨의 보급이 광고산업에 큰 영향을 미쳤다. 재핑zapping과 지핑zipping[9]을 이용하는 광고 회피 현상이 광범위하게 확산되었기 때문이다. 미국의 경우 1980년대 중반에 벌써 재핑을 통한 TV 광고 시청자 상실 비율audience erosion rate이 59퍼센트에 달하게 된다.[10]

1980년대 중·후반이 되면 마케팅과 광고의 본질을 뒤바꿀 중요한 변화가 시작된다. 통합적 마케팅 커뮤니케이션IMC(Integrated Marketing Communication)이 태동한 것이다. 그 이전까지 기업들은 광고, PR, 판촉Sales Promotion, 대인 판매, 이벤트 등 각각의 마케팅 커뮤니케이션 수단들을 개별적이고 독립적으로 실행해왔다. 그러나 1980년대 중반을 넘어서면서 이 같은 분산적 마케팅의 효과가 떨어지는 현상이 나타나기 시작한다. 그에 대한 해결책으로 분산된 각 수단을 통합한 다음, 전체적이며 일관된 방향에서 전략을 수립하고 집행하는 방식이 서서히 나타나는데 이것이 통합적 마케팅 커뮤니케이션이다.

IMC의 대두는 다음의 현상을 불러왔다. ① 광고 메시지의 영향력과 신뢰성 저하, ② 데이터베이스 사용 비용 하락, ③ 광고주의 전문성 증대, ④ 각종 대행사 간 M&A의 증가 ⑤ 매스미디어의 다양화, ⑥ 수용자 다양성의 확대, ⑦ 소매유통으로부터 요구 증대, ⑧ 다국적 마케팅의 확산 등이 동시다발적으로 싹을 틔우게 된다. 이에 대해서는 이 책의 1990년대에서 보다 자세히 다룰 것이다.

4. 개인용 컴퓨터 보급과 소비자 취향의 변화

현대 문명은 컴퓨터와 인터넷에 기반하고 있다. 1980년대는 그 출발지점이다. 최초로 개인용 컴퓨터가 보급되기 시작했기 때문이다. 개인 용도로 사용하는 최초의 PC는 1974년 출시된 '알테어 8800'으로 알려져 있다. 1976년이 되면 스티브 잡스와 스티브 워즈니악이 잡스의 허름한 차고에서 '애플 원'을 제작한다. 개인용 컴퓨터PC의 역사를 바꾼 것은 이듬해 출시하여 대히트를 친 '애플 투'였다. 하지만 PC가 대중적으로 널리 보급되기 시작한 것은 IBM의 공이었다. 1981년 줄시한 'IBM

Model 5150'을 기점으로 기업, 정부, 각종 단체의 업무용으로 본격 판매되기 시작한 것이다.

애플과 IBM을 필두로 하는 PC 회사들은 1980년대 내내 활발한 광고 활동을 전개한다. 먼저 IBM은 컴퓨터에 대한 생소함과 두려움을 없애기 위해 유명인 등장 광고를 집중적으로 내보낸다. 예를 들어 찰리 채플린의 영화 〈모던 타임스〉 주인공 캐릭터를 도입한 1983년 광고가 〈그림 212〉에 나와 있다. IBM PC를 사용하면 글을 쓰거나 회계 처리를 하는 등의 작업 시간과 노력을 획기적으로 줄여준다는 내용이다. 또

〈그림 212〉
찰리 채플린을 패러디한
IBM PC 하드 셀 광고.

한 사용법이 어렵지 않아 평균적 교육을 받은 사람이면 일상생활에서 충분히 활용할 수 있다는 하드 셀 캠페인을 지속적으로 펼친다.

애플은 완전히 다른 방향의 소프트 셀 광고를 선보인다. 미국에서 단일 스포츠 경기로 가장 시청률이 높은 것이 프로 미식축구NFL 챔피언십, 일명 슈퍼볼이다. 1984년의 해당 경기 중계 막간 TV 광고에서 '매킨토시 컴퓨터' 출시를 알린 것이다. 이것이 지금도 널리 회자되는 '매킨토시 1984' 광고다(《그림 213》). 《1984》는 영국 소설가 조지 오웰의 작품 제목이다. 가상의 독재자 빅브라더가 세상을 완전히 통제하면서 인간의 자유와 창조성을 억압하는 SF소설이다. 매킨토시 컴퓨터 광고는 이 작품을 패러디했다.

런던의 크리에이티브 광고대행사 콜렛 디킨슨 피어스Collet Dickenson Pearce(약칭 CDP)에서 TV 광고를 만들다가 일약 세계적 영화감독으로 올라선 리들리 스콧. 그가 다시 광고계로 돌아와 연출한 작품은 이렇게 시작된다. 회색 죄수복을 입고 머리를 빡빡 깎은 남자들이 로봇처럼 발을 맞춰 통로를 걷는다.[11] 어두컴컴한 건물 안에 들어가면 거대한 화면에서 빅 브라더가 군중을 세뇌시키는 연설을 하고 있다. 그런데 갑자기 짧게 자른 금발의 아름답고 건강한 여성이 손에 큰 해머를 들고 난입한다. 그녀의 민소매 티셔츠에는 모니터가 그려져 있고 그 옆에 '사과'가 있다. 그리고는 힘차게 망치를 던져 화면을 박살내버리는 것이다. 폭발하는 입자들을 향해 입을 딱 벌린 군중에게 마지막에 들려오는 내레이션은 이렇다. "12월 24일, 애플컴퓨터가 매킨토시를 출시합니다. 그리고 여러분은 왜 1984년이 (조지 오웰의) 1984년처럼 되지 않는지 알게 될 것입니다."[12]

이 광고는 다양한 코드를 담고 있다. 먼저 광고에 등장하는 '빅 브라더'는 정보가 독점된 미래사회를 보여준다. 하지만 사실은 컴퓨터 시장을 지배하고 있는 IBM에 대한 일종의 비유로 볼 수 있다. 그런 통제사회를 통쾌하게 부수는 여성은 누구인가? (친절하게 그려놓은 티셔츠의 사과가 보여주듯) 당연히 애플을 상징한다. 획일과 독점으로 사람들 마음을 지배하는 IBM의 횡포를 거부하라는 거다. 자기만의 개성을 갖춘 자유로운 영혼이 되라는 요청이다. 어떻게? 새로 나온 애플사의 컴퓨터 매킨토시를 구입함으로써. 딱 한 번 등장한 이 1분짜리 광고는 놀라

〈그림 213〉
조지 오웰의 소설 《1984》에서 세계관을 빌려온 애플 매킨토시 슈퍼볼 광고.

운 반향을 불러일으킨다. 그리고 출시 100일 만에 매킨토시 컴퓨터의 연간 판매 목표를 초과 달성하게 만든다.

1980년대에 접어들면서 주로 25~35세에 해당되는 청년층의 가처분 소득과 구매력이 크게 늘어난다. 이들은 제품 선택에 있어 효능이나 가격보다는 자기만의 느낌을 충족시키는 걸 중요시했다. 이성적으로 제품 편익을 깨달아서 구입하기보다는 "맞아, 이게 바로 내가 느끼는 거야!Yeah, that's how I really feel!"라는 공감을 통해 물건을 사는 시대가 열린 것이다.[13] 하드 셀을 통한 경쟁 우위적 이점 제시가 점점 먹히지 않게 된 게 그 때문이다. 그 대신 광고 전체의 느낌이나 분위기를 통해 "우리 제품은 당신의 삶과 일치한다"는 암시를 던지는 설득 방식이 갈수록 중요해졌다.

이에 따라 광고에서 아이디어 그 자체나 혹은 주변적 단서를 통해 기쁨과 즐거움, 편안함, 쾌감 등을 자극하는 소프트 셀이 급속히 늘어나게 된다. 사람들이 광고를 통해 진지하게 정보를 수집하거나 심사숙고해서 제품을 선택하기보다는 오히려 그러한 고민을 회피하는 경향이 갈수록 뚜렷해졌기 때문이다.

5. 스포츠마케팅의 본격화와 다국적 기업의 출현

1980년대는 광고 메시지가 폭증하는 환경 속에서 전통적 의미의 레거시 미디어regacy media 광고가 서서히 위력을 잃어간다. 기업들은 이러한 문제를 돌파하기 위해 광고 이외의 다양한 마케팅 커뮤니케이션 수단을 동원하기 시작한다. 대표적인 것이 기업의 후원 활동corporate sponsorship 이었다. 기업과 관계를 맺고 있는 공중이 호의적 이미지를 지니도록 만든 다음, 그 같은 태도 변화를 제품 판매에 우회적으로 연결시키는 방식이다. 1970년대 기업들의 후원 활동은 자선행사를 후원하거나 직접 후원금을 지급하는 방식의 단순한 활동에 그쳤다. 하지만 80년대에 들어서면서 주요 기업들은 음악, 스포츠, 미술 등의 다양한 사회적 영역으로 스폰서십을 확장한다.

특히 스포츠 스타를 광고에 활용하는 전략이 적극적으로 전개된다. 프로 스포츠 천국인 미국에서는 운동선수가 대중문화 스타들 못잖은 인기를 누린다. 이 점에 착안하여 스포츠용품 회사들은 당대 최고의 선수들을 자사의 아이콘으로 만들기 위한 치밀한 활동을 전개했다. 마이클 조던을 내세워 고급 스포츠화 시장의 일인자로 올라선 나이키가 대표적 사례다.

나이키는 1980년대 초반, 넘버 원 브랜드였던 아디다스를 누르고 스포츠화 시장의 선두를 차지한다. 하지만 조깅 등 소비자들의 야외 스포츠 활동이 줄어들면서 매출 감소에 시달리기 시작했다. 1984년이 되자 이 회사는 미국 프로농구NBA 구단 시카고 불스에 지명된 마이클 조던에 주목한다. 훗날 세계적 슈퍼스타로 떠오르는 이 젊은 선수는 스킨헤드와 혀를 쏙 내밀고 드리블하는 특유의 표정이 강렬했다. 더욱 압도적인 것은 농구 실력이었다. 그는 선수 경력을 통해 NBA 우승 6회, 정규 시즌 MVP 5회, NBA 결승전 MVP 6회, 올스타 14회, 올스타 게임 MVP 3회 등의 엄청난 기록을 남긴다. 프로농구의 전설이 된 것이다 (〈그림 214〉).

조던과 5년 전속에 250만 달러라는 광고 계약을 맺은 나이키는 1985년 '조던 플라이트Jordan flight'라는 첫 번째 광고를 내놓는다. 동시에 그의 이름을 딴 브랜드 '에어 조던Air Jordan' 시리즈를 발매한다. 대박이

〈그림 214〉
불세출의 농구 스타 마이클 조던의 덩크슛 장면.

터졌다. 한 해 동안 에어 조던으로만 1억 3,000만 달러의 매출을 기록한 것이다. 사람들은 마이클 조던이 나이키를 살렸다고 평가했다.

나이키는 마이클 조던의 재능과 인기 그리고 스포츠 철학을 브랜드 이미지와 동일시시켰다. 이것이 유례없는 성공신화의 바탕이 되었다. 예를 들어 나이키 TV 광고에 나온 다음 멘트는 마이클 조던의 좌우명이었지만 나이키가 소비자에게 던지는 메시지이기도 했다. 강렬한 유혹이었다.

나는 농구를 시작한 이래 9,000번 이상의 슛을 놓쳤다. 나는 거의 300번의 경기에서 졌다. 나는 26번의 경기를 결정짓는 위닝샷을 놓쳤다. 나는 실패하고, 실패하고, 또 실패했다. 그것이 내가 성공한 이유다.

특기할 사항은 정부의 기업 규제 철폐가 촉발한 인수합병 바람이 불기 시작했다는 점이다. 1980년대 초중반에 일어난 초대형 인수합병만해도 다음과 같다. 담배회사 필립 모리스가 크래프트 식품을 인수했고 코닥이 제약회사 스털링을, 그리고 그랜드 메트로폴리탄이 필스베리를 인수했다. 이 같은 M&A로 인한 기업 판도의 변화는 놀라운 것이었다. 1980년대가 개시되기 전 미국에서 광고비를 가장 많이 지출하는 100대 광고주 가운데 3분의 2가 인수합병을 통해 이름이 사라졌기 때문이다.

덩치를 키운 기업들은 국경의 장벽을 넘어 세계 시장을 무대로 이윤을 창출하는 다국적 기업으로 변모한다.[14] 글로벌 신자유주의 흐름이 불에 기름을 끼얹었다. 미국과 영국의 뒤를 이어 여러 나라가 속속 자본 시장 자유화, 외국 자본의 인수합병과 시장 규제 완화를 허가한다.

무엇보다 주목되는 것은 다국적 기업의 확산에 따라 다국적 광고가 늘어나기 시작했다는 점이다.

이 시기의 다국적 기업들은 세계 시장 공략에 앞서 마케팅 전문 조사 기관을 통해 해당 국가에 대한 철저한 시장 조사를 했다. 이 과정에서 소비자 취향과 트렌드에 대한 정보를 체계적으로 구축하게 된다. 특히 80년대 중반부터 문을 연 정보통신혁명과 통신 네트워크 진화가 현지 자료 수집과 활용에 중요한 전기를 제공했다.

26장

1980년대의 광고 크리에이티브

1. 소프트 셀의 복귀

1980년대의 광고 크리에이티브는 1970년대 하드 셀 추세에 대한 반동이라고 불릴 만큼 급속한 변화를 보인다. 전 시대를 휩쓴 포지셔닝의 쓰나미가 퇴조하고 1960년대보다 한층 업그레이드된 소프트 셀 신新크리에이티브 혁명New Creative Revolution이 꽃을 피운다. 이런 흐름에는 거시경제적 환경 변화와 함께 미디어 기술 발달로 인한 광고매체의 폭발 현상이 큰 영향을 미쳤다.

포지셔닝 시대에는 광고회사 내에서 마케팅과 전략을 담당하는 기획AE팀의 발언권이 가장 셌다. 하지만 소프트 셀 전성기가 재현되면서 제작팀의 중요성이 커졌다. 카피라이터와 아트 디렉터의 전성시대가 다시 돌아온 것이다.

1980년대 소프트 셀 광고의 특징은 네 가지로 요약된다. 첫 번째는 광고가 단순해졌다는 점이다. 매스미디어가 늘어나고 광고의 절대 숫자가 늘어난 것이 결정적 원인이었다. 그 같은 환경에서 복잡한 이성적 판단을 요구하는 광고는 인기를 잃었다. 사람들이 구구절절한 설명보다는 제품이 지닌 이미지와 그것이 제시하는 라이프 스타일을 더 좋아하게 되었기 때문이다. 동시에 제품이 주는 즐거움, 희망, 기쁨을 광고를 통해 공감하고 싶어 했다. 단순하고 직관적인 메시지가 아니면 주목 자체가 어려운 상황이 도래한 것이다. 이것이 1980년대 광고가 지닌 단순성의 비밀이었다.

　　뷰익 리갈Buick Regal 광고를 보자(《그림 215》). 승용차는 전형적인 고관여 제품이다. 이에 따라 광고에서 차를 구입해야 하는 이성적 이유를 설득력 있게 제시하는 것이 그때까지 관행이었다. 특히 중산층 소비자를 대상으로 하는 뷰익 같은 브랜드가 그랬다. 하지만 이 세단 광고는 구구절절 카피를 늘어놓지 않는다. 그냥 "Good Looking out side. Good Thinking inside." 딱 두 문장 헤드라인뿐이다. 여기서 "Good thinking"이란 표현은 중의적 뜻을 담고 있다. 우선 차가 워낙 조용하므로 안에 타면 생각을 하기에 좋다는 의미다. 동시에 차의 내부 성능이 "생각해 볼 만큼 좋다"는 뜻을 포함한다. 헤드라인 외에는 좌측 하단의 브랜드 네임뿐, 제품에 대한 일체 설명을 생략하고 있다. 과거에는 찾아보기 어려운 단순함이다.

　　두 번째 특징은 표현의 중심이 언어적 서술에서 시각적 의사 전달로 옮겨갔다는 점이다. 이것은 감성 혹은 정서 위주로 제품을 선택하고 수용하는 소비자들의 심리 변화와 연관성이 크다. 언어적 메시지는 본질

〈그림 215〉
뷰익 승용차 광고.
1980년대 소프트 셀의
특징을 잘 보여준다.

〈그림 216〉
강력한 비주얼 표현이
돋보이는 공익 광고
'마약은 자살이다.'

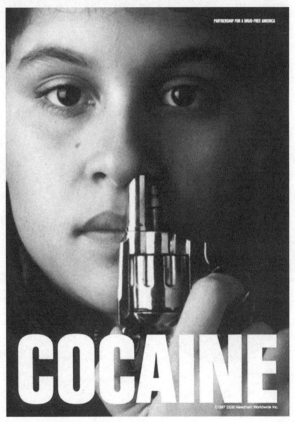

적으로 사고와 추론을 요구한다. 그러나 비주얼 메시지는 즉각적이고 총체적인 접근이 특징이다. 광고에서 카피가 줄어들고 비주얼의 비중이 커지게 된 핵심 이유다. 1987년에 제작된 공익 광고(《그림 216》)가 전형적 사례다. 마약을 하는 것은 권총으로 자살하는 것과 마찬가지라는 뜻이다. 마약의 위험성을 흑백 모노톤의 강렬한 얼굴 사진과 'Cocaine'이라는 단어 하나로 섬찟할 만큼 명쾌히 전달하고 있다.[15]

세 번째는 브랜드 이미지 광고가 대세를 이루기 시작했다는 사실이다. 데이비드 오길비가 일찌감치 선구적 업적을 남겼지만 1970년대를 통과하면서 브랜드 이미지 전략은 위력을 크게 잃었다. 그러나 서구 경제가 오일쇼크의 충격에서 벗어나면서 상황이 변화한다. 가처분소득이 증가하면서 브랜드 선택지가 늘어난 소비자들이 제품 효능을 넘어 브랜드 공감을 기초로 제품을 구입하는 경향이 확산되었기 때문이다. 이러한 이유로 과거보다 훨씬 세련되고 과감한 새로운 소프트 셀 광고가 대거 등장한다.

네 번째는 컴퓨터 그래픽CG이 도입되기 시작했다는 점이다. 그 선두주자는 훗날 CG와 인터랙티브 미디어의 개척자로 불린 로버트 아벨Robert Abel(1937~2001)이었다(《그림 217》). 그는 1984년 CG로 만든 최초의

〈그림 217〉
컴퓨터 그래픽 활용 TV 광고를 최초로 제작한 로버트 아벨.

광고를 슈퍼볼 막간 광고로 내보낸다. 이 TV 광고는 미국 통조림식품 정보위원회를 위해 만든 것으로 "Brilliance"[16]라는 제목이었다.

여기에는 인간과 유사한 움직임을 지닌 섹시한 로봇이 등장한다. 오늘날 기준으로 보면 유치하기 짝이 없는 컴퓨터 그래픽이다(《그림 218》). 하지만 당시 소비자들에게 이 광고는 놀라운 충격을 선사했다. 광고 평론가들은 아벨의 작품을 광고 혼잡상태를 단번에 꿰뚫고 주목을 집중시키는 강력한 작품이라고 입에 침이 마르도록 칭찬했다.

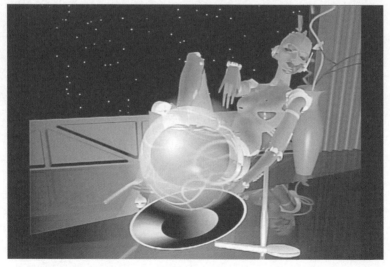

2. 광고가 환상을 창조하다

1980년대 광고의 특성과 관련하여 반드시 짚고 넘어가야 할 것이 있다. 브랜드 이미지의 환상에 관한 내용이다. 이 문제는 이후 21세기에 이르기까지 세계 광고의 진화 방향을 제시하는 중요한 이정표다. 여기에서 참고할 가장 핵심적인 관점은 프랑스 사회학자 겸 철학자 쟝 보드리야르Jean Baudrillard에게서 나온다.

1981년에 출간한 《시뮬라크르와 시뮬라시옹*Simulacres et Simulation*》에서 보드리야르는 어떤 대상을 상대로 복제된 물건이 원본보다 더 현실 같은 경우 이렇게 만들어진 가상현실hyperreal이 거꾸로 진짜 현실을 대체해버린다고 밝힌다. 의도적으로 창조된 가공의 이미지가 마치 현실인양 받아들여지는 현상이다. 이 과정이 바로 시뮬라시옹Simulation이다.[17]

보드리야르는 그 같은 가상현실을 창조하는 대표적 존재가 방송, 영화 특히 광고라고 말한다. 책《시뮬라크르와 시뮬라시옹》의 '절대적 광고, 제로 광고' 장章에서 그는 이렇게 말한다. "우리가 살고 있는 시대는 광고 양식 속으로 잠재적인 모든 표현양식이 흡수되는 시대이다. 모든 독창적인 문화 형태들, 모든 한정적인 언어들은 광고 양식이 깊이가 없고 즉각적이며 즉시 잊어버리기 때문에 광고 양식 속으로 흡수된다.……현재 실행되는 모든 형태는 광고로 향하고 대부분은 거기서 소진된다."[18]

자본주의 사회에서 광고가 가진 무한한 '식욕'을 설명하는 말이다. 그가 여기서 말하는 '광고'는 사전적으로 한정된 의미 그대로 '명명된 광고, 즉 광고로서 생산된 광고'만을 뜻하는 것은 아니다. 보드리야르는 이를 "보다 광역적 범위의 광고, 즉 단순화되고 두루 유혹적이며 두루 동감하는 작동 형식의 형태—모든 양태가 완화되고 말초적 양식으로 그 속에서 혼동되는—를 포함한다"고 밝힌다. 다시 말해 외형적으로는 광고 자체가 아니더라도 정치적 언어나 사회적 언어 또한 스스로 '브랜드 이미지'를 관철시키기 위해 설득이 시도되고 그것이 다수 대중의 동의에 따라 받아들여질 때 '넓은 의미의 광고'가 되는 것이다.

예를 들어 '디즈니랜드'라는 브랜드를 보자. 월트 디즈니가 창조한 이 놀이공원은 가상현실이 전적으로 관철되는 세계다. 그곳에서 관람객을 맞이하는 미키마우스와 피터팬과 백설공주는 그저 사람이 분장한 실물 크기의 캐릭터일 뿐이다. 모두가 그 사실을 안다. 그럼에도 불구하고 사람들은 자신이 만난 미키마우스를 마치 현실 속에 살아있는 존재인 양 착각한다. 보드리야르는 심지어 미국이란 나라 자체를 '거대한 디즈니랜드'라고까지 부른다. 의도적으로 만들어진 환상이 사회구조적 불평등을 대체하고 은폐하기 때문이라는 것이다.

인위적으로 만든 가상 실재인 시뮬라크르가 현실 세계를 대체하는 메커니즘을 가장 명쾌하게 보여주는 사례는 3부작으로 상영된 인기 영화 〈매트릭스〉다.[19] 이 영화에서 현실 속 인간들은 인공지능 기계들에 의해 수정, 잉태되어 인큐베이터 안에서 기절한 채 산다. 평생을 기계에 에너지를 공급하는 생체 배터리로 사육되는 것이다. 하지만 그러한 '피사육 인간'의 두뇌 속에 심어진 가상현실simulacres을 통해 '매트릭스'를 실제 세상이라고 여긴다. 기계에 의해 창조된 가짜 세상에서 '가상의 행복'을 느끼며 비참한 목숨을 이어가는 거다(〈그림 219〉).

이는 볼프강 하우크가 자신의 책에서 《아라비안 나이트》를 인용하면서, 사람들이 '알라신의 환상'을 쫓아 건물 꼭대기에서 뛰어내리는 비유를 든 것과 일맥상통한다.[20] 독점자본주의 시대의 소비자들 역시 진실이라 믿는 가상의 상품 세계에 현혹되어 건물 아래로 뛰어내리듯 서슴없이 자기 몸을 던진다는 것이다. '없는 것의 환상'을 창조하는 시뮬라시옹이 현대 광고의 가장 위력적인 무기로 작동하는 이유가 여기에 있다. 세상에서 광고만큼 '만들어진' 가상의 현실을 완벽하게 보여주는 장치가 없기 때문이다.

이 같은 지적은 1980년대 이후 소프트 셀 광고의 기능과 관련하여

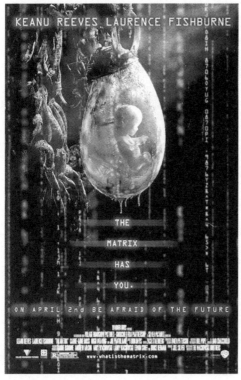

〈그림 219〉
시뮬라시옹 개념을 영상으로
구현해낸 영화 〈매트릭스〉.

의미심장한 함의를 던진다. 이미지 창조 작업을 통해 현대 광고가 보여주는 '환상의 세상'은 언제나 행복하고 즐겁다. 그곳에서는 갈등도 없고 절망도 없다. 사람들은 하나같이 젊고 현대적이며 멋진 인생을 여유롭게 살아간다. 예를 들어 음료수 자판기에서 코카콜라 마시는 청년의 모습을 떠올려보자. "파시싯!" 탄산 터지는 소리와 함께 상쾌하고 차가운 액체가 목구멍을 타고 넘어간다. 그 순간만큼은 머릿속에 비키니 미녀들과 어우러져 와이키키 해변을 뛰어다니는 환상이 겹쳐진다. 500원짜리 동전 두 개로 산뜻한 가상현실을 체험하는 것이다.

물론 코카콜라의 시뮬라시옹 작업이 1980년대에 갑자기 시작된 건 아니다. 산타클로스를 기표로 내세워 독창적 이미지를 창조한 코카콜라 캠페인은 이미 1930년대에 시작되었다.[21] 그러나 수십 년간 광고 노출을 통해 획득한 가상 이미지야말로 이 청량음료에 세계 최고의 브랜드 자산을 부여한 원동력이 되었다.

1980년대는 과거에는 일부 브랜드에 국한되었던 '광고를 통한 대체현실' 창조가 본격화되는 기점이라 평가된다. 이것이 1960년대의 소프트 셀과 1980년대 소프트 셀을 구분 짓는 결정적 차이점이다. 광고의 설득구조가 보다 정교하고 강력한 심층 심리적 양상을 보이기 때문이다.

그 같은 흐름을 상징하는 사례가 앞서 살펴본, 슈퍼볼 막간 광고로 나온 애플 '매킨토시 1984' 광고다. 당시 PC 시장을 지배하던 IBM의 광고 전략은 제품 성능을 과시하고 경쟁 우위적 편익을 강조하는 하드 셀이었다. 그러나 애플은 전혀 새로운 길을 개척한다. 획일적 정보 통제 시스템을 무너뜨리고 개인 자유를 지키는 수호자 이미지로 스스로를 자리매김한 것이다. 이후 오랫동안 애플은 광고 캠페인을 통해 '차등적 사생활differential privacy'이란 모토를 내세운다. 이는 명백히 1984년 광고의 연장선상이다. 고객의 프라이버시를 앞장서서 지키고 정보를 보호하는 첨병이 자기들이란 주장이었다(《그림 220》).

베스트셀러 《플랫폼 제국의 미래The Four: The Hidden DNA》를 쓴 경영학자 스콧 갤로웨이는 아마존, 애플, 페이스북, 구글의 4개 거대 플랫폼 기업의 과거와 현재를 분석하면서 애플을 꼭 집어 이렇게 비판한다. 이 회사가 휴대폰 잠금장치 해독에 "여섯 명에서 열 명의 엔지니어

〈그림 220〉
애플을 '고객 사생활 보호'의 상징으로 내세우는 슬로건.

가 한 달 정도 걸릴 정도"의 과도한 보안 설계를 한 이유를 들면서. 그것은 고객 기밀 보호 목적을 넘어 애플 생태계의 비밀스럽고도 초월적인 권력을 목표하고 있기 때문이라는 것이다.

> 판사들은 날마다 압수수색 영장을 발부한다.……그런데 어찌된 노릇인지 우리는 아이폰만은 성역으로 여기며 세속적인 그 어떤 것도 접근하지 못하도록 막아버렸다. 요컨대 애플은 기업계의 일반규칙을 따르지 않아도 된다는 말이다.[22]

이 말인즉슨 오늘날 애플이 단순한 스마트기기 제조회사를 넘어 개인정보 자유 보호에 대한 하나의 상징적 아이콘이 되었다는 뜻이다. 아이폰, 맥북, 아이패드 등 이 회사의 스마트미디어 기기가 다른 어떤 경쟁제품보다 훨씬 값이 비싼 이유 또한 그것이다. 소비자 마음속의 높고 성스러운 자리에 모셔져 있기 때문이다. "자기들만의 우주"를 만들고 마침내 '자유'와 애플 브랜드를 환치시키는 수준에까지 도달함으로써. 이에 뒤따르는 범접불가의 고급 이미지는 덤이다. 그 점에서 오늘날의 소비자들은 아이폰 '기기'를 사는 것이 아니라 아이폰의 '이미지'를 비싼 돈을 지불하고 구입하는 것이다.

3. 영국이 세계 광고를 선도하다

1_광고 르네상스의 새로운 출범지

특기할 것은 1980년대 소프트 셀의 부활을 이끈 크리에이터들이 그동안 광고산업을 주도했던 미국에서 나온 게 아니라는 점이다. 바로 영국이었다.

데이비드 오길비가 1939년 대서양을 건너 미국으로 왔을 때 영국은 그저 광고 선진국 미국을 모방하기 급급한 수준이었다. 그러나 1970년대 내내 미국 광고계는 마케팅 전쟁이라는 이름 아래 무미건조한 하드 셀 공방을 주고받으면서 크리에이티브 하향 평준화를 거듭했다. 그 결과 1980년대가 시작되면서 그동안 한 수 아래로 여겨졌던 영국이 오히려 광고 르네상스의 새로운 출범지가 되었다. 그리고 역으로 미국 광고에 영향을 미치는 역전극이 펼쳐진다.

이 시기에 부상한 영국 광고는 특유의 유머 소구와 독창적 아이디어가 결합된 완전히 새로운 작풍을 자랑했다. 여전히 하드 셀 영향 아래 놓여있던 미국 광고에 비해 영국 광고는 신선하고, 재미있고, 즐거운 매력을 풍겼다. 광고회사 콜렛 디킨슨 피어CDP의 탁월

〈그림 221〉
1980년대 영국 광고계를 주름잡은
아트 디렉터 데이비드 호리.

한 아트 디렉터였던 데이비드 호리David Horry(1950~2023)는 이 시기 영국 크리에이터들의 생각을 다음처럼 대변한다(〈그림 221〉). "나는 광고는 가볍고 즐거워야 한다고 생각합니다. 그런데 실제로 집행되는 대부분의 광고는 진부하기 짝이 없어요."[23]

무미건조한 하드 셀에 허우적대던 그때까지 광고 흐름에 대한 통렬한 비판이다. 이러한 영국의 움직임은 광고 크리에이티브 역사에서 미국의 주도권이 무너지는 최초의 계기를 마련했다. 예를 들어 1980년부터 1985년까지 세계 최고 권위를 자랑하는 칸 국제광고제에서 영국 광고회사들은 최우수상인 금사자상을 45개나 획득했다. 반면에 100여 년 이상 광고 종주국임을 자랑하던 미국 회사의 트로피 숫자는 고작 23개에 불과했다.

이 시기 영국 광고인들의 전범이 된 것은 역설적이게도 1960년대 미국을 풍미하던 이미지 유파였다. 예를 들어 존 헤가티는 런던 디자인스쿨 재학 시절부터 윌리엄 번벅에게서 깊은 영향을 받았다. 특히 DDB의 폭스바겐 캠페인과 에이비스 넘버 2 캠페인은 그가 절대적으로 숭배하는 대상이었다. 헤가티는 훗날 스타 광고인이 된 후, 번벅의 크리에이티브가 자신에게 미친 영향을 이렇게 술회했다. "그것은 광고가 아니었습니다. 아이디어가 있고 스타일이 있고 위트가 있었습니다. 누구나 만들고 싶어 하는 바로 그런 것 말이지요."

2_광고인 출신의 초일류 영화감독들

가장 눈에 띄는 것은 톱클래스 TV 광고 감독들의 출현이다. 이들은 하나같이 광고계에서 실력을 쌓은 다음 세계적 영화감독으로 변신했다.

대표적 인물들이 리들리 스콧Ridley Scott, 앨런 파커Alan Parker, 애드리언 라인Adrian Lyne이다.

먼저 리들리 스콧부터 살펴보자《그림 222》. SF영화〈블레이드 러너〉와〈에일리언〉, 페미니즘 영화의 고전이라 불리는〈델마와 루이스〉그리고 2000년 아카데미 작품상을 받은〈글래디에이터〉를 만든 거장이다. 하지만 그의 고향은 광고계였다.

스콧은 1937년 북부 잉글랜드 스탁든 온 리스에서 태어났다. 런던의 왕립미술대학 졸업 후 BBC에서 미술부 스태프로 사회생활을 시작했고 이후 TV쇼 감독으로 일했다. 그가 광고 감독으로 데뷔한 것은 방송국을 떠나 CDP에 입사하면서부터다. 1960년에 설립된 CDP는 데이비드 퍼트넘David Puttnam, 앨런 파커, 제프 세이무어Geoff Seymour,[24] 찰스 사치Charles Saatchi, 존 헤거티 등 당대 영국을 대표하는 크리에이터들이 운집한 전설적 광고회사였다. 영국 광고 크리에이티브의 사령부나 마찬가지였던 이곳에서 스콧은 TV 광고 감독으로 실력을 쌓기 시작한다. 훗날 그는 CDP 시절을 회상하면서 이런 말을 했다.

CDP는 크리에이티브의 진정한 용광로였어요. 많은 위대한 카피라이터와 광고인들이 그곳으로부터 퍼

〈그림 222〉
〈블레이드 러너〉와〈에일리언〉,〈글래디에이터〉를 만든 거장 감독 리들리 스콧.

져나가 자신의 광고회사를 차렸지요. 그 시절은 확실히 황금기였고
신나는 날들이었어요.[25]

그는 이 회사를 나온 다음 동생 토니 스콧과 함께 TV 광고 프로덕션
을 만들어 확고한 명성을 구축한다. 리들리 스콧이 만든 유명 광고는
수없이 많다. 광고전문지 《캠페인》은 그의 대표작으로 호비스를 위해
만든 '자전거Bike(1973)', 샤넬 넘버 5 '환상의 공유Share the fantasy
(1979)', DDB와 함께 만든 펩시콜라 '새로운 세대의 선택The choice of a
new generation(1985)', 닛산 '인류를 위한 제작Built for the human
race(1990)' 등을 든다. 그중에서 가장 유명한 작품은 앞서 살펴본 애플
매킨토시 컴퓨터 TV 광고였다. 광고회사 치아트/데이의 의뢰로 1984
년에 감독한 이 작품은 세계적 화제를 불러일으켰고 현대 광고사의 기
념비로 남게 된다.

리들리 스콧은 1977년 〈결투자들〉이란 저예산 영화로 영화감독으로
데뷔한다. 이 작품은 자연광과 필터를 효과적으로 활용하여 뛰어난 영
상미를 창조했다. 이에 주목한 할리우드가 그를 스카우트했고, 그래서
나온 영화가 〈에일리언Alien〉(1979)이다. 1982년 스콧은 '저주받은 걸
작'으로 평가받는 SF영화 〈블레이드 러너〉로 명감독의 반열에 확고히
올라선다.

영화계에서 정상의 자리에 올랐지만 스콧은 자신을 키워준 광고계
를 잊지 못했다. 시간이 날 때마다 돌아와 TV 광고를 감독했다. 그는
광고 콘티를 일일이 자기 손으로 그리는 꼼꼼한 크리에이터였다. 비주
얼리스트란 별명이 붙을 정도로 영상미가 뛰어났다. 이 때문에 그가 만

든 광고와 영화는 모두 강렬한 시각적 이미지와 드라마틱한 스토리 전개가 돋보인다.

앨런 파커 또한 리들리 스콧에 못지않은 위대한 영화감독이다(〈그림 223〉). 그는 1944년 런던 북부 노동자 지역인 이슬링톤에서 태어났다. 열여덟 살 되던 해 맥스웰 클라크라는 소규모 광고회사에 문서 배달 업무로 입사한다. 그리고 금방 재능을 인정받아 카피라이터로 업무를 바꾼다. 이후 PKL 런던 지사를 거쳐 1968년 CDP에 입사하는데, 이곳에서 우연한 기회에 TV 광고 감독으로 입문하게 된다. 이 직종 변경이 놀라운 결과를 가져온다. 파커는 빠른 속도로 CDP의 중심인물로 부상했다. 그리고 회사를 최고의 TV 광고 제작사로 변신시킨다.

하지만 그의 꿈은 영화에 있었다. 파커는 CDP의 전폭적 지원 아래 앨런 파커 필름이란 독립 프로덕션을 차린다. 상업영화 데뷔작은 1976년에 찍은 뮤지컬 영화 〈벅시 말론Bugsy Malon〉.[26] 2년 후 〈미드나잇 익스프레스Midnight Express〉를 만들어 마침내 아카데미 감독상 후보에 노미네이트된다. 그리고 각본상과 작곡상을 수상함으로써 세계적 감독의 위치에 올라선다. 앨런 파커의 영화는 자연광을 이용하는 간접조명으로 유명하다. 특히 빛

〈그림 223〉
〈미드나잇 익스프레스〉로
아카데미 감독상 후보에 오른 앨런 파커.

과 어둠의 대조를 극단적으로 묘사하는 테크닉이 뛰어났다. 당시까지 영화에서 보기 힘들었던 이 테크닉 역시 광고 감독을 하면서 갈고 닦은 것이었다. 그 같은 영상미가 유감없이 드러난 작품이 로버트 드니로와 미키 루크가 공동 주연한 〈엔젤하트Angel Heart〉다. 또 다른 대표작으로는 〈페임Fame〉, 〈버디Birdy〉,[27] 〈미시시피 버닝Mississippi Burning〉이 손꼽힌다.

1941년 런던에서 태어나 자란 애드리언 라인 역시 광고인 출신으로 세계적 영화감독이 되었다(〈그림 224〉). 라인은 광고계 입문 시점부터 소프트 셀에 깊이 끌렸다. 1970년대 광고계를 장악했던 로서 리브스류의 하드 셀 경향을 극단적으로 싫어했다. 체질적으로 표현의 심미적 측면에 이끌리는 성향이었다. 광고주를 위한 상업적 목적 달성 수단을 넘어 자신만의 예술 세계 창조를 꿈꿨던 것은 그 때문이었다. 광고인으로 출발했지만 그는 자신의 태생을 거부했다. 다음의 고백처럼 말이다. "나는 광고가 싫습니다. 특히 하드 셀 스타일로 접근하는 것을 싫어합니다. 나는 광고란 짧은 영화라고 봅니다."[28]

그가 광고 감독으로 만든 히트작은 벌리 란제리, 브루투스 청바지, 야마하 오토바이, 캘빈 클라인 등이 있

〈그림 224〉 광고에서 갈고 닦은 감각적 미장센으로 영화계에 충격을 던진 애드리언 라인.

다. 라인은 자기 프로덕션을 설립한 후 1973년 단편영화를 찍으면서 영화감독으로 데뷔한다. 그리고 10년 후 로맨스 영화 〈플래시댄스 Flashdance〉로 첫 장편 영화를 만든다. 이 작품이 흥행에서 세계적 성공을 거두었지만, 그의 명성을 최정상에 올려놓은 것은 차기작인 〈나인 하프 위크〉였다. 미키 루크와 킴 베신저가 주연한 이 영화는 TV 광고에서 갈고 닦은 라인의 솜씨가 가장 탁월하게 구현된 작품이었다. 그가 선보인 감각적인 미장센과 속도감 있는 편집은 당대 영화계에 일대 충격파를 던졌고 후배 감독들에게 큰 영향을 주었다.

3_혜성처럼 등장한 사치 형제

앞에서 살펴본 세 사람은 광고인에서 출발해서 세계적 영화감독이 된 영국인들이다. 하지만 이들과는 다른 궤적을 밟으며 스타로 떠오른 인물도 적지 않다. 빼놓을 수 없는 사람이 찰스와 모리스 사치 형제 그리고 존 헤가티다. 먼저 사치 형제의 인생을 추적해보자.

〈그림 225〉
젊은 시절의 찰스 사치.

찰스 사치는 1943년 이라크에서 태어났다(〈그림 225〉). 'Saatchi'라는 이름은 터키어에서 유래되었는데 '시계 제작자'란 뜻이다. 찰스가 네 살 되던 해 섬유상이었던 그의 아버지는 중동 지역의 유대인 박해를 피해 가족을 데리고 영국으로 삶의 터전을 옮긴다. 런던 북부의 핀츨리에서 자라난 찰스 사치는 크리스트칼리지 고등학교를 다니면서 당시 유행하던 미국 대중문화에 심취하게 된다. 특히 엘비스 프레슬리와 척 베리를 좋아했다고 한다.

17세 되던 해 고등학교를 졸업한 사치는 미국을 방문할 기회가 있었는데 이때 윌리엄 번벅의 광고를 보고 큰 충격을 받게 된다. 또 뉴욕 현대미술관을 구경하던 중 잭슨 폴락의 그림을 보고 매혹되었다. 이후 런던 커뮤니케이션대학에서 공부를 마친 그는 1965년 벤튼 앤 보울즈 Benton and Bowles 런던 지사에서 카피라이터로 광고 인생을 시작한다.[29]

이곳에는 찰스 사치보다 한 살 많은 아트 디렉터 존 헤가티가 먼저 근무하고 있었다. 사치가 만난 최초의 제작 파트너였다. 후일 영국을 넘어 세계 광고계를 뒤흔들 두 명의 천재가 짝꿍으로 조우한 것이다. 헤가티는 사치를 처음 만났을 때 이탈리아 사람인 줄 알았다고 한다. 이름이 하도 독특해서 스펠링을 잘못 쓴 줄 알았다는 거다.[30] 사치는 이 회사에서 또 다른 천생연분을 만난다. 아트 디렉터 로스 크레이머Ross Cramer였다. 둘의 여정은 동시에 CDP로 회사를 옮긴 후, 1967년 광고 회사 크레이머 사치를 만들기까지 이어진다.

크레이머 사치는 런던 구지스트리트의 패스트푸드 가게 위층에서 문을 열었는데, 곧 존 헤가티가 합류한다. 헤가티는 이후 사치 앤 사치 Saatchi & Saatchi 설립에 참여했고, 1973년 TBWA 런던 지사 창설 후 독립하기 전까지 사치 앤 사치에서 전설적 캠페인을 여러 개 만든다.

신생 광고회사 크레이머 사치의 이름을 광고계에 각인시킨 것은 1969년에 제작된 공익 광고 한 편이었다. 어느 날 로스 크레이머는 학

교 문 앞에서 아이를 기다리다가 영국 건강교육위원회에서 일하는 학부
모를 만나게 된다. 그리고 그녀의 소개로 피임 장려 공익 광고를 만든다
(《그림 226》). 앨런 브루킹이 사진을 찍고 빌 에더튼이 아트 디렉션을 맡
았다. 카피라이터는 새로 입사한 제레미 싱클레어.

화면을 보면 브이넥 스웨터를 입은 젊은 남자가 수심 가득한 표정으
로 고개를 돌려 카메라를 응시하고 있다. 그런데 놀랍게도 남자의 배가
불룩 솟아있다. 만삭인 것이다. 헤드라인은 이렇다. "임신한 게 당신이
라면 좀 더 조심해야 하지 않을까요?" 당대의 성 개방 풍조와 여성해방

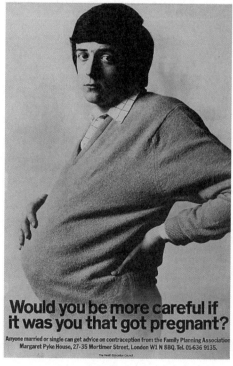

〈그림 226〉
역발상 아이디어로
공전의 히트를 기록한
크레이머 앤 사치의
산아제한 장려 공익 광고.

운동을 배경으로 한 이 작품은 공전의 히트를 기록하며 세상의 주목을 독점한다. 그리고 훗날 북아메리카 바깥에서 최초의 거대 다국적 대행사로 성장하는 사치 앤 사치의 초석을 놓는다.

찰스 사치의 세 살 터울 동생인 모리스 사치Maurice Saatchi(1946~)는 런던 정경대를 졸업한 후 조그마한 출판사에서 사회경력을 시작했다《그림 227》. 그 회사에서 모리스가 맡은 첫 업무는 저널리즘과 광고를 다루는《월드 프레스 뉴스World Press News》라는 작은 전문잡지 운영이었다. 그리고 얼마 안 가 잡지를 세계적 광고잡지《캠페인Campaign》으로 탈바꿈시킨다. 지금도 여전히 발행되는 이 매체는 광고산업에서 정상급의 권위지로 손꼽힌다.

1970년 찰스와 모리스는 100만 파운드의 자금을 들여 공동 경영자로 사치 앤 사치사를 설립한다. 찰스가 광고 제작을 총괄하고 모리스가 전략과 경영을 책임지는 쌍두마차 체제였다.[31] 1975년이 되자 케임브리지와 하버드를 졸업한 서른 살의 재정 전문가 마틴 소렐Martin Sorrel이 입사한다. 소렐은 인수합병에 특출한 능력을 발휘하여 사치 앤 사치의 급성장에 지대한 공헌을 한다.[32] 그리고 훗날 세계 광고산업의 구조를 송두리

〈그림 227〉
형인 찰스와 공동으로
사치 앤 사치를 설립한
모리스 사치.

째 바꾸는 거물이 된다.

1986년 사치 앤 사치는 밀러 라이트 광고로 유명한 배커 앤 스필보겔을 인수했다. 이로써 일본의 덴츠電通와 미국의 영 앤 루비컴의 뒤를 이어 세계에서 세 번째로 큰 광고회사로 등극한다. 뒤이어 테드 베이츠를 인수한 후에는 65개국에 직원 1만 8,000명 그리고 500개가 넘는 지사를 보유하게 된다. 마침내 세계에서 가장 거대한 광고그룹이 된 것이다.

사치 앤 사치 초창기 멤버로 입사해서 오늘날의 터전을 닦은 리처드 마이어스, 사이먼 구드, 닉 다크는 2017년《후츠파 앤 후츠파: 사치 앤 사치: 더 인사이더 스토리스*Chutzpah & Chutzpah: Saatchi & Saatchi: The Insiders' Stories*》란 책을 공저로 출간했다.[33] 여기에서 세 사람은 회사의 정신을, 책 제목처럼 '후츠파Chutzpah'라고 표현한다. 후츠파는 히브리어에서 기원된 것으로(히브리 문자는 חוצפה) 무례함, 뻔뻔함이라는 부정적 뜻과 함께 용기, 배포, 도전정신 등의 긍정적 의미를 함께 담고있는 단어다.

이는 유대인 특유의 정신적 전통으로 세상의 권력자, 혹은 권위를 지닌 사람에게 자신의 생각을 과감하고 용기 있게 표현하는 것을 뜻한다. 동시에 자신이 권력을 지닌 사람이라면 권위주의를 내려놓고 상대의 생각을 겸허하고 냉철하게 수용하는 자세다. 이 같은 태도야말로 사치 앤 사치의 지속적 변화와 쇄신을 불러온 원동력이라는 것이다.

이 광고회사의 크리에이티브 철학을 한마디로 요약하자면 SMP (Single Minded Proposition)라 할 수 있다. '단일 집약적 제안'이라 번역되는 SMP는 목표 고객에게 광고제품에 대하여 던질 수 있는 단 하나의 그리고 가장 동기 유발적이고 차별적인 제안점이다. 광고가 지닌 진정한 설득의 힘은 핵심 메시지를 분산시키지 말고 한 군데로 집약하는 단일화에서 나온다는 것이다.

메시지 홍수 속에서 광고가 최대 효과를 이끌어내기 위해서는 제품 혹은 서비스가 가진 여러 편익을 한꺼번에 쏟아내려는 욕심을 버려야 한다. 그러한 여러 편익 가운데 소비자 구매 동기를 자극하는 가장 강력한 '경쟁 우위적 편익' 하나만을 뽑아내는 게 중요하다. 그리고 그것을 거부할 수 없을 만큼 압도적인 아이디어를 통해 단일집약적으로 제시해야 한다는 것이다. 이것이 세계를 뒤흔든 SMP 전략의 핵심이다.

사치 앤 사치는 브리티시 항공, 실크 컷, 인터시티 캠페인 등 수많은 성공작을 남겼다. 하지만 가장 유명한 작품으로 평가되는 것은 1979년에 나온 정치 광고 캠페인이다. 영국 총선에서 보수당의 정치 광고를 맡아 기록적 성공을 거둔 것이다. 신자유주의의 심볼 마거릿 대처를 총리로 당선시킨 이 선거에서 큰 주목을 끈 것은 다음의 선거 포스터였다

〈그림 228〉 사치 앤 사치의 영국 총선 포스터.
마거릿 대처의 보수당 정권 탄생에 큰 기여를 했다.

〈〈그림 228〉〉.

크리에이티브 디렉터 앤드류 러더포드가 아이디어를 낸 비주얼은 직업소개소 바깥에 길게 늘어선 실업자 행렬이었다. 그리고 그 위에 대문짝만하게 레이아웃된 헤드라인은 "노동당은 일을 하지 않고 있습니다Labour isn't workin." 집권 노동당의 경제 실패를 신랄하게 공격하는 내용이었다. 노동당은 격렬히 반발했다. 무엇보다 포스터의 사진 자체가 실제가 아니라 조작되었다는 이유에서였다. 하지만 진실 여부와 상관없이 화살은 이미 시위를 떠난 뒤였다. 포스터는 언론의 압도적 주목을 이끌어내며 반복해서 기사로 다뤄진다.

사치 앤 사치의 선거 캠페인이 유권자들에게 던진 충격은 대단했다. 해당 선거에서 노동당 패배의 가장 중요한 원인으로 정치학자들이 지적한 것은 그해 발생한 전국적 파업과 소요 사태의 악영향이었다. 하지만 못지않은 역할을 한 것이 사치 앤 사치의 정치 광고였다. 이 포스터는 이후 각국의 선거철이 다가오면 공격적 정치 광고 캠페인의 교과서 같은 역할을 수행하게 된다.

1987년 사치 앤 사치는 무리하게 사업 확장을 시도하다가 주가 폭락을 경험한다. 그리고 1991년이 되면 자산가치의 98퍼센트를 상실하는 최악의 슬럼프에 빠진다. 마침내 1995년 사치 형제는 경영 실패 책임을 지고 회사에서 축출된다. 두 사람은 이에 대한 대응으로 엠 앤 시 사치M & C Saatchi를 다시 창립했다.

그러나 이 시점에 이르러 찰스 사치는 서서히 광고 일에 흥미를 잃기 시작했다. 그는 광고계 현업에 있을 때부터 일찌감치 미술작품에 큰 관심을 가졌다. 미술사를 전공한 첫 번째 아내 도리스Doris의 영향이 컸다. 광고 일을 하면서도 뉴욕 등의 유명 갤러리를 빈번하게 찾던 그는 결국 미니멀리즘, 팝아트, 신표현주의 등 미국 현대 미술과 이탈리아 미술작품 수집계의 큰손으로 떠오르게 된다.

특히 1990년대 들어서면서 일련의 젊은 영국 젊은 예술가들을 후원함으로써 세계 미술계에 새로운 바람을 일으킨다. 1992년 찰스 사치는 자기 소유 미술관에서 '젊은 영국 아티스트들Young British Artists' 전시회를 개최한다. 이 행사가 큰 인기를 끌면서 출품 작가들이 세계적 유명세를 탔다. 영국 광고 크리에이티브의 신천지를 개척했던 광고 천재가 이번에는 현대 미술의 르네상스를 여는 후원자가 된 것이다. 런던 첼시가에 있는 사치 갤러리Saatchi gallery는 오늘날 현대 미술의 성지로 불리고 있다.

4_나만의 길을 간다, 존 헤가티

존 헤가티John Hegarty는 찰스 사치보다 한 해 이른 1942년에 태어났다(《그림 229》). 대학 졸업 후 1965년 벤튼 앤 보울즈 런던 지사에 아트 디렉터로 들어가면서 광고계에 입문했다. 헤가티는 이곳에서 파트너로 만난 찰스 사치와 이후 앞서거니 뒤서거니 오랜 시간 인연을 맺는다. 그러다가 1973년 TBWA 런던 설립에 참여

〈그림 229〉
영국 광고의 독창성을
세계 앞에 과시한 존 헤가티.

했고 1982년이 되면 존 바틀John Bartle, 나이젤 보글Nigel Bogle과 함께 BBH(Bartle Bogle Hegarty)를 만든다. 이 시기가 되면 그는 명실공히 세계 광고계의 톱클래스로 우뚝 선다.[34]

헤가티는 2015년 인터넷 잡지《컬처 위스퍼Culture Whisper》와의 인터뷰에서 "평생 만든 캠페인 중에서 무엇이 제일 자랑스러운가?"라는 질문을 받는다. 답변은 리바이스 청바지 광고였다. 광고 영역을 넘어 당대의 패션, 음악 등 대중문화에 큰 영향을 주었기 때문이다.[35] BBH 설립 첫해 내놓은 리바이스 블랙진 런칭 캠페인은 실제로 헤가티와 BBH의 이름을 만천하에 떨치게 만든 명작이었다.

그가 처음 광고주에게 제시한 시안은 포스터였다. 왼쪽 방향으로 몰려가는 수십 마리 흰색 양 떼 가운데 검은 양 한 마리가 홀로 오른쪽으로 향하는 사진이다(〈그림 230〉). 그리고 화면 하단에 브랜드 네임과

〈그림 230〉
옷 자체가 아니라 '옷을 입는 사람의 이미지'를 광고한 리바이스 블랙진 캠페인.

"When The World Zigs, Zag"라는 슬로건 하나만이 달랑 적혀 있었다. "세상이 지그할 때 재그하라." 쉽게 말해 통속적 기준과 다른 자신만의 스타일을 찾는 사람을 위한 진이 나왔다는 뜻이다. 타깃의 심리적 특성과 라이프 스타일을 직격하는 소프트 셀 광고다.

시안이 처음 들어갔을 때 리바이스 경영진들은 당황했다. "도대체, 이 그림 어디에 청바지가 있다는 겁니까?"라고 묻는 광고주 담당자에게 헤가티는 이렇게 답했다.

사람들은 옷이 아니라 옷에 담긴 이미지를 입습니다. 그러니 블랙진 자체를 소개하는 것보다 더 중요한 것이 그 블랙진을 입는 사람들의 이미지를 보여주는 겁니다. 이 광고의 메시지는 바로 이런 거예요. '(리바이스 블랙진을 입는) 당신은 다릅니다. 당신은 이 많은 군중 속의 한 사람이 아닙니다. 당신은 이 무리와 다른 존재입니다'.[36]

시대를 불문하고 진jean 의류의 핵심 고객은 청춘 세대다. 특히 80년 대는 삶의 방식에 대한 공감과 일치를 중요시하는 트렌드가 분출하는 시대였다. 그 점에서 이 광고야말로 당대 젊은이들의 욕구를 정면으로 관통하는 강력한 유혹이었다. 앞서의 《컬처 위스퍼》 인터뷰에서 그는 다음과 같은 확고한 소신을 밝힌다. "(광고를 통한) 설득은 과학이 아닌 예술입니다." 일찍이 윌리엄 번벅이 던졌던 명제다. 1980년대 소프트 셀의 선두주자였던 헤가티의 광고철학이 어디를 향해 있는가를 말해주는 대목이다. 이처럼 대중적 영향력 측면과 창조적 관점 모두에서 이 남자는 윌리엄 번벅과 닮은 구석이 많다. 헤가티가 쓴 유명한 책이 《헤가티 온 크리에이티비티: 데어 아 노 룰스Hegarty on Creativity: There are No Rules》다. 책 제목을 '(크리에이티브에는) 법칙이 없다'로 잡은 것만 봐도 그렇다. 국적은 다르지만 세상을 떠난 전설적 선배에 대한 오마주라 해도 과언이 아닌 것이다.

BBH가 만든 것 가운데 가장 많은 광고상을 받은 작품 역시 리바이스 청바지 광고다(《그림 231》). 동전 빨래방에서 사각팬티만 입고 청바지가 세탁되기를 기다리는 청년 모습을 찍었다. 1985년에 만든 이 TV 광고는 〈리바이스 빨래방Levi's Laundrette〉이란 이름으로 큰 인기를 끌었다. "진을 파는지 팬티를 파는지 모르겠다"는 말이 나올 만큼 파격적인 아이디어였다. 청춘의 대담함과 섹스어필을 하나로 응축시켜 전 세계에 리바이스 유행을 몰고온 작품이다.[37]

〈그림 231〉
청춘의 대담함과 섹스어필을 결합시킨 리바이스 '빨래방' TV 광고.

리바이스 진이 청춘의 유니폼 같은 존재로 자리 잡은 데는 배우 제임스 딘의 역할이 컸다. 그는 〈이유 없는 반항〉, 〈에덴의 동쪽〉, 〈자이언트〉 같은 인기 영화에서 몸에 밀착한 티셔츠와 리바이스 청바지를 입고 반항아의 이미지를 완성했다.

이후 리바이스로 인해 인생을 바꾼 스타가 또 있다. 헤가티는 1991년 무명 배우인 브래드 피트를 리바이스 TV 광고 모델로 발탁한다. 황량한 사막의 유치장에서 팬티 바람으로 석방된 피트 앞에 연인의 차가 달려와 선다. 그리고 리바이스 청바지를 던져준다. 〈그림 232〉는 그 진

〈그림 232〉
애인이 던져준
리바이스를 입고
포즈를 취한
광고 속의 브래드 피트.

을 입고 카메라로 연인을 찍으려는 광고 속 브래드 피트의 모습이다. 스물여덟 살이 되도록 운이 풀리지 않던 브래드 피트는 이 광고 한 편으로 단번에 할리우드의 주목을 끈다. 그리고 같은 해 앨런 파커 감독의 영화 〈델마와 루이스〉에서 섹시한 건달 역을 맡으면서부터 일약 청춘의 심볼로 떠오른다.

헤가티가 만든 명작 광고는 이 밖에도 많다. 대표작 몇 개만 살펴보자. 먼저 〈그림 233〉이다. 실크해트를 쓴 신사가 지팡이를 들고 걸어가는 심플한 비주얼이다. 그 옆에 "계속 걸어라Keep walking"라는 중의적 슬로건을 배치했다. 조니 워커 위스키 캠페인이다. 1999년 BBH가 조니 워커의 광고를 처음 맡았을 당시 이 전통의 위스키는 위기를 겪고 있었다. 전년 대비 판매량이 14퍼센트나 줄어들었고 시장점유율도 급속히 추락했다. 헤가티는 즉각 브랜드의 문제점을 찾아냈다. 인지도는

〈그림 233〉 조니 워커의 'Keep Walking' 광고.

높지만 조니 워커만의 고유한 브랜드 정체성이 부족했기 때문이었다. 독창적이고 강력한 브랜드 이미지의 창조가 필요했다. 헤가티가 찾아낸 콘셉트는 "남자다운 노력 그리고 진취성"이었다. 현실에 안주하지 않고 대담하게 앞으로 걸어 나가는 남자를 위한 위스키, 이것이 'Keep Walking'의 핵심 메시지였다.

영화배우 하비 케이틀이 모델로 등장한 1분짜리 TV 광고는 위스키 시장을 뒤흔들었다. 광고 스토리는 심플하다. 모델이 꾸준한 걸음으로 걸어간다. 인생에 닥치는 온갖 난관과 두려움을 뚫고 전진한다. 그리고 중간중간 담담한 목소리로 남자다운 삶의 태도를 토로한다.[38] 첫 번째 광고가 나간 1999년부터 2007년까지 조니 워커의 매출액은 94퍼센트나 증가한다. 이후에도 다양한 톤 앤 매너로 변주된 후속 광고가 꾸준히 만들어지고 있다.

아우디의 영국 시장 진출 광고도 유명하다. "기술을 통한 진보 Vorsprung Durch Technik"라는 슬로건을 통해 영국 소비자에게 생소한 독일산 고급 승용차의 기술력을 각인시켰기 때문이다. 땀 냄새 제거제인 '링스 효과Lynx effect' 캠페인도 걸작으로 손꼽힌다.

헤가티는 광고와 관련된 두 권의 베스트셀러를 썼다. 하나는 2011년에 발간한 자서전《헤가티 온 애드버타이징Hegarty on Advertising: Turning Intelligence Into Magic》이다. 다른 하나는 앞에서 언급한《헤가티 온 크리에이티비티: 데어 아 노 룰스》다. 특히 후자는 광고 크리에이티브의 본질에 대한 여러 시사점을 준다. 40여 년에 걸친 자신의 체험을 가감 없이 쏟아낸 이 책은 49가지의 명제를 통해 독자 스스로가 해답을 찾아낼 것을 요청한다.

예를 들어 이런 것이다. '대담하라', '단순하라', '좋은 아이디어를 경계하라', '협업과 안락함의 위험성', '분노효과', '오리지널은 없다', '책을 소화하는 아이디어' 등이다. 통상적 사고를 뛰어넘는 창의적 통찰이 가득하다. 한마디로 상투적 발상을 벗어던지고 남과 다른 생각을 하고 다른 곳을 주목하는 것이 크리에이티브의 시작이라는 제안이다. 헤가티는 이 책에서 창조성의 본질을 다음과 같이 갈파한다.

아이디어란 다른 아이디어를 빌리고, 뒤섞고, 뒤엎고, 계발하고, 주고받으며 나옵니다. 때문에 당신의 아이디어가 '오리지널'이라고 하는 것은 교만입니다. 사실, 아이디어의 가치는 우리를 둘러싼 세상으로부터 어떻게 영감을 이끌어내고, 이제껏 보지 못한 새로운 방식으로 그것을 재해석하는지에 달려있습니다.[39]

영국 광고계에는 작위를 받은 인물들이 많다. CDP의 데이비드 퍼트넘을 필두로 리들리 스콧, 앨런 파커, 애드리언 라인 등이 여왕으로부터 기사 작위를 받았다. 2007년이 되자 헤가티에게 순서가 돌아왔다. 세계 광고에 미친 탁월한 업적을 인정받아 엘리자베스 여왕이 기사 작위를 내린 것이다. 이때부터 그는 존 헤가티 경으로 불리게 된다.

헤가티의 회사 BBH는 세계 3대 광고제로 불리는 칸, 클리오Clio, 뉴욕 페스티발 등의 그랑프리를 거듭 휩쓸었다. 찰스 사치가 광고계에서 완전 은퇴한 지금, 그는 여전히 광고계에 남아 영국은 물론 세계 광고를 이끄는 별이 되었다.

4. 프랑스와 이탈리아의 거장들

1980년대에는 프랑스, 이탈리아 등의 유럽 국가에서도 영국에 못지않은 새로운 크리에이티브가 꽃피어난다. 중심에 선 두 사람을 소개한다.

1_프랑스 광고의 전설, 자크 세겔라

1934년 파리에서 태어난 자크 세겔라Jacques Séguéla는 대대로 이어진 의사 가문 출신이었다(《그림 234》). 외할머니가 프랑스 최초의 여성 외과의였고 부모도 의사였다. 부모의 희망에 따라 약용식물 주제의 논문으로 약학박사 학위를 딴 그는 잘 나가던 약사 직업을 버린다. 그리고 《파리 마치Paris Match》와 《프랑스 수아 France-Soir》 신문 기자를 거쳐 서른 세 살 되던 해 광고회사 델파이어Delpire에 입사함으로써 광고 인생을 시작했다.

그는 베르나라 루와 함께 1970년 광고회사 루 세겔라 Roux-Seguela를 설립한다. 사무실 얻을 돈이 없어서, 점심 전에는 일을 하지 않는 한 광고인의 사무실을 오전에만 빌리는 식으로 회사 문을 열었다. 오전에는 루 세겔라사의 간판을 달고, 오후에는

〈그림 234〉
'조용한 힘'이라는 슬로건으로
미테랑 대통령을
당선시킨 자크 세겔라.

그것을 떼서 보관하면서 아래층 카페에서 일을 할 정도로 궁한 출발이었다.

재미있는 사실은 이 회사를 정상궤도에 올려놓은 것이 '초상권 침해' 사건에서 비롯되었다는 점이다. 루 세겔라의 첫 광고주는 머큐리 Mercury란 브랜드의 선박 모터 회사였는데, 한 잡지 광고에서 당시 대통령 조루즈 퐁피두가 해당 제품을 장착한 모터보트의 키를 잡고 있는 파파라치 사진을 사용했던 것이다. 노발대발한 퐁피두 대통령이 광고가 실린 잡지를 회수할 것을 요구했는데, 발행된 잡지 60만 부에서 사흘 동안 일일이 손으로 그 광고를 찢어내게 된다. 이 사건이 언론을 통해 알려짐에 따라 무명의 광고회사를 광고주들 뇌리에 깊이 각인시켰고 수십 년에 걸친 성장가도가 시작된다.

루 세겔라는 이후 RSCG로 이름을 바꿨는데 하바스Havas 자회사인 유로콤Eurocom과 합병한 후 Euro RSCG가 되었고 2012년이 되면 하바스 월드와이드Havas Worldwide라는 거대 다국적 광고그룹으로 변신한다. 이 회사는 오늘날 퍼블리시스[40]와 함께 미국 광고대행사 네트워크의 프랑스 진출을 방어하는 초대형 진지를 구축하고 있다.

세겔라는 1981년과 1988년 두 번에 걸쳐 프랑수아 미테랑의 대통령 선거 캠페인을 성공시킴으로써 결정적 명성을 얻었다. 첫 번째 선거에서 그가 제안한 슬로건이 "조용한 힘La Force Tranquille"인데, 사회당 후보로서 미테랑의 이미지를 유권자 뇌리에 각인시킨 정치 광고의 걸작으로 지금도 회자된다(《그림 235》).

그는 프랑스 광고의 독창성에 대한 강한 자부심으로 유명하다. 세겔라는 미국, 영국 광고에 비교한 프랑스 광고의 우월성을 다음과 같이 설명한다. "영국 광고는 머리로 생각해서 가슴으로 만듭니다. 다분히 지적인 요소가 있습니다. 프랑스 광고는 가슴으로 생각해서 손으로 만듭니다. 로맨틱하고 감성적이며 감각적이지요. 반면에 미국 광고는 머리로 생각해서 지갑으로 만듭니다. 그래서 프랑스 광고가 앵글로색슨 시장을 제외하면 보다 널리 먹혀들어 가는 것입니다."[41]

세겔라는 칠순을 훌쩍 넘긴 나이까지 현역에서 일한 노익장으로 유명하다. 극우 정치인 장 마리 르펜을 '나치'라고 묘사한 혐의로 손해배상금 4,000유로를 선고받은 사건으로 매스컴의 주목을 받기도 했다.

〈그림 235〉
미테랑의 대통령 당선에
지대한 공을 세운 자크 세겔라의 작품.

2_ 이탈리아 광고의 자존심, 아르만도 테스타

아르만도 테스타Armando Testa(1917~1992)는 현대 이탈리아 광고를 대표하는 크리에이터다(〈그림 236〉). 그는 광고 디자이너로서뿐 아니라 만화가, 애니메이터 및 화가 등의 다양한 영역에서 세계 최고 수준에 도달했다.

집안이 찢어지게 가난해서 열네 살의 어린 나이에 열쇠공의 도제로 돈을 벌어야 했다. 그러다가 인쇄소 식자공이 되어 주경야독을 하며 그래픽예술학교를 다녔는데, 여기서 유명한 추상화가 에지로 데리코를 스승으로 만나 디자인의 세계에 눈을 뜬다. 테스타는 완벽주의자 기질에 자기주장이 강해서 다니던 회사마다 충돌을 경험한다. 18세까지 무려 28회나 직장을 옮길 정도였다. 그러다가 스무 살 되던 1937년, 밀라노의 인쇄용 컬러잉크 제조사 주최의 포스터 디자인 공모전에서 우승한 다음 광고계에 뛰어들게 된다.[42]

1946년 마침내 자신의 독창적 실력을 마음껏 펼칠 그래픽 스튜디오를 설립했는데, 당시 이탈리아는 제2차 세계대전 패전에 따라 미국의 사회문화적 영향력이 커지던 시절이었다. 테스타의 회사는 소비자 심리를 꿰뚫는 도발적이고 강력한 크리에이티

〈그림 236〉
현대 이탈리아 광고를 대표하는
크리에이터 중 한 명인 아르만도 테스타.

브를 통해 영미 자본의 이탈리아 광고 점령을 막아내는 선봉장이 된다. 테스타를 광고계 스타로 확고히 자리 잡게 한 것은 1957년부터 시작된 광고 쇼프로 카르셀로Carosello였다.[43]

그는 광고 디자인에 미니멀리즘minimalism[44]을 결합시킨 스타일로 유명하다. 이 경향을 대표하는 가장 유명한 작품이 1960년에 만든 로마올림픽 공식 포스터다(〈그림 237〉). 그의 아들 마르코Marco Testa도 대를 이어 정상급 광고인이 된다. 마르코는 젊은 시절 뉴욕의 벤튼 앤 보울즈에서 근무하며 미국 광고의 본령을 경험했는데 귀국 후 자기 회사

〈그림 237〉
테스타의 미니멀리즘이 빛나는
1960년 로마올림픽 공식 포스터.

를 경영했다. 그러다가 1985년 아버지의 회사 테스타 에이전시L'agenzia Testa에 합류한다. 그 후 이 회사는 이탈리아 최대의 독립 광고회사로 발전하게 된다. 아르만도 테스타는 아들에게 경영을 맡기고 물러난 뒤, 회화적 특성이 강한 공공 포스터 디자인에 몰입함으로써 새로운 독보적 업적을 쌓게 된다. 아버지가 만들고 아들이 발전시킨 이 회사는 현재 각국에 지사를 두고 이탈리아 광고 특유의 빛나는 창조성을 세계에 과시하고 있다.

5. 1980년대의 대표적 소프트 셀 캠페인들

먼저 발리Bally 캠페인을 보자. 1851년 스위스에서 문을 연 이래 캐주얼 지향의 고급 구두와 가방, 소품, 의류를 생산하는 명품 브랜드다. 그 가운데 주력 제품인 발리 구두는 착화감이 편안하기로 정평이 나 있다. 하지만 1980년대 들어 생산제품 종류를 늘리는 바람에 구두 전문 브랜드 이미지가 약화되었다. 이것이 매출 하락의 결정적 원인이 된다.

이에 발리 구두는 DDB 니드햄 베른DDB Needham Bern을 대행사로 선정한 다음 유례없이 과감한 소프트 셀 광고를 내보낸다. 일명 발자국 캠페인이다. 카피를 극단적으로 절제하고 비주얼을 주인공으로 내세운 광고다. 〈그림 238〉을 보자. 언어적 요소는 오른쪽 하단의 브랜드 로고 뿐이다. 오직 메인 비주얼 하나로 '구름처럼 편안한' 발리 구두의 독보적 이미지를 제시하고 있다. 이를 통해 편안함에 있어서는 발리 구두가 최고라는 핵심 주장을 각인시키는 것이다.

〈그림 238〉
발리 구두 광고.
언어적 설득 요소를 극단적으로 절제하고 있다.

1980년대 광고를 보면 비주얼 표현이 과장된 실험적 작품도 빈번히 등장한다. 이것이 1960년대 소프트 셀과 이 시기를 구분짓는 중요한 특징 중 하나다. 그 배경에는 과거와 비교할 수 없을 만큼 치열해진 광고 주목률 경쟁이 있다. 과감한 비주얼 임팩트를 통해 브랜드 이미지를 차별화하지 않으면 주목과 기억에서 금방 소외되기 때문이었다.

이런 작품 중에서도 특히 주목되는 것은 환상적 장면을 묘사하는 초현실주의 광고들이다. 피사체를 극대화하는 방법 등으로 인간 잠재의식을 자극하는 표현 스타일은 이전까지는 매우 드물었다. 하지만 1980년대에는 이런 작품이 대거 등장한다. 〈그림 239〉에 나오는 카펫 브랜드 카라스탄Karastan의 광고를 보라. 이 작품에서 비주얼 이미지는 단순히 제품을 설명하는 도구가 아니다. 소비자의 무의식을 자극하는 전위

〈그림 239〉 카라스탄 카펫이 선보인 1980년대의 초현실주의 광고.

적인 기능을 수행한다. 마치 예술사진을 방불케 하는 초현실주의적 아이디어를 과감하게 채택한 이유가 그 때문이다.

이번에는 일본으로 넘어가보자. 1980년대의 일본은 거품경제라 불릴 정도로 사회 분위기 전체가 부풀어올랐다. 엔고 현상에 따라 자산가치가 비정상적일 정도로 치솟았고 신용팽창이 가속화되었기 때문이다. 활황의 정점이던 1988년의 경우 시가총액 기준으로 세계 20대 기업 가운데 일본 기업 숫자가 16개였다. 기세로 봐서 일본이 세계 1위 경제대국으로 올라서는 것은 시간문제로 보일 정도였다.

기업의 광고비 지출도 하늘로 솟구쳤다. 흥청망청 돈이 넘치니 여유 있게 브랜드 이미지를 강조하는 소프트 셀이 광고계를 장악했다. 일본 문화는 전통적으로 상징과 기호를 활발히 사용하는 특징이 있다. 1,000여 년 전부터 유명 가문마다 가계, 혈통, 지위 등을 나타내기 위한 심볼 마크인 카몬家紋(かもん)을 사용해왔다. 근대에 들어서서는 스스로를 알리기 위한 상업적 목적으로 상인, 게이샤, 가수들까지 이런 심볼을 활발히 사용했다. 기호학자이자 문예비평가인 롤랑 바르트 Roland Barthes가 일본 기행문인 《기호의 제국*L'Empire des signes*》에서 이 나라의 인공적 상징체계를 높이 평가한 이유가 그 때문이다.[45]

그 같은 역사적 배경이 1980년대의 거품경제와 결합되어 세계적으로도 유례가 없는 이미지 광고의 폭발을 일으키게 된다. 이 시기의 일본 광고 트렌드는 흔히 '제품 일탈 광고'라는 고유명사로 불린다. 광고 메시지와 제품의 상호연관성이 탈락된 극단적 소프트 셀 광고를 의미한다. 이 표현 방식의 유행은 내수시장의 치열한 경쟁 상황과 연관이 컸다.

1950년대 이래 일본 경제를 성장시킨 원동력은 대외수출이었다. 문제는 기업들이 수출 이전에 1억 명에 달하는 내수시장에서 소비자들의 까다로운 검증을 받아야 했다는 점이다. 또한 다양한 신제품이 쏟아져 나왔지만 기술과 디자인 평준화로 인해 각 제품이 상호 차별점을 찾기 어려웠다. 독특한 비주얼과 카피를 무기로, 소비자 호기심을 극대화시키는 제품 일탈 광고의 배경이 여기에 있다. 일단 광고 자체에 대한 주목과 화제를 우선적으로 불러일으킨 다음 그것을 브랜드에 대한 선호로 연결하려는 극단적 소프트 셀 표현이 태어난 것이다.

이 시기에 가장 유명했던 사례를 하나 살펴보자(《그림 240》). 1985년

〈그림 240〉
호주 특산 목도리도마뱀을
세계에 알린 미라주 승용차 TV 광고.

일본 최고의 광고상인 ACC 대상을 차지한 미쓰비시 미라주 승용차 TV 광고다.[46] 목도리도마뱀이 광고의 주인공이다. 호주의 외딴 사막에 사는 이 동물이 세계적으로 알려지기 시작한 것이 바로 이 광고 때문이었다. 목도리도마뱀은 흥분하거나 상대를 위협할 때 붉은색 혈관이 부풀어오른 목도리를 순식간에 사방으로 펼친다. 광고가 시작되면 기괴하게 생긴 도마뱀이 빨간 목도리를 그렇게 펼친 채 입을 쫙 벌리는 장면이 나온다. 그리고 사막을 뒤뚱거리며 달려간다. 배경에 흐르는 카피는 다음과 같다.

길은 하늘의 별처럼 많다.
유유히 내가 좋아하는 길을 가자!
미라주와 함께

미라주는 패밀리카로 불리는 준중형급 세단이다. 이 등급이 속한 승용차군의 핵심 목표 고객은 가족을 이끄는 가장이다. 자동차 구입에 앞서 관련 정보를 꼼꼼히 검토하고 신중히 구매를 결정하는 고관여 소비자들이다. 그러나 이 광고는 가격, 성능, 연비 등 자동차가 지닌 그러한 차별적 편익에 대해 한마디도 하지 않는다. 그저 기이한 동물을 등장시켜 돌발적 주목효과만을 노린다.

널리 알려진 광고 상식으로 3B 법칙이 있다. 광고의 주목률을 높이려면 Beauty(미인), Beast(동물), Baby(아기)의 세 가지 B를 사용하라는 지침이다. 아니나 다를까 이 TV 광고는 언론의 대대적 관심을 집중시키며 그해 일본의 모든 광고상을 휩쓸었다. 이 작품으로 인해 목도리도마뱀이 세계적으로 알려지게 되었고, 목도리도마뱀을 본뜬 액세서리가 엄청난 매출을 기록했을 정도다. 그런데 심각한 문제가 발생했다. 정작 자동차 판매가 비참할 정도로 저조했던 것이다. 광고에 열광한 많은 사람이 도마뱀만 기억하고 아무도 제품에 대해서는 관심을 기울이지 않았기 때문이다. 극단적 제품 일탈이 오히려 판매에 독으로 작용한 셈이다. 아무리 이미지 광고라 해도 주인공은 어디까지나 제품이란 원칙을 까먹은 데 대한 냉정한 대가였다.

한국 광고도 1980년대에 접어들면서 크리에이티브 수준이 일취월장한다. 전 시대에 보기 힘든 수준급의 소프트 셀이 등장하는 것이 특징이다. UN 자료를 보면 1980년 한국의 국내총생산GDP은 세계 197개국 가운데 84위였다. 하지만 이 시점을 계기로 본격적 경제성장이 개시되었다. 1인당 GDP가 가파른 상승곡선을 긋고 각 가정의 가처분소득이 증가했다. TV, 냉장고, 세탁기 등 백색 가전이 활발히 보급되고 수출 주도형 소비재 산업이 발전한다. 한국에서도 대량생산, 대량소비 시대가 열리기 시작한 것이다.

이런 사회경제적 환경에서 목표 고객의 감성을 자극하여 브랜드 호의도를 높이려는 소프트 셀 광고가 등장하는 것은 자연스런 현상이었다. 이 시기를 대표하는 소프트 셀 광고로 어떤 작품을 추천할 수 있을까. 1984년 집행된 쌍용그룹 기업 PR 광고가 제격이다(〈그림 241〉).

"오늘은 속이 불편하구나"라는 헤드라인은 목표 고객의 정서를 자극하는 전형적 휴머니티 소구다. 흑백으로 처리된 메인 비주얼은 "못 살고 못 먹던 그 시절" 꽁보리밥에 된장과 짠지가 반찬인 노시락 사진이다. 무엇보다 화제가 된 것은 카피였다. 도시락을 싸 올 수 없어 늘 배가

고픈 제자에게 선생님이 자기 도시락을 내어주면서 하신 말씀이 그대로 헤드라인이 되었다. 성장기에 배가 고파본 경험이 있는 중장년 세대의 추억과 정서를 뒤흔든 작품이다. 모두가 어려웠던 시절의 훈훈한 추억을 공유함으로써 '쌍용 브랜드'에 대한 호감을 키우는 데 성공했다.

　마지막으로 살펴볼 것은 1980년대 광고 크리에이티브의 특성을 두루 포괄한 캠페인이다. 앱솔루트Absolut 보드카다. 오락성과 유머, 기발한 독창성을 모두 갖춘 이 캠페인은 명실공히 당대 소프트 셀 광고의 금자탑이라 할 수 있다.

〈그림 241〉
쌍용그룹 기업 PR 광고.
한국 사람들의 심금을 울렸다.

〈그림 242〉
앤디 워홀이 그린
앱솔루트 보드카 광고.

스웨덴에서 생산된 이 보드카의 제품명은 완전한, 완벽한이란 뜻의 영어 단어 'absolute'에서 마지막 글자 'e'만 탈락시켜 만든 것이다. 스웨덴 남부의 와인 앤 스피리츠Wine & Spirits Corp라는 국영 기업에서 1879년부터 생산했는데 미국으로 수출된 것은 1981년부터였다. 점차 인지도를 키워가던 1985년, 보드카 수입사 카릴론의 회장 미셀 루가 친구였던 전설적 팝 아티스트 앤디 워홀에게 광고용으로 앱솔루트 병을 그려달라고 부탁한다. 이 작품이 전대미문의 반응을 불러일으킨다《그림 242》.[47]

1980년대를 선도하던 팝 아티스트들은 매스미디어의 세계로부터 자신의 예술적 이미지를 자주 빌려왔다. 특히 광고가 핵심 대상 중의 하나였다. 자본주의 사회의 대량생산, 대량소비 본질을 상징하는 이상적 소재였기 때문이다. 이들은 자신의 창조 활동을 통해, 늘 고고한 척 하는 예술이라는 존재가 결국은 물신사회의 '상품적 본질'을 지니고 있으며 일상적 삶과 동떨어진 곳에 있는 고고한 성채가 아니라는 사실을 폭로하려 했다. 앱솔루트 캠페인 제작에 앤디 워홀이 기꺼이 뛰어든 것은 그 같은 이유에서였다.

광고를 대행하던 TBWA는 "Absolut Warhol"이란 헤드라인의 집행을 망설였지만 미셀 루가 밀어붙였다. 도박은 놀라운 성공을 가져왔다. 그리고 이 작품을 기점으로 30년 이상 진행되는 캠페인의 방향성이 결정되었다. TBWA는 장기적 이미지 빌딩을 목표로 표현의 일관성을 유지하면서도 전체 캠페인을 몇 가지 작은 테마로 나누는 전략을 택했다. 그렇게 확립된 스타일이 지금까지 수십 년째 집행되고 있다.

먼저 헤드라인은 늘 두 단어만으로 구성된다. 브랜드 네임을 앞세우고 예술, 패션, 디자인, 가구, 만화, 계절, 도시, 국가 등의 이름을 거기에 결합하는 방식이다. 그리고 메인 비주얼에서 대상이 되는 도시, 인물, 사건을 앱솔루트 병 패키지 모양으로 살짝 바꿔서 보여준다(〈그림 243〉).

앱솔루트는 대담하고 차별적인 발상으로 대중과의 접촉면을 넓혀갔다. 예를 들어 《애드버킷Advocate》이란 동성애 잡지에 주류회사 최초로 광고를 게재했다. 차별과 편견에 시달리던 미국의 게이 집단에게는 고마운 일이었고, 그들은 이후부터 적극적으로 앱솔루트를 마시기 시작했다.[48] 워홀로부터 시작된 예술가들과의 공동 작업도 갈수록 영역이

〈그림 243〉
브뤼셀의 오줌싸개 소년 동상을
패러디한 앱솔루트 보드카 광고.

확장되었다.

특히 그래피티graffiti 미술가 키스 해링Keith Haring이 만든 앱솔루트 캠페인은 1980년대 광고의 예술적 성취를 상징하는 걸작이다(《그림 244》). 무엇보다 키스 해링이 앱솔루트와 손을 잡았다는 것 자체가 의미심장했다. 1958년에 태어나 주 활동 무대였던 뉴욕에서 1990년 요절한 그는 인종차별과 동성애 박해에 맞서

〈그림 244〉
현대 그래피티 미술의 새로운 장을
개척한 키스 해링.

평생을 싸운 사회운동가였기 때문이다. 기존 예술의 고답적 귀족주의를 무너뜨리고 일반 대중도 예술을 향유할 수 있어야 한다는 뚜렷한 신념의 소유자이기도 했다. 앱솔루트 보드카와의 인연도 그러한 실천의 연장선상에 맺어졌다.

흥미로운 것은 해링이 만든 일련의 앱솔루트 광고작품들이 발표된 시점이, 그가 에이즈 합병증으로 인해 서른두 살 나이로 세상을 떠난 후였다는 점이다. 이러한 스토리가 더욱 화제를 끌고 앱솔루트의 대중적 인기를 높였다(《그림 245》).

1985년부터 시작된, 당시 소비에트연방공화국(소련)의 개방정책을 글라스노스트라 부른다. 공산당 서기장 고르바초프가 주도한 이 흐름은 사회주의 개혁정책 페레스트로이카와 더불어 소련 현실 사회주의를 붕괴시킨 출발점이 되었다. 앱솔루트는 이 세계사적 격변을 과감하

게 광고작품으로 풀어낸다. 〈그림 246〉이 그것이다.

화면 중앙의 비주얼을 자세히 살펴보시기 바란다. 아래위 길쭉한 네모 모양의 구성요소 각각이 통제와 억압을 부수고 자유의 깃발을 높이 든 해당 시점 소련 사회의 변화 양상을 묘사한 앱솔루트 광고들이다. 그런 작품 하나하나를 소재화시켜 다시 앱솔루트 병 모양으로 모자이크한 것이다. 당대 소련 사회의 격동이 이 한 편의 광고 속에서 숨을 몰아쉬고 있다. 일개 보드카 회사의 광고를 넘어 역사적 기록물이라 해도

〈그림 245〉
키스 해링의 그래피티 걸작,
앱솔루트 광고.

과언이 아닌 셈이다.

앱솔루트 캠페인은 새로운 광고가 게재될 때마다 화제의 대상이 되었다. 광고 예산도 해가 갈수록 늘어난다. 1980년 총 예산은 75만 달러에 불과했다. 그것이 2000년이 되면 무려 3,300만 달러로 급증한다. 스웨덴의 자그마한 국영 주류회사가 세계 증류주 시장에서 가장 광고비를 많이 쓰는 회사가 된 것이다.

〈그림 246〉
소련의 사회주의
붕괴 상황을
압축적으로 보여준
앱솔루트 글라스노스트 광고.

11

Van Gils Strictly For Gentlem

11부

패러다임 시프트가 시작되다

역사를 되짚어보면 광고의 형식적, 내용적 대전환을
불러온 패러다임 시프트[1]는 언제나
새로운 미디어의 발명과 관계된 것이었다.
1450년 구텐베르크의 활판 인쇄술 발명이 그랬다.
1920년대부터 보급된 라디오는 500여 년간 위력을 발휘한
인쇄 광고의 독점에 균열을 내었다.
1950년대부터 대중의 삶에 침투하기 시작한
TV 미디어의 위력은 더 했다.
광고산업의 주력군을 완전히 탈바꿈시키고
동영상 광고의 전성시대를 열었다.
하지만 1990년대에 접어들면서 일어난
미디어 생태계의 격변은 앞서 설명한 모든 미디어 진화를
합친 것보다 더 큰 충격을 인류사회에 던졌다.
바로 인터넷의 등장이다.
다니엘 벨Daniel Bell은 일찍이 지식을
"이성적 판단이나 경험 결과를 제공하는 사실,
개념의 조직화된 진술 집합체"로 규정했다.
그리고 앞으로 특정 국가의 성공 여부는
지식의 체계적 활용 여부가 핵심 요인이 될 것이라고 말했다.
지식이 사회적 재화 창출에 있어 핵심적 요소가 되는 사회,
즉 지식 기반사회의 출현을 예고한 것이다.[2]
1990년대는 벨의 그 같은 혜안이 최초로 현실화된 시점이었다.
인터넷과 정보통신기술 고도화 과정에서 산출, 교환, 축적된
지식자산이 국가와 기업 생산력에 직결되는 시대가
열렸기 때문이다. 이 거대한 변화의 물결에
가장 민감한 영향을 받은 분야가
미디어, 마케팅, 광고의 3두 마차였다.

27장
인터넷과 글로벌 광고의 등장

1. 미국 일극 체제와 '제3의 물결' 태동

1990년대에 접어들면서 제2차 세계대전 이후 40년간 이어지던 동서냉전이 끝난다. 소련을 기축으로 서방과 체제 경쟁을 벌이던 현실 사회주의가 급속히 붕괴된 것이다. 1989년 11월 베를린 장벽 붕괴가 시작이었다. 그리고 1991년 12월 26일 소비에트 사회주의 공화국 연방USSR이 무너진다. 이로써 70여 년 이상 이어지던 자본주의와 사회주의 블록 간의 체제 경쟁이 종료되었다. 이후 누구도 넘볼 수 없는 미국의 압도적 정치, 경제, 군사적 일극 체제가 문을 연다.

소련이 몰락한 이듬해인 1992년 민주당 후보 빌 클린턴이 미국 제42대 대통령으로 취임했다. 8년 동안 연임한 그는 베이비부머 세대 최초의 대통령이었다. 클린턴은 선거전에서 현역 대통령이던 조지 부시 진영을 향해 "바보야, 문제는 경제야!It's the economy, stupid!"라는 슬로건을 내세웠다. 동서 간 이데올로기 대결이 끝나고 경제 문제 해결이 시대의 중심에 있음을 정확히 파악한 결과였다.

클린턴 재임기는 미국의 새로운 황금기였다. 닷컴 버블로 불리는 장기 경제호황이 일어나 국제정치 및 경제적 차원에서 미국의 위상이 독보적으로 높아졌다. 무엇보다 주목되는 것은 선진자본주의 국가들의 산업 중추를 이루던 굴뚝산업이 정보통신기술 및 금융 산업으로 급속히 재편되는 흐름이다. 앨빈 토플러가 1980년《제3의 물결The third wave》에서 예견한 고도 정보화 사회가 마침내 모습을 드러내기 시작한 것이다.[3] '제3의 물결'은 탈대량화, 다양화, 지식정보산업의 발전을 통해 수직적이고 위계적인 사회구조가 약화되고 수평적 네트워크가 발전하는 전혀 새로운 세상이었다. 그 같은 거대한 사회 변동의 상징적 존재가 1990년대 초에 모습을 드러낸 월드 와이드 웹World Wide Web, 즉 인터넷의 출현이다.

군사용 혹은 전문 학술 용도로 사용되던 인터넷이 획기적 진화를 한 것은 1991년부터였다. 그해 1월 세계 최초의 월드 와이드 웹이 등장하고, 8월 6일 최초의 홈페이지가 공개되었기 때문이다. 이를 계기로 민간 인터넷 보급이 급속히 늘어난다. 이 새로운 플랫폼은 인간의 커뮤니케이션 능력을 비약적으로 확장시켰다. 컴퓨터가 연결되는 곳이면 지구 어느 곳과도 시공을 초월하여 서로 정보를 주고받는 것이 가능하게 된 것이다.

제3의 물결이 가져온 변화는 규모와 내용에서 총체적이었다. 인터넷, 이동통신, 전자제어 등 첨단 ICT 기술이 동시적 발전을 보였다. 이를 통해 각 산업 분야에서 생성, 축적, 활용된 지식자원들이 실질적 생산력 확보 수단으로 빠른 속도로 자리를 잡는다.[4] 지구촌을 뒤흔든 이러한 거대한 환경 변화가 광고에 큰 영향을 미친 것은 당연한 수순이었다.

2. IMC와 관계 마케팅의 진화

1990년대 광고와 관련해서 빼놓을 수 없는 것이 1980년대 중후반 시작된 통합적 마케팅 커뮤니케이션IMC의 본격화다. 1990년대 이전에는 기업 내의 광고, PR, 판촉, 구매, 이벤트, 사내 커뮤니케이션 등이 별개로 분리된 채 이뤄졌다. 이 같은 분산적·고립적 활동을 개선하여 다양한 마케팅 커뮤니케이션 수단을 하나로 통합하여 마케팅 목표를 달성하는 것이 바로 IMC다.

과거에는 기업 마케팅에서 광고가 차지하는 비중이 매우 컸다. 예산의 핵심 부분을 차지했을 뿐 아니라 소비자 설득에 있어서도 비교를 불허하는 위력을 발휘했다. 하지만 1990년대에 접어들면서 광고의 힘이 줄어들고 다양한 촉진 수단 간의 혼종이 일어난다. TV, 신문, 라디오, 잡지 등 전통적 미디어를 이용한 광고 중심 활동에서 벗어나 다매체, 다채널을 지향하는 폭넓은 비광고적 도구들이 대거 등장하는 것이다.

IMC 개념은 불쑥 튀어나온 것이 아니다. 이미 오래전부터 소규모 광고회사를 중심으로 통합 지향적 마케팅 커뮤니케이션이 실행되어왔다. 예를 들어 1970년대 말, 런던의 BMP DDB Needham에서는 어카운트 플래너Account Planner 개념을 도입하여 IMC의 초기적 형태를 구사하기 시작했다. 하지만 본격적인 IMC는 1980년대 중후반부터 기지 개를 켠다. 정보통신 기술 발달을 기초로 새로운 미디어 설립에 대한 진입장벽이 낮아짐에 따라 매스미디어 숫자가 폭발적으로 늘어난 것이 중요한 원인으로 작용했다.

또 하나 주목되는 것은 1990년대 중반 이후 인터넷 기반의 개인 미디어들이 기하급수적으로 증가했다는 사실이다. 사이먼 벡스너Simon Veksner는 클린턴 대통령의 입을 빌려 당대의 이러한 흐름을 다음과 같이 재치 있게 표현한다. "내가 대통령에 취임했을 때만 해도 월드 와이드 웹에 대해 들어본 적 있는 사람은 물리학자들뿐이었다. 하지만 지금은 내가 기르는 고양이도 자기 홈페이지를 갖고 있다."[5]

1990년대에 IMC가 대두된 거시적 환경 변화는 네 가지로 정리될 수 있다. 첫째, 주요 기업들이 TV, 라디오, 신문, 잡지 등 전통적 매체 광고 수단(약칭 ATL)의 비중을 줄였다는 점이다. 반대로 판촉, 유통 지원, 샘플링, 경품 제공, 온라인 마케팅 등의 비광고적 마케팅 커뮤니케이션 비중(약칭 BTL)을 크게 늘리게 된다. 1990년대를 지나면서 미국 기업에서 사용된 총 마케팅 비용의 65퍼센트 이상이 비광고적 활동에 쓰임으로써 광고와 비광고 커뮤니케이션 수단의 비중이 역전되기 시작한다. 한마디로 광고가 과거의 주도적 위치를 잃게 된 것이다.[6] 이 같은 변화의 원인은 명백했다. 불특정 다수 소비자를 대상으로 하는 광고의 비용 대비 효율성이 전 시대에 비해 급속히 떨어졌기 때문이다.

둘째, MPR[7]의 급속한 부상이다. MPR 또한 하늘에서 뚝 떨어진 개념이 아니다. 기업들은 20세기 초반부터 다양한 방식과 수준으로 MPR을 활용해왔다. 특히 1920년대에 에드워드 버네이스가 초등학생들에게 비누 조각 유행을 유도하여 P&G 아이보리 비누 판매를 크게 늘린 것은 유명한 사례다. 1950년대 들어 PR대행사 에델만이 진행한(앞에서 살펴본) "다음 쌍둥이 중 어느 쪽이 토니로 파마를 했을까요?" 캠페인의 MPR 사례도 유명하다. 그러나 MPR이 본격화된 것은 역시 IMC가 확산된 1990년대에 들어서면서부터라고 할 수 있다.

셋째, 소비자들이 갈수록 세분화·파편화되었다는 점이다.[8] 연령, 성별, 소득 수준, 주거 지역, 학력 등의 인구통계학적 기준은 물론 욕구, 취향, 개성에 따라 소비자 욕구와 취향이 잘게 쪼개어졌기 때문이다. 이 점에서 1990년대를 상징하는 어휘는 '나눌 分分' 자라 할 수 있다. 이 시기 주요 광고 선진국의 광고대행사 서비스 영역이 기존의 토털 마케팅을 벗어나 세분화되고 전문화되기 시작한 까닭이 여기에 있다.

넷째, 신자유주의 본격화에 따라 주요 자본주의 국가 산업 전반에 인수합병의 폭풍이 불었다는 점이다. 이 같은 움직임은 기업의 연구 개발, 자금 조달, 가격 설정, 유통구조 설계에 이르는 마케팅 활동 전반에 영향을 미치게 된다. 특히 광고의 비중과 역할에 대한 인식을 크게 바꾸었다. 1990년대를 지나면서 주요 기업들에서 매스미디어에 광고 비용을 지불하는 통상적 방식paid media보다는 자체적으로 획득하거나 보유한 미디어owned media·earned media를 활발히 사용하는 움직임이 늘어나는 것이 그러한 반영이다.

이상의 환경 변화에 따라 기존 4대 매체 중심의 광고 크리에이티브가 다매체·다채널·다표적 지향의 비광고적 크리에이티브와 통합되어 보다 영역이 확장되는 경향이 뚜렷해진다. 또한 소비자들의 선택적 광고 메시지 수용이 극대화됨에 따라 표현 경향이 갈수록 개인 지향적이며 상호 작용적인 방식으로 바뀐다.

1990년대 광고를 둘러싼 환경과 관련되어 또 하나 핵심적인 이슈는 관계 마케팅Relationship Marketing의 발전이다. 마케팅학자 필립 코틀러 Phillip Kotler는 관계 마케팅의 개념을 다음과 같이 정의한다. "마케팅 관리자와 고객, 중간 판매상, 대리점, 공급업자 상호 간에 경제적·사회적·기술적 유대를 강화하여 장기적 관점에서 신뢰와 협력이 가능한 관계를 구축하는 작업. 그러한 최종 결과로서 마케팅 네트워크라는 특수한 기업 자산을 구축하는 것."[9]

이 용어는 1983년 출간된 레오너드 베리Leonard Berry의 책에서 처음 등장했다.[10] 한마디로 기업이 고객과 친근한 관계를 맺고 지속적 관계를 유지함으로써 쌍방이 함께 이익을 얻는 활동을 말한다. 이 때문에 전통적 마케팅에서는 신규고객 확보를 중요시하는 반면에 관계 마케팅에서는 기존에 확보된 고객을 더 잘 보살피고 유지하는 것을 핵심 목표로 삼는다. 시장점유율보다는 고객점유율 증대가 더 중요한 과제인 셈이다.

관계 마케팅은 1980년대의 고객 데이터베이스 마케팅에서 뿌리를 찾을 수 있다. 기업이 확보한 고객 주소지에 우편 광고DM를 무작위로 대량 발송하는 방식이었다. 하지만 1990년대에 접어들면서 방식이 보다 세련되게 변한다. 온라인 등 정보 수집 도구 발전에 따라 고객 정보가 폭넓고 정교하게 구축됨으로써, 가장 적절한 시기에 적절한 대상에게만 광고 정보를 발송하는 방식이 일반화된다. 이처럼 '맞춤형'으로 진화된 테크닉은 고객들이 자기 주소지에 배달된 우편 광고물을 버리는 확률을 크게 낮추었다. 특히 1990년대 후반부터 인터넷 보급이 급속히 늘어남에 따라 종이로 만든 직접 우편 광고보다는 이메일을 활용하는 EDM(Electric Direct Mail)이 자리를 잡는다.

3. 글로벌 광고의 본격화와 거대 광고그룹 탄생

1990년대에 접어들면서 미국, 유럽, 일본 등의 다국적 자본이 세계 각국에 뿌리를 내리기 시작한다. 1989년의 워싱턴합의에 따라 각국이 시장 규제를 완화하고 자본 시장을 개방했기 때문이다. 다국적 자본의 급속한 확산은 광고산업에도 지대한 영향을 미친다. 글로벌 광고가 본격화되는 계기를 제공했기 때문이다.

글로벌 광고는 다국적 광고, 해외 광고, 국제 광고 등 다양한 이름으로 불리지만 개념은 대동소이하다. 다국적 기업이 자사가 진출한 하나 이상 국가의 소비자에게 제품과 서비스를 동시에 팔기 위해 만든 광고다. 글로벌 광고가 다국적 기업의 발전과 불가분의 관계를 지니는 이유가 여기에 있다.

다국적 기업은 GATT와 IMF를 배경으로 1980년대에 싹을 틔웠지만 폭발적 성장을 개시한 것은 1995년 세계무역기구WTO 출범이 도화선이었다. 이 시점부터 국가 간 교류와 상호 의존성이 커지고 교역량이 급증했기 때문이다. 그에 따라 1990년대 후반부터 세계 각국은 기존의 개별 경제단위를 벗어나 국제 분업을 통한 글로벌 가치사슬GVC[11] 및 글로벌 공급사슬GSC[12]의 구성원으로 위계적 정체성을 갖추게 된다. 다국적 기업의 확산은 개별 국가 내에서만 진행되던 광고 캠페인 규모를 나라와 대륙의 경계를 뛰어넘는 글로벌 차원으로 진화시키는 기폭제가 된다. 새로운 해외 시장을 개척하는 다국적 마케팅의 첨병이자 핵심 무기가 글로벌 광고였기 때문이다.

글로벌 광고는 보통 두 가지 전략을 택한다. 첫 번째는 차별화 전략이다. 지역화 전략이라고도 불리는 이 방식은 각국 소비자들의 고유한 정서, 라이프 스타일을 고려하여 나라마다 독자적 캠페인을 구사하는 것이다. 주의해야 할 것은 이때 해당 국가의 언어, 관습, 소비 취향과 같은 문화적 정체성을 제대로 파악하지 못하면 실패 확률이 커진다는 점이다. 고전적 사례로 꼽히는 것이 중국에 진출한 코카콜라다.

코카콜라는 1927년에 처음 중국에 상륙했다. 전통적으로 중국은 외국어로 된 상표명을 그대로 허용하지 않는다. 상표 출원 시 외국 브랜드를 중국어[漢字]로 등록해야 한다. 알다시피 한자는 표의문자다. 그런데 코카콜라는 이러한 글자의 의미를 고려하지 않고 그냥 가장 비슷한 중국어 발음에 기초하여 '蝌蝌啃蠟(과과간랍)'이란 상표명을 등록했다. 중국어 발음이 커커컨라kě kě kěn là니까 코카콜라와 꽤 닮았다. 문제는 이 문장이 "올챙이[蝌蝌]가 양초[蠟]를 먹는다[啃]"란 뜻을 지녔다는 점이다. 누가 이런 괴상망측한 이름의 음료를 마시려 하겠는가. 출시 첫해 중국 전역에서 고작 400병이 팔렸다.

파국을 경험한 코카콜라는 급히 새로운 브랜드 네임을 찾았다. 현지 소비자를 대상으로 새로운 중국어 브랜드 네임을 공모한 것이다. 그 결과 장이張彝[13]가 응모한 '可口可樂(가구가락)'이 뽑혔다. 중국어로 커코우커러(kěkǒukělè)라는 발음이었다. "맛이 좋으니 입에도 즐겁다"라는 의미 또한 좋았다. 최종적으로 이 이름이 채택되고 대대적 광고가 실행되었다. 그제서야 중국사람들이 코카콜라를 마시기 시작했다. 〈그림 247〉이 당시 새로운 브랜드로 재런칭한 코카콜라 광고다.

글로벌 광고의 두 번째 전략은 국가 사이의 차이점보다는 공통점을 기초로, 국가 구분 없이 일괄해서 전 세계적으로 동일한 전략과 크리에이티브를 펼치는 것이다. 쉽게 말해 광고 하나를 만들어 여러 나라에서 동시 집행하는 걸 말한다. 이를 표준화 전략이라 부르는데 주로 의류, 식음료품과 같이 각 나라 사람들 간 문화적 차이가 구매 행동에 큰 영향을 미치지 않는 제품을 대상으로 한다. 광고 제작물 숫자가 줄어들기

〈그림 247〉
우여곡절을 겪은 끝에
새로운 중국어 브랜드 네임(可口可樂)을
채택한 코카콜라 광고.

때문에 전체 마케팅 비용이 절감되고 브랜드에 대한 통일적 이미지 구축에 유리하다는 것이 장점이다. 이 전략은 각기 다른 문화권에 속해 있다 해도 인류가 공통적으로 느끼는 공감대가 존재한다는 전제에서 출발한다. 1990년대에 해당 전략을 가장 활발하게 사용한 다국적 브랜드로는 나이키, 코카콜라, 베네통 등이 있다.

그중에서 제일 화제가 된 것은 올리비에 토스카니의 베네통 캠페인이었다. 이 캠페인은 '쇼크 광고'의 효시로 불렸는데, 그만큼 상식과 금기를 뛰어넘는 충격적 작품이 많았다. 예를 들어 탯줄도 안 자른 피 묻은 신생아의 모습을 보여준다든지, 백인은 천사고 흑인은 악마라고 표현하는 식이었다. 사람들 관심을 끌고 광고 자체를 화제로 만들기 위해 의도적으로 극단적인 충격요소를 도입하는 토스카니의 모험에 대해서는 뒤에서 상세히 살펴보겠다.

다국적 기업의 세계 진출이 가속화되자 다국적 광고회사들의 규모가 급속히 커지기 시작한다. 물론 미국과 유럽의 톱클래스 광고회사들은 이미 오래전부터 세계 진출을 시도하고 있었다. 예를 들어 JWT는 20세기가 시작되기 1년 전인 1899년에 벌써 런던에 지사를 설립했다. 하지만 1980년대 중반을 넘어서면서부터 시작된 광고회사들의 세계시장 진출은 규모와 양상 자체가 달랐다. 글로벌 차원의 초대형 인수합병을 동반했기 때문이다.

스타트를 끊은 것은 1985년 12월 이뤄진 광고 역사상 최대의 기업합병이었다. DDB와 BBDO, 니드햄 하퍼가 합병하여 옴니콤Omnicom 그룹이란 지주회사 아래 한 식구가 된 것이다. 먼저 니드햄 하퍼가 DDB와 합쳐져서 DDB Needham이 되었고 곧바로 다시 BBDO가 결합되는 방식이었다. 니드햄 하퍼 회장이었던 키스 라인하드가 주도한 이 합병을 통해 뉴욕 광고계의 거의 절반이 한 지붕 아래 결합하게 된다. 1993년이 되면 다시 여기에 TBWA까지 합병하게 됨으로써, 옴니콤은 세계 최대의 광고 지주회사로 위치를 굳힌다.

다음 타자는 마틴 소렐이었다. 그의 주도로 JWT, 오길비 앤 매더, 영 앤 루비컴, 그레이 등 4개 다국적 광고회사가 WPP란 이름 아래 한 우산을 쓴다. 이 거대 광고그룹은 1990년대와 2000년대를 거치면서 산하에 100여 개가 넘는 마케팅 서비스 회사를 포진시키게 된다.[14] 매캔 에릭슨을 주축으로 거침없는 인수합병을 통해 급성장한 인터퍼블릭 그룹Interpublic Group도 빠트릴 수 없다.[15] 이 회사는 2011년 프랑스에 기반을 둔 퍼블리시스 그룹Publicis Groupe에 합병되면서 현재 이름을 갖게 되었는데 세계 120여 개국에 지사를 둔 다국적 광고그룹으로 성장한다.

일본의 덴츠電通는 다른 궤도를 밟는다. 세계 최대의 단일 광고대행사 형태를 유지하면서 해외 광고, 마케팅, 매체 전문 회사 등을 개별적으로 인수하는 방식이었다. 이를 통해 영미계의 다른 거대 기업집단에 필적하는 규모를 갖추게 된다.

이들 다국적 광고그룹의 대두는 비용 효율성을 높이고 이윤 창출을 극대화하려는 자본의 내재적 요구에 따른 것이다. 하지만 다국적 기업의 글로벌 확장이란 외생 변수를 제외하고는 성립이 되지 않는다. 선발 자본주의 국가에 뿌리를 둔 다국적 자본의 세계 진출이 속도와 넓이를 더하면서, 그에 부합하는 규모와 성격의 광고 캠페인을 집행할 수 있는 다국적 광고 조직을 요구한 것이다.

이에 따라 1990년대 중후반으로 갈수록 세계 각국의 광고산업에서 그동안 비중이 크지 않던 다국적 광고회사 시장점유율이 급속히 증가하는 현상이 발견된다. 광고 크리에이티브도 큰 영향을 받는다. 미국과 유럽 중심의 주도권이 약화되고 아시아와 남미, 아프리카 등지에서도 탁월한 광고 캠페인이 쏟아지기 시작한다. 칸, 클리오, 뉴욕 페스티벌 등 유명 국제광고제에서 과거에는 변방으로 취급받던 이른바 제3세계 국가의 광고들이 대거 수상의 영광을 얻는다. 다국적 자본의 세계 진출이 광고산업의 세계화를 이끌어내고 그것이 다시 크리에이티브의 세계화를 견인한 것이다.

4. 온라인 광고가 모습을 드러내다

광고 역사를 뒤바꾸는 충격적 패러다임 시프트가 드디어 시동을 건다. 인터넷을 사용한 온라인 광고가 등장한 것이다. 출발점은 1994년이었다. 컴퓨터 모니터 위에 마우스로 클릭을 할 수 있는 배너 광고가 발명되었다. 배너 광고란 인터넷 사이트에 노출되는 띠 모양 광고인데, 접속자가 해당 배너를 클릭하면 광고와 관련된 사이트로 자동적으로 이동하는 시스템을 말한다. 이때 광고료는 광고 사이트 방문자 수, 회원수, 배너 광고 클릭 수 등을 기준으로 결정된다.

2024년 현재 인터넷 사용자 가운데 99.8퍼센트가 광고 접속을 회피하기 위해 배너 광고를 클릭하지 않고 넘어간다. 하지만 AT&T사가 핫와이어드닷컴HotWired.com이란 웹사이트에 최초의 배너 광고를 집행했을 때는 상황이 달랐다. 클릭률CTR(Click-through Rates)이 무려 44퍼센트에 달했다. 첨단 광고 방식에 대한 사람들의 호기심 때문이었다. 심지어 접속자들이 자발적으로 배너 광고 사이트를 서로 링크해서 알려주는 현상까지 일어났다. 아래에 세계 최초로 집행된 배너 광고가 나와 있다(《그림 248》). 클릭을 유도하는 장치(화살표)를 빼고는 그냥 평범하고 단순한 인쇄 광고를 닮은 형태임을 알 수 있다.

이렇게 시작된 인터넷 광고는 1995년 광고 서버가 발명되면서부터 분기점을 마련한다. 중앙 서버에 광고 콘텐츠를 저장해두었다가 웹사이트 접속자에게 대량으로 자동 노출하는 방식이 실현된 것이다. 1996년 포털 사이트 야후Yahoo!에서 처음으로 검색 광고를 개발하면서 또 다른 대전환이 일어난다. 이 광고 방식은 단어 그대로, 검색창에 입력한 키워드를 분석하여 콘텐츠와 연관된 짧은 문자 혹은 이미지 광고를 보여주는 것이다. 구글이 개발한 구글 애드워즈Google Adwords가 대표적 사례다. 오늘날 검색 광고는 온라인 광고 지출의 2분의 1을 차지할 정도로 거대한 시장을 이루고 있다.

〈그림 248〉
핫와이어드닷컴에 집행된 세계 최초의 인터넷 배너 광고.

모든 인터넷 광고 방식 가운데 가장 미움을 받는 것이 팝업 광고Pop-ups[16]인데, 이는 1997년에 처음 등장했다. 개발자 에단 주커만이 트라이포드 닷컴 웹페이지에 팝업 광고를 게재한 것이다. 이렇게 보자면, 1990년대 중반을 넘어서면서 거의 해마다 하나씩 기존 광고의 패러다임을 바꾸는 혁신적 광고 플랫폼이 태어남을 알 수 있다.

인터넷 광고는 전통적 매스미디어 광고가 시공간적으로 메시지 노출이 제한되었던 것과 달리 온라인 접속이 가능한 곳이라면 언제 어디서나 광고를 전달할 수 있다. 무엇보다 접속자들이 클릭하는 횟수를 즉각적으로 체크할 수 있는 장점이 크다. 광고효과의 객관적 측정에 목말라하던 광고주들이 쌍수를 들고 환영한 이유가 그 때문이다. 또한 클릭수 측정을 통해 투자 대비 효과ROI를 도출하기 쉬웠고, 광고 캠페인이 진행되는 기간 내의 각 실행 단계마다 세분화된 투자 대비 효과 측정이 가능했다. 이런 특성은 광고산업에 지금까지 존재하지 않았던, 마케팅 효과 측정에 관련된 정교한 계량적 지표를 제공하게 된다.[17]

미국의 경우 총 광고비 가운데 인터넷과 모바일을 포함한 온라인 매체 광고비가 2012년을 기점으로 신문, 잡지 등 인쇄 매체 광고비를 추월하기 시작한다. 그리고 2010년대 중반에 접어들면 반세기 이상 광고 미디어의 황제로 군림하던 TV를 주축으로 하는 전체 방송 매체 광고비까지 넘어선다. 기하급수적 성장세였다.[18]

5. 소비중독 사회의 본격화

앞서 살펴본 것처럼, 쟝 보드리야르는 현대를 "광고 양식 속으로 잠재적인 모든 표현양식이 흡수되는 시대"라고 규정했다. 스스로 독창적 이미지를 창조하기 위해 세상을 유혹하는 공감적 설득 방식 모두를 '넓은 의미의' 광고라 부른다. 한편 볼프강 하우크는 다음과 같은 섬뜩한 비유를 던진다. 소비자들이 광고가 만든 가상의 세계에 현혹되어 건물 아래 몸을 던지듯 물건을 구입한다는 것이다.

두 사람이 지적하는 방향은 동일하다. 광고가 현대 사회의 물신주의와 중독적 소비 현상에 핵심 역할을 하고 있다는 뜻이다. 사용가치보다는 상징가치를 통해 소비자를 끌어들이고, 그렇게 '만들어진 욕망'을 원료로 과도 소비의 엔진을 무한 가동시키기 때문이다. 이 때문에 광고는 단순히 편익 설명에 만족하지 않는다. 늘 제품 이미지에 새로운 스토리를 부여하고 새로운 감성을 덧입히려 한다.

지금까지 없었던 라이프 스타일을 선보이고 그것을 교육함으로써 소비를 북돋우는 광고의 역할은 1920년대부터 시작되었다. 대공황과 제2차 세계대전을 넘어 1950년대가 되면 선도적 산업자본주의 국가를 중심으로 마침내 대량 소비시대가 열렸다. 하지만 1990년대에 들어서면서 이들 국가에서는 과거와 차별화되는 독특한 소비 양태가 문을 연다. 바로 중독적 소비의 등장이다.

아무리 돈이 많다 해도 한 인간이 평생 사용 가능한 물건의 총량은 한정되어 있다. 그렇지만 오늘날의 소비자들은 개인적 필요를 초과하는 물건을 끊임없이 사들인다. 장롱 속의 멀쩡한 옷을 놔두고 계절이 바뀔 때마다 사람들이 얼마나 많은 새옷을 쇼핑하는지 생각해보라. 잘 굴러가는 승용차를 왜 그렇게 자꾸 바꾸는지 떠올려보라.

이 같은 소비중독을 개인의 탓으로 돌리는 것은 피상적이다. 저절로 생긴 것이 아니라 창조된 욕구이기 때문이다. 그래서 기업들은 끊임없이 신제품을 내놓는다. 성능 개선이 없으면 디자인이라도 변경한다. 당연히 신상품이 해일처럼 밀려든다. 그 점에서 현대인의 소비중독은 "더 많이 구입하고, 더 많이 사용하라"라는 유혹에 설득당한 사회구조적 결과물이다. 개인적 선택이 아니라 무의식적 강요에 가까운 본질을 지니는 것이다.

그 전형적 장면이 패션산업을 무대로 펼쳐지고 있다. 싼 가격에 구입한 후 몇 번 입다가 유행이 지나면 버리는 패스트 패션 말이다. 최신 유행 트렌드를 재빨리 파악하여 다품종 소량 생산을 실시하는 이 방식은 전 세계 패션산업에 심대한 충격파를 던지고 있다. 일반적 의류회사는 1년에 너댓 번 정도 신상품을 선보인다. 하지만 패스트 패션 기업들은 빠르면 1, 2주에 한 번씩 새로운 디자인을 시장에 내놓는다. 유명 패션쇼에 등장한 작품이나 인기 스타들이 입었던 옷이 눈 깜짝할 사이에 복제되어 매장에 등장한다. 이 과정에서 빠른 상품 회전을 위해 안 팔린 옷들은 즉각 폐기처분된다.

캐주얼 의류 갭Gap은 1년에 약 1만 2,000종의 신상품을 시장에 내놓는다. H&M은 약 2만 5,000종을, 자라는 3만 6,000종을 출시한다. 심지어 중국의 신흥 패스트 패션 브랜드 쉬인Shein은 매년 130만 종의 새로운 디자인을 선보이는 것으로 알려져 있다. 그 결과 현재 전 세계에서 생산되는 옷이 연간 1,000억 벌에 달한다. 세계 인구 81억 6,000만

명, 한 사람 당 열두 벌이 만들어지는 것이다.

신발의 경우 하루 평균 6,000만 켤레가 생산된다. 가정용품은 어떻고 전자제품은 또 어떤가. 첨단 IT 기술의 결정체인 값비싼 휴대폰조차 하루에(1년이 아니다) 약 1,300만 개가 서랍 속으로 사라지거나 파기된다. 상품에 대한 이처럼 끝없는 욕망을 부추기고 강박에 가까운 소비 행태를 이끌어내는 핵심적 도구가 바로 광고다.

또 하나 빠트릴 수 없는 지점은 아마존을 선두주자로 하는 온라인 쇼핑 플랫폼의 폭발적 성장이다. 1994년 제프 베이조스Jeff P. Bezos가 인터넷을 통해 종이책, 음반, 영화 DVD를 파는 아마존닷컴Amazon.com을 창업할 때만 해도 온라인 상품 구입은 일종의 몽상 같은 것이었다. 하지만 급속한 인터넷 대중화와 맞물리며, 베이조스의 선택이 탁월한 선견지명이라는 사실이 드러나는 데는 그리 오랜 시간이 걸리지 않았다. 이 회사는 곧 패션제품과 식품으로 판매 대상을 늘렸고 미용, 보석, 전자제품, 아동용품 등 모든 유형의 상품을 판매하게 된다. 그리고 2000년대 이후에는 클라우드 컴퓨팅과 인공지능 비서 알렉사Alexa 등의 IT 산업으로도 영역을 확장했다.

2024년 9월 기준으로 아마존의 시가총액은 2조 700억 달러에 달한다. 애플, 엔비디아, 마이크로소프트, 구글 다음 가는 세계 5위다. 오늘날 아마존은 단순 상품 판매를 넘어 생산과 유통 생태계에까지 막강한 영향력을 행사하는 글로벌 공룡이 되었다. 한국의 쿠팡처럼 세계 각국에서 아마존 경영 방식을 흉내 내는 유통 기업들이 속속 시장을 장악 중이다.

이들 거대 온라인 쇼핑몰의 특징은 무엇일까. 수천, 수만 가지 상품 가운데 원하는 것을 바로바로 손에 넣을 수 있는 즉시성이 가장 두드러진 장점이다. 카페에서 커피를 마시다가 혹은 잠들기 전 침대 위에서 클릭 한 번으로 구매와 배송 절차가 완료되는 것이다. 복잡한 결제 단계를 생략하여 손가락만 한 번 누르면[one click] 자동 결제가 가능한 것도 매력적이다. 유혹의 장치가 겹겹으로 매설되어 있는 셈이다.

이 같은 유통혁명에 따라 직접 매장을 방문해서 진열된 물건을 선택하는 전통적 쇼핑 방식은 점점 구닥다리가 되고 있다. 눈 깜짝할 사이에 결제가 끝나고 바로 다음 날 '최저가 상품'이 배달되는데 어떻게 경쟁 상대가 되겠는가. 전 세계 가정의 문 앞에 새벽마다 배송 박스가 겹겹이 쌓이는 까닭이 여기에 있다.

현재와 같은 과잉생산과 소비의 종착지는 어디일까. 자원의 무한 낭비와 폐기 상품으로 인한 환경오염이 될 수밖에 없다. 많은 사람들이 그러한 현실을 우려하지만 실제 행동은 다르다. 소비에 대한 욕망을 버리지 못한다. 첨단 심리이론과 행동과학으로 무장된 마케팅 전략의 포로가 되어버렸기 때문이다. 그 선두에서 방아쇠를 당기는 존재가 광고인 것이다.

6. 광고가 대중문화를 뒤흔들다

현대 광고의 시작 이후 광고와 예술은 불가근불가원의 관계를 맺어왔다. 20세기 초반에는 아르누보 사조가 활발히 채용되었다. 소프트 셀의 첫 황금기 1920년대에는 실력파 예술가들이 그들의 재능을 대거 광고에 빌려주었다. 하지만 광고와 순수예술이 경계선을 허물고 상호 결합하기 시작한 것은 1960년대가 기점이었다. 동시대에 등장한 팝아트가 중매쟁이 역할을 했다. 예를 들어 모차르트의 클래식이 TV 광고 단골 배경음악으로 사용되었다. 이후 일러스트레이터 마크 헤스Mark Hess는 명화 모나리자를 코믹하게 패러디하여 프린스 스파게티 소스 광고를 만들었다(〈그림 249〉).

팝아티스트들이 광고를 작품 소재로 많이 삼은 데는 이유가 있다. 그들의 눈에 비친 순수예술은 아무리 잘난 척해도 결국 자본주의 시장구조 안에서 만들어지고 유통되는 하나의 '상품'이었다. 이처럼 위장된 엄숙주의를 조롱하고 풍자하기 위해서는 광고를 활용한 전복顚覆이 매우 유용한 전술이었다. 앞서 살펴본 앤디 워홀은 대중에 가장 널리 알려진 팝아티스트였다. 그는 실크스크린 복제를 활용하여 사진, 만화, 유명 예술작품[19] 등을 광고와 결합하거나 패러디하여 이를 대량으로 찍어냈다. 이런 표현 방식이야말로 후기 자본주의 사회의 소모적이고 파괴적인 대량생산, 대량소비 본질을 통렬히 비판하는 것이었기 때문이다.

하지만 그 같은 과정을 거치면서도 예술과 광고 사이 주도권은 여전히 예술 장르가 쥐고 있었다. 자신의 고귀한 신분증명서를 잠시 광고에 빌려주는 격이었다고나 할까. 1990년대가 되면 이런 추세가 확연히 바뀐다. 그동안 제품 판매 도구로만 인식되던 광고가 거꾸로 대중문화에 영감과 상상력을 부여하고, 당대적 유행과 패러디의 진원지 역할을 하게 되기 때문이다. 최소한 대중문화 영역에 있어서만큼은 오히려 광고가 예술을 도구화하는 현상이 나타난 것이다.

화가 조지 로드리그George Rodrigue(1944~2013)의 〈푸른 개〉 시리즈가 대표적 사례다. 1992년 로드리그는 앱솔루트 보드카 광고 제작에 참여했는데, 이때 자신의 그림에 푸른색 개를 등장시킴으로써 광고와

〈그림 249〉
레오나르도 다빈치의 〈모나리자〉를 패러디한
마크 헤스의 스파게티 소스 광고.

〈그림 250〉
광고와 예술의 탁월한 하이브리드,
조지 로드리그의 작품 〈푸른 개〉.

〈그림 251〉
입생로랑 오피움 향수 포스터.
영국 광고 역사상 가장 큰 논란을
불러일으켰다.

예술의 탁월한 하이브리드를 탄생시킨다(《그림 250》). 그는 이렇게 창조한 자신의 광고를 다시 예술작품 자격으로 갤러리에 전시함으로써 화제의 중심에 선다.

당대의 대중문화에 가장 큰 충격을 던진 것은 입생로랑의 오피움 향수 광고 포스터였다(《그림 251》).[20] 세계적 패션 디자이너 톰 포드가 직접 만든 포스터다. 런던의 어느 거리 모퉁이에서 우연히 이 작품을 만났다고 상상해보라. 순간 움찔해지지 않을까. 유명 모델 소피 달이 나체로 누워있는 이 도발적 모습은 대중에게 전압 10만 볼트의 충격을 안겼다.

작품 자체는 심플하다. 사진작가는 스티븐 마이젤. 몸에 걸친 거라곤 황금 액세서리와 끈으로 된 하이힐뿐, 검은색 벨벳 위에 왼쪽 가슴을 감싼 채 누워있는 모델의 무릎 위에 브랜드 로고가 살짝 레이아웃되어 있다. 이 대담무쌍한 포스터는 대중들의 관음증적 흥미를 폭발시켰다. 발표되자마자 센세이션을 불러일으켰고, 역사상 가장 많은 논란을 일으킨 광고 포스터란 평가가 나왔다.

광고 심의를 담당하는 영국 광고통제기구ASA(Advertising Standards Authority)에 948건의 공식 항의가 접수되었다. 이에 따라 마침내 포스터의 게재 금지명령이 내려졌다.[21] 여성성의 가치를 폄하하는 노골적 성차별 광고라는 비판 때문이었다. 이 공격적인 섹스어필 광고는 당대의 대중문화는 물론 순수예술에까지 영향을 미친다. 예를 들어 스웨덴 화가 세실리아 클레멘트손Cecilia Ulfsdotter Klementsson은 모델을 남자로 바꾼 다음 똑같은 포즈를 취한 패러디 회화작품을 발표하기도 했다.

광고가 대중문화를 뒤흔든 케이스는 한국에서도 여러 번 등장한다.

TV 광고 카피가 곧바로 유행어가 되어 인기를 끌기도 했다. 가장 유명한 사례가 "따봉"이다. 대중문화적 차원에서 유행어는 생명주기가 짧다. 반짝하고 나타났다가 연기처럼 쉽게 사라지기 때문이다. 그러나 1989년 말과 1990년대 초반 '델몬트 오렌지 주스' TV 광고에 등장한 이 유행어는 그렇지 않았다(〈그림 252〉). 사람들의 일상언어 속까지 깊이 들어왔기 때문이다. 심지어 '따봉'이란 단어의 국어사전 등재 여부를 두고 학자들끼리 논쟁이 벌어졌다는 우스개가 나올 정도였다.

　광고는 브라질의 광활한 오렌지농장 위를 경비행기가 날아가는 장

〈그림 252〉
대한민국 전역에 '따봉!' 열풍을 몰고온 델몬트 주스 TV 광고.

면으로 시작된다. 굵은 테 안경을 낀 품질검사관이 오렌지농장을 찾는다. 그리고 갓 따낸 오렌지의 맛과 향을 측정한다. 마지막으로 검사관이 당도糖度 측정기구를 눈에서 떼고, 엄지손가락을 치켜들며 이렇게 외친다. "따봉!" 이어서 흥겨운 리듬에 맞춰 오렌지농장 사람들 모두가 "따봉!"이라 외치며 춤을 춘다.

　광고가 첫 전파를 타자마자 놀라운 현상이 벌어졌다. "따봉!"이라는 말이 사람들 입에 오르내리기 시작한 것이다. 유행어는 어린아이들에게서 출발했다. 그러다가 몇 달이 지나지 않아 대학생들과 일반인에게까지 빠르게 확산되었다. 이후 사람들은 '매우 좋다'라는 뜻의 이 생소한 브라질어(포르투갈어 방언)를 수시로 사용하기 시작했다. 좋은 일이나 기분 좋은 일이 있으면 너도나도 엄지손가락을 치켜세우며 이렇게 외친 것이다. "따봉!".

28장

•

1990년대의 광고 크리에이티브

1990년대에도 많은 스타가 광고계를 주름잡았다. 특히 글로벌 광고 시장 확장에 따라 그동안 스포트라이트에서 벗어났던 국가에서 별들이 대거 등장한다. 지금까지는 미국과 영국 중심으로 많이 살펴봤으니 이번에는 다른 지역에 초점을 맞춰보자. 이탈리아와 브라질 출신의 광고인 두 사람을 소개한다.

1. 쇼크 광고의 명수, 올리비에로 토스카니

1990년대 중후반의 글로벌 광고 캠페인 가운데 가장 논란의 대상이 된 것은 베네통Benetton이다. 패션 브랜드 베네통은 1955년 이탈리아 트레비소에서 태어났다. 이후 전 세계 120여 개국의 8,000개 이상 매장에서 패션, 향수, 액세서리, 시계, 스포츠용품, 화장품을 판매하는 토탈 브랜드로 성장했다. 베네통을 오늘날의 위치로 성장시킨 원동력은 시대를 앞서가는 다국적 마케팅 기법이었다. 특히 그중에서 최고의 무기는 광고였다.

크리에이티브 디렉터 올리비에로 토스카니Oliviero Toscani의 역할이 절대적이었다(《그림 253》). 이 남자는 평생 광고인으로 불리는 것을 거부했다. 스스로 예술을 창조하는 사진가라고 자부했다. 실제로 그의 작업 영역은 광고에만 머무르지는 않았다. 사진, 서적 출판, 텔레비전 프로그램과 영화 제작 등의 폭넓은 활동을 펼쳤다. 그 밖에도 자기 이름을 딴 와인 회사, 올리브농장, 목장 등을 운영함으로써 다방면에 걸친 경영 능력을 과시했다. 하지만 그의 이름을 세상에 깊이 각인시킨 것은 역시 광고였다.

토스카니는 1942년 이탈리아 밀라노에서 사진기자의 아들로 태어났다. 1965년 취리히 미술학교에서 사진을 전공한 후《엘르》,《GQ》등 유명 잡지에 사진을 게재하면서 서서히 이름을 알린다. 그가 세계적 주목을 끌게 된 출발점은 베네통의 광고 캠페인이었다.

설립자 루치아노 베네통은 토스

〈그림 253〉
'쇼크 광고'의 대가
올리비에로 토스카니.

카니를 패션업계의 실력자 엘리오 피오루치를 통해 소개받았다. 그리고 처음부터 캠페인의 구체적 전개와 내용을 일임해버린다. 그만큼 믿었던 것이다. 토스카니가 만든 최초의 베네통 광고는 아동복을 대상으로 했다. 첫 작품에서부터 독창성이 반짝였다. 아동복 광고인데도 아이 모델을 쓰지 않았다. 대신에 테디 베어 인형을 등장시켜 소비자 주목과 흥미를 이끌어냈다. 이처럼 그는 상식의 허를 찌르는 아이디어의 귀재였다.

무엇보다 카피를 줄이고 비주얼 중심의 파격적 표현을 고집한 것이 특징이다. 십몇 년 동안 베네통 캠페인에 등장한 언어적 요소는 "United Colors of Benetton"이란 슬로건 딱 하나뿐이었다. 인종과 종교 갈등, 차별과 폭력 같은 반목을 이겨내고 인류는 하나가 될 수 있다는 메시지를 오직 비주얼을 통해 풀어낸 것이다.

토스카니가 사진으로만 승부를 건 것에는 다른 이유도 있었다. 베네통 모회사의 자금력이 부족했던 거다. 그럼에도 전 세계를 무대로 다국적 광고 캠페인을 펼쳐야 했다. 이를 돌파할 유일한 방법이 사진을 이용한 브랜드 이미지 광고였다. 언어는 나라마다 다르지만 비주얼은 만국 공통으로 이해되기 때문이다. 토스카니가 쇼킹한 비주얼 스캔들을 창작의 중심으로 삼은 이유가 그것이었다.

가장 주목되는 지점은 그동안 누구도 도전하지 않았던, 혹은 못했던 사회적 금기를 과감히 깨는 표현이었다. 왜 그 같은 시도를 했을까. 고관여 감성제품인 패션의류는 비교우위적 하드 셀 소구가 어렵다. 옷은 옷일 뿐 아무리 유행이 바뀌어도 본질적 기능이 대동소이하기 때문이다. 토스카니는 이런 상황에서 패션제품의 성패를 좌우하는 것은 '브랜드 이미지'라는 사실을 뚜렷하게 인식했다. 차별적이고 강력한 이미지가 없으면 쟁쟁한 경쟁 브랜드를 제치고 세계 패션 시장에 뿌리를 내리기 힘들다는 것이 그의 생각이었다. 그래서 태어난 것이 베네통의 '쇼크 광고' 시리즈였다.

〈그림 254〉는 1991년에 집행됐다. 침대 위에서 죽어가는 젊은 남자 주위에 가족들이 모여 슬퍼하고 있다. 이것은 설정이 아니라 실제 장면이다. 사회운동가였던 에이즈 환자 데이비드 커비의 임종 직전 모습을 광고에 그대로 이용한 것이다. 이 작품은 세계적으로 격렬한 논란을 불러일으켰다. 인간의 죽음을 상업주의 도구로 삼았다는 점에서 무엇보다 기독교계에서 강한 비판이 분출했다.[22]

〈그림 254〉
에이즈로 죽어가는 환자의 모습을 보여준 베네통의 '데이비드 커비' 광고.

〈그림 255〉
'신부와 수녀의 키스' 편. 전 세계 가톨릭의 격렬한 분노를 불러온다.

〈그림 256〉
보스니아 내전에서 죽은 병사의 '피 묻은 셔츠'를 적나라하게 보여준 광고.

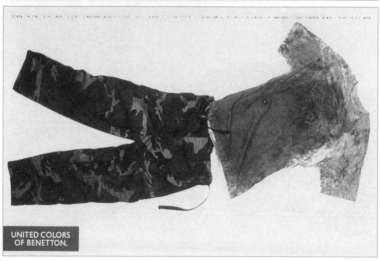

그러나 토스카니는 자기 광고에 대한 반발을 대놓고 조롱했다. 이듬해 종교적 금기를 더욱 노골적으로 파괴하는 작품을 만들었던 것이다. 신부와 수녀가 키스를 하는 도발적 장면이었다(《그림 255》). 활화산 같은 분노가 다시 터져나왔다. 그러나 토스카니는 오히려 그런 논란을 즐겼다. 자신은 어디까지나 예술가이며, 세상의 상투적 규범을 깨트리는 예술행위를 하고 있는 거니까. 덤으로 상업적 관심과 주목을 극대화하는 효과도 충분히 달성하고 있으니까 말이다.

〈그림 256〉은 보스니아 내전에서 가슴에 총을 맞고 숨진 병사의 실제 셔츠를 그대로 광고 사진으로 옮긴 것이다. 1992년에 일어난 보스니아와 세르비아의 내전은 30만 명이 숨진 20세기 후반 최악의 비인간적 전쟁이었다. 전쟁의 결과가 얼마나 참혹했던지 보스니아에 '유럽의 킬링필드'라는 별명이 붙었을 정도다. 그런 비극을 광고에 이용하다니! 다시 터져나온 비판에 토스카니는 이렇게 답한다. "이 작품은 보편적 인권 문제에 대한 대대적 환기를 위한 것이다."

하지만 아무리 목적이 그럴듯해도 표현하는 방식이 이 수준이면 사람들의 불쾌감을 자극할 수밖에 없다. 인간 심리는 때때로 자극과 일탈을 즐기지만 영원히 그 같은 충격을 감내하도록 설계되지 않았기 때문이다. 상궤를 벗어난 베네통의 광고 활동이 단기적으로는 주목을 얻을 수 있었다. 그렇지만 그것이 언제까지고 힘을 발휘하기는 어려웠다. 차별적 브랜드 이미지를 얻기 위해 시작한 캠페인이 마침내는 이미지 자체를 경박하고 부담스러운 수준으로 몰아가기 시작한 것이다.

결정타는 2000년 1월에 터졌다. 잔혹한 범죄로 사형선고를 받은 실제 살인범의 얼굴을 버젓이 광고에 실은 것이다(《그림 257》). 도발과 금기 파괴도 넘지 말아야 할 선이 있는 법이다. 그것을 의도적으로 계속 넘어서면 평범한 사람들도 분노한다. 유례를 찾기 힘든 비난이 쇄도했고, 이는 베네통의 브랜드 이미지에 치명상을 입히는 수준으로까지 발전했다.

미국을 시작으로 세계적 불매운동이 일어났다. 올리비에로 토스카니는 안팎에서 궁지에 몰린다. 마침내 베네통 경영진이 결단을 내렸다. 캠페인에서 완전히 손을 떼라고 통보한 것이다.

비주얼 쇼크를 통해 대중의 주목과 관심을 획득하려는 베네통의 표

⟨그림 257⟩
1급 실인으로 사형선고를 받은 죄수 사진을 이용한 베네통 광고.

현 전략은 분명히 1990년대를 뒤흔들었다. 그러나 폭발적 화제성에 비해 긍정적 브랜드 자산 획득에 대해서는 회의적인 평가가 많다. 노이즈 마케팅에 가까운 관심을 통해 브랜드 인지를 높이는 데는 성공했다. 문제는 그것이 대중의 심리적 수용 한계를 넘어서면서 오히려 부정적 인지로 귀착되어버렸다는 점이다. 데이비드 오길비의 브랜드 이미지 전략 핵심이 무엇인가? 소비자 마음속에 브랜드에 대한 '긍정적 자부심'을 심어주는 것이다. 사람들이 얼굴을 찌푸리게 하는 광고가 어찌 그런 책무를 수행하겠는가.

토스카니는 베네통 캠페인에서 손을 뗀 후에도 상호 관계를 완전히 청산하지 않았다. 설립자 루치아노 베네통이 82세의 나이로 경영 일선에 복귀하면서 토스카니도 2018년에 다시 베네통으로 돌아온다. 하지만 흘러간 강물을 되돌릴 수는 없었다. 1990년대에 누리던 명성을 되찾기는 어려웠다. 복귀한 토스카니의 분투에도 불구하고 베네통은 독특한 아우라가 부재한 그저 평범한 중저가 이미지를 벗어나지 못하고 있다. 체계적이고 장기적 브랜드 전략 없이 눈길 끄는 단발적 주목에만 의존한 캠페인의 당연한 결과였다.

2. 브라질의 살아있는 전설, 워싱턴 올리베토

워싱턴 올리베토Washington Olivetto는 지난 수십 년간 브라질과 라틴아메리카를 넘어 세계에서 가장 유명한 광고인 중 하나다(〈그림 258〉). 이 사람을 1990년대를 대표하는 광고인으로 소개하는 게 맞는지는 애매하다. 그가 처음 광고 일을 시작한 것이 1969년이었기 때문이다. 하지만 올리베토가 자기 회사를 차리고 세계적 명성을 얻기 시작한 것이 1980년대 중후반이었고, 이후 90년대를 통과하면서 세계 광고계를 뒤흔든 걸작을 계속 탄생시켰다는 점에서 1990년대 광고 스타로 뽑았다.

그는 1951년 브라질 상파울루 인근 라파에서 이탈리아 이민자의 아들로 태어났다. 다섯 살 때부터 책을 읽었고 범상치 않은 글쓰기 재능을 보였다. 기자가 되고 싶었는데 존경하는 아버지의 직업이 세일즈맨이었다. 그래서 자신의 글쓰기 능력과 세일즈를 접목시키는 분야가 뭘까 고민하다가 광고 카피라이터가 되기로 결심한다.

FAAP대학을 중퇴하고 광고회사 HGP에서 인턴으로 일을 시작한 것은 고작 18세 때부터였다. 입사 계기도 재미있다. 광고회사 건물 앞에서 자동차 타이어가 펑크 나서 고치던 중 회사 임원과 대화를 하게 되었다. 그런데 인상이 좋았던지 곧바로 인턴 카피라이터로 채용되어 일을 시작한 거다. 때마침 담당 카피라이터가 휴가를 간 것이 기회였다.

이때부터 천부적 재능이 폭발한다. 입사 3개월 만에 만든 TV 광고가 광고계의 오스카상이라 불리는 칸 국제광고제 동상을 받은 것

〈그림 258〉
지구에서 가장 많은 광고상을 받은 것으로
유명한 워싱턴 올리베토.

이다. 승승장구가 이어졌다. 광고회사 DPZ로 옮긴 1974년에는 같은 광고제에서 금상을 수상한다. 스물세 살 나이에 칸 국제광고제에서 황금사자상Gold Lion을 받다니, 놀라운 질주였다.

그는 특히 TV 광고에서 특출한 재능을 발휘했다. 브라질 사람들은 TV 시청률이 매우 높고 광고에 대해서도 호의적인 편이다. 반면에 뉴스 시간대 30초 스폿 TV 광고비가 고급 잡지 양면 광고비와 비슷할 정도로 저렴했다. 기업들이 TV 광고를 선호한 것은 당연한 일이었고, 올리베토는 이 넓은 바다에서 마음껏 헤엄을 쳤다.

그의 평생 콤비는 DPZ에서 만난 아트 디렉터 프란세스크 페찌[23]였다. 두 사람의 대표작은 1983년부터 무려 30년 동안 함께 만든 봄브릴 Bombril TV 광고 캠페인이다. 봄브릴은 주방 세척용품 제조회사다. 주력 제품은 세척용 철 수세미인데 브라질에서 압도적인 시장점유율을

〈그림 259〉 '천의 얼굴' 모네로가 등장한 봄브릴 광고.
왼쪽부터 체 게바라, 지우마 호세프, 호나우두 순이다.

자랑한다. 특이점은 이 광고에 배우 카를로스 모네로가 16년 동안 메인 모델로 출연했다는 거다. 올리베토의 봄브릴 캠페인은 2013년에 종료되었는데, 그때까지 160편에서 모네로가 주인공으로 등장한다. 기네스북은 이 남자를 세계 최장수 단일 TV 광고 모델로 정식 등재했다.

봄브릴 캠페인에서 모네로는 천의 얼굴로 변신했다. 남자, 여자를 안 가리고 직업과 신분을 가리지 않았다. 혁명가 체 게바라, 브라질 최초의 여성 대통령 지우마 호세프, 축구 선수 호나우두로 분장하면서 끊임없는 화제를 불러일으켰다(《그림 259》). 이 유머 소구 캠페인은 브라질을 넘어 세계적인 주목을 받게 된다. 나아가 라틴아메리카 광고의 실력을 국제 광고계에 아로새긴다.

올리베토는 1986년 DPZ를 나와 동료들과 광고회사 W/GGK(후일 W/Brazil로 이름을 바꿈)를 설립한다. 그리고 곧바로 세계적 광고상을 휩쓸다시피 한다. 그는 지구에서 가장 많은 광고상을 받은 크리에이터로 알려져 있다. 획득한 광고상 숫자가 무려 1,000여 개에 달한다. 칸 광고제에서만 44번 수상했다(골드 라이온 18개, 실버 라이온 8개, 브론즈 라이온 18개). 그 밖에 클리오 광고제 등 전 세계 거의 모든 광고제에서 수상을 기록했다. 그의 천부적 창조 능력에 힘입어 회사는 맹렬하게 사세를 확장한다. 미국, 포르투갈, 스페인 등지에 지사를 설립하는 명실상부 대형 다국적 대행사로 부상하게 된 것이다.

올리베토가 만든 유명 작품은 신발 브랜드 불카브라스, 강아지 애완용품 코팝 독, 유니방코 은행 광고 등이 있다. 특히 1987년에 방영된 속옷회사 트라이엄프를 위한 TV 광고 '첫 번째 브라the First Bra', 그리고 1989년의 《폴랴 지 상파울루Folha de S.Paulo》 신문을 위한 TV 광고

〈그림 260 · 260-1〉
점묘법을 사용하여 주목과 집중을 이끌어낸
《폴랴 지 상파울루》TV 광고.

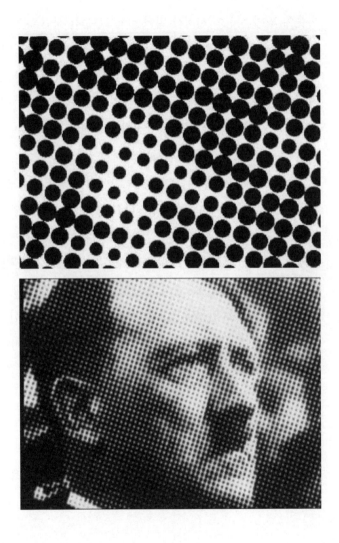

'히틀러' 편은 브라질 광고로 세계 100대 TV 광고 목록에 선정된 둘 뿐인 작품이다. 이 가운데《폴랴 지 상파울루》광고 '히틀러' 편을 살펴보자(《그림 260·260-1》).

정체를 알 수 없는 흑백의 점들로부터 화면이 시작된다. 카메라가 줌아웃이 되며 시선이 서서히 멀어진다. 그 순간 사람들은 깨닫는다. 그 하나하나의 점들이 점묘법을 사용하여 히틀러의 사진을 구성하는 요소였다는 것을. 이어지는 묵중한 카피를 통해 이 신문사가 선동이 아닌 진정한 언론 자유의 가치를 수호한다는 신념을 제시한다. 이 흑백 모노톤 광고에는 상상을 뛰어넘는 반전이 꿈틀댄다. 카피 메시지도 강력하다. 바로 이런 것이 파괴력 넘치는 크리에이티브다.

올리베토는 변방에 머물렀던 라틴아메리카 광고의 수준을 세계 정상급으로 끌어올렸다. 무엇보다 브라질 고유문화를 광고에 접목시킴으로써 국제적 보편성과 지역적 특수성을 함께 성취했다는 점에서 높은 평가를 받는다. 이런 성과가 누적되어, 그는 지난 수십 년간 단순한 광고인의 영역을 넘어 대중문화를 대표하는 스타가 되었다. 잡지《보그 *Vogue*》브라질판을 만들어 광고와 잡지의 하이브리드를 선도하기도 했다. 2015년부터는 ESPMEscola Superior de Propaganda e Marketing의 명예교수로 후학을 가르쳤고, 지금까지 6권의 베스트셀러를 쓴 인기 작가이기도 하다.

그의 유명세를 신화의 반열에 오르게 한 계기는 역설적이게도 2001년에 일어난 납치 사건이었다. 아르헨티나, 콜롬비아, 칠레인으로 구성된 일당이 상파울루에서 그를 납치한 다음 거액을 요구하며 3개월 동안이나 감금한 것이다. 그런데 탈출 스토리가 기막히다. 납치된 집의 옆방에 여자 의대생이 살았는데 몇 달 동안 지속적으로 들리는 소음에 신경이 매우 거슬렸다. 그래서 청진기를 벽에 대고 옆방 소리를 몰래 들었고 상황을 알아챘다. 그녀가 경찰에 납치 신고를 해서 이 슈퍼스타의 실종 사건이 해결된 것이다.

워싱턴 올리베토는 2010년 다국적 대행사 매캔 에릭슨 그룹에 합류하여 더블유매캔WMcCann 회장이자 매캔 월드 그룹 라틴아메리카/캐리비언의 크리에이티브 최고 책임자로 오랫동안 일하다가, 2024년 10월 13일 폐 합병증으로 세상을 떠났다.

3. 1990년대의 크리에이티브 코드, 3C

리스와 트라우트는 1970년대를 광고홍수 시대라고 불렀다. 그러나 1990년대 이후 전개될 다매체·다표적·다차원의 미디어 생태계를 예측했다면 감히 그런 표현을 하지 못했을 것이다. 넘쳐나는 광고에 대한 거부와 기피가 보편화된 이 시대 소비자들에게 일방적 메시지를 반복 노출시키는 것은 오히려 반감을 유발시킬 가능성이 컸다. 일단 매력적 아이디어를 통해 무관심을 돌파하고 자발적 주목과 흥미를 창조하는 것이 중요해졌다. 고도의 개인 지향적·상호 작용적 커뮤니케이션이 아니면 좋은 광고가 태어나기 어려운 시대가 된 것이다.

이에 따라 1980년대를 이어 1990년대 광고에서는 비주얼의 중요성이 더욱 커지고, 카피 분량 또한 더욱 줄어드는 모습을 보인다. 모호하고 관습적인 표현을 버리고 짧고 직관적인 언어로 승부해야 했기 때문이다.

근대 광고의 탄생 이래 크리에이티브의 주도권을 쥔 것은 어디까지나 카피였다. 윌리엄 번벅 같은 선구적 인물이 '카피와 비주얼의 행복한 결혼'을 주장하기는 했으나, 그러한 결혼의 중심에는 어디까지나 카피가 자리 잡고 있었다. 하지만 1990년대가 되면 장문의 카피가 등장하는 표현 방식은 점점 희귀한 것이 된다. 인터넷 확산의 영향이 컸다. 사람들이 더 이상 광고를 통해 제품 정보를 찾지 않게 되었기 때문이다. 클릭 한 번이면 온라인에서 상세하고 풍부한 정보가 넘치는데 사람들이 왜 굳이 광고를 참조하겠는가 말이다.

또 한 가지 이유는 개인적 볼거리와 즐길거리가 비교 불가능할 정도로 늘어났다는 점이다. 1920년대 이후 현대적 생활 방식modernity이 널리 보급되면서부터, 광고는 유머와 독창적 아이디어를 통해 소비자들에게 일종의 오락거리를 제공했다. 메시지 수용자의 해석 참여를 통한 '텍스트의 즐거움Le Plaisir du Texte'[24]이 광고의 주력 무기 중 하나였던 것이다. 그러나 이제 세상이 바뀌었다. 사람들은 인터넷이나 개인 미디어를 통해 광고보다 훨씬 자극적이고 재미있는 대체물을 손쉽게 찾을 수 있게 되었다. 당연히 추론과 해석을 요구하는 복잡한 광고를 회피하는 경향이 커졌다. 1990년대의 광고가 언어적 설득보다는 직관적·감성적인 비주얼을 주 무기로 삼게 된 핵심 배경이 여기에 있었다.

그 같은 변화를 상징하는 단어가 '쉬운comprehensive', '명확한clear', '일관성 있는consistent'이란 세 가지 형용사다. C로 출발하는 이 세 가지 단어의 첫 글자를 딴 것이 1990년대를 대표하는 크리에이티브 코드, 3C다. 순서별로 사례를 차근차근 살펴보자.

먼저 쉬운comprehensive 광고다. 〈그림 261〉의 이유식 광고를 보고 나

〈그림 261〉
파블럼 이유식의 패러디 광고
'최초의 만찬' 편.

〈그림 262〉
레오나르도 다빈치가 그린
걸작 벽화 〈최후의 만찬〉.

서 무엇이 떠오르는가? 레오나르도 다빈치의 걸작 〈최후의 만찬〉(〈그림 262〉)이라면 상상력이 대단한 거다. '최초의 만찬The First Supper'이란 헤드라인도 마찬가지로 원작의 패러디다. 의자에 앉아있는 모델들은 막 젖을 뗀 월령 대인 열두 명의 (예수의 12제자를 본뜬) 귀여운 아기들. 비주얼과 카피 모두가 쉽다. 한 줄의 카피, 하나의 비주얼 그리고 오른쪽 상단의 제품 사진밖에 없다. 그럼에도 전달하려는 의미가 금방 이해가 된다.

아기를 키워본 엄마들은 안다. 이 시기의 꼬맹이들은 입맛에 맞지 않

〈그림 263〉 네덜란드의 AEG 진공청소기 광고.
칸 광고제에서 황금사자상을 받았다.

으면 그냥 음식을 뱉어내버린다. 그런데 이 제품은 하나같이 깔깔 웃음 터뜨리며 먹을 정도로 아기들 입맛에도 잘 맞는다는 거다. 좋은 이유식 찾는 엄마에게 이보다 눈에 뜨이는 광고가 있을까.

두 번째는 명확한clear 광고다. 메시지의 명확성은 역사적으로 크리에이티브 만고불변의 원칙이다. 하지만 1990년대 이후 중요성이 한층 부각된다. 미디어 정보의 홍수 속에서 복잡하고 어려운 광고는 대중의 외면을 받기 때문이다. 뉴스 같은 필수정보는 사람들이 스스로 필요해서 찾는다. 그러나 일부러 광고를 찾아서 보는 사람은 드물다. 현대는 그 같은 '선택적 주목' 현상이 보편화된 시대다. 광고는 뉴스, 오락 프로그램 등 훨씬 강력한 라이벌과 하루 종일 주목율 경쟁을 벌여야 했다. 이런 상황에서 광고의 주장이 명확하지 않으면 소비자들은 곧바로 눈을 돌려버린다. 예를 들어 〈그림 263〉은 네덜란드에서 만들었다. 타블로이드 신문《더 텔레흐라프》1면에 게재되어 대히트를 친 가전 메이커 AEG의 진공청소기 광고다.

무심코 지나치는 눈길을 순식간에 끌어당기는 아이디어가 놀랍지 않은가. "AEG 밤피르 로소의 믿을 수 없는 흡입력"이라는 헤드라인도 확실하다. 하지만 더 중요한 것은 '흡입력이 강하다'는 핵심 소구점을 명확하게 전달하는 아이디어의 위력이다. 이 광고가 (마네킹을 사용하여) 진짜로 옥외에 설치되었다면 어떤 일이 벌어졌을까? 허공에 매달린 할머니 모습에 놀라 주변 도로에서 적지 않은 차량 접촉사고가 일어났을지도 모른다. 이 작품이 언론의 뜨거운 관심을 받고, 마침내 칸 국제광고제에서 황금사자상을 받은 것은 우연이 아니었던 것이다.

세 번째는 일관성 유지consistent다. 이 대목은 동시대에 급속히 확산된 IMC 흐름과 연관이 깊다. 단기 광고 캠페인으로는 소비자 설득과 광고효과 창출이 불투명해진 시대가 도래했기 때문이다. 이에 따라 체계적·장기적 전략을 세우고 통합적 마케팅 커뮤니케이션 도구들을 전략적으로 운영하는 것이 브랜드 성패의 관건이 되었다. 광고에서도 일회적 임팩트보다는 긴 호흡을 가지고 비주얼 아이디어와 카피 포맷을 장기간에 걸쳐 일관성 있게 유지하는 누적효과가 중요해졌다.

독일의 유명 스타킹 브랜드 엘베오 광고 2편을 보자(《그림 264·265》). 메인 비주얼은 전설적 화가들의 명화와 여성의 아름다운 다리 포즈를

〈그림 264〉
모딜리아니의
〈르누아르 부인의 초상〉을
절묘하게 활용한
엘베오 스타킹 광고.

절묘하게 조화시킨 것이다. 거기에 "다리를 아름답게 만드는 것들 Bildchönes für Beine"이란 슬로건을 결합시켜 장기 캠페인으로 집행했다.

여성 스타킹은 원자재와 품질력이 서로 거기서 거기다. 경쟁 우위적 소비자 편익을 찾기가 어렵다. 엘베오의 크리에이터들은 이 문제를 돌파하기 위해 장기간의 일관된 광고로 누적된 브랜드 이미지 창조를 목표했다. 그 같은 소프트 셀 캠페인을 통해 엘베오만의 차별적 브랜드 이미지를 공고히했고 결국 압도적 판매실적을 거둔 것이다. '일관성'의 대표적 성공 사례였다.

〈그림 265〉
클림트의
〈에밀리 플뢰게의 초상〉을
패러디한 엘베오 광고.

4. '쇼크 광고'의 확산

토스카니가 개척한 쇼크 광고는 다양한 영역으로 확산된다. 먼저 반 길스 애프터쉐이브 로션 광고를 보자. 면도 후 자극받은 피부를 진정시키는 남성 전용 화장품이다《그림 266》. 그런데 광고를 보면 수트를 걸친 섹시한 여성이 남자 소변기에서 용변을 보고 있다.

이 괴이한 광고는 무엇을 노리는 걸까. '신사만을 위하여strictly for gentleman'란 헤드라인이 모든 걸 말해준다. 현실에서는 일어나기 힘든 비정상적 장면을 통해, 반 길스가 (여자가 아니라) '오직 멋진 남자만을 위한' 제품임을 역설적으로 강조하는 것이다.

1990년대를 풍미한 또 다른 쇼크 광고 사례는 디젤 진 캠페인이다. 1978년에 첫 출시된 디젤은 청바지를 위주로 여러 패션상품을 판매하는 이탈리아 캐주얼 브랜드다. 디젤이 세상의 주목을 받게 된 것은 1993년에 나온 다음의 광고 때문이다《그림 267》.

일명 '수병의 키스'라 불린 작품이다. 임무를 완수하고 돌아온 군함의 갑판에서 수병들이 환호성을 터뜨린다. 색종이가 날리고 가족들이 열심히 성조기를 흔든다. 그런데 화면의 앞쪽 가장 시선을 끄는 곳에서 건장한 체격의 두 수병이 뜨거운 키스를 나누고 있다. 도발적 방식을 통해 동성애 이슈를 광고의 전면에 끌어낸 것이다.

당시 미국 해군은 성적 소수자의 입대를 거부하는 정책으로 도마 위에 올랐다. 이 광고는 그러한 정책을 정면에서 비판하고 있다. 디젤 브랜드는 성적 취향에 따른 차별을 거부한다는 명시적 메시지다. 광고가 나온 시점을 떠올려보라. 이때만 해도 동성애는 미국 사회 일반의 수용을

〈그림 266〉
반 길스 애프터쉐이브 로션 광고
'신사만을 위하여'.

〈그림 267〉
동성애 이슈를 광고화시켜 충격을
안긴 디젤 진의 '수병의 키스' 편.

받지 못했다. 보수적 도덕 규범에 사로잡힌 주류 집단의 눈에 이 광고는 충격적 혐오와 반발을 불러일으키는 쇼크로 받아들여졌다. 디젤 광고는 이를 시작으로 1990년대 내내 쇼킹한 표현 속에 인종차별과 성적 차별, 빈부격차 등에 대한 문제의식을 꾸준히 담아내게 된다.

5. 노골적 성적 소구의 본격화

섹스어필은 인간의 섹시한 몸이나 포즈, 상징물 등을 보여주면서 소비자 반응을 유발하는 전형적 소프트 셀 소구다. 이 표현 방법은 부정적 평가가 적지 않다. 미디어 학자 윌슨 브라이언 키는 "성적 대상화를 통해 인간의 잠재의식을 자극하는 저열한 설득기법"이라 직격한다.[25] 광고효과 측면에서도 브랜드 기억도가 낮거나 구매 의도에 큰 영향을 미치지 못한다는 연구가 적지 않다. 사람들의 주의를 성적 요소에만 집중시킴으로써 광고제품에 대한 인지와 태도 변화를 가로막는다는 거다. 이른바 '방해 가설distraction hypothesis'이다. 그럼에도 불구하고 광고에서 섹스어필이 즐겨 등장하는 이유는 딱 한 가지다. 이보다 더 강렬하고 집중적인 주목을 일으키는 무기가 없기 때문이다.

광고 역사에서 섹스어필 광고가 본격적으로 등장한 것은 1990년대부터다. 그 이전의 성적 소구는 그래도 선을 지켜 당대의 규범적 가치 기준을 과하게 넘어서지 않았다. 하지만 1990년대에 불어닥친 광고 주목률 경쟁은 더 이상 그런 눈치를 볼 여유를 허락하지 않았다.

1995년 집행된 캘빈 클라인 청바지 런칭 캠페인을 보자(《그림 268》).

의도적으로 브랜드 네임을 숨겨서 호기심을 고조시키는 티저teaser 전략을 택한 이 광고는 소프트 포르노에 가까울 만큼 선정적이다. 금발의 틴에이저가 다리를 벌린 채 누워있는 사진이 전부다. 그 외에 언어적 요소는 없다. 블루진 소재의 미니스커트 아래 흰색 속옷이 살짝 보인다. 여성의 시선은 카메라를 정면으로 응시하고 있다. 광고 독자를 마주 바라보는 시선이다. 심지어 왼손가락으로 늘어뜨린 금발을 잡고 입술로 빨고 있다. 성인 잡지《플레이보이》사진이 아닌가 의심스러울 정도다.

TV 광고와 연동되어 대대적으로 노출된 이 광고에 대해 소비자들이 받은 충격은 상상 이상이었다. 특히 가톨릭교회가 격렬하게 항의했다. 이에 FBI가 아동 포르노법 위반 혐의로 수사를 벌일 정도로 파문이 커졌다.

〈그림 268〉 도발적 섹스어필로 파문을 일으킨
캘빈 클라인의 청바지 광고.

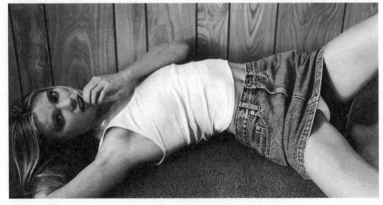

이 시기의 또 다른 섹스어필 광고를 보자. 원더브라 캠페인이다.[26] 1990년대를 풍미한 체코 출신의 슈퍼모델 에바 헤르지고바가 모델이다. 이 작품을 두고 광고 비평가들은 "100퍼센트 관능 그 자체"라고 평가했다(〈그림 269〉).

검정색 브래지어와 팬티만 걸친 반라의 모델, 그리고 "헬로 보이즈"라는 유혹적 카피가 불러일으킨 시너지 효과 때문이다. 2018년 광고 전문지 《캠페인》이 지난 50년간 나온 최고의 광고 중 하나로 뽑았을 만큼 화제를 끈 작품이다.[27] 광고의 인기는 그야말로 원자폭탄 같았다. 1994년 런던에서 옥외 광고로 처음 대중 앞에 노출되었을 때, 광고를 보기 위해 멈춘 차들 때문에 일대에 교통 정체가 일어날 정도였다.

〈그림 269〉 근처 도로에 교통 정체를 불러일으킨 원더브라 '헬로 보이즈' 옥외 광고.

6. 포스트모더니즘과 유머 광고

1990년대 광고의 눈에 띄는 특징 중 하나는 광고에 포스트모더니즘이 결합되기 시작했다는 점이다. 포스트모더니즘이란 무엇인가? 문학비평가 테리 이글턴은 이 개념을 "보편적 진보나 해방, 단일한 틀이나 거대 내러티브 혹은 궁극적인 설명의 근거와 같은 고전적 개념들을 의심하는 사유양식"이라 설명한다.[28] 하지만 포스트모더니즘 논의가 시작된 지 수십 년이 지났지만 아직까지도 개념의 본질이 명확히 정립되지 않은 것이 사실이다. 실제로 포스트모더니즘은 문학, 철학, 사회학, 미술, 음악, 패션 심지어 건축에 이르기까지 광역적인 범위를 포괄한다. 이들 개별 영역에 존재하는 공통 요소를 굳이 추출하자면 "후기 자본주의 사회의 특징을 지닌 모든 사회적 현상이나 문화의 유형"이라고 규정할 수 있겠다.[29]

광고에서도 마찬가지다. '포스트모더니즘 광고'라고 했을 때 사람마다 장님 코끼리 만지듯 서로 다른 해석을 내놓는 것이 이런 포괄성 때문이다. 그래서 이 책에서는 광고에 나타난 포스트모더니즘을 다음처럼 범위를 좁혀서 설명하겠다. "소비자 주목과 설득을 위해 기존 사고방식 틀을 뒤집는 반어irony[30] 혹은 일종의 역설paradox[31] 등의 표현기법."

일반적으로 광고에 포스트모더니즘을 활용하는 목적은 사람들의 선입견이나 관습적 사고를 뒤집어 풍자하거나 각성시키기 위한 것이다. 현대 포스트모더니즘 광고의 선구적 사례로 꼽히는 것이 (앞서 살펴본) 폭스바겐 비틀의 "Think Small"이었다. '작은' 차야말로 삶에 대해 겸허하고 정직한 '마음이 큰' 사람의 상징이라 묘사했기 때문이다. 제품

〈그림 270〉
퍼시픽 벨의 옥외 광고. 역설적 언어 유희를 통해 주목과 재미를 고조시켰다.

〈그림 271〉
'낯설게 만들기 기법'을 활용한 이슈어 보험의 TV 광고 장면.

의 약점을 오히려 장점으로 바꾼 역설이었다.

그러나 1970년대와 1980년대를 지나면서 아이러니와 역설을 사용한 광고는 매우 드물었다. 바바라 스턴Barbara Stern은 '반어법적 판매제안ironic selling proposition'이라 불리는 포스트모더니즘 기법이 광고에 본격 채용된 것은 1990년대 중반을 넘어서면서부터라고 말한다. 원인은 명백했다. 광고 정보 홍수 속에서 상식을 뒤집는 표현으로 소비자 주목을 끌기 위해서였다.

이후 포스트모더니즘 광고는 다양한 방식으로 변주된다. 예를 들어 언어적/비주얼적 유희를 통해 역설적 즐거움을 선사하였다. 광고 자체가 지닌 신뢰를 훼손시킴으로써 거꾸로 각성을 주는 테크닉이 동원되기도 했다.[32] 그 같은 사례를 두어 가지 살펴보자. 첫 번째는 통신회사 퍼시픽 벨의 옥외 광고다(《그림 270》).

카피는 "전화가 안 되면 퍼시픽 벨에 전화를 걸어달라"는 거다. 이 문장은 겉으로 보면 '말이 안 되는 말'이다. 고장 나서 먹통이 된 전화로 어떻게 통화가 가능하겠는가. 하지만 사람들이 전화기를 사용하는 맥락에서 보면 납득이 간다. 전화가 안 되니 당연히 (다른 전화를 이용해서) 수리를 요청해달라는 뜻이기 때문이다. 역설적 언어 유희를 통해 주목을 끌고 의미 해석에 참여한 사람들에게 '문제를 푸는' 심리적 쾌감을 주고 있다.

유명배우 마이클 위너가 등장하는 영국 보험회사 이슈어 TV 광고는 어떤가(《그림 271》). 위너는 함께 등장한 여자 모델이 위기 상황에서 허둥대는 것을 보고, 지금 이 상황은 "그냥 광고일 뿐"이라며 일부러 해당 광고의 신뢰성을 깎아내린다.

이는 문학이나 연극에서 자주 쓰이는 '낯설게 만들기defamiliarization' 기법을 빌려온 것이다. 낯설게 만들기는 러시아 형식주의 비평가 쉬클로프스키가 창안한 개념이다. 그는 "일상적 인식의 대상이 되어버린 사물에 대한 인식력을 다시 되돌려주기 위해서는, 대상을 낯설게 함으로써 기존의 친숙함을 무너뜨리고 뭔가 새로운 의미와 이미지를 느끼게 해야 한다"고 주장했다.[33]

생소성ostranenie이라고도 불리는 이 개념을 광고에 적용하면 어떤 효과가 발생할까. 타성적으로 광고를 접하던 소비자들이 '아, 이건 현실이

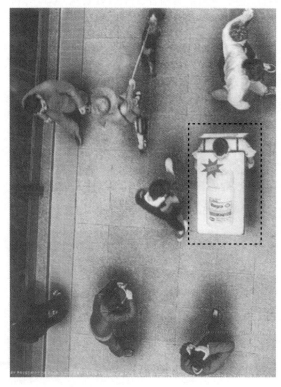

〈그림 272〉
부감 숏으로 찍은
'비아그라 샌드위치맨' 광고

아니라 광고지!'라는 새삼스런 확인을 하게 된다. 그리고 해당 광고를 새로운 관점에서 객관적으로 바라보는 각성을 얻는 것이다. '정직한 메시지'를 제공함으로써 역설적으로 광고에 대한 믿음이 커지는 부수효과도 있다.

1990년대는 유머 광고가 급속히 도입되는 시기이기도 했다. 재담pun, 농담, 풍자satire, 반어irony, 익살slapstick 등으로 소비자를 웃기는 유머 광고의 가장 큰 장점은 브랜드에 대한 친근감을 주고 광고에 대한 기억을 높이는 효과다.

사례를 보자. 발기부전 치료제 비아그라 광고다(《그림 272》). 1998년 3월 처음 출시된 이 푸른색 알약은 사상 최초로 성性에 관련된 제약 시장을 개척했다. 이후 10년 동안 18억 정이 팔렸고 매년 4, 5퍼센트씩 판매고가 늘어날 만큼 큰 인기를 누렸다. 문제는 내밀한 개인적 섹스와 관련된 약이라 광고로 표현하기가 쉽지 않았다는 거다. 90년대 말에 등장한 이 광고는 유머 소구를 활용해서 소비자를 무장해제시킨다.

카피는 없고 비주얼만 있다. 하늘에서 거리를 내려다보는 부감 숏으로 찍은 사진 하나가 전부다. 핵심 포인트는 어디에 있을까? 우측 중간의 남자를 유심히 보시라. 길거리에서 비아그라를 광고하는 샌드위치맨이다. 몸의 앞뒤에 커다란 보드를 붙이고 거리를 돌아다니는 사람 말이다.

그런데 뭔가 장면이 이상하다. 지나가는 사람들이 다들 샌드위치맨의 아랫도리를 쳐다보는 거다. 머리를 쥐어뜯는 이도 있고 멈춰 서서 사진을 찍기까지 한다. 비밀의 열쇠는 남자의 몸 앞에서 하늘을 향해 번쩍 솟구친 광고판이다. 비아그라가 어떤 약인지 떠올려보라. 더 이상의 설명은 생략한다.

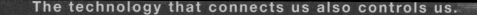

The technology that connects us also controls us.

OFFICIAL SELECTION 2020
sundance
film festival

/the
social
dilemma_

12

a_film_by_jeff_orlowski

AN EXPOSURE LABS PRODUCTION IN ASSOCIATION WITH ARGENT PICTURES A FILM BY JEFF ORLOWSKI "THE SOCIAL DILEMMA" MUSIC BY JENNY DIE ORIGINAL SCORE FEATURING SKYLER GISONDO KARA HAYWARD AND VINCENT KARTHEISER EXECUTIVE PRODUCER LAURIE DAVID HEATHER REISMAN LARISSA A. CORNFELD DAVID J. CORNFELD JILL AHRENS RYAN AHRENS KEN BENZO LYNDA WEINMAN BRUCE HEAVIN HALLEE ADELMAN IVY HERMAN CO-PRODUCER SHANNON O'LEARY JOY DAVID STONE DAVID BOIES LOD GODFREY NATALIE GREALFA KEN GROSSINGER MICHELINE KLAGSBRUN CO-EDITORS NICHOLAS SLEPOY LESLIE BERRIMAN REGINA BUCCITELLI EDITOR NANCY BLACHMAN DONNA GRUNEICH KEVIN GRUNEICH ANDREA VAN BEUREN CO-PRODUCER MARK MONROE MUSIC SUPERVISOR ADAM WHEATLEY EDITOR JOHN BEHRENS JONATHAN PUPE EXECUTIVE PRODUCER VICKIE CURTIS DAVIS COOMBE PRODUCED BY JEFF ORLOWSKI & DAVIS COOMBE CO-PRODUCER ISABEL WRIGHT STACEY PIQUELL WRITTEN BY LARISSA RHODES DIRECTED BY JEFF ORLOWSKI

조지프 슘페터Joseph Schumpeter는
《경제발전의 이론Theorie der wirtschaftlichen Entwicklung》에서
이렇게 주장한다.
"리카르도와 제임스 밀에서 카이네스와 니콜슨으로 이어지면서
체계화된 경제적 정태이론Statik은……고요하고, 수동적이며,
상황에 의존된, 변동이 없는" 실체라는 것이다.
그가 제시하는 대안은 기업가로 대표되는 경제주체들의 혁신과
자체적 발전이다. 그것이 진정한 성장의 원동력이라 강조한다.
정치경제학의 동태이론Dynamik이라 불리는 이 주장의 핵심은,
자본주의 사회의 경제발전은 본원적 생산요소인
자본과 노동의 관계뿐 아니라
"기업가에 의한 생산자원의 새로운 결합,
즉 혁신의 관철에 의해 발전"한다는 명제다.[1]
슘페터가 제기한 또 다른 선견지명은 창조적 파괴Schöpferische
Zerstörung 개념이다. 이윤 창출을 목표로 기업가들이 기술혁신을
채택하면 이를 통해 낡은 구조가 부서지고 새로운 변혁이
일어나는 것을 뜻한다. 교환원 호출식 전화에서 다이얼식 전화로,
다시 버튼식 전화에서 스마트폰으로 발전한 정보통신기술이 세상의
모습을 얼마나 바꾸었는가를 떠올려보라. 이것이 옛 기술을 부수고
새로운 질서를 이끌어내는 창조적 파괴 혹은 혁신이다.
이처럼 혁신과 창조적 파괴에 기초한 기술 발달이 자본주의 경제의
역동성을 이끌어 내는 가장 중요한 요인이라는 것이 그의 통찰이다.[2]
21세기 광고 패러다임의 변화가 여기에 딱 들어맞는다.
기술혁명을 통한 미디어 플랫폼의 진화가 광고산업 구조를
디지털과 빅데이터 중심으로 급속히 재편하고 있기 때문이다.
스마트폰 없는 일상생활을 영위하기 힘든
포노 사피엔스Phono Sapiens[3]라는 새로운 세대가 등장할 정도다.
이 같은 미디어 환경에서 과거 방식의 광고 설득은 완연
힘을 잃고 있다. 매체, 전략, 크리에이티브라는 광고의
3대 핵심 영역 전체에서 혁명적 지각변동이 발생하고 있는 것이다.

29장

미디어 생태계의 대변혁

1. 지구촌이 격동하다

2000년대가 문을 열었다. 충격적 사건들이 세계를 강타했다. 가장 먼저 Y2K 소동이 벽두를 두들겼다. 컴퓨터 날짜 설계 오작동 우려 때문에 일어난 이 사태는 밀레니엄 버그Millennium Bug라고도 불렸는데, 세계적 공포 분위기에도 불구하고 아무런 문제가 발생하지 않는 해프닝으로 끝났다.

이듬해인 2001년 9월 11일 역사상 최대의 테러가 일어났다. 9·11로 약칭되는, 납치 민항기의 뉴욕 세계무역센터 쌍둥이 빌딩 충돌 사건이었다. 테러범이 알카에다 조직원으로 판명남에 따라 미국은 '테러와의 전쟁'을 선포했다. 그리고 사건 한 달도 안 지난 2001년 10월 7일 아프가니스탄을 침공하여 탈레반 정권을 무너뜨린다. 한발 더 나아가 2003

년 3월, 근거도 없는 대량살상 무기WMD 위협을 명분으로 이라크 침공을 감행한다.

2008년 가을이 되자 서브프라임 모기지론 사태가 촉발시킨 금융공황이 발발했다. 월스트리트에서 일어난 파도는 거대한 해일이 되어 전 세계를 강타했다. 격심한 경기불황이 시작된 것이다. 1929년의 대공황과 유사하다 해서 경제학자들이 대침체Great Recession란 별명을 붙일 정도였다. 이 같은 글로벌 금융위기는 시장의 자율 작동과 자본의 무한 확장을 찬양하던 금융자본주의의 자체 모순 때문에 발생했다. 통제를 벗어난 탐욕이 마음대로 작동하게 방치한 결과였기 때문이다. 이 사태는 1970년대 말부터 승승장구하던 글로벌 신자유주의 신화가 무너지는 계기를 제공했다.

2019년 겨울이 되면 인류의 생활 방식과 사회적 삶에 파문을 던진 또 다른 충격이 발생한다. 신종 코로나바이러스 감염증(코로나19)이 세계적으로 확산된 것이다. 이 미증유의 팬데믹은 장기간에 걸쳐 변종 출현이 거듭되면서 세계 모든 국가의 정치, 경제, 사회, 문화에 깊은 상처를 남겼다. 공공 의료시스템 강화와 노동시장 보호 문제를 핵심 과제로 부상시켰고, 사회적 거리 두기와 고립 성향이 강화되었다.

주목할 지점은 해당 팬데믹 사태가 역설적으로 로봇과 AI 주도의 원격 경제 트렌드에 가속도를 붙였다는 것이다. 일찍이 미래학자들이 예견한 굴뚝산업에서 포스트 자본주의로의 이행이 예기치 않은 시점에 예기치 않은 방식으로 촉발된 것이다. 또 한 가지는 글로벌 금융위기로 휘청거린 신자유주의 정치경제학이 다시 한번 치명타를 맞았다는 점이다. 주요 국가의 정치, 경제, 사회정책이 팬데믹 방역 및 치료 그리고 그것이 불러온 불황 극복에 전에 없는 무력한 모습을 보였기 때문이다.

2. 스마트미디어 혁명과 하드 셀 쇠퇴

21세기 미디어 혁명의 주인공은 스마트미디어smart media다. 스마트미디어는 스마트폰을 필두로 스마트패드, 태블릿PC, 스마트TV, e-book 등 휴대가 가능한 디지털 디바이스를 통해 시공을 초월한 쌍방향적 정보 전달을 실행하는 기기를 묶어서 부르는 이름이다. 이 도구는 지금껏 등장한 어떤 발명품과도 비교되지 않는 전 지구적 생활 변화를 이끌어 내고 있다.

인류 최초의 스마트미디어는 1993년 IBM이 출시한 사이먼Simon이다. 이후 노키아, 마이크로소프트, 블랙베리 등에서 유사제품을 생산한다. 초창기 제품들은 보통 PDA 폰이라 불렸는데 개인정보 관리를 위주로 계산기, 주소록, 세계 시각, 메모장, 이메일, 전자우편, 팩스 송수신, 간단한 게임 등이 가능했다. 현재처럼 별도의 모바일 전용 운영 체제를 채택한 진정한 의미의 스마트미디어는 2000년대 중반이 되어야 나타난다.

여러분은 하루에 얼마나 많은 시간을 스마트폰에 투자하시는가. 1시간, 2시간? 대부분은 그보다 훨씬 오래 사용할 것이다. 스마트폰이 손에서 멀어지면 분리불안에 빠지는 사람도 있을 정도다. 손바닥만 한 모니터를 통해 문자와 음성 통화는 물론 사진 및 동영상 촬영, 이메일 작성과 문서 편집까지 가능하다. 여기에 각종 애플리케이션을 통해 은행 업무, 쇼핑, 지불 결제, 소셜미디어 콘텐츠 생산과 공유, 음악, 영화, 모바일 게임을 자유자재로 즐길 수 있다.

한마디로 커뮤니케이션과 오락의 한계를 뛰어넘게 해주는 마법의 도구인데, 이러한 면모는 지금까지의 어떤 발명품보다 광고 미디어로서 큰 장점을 지닌다.[4] 무엇보다 관심을 끄는 것은 스마트미디어가 제공하는 정보의 탈대량화, 탈규격화, 탈동시화 특성이 지금까지 하드 셀 광고가 수행하던 객관적 제품 정보 제공 기능을 거의 완벽히 대체하고 있다는 점이다.

인지신경학자 겸 아동발달학자 매리언 울프는 현대인의 뇌구조 자체가 이 기기로 인해 변화하고 있다고까지 지적한다. 즉 스마트미디어를 통해 장기간에 걸쳐 반복적으로 온라인 콘텐츠를 접하고 주요 정보를 처리하게 되면 두뇌 내부의 인지시스템에 생물학적 변형이 일어난다는 것이다. 이것이 후천적 경험과 학습을 통해 기존 뇌구조가 새로운 연결을 만들어내고 형태를 바꾸는 뇌 가소성brain palsticity 개념이다.[5]

스마트폰 화면을 통해 글을 읽는 습관이 고착화된 결과, 종이책이나 신문을 읽을 때도 듬성듬성 문장의 의미를 건너뛰거나 끝까지 내용을 안 읽는 습관이 굳어지는 것이 대표적 사례다. 21세기를 사는 현대인이라면 (정도의 차이는 있으되) 누구나 경험하는 현상이다. 어릴 때부터 이미지와 동영상 위주 콘텐츠를 많이 접해온 이른바 MZ 세대의 경우 그런 특징이 더욱 강하다. 이 같은 소비자 정보 수용 방식의 변화가 이성적 인지가 요구되는 하드 셀보다 이미지와 동영상 위주의 소프트 셀 광고를 부상시키는 핵심적 이유로 작용하고 있다.

디지털미디어의 압도적 검색 능력도 하드 셀 퇴조에 영향을 미치는 핵심 요인이다. 예를 들어 스콧 갤로웨이는 구글이 장악하고 있는 온라인 검색엔진을 "현대인의 신"이라고 부른다. 모든 사람의 모든 질문에 대한 답을 제공하기 때문이다.[6] 사람들은 일반적으로 광고의 상업적 의도에 대해 의심과 불신을 지닌다. 반면에 이들 '온라인 신'이 실시간으로 제공하는 델포이의 신탁에 대해서는 자발적 경배와 찬양을 드린다.[7]

손가락 터치 몇 번 혹은 음성 검색으로 제품과 서비스에 대한 '객관적이고 공명정대한' 정보를 무한정으로 얻을 수 있는데, 사람들이 굳이 하드 셀 광고에 설득당할 이유가 없어진 것이다.

유튜브를 비롯한 다양한 SNS 플랫폼과 인터넷 사이트에 끊임없이 올라오는 제품 리뷰와 '사용자 후기'도 하드 셀 퇴조에 큰 역할을 한다. 오늘날 소비자들은 호텔 예약을 할 때, 아마존이나 쿠팡 등에서 물건을 구입할 때 온라인 리뷰와 평점을 미리 본다. 특히 20~30대의 경우 제품 정보 검색을 위해 가장 먼저 들르는 곳이 유튜브다. 세부 유형별로 수십만의 구독자를 보유한 유명 인플루언서[8]들이 전통적 하드 셀 광고와는 비교도 되지 않을 만큼 풍부한 제품 정보를 제공하기 때문이다.

3. 프로슈머와 소셜타이징의 등장

1인 미디어 콘텐츠의 등장도 전 시대에는 볼 수 없던 두드러진 특징이다. 다양한 온라인 콘텐츠를 직접 만들어 외부로 내보내거나 거꾸로 다른 사람이 만든 콘텐츠를 소비하는 역할을 동시에 수행하는 신인류가 나타난 것이다. 이 사람들을 생산적 소비자, 즉 프로슈머prosumer라 부리는데 이는 생산자producer와 소비자consumer를 합성시켜 나온 단어다.

프로슈머의 등장은 소셜 네트워킹 서비스SNS의 폭발적 발전과 밀접한 관련이 있다. 일방적·수동적 입장에서 정보를 소비하던 사람들이 다양한 온라인 플랫폼을 무대로 자발적 콘텐츠 생산자로 변신하고 있기 때문이다. 이처럼 SNS에는 전자기기, 음식료, 게임, 미용, 건강, 여행 등 셀 수 없는 분야에서 평범한 소비자들이 만든 콘텐츠가 홍수처럼 흘러넘치고 있다.

특정 기업이 소비자들로 하여금 자발적으로 자기 기업이나 제품에 대한 호의적 평가를 입소문 내듯 확산시키는 기법을 바이럴 마케팅viral marketing이라 부른다. 사람들 입에서 입으로 전해진다는 뜻에서 붙여진 이 마케팅 방식이 본격적으로 나타난 것은 2000년대 초반이다. 다양한 장르에 걸친 그 같은 바이럴 마케팅 또한 폭발적으로 늘어나는 중이다.

이들 프로슈머와 바이럴 마케팅의 천국이라고 할 수 있는 것이 유튜브다. 유튜브 동영상은 기존 광고를 제한하던 정보 제공 총량 한계라는 것이 없다. 얼마든지 긴 시간 동안 상세한 제품 정보와 사용 소감 전달이 가능하다. 예상고객의 자발적 검색을 통해 해당 동영상 콘텐츠가 노출되므로 광고보다 신뢰도와 선호도가 높고 쌍방향 커뮤니케이션이 활발한 것도 장점이다.

오늘날 프로슈머들의 활약은 광고 제작 그 자체까지 확장되고 있다. 과거의 광고 제작 주체는 대행사와 전문 외주 제작사였다. 하지만 상황이 바뀌고 있다. 소비자가 자발적으로 광고를 만들고 그것을 SNS로 유통시키는 케이스가 속속 등장하고 있기 때문이다. 이러한 흐름을 상징하는 것이 소셜타이징socialtising이다. Social network와 Advertising의 합성어인 이 개념은 사용 경험자가 소비자 입장에서 직접 해당 제품에 대한 광고를 만들어 소셜미디어에 올리는 것을 말한다. 이른바 사용자 생산 콘텐츠UCC(User Created Contents)의 한 종류다.

초창기 사례로 싱가포르의 코카콜라 소셜타이징을 살펴보자(〈그림 273〉). 2012년 당시 코카콜라는 소비자 직접 마케팅의 일환으로 "나를 안아줘요Hug me"라는 큰 활자를 프린팅한 콜라 자판기를 싱가포르 주요 대학 구내에 설치했다. 앞에서 두 팔을 벌려 자판기를 안아주면 센서가 그것을 감지하여 공짜로 콜라 캔이 나오는 기발한 착상이었다.

이 이벤트가 큰 인기를 끌면서 학생들이 자발적으로 광고를 만들고 그것을 SNS를 통해 전파하기 시작했다. 비상업적 목적으로 출발한 이들 콘텐츠는 점점 소문이 확산되면서 일반 소비자들에게도 폭

〈그림 273〉 싱가포르의 대학생들이 제작한
코카콜라 'Hug Me' 소셜타이징.

발적 인기를 끌게 된다.[9] 코카콜라의 실제 매출에도 큰 기여를 한 것은 물론이다.

4. 빅데이터와 AI 알고리즘이 세상을 바꾸다

인터넷이 촉발시킨 미디어 생태계 변화는 1990년대에 개시되었다. 하지만 그것은 어디까지나 예고편이었다. 2000년대에 접어들면서 TV, 라디오, 신문, 잡지로 대표되는 전통적 미디어가 동시다발적 퇴조를 보이면서 인공지능AI과 빅데이터Big Data 처리 및 응용 기술이 빠르게 진화하고 있다.

AI(Artificial Intelligence)는 쉽게 말해 자료와 패턴의 반복 학습을 통해 컴퓨터 프로그램이 인간의 학습, 추론, 지각, 언어력을 모방하는 것이다. AI의 존재감을 세상에 각인시킨 것은 2016년 벌어진 구글 알파고와 프로 바둑기사 이세돌 9단의 대결이었다. 두뇌 신경망과 유사한 딥러닝 기술로 방대한 바둑 기보를 학습한 AI 알파고는, 수백만 가지 경우의 수가 쓰이는 바둑 경기에서는 인간을 이기지 못할 것이란 예측을 보기 좋게 깨고 4승 1패로 승리한다. 이 사건을 신호탄으로 이후 AI 기술은 컴퓨터공학 울타리를 넘어 인간 삶의 전 영역으로 급속히 확산하기 시작했다.

오늘날 빅테크Big Tech 기업들이 개발을 주도하는 인공지능의 발전 속도는 가히 무시무시할 정도다. 특히 기존 AI와 달리 글(텍스트), 그림, 음악, 동영상 등 기존 콘텐츠를 활용하여 스스로 새로운 창조물을 만들어내는 생성형 AI generative가 집중 조명을 받고 있다. 2022년 11월 대중에 공개된 오픈AI사의 대화형 인공지능 서비스 '챗GPT'를 시작으로 3개월 후인 2023년 2월 구글이 '바드Bard'를 개발했다. 이에 뒤질세라 메타, 아마존 등이 자체 생성형 AI를 속속 공개하고 있다. 한국에서는 네이버 클라우드의 '하이퍼클로바XHyperCLOVAX'와 카카오브레인의 '코GPTKoGPT'가 해당된다.

그 밖에 비주얼 영역에서는 유명 화가들의 화풍을 학습한 후 새로운 그림이나 사진을 생성하고, 오디오 영역에서는 기존 작곡가들의 음악 패턴을 응용하여 노래를 재창조하는 방식의 AI가 속속 나타나고 있다. 심지어 AI를 이용해서 마음속 생각이나 영상을 읽어내는 기술까지 등장했다. 뇌에 대한 기능자기공명영상fMRI 결과를 인공지능이 분석한 다음 그것을 문장으로 바꿔서 보여주는 방식이다.[10] 2024년 현재 생성형 AI는 그림, 소리, 문장 텍스트 각각을 생산하는 초기 단계를 넘어섰다. 하나의 AI가 위의 세 가지 요소를 모두 합친 다음 하나의 통합적 콘텐츠를 생성하는 멀티모달Multi Modal 방식으로 빠르게 진입하고 있다.[11]

게임과 영화, 전자상거래, 의료, 교육, 설계, 제조 등의 다양한 분야에 적용되기 시작한 이들 AI 기술이 향후 어느 수준으로 진화할지를 정확히 예측하는 사람은 아무도 없다. 다만 당대의 모든 첨단 테크놀로지를 선제적으로 도입해온 마케팅과 광고에서 전략 수립, 콘텐츠 제작, 미디어 집행 등 다양한 영역에 걸쳐 AI를 활발히 이용할 것이란 사실은 분명하다.

그 같은 예상은 신속히 현실화되고 있다. 예를 들어 네이버는 라이브

커머스(실시간 방송을 통한 온라인 판매)에서 생성형 AI를 이용하여 판매 문구와 대본을 작성해주는 서비스를 2023년 6월부터 시작했다. 광고 영역에서는 AI를 활용한 카피라이팅이 우선적으로 도입되고 있다. 2023년 6월 2일 자 《워싱턴 포스트》는 샌프란시스코의 한 스타트업 기업 카피라이터 올리비아 립킨이 "카피라이터를 쓰는 것보다 챗GPT를 쓰는 비용이 저렴하다"는 이유로 해고되었다는 뉴스를 전한다. 현재 이 같은 흐름은 카피라이팅을 넘어 비주얼 작업과 광고 음악 등 광고 제작 전 영역에 걸쳐 놀라운 속도로 확산되고 있다.

다음으로 빅데이터에 대해 알아보자. 이는 현대의 디지털 환경에서 만들어진 수치와 통계, 문자, 영상 데이터를 포함하는 방대한 규모의 자료를 통칭한다. 초기의 빅데이터는 온라인 쇼핑 정보, 은행과 증권 등의 금융거래 정보, 검색 및 이메일 정보 등의 제한적 영역에 머물렀다. 하지만 지금은 수억 명의 온라인 사용자가 직접 생산한 텍스트, 이미지, 동영상 콘텐츠, SNS 관련 자료, 사물 지능통신M2M(Machine to Machine) 정보,[12] 도시의 파수병이라 불리는 CCTV 정보 등이 복합되어 정보량, 생성 속도, 형태 다양성에 있어 상상 초월의 수준으로 폭발하고 있다.

1990년대에도 관계 마케팅 관점에서 소비자 정보를 분석, 활용하려는 노력이 존재하기는 했다. 그러나 AI에 뒷받침된 21세기의 빅데이터 기술은 차원과 규모가 다르다. 이 테크놀로지가 현대인의 생활에 얼마나 큰 변화를 이끌어내고 있는가를 한눈에 보여주는 것이 넷플릭스에서 방영된 다큐멘터리 영화 〈소셜 딜레마Social Dilemma〉다(〈그림 274〉). 이 영화에는 구글, 페이스북, 트위터(현재의 X), 인스타그램 등 세계적

IT 기업의 전前 임원과 엔지니어들이 대거 등장한다. 그들의 입을 통해 이른바 초거대 빅테크 기업들이 상업적 이익을 얻기 위해 어떤 활동을 하는지가 폭로된다.

이들 기업이 개발, 생산, 유통에 이르는 사용자 경험 전체를 통제하는 수직적 통합을 무기로 글로벌 차원의 막대한 투자와 그에 상응하는 이익을 창출하고 있다는 거다. 지금 이 시간도 빅테크 기업의 지하에서는 슈퍼컴퓨터들이 엄청난 속도와 규모로 전 세계의 사용자 빅데이터를 탈취적으로 수집, 활용하여 황금의 엘도라도를 개척 중이다. 온라인

〈그림 274〉
빅테크 기입들의
소비자 정보 탈취를 그려낸 영화
〈소셜 딜레마〉.

사용자들이 남긴 신상 정보, 친구관계, 인맥, 접속 및 검색 기록, 제품 구입 정보, 금융거래 정보, 위치 정보, 라이프 스타일 정보, 소비 행동 방식 등의 천문학적 정보들이 가공되어 광고 수익 창출에 직결되는 현금 지급기로 변신하는 것이다.

예를 들어 어떤 부동산 회사가 홍콩에 가족 단위 여행에 어울리는 호텔을 소유하고 있다고 가정하자. 그러면 그 회사가 페이스북 담당자에게 연락해서 "한 해에 최소 2회씩 홍콩 여행이 가능한 특정 소득 대 가족을 표적으로 하는" 광고 제작을 요청한다. 다음 순서는 페이스북의 슈퍼컴퓨터가 알고리즘을 통해 수백만 사용자의 빅데이터를 분석한 다음, "연 2회 홍콩 여행에 가장 적합한" 예상 고객을 찾아내어 그들의 스마트폰에 직접 해당 광고를 노출하는 순서다.[13]

이 사례의 핵심은 가공되는 모든 데이터의 원천이 해당 페이스북 사용자가 자발적으로 만들어 자기 '담벼락'에 게시한 콘텐츠라는 점이다. 페이스북은 사용자에게 SNS 플랫폼 공간을 제공해주는 대가로 이렇게 방대한 자료를 공짜로 얻는 거다. 구글, 아마존, 애플 같은 다른 빅테크 기업도 마찬가지다. 자신의 플랫폼이나 스마트 기기에 접속한 이용자들의 관련 빅데이터를 광범위하게 수집하여 그것을 판매나 광고 수익으로 전환시키고 있다. 온라인 접속자 개인정보를 수집, 분류, 활용하는 이처럼 광범위하고 정교한 상업적 시스템에 대하여 하버드대 교수 쇼샤나 주보프Shoshana Zuboff는 '감시자본주의'라는 예리한 명명을 한다.[14]

그 같은 진화 양상이 가장 뚜렷한 곳이 개인 맞춤 광고personalized advertising 분야다. 포털 사이트에서 검색을 하거나 SNS에 접속했을 때

개인적으로 관심이 있거나 구입 예정인 제품 광고가 떠올라 놀란 경험이 있을 것이다. 이것이 개인 맞춤 광고다. 이 테크닉이 상업적으로 개발된 것은 2006년 프랑스 크리테오Criteo사의 재표적 광고re-targeted advertising에서부터였다. 인터넷 검색을 할 때 사용자 개인 필요에 맞춘 광고를 화면에 보여주는 초보적 방식이었다.

개인 맞춤 광고는 여기서 훨쩍 진화한 것이다. 슈퍼컴퓨터가 사용자의 상세 개인정보, 온라인 활동, 검색 정보를 광범위하고 정교하게 수집하여 '행동 프로파일'을 만든 다음, 그것을 바탕으로 알고리즘 분석을 통해 개개인에게 최적화된 광고를 선제적으로 제시하기 때문이다.[15] 가령 헬스에 관심이 많아서 해당 정보를 자주 검색하거나 동영상을 빈번히 찾아보는 사람이 온라인에 접속하면 자동적으로 단백질 보조제나 운동기구 광고를 화면에 띄우는 방식이다. 사용자 필요와 취향을 치밀하게 사전 분석한 다음, 그에 어울리는 제품이나 서비스를 예측해서 알려주는 이런 특성 때문에 예측 광고predictive advertising라고도 불린다.

현재 이 기술은 웹 방문자들이 보고 있는 콘텐츠 내용과 문맥을 심층적으로 분석하고 종합하는 단계까지 나갔다. 예를 들어 어떤 사람이 주식투자 관련 채널을 반복적으로 시청한다고 하자. 그러면 그는 당연히 주식 거래에 관심이 깊은 사람이다. 목공예 동호회 사이트를 방문하는 사람은 조각칼에 흥미가 있을 가능성이 크다. 이처럼 슈퍼컴퓨터의 가공할 통합 정보 분석 능력을 통해, 온라인 사용자가 어떤 사람인가에 대한 관심을 넘어 그의 다양한 온라인 활동에 관련된 심층적 내용까지를 문맥context을 통해 파악하는 것이다. 이를 통해 차원이 다른 정교한 개인 맞춤 광고를 노출하고 있다.

광고의 하강곡선은 21세기에 접어들면서 더욱 가팔라지고 있다. 포레스터Forester사의 연구자료집《트렌즈Trends》는 밀레니엄 초기인 2002년에서 2005년까지 3년간에 걸친 미국 소비자들의 광고에 대한 태도를 조사했다. 그 결과를 보면 모든 문항에서 소비자에 대한 광고 설득력이 빠르게 추락 중이다. 광고를 보고 제품을 구입하는 비율이 90년대에 비해 무려 59퍼센트나 떨어진 것이다. 광고가 재미있다고 생각하는 사람은 49퍼센트나 감소했고 광고를 통해 신제품 정보를 얻는 비율은 40퍼센트나 줄었다.[16]

위의 조사가 이뤄진 지 20여 년이 지났다. 새로운 혁명적 미디어 플랫폼이 끊임없이 태어나고 있는 오늘, 광고의 힘이 날이 갈수록 추락하는 것은 당연한 현상이다. 21세기 광고의 흐름을 통찰하기 위해서 디지털 광고[17]라 불리는 이들 다양한 플랫폼의 본질과 속성을 이해할 필요가 여기에 있다.

1. 검색 광고

검색 광고Searching Advertising는 전체 디지털 광고 매출의 2분의 1가량을 차지할 정도로 비중이 크다. 이는 "사용자가 온라인 검색 서비스에서 검색어search term을 입력했을 때, 검색 결과 페이지SERP(search engine results page)가 출력되도록 만든 것"을 말한다.[18] 2000년에 구글이 최초의 검색 광고 구글 애드워즈를 시작했을 때는 조회 수 1,000건을 기준 비용으로 광고주에게 판매되었다. 그러다가 2003년이 되면 애드센스AdSense[19]란 이름으로 조회 수가 아니라 클릭당 비용을 지불하는 혁신적 방식 CPC(Cost-Per-Click Advertisingpay)[20]가 발명되어 금방 표준이 된다.

검색 광고 유형은 두 가지로 나뉜다. 첫 번째는 말 그대로 순수한 검색 광고다. 이 방식은 온라인 이용자가 검색창에 타이핑한 특정 키워드에 대응하여 맞춤형으로 노출된다. 키워드 광고, PPC 광고, 스폰서드 검색 등 다양한 이름으로 불린다. 두 번째는 자연검색 결과organic search results다. 검색자가 입력한 특정 검색어와 관련성이 높은 콘텐츠들을 웹 상에서 선별해서 노출하는 방식이다. 이때는 보통 '광고'를 명시하는 레이블을 붙인다.

특정 기업이 검색사이트에서 광고를 구입하게 되면 검색 결과가 페이지 상위에 노출되어 웹사이트 트래픽을 획득하게 되는데, 이것을 검색엔진 마케팅SEM(Search Engine Marketing)이라 한다. 반면에 웹사이트의 구조와 내용을 개선해서 자연검색 결과 페이지에서 자사 웹사이트가 상위에 노출될 수 있도록 하는 것이 검색엔진 최적화SEO(Search Engine Optimization)다.[21]

초기의 검색 광고들은 검색어를 치면 광고주 웹사이트로 이동시켜주는 링크를 짧은 카피와 함께 노출하는 텍스트 형식이 일반적이었다. 하지만 사진과 동영상 등 멀티미디어 기반 검색 광고와 콘텐츠 기반 검색 광고를 향해 빠르게 발전했다. 지금도 새로운 형태로 계속 진화하고 있는데, 키워드를 통한 브랜딩과 TV 미디어를 융합해서 집행하는 크로스 미디어 광고가 대표적 사례다.

2. 모바일 광고

모바일 광고란 스마트폰, 스마트패드 등 휴대 통신기기 화면에 광고를 하는 것을 말한다. 광고대행사 덴츠의 신타니 데츠야新谷哲也는 모바일 광고의 특징을 ① 휴대를 전제로 하는 광고 미디어, ② 인터넷 접속과 유사한 쌍방향성, ③ TV와 쌍벽을 이루는 압도적인 보급률과 심심풀이 해소 기능 세 가지로 정리한다.[22] 화면의 크기는 작지만 메시지 노출과 설득력 모두에서 강력한 컨택 포인트contact point를 자랑하는 매체라는 것이다.

모바일 광고가 처음 시작된 곳은 2000년의 핀란드로 알려져 있다.[23] 한 언론사가 기업의 광고 협찬을 받고 무료로 문자 메시지 형태의 뉴스 헤드라인을 제공한 것이 계기였다. 처음에는 이 같은 문자 메시지와 멀티 메일형 광고가 중심이었다. 그러다가 배너 형태의 픽처 광고 picture asvertisng가 등장한다.

현재와 같은 모바일 광고가 정착한 것은 스마트폰이 확산되기 시작한 2000년대 중반 이후부터다. 벡스너는 자신의 책에서 모바일 광고가 큰 성공을 거둔 초기 사례를 예시한다.[24] 2008년 영국의 맥주회사 칼링 Carling의 캠페인이다. 이 회사는 아이핀트iPint라는 아이폰 용 애플리케이션을 스마트폰 사용자에게 배포했다. 자체적으로 프로그램을 제작하여 유통시키는 전형적 브랜디드 콘텐트Branded Content 방식이었다. 아이핀트 앱은 스마트폰의 내장 가속도계[25]를 이용해서 고객이 스마트폰

〈그림 275〉 맥주회사 칼링의 아이핀트iPint 앱.
맥주 마시는 기분을 가상화면에서 구현했다.

을 기울이면 마치 맥주를 들이키는 듯한 (물론 가상이지만) 기분을 느끼도록 만들었다. 〈그림 275〉에 그 장면이 나와 있다.

이 재미있는 애플리케이션은 당해 연도에만 300만 건 이상이 다운로드되어 큰 인기를 끌었다. 기존 앱에 판매업소 지도를 넣고 포인트를 쌓으면 그곳에서 맥주를 마실 수 있게 한 업그레이드판은 두 달 동안 무려 400만 건 이상이 다운로드되었다.

이후 모바일 광고는 속속 테크닉을 발전시켜간다. 초기 픽처 광고의 뒤를 이어, 일정 기간 순환을 하지 않고 동일한 광고 표현을 계속 노출함으로써 모바일 사이트와 광고의 일체감으로 증대시키는 잭Jack형 광고기법이 나왔다. 잡지 광고에서 흔히 보여주듯이 화면 내용과 광고 주장을 연동시켜 노출시키는 타이업tie-up 광고도 개발되었다.[26] 오늘날 모바일 광고는 동영상 광고, 모바일 게임 내 광고, QR코드 광고,[27] NFC(Near Field Communication),[28] 증강현실 등을 하나의 플랫폼에서 수용할 수 있는 첨단 방식으로 무한증식하고 있다.

3. 소셜미디어 광고

소셜미디어는 페이스북, 유튜브, X, 인스타그램, 틱톡, 블로그, 팟캐스트, 비디오 블로그 등 소셜 네트워킹 서비스SNS에 가입한 사용자들이 의견, 취향, 경험, 정보 등의 콘텐츠를 공유하면서 인간관계를 넓혀가는 온라인 플랫폼을 의미한다. 가장 큰 특징은 플랫폼에 올라오는 텍스트, 이미지, 오디오, 동영상 등이 사용자 손으로 직접 만들어져 공유된다는 점이다. 가히 온라인 위에 펼쳐진 새로운 차원의 공동체라 할 만하다.

통계 전문 사이트 스태티스타닷컴statista.com에 따르면 2024년 1월 현재 전 세계적으로 50억 4,000만 명이 한 개 이상의 소셜미디어를 사용하는 것으로 나타났다. 세계 전체 인구 81억 명의 62퍼센트에 해당되는 숫자다. 사용자 숫자와 사용 시간 그리고 몰입도 기준에서 소셜미디어 광고를 디지털 광고의 황태자라 부르는 이유가 여기에 있다. 현재 소셜미디어의 성장 자체가 광고산업 전체의 성장을 견인하는 역할을 하고 있다 해도 과언이 아니다. 이들 소셜미디어 플랫폼의 광고 방식은 각기 독특한 차별성을 보이는데 그중 대표적인 두 가지를 살펴보기로 하자.

1_페이스북 광고

페이스북은 2004년 마크 저커버그가 설립한 SNS다. 2024년 1월 월간 활성 사용자MAU[29] 기준으로 30억 4,900만 명을 기록한 명실공히 세계에서 가장 큰 소셜미디어다.[30] 페이스북 가입자들은 담벼락News Feed에서 각자의 프로필을 만들고 텍스트와 사진, 동영상 등을 올린다. 그리고 온라인 친구들과 콘텐츠를 공유하며 뉴스와 의견을 나눈다.

기업의 페이스북 광고는 직접 제품 판매를 돕기도 하지만 다른 마케팅 기능도 있다. 첫째는 자사 웹사이트 트래픽을 늘리는 것, 둘째는 페이스북을 매개로 하는 이벤트에 사용자들을 참여시키는 것, 셋째는 자사 홈페이지에 실린 콘텐츠를 널리 확산시키는 것이다.

페이스북 광고는 보통 'sponsored'라는 표시와 함께 동영상, 이미지, 슬라이드, 컬렉션 등 다양한 형태로 화면에 노출된다. 코카콜라, 나이키, 스타벅스와 같은 글로벌 브랜드들은 각각 수백만 명에 달하는 페이스북 구독자를 보유하고 있다. 이들 브랜드는 페이스북 사용자들이 해당 브랜드 페이지에 '좋아요' 등을 누르도록 유도하고 이 과정에서 다양한 마케팅 내용을 전달한다. 밀접한 상호작용을 통해 고객과 브랜드 간 유대관계를 형성시키고 페이스북 알림을 통해 친구들에게도 내용을 전달하는 구전효과viral effect를 노리는 것이다.

2_유튜브 광고

유튜브는 사용자들이 동영상을 공유하는 웹사이트다. 2005년 문을 연 이 플랫폼의 가능성을 일찌감치 간파한 구글은 이듬해 10월, 설립된 지 1년 8개월밖에 되지 않은 유튜브를 16억 5,000만 달러(약 1조 9,600억 원)에 인수한다. 이후 유튜브의 성장세는 꺾일 줄 모르고 이어져서, 페이스북과 호각을 다투는 톱클래스 미디어 플랫폼으로 확고한 자리를 잡았다. 2024년 1월 월간 활성 사용자 기준으로 24억 9,100만 명을 기록 중인데, 한국의 경우 10대에서 50대까지 국민의 80퍼센트가 유튜브를 사용하고 있다.[31]

유튜브는 개인 사용자들이 만든 일종의 동영상 자료 보물창고다. 그러나 마케팅 목적을 위해 기업에서 전문적으로 제작된 뮤직비디오나 TV 프로그램 콘텐츠도 매우 많다. 이처럼 방대한 콘텐츠의 숫자와 질적 다양성이 유튜브의 핵심 자산이다. 2024년 6월 현재 역대 유튜브 동영상 조회 수 1위는 한국 핑크퐁의 〈아기 상어 댄스〉로 총 146억 8,600만 회를 기록 중이다. 2위는 가수 루이스 폰시의 뮤직비디오 〈데스파시또Despacito〉인데 조회 수가 84억 7,000만 회다.[32] 이런 어마어마한 인기를 광고주들이 외면할 리 없다.

유튜브가 TV 등의 전통적 광고 미디어와 결정적으로 다른 점은 쌍방향적 소통과 사용자의 적극적 참여에 있다. 유튜브 사용자들은 웹사이트에 올라오는 콘텐츠를 적극적으로 시청하고 친구들과 공유한다. 광고에 대해서도 마찬가지다. 광고를 기업의 이윤 추구 수단이라기보다는 일종의 엔터테인먼트 콘텐츠로 바라보는 경향이 높다. 적극적·자발적으로 광고를 검색하고 좋아하는 광고를 가까운 사람들과 공유하는 것이 그 때문이다.

〈그림 276〉
노출 두 달 만에 3,500만 조회 수를 기록한
KCC의 '문명의 충돌' 광고.

이에 따라 독창적 아이디어를 갖춘 유튜브 광고는 압도적인 조회 수를 기록한다. 예를 들어 2012년 미식축구 슈퍼볼 막간 광고로 집행된 폭스바겐의 광고 '더 포스The Force'는 조회 수 5,300만 회를 기록함으로써 광고비를 들이지 않고도 큰 효과를 얻었다. 광고 매체로서 지닌 다양한 장점으로 인해 유튜브 광고의 인기는 식을 줄을 모른다. 한국도 마찬가지다. KCC건설 스위첸 '문명의 충돌' 동영상 광고(《그림 276》)[33]는 2020년 유튜브에 노출된 지 두 달 만에 3,500만 조회를 넘김으로써 그해 국내 유튜브 광고 최고 조회 수를 기록했다.

4. 디지털 사이니지

2010년 이후 가장 각광받는 광고 매체 중 하나가 디지털 사이니지digital sinage다. 이는 디지털 정보 디스플레이DID(digital information display)를 활용하여 내용을 전달하는 옥외 광고를 통칭한다. LCD나 LED 같은 다양한 형태의 방수 처리된 화면을 원격 제어해서 정보, 오락, 광고 등을 제공하는데 TV와 인터넷, 스마트폰에 이은 제4의 미디어라 불리고 있다. 초창기에는 전자 간판, OOHOut of Home, 전자 포스터, 디지털 팝 등의 다양한 이름으로 불렸지만 현재는 '디지털 사이니지'로 통일되었다.[34]

이 미디어의 성장은 놀라울 정도다. 글로벌 시장조사 기관 '포춘 비즈니스 인사이트'에 따르면 세계 디지털 사이니지 시장 규모는 2018년 197억 8,000만 달러에서 2021년 235억 달러 규모로 늘어났다. 그리고

2026년이 되면 359억 4,000만 달러 규모로 커질 것으로 전망된다.[35]

디지털 사이니지는 옥외, 지하철 역사, 버스 정류장, 건물 내 엘리베이터 등 사람이 많은 장소 어디나 설치가 가능하다. 초기에는 동영상과 오디오를 단순 결합한 형식이었지만, 동작 인식이나 NFC(근거리 무선통신) 기술을 통해 개별 수용자와 쌍방향 통신하는 형식으로 진화를 거듭하고 있다.

현재 디지털 사이니지 분야의 최첨단 기술은 건물 전체를 활용하여 하나의 디스플레이 화면을 구현하는 미디어 파사드media Façade다. 건

〈그림 277〉
라스베이거스에 만들어진 초대형 미디어 파사드. 하이네켄 광고가 나오고 있다.

물 벽에 초대형 LED 전광판을 부착하여 광고홍보 수단으로 사용하는 방식이다.[36] 이 기술은 폭발적 속도와 규모로 진화 중이다. 2023년 9월 29일 미국 라스베이거스에서 개장한 '메디슨 스퀘어 가든 컴퍼니 스피어MSG Sphere'가 대표적 사례다(《그림 277》).

지름 150미터에 달하는 공 모양의 초대형 공연장 건물 외벽과 내벽 모두를 16K 초고화질 LED 패널로 덮은 것이다. 거대한 원형 화면을 통해 공연 실황이나 영화 등의 동영상을 보여주는데, 광고용 미디어로도 대단한 위력을 발휘한다. 마이크로소프트 X박스, 소니 플레이스테이션, 하이네켄 맥주 등이 스피어 외벽 LED에 내보낸 광고는 즉각적으로 세계적 화제를 불러일으켰다.[37]

5. 앰비언트 광고

앰비언트 광고ambient advertising는 '환경'을 의미하는 ambient와 '광고'를 뜻하는 advertising을 합성시킨 단어다. 흔히 접하는 사물이나 자연 등을 이용하여 늘 보던 것을 낯설게 보이도록 만들어 주목을 끄는 기법이다. 시대를 거슬러 올라가서 19세기 초 런던의 길바닥 광고도 이에 해당된다. 하지만 앰비언트 광고가 본격적으로 확산되면서 위력을 발휘하기 시작한 것은 21세기에 접어들면서다.

이 표현 방식의 일차적 목적은 기발한 발상으로 소비자 주목을 끌어내는 것이다. 따라서 주목과 관심을 얻기 위해서라면 때와 장소를 가리지 않는다. 지하철 승강장이나 버스 정류장, 엘리베이터, 화장실, 길바닥 등 모든 공간을 활용한다. 때로는 커피 잔, 영수증, 재떨이, 슈퍼마 켓 카트 같은 물건에도 광고 메시지를 넣는다. 이처럼 예상치 않은 장소에서 예상치 못한 방식으로 노출되기 때문에 놀라움을 주고 광고 내용을 강하게 기억시킬 수 있다.[38]

앰비언트 광고 테크닉은 기존의 창의적 발상에 디지털 테크놀로지를 결합시킨 2세대로 발전 중이다. 대표적 사례로 오길비 앤 매더 런던에서 만든 옥외 광고를 보자. 2014년 칸 국제광고제에서 상을 받은 이 작품은 휴가 시즌을 맞은 브리티시 항공의 광고였다(《그림 278》).

런던 도심 피카딜리 광장의 인근 건물 위에 설치한 디지털 사이니지가 보인다. 화면 속에서 귀여운 아이가 혼자 놀고 있다. 그런데 상

〈그림 278〉 앰비언트 아이디어와 최첨단 항공기 추적 기술을 결합시킨 브리티시 항공의 옥외 광고.

공 저 멀리에서 비행기가 접근하면 (행인들 시점에서) 놀라운 장면이 벌어진다. 아이가 갑자기 벌떡 일어나 비행기가 접근하는 방향을 손가락으로 가리키는 것이다. 사람들 시선이 비행기로 향할 것은 당연한 일. 보통 때는 다른 브랜드 광고가 집행되다가 하늘에서 비행기가 접근하면 브리티시 항공 광고가 시작되도록 설정을 했기 때문이다. 최첨단 항공기 추적 기술을 활용하여 앰비언트와 디지털 사이니지 기술을 결합한 기발한 발상이었다.

6. 애드버게임과 인터랙티브 광고

애드버게임Advergames이란 광고주가 자기 브랜드를 널리 알리기 위해 직접 게임을 만드는 것을 말한다. 이용자가 게임을 하는 동안 자연스럽게 제품의 특성을 알게 되고 호감도를 높이는 장점이 있다. 이 기법은 1995년 처음 세상에 나타났다. 코카콜라에서 플로피 디스크로 만든 게임을 고객들에게 선물한 것이다. 곧이어 리복이 자기 회사 신발이 나오는 게임을 신발 상자 안의 CD롬에 담아 무료로 나눠주었다.

하지만 애드버게임이 지금처럼 널리 사용되는 계기는 인터넷 보급이 결정적 역할을 했다. 온라인 게임 플랫폼으로 제작된 애드버게임을 인터넷을 통해 대량으로 배포하기 시작한 거다.

애드버게임과 비슷한 것이 특정 브랜드 광고를 게임 안에 집어넣는 인게임 광고In-Game Advertising다. 예를 들어 자동차 경주 게임이 있다 치자. 그러면 레이싱 트랙 주위 (가상의) 광고판에 실제 광고를 배치해서 브랜드를 노출시키는 방식이 해당된다.

그렇다면 인터랙티브Interactive 광고는 어떤 것인가. 한마디로 물리적 상호작용을 통하여 소비자의 직접 참여를 이끌어내는 광고 방식을 말한다. 손으로 하는 터치나 커서 움직임, 몸 동작, 소리나 시선 등을 감지해서 광고를 통해 반응하게 만드는 방식이다. 미용용품 브랜드인 액스Axe의 사례가 유명하다. 이 브랜드는 인터넷에 접속한 사용자의 마우스 커서를 깃털 모양으로 바꿨다. 그리고 화면에 나온 여자를 그 깃털로 간질이는 광고를 만들어서 큰 화제를 모았다.

스웨덴 제약회사 아포텍Apotek은 디지털 사이니지를 활용하여 금연

〈그림 279〉 아포텍의 인터랙티브 광고.
디스플레이 앞에서 담배를 피우면 등장인물이 기침을 하도록 연출했다.

보조제 광고를 인터랙티브로 제작했다(《그림 279》). 사람들 발길이 잦은 옥외 전자 디스플레이 화면에 남자의 모습을 띄운다. 그런데 이 디스플레이에는 담배 연기에 민감하게 반응하는 센서가 부착되어 있다. 누군가 근처에서 담배를 피우면 화면 속의 남자가 연기 때문에 심하게 기침을 하며 괴로워하는 모습이 나타난다. 흡연자가 뜨끔하고 놀랄 수밖에 없다. 이를 통해 금연 보조제 아포텍에 대한 주목과 관심을 고조시키는 참신한 발상이다.

7. 그 밖의 유형들

브랜디드 콘텐츠Branded Contents도 빼놓을 수 없다. 이 표현 방식은 1930년대 큰 인기를 끈 라디오 연속극인 소프 오페라의 21세기판이라 할 만하다. 광고주가 영화나 TV 프로그램에 협찬을 하는 걸 넘어 아예 직접 프로그램 콘텐츠를 제작하는 방법이다. 예를 들어 2001년 자동차 회사 BMW는 데이비드 핀처 제작으로 이안李安, 리들리 스콧, 토니 스콧, 오우삼吳宇森 등 세계적 영화감독들을 동원했다.[39]

인기 배우 클라이브 오웬이 BMW를 모는 '청탁 드라이버' 역할을 맡았지만, 그러나 영화의 진짜 주인공은 어디까지나 BMW 그 자체였다. 자동차가 핵심 주인공이 되어 전체 스토리가 펼쳐진 것이다(《그림 280》).

이렇게 만들어진 단편영화 시리즈(《THE HIRE》)는 DVD와 인터넷으로만 배포되었다. 오프라인 미디어를 배제하고 온라인 전용으로 전개된 전략이 통쾌하게 먹혔다. 인터넷 조회 수만 무려 1억 회나 달하는 성공을 거둔 것이다. 이 사건을 계기로 질레트, 아디다스, 유니레버 등 대형 광고주들이 뒤를 이어 브랜디드 콘텐츠를 만든다. 그리고 하나같이 큰 성과를 거둔다.

사물인터넷IoT(Internet of Things)[40]을 이용한 광고도 주목된다. 2020년 기준으로 글로벌 차원에서 사물인터넷에 연결된 사물의 숫자는 약 260억 개에 달하는 것으로 추정된다. 해가 갈수록 그 숫자가 기하급수적으로 늘고 있다.

사물인터넷은 어떻게 광고에 활용되는가? 먼저 상호 연결된 사물— 자율주행 자동차, 온라인 연결 가정용 냉장고 등—에서 수집된 다양한 데이터를 분석하여 개별적 소비자 필요needs를 파악한다. 다음 단계로 AI가 분석한 알고리즘을 통해 그 같은 필요를 충족시키기 위해 제작되

〈그림 280〉 배우 클라이브 오웬이 등장한 BMW의 브랜디드 콘텐츠, 〈THE HIRE〉.

고 선택된 맞춤형 광고가 각 사물의 인터페이스를 통하여 역으로 소비자에게 전달되는 것이다. 오늘날 사물인터넷 기술을 활용한 광고는 어떤 전달 수단보다 더 정교하고 정확하게 제품의 가치와 편익을 개별 소비자에게 전달하는 혁명적 도구로 진화 중이다.

그 밖에 비콘Beacon[41] 같은 위치 기반 서비스 활용 광고, 홀로그램을 이용한 광고, 드론 활용 광고, 증강현실AR(Augmented Reality)과 가상현실VR(Virtual Reality)을 활용한 광고도 빠트릴 수 없는 첨단 플랫폼으로 속속 자리 잡고 있다. 초고도 기술과 광고를 결합한 이런 유형은 일반적으로 애드 테크ad tech 혹은 하이테크 광고로 불린다.

31장

2000년대 이후의 광고 크리에이티브

창조성의 본질은 시대를 막론하고 똑같다. 이 같은 연속성에도 불구하고 새로운 세기에 접어들면서 전 시대의 크리에이티브 관행들이 급속하게 무너지고 있다. 우리가 알고 있던 광고의 모습이 계속 유지될 수 있을까 의심이 들 정도다. 이유는 딱 한 가지다. 광고산업 구조가 디지털 중심으로 재편되고 있기 때문이다.

2020년 기준으로 세계 최대 광고그룹 WPP는 디지털, 데이터, 미디어 부문 자회사의 숫자가 전체 계열사의 3분의 2 이상을 차지하고 있다. 매출의 50퍼센트 이상을 디지털 부문에서 창출 중인 것이다. 2위 옴니콤과 3위 퍼블리시스 그룹 역시 마찬가지다. 한편 디지털 광고 매출액만 따로 떼어내서 보면, 빅데이터와 디지털 전문성을 바탕으로 성장한 액센츄어 인터랙티브Accenture Interactive와 딜로이트Deloitte가 광고산업의 거인인 WPP와 옴니콤 등을 제치고 1위와 2위를 질주하고 있다.

광고 크리에이티브도 이러한 변화 충격을 민감하게 반영하고 있다. 다양한 디지털 솔루션과 빅데이터, 생성형 AI, 생체인식 기술 등이 서로 통섭되어 광고 표현의 영역을 확장하고 있다. 이와 함께 전 시대에는 볼 수 없던 고차원의 암시와 상징을 이용한 미학적·심리학적 기법들이 광고에 빠르게 결합되는 중이다.

광고 표현의 두 축 가운데 하나를 형성해온 하드 셀 접근이 완전히 쇠퇴하고 있는 것은 그 때문이다. 21세기 소비자들은 더 이상 광고를 통해 브랜드 정보를 취득하지 않기 때문이다. SNS 등 다양한 디지털 플랫폼은 물론, 기업 웹사이트 등 제품 생산자가 보유, 운용하는 독자적 미디어를 통해 소비자들이 직접 심층적 정보를 검색, 확보하는 것이 오히려 일반적 현상이 되었다. 이처럼 광고에 의한 제품 정보 독과점이 허물어짐에 따라 소비자 라이프 스타일과 감성을 겨냥한 이미지 광고가 완연한 주력을 형성하고 있다. '소프트 셀의 영원한 승리'가 소리 높여 선포되고 있는 것이다.[42]

2000년대 이후 펼쳐지는 세계 광고 크리에이티브의 특징을 정리해 보면 다음과 같다. 첫째, 소비자 눈을 멈추게 하는 시도가 불변의 공식이 되었다는 점이다. 90년대 광고도 놀라움surprising을 제공함으로써 주목과 관심을 확보하는 목적성이 뚜렷했다. 하지만 21세기에는 이 경향이 극단화되어 소비자 정서에 충격을 주는 광고들이 확고한 하나의 축을 이룬다. 둘째, 직관적 비주얼을 핵심으로 하는 표현 트렌드가 뿌리를 내렸다는 것이다. 인지적 숙고보다는 정서적 공감과 행동을 이끌어내기 위한 목적이다.

셋째, 표현의 중심이 제품 자체의 편익을 넘어 (소비자) 개인의 삶에 그 브랜드가 무슨 의미가 있고 어떤 가치가 있느냐에 집중되고 있다는 사실이다. 세대별로 특화된 라이프 스타일 광고가 대거 등장하는 배경이 여기에 있다. 넷째, 휴머니티와 자연 지향 광고가 갈수록 힘을 발휘하고 있다는 것이다. 다섯째, 광고 표현기법이 매체 간 장벽을 허물고 첨단 디지털 기술과 융합되는 진화를 거듭하고 있다는 점이다. 그 같은 흐름을 살펴보기로 하자.

1. 닷컴 광고의 급성장과 몰락

새로운 천년이 다가오면서 닷컴dot com 기업이란 용어가 세간에 널리 퍼지기 시작했다. 인터넷 최상위 도메인인 '.com' 사용 웹사이트를 기반으로 온라인 무대에서 핵심 사업을 실행하는 기업이 급증했기 때문이다. 1995년부터 시작되어 2000년이 되면 거품처럼 사라진 닷컴 기업들의 이처럼 기괴할 만큼 빠른 성장과 주가 폭등을 닷컴 버블dot-com bubble이라 부른다. 이들 회사는 대부분 오프라인 상에서 실체가 존재하지 않았다. 따라서 소비자들의 신뢰와 위상을 높이기 위해 막대한 돈을 광고에 쏟아부었다.

밀레니엄이 시작될 무렵 이런 현상이 극단화되었는데, 수입 1달러당 마케팅 비용을 1.9달러까지 사용하는 극단적 사례까지 있었다. 이것이 이른바 닷컴 광고 붐을 일으킨다. 예를 들어 2000년 1월에 개최된 제34회 슈퍼볼 경기 중간 광고 시간대에 17개 닷컴 기업이 광고를 집행했다. 이들은 30초짜리 TV 광고 한 편에 200만 달러가 넘는 비용을 과감

히 투척했다.[43]

그해 4월 나스닥이 폭락하면서 비극이 문을 연다. 닷컴 기업이 몰락하기 시작한 것이다. 닷컴 광고 급락에 따른 광고비 축소는 광고산업에 대대적 인력 구조조정을 불러올 정도로 충격을 가한다. 하지만 이러한 몰락이 있었다 해서 닷컴 기업들의 광고 크리에이티브 수준이 낮았다는 뜻은 아니다. 〈그림 281〉는 온라인 전자제품 소매업체 아웃포스트닷컴outpost.com의 1998년 슈퍼볼 중간 TV 광고다. 아이디어가 기발하다. 소형 대포로 애완용 쥐gerbil를 발사해서 회사 로고 중앙의 알파벳 'O'[44]를 통과시키는 장면이다. 이 작품은 클리오 국제광고제를 비롯한 10개 이상 광고상을 휩쓸었다.

〈그림 281〉 대포로 애완용 쥐를 발사한 아웃포스트닷컴 TV 광고.

광고효과에 힘입어 아웃포스트닷컴의 가치도 상종가를 달렸다. 2000년에 주당 60달러에 도달한 것이다. 그러나 닷컴 몰락의 쓰나미는 예외가 없었다. 1년이 지나자 주식가치가 1주당 25센트로 폭락해버렸다.

닷컴 사태를 상징하는 또 다른 사례는 펫츠닷컴pets.com이다. 이 회사 역시 2000년 슈퍼볼에 광고를 내보냈다(《그림 282》). 광고회사 TBWA/치아트/데이가 만든 TV 광고는 솜털이 보송보송한 하얀 스포츠 양말에 사팔뜨기 눈, 갈색 무늬와 빨간 혀 그리고 안전핀으로 부착된 귀를 가진 강아지 꼭두각시 인형이 주인공이다. 강아지는 어리숙하면서도 귀여운 얼굴로 온라인 반려동물업체가 필요한 이유를 다음과 같이 말한다. "반려동물들은 운전을 못하잖아요Because pets can't drive."

강아지 인형 캐릭터는 폭발적 인기를 불러일으킨다. 뉴스에서 다투어 보도했고 (사람이 탈을 뒤집어쓴 채) 토크쇼에도 출연했다. 문제는

〈그림 282〉 펫츠닷컴의 강아지 캐릭터 광고. 큰 화제를 끌었지만 매출에는 전혀 도움을 주지 못했다.

매출에 전혀 도움을 주지 못했다는 사실이다. 펫츠닷컴은 광고가 방송된 지 1년도 안 된 2000년 11월 결국 문을 닫는다. 3억 달러에 달하는 투자금을 모았지만 그 엄청난 돈을 모두 마케팅과 광고에 소진해버렸기 때문이다. 화제는 끌었지만 물건은 팔지 못한 또 하나의 실패 드라마였다.

2. 극단적 엽기를 향해 진군하라

사람들은 1990년대가 광고 클러터clutter의 정점이라 생각했다. 그렇지만 21세기가 되자 광고 메시지 혼잡 현상은 훨씬 더 극단화되었다. 크리에이터들도 이런 흐름을 따르지 않을 수 없었다. 더욱 자극적이고 노골적인 표현을 통해 주목을 끌려는 필사적 노력을 했다.

현대 소비자들은 '10만분의 1초 인간nano second human'이란 별명으로 불린다. 그만큼 사물과 사건에 대한 지속적 집중력이 부족하다. 정보 폭발 현상이 불러온 커뮤니케이션이 과잉이 가장 큰 원인이다. 이에 따라 사람들은 주위에 흘러넘치는 정보로부터 자아를 방어하는 습관이 들었다. 중요성이 떨어진다고 생각하는 현상이나 정보에 대해서는 아예 관심을 끊어버리는 거다.

광고가 대표적인 대상이다. 가격이 압도적으로 저렴하거나, 제품 구입이 주는 혜택이 매우 크거나, 오감을 자극하는 돌발적 아이디어가 없으면 주목 자체를 못 끈다. 세월이 흐를수록 광고의 충격성과 극단성이 강해지는 이유가 여기에 있다. 쇼크를 넘어 아예 엽기라 불러야 마땅한 광고들이 쏟아져나오고 있다.

엽기bizarre란 비정상적이거나 기이한 대상에 흥미를 느끼고 찾아다니는 걸 말한다. 단순한 호기심을 넘어 정상이 아닌 무엇에 마음이 이끌리는 것이다. 1990년대에 토스카니 등이 주도한 쇼크 광고가 의도적 노골성 때문에 논란이 많기는 했다. 하지만 그때까지만 해도 광고 안에는 최소한의 사회적 주장이 담겼다. 21세기의 엽기 광고는 성격이 다르다. 눈길을 끌기 위한 오직 하나의 목적으로 무조건 기괴하게 일그러뜨린 표현이 늘어났기 때문이다.[45] 사람들의 정서적 한계를 의도적으로 부수는 엽기적 크리에이티브. 이것이 21세기 광고의 한 특징이 된 셈이다.

〈그림 283〉 엽기적 크리에이티브로 충격을 안긴 소니 플레이스테이션 2 잡지 광고.

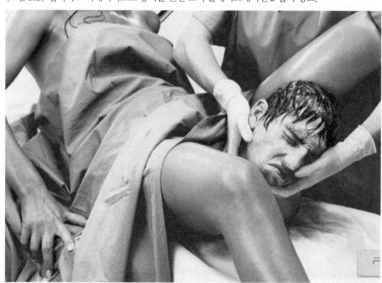

소니의 게임기 플레이스테이션 2 런칭 광고를 보자(《그림 283》). TBWA 파리 지사에서 만들어 칸 국제광고제 인쇄 부문 그랑프리를 받은 이 작품은 헤드라인이 없다. 우측 하단에 'Playstation 2'라는 심볼 로고 하나만 달랑 놓여있을 뿐이다. 메인 비주얼로 모든 것을 말한다.

그런데 장면이 엽기적이다. 산부인과의 출산 현장을 보여주는데, 산모의 뱃속에서 수염이 거뭇거뭇한 성인 남자가 나오고 있다. 다른 설명이 일체 없다. '재탄생rebirth'이란 별명이 붙은 이 광고를 보고 어떤 생각이 드시는가? 상식을 넘어서는 기괴한 발상에 눈살을 찌푸릴 수도 있다. 하지만 분명한 것은 주목을 끌어내는 데 성공했다는 사실이다. 이 게임기 광고의 타깃이 10대에서 20대에 이르는 (충격 탄력성이 높은) 젊은 층이라는 것도 감안해야 한다. 어쨌든 여러 가지 코드가 섞여 있는 난해한 광고다. 이런 유형의 작품은 기호학의 도움을 얻지 않으면 의미 해석이 쉽지 않다.

간단히 기호학의 기초 개념을 살펴보자. 기호학Semiotics의 기틀을 잡은 대표적 인물은 스위스의 페르디낭 드 소쉬르다. 그는 하나의 기호 sign를 기호 표현(시니피앙signifiant)과 기호 내용(시니피에signifie)으로 구분하여 설명한다. 일반적으로 기호 표현은 '기표'라 줄여서 불린다. 반면에 기호 내용은 '기의'라 불린다. 광고를 포함한 예술적·문학적 콘텐츠는 하나의 의미 있는 기호를 만들기 위해 기표와 기의를 결합시키는데, 이 작용을 의미작용signification 혹은 의미화라 한다.[46]

광고는 수많은 기호의 집합체다. 카피도 그렇지만 특히 비주얼이 그렇다. 알쏭달쏭, 알 듯 모를 듯한 기호들이 하나로 합쳐져서 전체 의미를 만들어내기 때문이다. 이 같은 광고 기호에 대한 해석은 롤랑 바르트에 의해 시작되었다.[47] 바르트의 기호학은 보통 '의미작용의 2단계론'으로 알려져 있다.[48] 그는 텍스트 안의 기호들이 참된 의미를 창출하기 위해서는 그것을 만든 사람이나 독자 그리고 텍스트가 교섭 과정process of negotiation 혹은 상호작용을 이루어야 함을 강조한다. 특정한 문화 속에서 기호들이 특정한 의미를 만들어내기 위해서는 반드시 이용자들의 개인적·문화적 경험과 서로 만나는 접점이 필요하다는 뜻이다.[49]

그러면 바르트가 창안한 '의미작용 2단계'를 사용하여, 플레이스테이션 2 광고를 해석해보자. 그리 복잡할 것은 없다. 먼저 청년이 산도를 빠져나오는 충격적 출산 장면이 기표다. 그리고 여기에 대응하는 기의는 '탄생'이다. 이 기표와 기의가 결합된 기호가 다시 삶과 죽음이 오가는 산부인과 출산대라는 맥락과 내포 과정을 거치면 어떻게 되는가? '충격적인 재미를 선사하는 새로운 게임기가 태어났다'라는 광고의 최종적 의미가 나타나는 것이다. 바꿔 말하면, 새롭게 출시된 소니 플레이스테이션 2를 가지고 놀면 당신도 완전히 다른 사람으로 태어난 듯 재미를 누릴 수 있다는 의미다.

이 광고에 대한 긍정과 부정의 관점 차이는 접어두자. 2002년이면 새천년이 시작된 3년째다. 명백한 것은 쓰나미처럼 범람하는 경쟁 광고들 사이에서 이 광고가 강력한 주목을 끄는 데 성공했다는 사실이다. 토스카니의 베네통 캠페인에서 보듯 브랜드 이미지에 미치는 장기적 영향에 대해서는 논란이 있을 수 있다. 그러나 이 작품이 21세기 광고의 방향을 예시한 충격적 크리에이티브인 것은 확실해 보인다.

1867년 아일랜드 출신 의사 토마스 바나도Thomas J. Barnardo가 런던에서 설립한 '바나도의 집Barnardo Home'은 세계적인 아동 구제기관이다. 지난 150년 동안 독립 가정을 구성하는 방식으로 영국, 캐나다, 오스트레일리아 등에서 학대받는 아이, 장애아동, 사회범죄로 버려진 수많은 아이를 맡아서 길러왔다.[50] 다이애나 영국 왕세자비가 총재를 맡았을 정도로 명성을 얻고 있는 바나도의 집은 모금 기부 광고를 활발하게 진행한다.

　문제는 수많은 정보와 뉴스가 흘러넘치는 세상에서 이런 기부 광고에 사람들이 쉽게 눈길을 주지 않는다는 점이다. 바나도의 집은 역경을 극복하기 위해 역설적 결정을 하게 된다. 긍정적 공감대는 접어두고 거꾸로 강력하고 부정적인 메시지를 통해 주목과 설득을 이끌어내려 시도한 것이다.[51] 자선단체 성격에 어울리지 않는, 눈길을 찌푸리게 하는 충

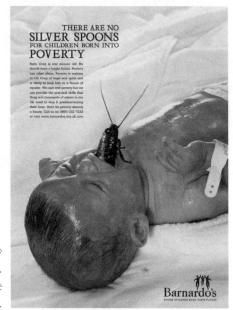

〈그림 284〉
'바나도의 집' 모금 광고.
신생아 입에서 바퀴가 나오는
끔찍한 비주얼을 사용했다.

격적 광고를 수시로 내보낸 것이 그 때문이다. 이런 시도가 가장 극단화 된 것은 역시 21세기에 들어오면서부터였다. 〈그림 284〉를 보자.

빈곤아동 자선기금 모금을 위해 2003년에 집행된 이 광고는 영국 사회에 엄청난 논란을 불러일으켰다. 광고통제기구ASA의 게재 금지 명령이 내려질 정도였다. 헤드라인은 "가난 속에서 태어난 아기에게는 은수저가 주어지지 않습니다."

"은수저를 물고 태어난다born with a silver spoon in one's mouth"는 말은 영어권에서 널리 쓰이는 관용어다.[52] 부유층 부모에게서 태어난 아기에게 유모가 은수저로 젖을 떠먹이는 풍습에서 비롯된 말이다. 그런

〈그림 285〉
베트남의 공익 광고.
헬멧 없는 오토바이 운선의 위험을
생생히 보여준다.

데 이 아기 입에서는 은수저는커녕 바퀴벌레가 기어 나오고 있다. 소름 끼치는 장면이다.

이 엽기적 광고는 무슨 말을 하려는 걸까? 가난은 누구나 끔찍해 하는 바퀴벌레와 같다는 거다. 신생아들이 처한 이런 무참한 환경을 변화시키기 위해 '당신의 기부'가 절대적으로 필요하다는 뜻이다. 그런 내용을 호러 영화의 한 장면처럼 표현하고 있다. '가난한 아이에 대한 기부'에 대중적 관심을 불러일으키기 위해 극단적인 메타포를 과감히 던진 사례다.

엽기 광고를 하나 더 보자. 2006년 베트남에서 집행된 공익 광고다 《그림 285》. 제작사는 골든 광고Golden Advertising, 크리에이티브 디렉터 이름은 딩동 배스Dingdong Baes. 헬멧을 안 쓰고 오토바이를 탈 경우 생기는 위험을 이보다 강렬하게 전달하기는 어려울 것이다. 인간 마음 속에서 가장 자극적인 감정이 혐오와 공포다. 그러한 극단적 파토스를 거침없이 도구로 사용하고 있다. 표현 자체에 금기가 없는 것이다.

3. 더욱 힘이 세진 유머 광고들

유머란 웃음과 즐거움을 주는 유쾌한 해학, 익살, 골계 등을 말한다. 오랫동안 유머는 광고와 어울리지 않는 코드로 여겨져왔다. 핵심 주장을 산만하게 만들고 제품에 대한 신뢰를 손상시킨다는 생각 때문이었다. 이런 우려를 딛고 광고에 유머가 조심스레 도입된 것은 19세기 중반을 넘어서면서였다. 이후 1920년대에 카툰 형식을 도입한 유머가 반짝 빛이 낮지만 여전히 광고 표현의 주류에 편입되지 못했다.

유머 소구가 현대 광고에 본격적으로 활용되기 시작한 시점은 1960년대 크리에이티브 혁명기부터다. 특히 윌리엄 번벅이 이런 흐름을 주도했다. 번벅의 뒤를 이은 DDB 계열의 맹장들도 이 소구 방식을 효과적으로 사용한 것으로 유명하다. 줄리안 케이닉이나 조지 로이스가 대표적 인물이다.

유머 소구는 관여도가 높거나 이성적 설득이 요구되는 광고에는 잘 어울리지 않는다. 하지만 식품, 일상용품, 패션 같은 소비재에서는 주목과 설득에 큰 힘을 발휘한다. 이 표현 방법은 오일쇼크를 지나 소프트 셀이 완전히 자리 잡은 1980년대 이후 핵심적 크리에이티브 기법 중 하나로 정착한다. 이런 추세가 2000년대에 접어들면서 더욱 강해졌

〈그림 286〉 '골초' 말보로맨을 등장시켜 간접흡연의 비극을 유머러스하게 표현한 광고.

다. 시각적 상징과 함축이 그 중요한 무기가 되었다. 몇 가지 사례를 살펴보자. 2001년 집행된 〈그림 286〉은 암환자원조협회CPAA(Cancer Patients Aid Association)를 위해 만들어진 광고다. 제작자는 인도 출신으로 세계적 명성을 얻은 오길비 앤 매더 글로벌의 수석 크리에이티브 책임자 피유시 판디Piyush Pandey.

메인 비주얼은 황량한 서부의 들판에 쓰러진 말이다. 그 옆에서 난감한 포즈로 세상 떠난 말을 내려다보는 남자. 어디서 많이 본 듯한 인물 아닌가? 세계 최장의 캠페인으로 알려진 말보로 담배 광고의 주인공 말보로맨이다. 카우보이가 한숨 쉬듯 내뱉는 위치에 절묘하게 레이아웃된 헤드라인은 "간접흡연이 죽입니다Second hand smoke kills."

한시도 담배를 입에서 떼지 않는 전설의 헤비 스모커. 그를 태우고 평생을 달려왔으니 말도 얼마나 많은 담배 연기를 마셨겠는가. 견디지 못하고 이런 최후를 맞이한 거다. 여기까지 상상이 흘러가다 보면 저절로 독자의 입가에 빙그레 웃음이 나온다. 메시지는 명쾌하다. 담배 피우는 습관이 해당자뿐 아니라 주위 사람에게도 치명적 피해를 끼친다는 뜻이다. 무겁고 진지한 주제지만 살짝 상황을 비트는 유머의 힘으로 광고의 느낌이 완전히 바뀌었다. 주목과 재미를 주는 것은 물론 고개를 끄덕이게 하는 설득력까지 갖춘 것이다.

다음은 레오 버넷 런던이 2000년에 만든 작품이다(〈그림 287〉). 광고 전문지 《애드위크Adweek》에 의해 역사상 최고로 재미있는 광고로 선정되었다. '곰 광고'란 별명이 붙은 이 TV 광고는 순식간에 매스미디어의 시선을 집중시켰고 그해의 국제광고상들을 휩쓸었다. 식품회사 존 웨스트의 '야생 알래스카 분홍 연어 캔' 캠페인이다.[53]

연어들이 산란을 위해 바다에서 모천母川으로 돌아오는 가을. 강가에서 부지런히 연어를 잡고 있는 곰을 향해 한 남자가 괴성을 지르며 돌진한다. 그리고는 곰의 품 안에 든 연어를 뺏기 위해 레슬링을 하고 펀치를 날린다. 마지막에는 비장의 쿵푸 실력까지 발휘한다. 맛있는 먹이를 빼앗기지 않으려는 곰의 반격도 놀랍다. 권투 스텝을 밟다가 돌려차기를 하고 강력한 로우킥을 날린다. 클라이맥스는 곰에게 밀리던 남자가 보여주는 필살기. 잠시 시선을 딴 곳으로 유도한 뒤 곰의 급소를 차서 완전히 KO시키는 것이다. 황당 유머 그 자체다. 은근슬쩍 더 웃기는 장면은 필사적으로 결투를 벌이는 동료 곰과 인간을 물끄러미 쳐다

〈그림 287〉 존 웨스트 연어 캔 광고의 한 장면.

보다가 결국 외면하는 주위 곰들의 모습이다. 딴 신경을 쓸 여유가 없을 만큼 사냥 중인 연어가 맛있다는 뜻이다.

이 광고는 그냥 웃기는 스토리로만 승부하고 있는 게 아니다. 강력한 판매 메시지를 담고 있다. 이렇게 힘들게 잡은 자연산 연어를 그대로 캔에 담았으니 얼마나 맛있겠냐는 것이다. 존 웨스트사의 '곰 광고'는 제품 특성 강조, 주목과 설득력 획득 등의 모든 것을 성공시킨 작품이다. 동시에 유머 광고의 빛나는 승리이기도 하다.

유머 코드는 만국 공통이다. 촌철살인의 힘이 언어와 관습을 넘어서기 때문이다. 특히 비주얼을 주무기로 하는 유머 광고는 소비자 감성을

〈그림 288〉 역발상 유머로 크게 히트한 버거킹 광고.

한순간에 파고든다. 굳이 말이 필요없이 의미를 이해시킨다. 맥도날드 햄버거의 경쟁자 버거킹 광고를 보자《그림 288》.

햄버거 시장의 일인자는 맥도날드이고, 그것을 상징하는 캐릭터는 로날드Ronald다. 광대 분장으로 유명한 로날드는 그저 일회적 소모품이 아니다. 맥도날드의 정체성을 상징하는 존재다. 그런데 이 광고는 무슨 말을 하는가. 열심히 임무를 수행하다가 배가 고파진 로날드가 정작 찾는 곳은 버거킹이라는 설정이다. 화면 중앙의 버거킹 심볼 로고 외에는 아무런 언어적 메시지가 없다. 하지만 소비자들은 금방 의미를 알아챈다. 누가 뭐라 해도 제일 맛있는 햄버거는 버거킹이라는 것을.

기발한 역발상 유머 소구로 선두주자를 날카롭게 베어 넘기는 비교광고다. 사람들은 웃음을 터뜨리는 동시에 '그래 버거킹이 맛있긴 맛있지!' 고개를 끄덕이게 되는 것이다.

4. 마틴 소렐과 21세기 광고의 세 가지 화두

21세기 광고의 진화와 관련하여 반드시 살펴봐야 할 인물 중 하나는 세계 최대 광고그룹 WCC의 전 회장 마틴 소렐이다《그림 289》. 그는 1980년대부터 세계 광고산업의 인수합병 열풍을 주도했다. 하지만 현대 광고산업의 디지털 대전환을 선두에서 예견하고 실현했다는 점에서 더욱 큰 주목을 받아야 할 사람이다.

마틴 소렐은 1945년 조부모가 동유럽에서 이주해온 런던의 중산층 유대인 가정에서 태어났다. 아버지 잭 소렐은 전자제품 소매상으로 새로운 땅에서 자리를 잡았다. 자신은 13세에 학업을 중단했지만 아들은 최고 교육을 받도록 헌신했다. 그러한 지지에 힘입어 마틴 소렐은 케임브리지대학교에서 경제학을 공부한 뒤 미국으로 건너가 하버드 비즈니스 스쿨에서 재정학을 전공한다.

마케팅 컨설팅 회사에서 계약직으로 첫 직장생활을 시작했는데, 투자자문사를 거쳐 1975년 재정담당자로 사치 앤 사치에 입사한다. 그리고 입사 2년이 지난 1977년 사치 형제를 대신해서 회사의 CEO가 되었다. 소렐은 1985년 독립을 한다. 그리고 무독성 쇼핑 바구니 생산업체인 와이어 앤드 플라스틱Wire and Plastic Products(약칭 WPP)을 인수해서 광고 및 국제 마케팅 회사로 변신시킨다. 인수금액은 67만 6,000달러였다.

이후 WPP는 짧은 기간 동안 가공할 속도로 규모를 키워간다. 비밀은 열정적이고 공격적인 인수합병 행진이었다. 1년 반 만에 영국과 미국의 15개나 되는 마케팅 서비스 회사를 영입한 것이다. 1987년은 WPP 발전의 역사적 분기점이었다. 세계에서 가장 유명한 광고회사 중 하나인 JWT를 5억 6,600만 달러에 적대적 인수합병했기 때문이다. 당시 WPP의 매출액은 3,500만 달러에 불과했다. 이 작은 회

〈그림 289〉
세계 광고산업의 인수합병
열풍을 주도한 마틴 소렐.

사가 20배 가까운 6억 4,900만 달러 매출의 거대 기업을 인수했다. 피라미가 고래를 집어삼킨 격이었다. 이에 따라 포드자동차, 이스트만 코닥, 크라프트 푸즈[54] 등이 WPP의 광고주로 들어왔다.

1988년에는 나스닥에 상장했고 이듬해 오길비 그룹을 사들인다. 다시 2000년에는 영 앤 루비컴을, 2005년에는 또 다른 거대 광고회사 그레이Grey까지 인수한다. 그리고 2008년 마켓 리서치 회사 TNS를 인수함으로써 마침내 왕국 건설의 마침표를 찍게 된다. 2024년 현재 WPP는 전 세계 100여 개국 이상에서 11만 5,000명의 직원을 고용하고 있는 세계 최대 규모의 광고 그룹이다.

이 그룹은 여러 가지로 특이한 면모를 지니고 있다. 산하에 있는 100여 개 이상의 회사는 조사 회사, PR 회사, 브랜드 및 CI 회사, 다이렉트 마케팅 회사, 건강 커뮤니케이션 회사 등 마케팅 영역의 거의 모든 업종을 망라하는데 각 회사 간의 업무는 독립적으로 운영되고 있다. 그럼에도 불구하고 창업자 마틴 소렐은 "마이크로 매니저"란 별명이 붙을 정도로 WPP의 온갖 세부 업무에 관여하는 경영 스타일이었다.

그는 이렇게 큰 광고회사를 경영하는 사람이 광고를 한 번도 직접 만들어본 적이 없다는 비판[55]에 대하여 "인생 자체가 크리에이티브"라면서 이렇게 반박한다. "크리에이티브 디렉터가 광고 창작을 독점하는 데 동의할 수 없습니다. 예를 들면 마케팅 현장에는 엄청난 크리에이티브가 있습니다. 금융계 사람들에게도 크리에이티브는 있어요. 나는 궁극적으로 비즈니스맨입니다. 순수 크리에이터들은 아이디어에 불만족할지 모르지만 그러나 광고도 비즈니스입니다."[56]

그의 생각에 동의하든 안 하든, 마틴 소렐이 완전히 새로운 발상과 도전으로 광고산업의 혁신적 틀을 창조했다는 사실은 부정할 수 없다. 소렐은 2020년 33년간 회장으로 재임하던 WPP를 나와서 데이터와 테크 중심의 새로운 대행사 S4 캐피털Capital을 설립했다. 기존의 광고대행사 모델로는 더 이상 광고산업의 성장이 불가능하다는 것이 그 이유였다.

그의 주장에 따르면 21세기 광고의 화두는 데이터data, 테크tech, 디지털 콘텐츠digital contents 세 가지다. 이 요소들이 새로운 광고 패러다임 아래 결합하여 '성삼위일체聖三位一體'를 이루고 있다는 거다. 정곡을 찌르는 주장이라 하지 않을 수 없다.

5. 크리에이티브의 융합과 확장

세상이 이렇게 급격히 변하니 광고도 변하지 않을 수가 없다. 예를 들어 세계 최대 광고제인 칸 국제광고제는 광고에 도입된 디지털 기술을 "최첨단 우수 테크놀로지"로 지칭하면서 이에 대한 독창성을 평가하는 '라이언 이노베이션Lion Innovation' 시상 분야를 신설했다. 심지어 1953년부터 써오던 광고advertising라는 단어를 아예 빼버리고 새로운 행사명 Cannes Lions International Festival of Creativity을 제정하기까지 했다.[57] 1986년 시작된 런던 국제광고제London International Advertising Awards는 아이디어 위주 작품 시상으로 유명하다. 이 광고제도 광고라는 단어를 빼버리고 이름을 LIA(London International Awards)로 바꿨다. 광고라는 고유 영역 개념이 사라지고 있다는 단적인 증거다. 그것을 대신하여 과거에는 독립적으로 존재하던 개별 마케팅 커뮤니케이션 수단들이 합쳐지고 확장되는 것이 거부할 수 없는 흐름으로 되고 있다.

특히 디지털 테크놀로지와 광고의 융합 현상이 21세기 광고의 두드러진 특징으로 자리 잡고 있다. 작가 아서 쾨슬러Arther Koestler는 그의 고전적 저술에서 아이디어는 그냥 머릿속에서 떠오르는 것이 아니라 기존의 여러 발상, 테크닉, 재료를 바탕으로 그것을 창조적으로 섞는 과정에서 이뤄진다고 강조한다.[58] 21세기 광고도 마찬가지다. 첨단 미디어 트렌드들의 융합 과정에서 완전히 새로운 크리에이티브 DNA가 나타나고 있다. 이를 통해 광고 표현의 영역이 무한에 가깝게 확장되고

〈그림 290〉 광고적 발상과 디지털 테크놀로지를 융합시킴으로써,
크리에이티브의 신세계를 연 'No Somos Delito' 홀로그램 시위.

있는 것이다.

2015년 칸, 클리오, 뉴욕 페스티발, 원쇼The One Show, LIA, D&AD 등 거의 모든 국제광고제를 휩쓴 '자유를 위한 홀로그램Hologram for Freedom'이 대표적 사례다(그림 〈290〉). 이 캠페인은 스페인의 이른바 '시민안전법'에 반대하는 100개 이상 사회, 인권단체가 전개한 '우리는 무죄다No Somos Delito, We Are Not Crime' 운동을 소재로 한 것이다. 광고대행사 DDB스페인이 여러 방송사 및 스튜디오와 힘을 합쳐 만들었다.

당시 스페인 당국은 시민안전법을 제정한 후 의회와 정부 건물들의 바깥에서 일체의 시위를 금지했다. 심지어 시위에 대한 문서화나 정보 게시에 대해 최대 60만 유로의 벌금을 부과하는 악법까지 통과시킨다. DDB스페인은 이에 항의하여 역사상 최초의 디지털 시위라 불리는 '자유를 위한 홀로그램' 시위를 조직했다. 전 세계 수십 개 나라 시민을 대상으로 크라우드 소싱을 통해 응모받은 수천 개 영상 콘텐츠를 원재료로 하여 움직이는 디지털 홀로그램을 만든 것이다. 그리고 그것을 마드리드 의회 건물 앞에서 상영했다.[59]

이 방식은 직접 사람이 모이지 않은 동영상 시위였으므로 시민안전법을 위반하지 않았다. 그러나 파괴력과 파장은 물리적 시위 이상으로 엄청났다. 전 세계의 모든 주요 언론이 홀로그램 시위를 보도했고 결국 법안 폐기에 중요한 역할을 하게 되었기 때문이다. 광고가 디지털 테크놀로지라는 새로운 무기를 활용하여 강력한 총체적·융합적 크리에이티브를 성취한 것이다.

캠페인이 던진 충격은 한두 가지가 아니었다. 먼저 콘텐츠 제작에 참여한 시민들의 범세계적 연대 규모가 놀라웠다. 더욱 주목되는 건 디지털 기술과 공공적 가치와 광고적 독창성이 탁월하게 결합된 결과물이라는 점이다. 지난 수백 년간 사람들의 뇌리에 각인된, 광고가 기업 이윤 창출의 무자비한 용병이라는 비판을 벗어날 하나의 가능성을 제시한 것이다. 발상이나 제작기법의 독창성 모두에서 '자유를 위한 홀로그램'은 광고 표현의 미래를 향한 이정표를 제시했다는 높은 평가를 받았다.

삼성전자의 '룩 앳 미Look at me' 캠페인도 광고 크리에이티브의 한계를 넓힌 작품으로 큰 주목을 받았다(《그림 291》). 2015년 칸 국제광고제에서 27개 부문 수상을 한 이 캠페인은 디지털 테크놀로지와 광고적

〈그림 291〉 삼성전자 '룩 앳 미' 캠페인.
IT 기술 수준과 작품성 모두에서 격찬을 받았다.

발상 그리고 브랜드 마케팅 전략을 통섭적 차원에서 성공적으로 결합시켰다.

'룩 앳 미'는 자폐아동의 의사소통을 도와주는 치료용 모바일 애플리케이션이다. 자폐아동들은 다른 사람과 얼굴과 눈을 맞추는 커뮤니케이션을 어려워한다. 하지만 디지털 기기와는 쉽게 친해진다. 여기에서 발상의 포인트를 얻은 것이다. 관련 분야 의사, 교수, UX 디자이너[59] 등이 프로그램 공동 개발에 참여했다. 이 애플리케이션은 사용 후 8주 만에 참여 아동 60퍼센트가 타인과의 눈 맞춤을 시작하고 상대방 표정 에 대한 이해 능력이 크게 높아지는 성과를 거두게 된다.

'룩 앳 미' 캠페인은 이 같은 앱의 개발 과정과 활용 스토리, 극적 성과가 나타나는 모습을 기록하고 그것을 영상 콘텐츠화한 것이다. 삼성전자라는 기업의 공공적 사명감과 IT 기술, 그리고 그것을 감동적으로 형상화한 작품성 모두에서 격찬을 받았다. 동시에 미래 광고 표현의 영역을 한 발짝 더 넓혔다.

6. 비주얼이 말하게 하라!

어네스트 엘모 컬킨스가 광고에서 비주얼이 차지하는 힘을 강조하면서 소프트 셀 표현 전략을 체계화한 것이 20세기 초반이었다. 하지만 오랫동안 광고 표현의 핵심 수단은 역시 언어였다. 앞에서 살펴보았듯이, 이러한 추세가 최초의 변화 조짐을 보인 것은 1980년대부터였다. 21세기에는 그 같은 흐름이 보다 극단화되고 있다. 인쇄 광고와 전파 광고,

온라인 광고를 포함한 모든 표현 장르에서, 특수한 목적의 사실적 정보 고지 외에는 장문의 카피가 봄 눈 녹듯 사라지고 있기 때문이다. 이런 변화에는 세 가지 원인이 있다.

첫째는 현대인들이 광고물 자체를 외면하기 때문이다. 필요 때문에 혹은 어쩔 수 없이 광고를 보더라도 복잡한 카피까지 읽어주지는 않는 것이다. 언어 텍스트는 비주얼에 비해 정보 처리와 해석에 소모되는 인지적 에너지를 훨씬 더 많이 요구하는 까닭이다.

둘째는 광고 카피가 맡았던 '텍스트의 즐거움'과 정보 제공 기능을 대체할 경쟁자들이 압도적으로 많아졌기 때문이다. 광고가 재미와 오락거리를 제공하던 황금기는 이제 아득한 추억이 되었다. 스마트폰 화면을 한 번만 클릭하면 감당하기 힘들 만큼 많은 제품 관련 정보가 쏟아지는데 일부러 광고 카피를 찾아서 읽을 이유가 없어진 것이다.

셋째는 광고의 세계화 속도 때문이다. 단일국가 내에서 실행되던 광고 캠페인이 글로벌 수준으로 확장되는 속도가 갈수록 빨라지고 있다. 이 같은 다국적 광고를 제작하면서 나라마다 필요한 언어를 각각의 카피로 만들려면 막대한 노력과 비용이 들어간다. 반면에 비주얼은 만국 공통, 만인 공통의 직관적 이해가 가능한 장점이 있다.

기발하고 함축적인 비주얼로 시선을 사로잡는 작품을 몇 가지 살펴보자. 먼저 2002년 오길비 앤 매더 부에노스아이레스에서 만든 페가밀 순간 접착제 광고다(〈그림 292〉).

범인이 현장에서 체포되고 있다. 그런데 손목에 수갑이 안 보인다. 순간접착제로 손가락을 붙여버린 거다. 등 돌린 남자의 왼쪽 손 셋째, 넷째, 다섯째 손가락이 가리키는 방향으로 시선을 따라가면 거기에 비

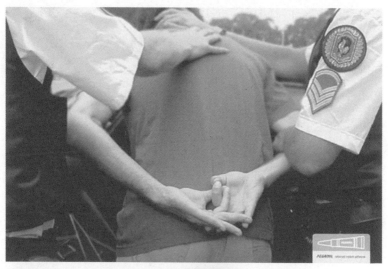

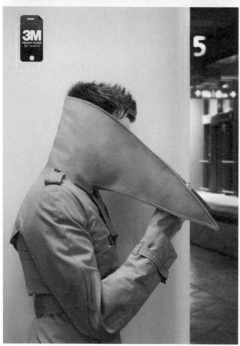

〈그림 292〉
아르헨티나에서 만든 순간 접착제 광고.
제품 속성과 결합된
기발한 재치가 돋보인다.

〈그림 293〉
개인정보 보호를 강조한
3M의 프라이버시 필름 광고.

밀의 열쇠가 있다. 페가밀의 접착력이 얼마나 빠르고 강력하면 범인을 이렇게 순식간에 포박할 수 있을까. 제품의 차별적 성능을 사진 하나로 이만큼 재치 있게 설명하기도 쉽지 않다.

스마트폰이 단순히 통신과 정보 취득 용도를 넘어선 지 오래되었다. 개인적 프라이버시와 금융 정보 등 타인에게 노출되면 안 되는 내용이 안에 가득하다. 3M은 이 점에 착안했다. 개인정보 보호에 관심이 있는 고객을 위해 프라이버시 필름을 만든 거다. 사용자가 정면에서 바라볼 때는 멀쩡하다. 그러나 각도를 달리해서 옆에서 슬쩍 훔쳐 볼 경우 화면이 캄캄하게 보인다. 각종 불편한 시선에서 사생활을 지켜주는 제품이다.

이 광고도 메인 비주얼 하나로 모든 것을 설명한다(《그림 293》). 색다른 것은 브랜드 이름을 독자 시선이 출발하는 왼쪽 최상단에 배치했다는 사실이다. 왜 그랬을까? 3M 말고도 유사 기능의 경쟁제품이 시장에 깔려있기 때문이다. 이 경우 중요한 목표는 강력한 자산을 지닌 3M의 브랜드 네임을 우선적으로 타깃 뇌리에 각인시키는 것이다. 전달하려는 메시지가 명쾌할 뿐더러 세부 표현 전술 또한 정교하다.

7. 휴머니티와 환경보호

21세기에는 어느 시대보다 휴머니티 광고가 많이 나타난다. 그 원인은 역설적이다. 스마트미디어, AI, 유전자 공학 같은 존재들이 세상을 장악하고 있기 때문이다. 그처럼 차가운 디지털 문명 속에서 사람들은 위로를 목말라 한다. 따뜻한 인간미에 호소하는 광고들이 힘을 발휘하는 까닭이 여기에 있다.

《애드버타이징 에이지》선정 21세기 대표 광고 중에 9위를 차지한 P&G의 '고마워요 엄마Thank You Mom' 캠페인을 보자(〈그림 294〉). 2010년 밴쿠버 동계올림픽 때부터 시작된 이 캠페인은 동·하계 올림픽이 열리는 2년마다 집행되고 있다. 핵심 메시지는 한결같다. 올림픽 출전 선수들의 성공 뒤에는 땀과 눈물로 자식을 지지하는 엄마의 사랑이 있다는 거다. 그 같은 표현 콘셉트를 가슴 찡한 스토리로 보여준다.

'엄마Mom'라는 테마는 모든 올림픽 시기마다 동일했다. 하지만 세부 주제는 조금씩 바뀌었다. 예를 들어 평창 동계올림픽을 앞둔 2017

〈그림 294〉
P&G가 평창 동계올림픽을 앞두고 내보낸
'Thank You Mom' 캠페인.

년 11월 노출된 1분 34초짜리 동영상 광고를 보자. 제목은 "편견을 넘어선 사랑Love over bias."

스키 선수가 되기를 열망하지만 대부분의 선수가 백인이기에 좌절하는 흑인 소녀가 나온다. 피겨스케이팅 선수를 꿈꾸지만 누군가에 맞아 눈자위가 시퍼렇게 멍든 남자아이가 있고, 스케이트 장비가 없어 좌절하는 소년도 있다. 이슬람 신앙 때문에 차별받는 소녀, 의족 때문에 버스에서 떠밀리는 아이도 등장한다.

세상은 성별, 가난, 인종, 종교, 장애를 이유로 아이들에게 이렇듯 압박과 차별을 행한다. 그렇지만 아이들이 이 무지막지한 편견을 이겨내게 하는 힘이 있다. 모든 아이의 뒤에는 엄마가 있기 때문이다. 엄마의 무한한 지지와 사랑에 힘입어 모든 주인공은 좌절을 딛고 일어선다. 그 같은 감동적 내용을 광고로 전해준다.[62]

하지만 심금을 울리는 스토리 안에 마케팅 목표 달성의 비수가 숨겨져 있음을 잊어선 안 된다. P&G는 34개 특급 브랜드를 산하에 거느린 세계 최대의 생활용품 회사다. 이 회사가 만드는 제품을 가장 집중적이고 반복적으로 사용하는 헤비 유저가 누구일까. '엄마'다. 이 휴머니티 광고는 그러한 핵심 타깃으로서 엄마 자신들을 겨냥한다. 그들을 울컥하게 만들어 P&G에 대한 호의적 브랜드 이미지를 쌓아가는 것이다.

21세기 광고에서 빠트릴 수 없는 것은 생태학적 시각의 도입이다. 지속가능한 환경의 보존과 생명체 간 공존을 주제로 하는 캠페인들이다. 현대 자본주의는 유한한 자원의 무한한 남용에 기초한다. 그 결과 화석연료 남용으로 인한 탄소 과다 배출과 기후 변화기 인류의 생존을 위협하고 있다. 특히 야생동물 멸종은 지구가 보내는 가장 긴박한 위험

신호다. 바로 지금 자연 파괴의 속도를 줄이지 못하면 더 이상 지구라는 행성에서 인간 종이 살아남기는 어려워질 것이다. 이것이 오늘날 환경 광고가 집중적 주목을 받는 까닭이다.

　환경 광고는 보통 두 가지 유형으로 분류된다. 첫째, 기업이 행하는 상업적 목적이다. 2019년 집행된 칼스버그 맥주 광고가 대표적 사례다 (《그림 295》). 칼스버그가 세계 최초로 목재 섬유를 원재료로 맥주병을 만들었다는 걸 강조한다. 이 병은 생분해성 재료이기 때문에 땅에 묻히면 박테리아나 효소에 분해되어 자연으로 돌아간다. 칼스버그는 이 밖

〈그림 295〉
칼스버그의 생분해 맥주병 광고.
해당 기업의 환경보호 노력을 강조하고 있다.

에도 양조장 탄소 배출을 제로로 만들고, 재료 수급 및 활용에서도 탄소 발생을 30퍼센트까지 감소시키는 등 지속가능성 프로그램을 꾸준히 실행 중이다. 그 같은 노력을 광고화해서 브랜드 이미지를 높이고 있다.

한국에서는 유한킴벌리가 가장 유명하다. '우리 강산 푸르게 푸르게' 캠페인을 모르는 사람은 없을 것이다. 1985년 4월 5일 식목일, 충북 제천시 임야에서 나무 심기 행사로 시작된 해당 캠페인은 2024년 현재 39년의 역사를 자랑한다. 이 자연보호 캠페인은 유한킴벌리의 기업 이미지를 '친환경'으로 각인시킨 일등공신이다.

〈그림 296〉
스토리텔링을 통해 설득력을 높인 유한킴벌리 '명태의 숲' 광고.

사례 광고는 2008년 집행되었다. 나무들이 줄지어 서 있는 숲이 배경이다. 비주얼 정중앙에 레이아웃된 헤드라인은 '명태의 숲'(《그림 296》). 제지 기업에서 웬 명태? 당연히 호기심을 불러일으킨다. 이어지는 바디 카피에서는 지구온난화 때문에 동해안에서 사라진 명태 이야기가 펼쳐진다. 한 해 12만 톤이나 되던 명태 어획량이 0톤으로 추락해버렸다는 것. 그러나 (유한킴벌리가 하듯이) 꾸준히 나무를 심고 가꾸면 언젠가는 사라져버린 명태가 돌아온다는 내용이다. 차분히 카피를 읽다보면 결국 고개를 끄덕이게 된다.

이처럼 환경 광고는 기업을 둘러싼 이해관계 당사자stakeholders에게 호의적 이미지를 구축하는 효과적 커뮤니케이션 도구다. 하지만 그 너머에 숨어있는 상업적 목표를 잊으면 안 된다. 수십 년간 '나무 심기 캠페인'을 펼쳐온 이 기업의 주력 품목이 무엇인가를 떠올려보라. 휴지, 기저귀, 생리대 등 모두 종이를 원재료로 하는 위생용품들이다. 제품의 핵심 원자재가 나무라는 걸 알 수 있다. 더 많은 제품을 팔기 위해서는 더 많은 나무를 베어내고 다시 심어야만 하는 이율배반이 이 세련된 설득 속에 숨어있는 것이다.

환경 광고의 두 번째 유형은 기업 마케팅 수단이 아닌 순수한 PSA (Public Service Ad)다. 공익을 목표로 사회적 문제에 초점을 맞춘 비영리성 광고를 말한다. 전 세계적으로 환경보호 PSA 활동을 가장 줄기차게 펼치는 단체는 세계자연기금WWF(World Wide Fund for Nature)이다. 1961년 창립된 WWF는 각국의 NGO들이 힘을 합친 국제적 비정부 기구인데, 수자원, 동식물, 토양, 천연자원을 보호하는 캠페인에 매우 적극적이다. 이 단체의 공익 광고는 심플하고 함축적인 크리에이티브

〈그림 297〉
동물 모피산업의 잔혹성을 고발한 WWF의 PSA.

〈그림 298〉
이탈리아에서 만든 동물 실험 반대 광고.
압도적인 비주얼 표현이 눈길을 끈다.

로 유명하다. 그 무기로 많은 작품이 임팩트 강한 비주얼을 사용한다. 인도 광고회사 오길비 앤 매더 뭄바이가 2006년에 만든 광고가 그렇다 (《그림 297》).

어미 표범과 아기 표범이 초원을 걸어가고 있다. 그런데 각각의 등에 각각 'S'와 'XL'이라는 의류 사이즈 태그가 붙어있다. 오른쪽 상단의 헤드라인은 이렇다. "패션은 당신이 생각하는 것보다 훨씬 많은 희생자를 필요로 합니다Fashion Claims More Victims Than You Think."

죽임을 당하고 가죽이 벗겨져 모피코트 재료가 되는 표범 모자의 운명. 과시와 멋 부림을 위해 생명을 마음대로 처분하는 행위에 대해 분노를 일으키는 메시지다. 동물 모피를 입지 말자는 공공적 주장을 오싹할 만큼 압축시켰다.

비슷한 공익 광고를 하나만 더 보자. 2009년 이탈리아 대행사 로위 Lowe가 동물보호협회ENPA(Society for The Protection Animal)를 위해 만든 작품이다(《그림 298》). 화장품 회사에서 제품 개발을 위해 저지르는 동물 실험의 잔혹함을 고발하고 있다. 무심코 뿌리는 향수 스프레이 하나가 한 동물의 생명을 짜낸 것이나 마찬가지라는 메시지다. 그 같은 명제를 사진 한 컷만으로 전달하고 있다. 생명 공존을 주장하는 PSA 크리에이티브의 절정이라 할 만하다.

맺는말

지금 인류는 일찍이 경험하지 못한 미디어 생태계 변화를 눈앞에서 목격하고 있다. 디지털 혁명이 세상의 모습을 극적으로 변화시키고 있기 때문이다. 15세기 중반 구텐베르크의 활판 인쇄술 발명, 20세기 초·중반 라디오와 TV 등장, 1990년대 초의 인터넷 탄생을 능가하는 총체적 패러다임 시프트가 전 지구적 규모로 펼쳐지고 있는 것이다. 광고사적 차원에서 보자면, 크게 두 가지 맥락에서 변화 양상이 주목된다.

첫째는 뉴미디어 기기와 그것을 기반으로 작동하는 온라인 플랫폼의 급속한 확산이다. 오늘날 구글, 유튜브, 아마존, 페이스북, 인스타그램, X 등 빅테크 기업들의 플랫폼은 사용자를 유인하여 주목과 흥미를 유발시키고 그 안에서 최대한 시간을 보내도록 하는 것을 일차적 목적으로 설계된다.

이들이 막대한 비용을 들여 검색엔진과 소셜미디어를 개발한 후 그것을 무료로 제공하는 이유는 확고하고 명백하다. 개발 비용 가치를 훨씬 능가하는 사용자 메타 데이터를 '공짜'로 얻어내기 위함이다. 사용자들이 플랫폼에 머무르는 대가로 자발적으로 제공한 라이프 스타일, 취향, 필요와 욕망, 인적 네트워크 등의 방대한 정보가 정교한 알고리즘을 통해 스캔, 분석, 저장되어 황금의 광맥으로 가공되기 때문이다. 이때 광고야말로 실제적 이윤을 만들어내는 가장 강력한 수단이 된다.

세계 최대 검색엔진 구글의 경우 2004년부터 자사가 제공한 지메일 G-mail을 통해 사람들이 주고받은 사적 메일 내용을 스캔해서 개개인의 프로필을 생성하고 그것을 광고와 마케팅 목적에 전용하고 있다.[1] 심지어 사용자 동의를 받지 않은 상태에서 근거리의 스마트 기기가 일상 대화를 녹음하여 그것을 개인 맞춤형 광고에 활용한다는 의혹까지 제기되고 있다.[2] 사람들의 일상이 디지털 기기와 유기적으로 결합되면서, 이 같은 사적 정보의 이윤 전환 흐름 또한 시간이 흐를수록 더욱 강화될 것이다.

둘째는 거대 언어 모델LLM(Large Language Model)에 기반한 생성형 AI의 폭발적 진화다. LLM은 인간의 뇌를 흉내 낸 인공신경망을 통해 방대한 데이터를 학습하여 답변, 요약, 번역, 기타 콘텐츠를 생산하는 컴퓨터 언어 모델을 말한다. 이들 생성형 AI 기술은 광고 노출 알고리즘 최적화는 물론 비주얼, 동영상, 음악의 전 분야에 걸쳐 인간 전유물이었던 광고 크리에이티브 영역을 빠르게 침범하고 있다.

이세돌과 알파고의 바둑 대결 이후 6년 만인 2022년 가을 챗GPT가 처음 등장했다. 이후 생성형 AI가 광고와 결합되어 진화하는 속도는 가히 눈이 어지러울 정도다.

돌이켜보면 세계 최초의 월드 와이드 웹이 등장한 것이 1991년이었고, SNS의 대표 주자 페이스북이 문을 연 것은 2002년이었다. 그리고 미국의 총 광고비 중 인터넷과 모바일 등의 온라인 매체 광고비가 기존의 4대 매체 광고비를 추월하기 시작한 것은 2010년대 중반부터다. 이후 각국의 주요 기업들은 예외 없이 마케팅 커뮤니케이션 핵심 도구로서 광고의 디지털화를 압도적 규모로 채택하고 있다.

이 거대한 변화의 시대를 맞아, 5년이나 10년 후 광고의 모습은 어떻게 바뀌어 있을 것인가. 마치 중생대에서 신생대로 지질시대가 변한 것처럼 매체 전달 메커니즘과 크리에이티브 스타일 모두가 놀라운 수준으로 진화되어 있을 가능성이 높다. 그 시점이 왔을 때, 달라진 광고 세상의 면모를 다시 추가한 이 책의 증보판이 나오기를 기대한다.

주

독자에게 보내는 편지

[1] Fox, S., *The Mirror Makers–A History of American Advertising & Its Creators*, 1997. 리대룡·차유철 옮김, 《광고 크리에이티브사》, 한경사, 2005.

[2] 광고에서 크리에이티브Creative란 소비자 마음을 움직여 브랜드 인지와 선호, 구매행동을 이끌어내는 창조적 발상 또는 그 결과물을 뜻한다. 《광고대사전》은 이 개념을 다음과 같이 설명한다. "광고 활동 중에서 창조적인 부분, 즉 광고의 제작·표현 행위를 말한다. 시장조사와 미디 어믹스의 과학적 활동에 상대되는 것으로, 상품과 서비스의 새로운 의미와 가치를 발견하여 아이디어를 만들고 소비자에게 어떻게 소구할 것인가의 콘셉트를 만들고 그것을 구체적으로 문장화, 시청각화, 영상화하는 모든 프로세스를 포함한다." 코래드광고전략연구소, 《광고대사전》, 나남출판, 1996, 771~772쪽.

[3] Chandy, R. K., Tellis, G. J. & MacInns, D. J., "What to say When: Advertising Execution in evolving Markets", *Journal of Marketing Research* 38(Nov), 2001, pp. 399~414.

[4] Aristotle, *The Works of Aristotle* Vol II. Huchins, R. M. (eds). Rhetoric, Book I. 1977, p. 595: 해당 내용을 그대로 옮기면 이렇다. "그렇다면 효과적 설득에는 세 가지 수단이 있다. 그것을 실행할 사람은 (1) 논리적으로 추론하고, (2) 인간의 품성과 다양한 형태의 선량함을 이해하고, (3) 사람들을 격정에 휩싸이게 하는 감정이란 것이 무엇이고 그것이 어떻게 해

서 생기는가를 이해할 능력이 있어야 한다."

[5] Ibid, pp. 613~615.

[6] Hartmann, G. W., "A field experiment on the comparative effectiveness of 'emotional' and 'rational' political leaflets in determining election results", The Journal of Abnormal and Social Psychology 3-1, 1936, pp. 99~114. 오두범, 〈이성적 소구 광고와 감성적 소구 광고의 효과 비교〉, 《한국사회과학연구》 28-1, 2006, 4쪽에서 재인용.

[7] Nelson, phillip. "Advertising as Information", Journal of Political Economy 82-4, 1974, pp. 729~754.

[8] Pechman, C., & Stewart, D. W., "The multidimensionality of persuasive communications: Theoretical and empirical foundations" In P. Cafferata & A. M. Tybout (Eds.), Cognitive and Affective Responses to Advertising. Lexington, MA: D. C. Heath and Company, 1989.

[9] Snyder, M., "Selling image versus selling product: Motivational foundations of consumer attitudes and behavior", Advances in Consumer research 16, 1989, pp. 306~311.

[10] Hill, R. P., & Mazis, M. B., "Measuring Emotional Responses to Advertising", Advances in Consumer Research 13, 1986, pp. 164~169.

[11] Johar, J. S. & Sirgy, J., "Value-Expressive versus Utilitarian Advertising Appeals: When and Why to Use Which Appeal", Journal of Advertising 20-3, 1991, pp. 23~33.

[12] Zielski, H. A., "Does day-after recall penalize 'feeling' ads?", Journal of Advertising Research 22, 1982, pp. 19~22.

[13] Puto, C. P. & Wells, W., "Information and Transformational advertising: The differential effect of time", Advance in Consumer Research Vol. 11, 1984, pp. 638~643.

[14] 김동규, 〈현대 광고에서의 소프트 셀 소구 분화 및 전개에 관한 연구〉, 《광고연구》 91, 2011, 480~514쪽.

[15] 김영국, 《경기순환론》, 법문사, 1988, 51쪽에서 재인용.

[16] 앞의 책, 57~59쪽.

[17] 이 개념은 1915년 컬킨스가 자신의 책 《광고라는 비즈니스 The Business of Advertising》를 통해 명시적으로 구체화시켰다. 1932년 부동산 중개업자였던 버나드 런던 Bernard London 이 쓴 'Ending the depression through planned obsolescence'란 제목의 잡지 기사가 기원이

라는 설도 있다. 하지만 처음 등장한 것은 그보다 훨씬 이전으로 18세기 초반으로까지 거슬러 올라간다. 경영학이나 제조공학에서 간간이 인용되던 이 개념이 대중적으로 널리 알려지게 된 것은, 1920년대 중반 제너럴 모터스GM CEO였던 알프레드 슬론 주니어Alfred P. Sloan Jr가 적극적으로 활용하기 시작하면서부터였다. 원래 계획적 진부화는 (피버스 카르텔의 사례처럼) 상품 제조 과정에서 작동 시간 또는 사용가치를 물리적으로 줄이는 것이었다. 그 같은 의도적 작업을 통해 신제품 구입을 유도하려 했다. 알프레드 슬론 주니어는 여기서 한발 더 나아갔다. 자동차에 대한 구입 욕망을 불러일으키기 위해 매년 차의 디자인을 변경하도록 한 것이다. 이 경영정책은 GM의 판매고를 비약적으로 상승시켰고, 이후 계획적 진부화 전략은 자동차산업을 넘어 전기제품, 의류 등 산업 전반에 폭넓은 영향을 미치게 된다. 어네스트 엘모 컬킨스의 탁월함은 이 같은 개념을 설득 커뮤니케이션에 적용하여, 광고가 소비자 구매행동에 미치는 심리적 메커니즘을 명쾌하게 갈파하고 실천했다는 점이다.

[18] Marchand, R., *Advertising and the American Dream: Making Way for Modernity, 1920~1940*, Berkeley: University of California Press, 1985, pp. 164~205.

[19] Jhally, S., *The Codes of Advertising*, 1987. 윤선희 역, 《광고문화: 소비의 정치경제학》, 한나래, 1996, 74~81쪽.

[20] 신인섭, 《한국 광고발달사》, 일조각, 1986.

[21] 신인섭·서범석, 《한국 광고사》, 나남출판, 1991.

[22] 신인섭·서범석, 《눈으로 보는 한국 광고사》, 나남출판, 2001.

[23] 신인섭·김병희, 《한국 근대 광고 걸작선 100: 1876~1945》, 컴북스, 2007.

[24] 신인섭, 《광고로 보는 한국 화장의 문화사》, 김영사, 2002.

[25] 양정혜, 《광고의 역사: 산업혁명에서 정보화사회까지》, 도서출판 한울, 2009.

[26] 春山行夫, 《西洋広告文化史》, 1981. 강승구·김관규·신용삼 역, 《서양 광고문화사》, 한나래, 2009.

[27] Twitchell, J. B., *Twenty Ads that Shook The World: The Country's Most Groundbreaking Advertising and How It Changed Us All*, 2000. 김철호 역, 《욕망, 광고, 소비의 문화사》, 청년사, 2001.

[28] Turngate, M., *ADLAND: A Global History of Advertising*, 2007. 노정휘 역, 《광고판: 세계 광

고의 역사》, 이실MBA, 2009.

29 Sampson, H., *A History of Advertising from the Earliest Times: Illustrated by Anecdotes, Curious Specimens and Biographical Note*, London: Chatto and Windus, Piccadilly, 1874. Reprinted, Charleston, S.C.: Nabu Press, 2010. 이 책은 https://brittlebooks.library.illinois.edu/ brittlebooks_open/Books2009-08/samphe0001hisadv/samphe0001hisadv.pdf와 같은 인터넷 사이트에 전문이 수록되어 있으며 2010년 Nabu Press에서 종이책으로 재출간되었다. 총 20 개의 장으로 구성되었는데 고대와 중세 광고에서부터 18~19세기의 영국 광고, 제품 유형 별 광고, 광고대행사 및 식민지(미국) 광고까지 세계 광고 역사를 폭넓게 고찰하고 있다.

31 소비체크Sobieszek가 지은 *The Art of Persuasion: History of Advertising Photography*(1988)가 독 보적 성과로 평가된다.

32 스트라챈Strachan의 *Advertising and satirical culture in the Romantic period*(2007)가 있다.

33 보가트Bogart의 *Artists, Advertising and the Borders of Art*(1995)를 들 수 있다.

34 헬러Heller와 밸런스Ballance가 편저로 출판한 *Graphic Design History*(2001)가 사례다.

35 프레스톤Preston의 *The Great American Blow-Up: Puffery in Advertising and Selling*(1997)이 주요 연구서다.

36 라이커트Reichert의 *The Erotic History of Advertising*(2003)이 대표적 연구 사례다.

37 시불카Sivulka의 *Soap, Sex, and Cigarettes: A Cultural History of American Advertising*(1998), 리 어스Lears의 *Fables of Abundance: A Cultural History of Advertising in America*(1994) 등이 높은 평가를 받는다.

38 기징거Gieszinger의 *The History Of Advertising Language: The Advertisements In The Times From 1788 To 1996*(2006)가 독보적이다.

39 1949년에 나온 하우어Hower의 *The History of An Advertising Agency: N. W. Ayer & Son at Work, 1869~1949*(1949)가 해당 주제 연구의 효시를 이룬다.

40 베이어Beyer가 지은 *Coca-Cola Girls: An Advertising Art History*(2000)다.

41 볼퍼트Bolfert의 *100 years of Harley-Davidson Advertising*(2002)가 그렇다.

42 마틴Martin의 *Hathaway Shirts: Their History, Design, and Advertising*(1998)이다.

43 기존 광고사 저술과 문헌에서 시대를 분류하는 방식을 거칠게 나누면 2가지다. 먼저 통상 적인 연대기적 접근인데 하루야마 유키오, 샌디지와 프라이버거Sandage & Fryburger, 오귄,

알렌, 세메닉O'Guinn, Allen & Semenik 등이 해당된다. 핀카스와 로이슈Pincas & Loiseau의 경우는 최초의 광고대행사가 설립된 1842년을 현대 광고산업의 기점으로 삼아 이후 진행을 6단계로 고찰한다. 광고사의 종적 전개를 축으로 삼되, 별도 세부 주제를 추가하는 방식도 있다. 헨리 샘슨이 대표적이다, 그는 ① 고대 ② 중세 ③ 17세기 ④ 18세기 초반 ⑤ 18세기 중반까지를 연대기 순으로 살펴본 다음 재미있고 기괴한 광고, 허위과장 광고, 돌팔이와 사기꾼 광고, 복권 광고, 미국과 식민지 광고, 혼인 광고 등 세부 주제별로 별도 장을 추가하여 광고사의 이면을 흥미롭게 풀어낸다.

[44] 이 유명한 정의의 내용은 아래와 같다. "모든 역사적 판단의 기초가 되는 실천적인 요구는 모든 역사에 '현대사(당대사)'의 성격을 부여하는데, 왜냐하면 그렇듯이 상세하게 서술되는 사건들이 시간상으로는 아무리 멀리 떨어져 있는 것처럼 보일지라도 실제로 역사가 다루는 것은 현재의 요구와 현재의 상황이며, 사건은 그 안에서만 소리를 내기 때문이다. Carr, E. H., *What Is History?*, London: Macmillan(1961). 김택현 역, 《역사란 무엇인가?》, 까치글방, 1997, 34쪽에서 재인용.

[45] 앞의 책, 36~38쪽.

[46] Howell, M. & Prevenier, W., *From Reliable Sources: An Introduction to Historical Methods*, Ithaca: Cornell University Press, 2001.

[47] 1936년 발간된 이 책은 우리나라에서 1982년 정찬영에 의해 《경제사관의 발전구조》(풀빛)라는 제목으로 처음 출간되었다. 그러다가 2000년에 장상환에 의해 《자본주의 역사 바로 알기》(책벌레)라는 제목으로 다시 번역 출판되었다.

[48] 경제사가 하나의 독립적 학문 분야로 발전하게 된 계기는 독일에서부터였다. 역사학파 경제학의 선구자인 프리드리히 리스트Friedrich List가 대표적 인물이다. 리스트는 영국 고전학파 경제학의 세계주의에 대항하기 위해 독일 중심의 국민경제적 관점에서 경제 현상의 '역사성'을 부각시켰다. 이처럼 과거의 지나간 개별적 사건과 사실들의 진화 경로가 어떤 경제적 의미를 지니고 있는가를 밝히는 이론 틀이 '경제발전 단계설Wirtschaftenwicklungsstufentheorie'이다. 이 개념에 대해서는 大塚久雄 編, 《西洋経済史》, 1948. 청아출판사 편집부 역, 《경제사학의 제문제》, 청아출판사, 1981, 4쪽 참조.

[49] Huberman, L., *Man's Worldly Goods—The Story of the Wealth of Nations The Story of The Wealth of Nations*, 1936. 장상환 역, 《자본주의 역사 바로 알기》, 책벌레, 2000, 11쪽.

50 김원중, 《사기열전》, 을유문화사, 2002, 5쪽.

제1부 현대 이전의 광고

1 아사시프Asasif라고도 불리는데, 지중해 남쪽 800킬로미터의 나일강 서쪽 강변에 위치한 고대 이집트 도시다.

2 Wells. W, J. Burnett and S. Moriaty, *Advertising-principles and practice*, NewYork, N.Y: Prentice-Hall, Inc., 1992, p. 23.

3 Mandell, M. I., *Advertising. Englewood Cliffs*, NJ: Prentice Hall, 1984, p. 22.

4 春山行夫, 앞의 책, 33~34쪽.

5 Gombrich, E. H., *The story of Art*, 1950. 백승길·이종승 역, 《서양미술사》, 예경, 2017, 113쪽.

6 Wright, J., Warner, D., Winter, W., & Zeigler, S., *Advertising*, New York: McGraw-Hill Book Company, 1977, p. 11.

7 1평방킬로미터가 100헥타르이니 도시 규모가 그리 크지 않았음을 알 수 있다.

8 Sampson, op.cit., p. 39.

9 고대 로마의 지명이다. 기원전 4세기에서 3세기경 이탈리아반도의 패권을 두고 3차에 걸쳐 로마와 자웅을 겨룬 삼니움족의 본거지다.

10 http://www.imperium-romana.org/history-of-gladiators.html. 원본은 이보다 선명도가 떨어지는데, 내용 이해를 위해 좀 더 선명하게 리터치했음을 감안할 것.

11 이탈리아 중부 지역의 따가운 햇살을 막기 위해서는 경기장에 차양막을 설치하는 것이 필수적이었는데, 많은 알부스에서 이 같은 편의시설 완비를 강조하고 있다.

12 春山行夫, 앞의 책, 45쪽.

13 셰익스피어의 《베니스의 상인》에서도 이런 관념이 발견된다. 주인공 안토니오에게 돈을 빌려주고 '인육'을 저당잡았다가 결국 진퇴양난에 처하는 샤일록을 기억하실 것이다. 1600년에 출간된 이 작품에는 유대인에 대한 편견과 조롱이 짙게 배어있지만, 한편으로는 중세가 끝난 지 오래되었음에도 사라지지 않은, 고리대금업에 대한 사람들의 생래적 거부

감이 생생히 남아 있다.

[14] 휴버먼, 앞의 책, p. 55~56.

[15] Dyer, G., *Advertising as Communication*, NewYork: Methuen & Co., 1982, p. 15.

[16] *Ibid*, pp. 17~18.

[17] 라틴어 문장으로 "만약 어떤 분이"라는 의미를 지니고 있다.

[18] guild : 중세 유럽의 도시 성립, 발달 과정에서 시작된 상인 및 수공업자들의 동업자조합을 말한다.

[19] Gombrich, 앞의 책, p. 248.

[20] Mandell, op. cit., p. 20.

[21] 경제사학자 오오츠카 히사오는 이러한 의식의 변화를 다음과 같이 설명한다. "근세 초기 자본주의 경제(임금노동에 근거하여 이윤추구를 목적으로 하는 산업경영)의 맹아가 기세 좋게 성장하기 시작한 무렵, 그것의 말하자면 관념적 추진력으로 작용한 에토스ethos가 자본주의 정신이다." 大塚久雄 編, 앞의 책, 176쪽.

[22] Huberman, 앞의 책, 76쪽.

[23] 슐로모 산드는 이처럼 종교 엘리트들에게 독점되었던 라틴어 중심 언어를 땅과 하늘 사이를 중재하는 '신성한 언어'라고 독특하게 표현한다. Sand. S., *The Invention of The Jewish People*, 2009. 김승환 역, 《만들어진 유대인》, 사월의책, 2021, 122쪽.

[24] 손으로 나누어주는 광고 전단지.

[25] https://www.johnsonessays.com/the-idler/no-40-art-of-advertising/.

[26] 탁진영, 〈과장 광고의 설득 효과와 제3자 효과: 규제에 대한 소비자의 태도를 중심으로〉, 《언론과학연구》 10(1), 2007, 398~441쪽. 한편 루소, 멧카프, 스티븐스Russo, Metcalf & Stephens(1981)는 과장 광고를 "소비자가 상품에 대해 기대하는 것과 다른 허위의 신념을 소비자에게 일으키게 하거나, 증가시키거나, 개발시키는 광고"라고 설명한다. 샤피로 Shapiro(1995)는 표현적 특성에 주목하여, 객관적 근거에 따른 정보를 전달하기보다는 자기 제품의 우월성을 주관적이며 모호하게 표현하는 광고라고 규정한다.

[27] Preston, I. L., *The Great American Blowup: Puffery in advertising and selling*, The University of Wisconsin Press, 1996, p. 29.

[28] 春山行夫, 앞의 책, 125쪽.

29 한편 경제사학자 최영순은 재미있는 분석을 내놓는다. 흑사병이 만연했는데도 환자를 격리 수용하지 않은 채 성당에서 함께 미사를 드렸기 때문에, 라틴어 사용이 가능한 사제들의 희생이 매우 컸다는 것이다. 이로 인해 불가피하게 세속어를 쓰는 미사가 늘어나게 되었고, 이것이 르네상스를 이끌어들인 또 다른 요인이 되었다고 말한다. 최영순, 《경제사 오디세이》, 부키, 2012, 98쪽.

30 Boccaccio G., Decameron, 1353. 한형곤 역, 《데카메론》, 동서문화사, 2014, 21~22쪽.

31 가드너Gardner는 기만 광고를 이렇게 정의한다. 의도적 거짓말, 즉 기만을 통해 소비자를 오도하는 광고. Gardner, D., "Deception in advertising: a conceptual approach", *Journal of marketing* 39, January 1975, pp. 40~46.

32 Gieszinger, S., *The History of Advertising Language: The Advertisements In The Times From 1788 To 1996*, Frankfurt: Peter Lang Pub Inc, 2006, p. 43.

33 유네스코는 팸플릿을 "표지를 제외하고 5~48페이지로 구성되었으며, 정기간행물이 아닌 제본되지 않은 출판물"로 정의한다. 오늘날에는 회사나 사업 소개, 상품 광고, 영업 안내, 보고서, 요람 등에 많이 활용되지만, 탄생 초기에는 주로 기존 체제나 이념, 종교를 비판하는 목적으로 인쇄되었다. 이 같은 비판적 저항 글을 쓰는 사람을 팸플릿티어pamphleteer라고 불렀다.

34 초창기 팸플릿의 발전에 대해서는 春山行夫, 앞의 책, 99~100쪽 참조.

35 Phillips, T. *Truth: A Brief History of Total Bullsh*t*, New York: Hanover Square Press, 2020. 홍한결 역, 《진실의 역사: 인간은 입만 열면 거짓말을 한다》, 윌북, 2024, 64쪽.

36 미국의 경우는 분명한 역사적 기록이 남아있다. 1690년 보스턴에서 딱 1회 발간된 《퍼블릭 오커런스Public Occurrences》가 북아메리카 대륙에서 발행된 명목상 첫 번째 신문이다.

37 Mandell, op. cit., p. 25.

38 Sampson, op. cit., p. 5.

39 커피하우스에 관한 흥미로운 이야기는 아래에 자세히 나온다.

40 이 작품은 1695년 영국 런던의 대중잡지 《농업과 무역 발전을 위한 컬렉션Collection for improvement of husbandry and trade》에 게재되었다.

41 春山行夫, 앞의 책, 111쪽.

42 Mandell, op. cit., pp. 26~27.

43 영국의 왕권 옹호파 귀족이나 지주를 중심으로 성립된 보수 정당.

44 http://historymatters.gmu.edu/mse/ads/amadv.html.

45 Mierau C., *Accept No Substitutes: The History of American Advertising*, Minneapolis: Lerner Publications, 2000, pp. 10~13.

46 春山行夫, 앞의 책, 186쪽에서 수정 후 재인용. 하루야마의 인용은 두 가지 오류가 있다. 첫째는 광고가 《펜실베이니아 가제트》에 실린 날짜가 7월 14일이 아니라 6월 30일이라는 거다. 둘째는 모세가 시나이산에서 받은 십계명 제8조는 '도둑질하지 말라'이다. 하지만 하루야마 유키오는 이를 착각하여 '안식일을 기억하여 거룩하게 지키라'로 풀이하고 있다.

47 그가 《펜실베이니아 가제트》 신문에 쓴 다양한 광고 카피를 보고 싶은 분은 http://franklinpapers.org/ 사이트를 방문하면 된다. 미국 철학학회와 예일대학이 후원하는 이 사이트는 개인 연구 목적의 허락을 얻으면 누구나 입장이 가능하다. 이곳에서는 연도별로 정리된 프랭클린의 에세이, 기사, 광고 카피 전문을 모두 볼 수 있다. 예를 들어 1744년 3월 29일 자에 실린 책 판매용 카피의 전문은 다음과 같다. "[광고]: 역사, 법학, 수학, 철학, 물리학, 시 등으로 구성되어 있습니다. 1744년 4월 11일 수요일 아침 9시부터 필라델피아 우체국에서 벤자민 프랭클린이 현금만 받고 판매합니다. 발송을 위해 각각 도서에 최저 가격이 표시되어 있음. 카탈로그는 판매 장소에서 무료로 제공 가능합니다. 전기前記한 프랭클린이 도서관이나 책 소포를 위해서는 현금을 지불합니다." http://franklinpapers.org/framedVolumes. jsp 참조.

48 Mandell, op. cit., p. 27.

49 Piketty, T., *Capital et idéologie*, Paris: Éditions du Seuil, 2019. 안준범 역, 《자본과 이데올로기》, 민음사, 2020, 875쪽.

50 15세기에서 17세기까지 유럽인들이 조선 기술과 원양 항해술을 발전시킨 시기를 말한다. 콜럼버스에 의해 아메리카로 가는 항로가, 바스코 다 가마에 의해 아프리카 희망봉을 돌아 인도와 동남, 동아시아로 가는 항로가 개척되었다. 일본에서 'Age of Discovery'라는 어휘를 번역하면서 역사학자 마쓰다 요시로增田義郎가 이런 이름을 창안한 것으로 알려져 있다. 그에 따르면 대항해시대는 1415년에 시작되어 1648년에 종료된다.

51 《시사인》 제702호, 2021년 3월 2일 자, 50쪽.

52 김형인, 〈미국 흑백 인종주의의 특성과 변천: 노예제도부터 민권운동까지〉, 《서양사론》 70

권, 2001, 157쪽.

53 심재중, 〈아프리카와 흑인의 이미지: 18~19세기 프랑스를 중심으로〉, 《불어문화권 연구》 17, 2007, 109쪽.

54 Piketty, T., *Le Capital au XXIe siècle*, Paris: Éditions du Seuil, 2013. 장경덕 역, 《21세기 자본》, 글항아리, 2014, 192~197쪽.

55 당시 달러 가치를 오늘날 기준으로 정확히 환산하기는 쉽지 않다. 하지만 1860년대를 기준으로 육체노동자 평균 일당이 1.5달러 정도였으니, 20달러면 13일을 꼬박 일해야 버는 돈이었다. 그러므로 시간을 반세기 이상 거슬러 올라간 18세기 말의 현상금 20달러는 상당히 큰 금액임을 유추할 수 있다.

56 http://www.coffee-beans-arabica.com/info/coffee_houses_of_old_london.htm.

57 春山行夫, 앞의 책, 118쪽.

58 Haug, W. F., *Kritik der warenästhetik*, 1971. 김문환 역, 《상품미학 비판》, 이론과실천, 1991, 33쪽.

59 春山行夫, 앞의 책, 154쪽.

60 이 그림은 Sampson, op. cit., p. 476에서 재인용.

61 春山行夫, 앞의 책, 236쪽.

62 종이에 특정 대상의 그림을 그린 다음, 그 부분만 잘라내어 구멍을 뚫고 잉크나 그림물감을 묻힌 롤러로 문질러서 물체 모양을 표현하는 디자인 기법.

63 앰비언트 광고에 대해서는 12부에서 상세히 설명한다.

64 Weinstein, A, & Rubel, D., *The Story of America: Freedom and Crisis from Settlement to Superpower*, 2002. 이은선 옮김, 《사진과 그림으로 보는 미국사》, 시공사, 2004, 347쪽.

65 광고에서 일러스트레이션이라 하면 보통 사진을 제외하고 아티스트의 손으로 직접 그려진Hand drawing 그림을 의미한다. 박선의·최호천, 《시각 커뮤니케이션 디자인》, 미진사, 1991, 92쪽.

66 O'Guinn, T. C., Allen, C. T. & Semenik, R. J., *Advertising*, Ohio: South-Western College Pub, 1998, p. 59.

67 春山行夫, 앞의 책, 124쪽.

68 O'Guinn, Allen, & Semenik, op. cit., p. 59.

[69] Sandage, C. H, Vernon Fryberger and Kim Rotzol, *Advertising: Theory and Practice*, NewYork: Longman, 1983, p. 21에서 재인용.

[70] Strachan, J.,"The Praise of Blacking: William Frederick Deacon's Warreniana and Early Nineteenth-century Advertising-related Parody", *Romanticism on the Net* 15, August 1999, p. 0.

[71] 이 구두약 광고는 큰 인기를 끌어 이듬해 생쥐가 자기 모습에 놀라는 후속 패러디 광고가 나온다. 1839년에는 경쟁업체인 도니슨 구두약Donnison's에서 수탉이 등장하는 모방 광고를 만들었다.

[72] 밀레 그림의 광고 전용에 대한 상세한 전말은 Hoffman, B., *The Fine Art of Advertising*, 2002. 윤태일 역, 《광고와 예술》, 커뮤니케이션북스, 2009, 20~27쪽 참조.

[73] 자신의 작품을 광고로 쓰겠다는 말을 들은 밀레는 격렬하게 반대했지만, 거액의 돈을 지불하고 소유권을 보유한 배럿의 시도를 막지 못했다.

[74] Dyer, G., *Advertising As Communication*, NewYork: Methuen & Co., 1982, p. 35.

[75] Twitchell, 앞의 책, 71쪽.

2부 산업화와 광고

[1] 여기서 아이디어는 '반짝 떠오르는 기발한 생각' 같은 통상적 개념이 아니라 생각, 이념, 사상, 주장 등을 말한다. 그런 내용을 전달하는 대표적 형태가 공익 광고, 정치 광고, 기업 PR 광고 등이다.

[2] 브랜드 네임이나 회사 이름 같은 구체적 내용을 숨긴 채 궁금증을 유발하는 광고. '놀리다', '애를 태우다'란 의미의 'tease'에서 비롯되었다. 보통 신제품 출시 전에 제품에 대한 목표 고객의 호기심과 기대심리를 자극하기 위해 실행된다. 정식 출시일이 되면 그동안 숨겨왔던 내용을 공개하여 효과 극대화를 노리게 된다.

[3] Marx, K. & Engels, F., *Manifest der Kommunistischen Partei*, 1848. 이진우 역, 《공산당선언》, 책세상, 2018, 17쪽.

[4] Hobsbawm, E., *The Age of Empire: 1875~1914*, 1987. 김동택 역, 《제국의 시대》, 한길사, 1998, 90~91쪽.

[5] Russell, J. T. & W. R. Lane, *Advertising Procedure*, Eaglewood Cliffs, New Jersey: A Simon & Schuster Company, 1996, p. 11.

[6] Gieszinger, op. cit., p. 24.

[7] 미국 프로 풋볼NFL 인기 팀인 샌프란시스코 포티나이너스의 이름이 여기에서 비롯된다. 1849년경 캘리포니아로 대량 이주한 사람들을 포티나이너스forty-niners라는 별명으로 불렀기 때문이다.

[8] Hobsbawm, E., *The Age of Capital: 1848~1875*, 1972. 정도영 역, 《자본의 시대》, 한길사, 1998, 164쪽.

[9] Mierau, op. cit., p. 25.

[10] 이에 반해 유럽 대륙의 경우 대부분의 나라에서 19세기 중후반까지 90퍼센트 가까운 사람들이 어떤 형태의 정기출판물도 구독하지 않는 상태였다.

[11] 하지만 이 설립연도에 대해서도 이견이 존재한다. 예를 들어 폭스Fox(1998)는 한 해 뒤늦은 1843년으로 주장한다. http://www.designhistory.org/ 같은 웹사이트에서는 1841년이라고 말한다. 심지어 위키피디아(http://en.wikipedia.org/wiki/Advertising_agency)에서는 1850년이라는 믿을 수 없는 해설을 늘어놓는다. 설립 시점에 대한 이같이 분분한 논의는, 맹아기에 있던 당시 미국 광고산업의 혼돈을 반영하는 또 다른 증거로 읽힌다. 볼니 팔머의 광고대행사 설립에 대한 가장 정통한 해설은 Wilson, H., "Volney B. Palmer, 1799~1864: The Nation's First Advertising Agency Man", *Journalism Monograph* 44(may), 1976, pp. 2~44. 참조.

[12] Vannatta B., 'Volney B. Palmer' in *The Ad Men and Women—A Biographical Dictionary of Advertising*, Applegate, E. (ed), Westport, CT: Greenwood, 1994, p. 252.

[13] Pincas, S. &, Loiseau, M., *A History of Advertising*, Köln: Taschen GmbH, 2008, p. 32.

[14] Chang, Ha-Joon, *Kicking Away the Ladder*, 2004. 형성백 역, 《사다리 걷어차기》, 부키, 2004, 59~64쪽.

[15] Weinstein & Rubel, 앞의 책, 347쪽.

[16] 표준화·규격화로 대량생산된 상품을 소비자에게 강압적으로 판매하는 방식.

[17] Wells, Burnett & Moriaty, op. cit., p. 26.

[18] 영국 화폐단위인 펜스를 동전 수로 부를 때 쓰는 단어. 100펜스가 1파운드였는데, 미국

에서는 1센트짜리 동전을 1페니라고 불렀기 때문에 이런 이름이 생겼다. 미국 최초의 페니 프레스는 1830년 7월 24일부터 보스턴에서 발행된 《데일리 이브닝 트랜스크립트*Daily Evening Transcript*》로 알려져 있다.

[19] 인쇄 매체나 광고에 있어 본문에 쓰이는 일반 서체가 아니라 헤드라인 등에 큰 크기로 사용하기 위한 활자를 말한다. 다양하고 가변적인 디자인으로 만들어져 주목을 끄는 데 유리하다.

[20] Mierau, op. cit,. p. 27.

[21] Shirley, B., *Media/impact: an introduction to mass media*, Belmont, CA: Wadsworth Publishing, 2007, p. 211.

[22] Mierau, op. cit., pp. 28~29.

[23] Pincas, &, Loiseau, op. cit., pp. 25.

[24] 회사 이름인 N. W. Ayer & Son의 유래가 여기서 시작된다.

[25] Vivian, J., *Francis Wayland Ayer in The Ad Men and Women—A Biographical Dictionary of Advertising*, Applegate, E. (ed), Westport, CT: Greenwood, 1994, p. 252.

[26] Hower, R. M., *The History of an Advertising Agency: N. W. Ayer & Sons at Work, 1869~1949*, Cambridge, MA: Harvard University Press, 1949, pp. 72~73.

[27] 최초에는 12.5퍼센트로 시작했다가 나중에는 15퍼센트로 수수료가 인상되었다. 이것이 오늘날에도 세계적으로 통용되는 표준적 매체 대행수수료 기준이 되었다.

[28] McCartney, S., & Arnold, A., "The railway mania of 1845~1847: Market irrationality or collusive swindle based on accounting distortions? Accounting", *Auditing & Accountability Journal* 16(5), 2003, pp. 821~852.

[29] 철도 광풍 사태의 전모에 대해서는 다음 책을 참고할 것, Campbell, G., *The Railway Mania: Not so Great Expectations?*, Belfast: Queen's University, 2010.

[30] 이 시기 허위과장 광고 현상의 배경에 대해서는 김동규, 〈과장 광고의 형성과 전개에 관한 역사적 연구〉, 《광고PR 실학 연구》 10-3, 2017, 9~40쪽 참조.

[31] 특허 약품이 태어난 곳은 영국이었다. 1630년대에 나온 기록이 있는데, 이를 살펴보면 찰스 1세의 주치의라고 자칭하는 스코틀랜드 사람이 베네치아에서 어떤 처방을 입수했다는 것이다. 그리고 이를 바탕으로 '앤더슨 알약Anderson's Pills'을 만들어 국왕의 판매면허

를 받아 판매했다고 한다. 이 같은 판매면허를 특허라고 부른 것에서 특허 약품의 기원이 시작된 것이다. Sivulka, J., *Soap, sex, and cigarettes: a cultural history of American advertising*, Belmont, CA: Wadsworth Publishing Company, 1998, p. 82.

[32] 1906년 미국 의회가 식품 및 의약품 안전법Pure Food and Drug Act을 제정하고 강력한 규제를 개시하면서부터 비로소 라벨에 약품의 성분이 표기되기 시작했다.

[33] 오늘날 화폐가치로 2,000만 달러가 넘는다. 단일 제품 매출액으로는 대단한 금액임을 알 수 있다.

[34] Mierau, op. cit., p. 35.

[35] 액티나에 대한 스토리는 Waits, R., *The Medical Electricians: Dr. Scott and his Victorian Cohorts in Quackery*, Sunnyvale: Create Space Independent Publishing Platform, 2013 참조.

[36] 바넘의 일대기를 다룬 영화가 〈위대한 쇼맨The Greatest Showman〉이다. 2017년 개봉된 이 뮤지컬 영화에서는 엑스맨 시리즈의 울버린 역으로 잘 알려진 휴 잭맨이 주연을 맡았다.

[37] Newsom, D. Scott, A. & Turk, J. V., *This is PR: The Realities of Public Relations*, Belmont: Wadaworth Publishing Co., 1989, p. 38.

[38] Wright et. al., op. cit., p. 15.

[39] Hobsbawm, 앞의 책, 121쪽.

[40] Brinkley, A., *The Unfinished Nation: A Concise History of the American People*, 2004. 손세호 역, 《있는 그대로의 미국사 3》, 휴머니스트, 2005, 361~362쪽.

[41] 남북전쟁 직후 5,000만 달러에 불과하던 미국의 광고산업 규모는 19세기 끝 무렵에 10배인 5억 달러로 성장한다. 이는 미국 전체 GNP 대비 3.2퍼센트에 달하는 것이었다.

[42] 실론섬의 오크나무 열매에서 추출한 기름. 당시에는 정발용整髮用 머릿기름으로 주로 사용되었다.

[43] Smythe, T. C., Albert D. Lasker. in *The Ad Men and Women—A Biographical Dictionary of Advertising*, Applegate, E. (ed), Westport, CT: Greenwood, 1994, p. 252.

[44] Hopkins, C., *My Life in Advertising & Scientific Advertising*, New York: McGraw-Hill, 1997, p, 42에서 인용.

[45] Fox, 앞의 책, 37쪽.

[46] Smythe, op. cit., p. 21.

47 Fox, 앞의 책, 37쪽.

48 Dyer, op. cit., p. 33~34.

49 Wright, op. cit., p. 40.

50 Sivulka, op. cit., p. 84.

51 Dyer, op. cit., p. 33.

52 최유희, 〈조선 시대의 상업 출판 들여다보기〉: 이윤석, 〈조선 시대 상업 출판—서민의 독서, 지식과 오락의 대중화〉, 《한국민족문화》 46, 2017, 345쪽.

53 Lears, J., *Fables of abundance: a cultural history of advertising in America*, New York: Basic Books, 1994, p. 308.

54 Kaul, A. J., Ernest Elmo Kalkins in *The Ad Men and Women—A Biographical Dictionary of Advertising*, Applegate, E. (ed)., Westport, CT: Greenwood Press, 1994, p. 93.

55 Calkins, E. E., *Louder Please! The Autobiography of a Deaf Man*, New Edition, Kessinger Publishing, 2007, p. 147.

56 사진의 왼쪽 귀에 커다란 보청기를 착용한 것이 보인다.

57 Meikle, J. L., *Twentieth Century Limited: Industrial Design in America 1925~1939*, Philadelphia: Temple University Press, 2001, pp. 10~11.

58 이 이야기는 제3부에 자세히 나온다.

59 Schorman, R., "Claude Hopkins, Earnest Calkins, Bissell Carpet Sweepers, and the Birth of Modern Advertising", *Journal of the Gilded Age and Progressive Era*, 7(April), 2008, pp. 181~219.

60 Hopkins, C., *My Life in Advertising & Scientific Advertising*, New York: McGraw-Hill, 1997, p. 259.

61 Calkins, op. cit., p. 165.

62 코르셋 디자인의 핵심은 앞면 중앙에 삽입하는 길고 탄력 있는 지지대다. 보통 동물 뼈나 철사를 사용했지만 고급품의 경우 은이나 상아 혹은 고래수염으로 제작되었다. 몸매를 위해 인체를 억압하는 이런 복장이 건강에 좋을 리 없다. 과도하게 허리를 조여서 탈장이 생기거나 내장 변형을 가져오는 경우가 다반사였다. 심지어 급한 동작을 취하다가 갈비뼈가 부러지는 사고까지 발생했다. 그럼에도 그것을 착용한 이유는 단 하나였다. 남성에게 날씬

하고 섹시하게 보이기 위한 사회문화적 강요였다.

[63] Sirgy, M. J., "Self-Concept in Consumer Behavior: A Critical Review", *Journal of Consumer Research* Vol. 9, No. 3, 1982, pp. 287~300.

[64] Keller, K. L., "Conceptualizing, measuring, and managing customer-based brand equity", *Journal of Marketing* 57, 1993, pp. 1~22.

[65] Schorman, op. cit., p. 214.

[66] Acconut Executive의 약자. 광고주 관리와 전략 수립을 담당하는 광고회사 내의 전문 직종이다.

[67] 당시 컬킨스의 크리에이티브 관점에 대한 총괄적 이해를 위해서는 Bogart, M., Artists, *Advertising and the Borders of Art*, University of Chicago Press, 1995 참조.

[68] 두 사람은 1916년 공저로 *Modern Advertising*을 발간한다. 이 책에서는 광고의 개념 정의에서부터 간략한 광고 역사, 광고 관리와 대행사, 매체별 광고 특징 및 제작법, 광고의 유형에 이르기까지 그들이 생각하는 새 시대 광고의 비전과 철학이 13개 챕터에 걸쳐 생생히 전개된다. Calkins, E. E. & Holden, R., *Modern Advertising*, NY: New York, D. Appleton and Company, 1916. 이 책은 2018년 Franklin Classics에서 페이퍼백으로 재출간되었다.

[69] 반복적 리듬의 쾌감을 지닌 노래 가사 스타일 카피를 말한다.

[70] 단독 문장이나 둘 이상 문장의 앞머리 말, 모음, 끝음절 등을 반복시켜 운율적 쾌감을 만들어내는 레토릭 기법이다.

[71] 백인들의 아메리카 원주민들에 대한 차별적 편견의 뿌리는 깊다. 가장 유명한 사례 중 하나는 프란시스코 피사로의 발언이다. 제레드 다이아몬드는 자신의 책에서 스페인의 한낱 무뢰배 출신 피사로가 오합지졸 168명을 이끌고 잉카제국 황제 아타우알파를 사로잡는 장면을 드라마틱하게 묘사한다. 1532년 11월 16일, 계략을 써서 황제의 인신을 구속하고 난 다음 그는 신의 이름을 빌린 다음과 같은 허장성세 가득한 연설을 늘어놓는다. "여기 나와 함께 있는 기독교인들은 비록 수는 적지만 나는 이들과 힘을 합쳐 그대의 왕국보다도 큰 왕국들을 정복하고 그대보다도 강력한 군주들을 무찔러 우리의 황제 폐하께 복속시켰소.……우리의 임무는 선한 것이므로 하늘과 땅과 그 속의 모든 것을 창조하신 분께서 이 일을 허락하셨고 이는 그대가 하느님을 알게 하고 지금까지의 야만스럽고 사악한 삶에서 벗어나게 하려 하심이오." 사폴리오 광고는 그 시점으로부터 400여 년 후 집행되

었다. 그러나 원주민을 얕잡아보는 백인들의 차별주의 본질은 변함이 없음을 알 수 있다.

Diamond, J. (1998). *Guns, Germs, and Steel*, 1998. 김준진 역 (1998), 《총, 균, 쇠: 무기·병균·금속은 인류의 문명을 어떻게 바꿨는가》, 문학사상사, 1998, 101~102쪽.

72 Twichell, 앞의 책, 92쪽.

73 Grandin, G., *The End of the Myth: From the Frontier to the Border Wall in the Mind of America*, 2019. 유혜인 역, 《신화의 종말: 팽창과 장벽의 신화, 미국은 지금 어디로 가고 있는가?》, 로크미디어, 2021, 202~203쪽.

74 미군의 원주민 박해와 학살에 얽힌 상세한 증언은 Brown, D. A., *Bury My Heart at Wounded Knee: An Indian History of The American West*, 1970. 최준식 역, 《나를 운디드니에 묻어주오: 미국 인디언 멸망사》, 도서출판 길, 2016 참조.

75 Veuve는 프랑스어로 미망인, 따라서 브랜드명은 '미망인 글리코 폰사르딘'이다. 결혼한 지 7년 만에 과부가 된 여장부 폰사르딘이 1805년부터 샴페인을 만들어 프랑스뿐 아니라 유럽 왕실에서도 자주 마시는 유명한 브랜드가 되었다.

3부 20세기 광고 전성시대

1 Hosbawm, E., *The Age of Empire: 1875~1914*, 1987. 김동택 역, 《제국의 시대》, 한길사, 1998, 137~138쪽.

2 최영순, 〈독일경제에서 광고의 역할 및 이에 대한 논쟁 초기―1933년을 중심으로〉, 《경상논총》 vol. 28, no. 3, 2010, 69~88쪽.

3 Chang, Ha-Joon, *23 Things They Don't Tell You About Capitalism*, 2010. 김희정·안세민 역, 《그들이 말하지 않은 23가지―장하준, 더 나은 자본주의를 말하다》, 부키, 2010, 26~27쪽.

4 Weinstein & Ruben, 앞의 책, 431~432쪽.

5 하지만 이런 대의명분에도 불구하고 해당 위원회의 성과는 크지 못했다. 실제적 감시와 경고보다는 사전 교육과 설득 행동에 주력했기 때문이다.

6 Isaac, K., *Civics for Democracy: A Journey for Teachers and Students*, 1992. 조희연 역, 《우리는

참여와 행동을 통해 민주주의로 간다》, 아르케, 2002, 225쪽.

[7] 현재 미국에서 부당 광고에 대한 규제 핵심은 '랜험법Lanham Act'과 'FTC법Federal Trade Commission Act'이다. 전자는 부당 광고를 "상업 광고 또는 판촉 활동에 있어서 허위 또는 오인을 유발하는 사실의 진술"로 규정하며 이에 해당될 경우 금지 명령과 손해배상을 강제한다. FTC법은 "광고 관련 불공정, 기만행위나 관행"을 위법으로 규제하며 이에 대한 행정 조치로 중지 명령이나 소를 제기할 수 있다. 이병규, 〈비교법 연구: 미국법상 부당광고의 법리에 관한 연구〉,《법조》59, 2010, 222~260쪽 참조.

[8] 제2부에서 나온 그 조지 로웰이다.

[9] Thompson , D. L., 'James Walter Thompson' in *The Ad Men and Women—A Biographical Dictionary of Advertising*, Applegate, E. (ed). Westport, CT: Greenwood, 1994, p. 319.

[10] JWT는 제2대 사장 레조 아래에서 더욱 폭발적인 성장을 경험하게 된다. 스탠리 레조와 그의 아내 헬렌에 얽힌 이야기는 이 책의 4부에 자세히 나온다.

[11] Cruikshank, J. L., *The Man Who Sold America: The Amazing(But True!) Story of Albert D. Lasker and the Creation of the Advertising Century*, Brighton, MA: Harvard Business Press, 2010, p. 15.

[12] Smythe, T. C., 'Albert D. Lasker' in *The Ad Men and Women—A Biographical Dictionary of Advertising*, Applegate, E. (ed). Westport, CT: Greenwood. 1994, p. 200.

[13] Turngate, 앞의 책, 16쪽에서 재인용.

[14] Cruikshank, op. cit., p. 197.

[15] Ogilvy, D., *Ogilvy on Advertising*, NewYork, N.Y: Crown Publishing, 1983, p. 190에서 재인용.

[16] 인상 광고라 번역된다. 지성, 신뢰성, 우아함 같은 감성적 제품 이미지를 창조하여 호의적 태도를 얻으려는 표현기법이다.

[17] FCB는 그 후 발전을 거듭하여 세계 100여 개국 이상에 지사를 설립하는 거대 다국적 대행사로 성장한다. 2006년 인터퍼블릭 그룹에 인수된 후에도 세계 최대의 글로벌 광고회사 네트워크 중 하나로 자리 잡고 있다.

[18] Smith, T. V., 'John E. Kennedy' in *The Ad Men and Women—A Biographical Dictionary of Advertising*, Applegate, E. (ed), Westport, CT: Greenwood, 1994, p. 200.

[19] 이 슬로건은 사실 케네디가 처음 사용한 것은 아니었다. 케네디와 라스커의 만남이 있기 8년 전에 찰스 오스틴 베이츠가 "광고물은 인쇄로 된 판매인이다Advertisements are printed salesmen"라는 비슷한 주장을 한 적이 있기 때문이다.

[20] 하지만 케네디 스스로는 리즌 와이 카피가 자신의 독창적 발명품이라고 주장하지 않았다. 그는 19세기에 유행했던 특허 약품 광고에 리즌 와이의 뿌리가 있다고 솔직히 인정했다.

[21] Fox, 앞의 책, 56쪽.

[22] Twitchell, 앞의 책, 72쪽.

[23] Hopkins, op.cit., p. 20.

[24] Schorman, op.cit., p. 185.

[25] Hopkins, op.cit., p, 5.

[26] Smith, T. V., 'Claude C. Hopkins' in *The Ad Men and Women—A Biographical Dictionary of Advertising*, Applegate, E. (ed), Westport, CT: Greenwood Press, 1994, p. 198.

[27] Hopkins, op. cit., p. 44.

[28] 어네스트 엘모 컬킨스가 크리스마스 시즌 비셀 청소기 판촉 카피라이팅 공모전에서 상을 받은 바로 그 시점이다. 광고 역사를 대표하는 하드 셀과 소프트 셀의 두 거장이 이를 통해 처음으로 인연을 스친 것이다.

[29] 데이비드 오길비는 *Ogilvy on Advertising*에서 홉킨스의 연봉이 1980년대를 기준했을 때 200만 달러 정도였다고 말한다. 2024년 기준으로 보자면 거의 1,000만 달러에 육박하는 금액이다.

[30] Ingham, J. N., *Biographical Dictionary of American Business Leaders: A–G*, Greenwood PressPublishing Group, 1983, pp. 230~234.

[31] Turngate, 앞의 책, 14~15쪽.

[32] Hopkins, op. cit., pp. 127~128.

[33] 독자들이 잡지나 신문 광고를 보고 지면 하단에 레이아웃된 쿠폰을 오려서 회신하면 돌아온 쿠폰의 숫자, 지역, 소비자 특성을 취합하여 광고효과를 측정하는 방법이다.

[34] 신인섭, 《카피라이팅》, 세원문화사, 1980, 18쪽.

[35] Ogilvy, op.cit., p. 203.

[36] 이 책의 2부 5장을 참조할 것.

[37] 광고에 쓰이는 대형 활자는 Display Typeface라 불렀다. 미국이 이 흐름을 선도했고 영국의 경우 조금 뒤늦은 1880년대가 되어야 비로소 등장한다. 春山行夫, 앞의 책, p. 391.

[38] Hoffman, 앞의 책, 12쪽.

[39] 후기 자본주의 상품 미학이 회화나 그래픽 디자인, 조각, 시, 음악 장식, 포장, 디자인, 광고, 오락시스템 등에 적용되는 구조적 양상에 대해서는 Haug, W. F., Kritik der warenästhetik, 1971. 김문환 역, 《상품미학 비판》, 이론과실천, 1991을 참조할 것.

[40] 앞의 책, 205~207쪽.

[41] Leonetto Cappiello(1875~1942). 이탈리아 토스카나에서 태어나 주로 프랑스 파리에서 활동했다.

[42] Pincas, &, Loiseau, op. cit., p. 28.

[43] 홉스봄, 앞의 책, 417~418쪽. 에릭 홉스봄이 20세기 초반기 아르누보의 가장 탁월한 기념물로 지적하는 것은 파리역 건물과 빈의 도시교통 시스템이다. 당대 자본과 기술의 진보를 상징하는 거대 구조물이기 때문이다.

[44] Gieszinger, op. cit, p. 62.

[45] 미국 최초의 상업적 일러스트레이터로 불리는 레이엔데커는 독일 태생의 이민자다. 1896년부터 2년 동안 파리로 건너가 미술 공부를 한 그는 귀국 후 컬킨스 앤 홀든에 근무하면서 유명 잡지에 잇달아 일러스트레이션 작품을 발표하여 명성을 얻게 된다. 그는 이후 1950년대까지 400여 컷 이상의 잡지 표지를 그렸는데, 특히 《새터데이 이브닝 포스트》 하나에만 322개의 표지를 그린 것으로 유명하다.

[46] 칼라collar란 와이셔츠를 매일 세탁하는 수고를 덜기 위해 목 부분만 탈 부착하도록 만든 것으로, 1825년 뉴욕의 셔츠 제조업자 클루에트 피바디가 처음 개발했다.

[47] https://www.troyrecord.com/2004/11/30/don-rittner-will-the-real-helen-please-stand-up/.

[48] 양정혜, 앞의 책, p. 72.

[49] 영국의 유명한 남극 탐험가. 로버트 스콧 휘하의 남극탐험대에 참여했다가 1909년 직접 탐험대를 조직해서 지구 최남단 탐험에 성공했다. 1914년과 1921년에 걸쳐 다시 2차, 3차 남극탐험대를 조직했는데 지금 사례 광고는 결국에는 실패한 두 번째 탐험의 대원 모집을 위한 것이었다.

[50] 인쇄 광고를 지면 위의 다른 부분과 구분하거나 강조하기 위해 쓰이는 윤곽선을 말한다. 독자의 시선을 해당 광고에 묶어놓아, 주변의 광고나 기사로 시선이 이동하는 것을 막는 것과 동시에 구획 정리를 해주는 경계선 역할을 한다.

4부 소프트 셀의 1차 황금기

[1] 총력전total war이란 특정 국가가 자국의 전쟁 승리를 위해 동원 가능한 모든 역량과 자원을 투입하는 것을 의미한다. 이 개념은 제1차 세계대전에 독일 육군 참모차장으로 참전했던 루덴도르프Rudendorff가 1935년 발간한 《총력전론Der Totale Krieg》에 처음 나온 이후 널리 통용되고 있다. 하지만 이 개념이 처음 나타난 것은 18세기 말이었다. 1793년 프랑스대혁명을 주도한 혁명정부가 유럽 왕정국가들의 공격에 대응하기 위해 공표한 국민총동원령Levée en masse이 시발점이다. 이 비상법령은 전쟁 시 국민이 감당해야 할 책무를 다음처럼 규정했다. "젊은이는 전선의 전투 부대에 참여하며, 결혼한 남자는 무기를 만들고 보급품을 나르며, 여자는 천막과 군복을 만들고 병원에서 복무하며, 어린이는 낡은 천으로 붕대를 만들며, 늙은이는 광장에 나가서 용사들의 용기를 북돋워야 한다." 류한수, 〈제2차 세계대전 시기 소련의 전쟁 포스터에 나타난 여성의 이미지〉, 《슬라브학보》 26-2, 한국슬라브학회, 2011, 65쪽.

[2] 육군사관학교 전사학과, 《세계전쟁사》, 황금알, 2004, 189쪽.

[3] 전쟁의 발화지점인 오스트리아—헝가리 제국의 경우는 사정이 미묘하게 달랐다. 제국 내 구성요소 간 점증하는 민족주의적 충돌에 더해 지중해 진출을 노리는 러시아제국과의 갈등이 핵심 원인이었다.

[4] Hobsbawm, 앞의 책, 529~530쪽.

[5] Hesse, H., *Demian: Die Geschichte von Emil Sinclairs Jugend*, 1919. 전영애 역, 《데미안》, 민음사, 1997, 207~208쪽.

[6] Hobsbawm. E., *The Age of Extremes: The Short Twentieth Century, 1914~1991*, 1994. 이용우 역, 《극단의 시대: 20세기 역사 (상)》, 까치글방, 1997, 38쪽에서 재인용.

[7] Welch, D., *Propaganda: Power and Persuasion*, 2013. 이종현 역, 《인간과 세상을 조종하는

선전의 힘—프로파간다 파워》, 공존, 2019, 117쪽.

[8] Pratkanis, A. & Aronson, E., *Age of Propaganda: The Everyday Use and Abuse of Persuasion*, 2001. 윤선길 외 역, 《프로다간다 시대의 설득 전략》, 커뮤니케이션북스, 2005, 10쪽.

[9] Lee, A. M., "Whatever happened to 'propaganda analysis'?", *Humanity and Society* vol. 10. No.1, 1986, p. 12.

[10] Garth, J. & O'Donnell, V., *Propaganda and Persuasion*, London: Sage Publications Inc, 2012, p. 1.

[11] O'Shaughnessy, N, J., *Politics and Propaganda: Weapons of Mass Seduction*, 2004. 박순석 역, 《대중을 유혹하는 무기—정치와 프로파간다》, 한울아카데미, 2009, 30쪽.

[12] Bernays, E., *Propaganda*, 1928. 강미경 역, 《프로파간다—대중심리를 조종하는 선전전략》, 공존, 2009, 13~14쪽.

[13] Orwell, G., *All Art is Propaganda*, 1940. 하윤숙 역, 《모든 예술은 프로파간다다》, 이론과 실천, 2013, 262쪽.

[14] Wingler, A., *The Politics of Propaganda the Office of War Information, 1942~1945*, New Haven: Yale University Press, 1978, p. 28.

[15] 春山行夫, 앞의 책, 509쪽.

[16] Welch, 앞의 책, 115쪽.

[17] Turngate, 앞의 책, 51쪽.

[18] Hobsbawm. 앞의 책, 141쪽.

[19] 1920년대는 세계 경제의 주력 에너지원이 석탄에서 석유로 급속히 전환되는 시대다. 여기에는 미국을 중심으로 하는 선발 산업국가들의 민간 자동차 보급 확산이 중요한 원인을 제공했다.

[20] Brinkley, 앞의 책, 83쪽.

[21] Fitzgerald, F. S., *The Great Gatsby*, 1925. 한애경 역, 《위대한 개츠비》, 열린책들, 2011, 60~61쪽.

[22] 다우존스산업지수Dow Jones Industrial Average의 약칭. 미국에서 가장 오래된 주가지수로 1884년 최초로 발표되었다. 출범 당시에는 미국 증권거래소에 상장된 12개의 우량기업 주

식종목을 대상으로 했으나 현재는 30개를 대상으로 한다. 미국의 증시 흐름을 알 수 있는 대표적인 주가지수로 평가된다.

23 Piketty, 앞의 책, 352~353쪽.

24 1929년 10월 28일, 월요일 경제대공황의 도화선에 불을 붙인 뉴욕 월스트리트 증시폭락을 지칭한다. 주요 언론에서 '블랙 먼데이black monday'라고 부르면서 이후 월요일에 증시가 폭락하는 사건을 의미하는 보통명사가 되었다.

25 Russell & Lane, op. cit., p. 16.

26 이 방송국은 1926년 NBC로 이름을 바꿔 오늘날까지 이르게 된다.

27 여기서 사회적 제도란 구성원의 사회적 행동방식을 일정하게 이끌고 후속 세대를 교육하는 다양한 관행과 절차를 포괄하는 것이다.

28 Marchand, op. cit., p. 304.

29 Twichell, 앞의 책, 93쪽.

30 Marchand, op. cit., p. 13.

31 Ibid, p. 18.

32 양정혜, 앞의 책, 113쪽.

33 O'Guinn, Allen, & Semenik, op. cit., p. 62.

34 123대 일본 왕 다이쇼大正 통치 시기의 자유주의 분위기를 말한다. 대략 1910년대부터 치안유지법이 공표된 1925년까지로 본다.

35 인단은 오늘날의 은단銀丹을 말함.

36 한문이 섞인 원래 광고의 고어체를 현대 말투로 고쳐보았다.

37 의사가 멀리 있어 치료하기가 어렵다는 뜻.

38 권보드래, 〈仁丹—동아시아의 상징 제국〉, 《사회와 역사》vol. 81, 2009, 96~99쪽.

39 위의 논문, 104쪽.

40 Smith, T. V., 'Theodore F. Macmanus' in The Ad Men and Women—A Biographical Dictionary of Advertising, Applegate, E. (ed), Westport, CT: Greenwood Press, 1994, p. 221.

41 제품에 대한 개인적 중요성이나 관심도 수준을 말한다. 고관여 제품은 제품 선택 여부가 자신에게 중요한 의미를 지닌다고 생각하는 것으로 아파트 같은 부동산, 승용차 등이 사례다. 반면에 저관여 제품은 설사 잘못 선택하더라도 핵심적 손해나 영향을 미치지 않는다고

판단되는 제품으로 일회용 휴지, 과자, 저급 볼펜 등이 해당된다.

[42] Smith, op. cit., 222.

[43] Ogilvy, op. cit., p. 192.

[44] Sivulka, op. cit., p. 149.

[45] Peiss, K. L., "American women and the making of modern consumer culture", *The Journal for MultiMedia History* 1(1), 1998. Retrieved from https://www.albany.edu/jmmh/vol1no1/peiss.html.

[46] Keding, A. M., 'Helen Lansdowne Resor' in *The Ad Men and Women—A Biographical Dictionary of Advertising*, Applegate, E. (ed), Westport, CT: Greenwood Press, 1994, p. 263.

[47] http://adage.com/century/people014.html.

[48] Ogilvy, op. cit., p. 193.

[49] 아민타 캐세레스Aminta Casseres, 루스 왈도Ruth Waldo, 페기 킹Peggy King, 낸시 스테펜슨 Nancy Stephenson 등 역사에 기록된 선구적 미국 여성 광고인들이 모두 헬렌 레조의 제자이자 동료였다.

[50] http://cskills.blogspot.com/2006/09/helen-lansdowne-resor1886-1964part-1.html.

51 Hebert, E. S., 'James Webb Young' in *The Ad Men and Women—A Biographical Dictionary of Advertising*, Applegate, E. (ed), Westport, CT: Greenwood, 1994, p. 354.

[52] Young, J. W., *A Technique for Producing Ideas*, 1987. 신인섭 역, 《크리에이티브의 등불, 아이디어를 내는 방법》, 커뮤니케이션북스, 2005 참조.

[53] Young, J. W., *The Diary of an Ad Man The War Years June 1, 1942~December 31*, 1943, Chicago, IL: Advertising Publications Inc, 1944.

[54] JWT는 1987년 마틴 소렐의 영국계 회사인 WPP 그룹에 인수된다. 하지만 지금도 여전히 JWT라는 회사명을 유지하면서 거대 다국적 광고회사로 군림하고 있다.

[55] Thompson, D. L., 'Bruce Fairchild Barton' in *The Ad Men and Women—A Biographical Dictionary of Advertising*, Applegate, E. (ed), Westport, CT: Greenwood, 1994, p. 14.

56 선집의 제목은 당시 하버드대학 총장이던 찰스 엘리엇이 선정한 '닥터 엘리엇의 5피트짜리 책 선반Dr. Elliot's Five-Foot Shelf of Books'이었다.

[57] 브루스 바튼의 삶과 광고철학에 대한 개괄은 Fried, R. M., *The Man Everybody Knew: Bruce*

Barton and The Making of America, Chicago, IL: Ivan R. Dee Inc, 2005를 참조할 것.

Barton. B., *The Man Nobody Knows—A Discovery of the real Jesus*, 1926. 김충기 역, 《예수, 영원한 광고인》, 한국광고연구원, 1995, 2~3쪽.

Weinstein & Rubel, 앞의 책, 472쪽.

Marchand, op. cit., p. 353.

Betty Crocker란 단어가 '요리 잘하는 여자'라는 비유어로 영어사전에 등재되었을 정도다.

부계 조상은 미국 독립 전인 1725년 펜실베이니아의 독일인 마을에 정착했는데, 원래 독일식 스펠링은 루벤캄Rubencamm이었다. Hebert, E. S., 'Raymond Rubicam' in *The Ad Men and Women—A Biographical Dictionary of Advertising*, Applegate, E. (ed), Westport, CT: Greenwood, 1994, p. 286.

후일 그가 거물이 되고 난 후, 누가 출신 대학을 물으면 태연스럽게 존재하지도 않는 '저지 Jersy대학'을 나왔다 말하곤 했다. 물론 농담이었다.

Rubicam, R. in *Current Biography*, New York: H. W. Wilson, 1943, pp. 638~639. Herbert, op. cit., p. 287에서 재인용.

Herbert, op. cit., p. 288.

퀵 티퍼Quick Tipper라는 이름의 이 회사는 루비컴의 조언을 받아 프레스토라고 이름을 바꾼다. 이후 나이키 등 최고급 제품에 신발 끈을 공급하는 유명 브랜드로 급성장한다.

Herbert, op. cit., 289.

광고주 제시 전에 제작물 시안을 검토, 발전, 채택하는 광고회사 내부 위원회.

Over The Counter의 머리글자를 따온 단어. 의사 처방전 없이 소비자가 약국에서 직접 살 수 있는 약을 말한다. 한국의 경우 파스, 초기 감기약, 두통약 등이 해당된다.

Hobsbawm, 앞의 책, 204쪽.

"Creative Pioneer Raymond Rubicam Dead at 85", *Advertising Age*, May 15, 1978.

1958년에는 완전히 독립하여 갤럽연구소를 설립하는데 이것이 오늘날 세계적 조사회사 갤럽Gallup Organization의 시작이다.

Watkins, J., *The 100 Greatest Advertisements 1852~1958: Who Wrote Them and What They Did*, New York: Dover Publications, 2012, pp. 96~97.

75 Ogilvy, op. cit., p. 196.

76 Herbert, op. cit., p. 289.

5부 광고 암흑기, 대공황시대

1 Marx, K., *Das Kapital. Kritik der politischen Oekonomie III-1*, 1867. 강신준 역, 《자본 III-1》, 도서출판 길, 2008, p. 330쪽.

2 공황 현상과 관련된 이론 전개의 포괄적 이해를 위해서는, Clarke, S., *Marx's Theory of Crisis*, 1993. 장시복 역, 《마르크스의 공황 이론》, 한울아카데미, 2013 참조.

3 미트로프는 《굿 하우스 키핑》 지가 실시한 인기투표에서 '미국인이 좋아하는 음식' 7위를 기록했다.

4 차하순, 《새로 쓴 서양사 총론》, 탐구당, 2003, 1074쪽.

5 기억해야 할 것은 이 가공할 세계적 경제위기를 해소한 진정한 힘은 다른 곳에서 시작되었다는 점이다. 1939년 발발한 제2차 세계대전이었다. 10여 년간 극도의 불황에 신음하던 미국이 최대 수혜자였다. 유럽과 태평양 양대 전선의 전쟁 수행을 위한 엄청난 군산복합경제 가동으로 본격적 경기회복을 시작한 것이다.

6 Weinstein & Ruben, 앞의 책, 485~507쪽.

7 마케팅 학자들은 한 목소리로 불황기에 광고 예산을 유지하거나 확대하는 것이 경기회복 후 시장점유율 및 매출 확보에 효과적이라고 강조한다(Roberts, A. & Smith, G., "The Cut Throat Brands War. Campaign", Vol. 28, 1983, p. 4. 참조). 미국이 경제대공황 이후 경험한 6회(1947년, 1954년, 1958년, 1961년, 1970년, 1974~5년)의 불황기를 대상으로 광고비 축소와 경기회복 후 이익 수준과의 상관관계를 분석한 광고회사 Meldrum & Fewsmith와 ABP(American Business Press)의 연구가 대표적 실증 자료다. 문제는 이 같은 원론과 필드에서 벌어지는 현실이 다르다는 것이다. 불황기의 광고 투자가 장기적으로는 압도적 투자 대비 효과(ROI(Return On Investments)를 보임에도 불구하고, 경기가 어려워지면 마케팅 비용 가운데 기업이 가장 먼저 칼날을 휘두르는 대상이 광고 예산이기 때문이다. 현금과 인력을 투입하는 현장 영업이나 대인판매 활동 등은 즉각적 판매 증대를 가져온다. 하지만

광고비 투자는 이월효과 때문에 제품 판매효과가 장기적이고 우회적으로 돌아온다. 불황이 오면 눈앞에 닥친 불을 끄기 위해 기업이 광고비를 급속히 줄이는 이유가 여기에 있다.

[8] Lears, op. cit., p. 238.

[9] Marchand, op. cit., p. 286.

[10] Fox, 앞의 책, 135쪽.

[11] Steinbeck, J., *The Grapes of Wrath*, 1939. 김승욱 역, 《분노의 포도 1》, 민음사, 2009, 399~400쪽.

[12] 1970년대에도 마케팅 전쟁이란 말이 유행할 정도로 치열한 하드 셀 경쟁이 벌어진다. 이 시기 역시 오일쇼크로 대변되는 장기불황의 시대였다.

[13] 양정혜, 〈자유와 죄책감 간의 갈등: 근대 광고에 나타난 여성 대상 메시지 소구 전략 사례들〉, 《젠더와 문화》 Vol. 2: 1, 2009, 157~189쪽.

[14] 정용준, 〈영국과 미국의 초창기 방송 이념 및 제도 비교연구: 리스와 브라운 그리고 사르노프와 후버를 중심으로〉, 《지역과 세계》 Vol 40-2, 2016, 122~125쪽.

[15] 제2차 세계대전이 일어나기 전 라디오 소유 인구 비율이 가장 높았던 국가는 미국, 스칸디나비아 국가들, 뉴질랜드, 영국이었다. 라디오 수신기 가격 하락에 따라 공황 국면에서도 이들 나라에서는 저소득층까지 대거 라디오를 구입했다. 예를 들어 1939년 영국에서는 총 보유 대수 900만 대 중 절반을 일 주일에 2.5~4파운드(저소득 계층)를 버는 사람들이 구입했다. 200만대는 그보다 더 벌이가 못한 사람들이 구입했을 정도였다. Hobsbawm, 앞의 책, p. 277.

[16] Twichell, 앞의 책, 114쪽.

[17] Pendergrast, M., *Uncommon grounds: the history of coffee and how it transformed our world*, New York: Basic Books, 2000, p. 505.

[18] Fox, 앞의 책, 168~169쪽.

[19] Pendergrast, op. cit., p. 504.

[20] 그녀는 프랭크의 조수로 일하다가 아내가 되었다. 스테판 폭스는 글렌 샘플Glen Sample을 인용하여 "그녀는 작고 아름다웠지만 가장 여성스런 방식으로 터프했습니다. 앤이 사람들을 어떻게 다루는지 당신도 봤어야 합니다"라고 앤 에센허스트를 묘사한다. 매사에 철두철미하고 당찬 성품이었음을 알 수 있다.

21 1930년에 블래킷 샘플 허머트Blackett, Sample, Hummert로 이름을 바꾼다. 이 회사는 1930
년대 말이 되면, 라디오 프로그램 취급고 기준으로만 보자면 업계 1위를 기록한다.

22 이 연속극 이야기는 뒤에서 자세히 설명한다.

23 Hill, D. D., *Advertising to the American woman*: *1900~1999*, Ohio State University Press,
2002, p. 30.

24 Kaul, A. J., 'J. Stirling Getchell' in *The Ad Men and Women—A Biographical Dictionary of
Advertising*, Applegate, E. (ed), Westport, CT: Greenwood Press, 1994, p. 151.

25 1937년 1월 4일 자 시사화보 잡지 《라이프》에 게재된 사진이다. 아내 사라 데이비스와의
결혼식에서 연미복을 입었다. 당시로는 매우 만혼인 서른여덟 살이었다.

26 Tayler, A., "Close Shave, but Sterling Getchell Charms Colgate with 'Small—Bubble Lather",
Advertising Age, Jully 22, 1974, p. 51.

27 Marchand, op. cit., pp. 307~308.

28 턴게이트는 시사잡지 《타임》이 1937년 12월 7일 자 기사에서 라이벌 잡지 《픽쳐》를 어떻
게 평가했는가를 소개한다. "뉴스 스타일의 그림을 광고에 도입한 선구자로 알려진 게첼
은 여성 합창단원의 일상이나 번개의 위험, 동물의 이상한 식습관, 터키풍 욕조를 사용하
는 사람에게 일어날 수 있는 일과 같은 주제를 일러스트 형식으로 보여주기 위한 작업을
시작했다." Turngate, 앞의 책, 67쪽.

29 http://adage.com/article/adage-encyclopedia/j-stirling-getchell-inc/98489/.

30 한정식, 《사진예술개론》, 열화당, 1996, 15쪽.

31 Sizzle. 사전적으로는 고기를 구울 때 지글지글 나는 소리. 광고에서는 좀 더 포괄적인 개념
으로 사용되는데, 시청각적으로 인간의 감각을 자극해 매력을 느끼게 하는 모든 요소를 말
한다.

32 스털링 게첼의 경우만은 여기에서 예외였다. 제대로 된 사진 한 장을 건지기 위해 일급 일
러스트레이터에 지급되는 비용의 몇 배도 아끼지 않았기 때문이다.

33 1930년대 광고 비주얼에 사진이 대거 사용되는 역전이 일어난 후, 인쇄 광고에서 사진의
우위 현상은 계속 증기했다. 반면에 일러스트레이션 사용 비중은 점점 하락하여 20세기
말이 되면 20퍼센트로까지 급감한다. Burton, P. W., *Advertising Copywriting*, Lincolnwood,
Illinois: NTC Business Books, 1999, p. 11.

유혹의 전략, 광고의 세계사

800

34 소비자연맹은 시판제품에 대한 냉정하고 권위 있는 평가를 내리는 《컨슈머 리포트》를 발행했는데, 이 잡지는 오늘날에도 미국 소비자보호운동에서 막강한 영향력을 행사하고 있다.

35 미국의 광고 규제는 1914년 설립된 FTC를 중심으로, 식품의약청FDA, 연방통신위원회 FC, 재무성 주류·담배·총포국Bureau of Alcohol·Tobaco and Firearms 등을 중심으로 실행된다. 이들 대표적 광고 규제기관의 기능과 역사에 대한 체계적 고찰을 위해서는 Pember, D., *Mass Media Law*, New York: McGraw–Hill Book Company, 1993을 참조할 것.

36 Merchand, op. cit., p. 289.

37 Pincas &, Loiseau, op. cit., p. 72.

38 이 같은 기법은 '계첼 스타일'이라 불리면서 후대의 광고 레이아웃에 지대한 영향을 주게된다.

39 원통형 실린더에 소리를 녹음하는 녹음용 기계는 1900년 덴마크의 빌더마르 폴젠이 처음 발명했다. 뒤이어 1928년 독일에서 자기테이프를 사용하는 녹음 기술을 개발했다. 하지만 1930년대까지 아직 제품 상용화가 되지 않아서 당시 라디오 방송은 생방송 형태로 진행되는 것이 보통이었다.

40 1933년부터 1949년까지는 NBC에서, 그리고 1942년에서 1960년까지는 CBS에서 방송되었다.

41 aura: 발터 벤야민Walter Benjamin(1892~1940)의 예술이론에서 나온 개념이다. 문학, 미술, 광고 등 여러 분야에서 다양한 의미로 수용되고 있지만 여기서는 특정 예술작품이 풍기는, '흉내 낼 수 없는 고고한 분위기'로 해석하면 되겠다.

42 Watkins, op. cit., p. 151.

6부 전쟁과 광고

1 春山行夫, 앞의 책, 537쪽.

2 금본위제gold standard란 화폐 단위의 가치와 일정량의 금가치가 등가等價를 이루도록 유지하는 환율제도를 말한다. 1819년 영국에서 시작된 이 제도는 제1차 세계대전 중 통화 증발로 인해 잠시 변동환율제도로 바뀌었다가 미국은 1919년, 영국은 1925년에 다시 원상 복

귀된다. 1929년 경제대공황이 시작되자 선발 자본주의 국가들의 무역수지 확보를 위한 자국 화폐 평가절하가 시작되었고, 그 결과로 글로벌 차원의 금본위제도가 최종적으로 붕괴된다.

[3] Polanyi, K., *The Great Transformation: The Political and Economic Origins of Our Time*, 1944. 홍기빈 역, 《거대한 전환: 우리 시대의 정치·경제적 기원》, 도서출판 길, 2009, 135~136쪽.

[4] 차하순, 앞의 책, 1121쪽.

[5] Johnson, P., *A History of the American People*, 1997. 명병훈 역, 《미국인의 역사 II》, 살림출판사, 2016, p. 443.

[6] Piketty, T., 앞의 책, 473쪽.

[7] William L. B, Jr. & Rubenstein, H. R., *Design for Victory: World War II Posters on the American Home Front*, New York: Princeton Architectural Press, 1998. pp. 70~75.

[8] Zeman, Z., *Selling the War: Art and Propaganda in World War II*, London: Orbis Publishing Limited, 1987, p. 66.

[9] Balfour, M., *Propaganda in War, 1939~1945*, London: Faber and Faber, 2011, pp. 53~102.

[10] Welch, 앞의 책, 116~121쪽.

[11] Sydney, W. "What to Tell America: The Writer's Quarrel in the Office of War Information", *The Journal of American History*, volume 55, 1968, p. 73.

[12] 광고산업의 조직적 전쟁 참여를 목적으로 설립된 이 기관은 전쟁 후 미국광고협의회Ad Council로 발전하여 공익 광고 캠페인을 주도하게 된다.

[13] 김동규, 〈제2차 세계대전 시기 브랜드 프로파간다에 대한 역사적 연구: 1939~1945년의 미국을 중심으로〉, 《지역과 커뮤니케이션》 Vol. 25-4, 35~66쪽.

[14] O'Guinn, Allen, & Semenik, op. cit., p. 65.

[15] Pincas & Loiseau, op. cit., p. 88.

[16] 감정을 넘어서 의역하면 "히틀러 아가리에 폭탄을!" 정도가 되겠다.

[17] 육군사관학교 전사학과, 앞의 책, 313쪽.

[18] Fertig, M., *Take That, Adolf!: The Fighting Comic Books of the Second World War*, Seattle, WA:

Fantagraphics Books, 2017, p. 26.

[19] 군수산업 노동자를 지칭한다.

[20] O'Shaughnessy, 앞의 책, 66쪽에서 재인용.

[21] Puto, C. P. & Wells, W., "Information and Transformational advertising: The differential effect of time", *Advance in Consumer Research* 11, 1984, pp. 638~643.

[22] 예를 들어 1940년 폴란드 점령 이후 비밀 국가경찰 게슈타포에 의해 수백만 명의 건강한 폴란드 남녀들이 독일로 체포, 이송된다. 전쟁이 후반기로 치닫던 1944년의 경우 (170만 명의 남성과 독일의 매음굴에 끌려가거나 강제수용소에 갇힌 수천 명 외에도) 노예 처지가 된 27만 명의 폴란드 여성들이 독일을 위한 비자발적 노동에 종사했다. 독일이 점령한 러시아 동부 지역에서도 '특별히 선발된 건강하고 튼튼한' 40만에서 50만 명의 소녀들이 독일로 이송되었다. 이들은 들판과 마구간 등에서 하루 11시간 이상을 강제노동에 시달리면서 양배추와 감자로만 만들어진 조악한 식사를 제공받았다. Lewenhak, S., *Women and Work*, 1980. 김주숙 역, 《여성 노동의 역사》. 이화여자대학교 출판부, 1995, 285 ~286쪽.

[23] 전투에 직접 참여한 소련의 여군 숫자는 100만 명으로 전체 병력의 8퍼센트에 달했다.

[24] Bidlack, R, "Workers at War: Factory workers and Labor Policy in the Siege of Leningrad", *The Carl Beck Papers in Russian and East European Studies 902*, 1991, p. 28.

[25] Nickel, H. M., "Feministische Gesellschaftskritik oder Selbstreferentielle Dabatte?" in Braun, C. von. & Stephan, I. (Eds), *Gender-Studien: eine Einführung*, 2000. 탁선미 외 역, 《젠더 연구: 성 평등을 위한 비판적 학문》, 나남출판, 2002 참조.

[26] Mei-ling. "It's a Woman's War, too" in Gender, *Racen and the Dissemination of Government Propaganda through the Black Press in World War II*, p. 207.

[27] 이 책의 제8장을 참고할 것.

[28] Bakerwise, N. & Wise, C., *A Mouthful of Rivets: Women at Work in World War II*, San Francisco: Jossy-Bass Publishers, 1994, pp. 3~4.

[29] Honey, M., *Creating Rosie the Riveter: Class, Gender, and Propaganda During World War II*, University of Massachusetts Press, 1984, p. 47.

[30] Bureau of Intelligence, *Change in Women's Employment During the WAR*, 1942, p. 3.

[31] Daniel, R. L., *American Women in the 20th Century: The Festival of Life*, Ohio University

Press, 1987, pp. 127~130.

[32] Lewenhak, op. cit., p. 283.

[33] Boyer, R. O. & Morais, H. M., *Labor's untold story*, 1955. 박순식 역, 《미국 노동운동 비사: 알려지지 않은 이야기》, 도서출판 인간, 1981, 377쪽.

[34] 제2차 세계대전 시기의 여성 노동 확대가 젠더구조에 미친 영향력에 대해서는 상반된 주장도 존재한다. 예를 들어 루프는 여성들의 경제 활동 참여로 남녀차별이 다소 약화되기는 했지만, 전쟁이 종료된 후 '노동하는 여성'에 대한 가치평가와 존중이 급속히 낮아졌다고 주장한다. 제2차 세계대전 시기의 제한적 변화가 미국 사회의 젠더 시스템을 본질적으로 변화시키는 데까지는 이르지 못했다는 것이다. 하지만 정도 차이는 있지만 이 시기 여성 노동의 확산이 미국 사회의 젠더 이슈에 하나의 전환점을 제공했다는 점에 대해서는 연구자들 사이에 합의점이 도출되고 있다. 이 논의에 대한 개괄은 Rupp, L., *Mobilizing Women for War: German and American Propaganda, 1939~1978*, Princeton, N.J: Princeton University Press, 1978을 참조할 것.

[35] Connell, R. W., "The big picture: Masculinities in recent world history", *Theory and Society* volume 22, 1993, pp. 597~623.

[36] 리벳공이란 건설현장 등에서 철골 접합용 리벳 해머를 쓰는 노동자다. 가장 위험한 환경에서 가장 엄혹한 근육노동을 하는 존재를 상징한다.

[37] Barbara M., *Gender and American History since 1890*, New York: Routledge, 1993, p. 182.

[38] Renov, M., *Hollywood's Wartime Women: Representation and Ideology*, Ann Arbor: University of Michigan Press, 1988, p. 39.

[39] Frank, M, Ziebarth, M. & Field, C., *Life and Times of Rosie the Riveter: The Story of Three Million Working Women During World War Two*, Emeryville: Clarity Education Production, 1982, pp. 15~16.

[40] 김동규, 〈여성 노동광고에 나타난 젠더적 특성에 대한 연구: 제2차 세계대전 시기의 미국을 중심으로〉, 《정보디자인학 연구》 20, 2013, 23~39쪽.

[41] WOW는 멋지다는 감탄이기도 하면서 여성 군수산업 노동자Woman Ordance Worker의 각 단어 머리글자를 딴 것이기도 하다.

[42] 1988년 아웅산 수치가 창당한 정당으로 미얀마 군부의 탄압을 뚫고 2015년 총선에서 최초

로 집권당이 된다. 다시 2020년 총선에서 전체 의석 62.4퍼센트를 차지하는 압도적 승리를 거두지만 이듬해 군부 쿠데타가 일어나 권력을 찬탈당한다.

43 미국여성국U.S. Women's Bureau 통계에 따르면 여성 노동력이 가장 대규모로 투입되었던 곳이 이 같은 전기산업 분야였다. 이 분야의 여성 노동 비중이 얼마나 급속히 증가했는가 여부는, 1942년 2퍼센트에 불과하던 여성 관리직 비중이 1년 만에 17퍼센트로 높아진 사실로 증명된다.

44 동그라미 안의 여성은 당시 미국의 전화서비스를 독점하던 AT&T사의 전화교환원 캐릭터다. 최초 전화 개발 이후 1940년대 초에 이르기까지 시외통화의 전부, 시내통화의 절반이 교환원을 통해 연결되어야 했다. 여성 전화교환원이 기초적 공공제도로서 전화서비스를 상징하는 존재로 인식된 것이 그 때문이다.

45 Gladys D., "Women in Labor Unions", *Annals of the American Academy of Political and Social Science* 251, 1947, p. 71.

46 Honey, op. cit, pp. 109~110.

47 Beauvoir, S. D., *Le Deuxième Sexe*, 1949, trans. Parshley. E. M., The Second Sex, Harmondsworth: Penguin, 1972, p. 301.

48 Buttler, J., *Gender Trouble*, London: Routledge, 1990. 조현준 역, 《젠더 트러블》, 문학동네, 2008, 99쪽.

49 당시 여성 노동자 가운데 방위산업체 소속의 임금이 상대적으로 높았는데, 그중에서도 항공기 제작업체의 임금이 최고 수준이었다. 1944년 발표된 〈National War Labor Board Memorandum on Equal Pay〉 자료에 따르면 최저 임금 기준으로 기타 산업체의 시간당 임금이 0.6달러인 반면 항공기 제작업체의 시간당 임금은 1.02달러였을 정도다. 이 시기 여성 노동 콘텐츠에 항공기 조립 노동자들이 빈번히 등장하는 것이 그 때문이다.

50 Department of Labor, State of New York, Industrial Bulletin, December 1945, p. 20.

51 U.S. Bureau of Labor Statistics, *Monthly Labor Review*, January, 1946, p. 163.

52 하이드라매틱은 1939년 GM 계열사인 캐딜락과 올즈모빌이 합작해서 만든 오토매틱 트랜스미션의 이름이다. 세계 최초의 대량생산 승용차용 자동 트랜스미션이다.

53 Honey, op. cit., p. 137.

7부 대량 소비시대의 개막

[1] Fox, 앞의 책, pp. 193~195.

[2] 철의 장막iron curtain은 1946년 3월 5일, 영국 총리 처칠의 미국 방문 시 연설을 통해 널리 알려졌다. 하지만 요네하라 마리에 따르면 이 용어는 원래 18세기 유럽의 극장에서 무대와 객석 사이에 설치된 금속제 방화막에서 비롯되었다고 한다. 당시에는 무대 조명으로 주로 촛불을 사용했는데, 이로 인해 무대에서 발화된 불길이 객석으로 번지는 것을 막기 위한 안전장치였던 것이다. 米原万里, 真昼の星空, 2005. 김석중 역, 《교양노트》, 마음산책, 2010, 65쪽.

[3] 1950년에 터진 한국전쟁은 배출구 없는 강철 솥 안에서 무한 증가하던 냉전의 압력이 한반도라는 이데올로기 대결의 가장 약한 고리를 뚫고 폭발한 것이라 할 수 있다.

[4] 1944년 7월 미국의 브레튼우즈에서 연합국 44개국의 대표가 모여 국제통화기금IMF을 창설하게 되는데, 해당 지명을 따서 붙인 이름이다. 이 체제는 전후 자본주의 각국의 국제수지 균형과 국제무역을 확대하고 고용과 실질소득을 증대시킨다는 목표 아래 수립되었다.

[5] Johnson, 앞의 책, 487쪽.

[6] Chang, Ha-Joon, 앞의 책, 61쪽.

[7] Piketty, T., *Le Capital au XXIe siècle*, Paris : Éditions du Seuil, 2013. 장경덕 역, 《21세기 자본》, 글항아리, 2014, 350~353쪽: 이들 상위 10퍼센트의 분배 몫은 신자유주의 정치경제의 동학動學이 본격화되면서 다시 급속히 늘어나서, 2010년이 되면 1920년대 거품경제기 수준으로 되돌아간다.

[8] 반면에 오일쇼크와 장기 경제불황이 닥친 1970년대의 평균 출산율은 1.8명으로 추락한다.

[9] 손세호, 《하룻밤에 읽는 미국 문화사》, 랜덤하우스코리아, 2007, 336쪽.

[10] Russell & Lane, op. cit., p. 22.

[11] 한국과학기술단체총연합회, 〈현대를 변화시킨 20대 발명·발견—TV 시대의 막을 올린 튜브〉, 《과학과 기술》 19-5, 1986, 58~59쪽.

[12] 미국에서 TV가 라디오를 대체하여 완전한 가정필수품이 된 시점은 1960년 무렵이었는데, 약 4,570만 대의 TV가 보급된 것으로 추산된다.

[13] Fox, 앞의 책, 235쪽.

14 중심 경로와 주변 경로는 정교화 가능성 모델Elavoration Likelihood Model에서 유래한 개념이다. 페티와 카시오포가 주창한 이 이론에 따르면, 광고제품에 대한 구입 동기나 관여도가 높은 소비자는 광고의 핵심 메시지 그 자체의 진실성에 대해 높은 관심을 가진다. 이것이 중심 경로다. 반면에 동기나 관여도가 낮은 소비자는 오히려 제품 패키지, 모델의 매력, 독특한 아이디어, 음악 등 주변적 요소에 더 높은 관심을 가지고 반응하는데, 이것이 주변 경로다. 햄버거 광고를 사례로 들어보자. 당신이 햄버거에 대해 구입 동기와 관여도가 높다면, 중심 경로를 통해 광고의 이성적 주장(예를 들어 패티의 성분과 영양가 등)에 주의를 기울이게 된다. 반면에 당신이 평소 햄버거에 대해 별로 관심이 없는, 즉 관여도가 낮은 소비자라 치자. 이 경우에는 광고 화면에 나타난 햄버거의 식감, 불 위에서 지글지글 패티를 굽는 소리와 모습 같은 관능적 느낌sizzle 혹은 등장 모델의 이미지에 더 큰 영향을 받게 되는 것이다. Petty, R. & Cacioppo, J., "The elaboration likelihood model of persuasion", *Advances in Experimental Social Psychology* 19, 1986, pp. 123~205 참조.

15 USP 전략의 상세한 이해는 Reeves, R., *Reality in Advertising*, 1961. 권오휴 역, 《광고의 실체》, 오리콤 마케팅커뮤니케이션연구소, 1988을 참조할 것.

16 Felton. G., *Advertising: Concept and Copy*, Englewood Cliffs, NewJersey: Prentice-Hall, Inc, 1994, p. 58.

17 Fox, 앞의 책, 213쪽.

18 Reeves, 앞의 책, 20쪽.

19 리브스는 특히 데이비드 오길비와 공적·사적으로 관계가 깊다. 그는 오길비보다 한 살 많을 뿐이었지만 오길비가 미국 광고계에 입문했을 무렵 이미 일가를 이룬 스타 광고인이었다. 그리고 광고에 대한 관점이나 회사 경영에 대한 중요한 조언을 해준 멘토였는데, 특히 초창기 오길비의 하드 셀 지향에 중요한 영향을 미쳤다.

20 Smith, T. V., Rosser Reeves. in *The Ad Men and Women - A Biographical Dictionary of Advertising*. *Applegate*, E. (ed). Westport, CT: Greenwood Press, 1994, p. 256.

21 2007년 시작되어 7년간 인기를 누린 매드맨Mad Man이란 TV 드라마가 있다. 케이블TV 채널 AMC에서 장장 92부작으로 방영된 이 작품은 뉴욕 광고계에서 벌어지는 천태만상과 광고인의 삶을 다루고 있다. 주인공은 가상의 광고회사 '스털링 쿠퍼'의 크리에이티브 디렉터 돈 드레이퍼. 《애드버타이징 에이지》는 그의 모델이 바로 로서 리브스라고 말한다.

22 Higgins, Higgins, D.(eds.), *The Art of Writing Advertising: Conversations With William Bernbach, Leo Burnett, George Gribbin, David Ogilvy, Rosser Reeves*,1986. 이현우 역,《광고 글쓰기의 아트》, 북코리아, 2003, 176쪽.

23 비평가들의 높은 평가를 받은 리브스 소설의 제목은 〈포포Popo〉였는데 뉴욕 그리니치빌리지에 사는 한 시인(아마도 리브스 그 자신이었던)을 주인공으로 삼은 것이다.

24 Higgins, 앞의 책, 140쪽.

25 https://www.youtube.com/watch?v=rFwKXyOL0Sc. 위의 유튜브 주소에 가면 원본 광고가 있다.

26 TV 광고 전편을 보고 싶은 사람은 https://www.youtube.com/watch?v=oeas5jtffpM를 참고.

27 리브스는 이 광고야말로 "머릿속에 망치를 때리는The Hammer in the head" 작품이라고 자랑하곤 했다.

28 현재 와이어스Wyeth로 이름을 바꾸었다.

29 White, G. E., *John Caples, ADMAN*, Chicago, IL: Crain Books, 1977, p. xiii.

30 mail order, 우편 주문 판매를 말한다.

31 Caples, J., *Tested Advertising Methods*, 1936. 송도익 역,《광고, 이렇게 하면 성공한다》, 서해문집, 1998, 2쪽.

32 White, op. cit., p. 19.

33 Cooper, M. J., Easley, R. W. & Hebert, L. C., John Caples. in *The Ad Men and Women—A Biographical Dictionary of Advertising*, Applegate, E. (ed). Westport, CT: Greenwood, 1994, p. 99.

34 White, op. cit., p. 19.

35 케이플즈는 *Tested Advertising Methods*에 대해 1947년, 1961년, 1974년 세 번에 걸친 개정판을 직접 펴냈다. 필자는 다음 인터넷 사이트에서 이 책을 "how to(~하는 법)" 카피의 바이블이라 부르는 것을 보았다. http://www.hardtofindseminars.com/John_Caples.htm. 각주 31에 나온 것처럼, 한국에서는 1998년 송도익의 번역으로《광고, 이렇게 하면 성공한다》라는 제목으로 출간되었다.

36 White, op. cit., p. xi.

37 Ogilvy, op. cit., p. 74.

38 insight. 소비자들이 특정 제품에 대해 지닌 공감대와 참된 속마음을 뜻한다.

39 Caples, 앞의 책, 17쪽.

40 위의 책, 16쪽.

41 http://www.wnim.com/issue19/pages/copycat.htm.

42 Caples, J., *Making Ads Pay: Timeless Tips for Successful Copywriting*, Mineola, New York, Dover Publications, 1957, p. 11~14.

43 Fox, 앞의 책, 198쪽.

44 Osborn, A. F., *Your Creative Power: How to use Imagination*, New York: Charles Scribner's Sons, 1948.

45 이후 '토니 쌍둥이 캠페인'은 동일한 헤드라인을 계속 사용하면서 모델만 다른 쌍둥이 자매들로 바꾼 시리즈 광고를 장기간 이어간다. 동시에 토니 파마약의 PR 대행사인 에델만 Daniel J. Edelman사는 역사에 기록될 성공적 판촉 활동을 펼친다. 광고 캠페인을 보조하기 위해 유럽과 미국 도시를 순회하면서 여성 고객들에게 '토니 쌍둥이' 제품 세트를 판매하는 미디어 투어를 창안해낸 것이다. 1990년대 이후 본격화될 마케팅 PRMPR의 선제적 사례였다.

46 이 시기에 제너럴 일렉트릭GE사는 냉장고·세탁기·에어컨·전자레인지의 외형을 흰색으로 통일하고 TV로 대표되는 오디오·비디오 제품은 갈색으로 통일한다. 이에 따라 앞의 그룹은 백색 가전white goods으로 불렸다. 냉장고나 세탁기의 경우 제품 특성상 위생적이고 청결한 이미지가 중요하므로 제품 개발 시점부터 흰색을 즐겨 사용했기 때문이다. 반면에 내구성이나 견고함이 중요시되는 뒤의 그룹은 갈색 가전brown goods이란 이름으로 통칭된다.

47 https://www.psychologytoday.com/us/blog/inside-the-box/201401/creativity-lesson-betty-crocke.

48 광고 상단의 점선으로 된 네모 안에 "집에서 손수 만든 특별한 영양을 추가하기 위해 계란을 넣으세요You add the eggs for that special homemade goodness"라는 카피가 보인다.

49 역치란 한자 '閾', 영어 'threshold'의 뜻 그대로 문지방 혹은 한계점으로 번역된다. 원래 생물학에서 비롯된 개념인데, 어떤 생물체가 외부 자극에 대하여 반응을 일으키는 최소한의 자극 강도 수치를 의미한다.

50 비카리는 이후 자신의 실험결과를 재현하지 못했다. 심지어 TV 인터뷰에 나와서는 자신

의 기존 주장을 철회하기까지 했다.

51 Derksen, K., Donnelly, D., Evans, A. & Kola-Bankole, F., *Between the Springmaid sheets*: *provocative 1940s and 50s advertising by Colonel Elliott White Springs*, Rock Hill, SC: Winthrop University Galleries, 2012, p. 8.

52 양정혜, 앞의 책, 147~148쪽.

53 신인섭·서범석, 《한국광고사》, 나남출판, 1986, 201쪽에서 재인용.

54 현재의 달러 가치 기준으로 물경 900억 달러에 달한다.

55 소풍 간다는 뜻.

8부 크리에이티브 혁명

1 '크리에이티브 혁명creative revolution'이란 단어는 1965년 언론에 처음 등장했다. 레오 버넷, 윌리엄 번벅, 데이비드 오길비 등이 주도한 유례가 없는 독창적 크리에이티브가 세계 광고사의 흐름을 크게 바꿔놓았기 때문이다.

2 예를 들어 1957년 10월 4일 사회주의 종주국 소련이 세계 최초의 인공위성 스푸트니크 1호의 발사에 성공한다. 이 사건은 과학기술, 교육 분야는 물론 세계 1등 국가를 자부하던 미국인의 자존심에 큰 충격을 던졌다. 언론에서는 이를 '스푸트니크 충격Sputnik shock'이라고 이름 붙였다.

3 Harvey, D., *A brief history of neoliberalism*, Oxford University Press, 2005. 최병두 역, 《신자유주의—간략한 역사》, 한울아카데미, 2007, 26~37쪽.

4 Piketty, 앞의 책, 55~56쪽.

5 손세호, 앞의 책, 344~345쪽.

6 한국미국사학회, 《사료로 읽는 미국사》, 궁리출판, 2006, 450쪽.

7 Boorstin, D. J. & Kelley, B. M., *A history of the United States*, Ginn & Company. Lexington : MA., 1988, pp. 664~665.

8 Malcolm X; with the assistance of Alex Haley, *The Autobiography of Malcolm X*, New York: One World, 1992, pp. 3~4.

[9] Wood, S. C., "Television's First Political Spot Ad Campaign: Eisenhower Answers America", *Presidential Studies Quarterly* 20-2, 1990, pp. 265~283.

[10] Diamond E. & Bates, S., *The Spot: The Rise of Political Advertising on Television*, Cambridge, Mass.: MIT Press, 1992를 참조.

[11] 우리말로 번역하자면 시각주의視覺主義 정도가 되겠다. 비주얼 이미지의 비중을 강조한 번벅의 스타일을 나타내는 말이다.

[12] 그의 풀 네임은 Leo Noble Burnett이다.

[13] Morrison, D. K., 'Leo Noble Burnett' in *The Ad Men and Women—A Biographical Dictionary of Advertising*, Applegate, E. (ed). Westport, CT: Greenwood Press, 1994, p. 79.

[14] Turngate, 앞의 책, 79쪽.

[15] Burnett, L., *100 Leos: Wit and Wisdom from Leo Burnett*, New York: McGraw-Hill., 1995, pp. v~vi.

[16] Morrison, op. cit., p. 80.

[17] Burnett, op. cit., p. vi.

[18] 레오 버넷사가 광고산업의 빅 리그에 진입하게 된 것은 1949년이었다. 당시 미국 최대 광고주였던 프록터 앤 갬블과 켈로그를 광고주로 영입한 것이 계기였다.

[19] 레오 버넷의 독창적 크리에이티브 철학과 그의 발언들을 체계적으로 살펴보려면, Burnett, L., *Communications of an Advertising Man*, Chicago, IL: Leo Burnett Company, 1961과 Burnett, L., *100 Leos: Wit and Wisdom from Leo Burnett*, New York: McGraw-Hill, 1995를 참조할 것.

[20] Turngate(2007)는 이때 버넷이 사오라고 말한 것이 초콜릿이었다고 다르게 말한다.

[21] Morrison, op. cit., p. 80.

[22] Burnett, L., *Communications of an Advertising Man*, Chicago, IL: Leo Burnett Company, 1961, p. IX.

[23] 이 문장은 심볼 마크가 채택된 지 몇 년이 지나서 나왔다. 당시 레오 버넷은 카피 디렉터인 존 크로포드에게 별의 의미가 무엇일까에 대해 물었다 한다. 크로포드의 즉흥적 대답은 이랬다. "레오, 당신은 결코 별을 딸 수 없습니다. 하지만 손에 흙은 묻지 않을 겁니다." 버넷은 이 말을 즉시 메모했다가 위와 같은 멋진 글을 완성했다.

[24] Burnett, op. cit., p. 21.

[25] Higgins, 앞의 책, 67~68쪽.

[26] 김동규, 《10명의 천재 카피라이터》, 커뮤니케이션북스, 2013, 56쪽.

[27] Burnett, op. cit., p. 271.

[28] "호랑이의 기운이 쑥쑥 솟아나요can help bring out the tiger in you"란 카피도 인기를 끌었다.

[29] 참치 찰리Charlie the Tuna 역시 유명한 동물 캐릭터다. 스타키스트 참치 캔 광고에 나온 이 참치는 "미안해 찰리Sorry, Charlie"라는 TV 광고 카피를 대유행시켰다.

[30] 뜻 그대로 밀가루 반죽으로 만든 소년이다. 1987년 광고잡지 Adweek은 하얀색 몸에 눈과 제빵사 모자의 필스베리 로고만 파란색으로 된 이 귀여운 꼬마를 "미국에서 가장 사랑받는 캐릭터"로 선정했다.

[31] Mireau, op. cit., pp. 75.

[32] 굳이 번역하자면 "깜짝 놀랄 만큼 신선한 밀가루 반죽" 정도가 되겠다.

[33] Danna, S., 'William Bernbach' in *The Ad Men and Women—A Biographical Dictionary of Advertising*, Applegate, E. (ed), Westport, CT: Greenwood, 1994, p. 55.

[34] 하지만 워낙 불황기였기에 그는 이 봉급에도 "정말 기뻤다"라고 커밍스와 인터뷰에서 회고한다. Cummings, B., *The benevolent dictators: interviews with advertising greats*, Chicago: Crain Books, 1984. 서기원 역, 《18인의 광고 천재들》, 김영사, 1995, 70쪽.

[35] 위의 책, 82쪽.

[36] 1992년 광고대행사 제일기획에서 똑같은 제목으로 책을 발간했다.

[37] https://www.oneclub.org/hall-of-fame/-bio/bob-gage. 원래 이 말은 게이지의 오랜 파트너였던 카피라이터 필리스 로빈슨이 처음 했다.

[38] 윌리엄 번벅과 DDB가 전개한 전설적 캠페인 내용을 보다 상세하게 알고 싶으면, Levenson, B. & Bernbach, E., *Bill Bernbach's book: a history of the advertising that changed the history of advertising*, NewYork: Villard Books, 1987을 참조할 것.

[39] Marshall, C., "DDB Founder Bernbach Dead at 71", *Advertising Age*, October 11, 1982, p. 3.

[40] 과학적 조사의 의미를 중시하는 데이비드 오길비는 번벅의 이러한 주장에 대하여 "분명히 존재하는 법칙을 전면적으로 거부하는 이 같은 생각은 무에서 유를 창조하려는 일종의 망상"이라고 강력한 비판을 퍼부었다. 두 사람의 관점 차이와 함께 라이벌 의식이 여실히 드

러나는 대목이다.

[41] Levenson & Bernbach, op. cit., p. 210.

[42] Sivulka, op. cit., p. 236.

[43] 화면에 물감을 그리는 대신 인쇄물, 천, 쇠붙이, 나뭇잎 등을 덧붙이거나 찢어 붙여 만드는 회화기법. 1910년대 초반 파블로 피카소 등의 입체주의 화가들의 화면의 구체성과 입체감을 높이기 위해 창안하였다.

[44] Levenson & Bernbach, op.cit. p. 3.

[45] Danna, op. cit., p. 57.

[46] 레몬의 껍질은 울퉁불퉁하다. 따라서 lemon이란 단어는 성능이나 품질이 떨어지는 제품, 즉 불량품이란 뜻으로도 쓰인다.

[47] Turngate, 앞의 책, 65쪽.

[48] 이 이름은《뉴욕타임스》의 기자가 처음으로 붙였다.

[49] 비틀은 1978년 독일 생산이 중단되었지만 멕시코에서 OEM으로 생산을 이어갔다. 그리고 2003년 7월 생산을 최종 중단하기까지 총 2,152만 9,000대라는 신화적 판매 기록을 세우게 된다.

[50] 번벅은 울프스부르그 공장에서 자신들의 모습을 이렇게 묘사한다. "우리는 공장에 있는 용광로 쇳물이 엔진으로 만들어지는 것에서부터, 모든 부품이 정교하게 결합되어 완성차가 태어나는 과정까지를 옆에서 샅샅이 지켜보았습니다."

[51] Levenson & Bernbach, op.cit. p. 27.

[52] 예를 들어 우리나라 학습지《싱크빅*Think Big*》이 이 헤드라인의 패러디다. 'Small'을 'Big'으로 바꿈으로써 담고 있는 철학은 완전히 대척 지점에 놓았지만 말이다.

[53] Ogilvy, D., *Blood, Brains, and Beer: An Autobiography of David Ogilvy*, NewYork: Atheneum Publishers, 1978, p. 3.

[54] Terry, D., 'Davd Dgilvy' in *The Ad Men and Women—A Biographical Dictionary of Advertising*, Applegate, E. (ed). Westport, CT: Greenwood, 1994, p. 231.

[55] 바트 커밍스와 1984년 인터뷰에서 우울증에 걸린 것이 시험에 낙제한 핵심 이유였다고 밝힌다.

[56] Ogilvy, op. cit., pp. 45~53.

[57] Ogilvy, D., *Confessions of an Advertising Man*, NewYork, N.Y: Atheneum Macmillan, 1988. 강두필 역, 《나는 광고로 세상을 움직였다》, 다산북스, 2008, 93쪽.

[58] 정작 레이먼드 루비컴은 첫 대면 때부터 오길비에게 관심이 많았다고 한다. 그는 세상을 떠나기 전 오길비에게 보낸 편지에서 "입사 지원만 하면 뽑을 생각을 했는데, 그때 당신을 놓쳐서 아쉬웠다"고 말했다.

[59] 이 회사는 1935년 조지 갤럽이 영 앤 루비컴의 독립적 자회사 형태로 설립한 것이다.

[60] 당시 미국에는 대외정보기관이 없었기 때문에 제1차 세계대전을 겪으면서 첩보 노하우를 축적한 영국이 도와주었다. 이후 전쟁 중에 미국전략정보국OSS이 설립되면서부터는 하루 80여 통의 비밀보고를 OSS에 전달하기도 했다고 오길비는 회상한다. Cummings, 앞의 책, 148쪽.

[61] 1700년대 독일에서 미국으로 이주한 메노나이트교회 소속의 신교도 집단. 펜실베이니아 주, 오하이오주, 인디애나주 등에서 집단생활을 하고 있다. 지금도 검은 모자, 검은 옷의 18세기 식 복장과 생활 방식을 고수하면서 보석이나 자동차 등의 현대 문명을 거부하는 독특한 생활 방식을 유지한다.

[62] *Advertising Age*, Ogilvy & Mather Worldwide. September 15. 1999.

[63] 8년 전 테드 베이츠사를 공동 설립해서 전성기에 접어들던 리브스에게는 터무니없는 제안이었을 것이다.

[64] Roman , K., *The King of Madison Avenue: David Ogilvy and the Modern Advertising*, 2009. 정주연 역, 《무조건 팔아라: 광고로 세상을 바꾼 천재 데이비드 오길비》, 민음사, 2012, 13~14쪽.

[65] 이 책은 최경남(2004)에 의해 《데이비드 오길비: 광고 불변의 원칙》이란 제목으로 거름출판사에서 출간되었다.

[66] 오길비가 광고계에서 경력을 쌓기 시작할 무렵 번벅은 이미 떠오르는 스타 자리를 굳히고 있었다. 이 시점에 번벅과 대화를 신청한 오길비는 면담 시간 내내 "완전한 풋내기 취급"을 당했다고 한다. 그 기억이 뼈에 사무친 오길비는 이후 단 한 번도 개인적 교류 차원에서는 번벅을 만나지 않았다

[67] Ogilvy, D., *Ogilvy on Advertising*, NewYork, N.Y: Crown Publishing, 1983, p. 202.

[68] Wells, Burnett & Moriaty, op. cit., p. 32.

[69] Fox, 앞의 책, 257쪽.

[70] Higgins, 앞의 책, 121~123쪽.

[71] 김용준·이정재, 〈언제 이미지 광고를 할 것인가?—전문가 판단을 통한 광고 유형 선택에 관한 연구〉, 《광고 연구》 22호, 1994, 7~29쪽.

[72] 보석, 고급 패션, 샤넬·에르메스·구찌·루이비통 같은 명품, 최고급 스포츠카 등이 고관여 감성제품의 대표적 사례다.

[73] 이 책은 음악에서 서곡을 뜻하는 Overture란 단어를 서문Foreword이란 단어를 대신해서 쓰고 있다. 카피라이터다운 재치다.

[74] Ogilvy, op. cit., p. 7.

[75] 아테네의 웅변가로 데모스테네스의 라이벌. 처음에는 필립 2세에 반대했으나 나중에는 적극적으로 마케도니아의 아테네 통치를 옹호했다.

[76] 웅변가, 정치가. 신흥 마케도니아에 위협을 받고 있던 그리스 상황에 분개하여 반마케도니아 운동의 선두에 섰던 인물이다.

[77] 리대룡, 〈광고 크리에이티브와 창조철학〉, 한국광고연구원 편, 《세계의 광고—한국언론연구원총서 (9)》, 한국언론연구원, 1990, 174~175쪽을 참조할 것.

[78] 오길비가 신입사원 강의에서 매직 랜턴을 강의할 때, 한 사람이 "이런 법칙이나 제한들을 지킨다면 아주 따분한 광고가 나오지 않을까요?"라고 반대의견을 표명했다. 이에 대한 오길비의 대답은 단호했다. "지금까지는 그런 일이 없었네." 그러고는 해당 논거로서 예술에 있어 원칙의 중요성을 아래와 같이 설명하며 기를 죽였다고 한다. "셰익스피어는 자신의 소네트sonnet를 엄정한 원칙 아래 만들었다네. 약강 5보격과 운을 가진 3개의 4행 및 2행 연구聯句를 사용해서 말이지. 근데 그 소네트가 따분했나?"

[79] Ogilvy, D., *Confessions of an Advertising Man*, NewYork, N.Y: Atheneum Macmillan, 1988. 강두필 역, 《나는 광고로 세상을 움직였다》, 다산북스, 2008, 89~90쪽.

[80] Mierau, op. cit., p. 77에서는 해서웨이사의 소재지를 버몬트주라고 소개하는데 이는 착오다. 런칭 광고 바디 카피 하단의 세 번째 단락을 보면 회사의 주소지가 분명히 나와 있다. 메인 주에 있는 작은 마을 워터빌이라고 말이다.

[81] 西尾忠久, 앞의 책, 168쪽.

[82] Roman, 앞의 책, 152쪽.

[83] Ogilvy, D., *Ogilvy on Advertising*, NewYork, N.Y: Crown Publishing, 1983 p. 11.

[84] Turngate, 앞의 책, 69쪽.

[85] http://advertisinghall.org/members/member_bio.php?memid=522.

[86] 제23장을 참조할 것.

[87] Morrison, D. K., 'Mary Georgene Berg Wells Lawrence' in *The Ad Men and Women—A Biographical Dictionary of Advertising*, Applegate, E. (ed), Westport, CT: Greenwood Press, 1994, p. 214.

[88] 파퓰러 아트popular art의 준말, 즉 대중예술. 1960년대 미국 뉴욕을 중심으로 발생한 미술의 한 흐름이다. 고답적이고 전통적인 기존 미술과 달리 하위문화로서 만화나, 광고디자인, 영화 포스터와 배우, TV 등 매스미디어에 나타난 비주얼을 적극적으로 도입하고 변형하는 신선한 발상이 특징이다. 1980년대가 되면 앤디 워홀, 키스 헤링 등 독보적 크리에이터들이 등장하여 주류 예술 장르 한 귀퉁이에 자리를 잡게 된다.

9부 포지셔닝과 마케팅 전쟁

[1] stagflation: 경기침체 인플레이션, 즉 물가상승이 동반되는 격심한 불황을 뜻한다. 이 단어를 처음 언급한 사람은 영국 보수당의 그림자 내각 구성원이었던 이아인 매클러드다. 1965년 11월 17일 영국 하원 토론에서 다음 발언을 한 것이다. "우리는 이제 양쪽 모두 최악의 상황입니다. 인플레이션 하나만이 아니라 다른 쪽에서는 경기침체가 함께 일어나고 있습니다. 일종의 '스태그플레이션 상황'을 맞이한 겁니다. 현대적 관점에서 그런 역사가 실제로 발생하고 있습니다." 그의 발언 전문은 Iain Macleod. (1965). Column 1165. 'Economic Affairs', *House of Commons Debate* 17 November, Hansard. Volume 720, Columns 1155~284. Retrieved 7 October 2009를 참조.

[2] 4월 24일 자, 5월 1일 자, 5월 8일 자에 실렸다.

[3] Trout. J.& Ries, R., *Positioning: The Battle for Your Mind*, NewYork, N.Y: McGrow-Hill, 1981. 안진환 역, 《잭 트라우트와 알 리스의 마케팅 바이블—포지셔닝》, 을유문화사, 2002, 23쪽.

[4] 한국에서도 네 번이나 번역 출간되었다. 첫 번째 번역은 김영준(1988)에 의해서였고 김충기(1990)와 안진환(2002)에 의해 재차 번역되었다. 2021년에 을유문화사에서 다시 안진환 단독 번역으로 출간 40주년 기념판이 나왔다.

[5] 수용자의 주의집중을 방해하는 광고 메시지의 혼잡상태. 한정된 목표 고객을 두고 경쟁 광고들 사이에 주목 쟁탈전이 벌어짐으로써 메시지 전달에 차질이 발생하는 현상이다. 출퇴근길에 차가 일시에 몰리면 지체 현상이 일어나는 것과 비슷하다.

[6] 제 18장에서 설명한 페티와 카시오포의 '정교화 가능성 모델'을 참조할 것.

[7] Trout & Ries, 앞의 책, 24~28쪽.

[8] 위의 책, 54~55쪽.

[9] Ogilvy, op. cit, p. 12. 타운젠드 사장은 번벅을 만나기 전에 데이비드 오길비에게 먼저 광고 대행을 의뢰했다. 오길비는 기존 광고주와의 갈등 때문에 이를 포기했다고 밝히고 있다.

[10] Levenson & Bernbach, op. cit. p. 53.

[11] 카피 수정을 제안한 AE는 그 직후 해고되었다.

[12] Trout & Ries, 앞의 책, 58~59쪽.

[13] 훗날 창업자 스티브 잡스를 쫓아내고 애플의 CEO가 된 전문 경영인이다.

[14] 1983년 호주에서 집행된 펩시 챌린지 광고가 https://www.youtube.com/watch?v=v7lw_vhxtNc에 나와 있다.

[15] 한국에서 사이다로 통칭되는 그 음료다.

[16] Trout & Ries, 앞의 책, 57쪽.

[17] https://blogs.library.duke.edu/rubenstein/2017/12/04/uncola/.

[18] Ries, R. & Trout. J., *Marketing Warfare*, 1986. 차재호 역, 《마케팅 전쟁》, 비즈니스북스, 2002, 109쪽.

[19] Trout. J.& Ries, R., *Positioning: The Battle for Your Mind*, 1981. 안진환 역, 《잭 트라우트와 알 리스의 마케팅 바이블―포지셔닝》, 을유문화사, 2002, 96쪽.

[20] 양정혜, 앞의 책, 210~211쪽.

10부 소프트 셀의 부활

[1] Boorstin & Kelley, op. cit., pp. 740~741.

[2] Piketty, 앞의 책, 892쪽.

[3] 미국 북동부 5대호 연안 지역의 쇠락한 공장지대를 말한다. rust(녹), 즉 공장 설비에 녹이 슬어 쓸모가 없어졌다는 뜻이다. 뉴욕주, 펜실베이니아주, 웨스트버지니아주, 오하이오주, 인디애나주, 미시간주, 일리노이주, 아이오와주, 위스콘신주를 포괄하는 이 광대한 지역은 1870년대 이후 100여 년간 미국의 제조업을 주도했다. 주로 자동차·철강·기계·석탄·방직 산업 등이 중심이었다. 그런데 레이건 시대를 거치면서 제조업체들이 해외와 미국 서부 남부 등으로 대거 이전하면서 인구가 줄고 범죄율이 치솟게 된다.

[4] https://www.nybooks.com/articles/2014/05/08/thomas-piketty-new-gilded-age/.

[5] Harvey, 앞의 책, 36쪽.

[6] 신자유주의는 이후 40여 년 가까이 세계를 장악했다. 그러나 구조적 본질상 시간이 흐를수록 정치경제적 양극화 문제를 격화시킨다. 2008년 가을 미국의 서브프라임 모기지 사태가 촉발시킨 글로벌 금융위기야말로 신자유주의의 한계를 드러낸 사건이었다. 분출하는 사회경제적 문제 해결에 대한 신자유주의의 무력함은 2019년 코로나19 사태가 터짐으로써 결정적인 분기점에 접어들게 된다.

[7] 소련과 동구권의 현실 사회주의 붕괴 후인 1989년 미국과 국제통화기금, 세계은행으로 구성되는 핵심 정책 결정 그룹이 워싱턴에서 모여 내린 합의다. 중남미 개발도상 국가 등 '위기에 처한 국가' 또는 동구권 등 '체제 이행 중인 국가'에 대해 미국식 시장경제를 이식하자는 내용이다. 이에 따른 전형적인 글로벌 신자유주의 정책을 채택하는데 ① 정부 규모 축소와 예산 삭감(이른바 작은 정부), ② 무역 자유화와 시장 개방, ③ 관세 인하, ④ 사유재산권 보호, ⑤ 기업에 대한 규제 축소, ⑥ 국가 기간산업의 민영화, ⑦ 외국 자본에 대한 규제 철폐 등이 핵심이었다. 이 합의를 통해 1990년대 이후 신자유주의는 미국과 영국의 국가 단위를 넘어 글로벌 표준으로 급속히 확산된다. 한국의 경우 1997년 IMF 구제금융 사태 이후 국가 시스템 전체가 워싱턴합의 시스템 안으로 깊이 침몰한다.

[8] 피케티는 《자본과 이데올로기Capital et idéologie》에서 이처럼 과거 노동계급을 대변하던 서구 좌파 정당이 고학력, 고소득 엘리트들의 지지를 받는 신자유주의 정당으로 변모한 역사

적 함의를 추적한다. 이 책에서 좌파정당을 지지하는 고학력, 고소득층은 (인도 카스트제도 최상층의 이름을 빌려) '브라만 좌파'라고 재치 있게 명명된다. "사회적 존재가 의식을 결정한다"는 명제를 뒤집는 일종의 형용모순인 셈이다. 한국에서는 일반적으로 '강남 좌파'라는 이름으로 별칭된다. Piketty, T., 2019. 안준범 역 (2020), 《자본과 이데올로기》, 민음사, 2020, 864~916쪽 참조.

[9] 재핑은 TV에 광고나 흥미 없는 부분이 나오면 리모컨으로 재빨리 채널을 바꾸는 행동이다. 반면에 지핑은 VTR이나 DVD 등에서 프로그램 시청 중 광고가 나오면 해당 구간을 건너뛰는 것이다.

[10] Whalen, B., "$6 Billion Down the Drain!", *Marketing News*, Sept 14. 1984, pp. 1~37.

[11] 광고에 등장하는 어둡고 암울한 배경은 리들리 스콧 자신의 1982년 작 영화 〈블레이드 러너〉에서 아이디어를 얻었다고 한다.

[12] https://www.youtube.com/watch?v=VtvjbmoDx-I.에서 광고를 볼 수 있다.

[13] Russell & Lane, op. cit., p. 510.

[14] 다국적 기업이란 복수의 국가에 자회사나 지사 혹은 공장을 설립하여 생산과 판매를 글로벌 차원에서 실행하는 세계 기업world enterprise 혹은 초국적 기업transnational corporation으로 정의된다. 다국적 기업이란 용어는 1960년 출간된 데이비드 릴리엔탈David E. Lilienthal의 《대기업: 새로운 시대*Big Business: A New Era*》란 책에서 처음 나왔다.

[15] 주로 코를 통해 흡입하는 코카인 마약을 상징하는 장면이다.

[16] 광휘光輝, 즉 번쩍이는 빛.

[17] 시뮬라시옹simulation은 이처럼 실재적 현실이 가상현실로 전환되는 작동 과정을 의미한다. 그리고 그 같은 과정을 거쳐 만들어진 존재, 즉 인위적 대체물이 '시뮬라크르Simulacres'다. 과정과 결과물로 이해하면 되겠다.

[18] Baudrillard, J., *Simulacra and Simulation*, Paris: Éditions Galilée, 1981. 하태환 역, 《시뮬라시옹》, 민음사, 2001, 154~155쪽.

[19] 이 영화를 제작, 감독한 워쇼스키 형제는 보드리야르에 깊은 영향을 받았다고 명시적으로 밝힌다. 1999년에 개봉된 시리즈 1편에서 그 증거가 나온다. 스토리 전개의 초입부에 주인공이 해킹된 하드 디스크를 악당들에게 전해주는 장면이 나오는데, 물건을 숨겨놓은 책의 이름이 바로 《시뮬라크르와 시뮬라시옹》이다. 이 프랑스 철학자에게 보내는 은밀하지

만 명백한 헌사가 아닐 수 없다.

[20] Haug, 앞의 책, 84~86쪽.

[21] 하얀 수염에 아래위 빨간색 옷을 입고 인자하게 웃는 뚱뚱한 할아버지. 이 독특한 캐릭터를 창조한 것은 일러스트레이터 하돈 샌드블롬이었다. 1931년 광고대행사 다시D'Arcy에서 만든 코카콜라 산타클로스 캠페인은 무려 33년 동안 해마다 다른 스토리를 설정하여 진행됨으로써 마침내 살아있는 신화를 만든다. 코카콜라의 이미지 빌딩으로 창조된 산타클로스 스토리에 대해서는 김병도, 《코카콜라는 어떻게 산타에게 빨간 옷을 입혔는가》, 21세기북스, 2003 참조.

[22] Galloway, S., *The Four: The Hidden DNA*, Newyork: Penguin Putnam, 2017. 이경식 역, 《플랫폼 제국의 미래: 구글, 아마존, 페이스북, 애플 그리고 새로운 승자》, 비즈니스북스, 2018, 108쪽.

[23] Fox, 앞의 책, p. 375.

[24] 영국 최초로 연봉 10만 파운드를 받은 명 카피라이터였다.

[25] 'Scott: 10 of the best ads by the legendary filmmaker', *Campaign*, February 18. 2018.

[26] 이 작품은 겉으로는 갱스터 영화지만 등장인물이 모두 아역 배우였고 권총에서 생크림이 발사되는 등 실제로는 코미디 영화였다. 훗날 아카데미 여우주연상을 받은 조디 포스터가 14세의 나이로 출연한 것으로 유명하다.

[27] 칸 국제영화제에서 심사위원 대상을 받았다

[28] Fox, 앞의 책, 376쪽.

[29] Gleadell, C., Adventures in Saatchiland, *Telegraph*, December 31. 2001.

[30] 헤가티는 훗날 이 순간을 회상하면서 "자기 이름도 제대로 못 쓰고 (이탈리아 풍습이 그렇듯 나이 들어서도) 엄마랑 같이 사는 녀석인 줄 알았다"고 농담을 했다.

[31] 형인 찰스는 비상한 창조 능력의 소유자였지만 비사교적이고 은둔적인 성향이었고, 모리스는 사교적이고 쾌활한 성격이었다. 모리스 사치는 나중에 광고계를 떠난 후 정계로 진출하여 보수당 상원의원이 된다.

[32] 미틴 소렐에 대해서는 이 책의 12부에서 보다 자세히 다룰 것이다.

[33] Myers, R., Goode, S. & Darke, N., *Chutzpah & Chutzpah: Saatchi & Saatchi: The Insiders' Stories*, 2017. 현호영 역, 《세계 최고 광고회사 사치 앤 사치 스토리—혁신적 광고대행사가

일하는 법》, 프로제, 2018. 사치 앤 사치의 파란만장한 역사와 광고철학 그리고 세계 광고
계에 던진 충격에 대해서는 이 책을 참조할 것.

[34] BBH는 현재 런던, 뉴욕, 싱가포르, 상파울루, 상하이, 뭄바이 등 세계 각국에 지사를 둔
글로벌 광고대행사로 성장했다. 이 회사는 설립 이후 지금까지 단 한 번도 담배 광고와 정
치 광고를 하지 않은 것으로 유명하다. 광고의 사회적 역할을 생각하는 헤가티의 신념 때
문이다.

[35] https://www.culturewhisper.com/r/things_to_do/preview/4731.

[36] Hegarty, J., *Hegarty on Creativity: There are No Rules*, 2014. 장혜영 역, 《지그할 때, 재그하라:
헤가티의 49가지 창의적 생각법》, 맥스미디어, 2016, 51~52쪽.

[37] 트렁크 팬티만을 입고 몸매를 과시하는 모델은 무명 배우였던 닉 카멘이다. 리바이스 진은
2024년 9월 30일, 세계적인 여가수 비욘세를 등장시킨 새로운 〈리바이스 빨래방〉 글로벌
광고 캠페인을 다시 새롭게 런칭시킨다. 이는 40여 년 전의 전설적인 광고에 대한 명백한
오마주 homage로 평가된다.

[38] https://www.youtube.com/watch?v=bngLOcdrAjU에 가면 HD 화면으로 리마스터링된 광
고 영상을 볼 수 있다.

[39] Hegarty, 앞의 책, 28쪽.

[40] 퍼블리시스는 1926년 파리 태생의 약관 20세 청년 마르셀 블뢰스 블랑쉐Marcel Bleustein-
Blanchet가 설립했는데, 대담한 인수합병을 통해 프랑스를 대표하는 거대 광고 PR 그룹으
로 성장했다. WPP, 인터퍼블릭, 옴니콤과 함께 세계에서 가장 큰 4대 광고 그룹 중 하나로
꼽힌다.

[41] Turngate, 앞의 책, 159쪽.

[42] 위의 책, 175쪽.

[43] 이탈리아어로 '회전목마'라고 번역된다. 1957년부터 1977년까지 RAI(이탈리아 국영방송)
에서 송출한 다양한 형태의 애니메이션, 인형극, 광고 방송 프로그램을 말한다. 시청료만
으로는 부족한 방송국 재원을 보강하기 위해 각종 엔터테인먼트, 쇼와 결합된 광고를 매일
저녁 8시 50분부터 10분 동안 내보냈다. 전성기에는 2,000만 명이 시청하는 최고의 인기
TV 쇼프로그램으로 군림했다. 이를 통해 이탈리아 광고산업 발전에 중요한 기여를 한다.

[44] 단순함의 아름다움을 추구하는 사회철학 혹은 예술적 사조를 말한다. 복잡한 치장이나 곁

치레를 걷어내고 대상의 본질적 내용만을 추구하려 한다. 이에 따른 미래적 세련미가 특징이다.

[45] 이에 대한 바르트의 시각을 살펴보려면 Barthes, R. *L'Empire des signes*, 1970. 김주환· 한은경 역, 《기호의 제국》, 산책자, 2008 참조.

[46] https://www.youtube.com/watch?v=EbHMpAdqN10. 위의 유튜브 주소에 가면 해당 광고를 볼 수 있다.

[47] Hoffman, B., The Fine Art of Advertising, 2002. 윤태일 역, 《광고와 예술》, 커뮤니케이션북스, 2009, 120쪽.

[48] 위의 책, 123쪽.

11부 패러다임 시프트가 시작되다

[1] 패러다임 시프트 개념은 토마스 쿤의 책 《과학혁명의 구조*The Structure of Scientific Revolutions*》(1962)에서 처음 제시되었다. 패러다임이란 한 공동체의 구성원에게 공유되는 신념, 가치, 실천, 테크놀로지를 포함하는 총체적 집합을 말한다. 해당 공동체는 이를 통해 현실을 인식하고 사회를 유지, 발전시키게 된다. 쿤에 따르면 역사 전개에 따라 당대에 직면한 중요한 문제를 기존 패러다임으로 해결하기 불가능할 때 대안적 패러다임이 등장하게 되는데, 이것이 바로 패러다임 시프트paradigm shift다.

[2] 지식 기반 사회의 함의와 전개에 대해서는 다음 책을 참조할 것. Bell, D., *The Coming of Post-Industrial Society: A Venture in Social Forecasting*, 1973. 김원동· 박형신 역, 《탈산업사회의 도래》, 아카넷, 2006.

[3] 토플러에 따르면 인류는 그때까지 두 번의 거대한 물결을 맞이했는데, 제1의 물결은 농경 기술을 발견한 1만 년 전에 밀려왔다. 제2의 물결은 서구 산업혁명 전개에 따른 자본주의 부흥을 의미한다. 이 시기에는 핵가족제와 공장제 산업, 산업인력을 양성하는 교육제도 등이 핵심 동력으로 작동했다. 또한 대량생산, 대량소비, 대중문화 등이 관료주의, 표준화, 중앙 집중화를 통해 구체화된다. 제3의 물결의 세부 내용에 대해서는, Toppler, A., *The Third Wave: The Classic Study of Tomorrow*, 1980. 원창엽 역, 《제3의 물결》, 홍신문화사,

2006 참조.

[4] Drucker, P. F., 'The Discipline of Innovation', *Havard Bussiness Review* 76(6), 1998, pp. 149~157.

[5] Veksner, S., *100 Ideas That Changed Advertising*, 2015. 박성혜 역,《광고를 뒤바꾼 아이디어 100》, 시드포스트, 2016, 159쪽.

[6] 우리나라의 경우 미국에 비해 BTL의 활성화가 뒤늦었다. 2000년대 중반이 지나면서 가파른 성장세를 보이면서 기존 4대 매체 광고비를 능가하게 된다. 한국 광고산업의 BTL 발전 현황에 대해서는 김정기·김동규,《지역 신문 경영개선을 위한 환경 분석 및 전략개발 연구》, 한국언론진흥재단, 2012. 참조.

[7] 마케팅 PR을 줄인 용어다. 이 개념을 처음으로 체계화한 토마스 해리스Thomas Harris는 "마케팅 목표를 달성하기 위해 PR의 전략과 전술을 이용하는 것"이라고 정의 내린다. MPR의 대두에는 광고에 대한 소비자 신뢰가 급속히 떨어지는 현상이 큰 영향을 미쳤다. 해리스는 1991년 소비자 조사에서 무려 70퍼센트의 응답자들이 TV나 인쇄 매체 광고를 거의 신뢰하지 않는다는 사실을 밝히고 있다. 1993년 미국 기업의 마케팅 책임자 대상 조사에서는 3분의 2 이상이 브랜드 인지도 구축에 광고보다 PR이 더 효과적이거나 최소한 비슷하다고 믿는 것으로 나타났다. 이처럼 광고가 힘을 잃어가면서 그것을 대체하는 대표적 수단으로 부상한 것이 MPR이었다. MPR의 개념과 역사, 실행 전술에 대한 상세 이해를 위해서는 Harris. T. L., *Value Added Public Relations : The Secret Weapon of Integrated Marketing*, New York: NTC Business Books, 1999을 참조.

[8] 이렇게 파편화되고 쪼개진 소비자를 분중分衆이라 부른다. 이 개념이 최초로 등장한 것은 1984년 일본의 광고회사 하쿠호도博報堂 생활연구소에서 펴낸《분중分衆의 탄생》이란 책에서부터다. 여기에 다음과 같은 구절이 나온다. "대중왕조大衆王朝는 바야흐로 지금 그 전성기를 지나 붕괴의 과정에 있다. 획일성을 특징으로 하는 대중은 차별성을 축으로 하는 다수가 움직이는 세분화된 사람들로 분화되었다. 우리는 이러한 상황을 분할分割된 대중 곧 '分衆'이라고 부른다." 博報堂 博報堂生活綜合研究所 編 (1985),《分衆の誕生》. 최병선 역,《분중의 탄생》, 21세기북스, 1988, 6~7쪽.

[9] Kotler, P., *Marketing Management: Analysis, Planning, Implementation, and Control*. 8th ed. Englewood Cliffs, NJ: Prentice Hall, 1994, p. 48.

[10] Berry, L. L., 'Relationship Marketing' in *Emerging Perspectives on Service Marketing*, L. L. Berry, G .L. Shostack and G. D. Upah, eds, Chicago: AMA, 1983.

[11] 가치사슬Value Chain이란 특정 기업이 제품이나 서비스를 생산하기 위해 원재료, 노동력, 자본 등을 사슬처럼 상호 결합하는 과정에서 부가가치가 창출되는 것을 말한다. 여기에 글로벌이란 단어가 더해진 것이 글로벌 가치사슬Global Value Chain(GVC)인데, 운송수단과 정보통신 기술의 발달에 힘입어 기업들이 자신의 가치사슬 영역을 세계 차원global으로 확장시킨 것이다.

[12] GSC(Global Supply chain)는 글로벌 물류체계를 활용하여 정보, 자금, 원자재, 반제품 등을 공급 전달하는 과정을 뜻한다. GVC와 GSC는 쌍둥이처럼 결합되어 시간이 흐르면서 중층적으로 고도화되는 경향이 있다.

[13] 이 사람은 후일 서양에 가장 널리 알려진 중국인 작가가 된다.

[14] WPP 그룹은 2020년 창설자 마틴 소렐이 회사를 떠난 후 확장세가 멈추기는 했지만 여전히 세계 최대의 광고 그룹이다. 20세기 후반과 21세기 초반 세계 광고산업의 흐름을 상징하는 WPP의 역사에 대해서는 아래에서 자세한 설명이 나온다.

[15] 인터퍼블릭IPG은 산하에 매킨 월드 그룹, FCB, 뮬렌로우 그룹MullenLowe Group 등을 거느리고 있다. 2021년부터 필립 크라코우스키가 CEO를 맡아 경영을 지휘 중이다.

[16] 인터넷 화면의 중간에 새로운 창이 만들어져서 갑자기 툭 튀어나오는pop-up 광고를 말한다. 인터넷 이용 속도를 줄이거나 시간을 지체시키기 때문에 사용자들의 짜증을 유발하는 것으로 악명이 높다.

[17] Veksner, 앞의 책, 18쪽.

[18] 우리나라의 경우 몇 년 뒤늦은 2018년부터 인터넷 광고와 모바일 광고를 포함한 전체 온라인 매체 광고비가 지상파 TV, 라디오, 케이블TV, 종편, IP-TV, 위성방송을 포함하는 전체 방송 매체 광고비를 넘어서는 역전이 일어났다.

[19] 에드바르트 뭉크의 표현주의 걸작 〈절규〉를 패러디한 작품이 유명하다.

[20] 90년대가 끝난 한 해 뒤인 2000년에 나온 작품이기는 하지만, 광고와 대중문화의 상호관계를 설명하기 위해 여기서 설명한다.

[21] http://news.bbc.co.uk/2/hi/uk_news/1077165.stm.

[22] 하지만 시간이 많이 흐른 2014년 커비의 유족은 "커비는 죽음의 순간을 앞두고 에이즈의

심각성을 세상에 알리고 싶어했다. (광고에 자신을 사진을 이용한 것은) 커비 자신이 바라던 것이었다"고 공개적으로 밝혔다.

23 스페인 카탈로니아 출신의 세계적 아트 디렉터로, 표기된 이름은 카탈로니아어 발음이다.

24 롤랑 바르트가 쓴 책 제목이기도 하다. 이 책에서 바르트는 참다운 독서는 작가의 의도를 이해하고 문장을 따라가는 수동적 자세를 벗어나야 한다고 강조한다. 거기서 한발 더 나아가 독자가 적극적이고 자발적으로 텍스트를 해석할 때 비로소 '글 읽기의 즐거움'이 태어난다는 것이다. 그에 따르면 작가와 독자는 일방적인 생산자/소비자 관계가 아니라 함께 텍스트를 즐기는 동등한 관계다. "참다운 독자의 탄생은 저자의 죽음이라는 대가를 치러야 한다"라는 명제가 그것을 함축한다. 이 개념의 세부적 이해를 위해서는 Barthes, R., *Le Plaisir du Texte*, 1973. 김희영 역, 《텍스트의 즐거움》, 동문선, 2022 참조.

25 Key, W. J., *Media Sexploitation*, 1976. 허갑중 역, 《섹스어필 광고 섹스어필 미디어》, 도서출판 책과 길, 1994, 384~386쪽.

26 원더브라는 원래 캐나다에서 발명되어 영국에서 서서히 인기를 끌기 시작했다. 그러다가 1994년부터 이 광고를 통해 다시 런칭되면서 세계적 브랜드로 부상한다. 이 제품은 브래지어 안에 장착된 특수 와이어가 아래에서부터 위로 받쳐줘서 가슴을 더 커 보이게 하는 특징이 있었다.

27 https://www.campaignlive.co.uk/article/best-ads-50-years-wonderbra-obeyed-rules-great-poster/1497534.

28 Eagleton, T., *The Illusions of Postmodernism*, 1996. 김준환 역, 《포스트모더니즘의 환상》, 실천문학사, 2000, 13쪽.

29 김욱동, 《포스트모더니즘—문학·예술·문화》, 민음사, 1992, 18~19쪽.

30 광고에서 아이러니를 사용할 때는 "강조하려는 내용, 의도와 정반대로 표현"한다. 이를 통해 실제 사실을 숨기며 오히려 거꾸로 말함으로써, 풍자 효과를 발생시키고 본뜻을 강화시키는 것이다. 김동규, 《카피라이팅론》, 나남출판, 2003, 373쪽.

31 앞말과 뒷말이 서로 이치에 안 맞는 것 같지만, 곰곰이 따져보면 어떤 진실을 담고 있는 것을 말한다. 역설을 뜻하는 영어 단어인 Paradox는 'Para(초월)'와 'Doxa(의견)'이 합쳐져서 나왔다. 위의 책, 376쪽.

32 Stern, B. B., "Pleasure and Persuasion in Advertising: Rhetorical Irony as a Humor

Technique", *Journal of Current Issues and Research in Advertising* 12(1), 2012, pp. 25~42.

[33] Selden, R., *A Reader's Guide to Contemporary Literary Theory*, 1985. 현대문학이론연구회 역, 《현대문학 이론》, 민음사, 1995, 23~26쪽.

12부 21세기의 광고는 어디로 가는가?

[1] Schumpeter, J., *Theorie der Wirtschaftlichen Entwicklung*, 1911. 정선양 역, 《경제발전의 이론》, 도서출판 시대가치, 2020, 96~212쪽.

[2] 정선양, 〈슘페터와 기술혁신: 독일어 제1판의 주요 내용과 현대에 대한 시사점〉, 《기술혁신학회지》 23-2, 2020, 185~189쪽.

[3] 영국 경제 주간지 《이코노미스트》 기사에서 처음 출현한 이 용어는 스마트폰과 호모 사피엔스를 합성시킨 것이다. 이 신인류는 첨단 디지털 기기를 신체 감각기관의 연장이라 해도 과언이 아닐 정도로 자연스럽게 활용한다.

[4] 광고적 차원에서 스마트미디어의 차별적 장점은 다음과 같다. 첫째, 전통적 매체와 달리 1대 1 혹은 1대 소수의 노출이 가능하다. 둘째, 제공 정보의 양과 질이 압도적이므로 고관여 제품 광고에 유리하다. 셋째, 드라마틱하고 입체적인 메시지 전달이 가능하다. 넷째, 광고 집행 단계에 있어 메시지 수용자의 단계별 경험을 계획적으로 이끌어낸다. 다섯째, (이것이 가장 독보적인데) 광고주 입장에서 광고에 대한 소비자 즉각 반응을 체크할 수 있고, 이를 통해 단기적 광고효과 측정이 가능하다는 점이다. 심용운·이상우·권영선·박주연·김성철·최세정·김영규·이문행·신동희·장병희·정윤혁, 《스마트 생태계와 미디어 경영 2.0》, 커뮤니케이션북스, 2014, 147~170쪽.

[5] 해당 개념에 대한 추가 이해를 위해서는 Wolf, M., Reader, *Come Home: The Reading Brain in a Digital World*, 2018. 전병근 역, 《순간접속의 시대에 책을 읽는다는 것: 다시, 책으로》, 어크로스, 2019 참조.

[6] Galloway, 앞의 책, 196~208쪽.

[7] 한국에서는 '네이버'가 한 단계 낮은 신의 위치를 차지하고 있다.

[8] 켈러와 베리Keller & Berry는 전자적 입소문 전파자Viral Propagator란 새로운 이름을 붙이기

도 했다. 이 개념은 전통적 의미의 여론 선도자를 대치하는 개념으로 '특정 정보를 수집, 공유한 다음 그것을 온라인 네트워크에 전파하는 드러나지 않은 실체'로 설명된다. Keller, E. B & Berry, J. L., *The Influentials*, 2003. 김종식 역, 《입소문 전파자》, 세종서적, 2004 참조.

[9] www.adforum.com/creative-work/ad/player/34474242/hug-me-machine/coca-cola. 위의 주소로 가면 해당 동영상을 볼 수 있다.

[10] 텍사스 오스틴대학 연구진이 개발하여 《네이처 뉴로사이언스》에 발표한 '시맨틱 디코더 semantic decoder' 시스템이 그것이다. 〈생각 훔치는 AI 등장⋯⋯머릿속 동영상 재현 성공〉, 《한겨레신문》 2023년 6월 1일 자.

[11] 오픈AI사는 챗GPT 최초 등장 1년이 지난 2023년 11월 기존 GPT-4에 멀티모달 기능을 결합하여 텍스트와 이미지, 사운드를 동시에 생성하는 'GPT-4 터보'를 공개했다. 구글도 2023년 12월 텍스트와 유뷰트 영상, 온라인 이미지 자료를 멀티모달로 생성, 처리하는 대규모 언어 모델LLM '제미나이Gemini'를 발표했다. 이 기술은 지금 현재도 비약적인 성능 발전을 거듭하고 있다.

[12] 사물인터넷Internet of Things이란 말이 더 널리 사용되고 있다. 뒤에서 상세한 설명이 나온다.

[13] Galloway, 앞의 책, 302~303쪽.

[14] 빅테크 기업을 중심으로 하는 사용자 정보 수집, 활용 시스템에 대한 개관은 Zuboff, S., *The age of Surveillance Capitalism*, 2019. 김보영 역, 《감시자본주의 시대》, 문학사상사, 2021을 참고할 것.

[15] 김병희, 《디지털 시대의 광고 마케팅 기상도》, 학지사, 2021, 47쪽.

[16] 'Ad rejecters & Avoiders', *Ad Map*, 2007. 《LG애드 사보》 2008년 1·2월 통합호, 46쪽에서 재인용.

[17] 디지털 광고는 온라인 플랫폼을 사용하여 진행되는 모든 광고 형태를 포괄하는 명칭이다. 예를 들어 인터넷 배너 광고, 모바일 광고, 포털사이트 검색 광고, 소셜미디어 광고, 유튜브 동영상 광고 등이 있다. 온라인 광고와 자주 혼용되어 쓰인다.

[18] 권오윤·김지영·문장호·부수현·이병규·최세정, 《검색 광고의 이해》, 한울아카데미, 2019, 19쪽.

[19] 애드센스는 구글이 운영하는 광고 중개 서비스로 지금도 구글의 가장 큰 수익모델이다.

[20] 온라인 접속자가 광고를 클릭했을 때 클릭 횟수에 따라 광고비를 지불하는 방식이다. 검색 광고를 다른 온라인 광고 형태와 차별화시키는 가장 독특한 과금 방식으로 지난 20년 동안 검색 광고의 표준이 되어왔다. 하지만 2023년 11월 2일 구글은 웹 페이지 운영자에 대한 애드센스 수익 지불 방식을 기존의 클릭당 비용CPC에서 광고의 노출 횟수를 기준으로 하는 CPMCost per mille으로 변경하겠다고 발표했다. CPM이란 웹 페이지에서 광고가 1,000번 노출됐을 때의 비용을 뜻한다.

[21] 권오윤·김지영·문장호·부수현·이병규·최세정, 앞의 책, 19쪽.

[22] 植村祐嗣·小野裕三·日高靖·新谷哲也·杉浦友彦·岩田正樹,《広告新時代: ネット×広告の素敵な関係》, 2009. 휘닉스커뮤니케이션즈 역,《광고 신시대: 인터넷×광고의 멋진 관계》, 나남출판, 2010, 89쪽.

[23] 그러나 위의 책 85쪽에서 신타니 데츠야는 1999년 일본의 NTT 도코모가 i모드를 탄생시키면서 모바일 광고의 역사가 시작되었다고 주장한다.

[24] Veksner, 앞의 책, 175쪽.

[25] x축, y축, z축 세 방향의 측정 센서를 통해, 정지 상태에서 움직이고 있는 물체의 가속도를 재는 기술이다.

[26] 植村祐嗣·小野裕三·日高靖·新谷哲也·杉浦友彦·岩田正樹, 앞의 책, 87~88쪽.

[27] 스마트폰이나 태블릿PC에 장착된 QR코드 인식 애플리케이션을 작동시켜 옥외 광고, 잡지, 기타 미디어에 노출된 QR코드를 읽어들이면 추가 정보를 제공하는 방식이다. 이 광고 방식은 표현 공간의 제약으로 제품에 대한 충분한 정보를 전달하기 어려울 때 특히 효과적이다.

[28] 최근에 부각되는 모바일 광고 방식이다. NFC 기능이 활성화된 스마트폰을 NFC 칩이 장착된 기기에 접촉시키면 스마트폰을 통해 광고 메시지를 받아보게 된다.

[29] Monthly Active User의 약자. 조사 시점 기준으로 과거 30일 동안 특정 웹사이트에 접속한 사용자 합계다. 소셜미디어의 영향력을 평가하는 일차적 기준으로 통용된다.

[30] 페이스북의 지주회사 메타Meta는 산하에 인스타그램, 왓츠앱 등을 보유하고 있는데 이들 각 플랫폼도 2024년 1월 기준 20억 명 이상 월간 활성 사용자 숫자를 기록하고 있다.

[31] 김병희, 앞의 책, 161쪽.

[32] 스페인어로 "아주 느리게, 아주 천천히, 아주 조금씩, 점점"이라는 뜻이다.

33 https://www.youtube.com/watch?v=B0wcoNbqihc. 위의 유튜브 주소에 1분 39초짜리 동영
상이 올라와 있다.

34 中村伊知哉·石戸奈奈子,《デジタルサイネージ革命》, 2009. 한석주 역,《디지털 사이니지
혁명》, 커뮤니케이션북스, 2010, 3쪽.

35 《머니투데이》 2022년 1월 21일 자에서 재인용.

36 한국에서는 2018년 삼성전자가 디지털 미디어 콘텐츠 제작사인 '디스트릭트d'strict'와 합
작해서 설치한 서울 삼성동 SM타운 외벽의 대형 LED 전광판이 유명하다. 최근에는 소공
동 신세계백화점 본점 외벽의 미디어 파사드가 큰 주목을 받고 있다.

37 MSG 스피어는 글로벌 차원으로 영역을 넓혀 현재 한국 하남시, 런던, 두바이 등에서 추가
건설이 추진 중이다.

38 예를 들어 2000년 CBS가 새로운 수사 드라마 CSI(과학수사대) 방영을 고지하기 위해 실행
한 앰비언트 광고는, 미국 전역의 슈퍼마켓과 백화점에서 파는 계란 3,500만 개의 껍질 위
에 드라마 상영 시작 내용을 레이저로 프린트했다. 이 아이디어는 메인 타깃 시청자인 주
부들 사이에서 대대적 관심을 끌었고, 이후 CSI 시리즈가 마이애미, 뉴욕, 라스베가스 등 3
개 대도시 편으로 확장되는 출발점을 제공했다.

39 2016년에는 신형 BMW 5 시리즈 출시에 겨냥하여 '시즌 3'을 다시 제작했다.

40 스마트폰 같은 모바일 기기는 물론 가정이나 사무실의 가전제품, 자율주행 자동차, 가구와
전등, 스마트워치 등의 다양한 사물에 감지 센서와 통신 기능을 내장한 다음 무선통신을
통해 상호 연결하는 것을 말한다. 기존 인터넷이 컴퓨터나 스마트미디어 간의 연결이 중심
이었다면, 사물인터넷은 연결 범위가 압도적으로 확장된다.

41 블루투스를 기반으로 하는 근거리 무선통신 장치. 스마트폰 등에서 정보를 공유하고 연결
하는 블루투스 기술이 진화한 것으로 보면 되는데, 최대 70미터까지 상호 교신이 가능하
다. 전력 소모가 적고 정확성이 높기 때문에 사물인터넷 기술의 핵심이 되고 있다. 소형화
가 가능하므로 실내는 물론 실외의 다양한 분야에 활용될 수 있다. 예를 들어 미국 에스티
모트Estimote사의 비콘은 얇고 부드러운 스티커 형태로 개발되어 신발, 자전거, 노트북 등
에 자유롭게 부착이 가능하다.

42 2015년 광고 전문지 《애드버타이징 에이지》는 21세기를 대표하는 15대 성공 광고 캠페
인을 발표했다. 리스트의 1위에서 5위까지는 아래와 같다. ① Dove: Campaign for Real

Beauty, ② Nike +: Fuelband Does it Al, ③ BMW Films: The Ambush, John Frankenheimer ④ Old Spice: The Man Your Man Could Smell Lik, ⑤ Red Bull: Stratos. 그 밖에 6위에서 15위까지는 ⑥ Burger King: Subservient Chicken, ⑦ American Express: Small Business Saturday, ⑧ Apple: Get a Mac-Better Result, ⑨ P&G: Thank You Mom, ⑩ American Legacy: Truth - Body Bag, ⑪ Dos Equis: Most Interesting Man in the World, ⑫ Metro: Dumb Ways to Di, ⑬ Budweiser: Whassup ⑭ hipotle: Back to the Start, ⑮ Unicef: Tap Project. 관심이 있는 분은 유튜브에서 해당 광고들을 검색해보시기 바란다. 새로운 크리에이티브의 전개를 한 눈에 조망할 수 있을 것이다.

[43] Veksner, 앞의 책, 191쪽.

[44] 광고 속 벽 상단에 있는 Outpost.com에서……post의 O자에 뚫어놓은 구멍을 말한다

[45] MZ 세대로 불리는 젊은 소비자들의 비중 증가도 영향을 미친다. 이 신세대 소비자들은 돌발적이거나 기이한 표현에 대한 수용성과 선호도가 기성 세대에 비해 상대적으로 높다.

[46] 예를 들어 당신이 사랑하는 사람에게 장미를 선물한다고 치자. 이때 식물 그 자체로서 꽃은 기호 표현(기표)이 되고 여기에 사랑이라는 기호 내용(기의)이 합쳐져서 비로소 (당신이 보내는) 장미가 (그에게) 의미 있는 기호가 되는 것이다. 공식으로 간단히 표시하면 다음과 같다. 기표+기의=기호.

[47] 바르트의 광고 기호 분석에 대해서는, Barthes, R., "Rhetoric of the image" in *The responsibility of forms*, 1961. Translated by Howard, R., New York: Hill and Wang, 1985. pp. 21~40 참조.

[48] 그에 따르면 텍스트의 의미는 기표+기의=기호를 창출하는 외연denotation 혹은 언어 차원의 1단계와, 1단계의 외연적 기호가 다시 기표가 되어 다른 기호 내용과 결합한 다음 새로운 기호를 형성하는 내포connotation 혹은 신화 차원의 2단계로 구성된다. 이것이 의미작용의 2단계인데, 여기서 외연은 객관적인 기호 내용에 의해 구성되는, 즉 일반적으로 말해지는 것이다. 반면에 내포는 겉으로 말해지는 (혹은 보여지는) 것 외에 특정 사회의 문화적 지식체계에 의해 의미 지워지는 '다른 무엇'이다. 한마디로 기호에 부과된 주관적 가치를 뜻한다.

[49] Culler, J. D., *Roland Barthes*, 1983. 이종인 역, 《바르트》, 시공사, 1999, 78쪽.

[50] 전 세계 모든 바나도의 집 대문에는 '언제나 문이 열려있습니다Ever open door'라는 팻말이

붙어있다. 어느 추운 겨울 잠겨있던 문 앞에 한 소년이 꽁꽁 얼어서 쓰러져있는 모습을 발견한 후 언제나 불을 켜고 문을 열어놓는 규칙을 지켜왔기 때문이다.

51 Goddard, A., *The language of advertising*, London: Routeledge, 1998, p. 10.

52 한국에서는 금수저로 명칭이 바뀌었다.

53 https://www.youtube.com/watch?v=gP92j-uEnps 유튜브 주소로 가면 원본 TV 광고를 볼 수 있다.

53 네슬레, 나비스코, 하인즈 케첩 등을 생산하는 세계 유수의 식품기업이다.

55 이 말은 마틴 소렐이 오길비 앤 매더 인수를 시도하자 사주 데이비드 오길비가 한 말이다. 하지만 인수합병이 끝나고 상근부회장으로 추대된 후 그는 자신의 발언을 사과한다.

56 Turngate, 앞의 책, 219쪽.

58 Koestler, A., The Act of Creation, New York: Macmillan Company, 2021, pp. 224~254.

59 아래 유튜브 주소에 해당 동영상이 나와 있다. https://www.youtube.com/watch?v=ehwBUe5O3zg.

60 UX 디자인user experience design은 사용자 경험 디자인을 뜻한다. 제품 혹은 서비스를 사용할 때 해당 소비자의 욕구와 필요를 충족시켜주는 상호작용 요소를 제품 디자인에서 우선적으로 고려하는 것이다.

60 https://www.youtube.com/watch?v=sUg6s-uIp1w. 이 유튜브 주소에 해당 동영상 광고가 있다.

맺음말

1 Hari, J., *Stolen Focus: Why You Can't Pay Attention—and How to Think Deeply Again*, 2022. 김하현 역, 《도둑맞은 집중력》, 어크로스, 2023, 195쪽에서 저자는 다음과 같이 상황을 묘사한다. "우리가 이메일로 어머니에게 기저귀를 사야 한다고 말한다면, 지메일은 우리가 아이를 키운다는 정보와 우리에게 바로 아기용품 광고를 띄워야 한다는 사실을 알게 된다. 우리가 이메일에 '관절염'이라는 단어를 쓴다면 구글은 우리에게 관절염 치료제를 판매하

려 할 것이다."

2 《세계일보》 2024년 9월 5일 자는 《뉴욕포스트》 지를 인용하여 구글, 페이스북, 아마존 등의 마케팅 파트너인 '콕스 미디어 그룹CMG'이 사용자 대화를 실시간으로 수집, 분석하여 개인 맞춤형 광고를 만들고 있다고 보도했다. 이 기업이 만든 '액티브 리스닝Active-Listening'이라는 소프트웨어가 스마트폰, 노트북, 태블릿PC, 홈 어시스턴트 등의 내장마이크를 통해 실시간으로 사용자 음성 데이터를 수집, 분석하여 구매 의도를 파악한 뒤 이를 특정 제품이나 서비스의 맞춤형 광고 제공에 사용했다는 것이다.

파문은 시간이 흐를수록 확산 중이다. 2025년 1월 2일 AP통신은, 스마트폰의 최강자 애플이 아이폰 등에 탑재된 음성 비서 시리Siri를 통해 사용자 몰래 개인정보를 수집했다는 의혹을 보도했다. 이러한 탈취적 정보 수집과 관련하여 소비자들이 제기한 개인정보 침해 소송에서 애플사가 무려 9,500만 달러(약 1,400억 원)를 지급하기로 합의했다는 것이다.

원고들의 주장에 따르면, 애플이 2014년 9월부터 2024년 12월까지 10년간에 걸쳐 아이폰, 아이패드, 애플와치 등 시리 탑재 애플 기기를 사용하여 고객들의 개인적 대화를 몰래 녹음한 다음 해당 내용을 광고업체와 같은 제3자에 전달했다는 것이다. 구체적으로 원고 가운데 2명은 나이키의 '에어 조던' 운동화와 특정한 식당 이름을 언급했는데 그 내용이 녹음되어 저절로 광고가 떴다고 말한다. 또 다른 원고 1명은 의사와 수술에 대해 개인적 대화를 나눴는데, 해당 병증과 관련된 관련 광고가 떴다고 주장했다. 그동안 (믿기 힘든) 의혹으로만 떠돌던 빅테크 기업의 불법적 정보 탈취의 전모가 서서히 드러나고 있는 것이다. 이 책의 제 10부에 애플사가 내세운 '차등적 사생활differential privacy'이란 모토가 등장한다. 만약 위와 같은 의혹이 사실로 판명된다면 "고객의 프라이버시를 지키고 정보를 보호하는 첨병"이 자신이라는 애플의 오랜 주장은 극단적 이율배반이 될 것이다.

참고문헌

권보드래, 〈仁丹——동아시아의 상징 제국〉, 《사회와 역사》 vol. 81, 2009.

권오윤·김지영·문장호·부수현·이병규·최세정, 《검색 광고의 이해》, 한울아카데미, 2019.

김동규, 《카피라이팅론》, 나남출판, 2003.

_____, 〈현대 광고에서의 소프트 셀 소구 분화 및 전개에 관한 연구〉, 《광고연구》 91, 2011.

_____, 〈여성 노동광고에 나타난 젠더적 특성에 대한 연구: 제2차 세계대전 시기의 미국을 중심으로〉, 《정보디자인학 연구》 20, 2013.

_____, 《10명의 천재 카피라이터》, 커뮤니케이션북스, 2013.

_____, 〈과장 광고의 형성과 전개에 관한 역사적 연구〉, 《광고PR실학연구》 10-3, 2017.

_____, 〈제2차 세계대전 시기 브랜드 프로파간다에 대한 역사적 연구: 1939~1945년의 미국을 중심으로〉, 《지역과 커뮤니케이션》 Vol. 25-4, 2021.

김병도, 《코카콜라는 어떻게 산타에게 빨간 옷을 입혔는가》, 21세기북스, 2003.

김병희, 《디지털 시대의 광고 마케팅 기상도》, 학지사, 2021.

김영국, 《경기순환론》, 법문사, 1988.

김용준·이정재, 〈언제 이미지 광고를 할 것인가?—전문가 판단을 통한 광고 유형 선택에 관한 연구〉,《광고연구》22 (봄)호, 1994.

김욱동,《포스트모더니즘—문학·예술·문화》, 민음사, 1992.

김원중,《사기열전》, 을유문화사, 2002.

김정기·김동규,《지역 신문 경영개선을 위한 환경 분석 및 전략개발 연구》, 한국언론진
　　흥재단, 2012.

김형인,〈미국 흑백 인종주의의 특성과 변천: 노예제도부터 민권운동까지〉,《서양사론》
　　70, 2001.

대한성서공회,《공동번역 신약》, 대한성서공회, 1999.

류한수,〈제2차 세계대전 시기 소련의 전쟁 포스터에 나타난 여성의 이미지〉,《슬라브
　　학보》26-2, 2011.

리대룡,〈광고 크리에이티브와 창조철학〉, 한국광고연구원 편,《세계의 광고—한국언
　　론연구원총서 (9)》, 한국언론연구원, 1990.

박선의·최호천《시각커뮤니케이션디자인》, 미진사, 1991.

박현주,《딱정벌레에게 배우는 광고 발상법》, 나남출판, 1998.

손세호,《하룻밤에 읽는 미국 문화사》, 랜덤하우스코리아, 2007.

《시사인》2021년 3월 2일 자, 제702호.

신인섭,《카피라이팅》, 세원문화사, 1980.

＿＿＿,《한국광고발달사》, 나남출판, 1986.

신인섭·김병희,《한국 근대 광고 걸작선 100: 1876~1945년》, 컴북스, 2007.

신인섭·서범석,《눈으로 보는 한국 광고사》, 나남출판, 2001.

＿＿＿＿＿＿,《한국 광고사》, 나남출판, 2011.

심용운·이상우·권영선·박주연·김성철·최세정·김영규·이문행·신동희·장병희·정윤
　　혁,《스마트 생태계와 미디어 경영 2.0》, 커뮤니케이션북스, 2014.

심재중,〈아프리카와 흑인의 이미지: 18~19세기 프랑스를 중심으로〉,《불어문화권연
　　구》17-0, 2007.

양정혜,《광고의 역사: 산업혁명에서 정보화 사회까지》, 한울아카데미, 2009.

＿＿＿,〈자유와 죄책감 간의 갈등: 근대 광고에 나타난 여성 대상 메시지 소구 전략 사
　　례들〉,《젠더와 문화》Vol.2: 1, 2009.

《LG애드 사보》, 〈Ad rejecters & Avoiders, Ad Map 2007〉 2008년 1·2월 통합호, 46.

오두범, 〈이성적 소구 광고와 감성적 소구 광고의 효과 비교〉, 《한국사회과학연구》 28-1, 2006.

육군사관학교 전사학과, 《세계전쟁사》, 황금알, 2004.

이병규, 〈비교법 연구: 미국법상 부당광고의 법리에 관한 연구〉, 《법조》 59, 2010.

정선양, 〈슘페터와 기술혁신: 독일어 제1판의 주요 내용과 현대에 대한 시사점〉, 《기술혁신학회지》 23-2, 2020.

정용준, 〈영국과 미국의 초창기 방송이념 및 제도 비교연구: 리스와 브라운 그리고 사르노프와 후버를 중심으로〉, 《지역과 세계》 Vol 40-2, 2016.

차배근·리대룡·오두범·조성겸, 《설득 커뮤니케이션 개론》, 나남출판, 1992.

차하순, 《새로 쓴 서양사 총론》, 탐구당, 2003.

최영순, 〈독일경제에서 광고의 역할 및 이에 대한 논쟁 초기~1933년을 중심으로〉, 《경상논총》 vol. 28, no. 3, 2010.

_____, 《경제사 오디세이》, 부키, 2012.

최유희, 〈조선 시대의 상업 출판 들여다보기〉: 이윤석, 〈조선 시대 상업 출판—서민의 독서, 지식과 오락의 대중화〉, 《한국민족문화》 46, 2017.

탁진영, 〈과장 광고의 설득 효과와 제3자 효과: 규제에 대한 소비자의 태도를 중심으로〉, 《언론과학연구》 10(1), 2007.

《한겨레신문》 2023년 5월 25일 자.

《한겨레신문》 2023년 6월 1일 자.

한국과학기술단체총연합회, 〈현대를 변화시킨 20대 발명·발견—TV 시대의 막을 올린 튜브〉, 《과학과 기술》 19-5, 1986.

한국미국사학회, 《사료로 읽는 미국사》, 궁리출판, 2006.

한정식, 《사진예술개론》, 열화당, 1996.

大塚久雄 編, 《西洋経済史》, 1948. 편집부 역, 《경제사학의 제 문제》, 청아출판사, 1981.

博報堂 博報堂生活綜合研究所 編 (1985), 《分衆の誕生》. 최병선 역 (1988), 《분중의 탄생》 21세기북스.

西尾忠久, 《效果的なコピー作法》, 1983. 안준근 역, 《효과적인 광고카피》, 오리콤, 1986.

植村祐嗣·小野裕三·日高靖·新谷哲也·杉浦友彦·岩田正樹, 《広告新時代: ネット×広告の素敵な関係》, 2009. 휘닉스커뮤니케이션즈 역, 《광고 신시대: 인터넷×광고의 멋진 관계》, 나남출판, 2010.

中村伊知哉·石戸奈奈子, 《デジタルサイネージ革命》, 2009. 한석주 역, 《디지털 사이니지 혁명》, 커뮤니케이션북스, 2010.

米原万里, 《真昼の星空》, 2005. 김석중 역, 《교양노트》, 마음산책, 2010.

春山行夫, 《西洋広告文化史》, 1981. 강승구·김관규·신용삼 역, 《서양광고문화사》, 한나래출판사, 2009.

Advertising Age, "Creative Pioneer Raymond Rubicam Dead at 85", May 15. 1978.

_____, "Ogilvy & Mather Worldwide." September 15. 1999.

Applegate, E. (eds.), *The Ad Men and Women: a Biographical Dictionary of Aadvertising*, Westport, Connecticut: Greenwood Press, 1994.

Aristotle, Rhetorike, trans. I. Bywater, *The Works of Aristotles*, ed. W. D. Ross, Oxford: Clarendon Press, 1977.

Bakerwise, N. & Wise, C., *A Mouthful of Rivets: Women at Work in World War II*, San Francisco: Jossy-Bass Publishers, 1994.

Balfour, M., *Propaganda in War, 1939~1945*, London: Faber and Faber, 2011.

Barbara M., *Gender and American History since 1890*, New York: Routledge, 1993.

Barthes, R., *Rhetoric of the image In The responsibility of forms*(1961), Translated by Howard, R., Oxford: Blackwell, 1986.

_____, L'Empire des signes, Paris: Skira, 1970. 김주환, 한은경 역, 《기호의 제국》, 산책자, 2008.

_____, Le Plaisîr du Texte, Paris: Éditions du Seuil, 1973. 김희영 역, 《텍스트의 즐거움》, 동문선, 2022.

Barton. B., *The Man Nobody Knows—A Discovery of the real Jesus*, 1926, 김충기 역, 《예수

영원한 광고인》, 한국광고연구원, 1995.

Baudrillard, J., *Simulacra and Simulation*, 1981. 하태환 역, 《시뮬라시옹》, 민음사, 2001.

Beauvoir, S. D., *Le Deuxième Sexe*(1949), trans. Parshley. E. M., *The Second Sex*, Harmondsworth: Penguin, 1972.

Bell, D., *The Coming of Post-Industrial Society: A Venture in Social Forecasting*, 1973. 김원동·박형신 역, 《탈산업사회의 도래》, 아카넷, 2006.

Bernays, E., *Propaganda*, 1928. 강미경 역, 《프로파간다―대중심리를 조종하는 선전전략》, 공존, 2009.

Beyer, C. H., *Coca-Cola girls: an advertising art history*, Portland: Collectors Press, 2000.

Bidlack, R., "Workers at War: Factory workers and Labor Policy in the Siege of Leningrad", *The Carl Beck Papers in Russian and East European Studies* 91, 1991.

Boccaccio G., *Decameron*, 1353. 한형곤 역, 《데카메론》, 동서문화사, 2014.

Bogart, M., *Artists, Advertising and the Borders of Art*, University of Chicago Press, 1995.

Bolfert, T. C., *100 years of Harley-Davidson advertising*, Boston: Bulfinch Press, 2002.

Boorstin, D. J. & Kelley, B. M., *A history of the United States*, Lexington, MA: Ginn & Company, 1988.

Boyer, R. O. & Morais, H. M., *Labor's untold story*, 1955. 박순식 역, 《미국 노동운동비사: 알려지지 않은 이야기》, 도서출판 인간, 1981.

Brinkley, A., *The Unfinished Nation: A Concise History of the American People*, 2004. 손세호 역, 《있는 그대로의 미국사 2》, 휴머니스트, 2005.

Brown, D. A., *Bury My Heart at Wounded Knee*, 1970. 최준식 역, 《나를 운디드니에 묻어주오: 미국 인디언 멸망사》, 도서출판 길, 2016.

Bureau of Intelligence, *Change in Women's Employment During the WAR*, 1942.

Burnett, L., *Communications of an Advertising Man*, Chicago, IL: Leo Burnett Company, 1961.

_____, *100 Leos: Wit and Wisdom from Leo Burnett*, New York: McGraw-Hill, 1995.

Burton, P. W., *Advertising Copywriting*, Lincolnwood, Illinois: NTC Business Books, 1999.

Buttler, J., *Gender Trouble*, 1990. 조현준 역, 《젠더 트러블》, 문학동네, 2008.

Calkins, E. E., *The Business of Advertising*, NY: New York: D. Appleton And Company, 1915.

_____, *Louder Please! The Autobiography of a Deaf Man*, New Edition, Kessinger Publishing(2007).

_____, *And hearing not: Annals of an adman*, New Edition, New York: Garland Pub, 1985.

Calkins, E. E. & Holden, R., *Modern Advertising*, NY: New York, D. Appleton and Company, 1916.

Campbell, F., *The Railway Mania: Not so Great Expectations?*, Belfast: Queen's University, 2010.

Caples, J., *Tested Advertising Methods*, 1932. 송도익 역, 《광고, 이렇게 하면 성공한다》, 서해문집, 1998.

_____, *Advertising for Immediate Sales*, Newyork: Harper & Brothers, 1936.

_____, *Advertising Ideas: A Practical Guide to Methods That Make Advertisements Work*, New York: McGraw-Hill Book Company, 1938.

_____, *Making Ads Pay: Timeless Tips for Successful Copywriting*, Mineola, New York: Dover Publications, 1957.

_____, *How to Make Your Advertising Make Money*, Englewood Cliffs, NJ: Prentice-Hall, 1983.

Carr, E. H., *What is History?*, 1961. 김택현 역, 《역사란 무엇인가?》, 까치글방, 1997.

Chandy, R. K., Tellis, G. J. & MacInns, D. J., "What to say When: Advertising Execution in evolving Markets", *Journal of Marketing Research* 38(Nov), 2001.

Chang, Ha-Joon, *Kicking Away the Ladder*, 2004. 형성백 역, 《사다리 걷어차기》, 부키, 2004.

_____, *23 Things They Don't Tell You About Capitalism*, 2010. 김희정·안세민 역, 《그들이 말하지 않은 23가지—장하준, 더 나은 자본주의를 말하다》, 부키, 2010.

Clarke, S., *Marx's Theory of Crisis*, 1993. 장시복 역, 《마르크스의 공황이론》, 한울아카데

미, 2013.

Connell, R. W., "The big picture: Masculinities in recent world history", *Theory and Society* volume 22, 1993.

Cooper, M. J., Easley, R. W. & Hebert, L. C., 'John Caples' in *The Ad Men and Women - A Biographical Dictionary of Advertising*, Applegate, E. (ed). Westport, CT: Greenwood Press, 1994.

Cruikshank, J. L., *The Man Who Sold America: The Amazing(But True!) Story of Albert D. Lasker and the Creation of the Advertising Century*, Brighton, MA: Harvard Business Press, 2010.

Culler, J. D., *Roland Barthes*, 1983. 이종인 역, 《바르트》, 시공사, 1999.

Cummings, B., *The benevolent dictators: interviews with advertising greats*, 1984. 서기원 역, 《18인의 광고천재들》, 김영사, 1985.

Daniel, R. L., *American Women in the 20th Century: The Festival of Life*, Ohio University Press, 1987.

Danna, S., 'William Bernbach' in *The Ad Men and Women—A Biographical Dictionary of Advertising*, Applegate, E. (ed), Westport, CT: Greenwood, 1994.

Department of Labor, State of New York, Industrial Bulletin, December 1945.

Derksen, K., Donnelly, D., Evans, A. & Kola-Bankole, F., *Between the Springmaid sheets: provocative 1940s and 50s advertising by Colonel Elliott White Springs*, Rock Hill, SC: Winthrop University Galleries, 2012.

Diamond E. & Bates, S., *The Spot: The Rise of Political Advertising on Television*, Cambridge, Mass.: MIT Press, 1992.

Diamond, J., *Guns, Germs, and Steel*, 1998. 김준진 역, 《총, 균, 쇠: 무기·병균·금속은 인류의 문명을 어떻게 바꿨는가》, 문학사상사, 1998.

Drucker, P. F., "The Discipline of Innovation", *Havard Bussiness Review* 76(6), 1998.

Dyer, G., *Advertising as Communication*, NewYork: Methuen & Co., 1982.

Eagleton, T., *The Illusions of Postmodernism*, 1996. 김준환 역, 《포스트모더니즘의 환상》, 실천문학사, 2000.

Felton. G., *Advertising: Concept and Copy*, Englewood Cliffs, NewJersey: Prentice–Hall, Inc., 1994

Fertig, M., *Take That, Adolf!: The Fighting Comic Books of the Second World War*, Seattle, WA: Fantagraphics Books, 2017.

Fitzgerald, F. S., *The Great Gatsby*, 1925. 한애경 역, 《위대한 개츠비》, 열린책들, 2011.

Fox, S., *The Mirror Makers—A History of American Advertising & Its Creators*, 1997. 리대룡·차유철 공역, 《광고 크리에이티브사》, 한경사, 2005.

Frank, M, Ziebarth, M. & Field, C., *Life and Times of Rosie the Riveter: The Stor of Three Million Working Women During World War Two*, Emeryville: Clarity Education Production, 1982.

Fried, R. M., *The Man Everybody Knew: Bruce Barton and The Making of America*, Chicago, IL: Ivan R. Dee Inc., 2005.

Galloway, S., *The Four: The Hidden DNA*, 2017. 이경식 역, 《플랫폼 제국의 미래: 구글, 아마존, 페이스북, 애플 그리고 새로운 승자》, 비즈니스북스, 2018.

Gardner, D., "Deception in advertising: a conceptual approach", *Journal of marketing* 39, January, 1975.

Garth, J. & O'Donnell, V., *Propaganda and Persuasion*, London: Sage Publications Inc., 2012.

Gieszinger, S., *The History Of Advertising Language: The Advertisements In The Times From 1788 To 1996*, Frankfurt: Peter Lang Pub Inc., 2006.

Gladys D., "Women in Labor Unions", *Annals of the American Academy of Political and Social Science* 251, 1947.

Gleadell, C., *Adventures in Saatchiland*, London: Telegraph. 31 December, 2001.

Gluck, S. B., *Rosie the Riveter Revisited: Women, the War, and Social Change*, Boston: Twayne, 1987.

Goddard, A., *The language of advertising*, London: Routeledge, 1998.

Gombrich, E. H., *The Story of Art*, London; Phaidon Press, 1950. 백승길·이종승 역, 《서양미술사》, 예경, 2017.

Grandin, G., *The End of the Myth: From the Frontier to the Border Wall in the Mind of America*, 2019. 유혜인 역, 《신화의 종말: 팽창과 장벽의 신화, 미국은 지금 어디로 가고 있는가?》, 로크미디어, 2021.

Griffin, E., *A first look at communication theory*, New York, N.Y.: McGrow-Hill, Inc., 1994.

Grunig, J. E. & Hunt, T. T., *Managing Public Relations*, New York: Holt, Rinehart & Winston, 1984.

Harris, T. L., *Value Added Public Relations: The Secret Weapon of Integrated Marketing*, New York: NTC Business Books, 1999.

Hartmann, G. W., "A field experiment on the comparative effectiveness of "emotional" and "rational" political leaflets in determining election results", *The Journal of Abnormal and Social Psychology* 3-1, 1936. 오두범, 〈이성적 소구 광고와 감성적 소구 광고의 효과 비교〉, 《한국사회과학연구》 28-1, 2006.

Harvey, D., *A brief history of neoliberalism*, 2005. 최병두 역, 《신자유주의-간략한 역사》, 한울아카데미, 2007.

Haug, W. F., *Kritik der warenästhetik*, 1971. 김문환 역, 《상품 미학 비판》, 이론과실천, 1991.

Hebert, E. S., 'James Webb Young' in *The Ad Men and Women—A Biographical Dictionary of Advertising*, Applegate, E. (ed), Westport, CT: Greenwood, 1994.

_____, 'Raymond Rubicam' in *The Ad Men and Women—A Biographical Dictionary of Advertising*, Applegate, E. (ed), Westport, CT: Greenwood, 1994.

Hegarty, J., *Hegarty on Creativity: There are No Rules*, 2014. 장혜영 역, 《지그할 때, 재그 하라: 헤가티의 49가지 창의적 생각법》, 맥스미디어, 2016.

Hesse, H, *Demian: Die Geschichte von Emil Sinclairs Jugend*, 1919. 전영애 역, 《데미안》, 민음사, 1997.

Higgins, D.(eds.), *The Art of Writing Advertising: Conversations With William Bernbach*, Leo Burnett, George Gribbin, David Ogilvy, Rosser Reeves, 1986. 이현우 역, 《광고 글쓰기의 아트》, 북코리아, 2003.

Hill, D. D., *Advertising to the American woman: 1900~1999*, Ohio State University Press, 2002.

Hill, R. P., & Mazis, M. B., "Measuring Emotional Responses to Advertising", *Advances in Consumer Research* 13, 1986.

Hoffman, B., *The Fine Art of Advertising: Irreverent, Irrepressible, Irresistibly Ironic*, 2002. 윤 태일 역, 《광고와 예술》, 커뮤니케이션북스, 2009.

Honey, M., *Creating Rosie the Riveter: Class, Gender, and Propaganda During World War II*, University of Massachusetts Press, 1984.

Hobsbawm, E., *The Age of Revolution: Europe 1789~1848*, 1962. 정도영·차명수 역, 《혁 명의 시대》, 한길사, 1998.

_____, *The Age of Capital: 1848~1875*, 1975. 정도영 역, 《혁명의 시대》, 한길 사, 1998.

_____, *The Age of Empire: 1875~1914*, 1987. 김동택 역, 《제국의 시대》, 한길 사, 1998.

_____, *The Age of Extremes: The Short Twentieth Century, 1914~1991*, 1994. 이 용우 역, 《극단의 시대: 20세기 역사》, 까치글방, 1997.

Hopkins, C., *My Life in Advertising & Scientific Advertising*, New York: McGraw-Hill, 1997.

Howell, M. & Prevenier, W., *From Reliable Sources: An Introduction to Historical Methods*, Ithaca: Cornell University Press, 2001.

Hower, R. M., *The history of an advertising agency: N. W. Ayer & Son at work, 1869~ 1949*, Harvard University Press, 1949.

Huberman, L., *Man's Worldly Goods—The Story of the Wealth of Nations The Story of The Wealth of Nations*, 1936. 장상환 역, 《자본주의 역사 바로 알기》, 책벌레, 2000.

Iain Macleod, Column 1165 "Economic Affairs", *House of Commons Debate*, 17 November, 1965. Hansard. Volume 720. Columns 1155~284. Retrieved 7 October 2009.

Ingham, J. N., *Biographical Dictionary of American Business Leaders: A~G*, Greenwood

Publishing Group, 1983.

Isaac, K., *Civics for Democracy: A Journey for Teachers and Students*, 1992. 조희연 역, 《우리는 참여와 행동을 통해 민주주의로 간다》, 아르케, 2002.

Jhally, S., *The Codes of Advertising*, 1987. 윤선희 역, 《광고문화: 소비의 정치경제학》, 한나래, 1996.

Johar, J. S. & Sirgy, J., "Value-Expressive versus Utilitarian Advertising Appeals: When and Why to Use Which Appeal", *Journal of Advertising* 20-3, 1991.

Johnson, P., *A History of the American People*, 1997. 명병훈 역, 《미국인의 역사 II》, 살림출판사, 2016,

Kaul, A. J., 'Ernest Elmo Kalkins' in *The Ad Men and Women—A Biographical Dictionary of Advertising*, Applegate, E. (ed), Westport, CT: Greenwood Press, 1994.

_____, 'J. Stirling Getchell' in *The Ad Men and Women—A Biographical Dictionary of Advertising*, Applegate, E. (ed), Westport, CT: Greenwood Press, 1994.

Keding, A. M., 'Helen Lansdowne Resor' in *The Ad Men and Women—A Biographical Dictionary of Advertising*, Applegate, E. (ed), Westport, CT: Greenwood Press, 1994.

Keller, E. B & Berry, J. L., *The Influentials*, 2003. 김종식 역, 《입소문 전파자》, 세종서적, 2004.

Keller, K. L., "Conceptualizing, measuring, and managing customer-based brand equity", *Journal of Marketing* 57, 1993.

Key, W. J., *Media Sexploitation*,1976. 허갑중 역, 《섹스 어필 광고 섹스 어필 미디어》, 도서출판 책과 길, 1994.

Koestler, A., *The Act of Creation*, New York: Macmillan Company, 2021.

Kotler, P., *Marketing Management: Analysis, Planning, Implementation, and Control*, 8th ed. Englewood Cliffs, NJ: Prentice Hall, 1994.

Kuhn, T. S., *The Structure of Scientific Revolutions*, University of Chicago Press, 1962.

Lears, J., *Fables of abundance: a cultural history of advertising in America*, New York: Basic Books, 1994.

Lee, A. M., "Whatever happened to 'propaganda anaysis'?", *Humanity and Society* vol.

10. No.1, 1986.

Levenson, B. & Bernbach, E., *Bill Bernbach's book: a history of the advertising that changed the history of advertising*, NewYork: Villard Books, 1987.

Lewenhak, S., *Women and Work*, 1980. 김주숙 역, 《여성 노동의 역사》, 이화여자대학교 출판부, 1995.

Malcolm X; with the assistance of Alex Haley, *The Autobiography of Malcolm X*, New York: One World, 1992.

Mandell, M. I., *Advertising*, Englewood Cliffs, NJ: Prentice Hall, 1984.

Marshall, C., *Advertising Age*, "DDB Founder Bernbach Dead at 71", October 11. 1982.

Marchand, R., *Advertising The American Dream: Making Way for Modernity*, 1920~1940, Berkeley: University of California Press, 1985.

Martin, D. C., *Hathaway shirts: their history, design, and advertising*, Schiffer Publishing Ltd., 1998.

Marx, K., *Das Kapital, Kritik der politischen Oekonomie III-1*, 1867. 강신준 역, 《자본 III-1》, 도서출판 길, 2008.

Marx, K. & Engels, F., *Manifesto of the Communist Party*, 1848. 이진우 역, 《공산당선언》, 책세상, 2018.

McCartney, S., & Arnold, A., "The railway mania of 1845~1847: Market irrationality or collusive swindle based on accounting distortions?", *Accounting, Auditing & Accountability Journal* 16(5), 2003.

McLuhan, M., *Understanding Media: The Extensions of Man*, New York: McGraw-Hill, 1964.

Mei-ling, *"It's a Woman's War too"*: Gender, Racen and the Dissemination of Government Propaganda through the Black Press in World War II, p. 207.

Meikle, J. L., *Twentieth Century Limited: Industrial Design in America, 1925~1939*, Philadelphia: Temple University Press, 2001.

Mierau, C., *Accept No Substitutes—The History of American Advertising*, Minneapolis: Lerner Publications, 2000.

Morrison, D. K., 'Leo Noble Burnett' in *The Ad Men and Women—A Biographical Dictionary of Advertising*, Applegate, E. (ed), Westport, CT: Greenwood Press, 1994.

_____, 'Mary Georgene Berg Wells Lawrence' in *The Ad Men and Women— A Biographical Dictionary of Advertising*, Applegate, E. (ed), Westport, CT: Greenwood Press, 1994.

Myers, R., Goode, S. & Darke, N., *Chutzpah & Chutzpah: Saatchi & Saatchi: The Insiders' Stories*, 2017. 현호영 역, 《세계 최고 광고회사 사치 앤 사치 스토리—혁신적 광고대행사가 일하는 법》, 프로제, 2018.

Nelson, Phillip, "Advertising as Information", *Journal of Political Economy* 82–4, 1974.

Newsom, D. Scott, A. & Turk, J. V., *This is PR: The Realities of Public Relations*, Belmont: Wadaworth Publishing Co., 1989.

Ogilvy, D., *Blood, Brains, and Beer: An Autobiography of David Oglivy*, NewYork: Atheneum Publishers, 1978.

_____, *Ogilvy on Advertising*, New York, N.Y: Crown Publishing, 1983.

_____, *Confessions of an Advertising Man*, 1988. 강두필 역, 《나는 광고로 세상을 움직였다》, 다산북스, 2008.

O'Guinn, T. C., Allen, C. T. & Semenik, R. J., *Advertising*, Ohio: South-Western College Pub., 1998.

Osborn, A. F., *Your Creative Power: How to use Imagination*, New York: Charles Scribner's Sons, 1948.

O'Shaughnessy, N, J., *Politics and Propaganda: Weapons of Mass Seduction*, 2004. 박순석 역, 《대중을 유혹하는 무기—정치와 프로파간다》, 한울아카데미, 2009.

Orwell, G., *All Art is Propaganda*, 1940. 하윤숙 역, 《모든 예술은 프로파간다다》, 이론과실천, 2013.

Pechman, C., & Stewart, D. W., "The multidimensionality of persuasive communications: Theoretical and empirical foundations" In P. Cafferata & A. M. Tybout (Eds.), *Cognitive and Affective Responses to Advertising*, Lexington, MA: D. C. Heath and Company, 1989.

Peiss, K. L., "American women and the making of modern consumer culture", *The Journal for MultiMedia History* 1(1), 1998. Retrieved from https://www.albany.edu/jmmhvol1no1/peiss.html.

Pember, D., *Mass Media Law*, New York: McGraw-Hill Book Company, 1993.

Pendergrast, M., *Uncommon grounds: the history of coffee and how it transformed our world*, New York: Basic Books, 2000.

Petty, R. & Cacioppo, J., The elaboration likelihood model of persuasion, *Advances in Experimental Social Psychology* 19, 1986.

Phillips, T. *Truth: A Brief History of Total Bullsh*t*, 2020. 홍한결 역, 《진실의 역사: 인간은 입만 열면 거짓말을 한다》, 윌북, 2024.

Piketty, T., *Le Capital au XXIe siècle. Paris: Éditions du Seuil*, 2013, 장경덕 역, 《21세기 자본》, 글항아리, 2014.

_____, *Capital et idéologie, Paris : èditions du Seuil*, 2019. 안준범 역, 《자본과 이데올로기》, 민음사, 2020.

Pincas, S. &, Loiseau, M., *A History of Advertising*, Köln: Taschen GmbH, 2008.

Polanyi, K., *The Great Transformation: The Political and Economic Origins of Our Time*, 1944. 홍기빈 역, 《거대한 전환: 우리 시대의 정치·경제적 기원》, 도서출판 길, 2009.

Pratkanis, A. & Aronson, E., *Age of Propaganda: The Everyday Use and Abuse of Persuasion*, 2001. 윤선길 외 역, 《프로파간다 시대의 설득전략》, 커뮤니케이션북스, 2005.

Preston, I. L., *The great American blow-up: puffery in advertising and selling*, University of Wisconsin Press, 1996.

Puto, C. P. & Wells, W., "Information and Transformational advertising: The differential effect of time", *Advance in Consumer Research* 11, 1984.

Reeves, R., *Reality in advertising*, 1961. 권오휴 역, 《광고의 실체》, 오리콤 마케팅커뮤니케이션연구소, 1988.

Reichert, T., *The erotic history of advertising*, Prometheus Books, Madison, Wis.: University Wisconsin Press, 2003.

Renov, M., *Hollywood's Wartime Women: Representation and Ideology*, Ann Arbor:

University of Michigan Press, 1988.

Ries, R. & Trout. J., *Marketing Warfare*, 1986. 차재호 역,《마케팅 전쟁》, 비즈니스북스, 2002.

Roberts, A. & Smith, G., "The Cut Throat Brands War", *Campaign* Vol. 28, 1983.

Roman, K., *The King of Madison Avenue: David Ogilvy and the Modern Advertising*, 2009. 정주연 역,《무조건 팔아라: 광고로 세상을 바꾼 천재 데이비드 오길비》, 민음사, 2012.

Rupp, L., *Mobilizing Women for War: German and American Propaganda, 1939~1978*, Princeton, N. J.: Princeton University Press, 1978.

Russell, J. T. Lane, W. R., *Advertising Procedure*, Eaglewood Cliffs, New Jersey: A Simon & Schuster Company, 1996.

Russo, J., Metcalf, B. & Stephens, D., "Identifying Misleading Advertising", *Journal of Comsumer Research* 8, 1981.

Sampson, H., *A History of Advertising from the Earliest Times: Illustrated by Anecdotes, Curious Specimens and Biographical Notes*, London: Chatto and Windus, 1874. *Piccadilly*, reprinted Charleston, S.C.: Nabu Press, 2010.

Sand, S., *The Invention of the Jewish People*, 2009. 김승완 역,《만들어진 유대인》, 사월의 책, 2021.

Sandage, C. H., Fryburger, V. & Rotzoll, K., *Advertising: Theory and Practice*, Illinois: Richard D. Irwin Inc., 1983.

Shapiro, B. R., "Beyond puffery: When does an advertising claim become a guarantee?", *Marketing Management* 4(3), 1995.

Schumpeter, J., *Theorie der Wirtschaftlichen Entwicklung*, 1911. 정선양 역,《경제발전의 이론》, 도서출판 시대가치, 2020.

Selden, R., *A Reader's Guide to Contemporary Literary Theory*, 1985. 현대 문학이론 연구회 역,《현대 문학이론》, 민음사, 1995.

Shirley, B., *Media/impact: an introduction to mass media*, Belmont, CA: Wadsworth Publishing, 2007.

Sirgy, M. J., "Self-Concept in Consumer Behavior: A Critical Re-view", *Journal of Consumer Research* 9(December), 1982.

Sivulka, J., *Soap, sex, and cigarettes: a cultural history of American advertising*, Belmont. CA: Wadsworth Publishing Company, 1998.

Smith, V., 'John E. Kennedy' in *The Ad Men and Women—A Biographical Dictionary of Advertising*, Applegate, E. (ed), Westport, CT: Greenwood Press, 1994.

_____, 'Claude C. Hopkins' in *The Ad Men and Women—A Biographical Dictionary of Advertising*, Applegate, E. (ed), Westport, CT: Greenwood Press, 1994.

_____, 'Theodore F. Macmanus' in *The Ad Men and Women—A Biographical Dictionary of Advertising*, Applegate, E. (ed), Westport, CT: Greenwood Press, 1994.

_____, 'Rosser Reeves' in *The Ad Men and Women—A Biographical Dictionary of Advertising*, Applegate, E. (ed), Westport, CT: Greenwood Press, 1994.

Smythe, T. C., 'Albert D. Lasker' in *The Ad Men and Women—A Biographical Dictionary of Advertising*, Applegate, E. (ed), Westport, CT: Greenwood Press, 1994.

Snyder, M., "Selling image versus selling product: Motivational foundations of consumer attitudes and behavior", *Advances in Consumer research* 16, 1989.

Sobieszek, R. A., *The Art of Persuasion: History of Advertising Photography*, NewYork: Harry N. Abrams, 1988.

Steinbeck, J., *The Grapes of Wrath*, 1939. 김승욱 역, 《분노의 포도 1》, 민음사, 2009.

Stern, B. B., "Pleasure and Persuasion in Advertising: Rhetorical Irony as a Humor Technique", *Journal of Current Issues and Research in Advertising* 12(1), 2012.

Strachan, J., *Advertising and satirical culture in the Romantic period*, Cambridge, UK: Cambridge University Press, 2007.

_____, "'The Praise of Blacking': William Frederick Deacon's Warreniana and Early Nineteenth-century Advertising-related Parody", *Romanticism on the Net* 15, August 1999.

Sydney, W. "What to Tell America: The Writer's Quarrel in the Office of War Information", *The Journal of American History*, volume 55, 1968.

Tayler, A., "Close Shave, but Sterling Getchell Charms Colgate with 'Small-Bubble Lather'", *Advertising Age* Jully 22, 1974.

Terry, D., 'Davd Dgilvy' in *The Ad Men and Women—A Biographical Dictionary of Advertising*, Applegate, E. (ed), Westport, CT: Greenwood Press, 1994.

Thompson, D. L., 'Bruce Fairchild Barton' in *The Ad Men and Women—A Biographical Dictionary of Advertising*, Applegate, E. (ed), Westport, CT: Greenwood Press, 1994.

_____, 'James Walter Thompson' in *The Ad Men and Women—A Biographical Dictionary of Advertising*, Applegate, E. (ed), Westport, CT: Greenwood Press, 1994.

Toppler, A., *The Third Wave: The Classic Study of Tomorrow*, 1980. 원창엽 역, 《제3의 물결》, 홍신문화사, 2006.

Trout, J. & Ries, R., *Positioning: The Battle for Your Mind*, 1981. 안진환 역, 《잭 트라우트와 알 리스의 마케팅 바이블—포지셔닝》, 을유문화사, 2002.

Turngate, M., *ADLAND: A Global History of Advertising*, 2007. 노정휘 역, 《광고판: 세계 광고의 역사》, 이실MBA, 2009.

Twitchell, J. B., *Twenty Ads that Shook The World: The Country's Most Groundbreaking Advertising and How It Changed Us Al*, 2001. 김철호 역, 《욕망, 광고, 소비의 문화사》, 청년사, 2001.

U.S. Bureau of Labor Statistics, *Monthly Labor Review* January, 1946.

Vannatta B., 'Volney B. Palmer' in *The Ad Men and Women—A Biographical Dictionary of Advertising*, Applegate, E. (ed), Westport, CT: Greenwood Press, 1994.

Veksner, S., *100 Ideas That Changed Advertising*, 2015. 박성혜 역, 《광고를 뒤바꾼 아이디어 100》, 시드포스트, 2016.

Vivian, J., 'Francis Wayland Ayer' in *The Ad Men and Women—A Biographical Dictionary of Advertising*, Applegate, E. (ed), Westport, CT: Greenwood Press, 1994.

Waits, R., "The Medical Electricians: Dr. Scott and his Victorian Cohorts" in *Quackery*, Sunnyvale: CreateSpace Independent Publishing Platform, 2013.

Watkins, J., *The 100 Greatest Advertisements 1852~1958: Who Wrote Them and What They Did*, New York: Dover Publications, 2012.

Weinstein, A, & Rubel, D., *The Story of America: Freedom and Crisis from Settlement to Superpower*, 2002. 이은선 역,《사진과 그림으로 보는 미국사》, 시공사, 2004.

Welch, D., *Propaganda: Power and Persuasion*, 2013. 이종현 역,《인간과 세상을 조종하는 선전의 힘—프로파간다 파워》, 공존, 2019.

Wells. W, J. Burnett and S. Moriaty, *Advertising—principles and practice*, New York, N.Y : Prentice-Hall, Inc., 1992.

Marketing News Whalen, B., "6 Billion Down the Drain!", Sept 14, 1984.

White, G. E., *John Caples, adman*, Chicago, IL: Crain Books, 1977.

William L. B, Jr. & Rubenstein, H. R., *Design for Victory: World War II Posters on the American Home Front*, New York: Princeton Architectural Press, 1998.

Wilson, H., "Volney B. Palmer, 1799~1864: The Nation's First Advertising Agency Man", *Journalism Monograph* 44(may), 1976.

Wingler, A., *The Politics of Propaganda the Office of War Information, 1942~1945*, New Haven: Yale University Press, 1978.

Wolf, M., *Reader, Come Home: The Reading Brain in a Digital World*, 2018. 전병근 역,《순간접속의 시대에 책을 읽는다는 것: 다시, 책으로》, 어크로스, 2019.

Wood, S. C., "Television's First Political Spot Ad Campaign: Eisenhower Answers America", *Presidential Studies Quarterly* 20-2, 1990.

Wright, J., Warner, D., Winter, W., & Zeigler, S., *Advertising*, New York: McGraw-Hill Book Company, 1977.

Young, J. W., *The Diary of an Ad Man The War Years June 1, 1942~December 31, 1943*, Chicago, IL: Advertising Publications Inc., 1944.

_____, *A Technique for Producing Ideas*, Lincolnwood, Illinois: NTC Business Books, 1987.

Zeman, Z., *Selling the War: Art and Propaganda in World War II*, London: Orbis Publishing Limited, 1987,

Zielski, H. A., "Does day-after recall penalize 'feeling' ads?", *Journal of Advertising Research* 22, 1982.

찾아보기

유혹의 전략, 광고의 세계사

2025년 3월 29일 초판 1쇄 발행
2025년 5월 2일 초판 2쇄 발행
글쓴이   김동규
펴낸이   박혜숙
디자인   이보용 김진
펴낸곳   도서출판 푸른역사
  우) 03044 서울시 종로구 자하문로8길 13
  전화: 02)720-8921(편집부) 02)720-8920(영업부)
  팩스: 02)720-9887
  전자우편: 2013history@naver.com
  등록: 1997년 2월 14일 제13-483호

ISBN 979-11-5612-289-0   03300

· 잘못 만들어진 책은 교환해드립니다.